宁德市
档案史料
丛书

编纂委员会

闽东抗日战争档案史料

宁德市档案局　厦门大学马克思主义学院　编

第一辑　经济游击队

主　　编　姚锡青　李小平　张　侃
执行主编　陈劲松　郑　伟　董兴艳

厦门大学出版社
XIAMEN UNIVERSITY PRESS
国家一级出版社
全国百佳图书出版单位

图书在版编目(CIP)数据

闽东抗日战争档案史料. 第1辑，经济游击队/姚锡青，李小平，张侃主编；宁德市档案局，厦门大学马克思主义学院编. —厦门 ：厦门大学出版社，2015.8
(宁德市档案史料丛书)
ISBN 978-7-5615-5706-8

Ⅰ. ①闽… Ⅱ. ①姚… ②李… ③张… ④宁… ⑤厦… Ⅲ. ①抗日战争-历史档案-福建省 Ⅳ. ①K265.06

中国版本图书馆 CIP 数据核字(2015)第 194863 号

责任编辑 韩轲轲
封面设计 李夏凌
责任印制 朱楷

厦门大学出版社出版发行
(地址:厦门市软件园二期望海路 39 号 邮编:361008)
总编办电话:0592-2182177 传真:0592-2181406
营销中心电话:0592-2184458 传真:0592-2181365
网址:http://www.xmupress.com
邮箱:xmup@xmupress.com
厦门集大印刷厂印刷
2015 年 8 月第 1 版 2015 年 8 月第 1 次印刷
开本:787×1092 1/16 印张:35.75 插页:4
字数:825 千字
定价:180.00 元
本书如有印装质量问题请直接寄承印厂调换

前　言

1931年的“九一八”事变后，中国人民经过十四年艰苦卓绝的浴血奋战，最终赢得了抗日战争的胜利，这是中国近代以来抗击帝国主义入侵的第一次完全胜利，也是为世界人民反击法西斯主义暴政和争取和平所做出的重大贡献。抗日战争中，中国人始终洋溢着自信、自立、自强的民族精神；而抗日战争的胜利，也开启了古老中国凤凰涅槃、浴火重生的新征程；如今，鲜血写就的抗日战争历史，其精神已凝结为中华民族走向伟大复兴的核心价值。

历史是一个民族的灵魂，不是任人打扮的婢女。维护历史的尊严，就是维护人类良知，就是要留下正义、善良与仁慈，将邪恶、血腥、残暴钉在历史的耻辱柱上；坚守真实的共同记忆，就是坚守理性火炬而照亮自我，念念不忘，必有回响，才可穿越丛林，走向未来。

20世纪像一列轰轰烈烈的火车，正渐渐地驶离我们的视野。但它依旧是未曾合上的书，与现实生活仍有千丝万缕的联系。近日，习近平总书记在中共中央政治局第二十五次集体学习时强调，坚持正确的历史观，就是“让历史说话，用史实发言”①。史料是一切历史阐述的基础，前辈学者早就指出：“只有掌握了更丰富的史料，才能使中国的历史，在史料的总和中，显出它的大势；在史料的分析中，显出它的细节；在史料的升华中，显出它的发展法则。”②有人比喻，历史解释犹如果肉，历史事实犹如果核，严肃、负责的历史解释都必须建立在“事实的硬核”之上③。缺乏基本史实的支撑，任何历史描述和历史解释只能是没有生命的空壳。

一直以来，日本极右翼分子不顾历史事实，美化战争，甚至走向否认历史、推卸战争责任的极端。清代龚自珍说：“欲知大道，必先为史。灭人之国，必先去其史。”因此，如何遏制解构、歪曲、篡改历史的行为，已成为社会各界必须面对的问题。值此纪念世界反法西斯战争胜利和中国人民抗日战争胜利70周年之际，习近平总书记高屋建瓴地指出：“抗战研究要深入，就要更多通过档案、资料、事实、当事人证词等各种人证、物证来说话。”④此论切中要害。敬畏历史，尊重事实，才能守住记忆。

1937年“八一三”事变后，日本除在华北各地进一步扩大侵略和进攻上海外，还加紧

---

① 习近平：《让历史说话，用史实发言》，《人民日报》2015年8月1日。

② 翦伯赞：《略论中国文献学上的史料》，载翦伯赞：《史料与史学》，北京大学出版社1985年版，第17页。

③ [英]爱德华·霍列特·卡尔：《历史是什么?》，商务印书馆1981年版，第4页。

④ 习近平：《让历史说话，用史实发言》，《人民日报》2015年8月1日。

在沿海地区的侵略活动。8月25日，日本海军宣布对中国海岸实行封锁，企图占领福建，变其为侵略华南地区以至东南亚地区的基地。宁德俗称闽东，南靠福州市，北邻浙江省温州市，东临东海，西接建阳，现辖宁德、福鼎、霞浦、福安、寿宁、周宁、古田、屏南、柘荣9县(市)。宁德人民素有光荣的革命传统，为了抗击日本帝国主义的野蛮侵略，开展了多种形式的民众抗日运动，实行全民抗战。闽东抗日战争档案资料丰富，为了使整理、编辑工作细致有序地展开，本辑以“经济游击队”为主题进行相关档案的汇编。抗日战争进入相持阶段后，日军利用各种手段掠夺经济资源，“为破坏敌人在我沦陷区域之一切经济建设，保有我战区之人力、物力不为敌用，以粉粹敌人以战养战之毒计、以华制华之阴谋，特组织经济游击队，采取各种有效手段，发动广大之经济游击战，俾与军事、政治配合，以达成抗战必胜之目的”(《经济游击队组织及实施办法》)。闽东是第三战区组建经济游击队的重要区域，经济游击队也是闽东全民抗战的核心内容和主要任务之一。闽东抗日战争档案现在被保存在宁德市各级档案馆中，它们既是“闽东之光”的历史见证，也是宁德人民的精神财富和文化遗产。为了充分发挥档案“存凭、留史、资政、育人”的作用，宁德市档案局(馆)与厦门大学马克思主义学院合作，编辑出版《闽东抗日战争档案史料(第一辑　经济游击队)》一书，谨以纪念抗日战争胜利七十周年。铭记历史，用史实发言；开创未来，中华民族走在复兴路上。

编辑说明

本辑《经济游击队》所用档案资料以宁德市档案馆藏民国档案为主，兼收福安档案馆、福鼎档案馆相关民国档案资料辑成。宁德市档案馆的这部分档案历经辗转，接收时大部分已虫蛀，破损。从1986年开始，档案馆逐卷进行整理、托裱、编制卷内目录和案卷目录，更换案卷皮，重新编制全宗号和案卷号。目前已有案卷目录、全引目录和人物卡片等三种检索工具。

因本辑所汇编的档案来自不同档案馆的不同卷宗，为了便于利用，采取了两种方式处理。

一、分类排列，给每份档案定名并确定时间。第一部分为概述性文告；第二部分为游击干部培训；第三部分、第四部分分别为福安县和福鼎县经济游击队情况。

二、保留每份档案的馆藏档号，以维护档案的原有属性和归档系统。

宁德市档案馆藏民国档案为：0158-001-0304、0158-001-0515、0158-001-0516、0168-001-0429、0168-001-0430、0174-001-0001、0174-001-0002、0174-001-0004、0174-001-0005、0174-001-0006、0179-001-0016-0001、0179-001-0040-0055。

福安档案馆藏民国档案为：0002-003-0359、0002-003-0360、0002-003-0361、0002-003-0362、0002-004-0238、0002-004-0670、0002-004-0829。

福鼎档案馆藏民国档案为：0133-003-0082、0133-003-0085、0133-003-0112、0133-003-0113。

影印出版闽东抗战档案资料，既保持了文献内容的原汁原味，又可呈现史料原貌，亦为抗战史研究提供了颇具特色、细致翔实的历史文献。

为便于阅读，将部分较大页面分为a、b面排版，并尽可能保留原档案所载信息。只是，档案文稿底色、印鉴颜色等因黑白印刷之故，无法保留原色。

由于经验及水平限制，我们在编辑与考订上难免存在缺漏。本书的错误和缺点必定不少，诚恳地希望各方面提出批评和指正。

目　录

一、文告

二、游击干部训练

三、福安县经济游击队

四、福鼎县经济游击队

一

文告

(一)组织规程与建制(组织办法、组织活动与目标)

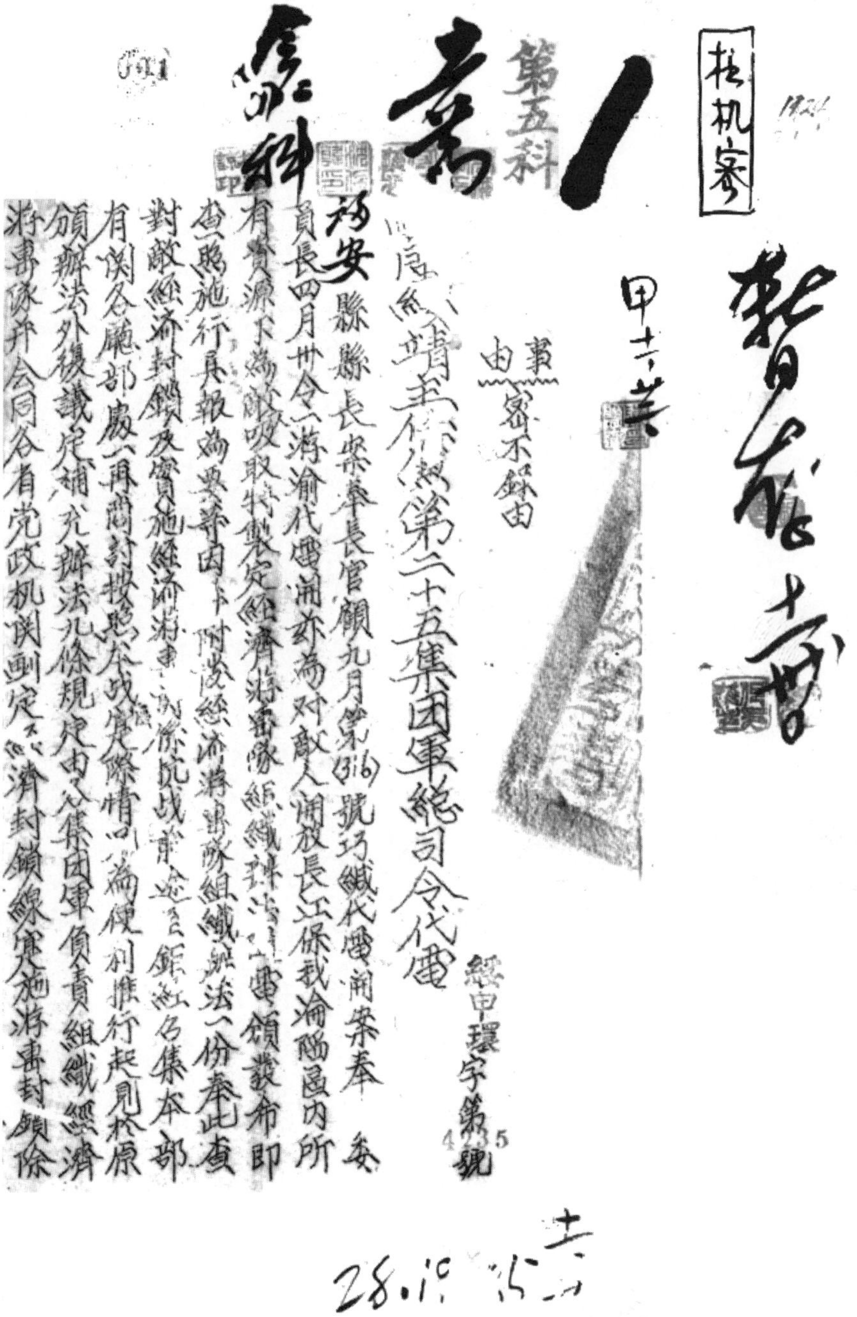
機密

第五科

甲十一第

駐閩綏靖主任兼第二十五集團軍總司令代電

經甲環字第4235號

事由 密不錄由

永安縣縣長粱奉長官顧九月策號巧戰代電開案奉 委員長四月卅令滬渝代電開亦為對敵人開放長江保我淪陷區内所有資源不為敵吸取特製定經濟游擊隊組織辦法一電頒發希即查照施行具報為要等因附發經濟游擊隊組織辦法一份奉此查對敵經濟封鎖及實施經濟游擊,以維抗戰前途至鉅,茲召集本部有關各廳部處,再酌封按照本戰區實際情形,為便利推行起見,於原頒辦法外,復議定補充辦法九條,規定由各集團軍負責組織經濟游擊隊,并會同各省黨政機關劃定經濟封鎖線實施游擊封鎖,除

驻闽绥靖主任兼第二十五集团军总司令关于颁发第三战区经济游击实施办法的代电

(1939 年 11 月)a 面　0002-003-0359

分電各集團暨、各省黨政機關外，合行檢發經濟游擊隊組織辦法及補充辦法各一份，希即遵照施行，並於電到兩星期內將遵辦去情形具報，以憑核轉為要。附發經濟游擊隊組織辦法一份、第三戰區組織經濟游擊隊補充辦法一份，旋於九月二十六日奉長官顧真分政電開：「巧戌代電計達，茲奉桂林行營政一午撒代電，本戰區之規定經濟游擊隊實施辦法等因，自應遵照，除實施辦法另代電附發外，所有前發之第三戰區組織經濟游擊隊補充辦法六條，應即廢止，特電查照」，復於十月四日奉蒼第三戰區戰地黨政委員會分会主任委員顧九月分字第〇〇四號儉分政代電開：「迴分政電計達，茲附同第三戰區經濟游擊實施辦法，希查照。第三戰區經濟游擊實施辦法一份」，復於十月十八日奉蔣主任委員顧十月分政字第〇〇二七號青分政代電開：「儉分政代電計達，所發第三戰區經濟游擊實施辦法尚有應補充之處，茲將要點列後：(一)關於經濟游擊事宜劃定經濟封鎖線，線外之沿海或淪陷區域由各該分區軍事長官負責；(二)封鎖線上及封鎖線以內由地方行政長官負責，並於封鎖線上之扼要地點設立敵貨查禁處或性質相同之機關，嚴予查禁；(三)軍事機關對

驻闽绥靖主任兼第二十五集团军总司令关于颁发第三战区经济游击实施办法的代电

（1939年11月）b面　0002-003-0359

2

於封鎖線內行政机関對於封鎖綫外仍得互相糾察如 竟有濫徵
捐稅任意放行及勾結奸商包庇運私等情事並分向戰區長官司
令部及本公会密報本署發但不得逕行處理致滋糾紛除分電外希
遵照並轉飭知照復於十一月三日奉長官顧寀分政電開查各經濟
游擊分區原責成各軍事長官負責其以各行政督察區為劃區
界者意在明示黨各級党政軍配之関係並非即以行政區為界茲提
示二項（一）經濟游擊分區以所指定負責軍事長官防區為界各軍
事長官防區有變更時游擊分區界址隨同變更（二）甲游擊分區與
乙游擊分區接界處應由甲乙兩分區當局互商聯絡銜接以免脫漏除
分發外希查照各等因奉此茲為本分區實施便利起見遵照奉頒
各件訂定第三戰區第一經濟游擊分區經濟游擊實施補充办法分
發施行除関於經濟游擊督導委員会委員之聘委及組織成立
電請省政府示遵並報及分電省党部軍管區省國民抗敵自衛
團總司令部暨各部隊各專員各縣長外合行檢同奉頒各件
及本集團軍經濟游擊實施办法特電遵照南陳儀 寒 綏田 坰發經

驻闽绥靖主任兼第二十五集团军总司令关于颁发第三战区经济游击实施办法的代电

(1939 年 11 月)a 面　0002-003-0359

濟游擊隊組織辦法」「第三戰區經濟游擊實施辦法」「第三戰區第一級經濟
游擊實施補充辦法」各一份

中華民國二十八年拾一月 日

校對鄭慕橋

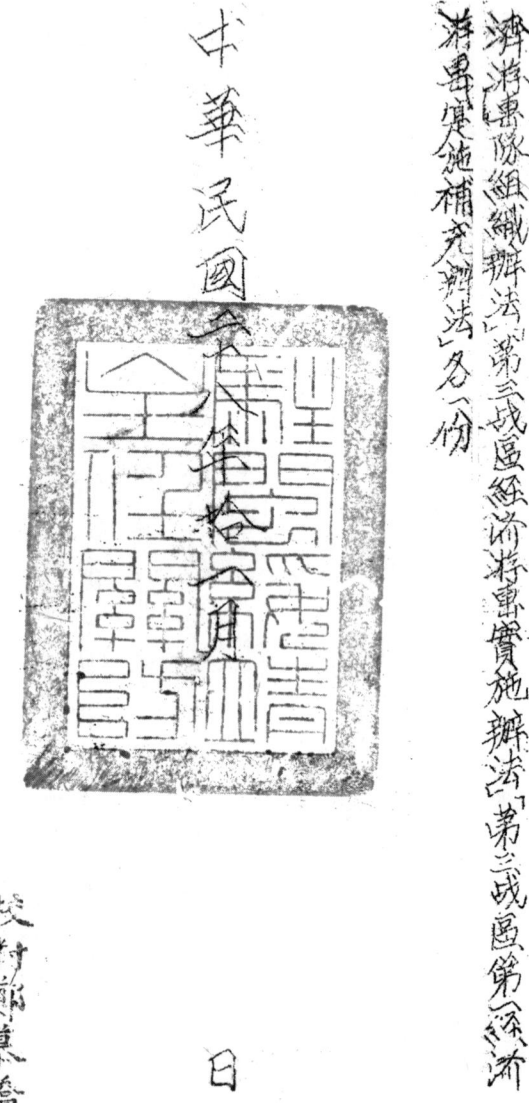

驻闽绥靖主任兼第二十五集团军总司令关于颁发第三战区经济游击实施办法的代电
(1939 年 11 月)b 面 0002-003-0359

3

極機密

經濟游擊隊組織辦法

第三戰區經濟游擊實施辦法

第三戰區第一經濟游擊分區經濟游擊實施補充辦法

驻闽绥靖主任兼第二十五集团军总司令关于颁发第三战区经济游击实施办法的代电
及附发件(1939 年 11 月)　0002-003-0359

4

經濟游擊隊組織辦法

第一條 為摧毀敵人掠奪及利用戰地一切物資之企圖凡下列各部隊均應察酌當地需要就原部隊中抽調一部分編組「經濟游擊隊」

(甲)戰地正規軍

(乙)游擊隊及保安團隊

(丙)戰地自衛團及壯丁隊

前項經濟游擊隊之編組與分配應由各戰地黨政分會及各戰區司令長官按照管轄區域內敵我經濟情況劃分該區域內為若干經濟游擊分區指定某部担負該分區內經濟游擊之責任

第二條 經濟游擊隊暫分小隊中隊大隊三級編制「宜多編獨立小隊或獨立中隊」其官兵名額得參酌游擊隊編制辦法「精兵彈性」辦理

第三條 經濟游擊隊官兵「原有部隊內抽調不得另委及招募」其給養亦各按原

经济游击队组织办法(1939 年 11 月)a 面　0002-003-0359

第一頁

額支付

但為達成其任務而行動時或為謀取民眾之合作其有僱用必要之技術人員購備器材及額外必需費用得呈准該管上級機關撥給在游擊費或賠償費用開支

第四條 經濟游擊隊各就管轄區域執行任務即由各原主編部隊長官負指揮監督之責遇緊急或必要時得互相權宜指揮

前項經濟游擊隊於執行任務前應由各該區戰地黨政分會及戰區司令長官部由政軍人員施以特別之訓練

其奉令執行任務時務必須達成其目的並應由各該戰地黨政分會及戰區司令長官嚴定賞罰 賞罰條例另定之

9

第五條 經濟游擊隊對左列各款應設法并協助正規軍或地方政府完成其任務

(甲)破壞敵偽鈔行使

經济游击队组织办法(1939年11月)b面　0002-003-0359

(乙)维護法幣信用

(丙)属行資源經濟封鎖如軍需品食粮燃料铜鉄五金等之輸出及被敵收買

(丁)制止仇貨輸入及奸商偷運

(戊)摧毁偽組織及其經濟机構

第六條 凡下列敵偽經濟机構及人員均須應用極机警敏捷之方式澈底破坏或消滅之

(甲)軍需設備如兵工廠儲藏庫運輸站兵站等

(乙)運輸机構如鉄路公路水運空運火車輪船橋樑汽車飛机飛机場等

(丙)金融業務如銀行錢莊外滙局商店公司市場等

(丁)礦場設備如煤銅鉄各礦場等

经济游击队组织办法(1939 年 11 月)a 面　0002-003-0359

第二頁

（戊）工業机械如机器廠各種工廠堆棧等

（己）電汽事業如電力廠電報電話播音台以及無線電台等

（庚）生產場所如鹽場農場以及紡織事業

第七條 經濟游擊隊及協助動作之民衆執行第六條所列各項任務時必須調查確實認為敵偽所利用者方可實施破壞其屬於內向民以所有者仍當尽力保護之

至其調查手續應由各經濟游擊隊或飭由各省府於平日調查明確列表呈報上級机関各該戰區之戰地党政分會及司令長官隨時統籌決定破壞及保護之目標分飭遵行

第八條 如經濟游擊隊一部力量認為不能達成任務時得呈請上級机関增派部隊協助之

第九條 經濟游擊隊之行動有需海軍或江防警備部隊空軍暨所在地政府党

经济游击队组织办法（1939 年 11 月）b 面　0002-003-0359

部及特务人員民众組織之扶持協着得由各該戰地党政分會及戰區司令長官分别咨飭下列各机関協助辦理之

(甲)海軍總司令部，或江防警備机関及其所屬，凡沿江海要隘，佈設水雷及阻絕其他水道之計劃及設施，可運用海軍(或江防)力量者。

(乙)航空委員會及其所屬，凡爆炸對象絕非游擊部隊所能致力者。

(丙)各級地方政府及党部

(丁)特务机関，如刺探敵情，散佈流言，擾乱經濟區域之安全等。

(戊)民众团体，由當地政府督令參加動作，并由經濟游擊隊直接緊密連繫者。

第十條 各經濟游擊隊工作情形除隨時報告直屬机関長官外，并於每半月由各集团軍總司令各省政府分别負責彙報所屬區域之戰地党政分會或各該党政分會並于每月終將該月經濟游擊隊情形彙報戰地党政委員會查核并轉報軍事委員會

经济游击队组织办法(1939 年 11 月)a 面　0002-003-0359

第三页

至於當地民众輔助經濟游击队達成其任务者亦應由各戰區另行規定特别予以奬勵办法

第十二條　本办法由戰地党政委員會暨軍令軍政两部會商订定呈请軍事委員會核准施行

经济游击队组织办法(1939年11月)b面　0002-003-0359

007
006

7

第三戰區經濟游擊實施辦法

一、本辦法根據奉頒之「經濟游擊隊組織辦法」訂定之

二、本戰區游擊分區如左：

甲、第一經濟游擊分區——福建沿海一帶由第二十五集團軍總司令負責

乙、第二經濟游擊分區——浙東第七第八兩行政督察區沿海一帶由浙江國民抗敵自衛團總司令負責

丙、第三經濟游擊分區——浙東第六行政督察區沿海一帶暨浙西行署轄境由第十集團軍總司令負責

丁、第四經濟游擊分區——江南第一第二第三皖南第九共四個行政督察區轄境由第三十二集團軍副總司令負責

戊、第五經濟游擊分區——皖南第八第十贛東北第五共三個行政督察區轄境由第二十三集團軍總司令負責

第一頁

第三战区经济游击实施办法(1939 年 11 月)a 面　0002-003-0359

己、第六經濟游擊分區——贛東第六第七第十二共三個行政督察區轄境由第三十二集團軍總司令負責

三、各游擊分區經濟游擊隊由前條所述之各總副司令統率指揮之並受第三戰區司令長官司令部戰地黨政委員會分會監督各游擊分區規章編制以及游擊策略活動情況由各總副司令隨時分呈監督機關核

四、為經濟游擊隊與黨政各單位配合運用起見各游擊分區應設置經濟游擊督導委員會以負責之各總（副）司令為主任委員各分區境內各行署主任為副主任委員省黨部辦事處主任及各行政督察專員各區黨務指導員各委員及總副司令指定之政治部高級人員三至五為委員經濟游擊分區督導委員會決議下列事項

甲、抽調部隊編組經濟游擊隊事項

乙、經濟游擊隊編制事項

第三战区经济游击实施办法(1939年11月)b面　0002-003-0359

008

8

丙、經濟游擊隊訓練事項
丁、經濟游擊隊工作之考核事項
戊、經濟游擊策略之決定事項
己、封鎖地帶事項
庚、其他重要事項
五、決議事項由主任委員移送總副司令執行之
為防止走私及促進地方經濟游擊工作起見第三戰區司令長官司令部戰地黨政委員會分會特組流動稽查隊巡迴查察流動稽查隊辦法另定之
六、各分區經濟游擊隊成立之日所有分區境內各類似經濟游擊組織均撤消之
七、本辦法由第三戰區司令長官司令部戰地黨政委員會分會會訂頒行並呈報軍委會備案修改時同

第十一期

第三战区经济游击实施办法(1939 年 11 月) 002-003-0359

009

9

第二十五集團軍經濟游擊實施補充辦法

一、本辦法，根據奉頒之『經濟游擊組織辦法』『第三戰區經濟游擊實施辦法』及第三戰區經濟實施辦法補充要點等，訂定之，

二、遵照『第三戰區經濟游擊實施辦法』第二甲項之規定，以福建沿海一帶，為『第三戰區第一經濟游擊分區』，由本集團軍總司令負責，

三、本分區經濟封鎖線如左

甲、第一經濟游擊分區，第一經濟封鎖線、、前進游擊地區各縣屬之，由各縣預選游擊隊，選編經濟游擊隊，訓練服務，

（子）第一經濟封鎖線，第一封鎖地區、、詔安、東山、雲霄、漳浦、海澄、龍溪、長泰、同安等八縣屬之，由陸軍第七十五師、長，（本集團軍第一守備地區）負責督導，

（丑）第一經濟封鎖線、第二封鎖地區、、安溪、南安、晉江、惠安、莆田、仙遊、福清、長樂、閩侯、連江等十縣屬之，由陸軍第八十師、長，（本集團軍第二守備地區）負責督導，

（寅）第一經濟封鎖線、第三封鎖地區、、羅源、寧德、福安、霞浦、福鼎等五縣屬之，由保安第二旅、長，（本集團軍第三守備地

第二十五集团军经济游击实施补充办法(1939 年 11 月)a 面　0002-003-0359

區負責督導，

（卯）以上各封鎖地區之經濟游擊隊，就各該縣預定編充游擊隊之部隊，指定一中隊或數中隊組織之，

乙、第三經濟游擊分隊，第二經濟封鎖線一、二、主游擊地區之經濟游擊地區各縣屬之，由福建省保安處派員負責督導，

（子）第二經濟封鎖線，第一封鎖地區、一、主（預）游擊地區之第一游擊地區各縣區（平和、雲霄、南靖、永定、龍溪、長泰、華安、漳平、龍岩、安溪等縣及廈門特區）屬之，由第一游擊第一縱隊司令（保安第一旅旅長）副司令（第五區行政督察專員）負責督導，

（丑）第二經濟封鎖線、第二封鎖地區、一、二、主（預）游擊地區之第二游擊地區各縣（德化、永春、仙遊、大田、寧洋、永泰、尤溪、閩清、南平等縣）屬之，由閩東游擊第二縱隊司令（保安第二旅旅長）副司令（第四行政督察區專員）負責督導，

（寅）第二經濟封鎖線、第三封鎖地區、一、二、主（預）游擊地區之第三游

壹

第二十五集团军经济游击实施补充办法(1939年11月)b面　0002-003-0359

010

10

擊地區各縣（羅源、古田、閩侯、屏南、福安、壽寧、柘洋、周墩等縣區）屬之，由兼游擊第三縱隊司令（保安第五旅旅長）副司令（第一行政督察區專員）負責指導，

（卯）以上各封鎖地區之經濟游擊隊，就主（預）游擊地區預定編充各游擊支隊之部隊中斟酌實際需要，組織之，

丙、第一經濟封鎖線各封鎖地區經濟游擊隊，由甲項所述之師長旅長統率指揮之，第二經濟封鎖線，由保安處處長統率指揮之，並受駐閩綏靖主任公署兼第二十五集團軍總司令部監督，

丁、關於經濟游擊事宜，各封鎖地區外之沿海島嶼或淪陷區域，由該地區軍事長官負其專責，各封鎖地區內，由地方行政長官負責，受各該地區軍事長官之指導，並於封鎖地區境界線上之扼要地點，設立敵貨查禁處或性質相當同之機關，嚴予查禁，

戊、各封鎖地區之軍事機關與行政機關，仍須互相糾察，如發現有濫徵捐稅，任意放行，及勾結奸商，包庇運私情事，應分向本集團軍總司令部，及本分區經濟游擊督導委員會，密報揭發，聽候指示處置，倘案情重大者，更由本集團軍總司令部會同經濟游

第二十五集团军经济游击实施补充办法(1939 年 11 月)a 面　0002-003-0359

游擊指導委員會，或各自分報 戰區長官部及戰地黨政委員分
會，指示處置，但不得逕行處理，致滋糾紛；
己、各經濟封鎖地區之一切規章，編制，以及游擊策略，活動情況等，
第一經濟封鎖線各封鎖地區，由甲項所述之師長旅長，第二經濟封
鎖線由保安處之長，分別指示擬定，隨時彙轉，分報本集團軍
總司令部，及本分區經濟游擊指導委員會，審核彙報，
四、遵照 奉頒「第三戰區經濟游擊實施辦法」第四條規定，設置「第
三戰區第一經濟游擊分區經濟游擊指導委員會」，除照規定由本
集團軍總司令為主任委員外，以福建省黨務執行委員會主任
委員，第一百軍軍長，為副主任委員，第二十五集團軍總司令部參
謀長，福建省政府秘書長，陸軍第八十師師長，陸軍第七十五師師長
陸軍新編第二十師師長，馬尾要港司令，保安處處長，福建省政府
各區屬局長，保安第一二三五旅旅長，水警總隊隊長，各行政督察
專員，各區黨務指導專員，第二十五集團軍政治特派員，為委員，
本分區經濟游擊指導委員會由省政府主持之，並就委員中指定常
弍

第二十五集团军经济游击实施补充办法(1939 年 11 月)b 面 0002-003-0359

011

務委員，長川駐會，負責辦理一切事宜，
並為便於策動起見，於漳州、福州、寧德、三元四地，設置第三戰區
第一經濟封鎖分區經濟游擊指導委員會某地辦事處，以資就
近指導各地區經濟游擊事宜，

1、漳州辦事處，以委員陸軍第七十五師師長為主任，第五行政督察
區專員為副主任，第五區黨務指導專員，第七十五師政治部主任
、長泰縣警備大隊大隊長等為委員，負責決議第一經濟封鎖
線第一封鎖地區內，經濟游擊事項，

2、福州辦事處，以委員陸軍第八十師師長為主任，第四行政督察
專員為副主任，馬尾要港司令，福州警備司令部參謀長，第
一行政督察區專員，第四區黨務指導專員，第八十師政治部主
任，為委員，負責決議第一經濟封鎖線第二封鎖地區內經濟游擊事項，

3、寧德辦事處，以委員保安第二旅旅長為主任，第一行政督察區
專員為副主任，第一區黨務指導專員，保安第二旅旅部政訓人
員為委員，負責決議第一經濟封鎖線第三封鎖地區經濟

第二十五集团军经济游击实施补充办法(1939年11月)a面 0002-003-0359

游擊事宜，

4、三元游擊隊以委員保安處之長為主任，第一、二、四、五、六行政督察區專員，第一、二、四、五、六區黨務指導專員，陸軍新編第二十師第一旅之長，保安第一、三、五旅之長，保安處民級政訓人員為委員，負責決議第二經濟封鎖線經濟游擊事宜，

五、第一經濟游擊分區經濟游擊督導委員會決議之事項，如奉頒同第三戰區經濟游擊實施辦法之規定，

甲、抽調部隊編組經濟游擊隊事宜，

乙、經濟游擊隊編制事項，

丙、經濟游擊隊訓練事項，

丁、經濟游擊隊之考核事項，

戊、經濟游擊策略之決定事項，

己、封鎖段事項，

庚、其他重要事項，

六、經濟游擊督導委員會決議事項，由主任委員移送第三集團軍總司令部執行之。

叁

第二十五集团军经济游击实施补充办法(1939 年 11 月)b 面 0002-003-0359

12

七、各地辦事處決議之事項，其督導委員會同推經以事處決議之事項，須呈由督導委員會覆核後移送本集團軍總司令部執行之，

八、遵照《第三戰區經濟游擊實施辦法》第五之規定，設置第一經濟游擊分區流動密查隊巡迴隊，以防走私，及考查經濟游擊工作，其辦法由督導委員會決議訂定及組織之，並通報本集團軍總司令部，

九、關於經濟游擊督導委員會及辦事處之組織大綱、辦事細則與辦理經濟游擊及製定方案計劃等，統由經濟游擊督導委員會分別決議策定頒行，並呈報第三戰區司令長官司令部備案及移送本集團軍總司令部參攷，

十、本辦法一面呈報備案，一面撥照實行，如有未盡之處，得隨時修改之，

第二十五集团军经济游击实施补充办法(1939年11月)　0002-003-0359

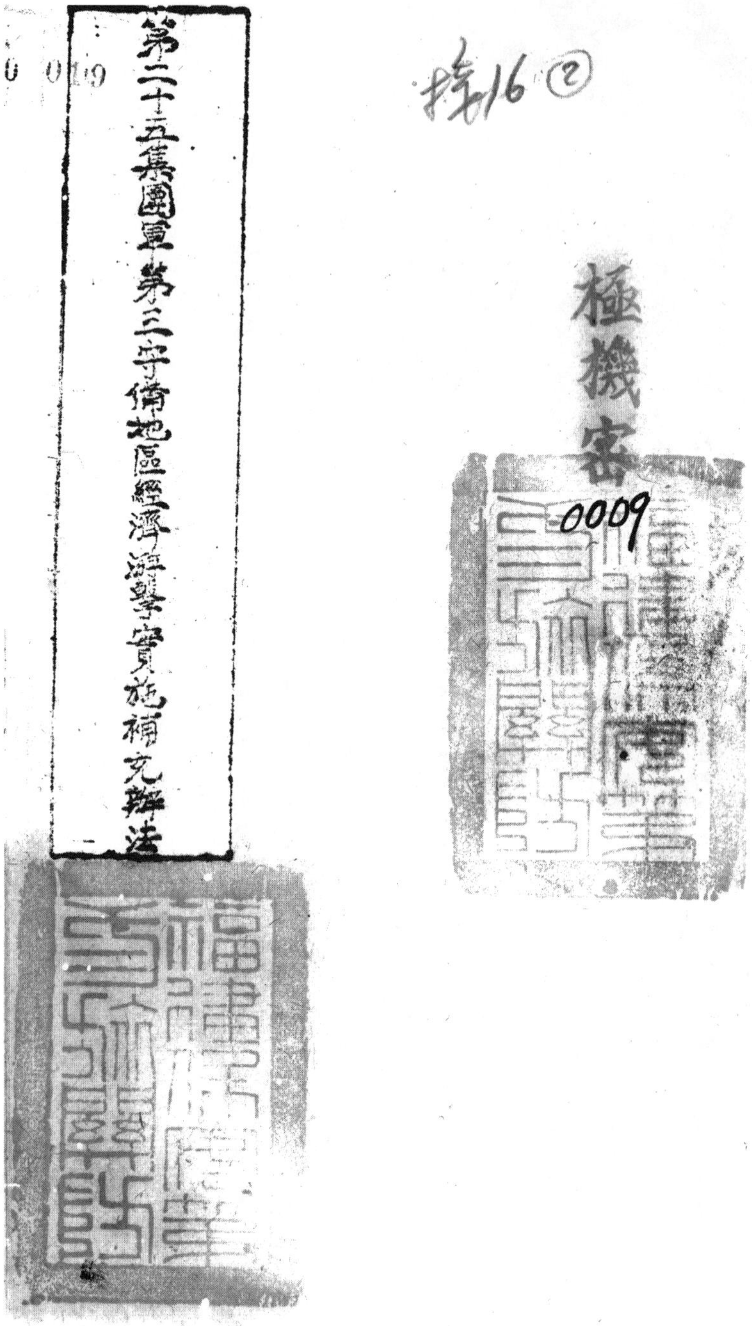
第二十五集團軍第三守備地區經濟游擊實施補充辦法

極機密

0009

第二十五集团军第三守备地区经济游击实施补充办法(1939 年 12 月) 0002-003-0359

020

17

第二十五集團軍第三守備地區經濟游擊實施補充辦法

一、本辦法依據奉頒「經濟游擊組織辦法」「第三戰區經濟游擊実施辦法」「第三戰區經濟游擊実施辦法補充要点」及「第二十五集団軍經濟游擊補充辦法」等訂定之

二、遵照第二十五集団軍經濟游擊実施補充辦法第三甲項第一条規定以閩東羅源寧德福安霞浦福鼎等五縣為第一經濟封鎖綫第三封鎖地區由本（第三）守備區指揮官負責督導

三、本封鎖地區劃分為兩封鎖分區如左

1、第一封鎖分區羅源寧德兩縣屬之由保二團團長（第三守備區右翼隊）負責督導

2、第二封鎖分區福安霞浦福鼎三縣屬之由保一團團長（第三守備區左翼隊）負責督導

3、以上各封鎖分區之經濟游擊隊就各該縣預定編充游擊隊之部隊組織之

4、各縣經濟游擊隊編組如左

第二十五集团军第三守备地区经济游击实施补充办法(1939年12月)a面　0002-003-0359

a 羅源一分隊
B 寧德一中隊
C 福安一小隊
d 霞浦兩分隊
e 福鼎兩分隊

5 第一封鎖分區經濟游擊隊由保二團團長統率指揮之。第二封鎖分區經濟游擊隊由保一團團長統率指揮之並受保二旅旅長兼第三守備區指揮官監督

四、關於經濟游擊事宜各封鎖分區外之沿海島嶼或淪陷區域由該地軍事長官負責各封鎖分區內由地方行政長官負責受該地軍事長官之指導並於羅源之松山濂澳寧德之碗窰三都福安之賽岐下白石霞浦之東冲三沙福鼎之沙埕蓁嶼分水關等處設立敵貨查禁所嚴予查禁

五、各封鎖分區之軍事机關與行政机關仍須互相糾察如發現有濫徵捐

第二十五集团军第三守备地区经济游击实施补充办法(1939年12月)b面　0002-003-0359

021 18

稅任意放行及勾結奸商包庇運私情事應向本守備區指揮部及第一經濟游擊分區督導委員會寧德辦事處密報舉發聽候處置倘案情重大者更由本守備區指揮部會同督導委員會寧德辦事處或各自分報第二十五集團軍總司令部及督導委員會請示處置但不得逕行處理致滋糾紛

六、各縣經濟游擊之一切規章編制以及游擊策略活動情況等由各該縣軍事及行政長官適應地方情形協商擬定隨時報由本守備區指揮部及督導委員會寧德辦事處核轉第二十五集團軍總司令部及督導委員會核示

七、遵照奉頒第二十五集團軍經濟游擊實施補充辦法第四項第三條規定設置第一經濟游擊分區督導委員會寧德辦事處除照規定由本守備區指揮官為主任第一行政督察專員為副主任第一區黨務指導專員保二旅高級政訓人員為委員外本辦事處由保二旅司令部主持並指定委員一人長駐處辦理一切事宜

並為便于策動起見於羅源及福安之賽岐設置寧羅分所安霞鼎分所以資就近督導各封鎖分區經濟游擊事宜

第二十五集团军第三守备地区经济游击实施补充办法(1939 年 12 月)a 面　0002-003-0359

八、寧德辦處寧羅分所以保二團團長為主任寧德羅源兩縣縣長及縣党部書記長為副主任保二團團党部指導員各縣府秘書及縣党部幹事為委員

九、寧德辦事處安霞鼎分所以保一團團長為主任福安霞浦福鼎三縣縣長及縣党部書記長為副主任保一團團党部指導員各縣府秘書及縣党部幹事為委員

十、寧德辦事處决議之事項如左

1. 抽調部隊編組經濟游擊隊事項
2. 經濟游擊隊編制事項
3. 經濟游擊隊訓練事項
4. 經濟游擊隊工作之考核事項
5. 經濟游擊策畧之决定事項
6. 封鎖地段事項
7. 其他重要事項

第二十五集团军第三守备地区经济游击实施补充办法(1939 年 12 月)b 面 0002-003-0359

022

19

十五、寧德辦事處各地分所決議事項與寧德辦事處同惟經分所決議之事項須呈由寧德辦事處覆核後移送本守備區指揮部轉呈第二十五集團軍總司令部執行之

十六、本辦法一面呈報備案一面按照實行如有未盡之處得隨時修改之

第二十五集团军第三守备地区经济游击实施补充办法(1939 年 12 月)　0002-003-0359

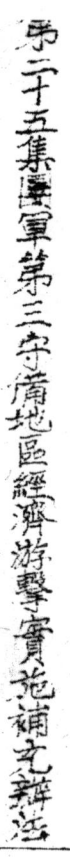

第二十五集團軍第三守備地區經濟游擊實施補充辦法

極機密

0010號

18

第二十五集团军第三守备地区经济游击实施补充办法(1940年1月) 0168-001-0430

第二十五集團軍第三守備地區經濟游擊實施補充辦法

一、本辦法依據奉頒「經濟游擊組織辦法」「第三戰區經濟游擊實施辦法」「第三戰區經濟游擊實施辦法補充要点」及「第二十五集團軍經濟游擊補充辦法」等訂定之

二、遵照第二十五集團軍經濟游擊實施補充辦法第三甲項寅条規定及綏署二十九年一月陽午綏庚甲電以閩東羅源寧德福安霞浦福鼎壽寧周墩柘洋等八縣區為第一經濟封鎖綫第三封鎖地區由本（第三）守備區指揮官負責督導

三、本封鎖地區劃分為兩封鎖分區如左

1. 第一封鎖分區羅源寧德二縣屬之由保二團團長（第三守備區右翼隊）負責督導

2. 第二封鎖分區福安霞浦福鼎壽寧周墩柘洋六縣區屬之由保一團團長（第三[illegible]）[illegible]

4. 各縣經濟游擊隊編組如左

a 羅源一小隊

B 寧德一中隊

C 福安一小隊

d 霞浦兩小隊

e 福鼎兩小隊

f 壽寧兩小隊

g 周墩一小隊

h 柘洋一小隊

第一封鎖分區經濟游擊隊由保三團團長統率指揮之第二封鎖分區經濟游擊隊由保一團團長統率指揮之並飭保二旅旅長兼第三守備區指揮官監督

四、關於經濟游擊事宜各封鎖分區外之沿海島嶼或淪陷區域由該地軍事長

第二十五集团军第三守备地区经济游击实施补充办法(1940 年 1 月)b 面　0168-001-0430

官負責各封鎖分區內由地方行政長官負責受該地軍事長官之指導並於羅源之松山濂澳寧德之碗窑三都福安之賽岐下白石霞浦之東冲三沙福鼎之沙埕秦嶼壽寧之武曲黄泥隘及周墩柘洋等扼要之處設立敵貨查禁所嚴予查禁

五、各封鎖分區之軍事機關與行政機關仍須互相糾察如發現有濫徵捐稅任意放行及勾結奸商包庇運私情事應向本守備區指揮部及第一經濟游擊分區督導委員會寧德辦事處密報舉發聽候處置倘案情重大者更由本守備區指揮部會同督導委員會寧德辦事處或各自分報第二十五集團軍總司令部及督導委員會請示處置但不得逕行處理致滋糾紛

六、各縣區經濟游擊之一切規章編制以及游擊策略活動情況等由各該縣軍事及行政長官適應地方情形協商擬定隨時報由本守備區指揮部及督[illegible]導委員會核示

[illegible]第三條規定

設置第一經濟游擊分區督導委員會寧德辦事處除照規定由本守備

第二十五集团军第三守备地区经济游击实施补充办法(1940 年 1 月)a 面　0168-001-0430

區指揮官為主任第一行政督察專員為副主任第一區党務指導專員保二旅高級政訓人員為委員外本辦事處由保二旅司令部主持並指定委員一人長駐處辦理一切事宜

並為便于策動起見於羅源及福安之賽岐設置寧羅分所安霞鼎壽分所以資就近督導各封鎖分區經濟游擊事宜

八、寧德辦事處寧羅分所以保二團團長為主任寧德羅源兩縣縣長及縣党部書記長為副主任保二團團党部指導員各縣府秘書及縣党部幹事為委員

九、寧德辦事處安霞鼎壽分所以保一團團長為主任福安霞浦福鼎壽寧四縣縣長及縣党部書記長為副主任保一團團党部指導員各縣府秘書特區區長及縣党部幹事為委員

十、寧德辦事處決議之事項如左

第二十五集团军第三守备地区经济游击实施补充办法(1940 年 1 月)b 面　0168-001-0430

1、抽調部隊編組經濟游擊隊事項
2、經濟游擊隊編制事項
3、經濟游擊隊訓練事項
4、經濟游擊隊工作之考核事項
5、經濟游擊策略之決定事項
6、封鎖地段事項
7、其他重要事項

十一、寧德辦事處各地分所決議事項與寧德辦事處同性經分所決議之事項須呈由寧德辦事處覆核後移送本守備區指揮部轉呈第二十五集團軍總司令部執行之

十二、本辦法一面呈報備案一面按照貫行如有未盡之處得隨時修改之

第二十五集团军第三守备地区经济游击实施补充办法(1940年1月) 0168-001-0430

002

第五科

公表

甲

事由机密

擬存卷

第二十五集團軍總司令部代電 總虔甲字第0832號

福安縣縣長密案奉國民政府軍事委員會三月十三日辦四二渝字第2764號訓令開查經濟游擊隊組織及實施辦法現經制定應即通飭施行除分令天水桂林行營各戰區司令長官戰地黨政委員會遵照外合行抄發該辦法令仰知照並轉飭有關所屬知照等因計抄發經濟游擊隊組織及實施辦法一份奉此除分行有關各部外特抄同該辦法令仰知照爲要陳儀 魚 總甲附抄經濟游擊隊組織及實施辦法一份

中華民國二十九年四月 日

校對鄭慕僑

收文 6493 16

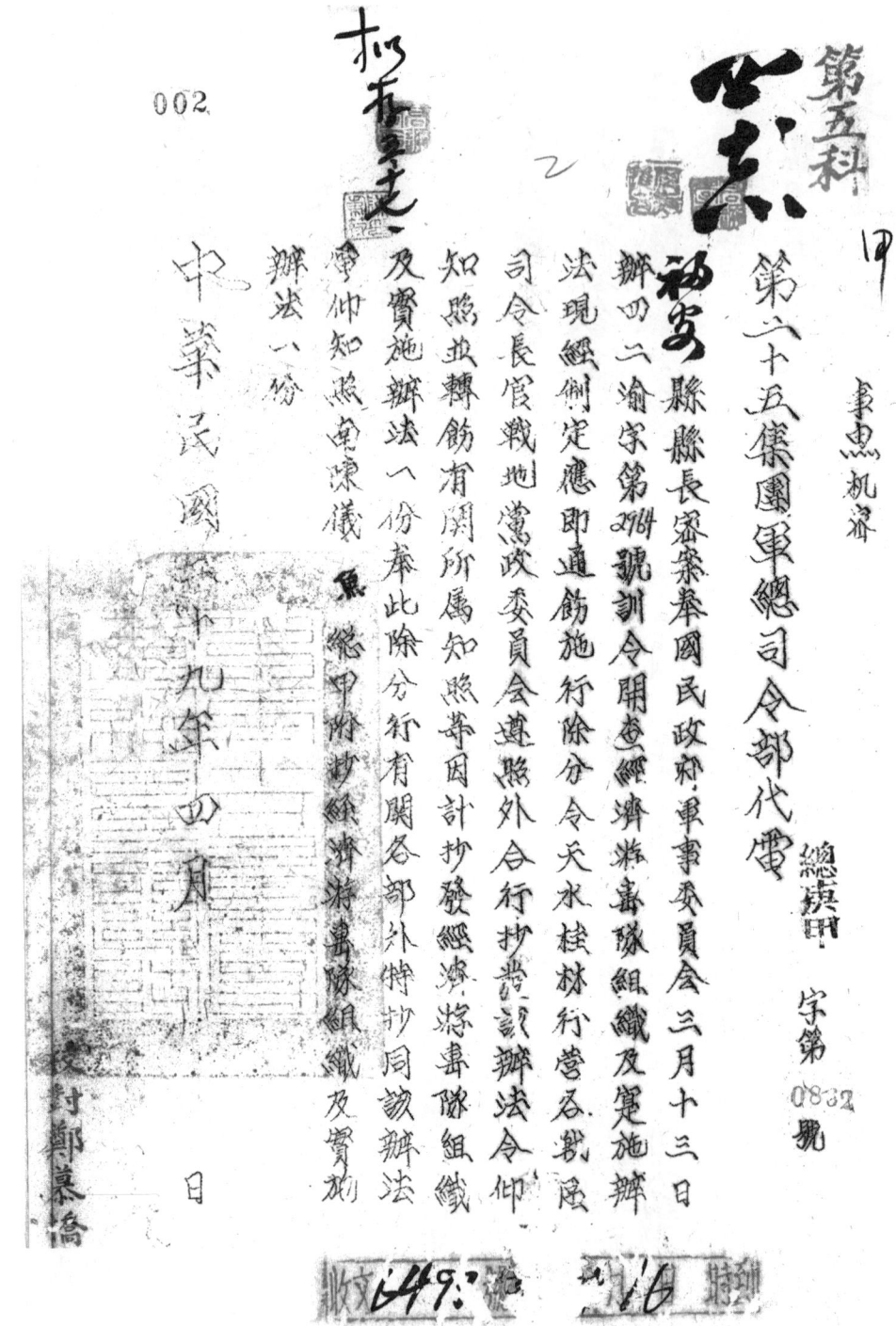

第二十五集团军总司令代电抄发经济游击队组织及实施办法

（1940 年 4 月） 0002-004-0238

第五科

密

甲

速 極機密 由

福建省政府密訓令

令福安縣政府

案奉

行政院二十九年三月二十日機字第八三七號訓令開：

「准軍事委員會二十九年三月十三日辦四渝字第二九六九號公函開：『查經濟游擊隊組織及實施辦法，現經制定，應即通飭施行，除分令桂林天水行營各戰區司令長官、戰地黨政委員會並分函外，相應抄送該辦法，函請查照並轉飭所屬遵照』等由，准此，自應照辦。除分令外，合行抄發原件，令仰知照並

擬存

009

6

福建省政府密训令抄发经济游击队组织及实施办法(1940年4月)a面　0002-004-0238

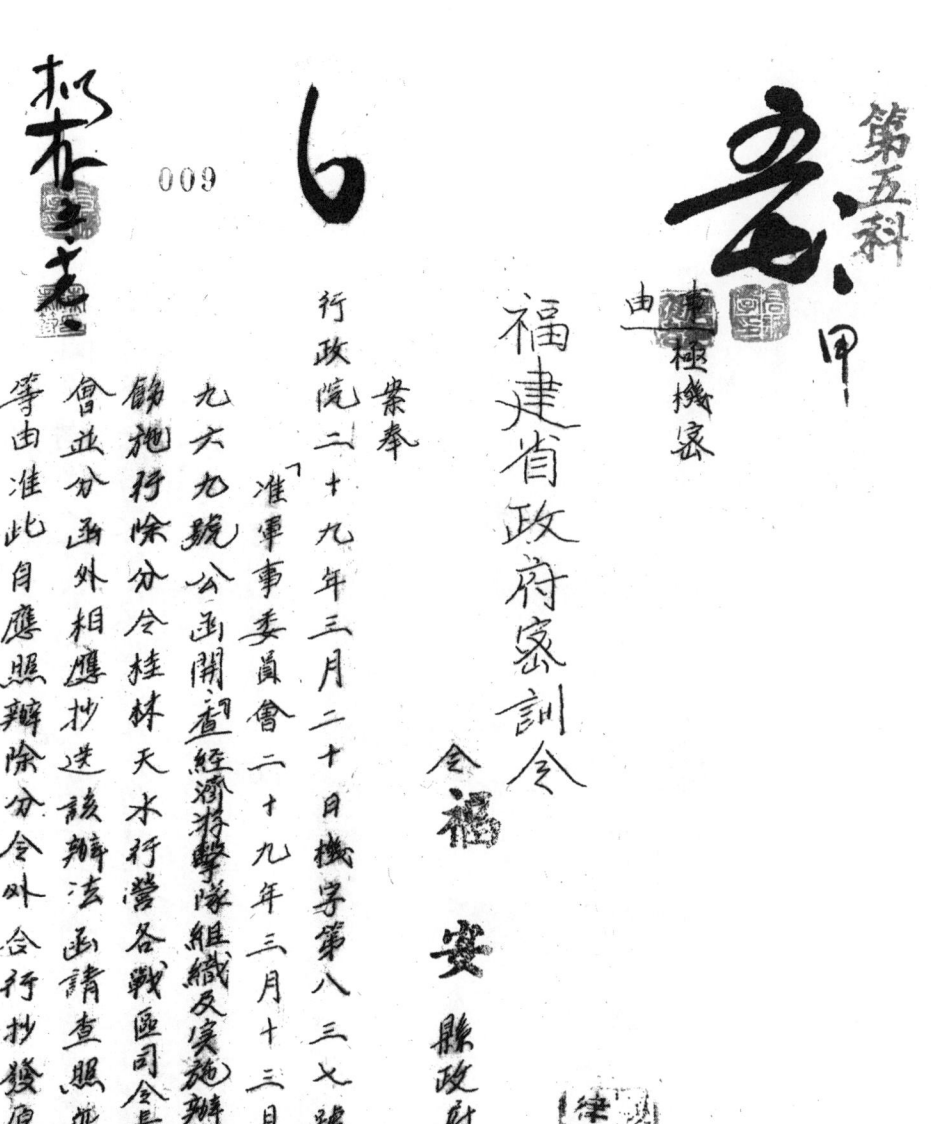

轉飭所屬一体知照

等因附辦法一份奉此除分令各區行政督察專員各縣政府各特種區署

福州警察局水警總隊部外合行抄發原辦法令仰知照並轉飭所屬知照

此令

附抄發原附辦法一份

中華民國二十九年四月　日

主席陳儀

福建省政府密训令抄发经济游击队组织及实施办法(1940 年 4 月)b 面　0002-004-0238

010

經濟游擊隊組織及实施辦法

第一章 通則

第一條 為破壞敵人在我淪陷區域之一切經濟建設保有我戰區之人力物力不為敵用以粉碎敵人以战養战之毒計，以華制華之陰謀特組織經濟游擊隊採取各種有效手段發動廣大之經濟游擊战與有軍事政治配合以達成抗战必勝之目的。

第二章 組織

第二條 各战區司令長官战区總司令應商同當地黨政委員會分會負責編組經濟游擊隊每戰區最少應編組十大隊其應增加之數及活動範圍各戰區得視情況需要自行決定之

第三條 經濟游擊隊分為甲乙兩種甲種經濟游擊隊係脫離生產乙種經濟游擊隊係不脫離生產兩種游擊隊由下列各

部隊及人員編成之：

甲種經濟游擊隊

一、戰地正規軍

二、游擊隊及保安團隊

三、戰地特務工作人員

乙種經濟游擊隊

一、戰地自衛團

二、戰地壯丁隊

三、依保甲及職業區別所組織之民衆團体各構成分子

四、戰地特務工作人員於必要時亦得參加

第四條 經濟游擊隊之編制暫分為小隊中隊大隊三級制（比照游擊隊之編制編組原則單位宜多而小隊員宜精而少並以及編獨立小隊獨立中隊以收靈活運用之效。

一

经济游击队组织及实施办法（1940年3月）b面 0002-004-0238

011

8

第五條　甲種經濟游擊隊官兵就原有部隊內抽調不得另委支招募其給養各按原額支付乙種經濟游擊隊官兵亦不另支薪餉惟為達成其種任務甲乙兩種經濟游擊隊有僱技術人員購備器材及額外必需費用時均得呈請上級機關核發

第六條　各戰區經濟游擊隊統轄於戰區司令長官部（戰區總司令部）並受諸區黨政委員會分會之指導監督在執行任務時得由戰區司令長官（戰區總司令）交各原主編部隊或機關長官指揮遇緊急或必要時亦得劃歸其他機關或部隊長官指揮。

第七條　各戰區司令長官部（戰區總司令部）應附設經濟游擊隊指揮處專負指揮及督促所屬各隊執行經濟游擊各項任務之責並研究破壞敵偽之一切經濟建設其設計對敵經濟對策事宜並以司令長官（總司令）兼任處長黨政分會副主任

经济游击队组织及实施办法(1940年3月)a面　0002-004-0238

二

委員或委員兼任副處長另設一參謀主任以當有經濟常識之軍官充任之處內職員應皆懂經濟者最多不得過十人

第八條 經濟游擊隊應受當地黨政機關之指導於必要時並得由戰區司令長官或戰區總司令劃歸當地行政機關指揮在平時尤須於當地民衆團体保持密切聯繫藉以取得民衆之協助。

第三章 訓練

第九條 為使經濟游擊隊增進致力於編成之後即施以短期訓練此項訓練應以經濟課程為主得分為普通經濟常識及特殊經濟問題兩科目講授如斷絕敵貨輸入制止偽幣行使並復活敵偽在淪陷區內之交易等實際問題均應特別研究除以上課程外並應授以必要之政治軍事常識尤應注重精神教育諜報勤務游擊戰術與破壞技術各種科目講授方法均應着眼實施時所採有效手段力避空洞理論俾使教学做打成一片。

经济游击队组织及实施办法(1940年3月)b面 0002-004-0238

012

9

第十條　訓練教材關於經濟訓練由經濟部財政部會同經濟……之關於軍事訓練由軍訓部編定之（便集有關各部會各學校如西南西北游擊幹訓班之教材編成淺易教本）關於政治訓練由政治部編定之分發各戰區轉發各經濟游擊隊並為使經濟游擊隊與地方保甲通力合作起見政工人員對保甲長尤須切實訓練之。

第十一條　關於訓練事項應由各戰區司令長官部（戰區經……令部）直接辦理各戰區並得設巡迴訓練團巡迴各地實施訓練各游擊幹部訓練班亦應加授關於經濟游擊必要課程以培養各地游擊幹部對經濟游擊之知識與技能。

第四章　任務

第十二條　經濟游擊隊受指揮機關之命令應設法完成下各條之任務（即十三、十四、十五、十六、十七、十八各條）

三

第十三條 屬於金融方面

（甲）維護法幣信用

（乙）破壞偽鈔行使務使根本不能流入鄉村

（丙）破壞或擾亂敵偽之銀行錢莊公司外滙局商店市場等

（丁）保護民間金銀運送後方

（戊）對敵偽毫無信用基礎之金融上一切辦法從事反宣傳務使人民明瞭真象不為所惑。

第十四條 屬於資源方面

（甲）厲行資源封鎖（包含工業原料軍需原料及食用必要品等）

（乙）厲行清野空舍凡可供敵利用之原料與食品製成品及應用機器工具等均搬運於游擊區根據地分散貯藏

（丙）厲行資源破壞凡敵偽之煤鐵銅鹽各礦場農場堆棧儲藏庫等均盡量破壞之

经济游击队组织及实施办法（1940年3月）b面 0002-004-0238

第十五條 屬於工業方面

（甲）凡敵偽所辦之軍需工業如兵工廠飛機製造廠造船廠等均破壞之。

（乙）凡敵偽所辦之輕重工業如機器廠煉鋼廠電力廠紡織工廠及各種工廠礦山等均破壞之。

第十六條 屬於商業方面

（甲）擾亂敵之市場如散佈流言暴動等。

（乙）厲行取締敵貨凡販運敵貨者依政府頒佈查禁敵貨法令法辦。

（丙）嚴禁包運敵貨犯者如係軍人除沒收其敵貨外並由軍法機關依法嚴辦如係人民送法院處理

（丁）嚴禁物品資敵違者依照禁運資敵物品條例法辦。

（戊）厲行國民公約宣傳不賣敵貨不買敵貨不運敵貨。

第十七條 屬於交通方面

（甲）凡各戰區內我方不能利用之道路（公路縣道鐵道河流及其他水陸交通路）均破壞之。

（乙）重要之交通線應派遣部隊駐守對經過物資商品等嚴行檢查

（丙）封鎖敵區交通之兩側使物資不為敵吸收

经济游击队组织及实施办法（1940年3月）a面 0002-004-0238

(丁)襲擊敵人之運輸

(戊)在敵區内我之交通工具應設法予以統制絕對不許在敵區内行駛必要時隨軍轉進。

(己)凡敵偽所設之電報電話播音台以及無綫電台均設法破壞之。

(庚)破壞敵之運輸機構如運輸站兵站船埠飛機場

(辛)派人混入敵偽交通通信機關竊取情報便利我之破壞工作

(壬)其餘適用封鎖敵區交通辦法辦理。

四

第十八條 屬於税收方面

(甲)凡敵偽征收糧税宣傳組織人民一律拒絕完納。

(乙)破壞或擾亂敵偽所設税收機關

(丙)暗殺或狙擊敵偽税收人員

(丁)封鎖敵偽税收機關所在地。

戊撲殺助敵偽剝削人民之區鄉保長地痞漢奸等。

第五章 實施

014

第十九條 實施手段概分下列破壞封鎖襲擊擾乱四種

第二十條 破壞

（甲）破壞之主眼在依各種方法摧毀敵之交通資源及偽組織與經濟機構。

（乙）破壞可分為技術破壞人工破壞以及宣傳破壞三種究採何種破壞為適切視情況與目標而定。

（丙）經濟游擊隊實施破壞時應分出工作隊及掩護隊工作隊實施破壞掩護隊應位置於敵可能增援的地方以抑制敵人破壞隊與工作隊之間要保持密切的通信聯絡工作完畢即照約定信號通知掩護隊引退。

（丁）熟知當時的情況與地形綿密計劃利用一切可能陰蔽的方法突然破壞使敵不及應付為破壞成功要訣

经济游击队组织及实施办法(1940 年 3 月)a 面　0002-004-0238

〈戊〉爆破是破壞中最迅速最確實的手段經濟游擊隊對爆破技術應平時訓練嫻熟現地實施時方能奏效。　五

〈己〉鐵道之破壞應尋找不易修復處如橋樑隧道轉灣處上下處等對汽車路破壞亦然除採取安置地雷拆毀路軌與路基外有時用陷阱阻塞及氾濫等方法。

〈庚〉對敵兵站倉庫船舶堆棧工廠商店之破壞通常用火燒先遣得力官兵偽裝民衆混入目的地附近偵察尋找易於接近之陰蔽地利用時機攜帶引火物品以為焚毀之用夜間破壞更為有效。

〈辛〉對敵偽經濟機構與對偽組織之破壞除採取軍事行動外尤須注意政略戰與宣傳戰。

〈壬〉凡實施破壞須事先調查確實認為敵偽所利

经济游击队组织及实施办法(1940 年 3 月)b 面　0002-004-0238

015

用者方可實施破壞其屬於民眾所有者仍當盡力保護之至調查手續應由各經濟游擊隊或由省政府於平日調查明確列表呈報上級機關（各該戰區司令長官及黨政分會）

第二十條 封鎖

（甲）封鎖之主眼在使淪陷區人力物力不為敵用而為我用俾粉碎敵人以華制華以戰養戰之企圖。

（乙）封鎖分為交通封鎖郵電統制運輸統制人口出入檢查

（丙）敵所佔之區域不外點與線點為敵之根據地線為生存之動脈故截斷交通線及封鎖城鎮（點）之四圍斷絕其接濟俾陷於絕境為封鎖最有效之手段。

（丁）為實施封鎖須完成我之封鎖網諜報網盤查哨巡查隊遊步哨之設施與派遣極關重要故經濟游擊隊須

经济游击队组织及实施办法(1940年3月)a面　0002-004-0238

先養成良好軍紀俾便與民眾打成一片共同實施之。

（戊）各縣市設郵電檢查所封鎖敵偽之消息。

（己）加強淪陷區政治工作嚴密保甲組織實行人口出入檢查使出口人口不為敵用而能盡宣傳諜報之責入口人口不致有漢奸潛入。

六

第二十三條　襲擊

（甲）經濟游擊隊的着眼以襲擊敵人兵站運輸輜重或征發隊為目標俾可斷絕敵糧。

（乙）襲擊成功之秘訣要有秘密而周詳的計劃迅速而突然的動作。

（丙）襲擊可分為奇襲急襲掩襲伏襲四種奇襲即出其不意攻其不備急襲即乘敵在行動無準備或退却混亂或陣綫動搖時急進襲擊之掩襲即乘風雨晦冥敵

经济游击队组织及实施办法（1940 年 3 月）b 面　0002-004-0238

016

12

人酣睡疲困進膳及部署未妥時機以迅雷不及掩[illegible]
段使敵有力不及使用而已崩潰伏襲即潛伏於隱蔽複
雜之地區內乘敵通過而邀擊之。

（丁）襲擊前應注意偵察敵情地形選擇有利時機與敵之弱
點可能時應規定成功與失敗之處置。

（戊）經濟游擊隊於襲擊時應與民眾切為配合如遣派便衣
偵探僱用嚮導力夫等。

第二十三條 擾亂

（甲）擾亂之主眼在使敵偽之政治機構經濟組織以及交通路
線均無法建設。

（乙）擾亂敵之部署應以多組小部隊分班實施避免真面目之
戰鬥乘機襲擊時須依襲擊之要領實施之。

（丙）對警戒周密之敵運輸縱隊宜分編多組小部隊佔領道

经济游击队组织及实施办法(1940 年 3 月)a 面　0002-004-0238

旁高地虚張聲勢吸引敵之兵力俾我襲擊容易或粉碎敵人之企圖。

（丁）對警戒周密之敵駐地宜不分晝夜不斷擾亂使之疲困不寧或乘隙襲擊或乘敵追擊伏擊之

（戊）對敵警戒周密之敵倉庫工廠或兵站輜重運輸等須擾亂疲困之俾破壞實施容易或蟄伏不動誘其警戒疏忽一舉襲擊之

（己）擾亂敵偽所佔之城鎮以先偽裝居民混入城鎮內約定信號時間裡應外合實施擾亂最為有效。

（庚）用宣傳方式散佈謠言用夜間工作造成恐佈演成風聲鶴唳草木皆兵之現象使城鎮蕭條敵偽無法繫榮

第二十四條 經濟游擊隊為執行上列諸種任務如認為力量不足不能

七

经济游击队组织及实施办法（1940年3月）b面 0002-004-0238

017

達成任務時得呈請上級機關增加部隊協助之於必要時
並得呈請戰區司令長官轉咨海軍總司令部及航空委員
會協助之

第六章 獎懲

第二十五條 各機關各部隊對於執行本辦法是否盡職其各上級須層層
監督考察依法獎懲外並由軍事委員會各戰區軍風紀巡察
團兼任視察監察之責按成績優劣呈請分別獎懲之

第二十六條 巡察團對負經濟游擊之機關與部隊應嚴加考察是否
盡職得按情節隨時具報軍事委員會或通知戰區司令
長官部參照各種獎懲辦法辦理。

第二十七條 巡察團應每週將機關與部隊應獎應懲人員列舉事實
彙報該管戰區司令長官部獎懲之司令長官部對應獎應
懲人員每月月終應彙報軍委會備案如有重大關係者並

经济游击队组织及实施办法(1940 年 3 月)a 面　0002-004-0238

先行呈報軍委會核示。

第七章 附則

第二十八條 經濟游擊隊工作情形除由負責指揮人員隨時報告上級機關外並應於每月月終由該地党政委員會分會彙報战地党政委員會並核並轉報軍事委員會。

第二十九條 本辦法自公佈日即發生效力前次所須佈之經濟游擊隊組織辦法即行廢止。

八

经济游击队组织及实施办法(1940 年 3 月)b 面 0002-004-0238

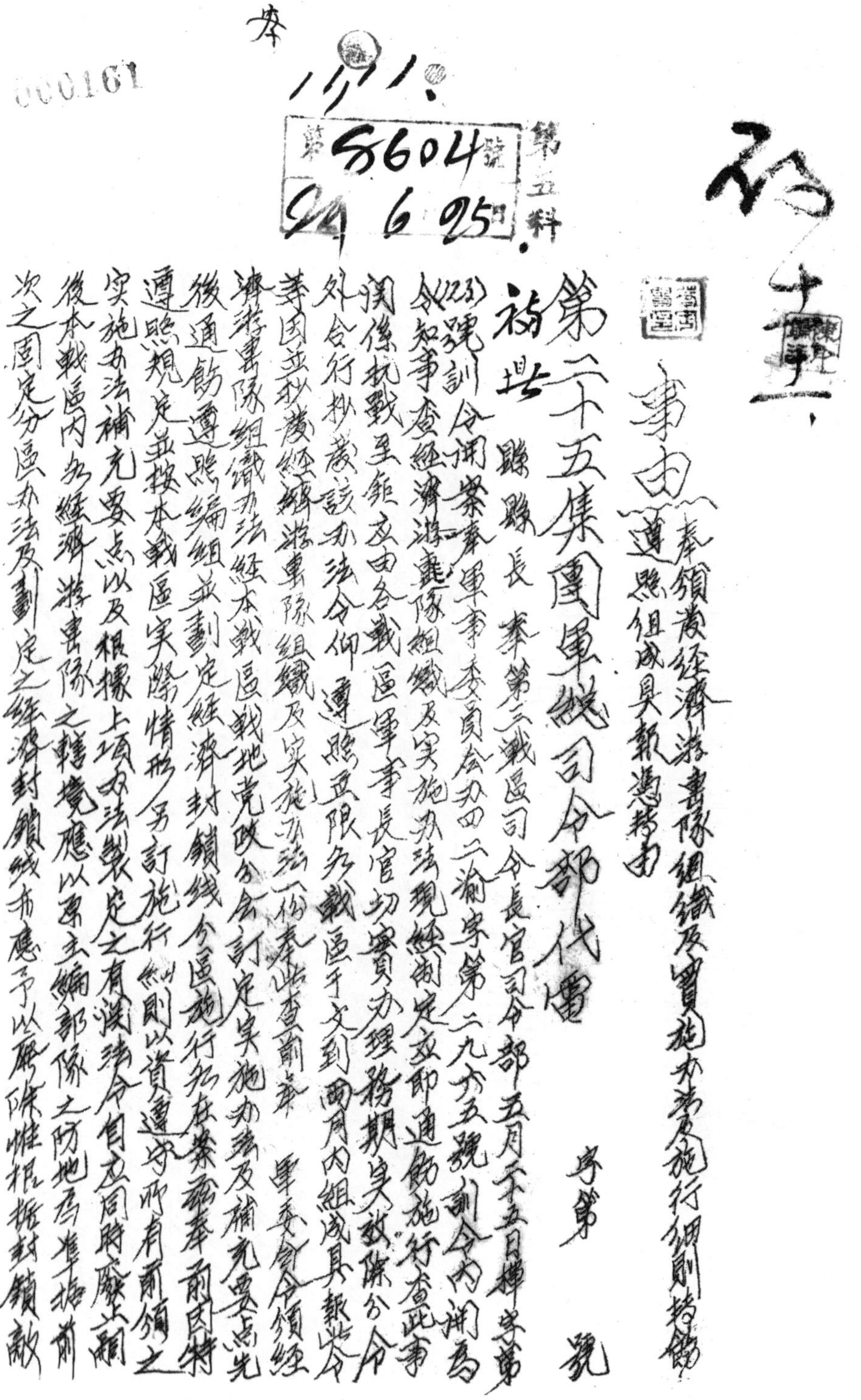
事由：奉颁发经济游击队组织及实施办法施行细则转饬遵照组织具报为要特由

第二十五集团军总司令部代电

字第　号

县县长　奉第三战区司令长官司令部五月二十五日挥字第(223)号训令开案奉军事委员会办四二渝字第二九六五号训令内开为令知事查经济游击队组织及实施办法现经核定应即通饬施行查此事关系抗战至钜应由各战区军事长官切实负办理务期与政治分令外合行抄发该办法令仰遵照并限各战区于文到两月内组成具报为要合等因并抄发经济游击队组织及实施办法一份奉此查前奉军委会令颁经济游击队组织办法经本战区战地党政分会订定实施办法及补充要点先后通饬遵照编组并划定经济封锁线分区施行各在案兹奉前因特遵照规定并按本战区实际情形另订施行细则以资遵守所有前颁之实施办法补充要点以及根据上项办法制定之有关法令自应同时废止关于本战区内各经济游击队之辖境应以原主编部队之防地为准指前次之固定分区办法及划定之经济封锁线亦应予以废除惟根据封锁敌

第二十五集团军总司令部奉颁发经济游击队组织及实施办法施行细则的代电

(1940 年 6 月)a 面　0133-003-0113

區交通及法所劃定之交通封鎖線則仍其舊除分行本戰區各省政府各
行署各省黨部及各省黨部办事處並分令外合將奉頒办法連同施
行細則隨令抄發仰即遵照限文到半月內組成並指定專人負指揮督促
所屬各經濟游擊隊之責仍將办理情形具報備查為要等因附抄發
經濟游擊組織及實施辦法及第三戰區經濟游擊隊組織及實施辦
法施行細則各乙份奉此除分電經濟督導委員会福建省政府福建省抗敵
衛民司令部福建省黨部各軍師長各專員各縣（區）長游擊幹訓
班巡迴教育团外特抄同原办法及施行細則各一份電仰遵照限文到
一星期內組成並指定專人負指揮督促所屬各經濟游擊隊之責仍將办理
情形具報憑轉為要 南陳儀 文 總印

中華民國二十九年六月 日

封鄭慕橋

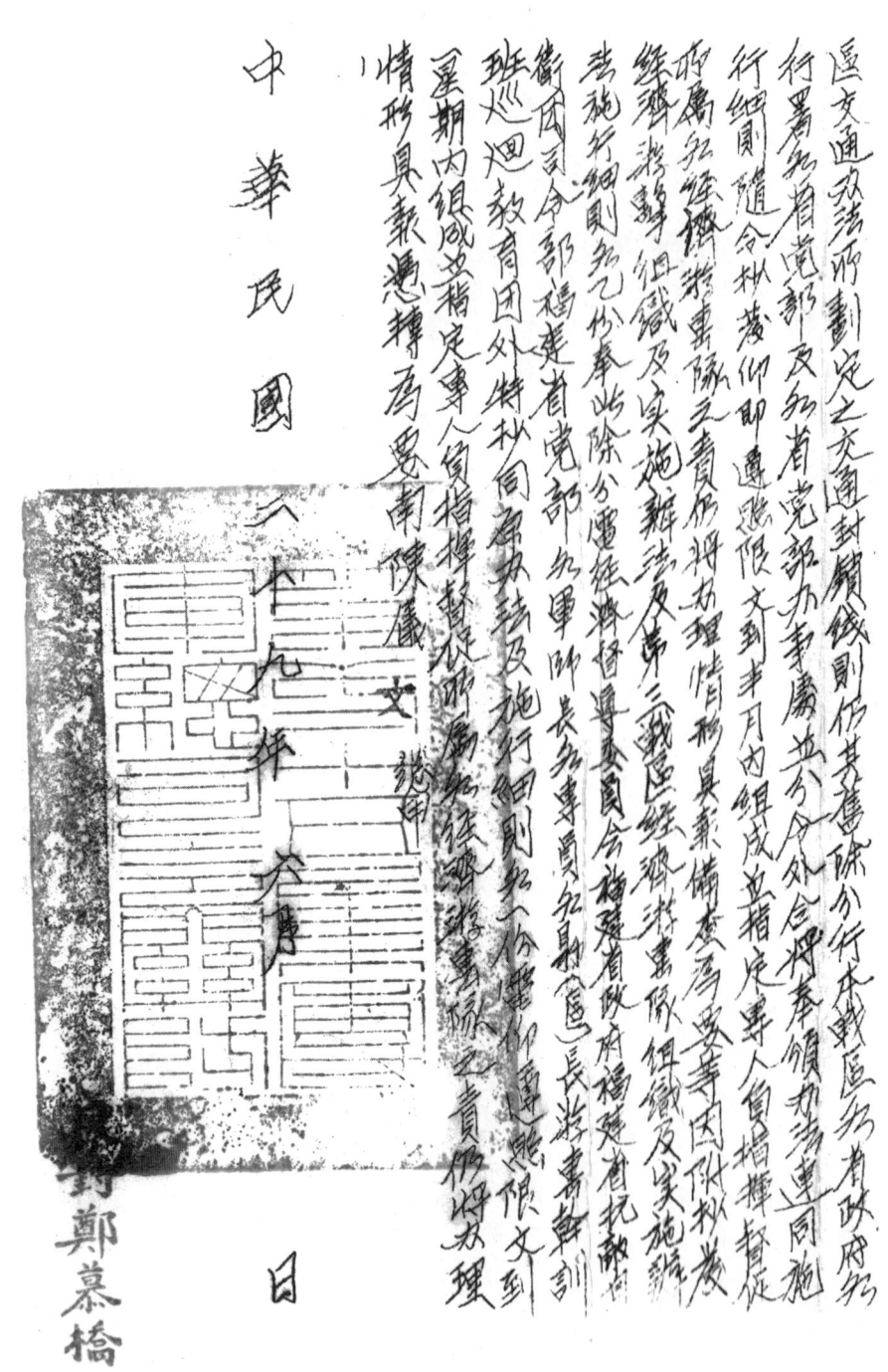

第二十五集团军总司令部奉颁发经济游击队组织及实施办法施行细则的代电

(1940 年 6 月)b 面 0133-003-0113

第三戰區經濟游擊隊組織及實施辦法施行細則

甲 通則

一、本細則根據軍事委員會(卅)四二渝字第二九六五號訓令頒發之經濟游擊隊組織及實施辦法(訂定之,除原辦法已有規定外,餘悉依本細則之規定辦理。

二、經濟游擊隊(以下簡稱經游隊)以在淪陷區域內服行一切任務為主，但隨原主編部隊調駐後方時仍須相机協助辦理經濟封鎖諸事宜。

三、經游隊不論編成性質如何(甲乙兩種)總須與當地党軍政机関及民眾团体切取連絡協同一致。

四、各經游隊以負經濟游擊為主要任務,其他一般勤務得減免之。

五、經濟游擊地境之劃分應以原主編部隊作战地境為准據,其隣接之處須密切联絡,不得疏漏。

六、各經游隊官佐士兵之薪餉及所需公費在各主編机関經費項下支給,至所需臨時費用得呈請本部核發。

乙 組織

七、經游隊分甲乙兩種,概受本部之指揮監督及本戰區党政分会之指導。

八、本戰區各作戰部隊及整訓部隊均須(律組織甲種經游隊,其組織系統如左:

1. 各集团軍總司令部或指定專員負責承辦所屬各經游隊之指揮及督導諸事宜。

2. 各軍軍部、各游擊區總指揮部、忠義救國軍總指揮部、浙江自衛团總司令部、淞滬民眾抗敵自衛团各設(經濟游擊大隊部,指派富有經濟常識之優秀軍官兼任大隊長、幹練之政訓員兼任大隊附,其他需用之官佐士兵由各該部原有人員

第三战区经济游击队及实施办法施行细则

(1940年6月)a面　0133-003-0113

中專任或調用。

3、各師（獨立旅）鄱陽警備司令部温台及寧波防守司令部第一兩挺進隊江南保安第一縱隊浙江抗衛及保安各縱隊忠義救國軍各縱隊新編第四軍各支隊淞沪抗衛团各縱隊各設（游擊中隊（簡稱隊））指派富有經濟常識之優秀軍官及政訓員專任隊及隊附其他需用之官佐士兵由各該部隊原有人員中專任或調用。

4、各步兵团（補充团在外）或獨立營浙江抗衛及保安各支隊忠義救國軍各支隊（直屬大隊）淞沪抗衛各支隊各設（經濟游擊小隊）指派勇敢敏慧廉明果断体力強健精神旺盛並具有經濟常識之軍官專任小隊長其他需用之官佐士兵由各該部隊原有人員中專任或調用各小隊分編為三組至五組每組兵力至少為十二人。

九、淪陷區内各縣政府由各專員公署督促組織乙種經濟游擊隊其組織系統如左：

1、各專員公署設（經濟游擊中隊（簡稱隊））其編組办法與甲種經濟游擊隊同。

2、各縣縣政府至少須設（經濟游擊小隊）其編組办法與甲種經濟游擊小隊同各小隊非係因执行任務時應使不脱離原有生產事業。

十、各專員公署所屬乙種經濟游擊隊應撥归當地駐軍組有甲種經濟游擊隊之軍事長官統一指揮。

十一、各經濟游擊隊如需用特種兵力或大隊援助時得由主編部隊長官臨時酌量撥派或轉請指派之。

十二、各經濟游擊隊士兵須素質優良如遇缺額須隨時補足。

十三、各經濟游擊大隊所轄之中隊或独立小隊及中隊所轄之小隊其單位之多寡可酌量情形增減之但游擊區内以增加独立小隊之单位或加強其編組為原則。

十四、經濟游擊大隊及中隊之番號應冠以原主編部隊之名稱（如第十軍經濟游擊大隊第十六師經濟游擊隊）小隊番號由各中隊另以數字規定之。

十五、各經濟游擊隊以不脱離原主編部隊之机構為原則必要時得撥归其他部隊指揮或由上

第三战区经济游击队及实施办法施行细则

(1940年6月)b面 0133-003-0113

級經游隊及司令部集結使用之，如撥歸行政機關指揮時，另由本部以命令行之。

十六、經游隊隨主編部調動時，須將原任務分別交替具報。

丙 訓練

十七、幹部訓練由本部集中舉行或指派當地最高軍事長官召集訓練之。

十八、士兵訓練以大隊或中隊為單位酌量舉行，但初步訓練期間至少須兩星期，其計劃及教材由本部製定頒發，必要時由本部組派巡迴訓練團分區訓練或派員指導之。

十九、各整訓部隊其經游隊須同時作同樣之訓練。

丁 附則

廿、各級經游隊依照本細則之規定組成後，須即將編成日期、編組情形、官佐簡歷冊及士兵花名冊、駐地所在及活動範圍等項分別具報備查。

廿一、各經游隊須按月填具工作報告表（格式另定）彙呈本部備查。

廿二、本細則自公佈之日起施行，前次所頒之「第三戰區經濟游擊隊實施辦法」即行廢止，各級經游隊改組成立後，所有以前經濟游擊隊及類似經濟游擊隊等之組織，亦一律撤銷。

廿三、本細則如有未盡事宜，臨時以命令修訂之。

第三战区经济游击队及实施办法施行细则

（1940年6月） 0133-003-0113

07 簽二科

第五科

事由：奉轉迅即編成經濟游擊隊飭知照由

駐閩綏靖主任兼第二十五集團軍總司令代電 綏字第4237號

福安縣縣長鑒：奉第三戰區戰地黨政委員會分會十一月第三一六號寅分政代電開：奉桂林行營感申秦一衡電開：頃准程主任潛戊行戰教電開：據鹿總司令真日電稱：據大名南樂清豐濮陽東明長垣等縣先後呈報：九月中下旬經濟游擊隊工作如下：（一）東明經濟隊於九月查獲行使偽鈔漢奸曾鴻義一名，經該縣訊明正法，所有偽經濟機關均已被毀；（二）長垣經濟隊於九月

28.19286 十六

驻闽绥靖主任兼第二十五集团军总司令奉转迅即编成经济游击队饬照代电

(1939年11月)a面 0002-003-0361

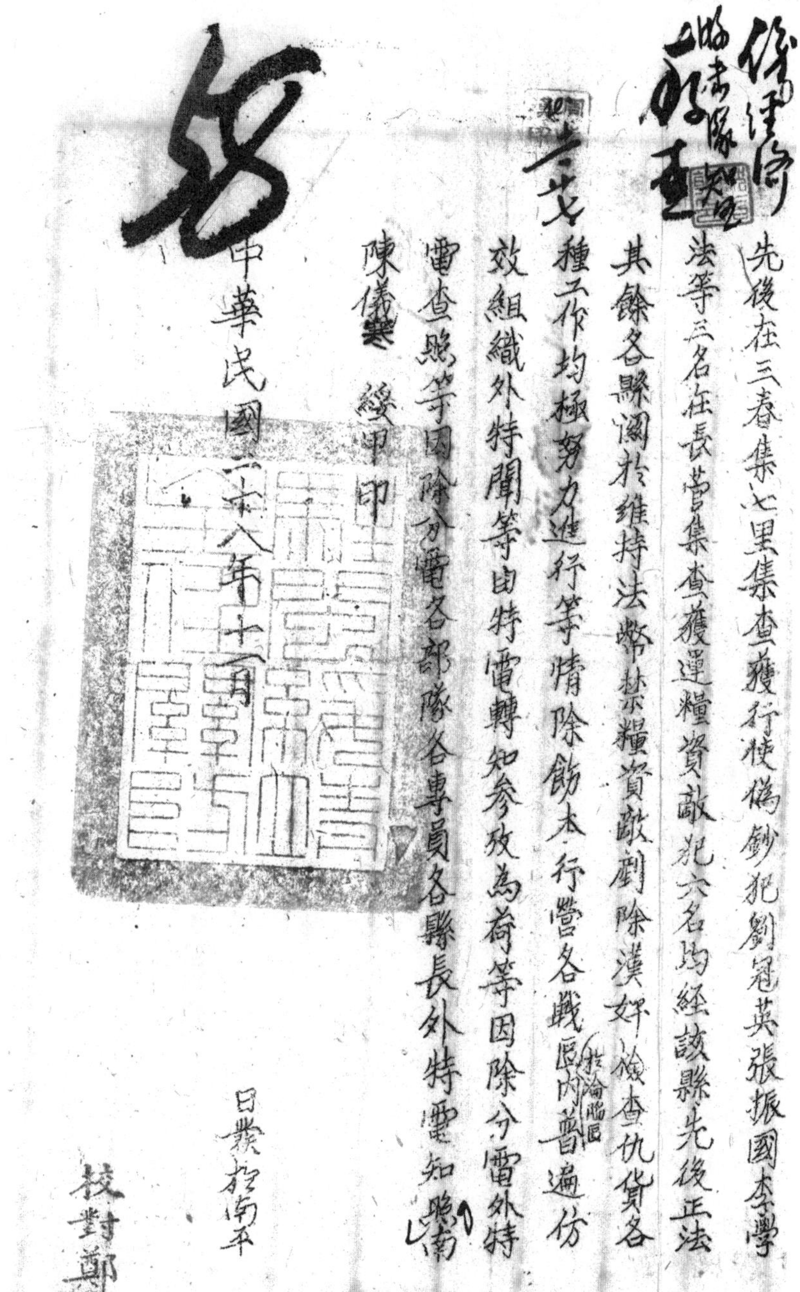

飭經濟游擊隊知照

先後在三春集七里集查獲行使偽鈔犯劉冠英張振國李學
法等三名在長營集查獲運糧資敵犯六名均經該縣先後正法
其餘各縣關於維持法幣禁糧資敵剷除漢奸檢查仇貨各
種工作均極努力進行等情除飭本行營各戰區（按淪陷區）內普遍仿
效組織外特聞等由特電轉知參攷為荷等因除分電外特
電查照等因除分電各部隊各專員各縣長外特電知照南
陳儀寒 綏申印
中華民國二十八年十一月
日發於南平
校對鄭慕橋

驻闽绥靖主任兼第二十五集团军总司令奉转迅即编成经济游击队饬照代电
（1939 年 11 月）b 面　0002-003-0361

由 關於經濟游擊隊游擊分區應造報事項仰遵照由

福建省政府密快郵代電

霞浦縣政府准駐閩綏署江綏甲電開奉長官顧[illegible]

電開關於經濟游擊隊游擊分區亟應造報事項如下（一）應將經

濟游擊工作從十二月一日起按月造送旬報以憑考核（二）應繪

送分區經濟游擊地圖五份內中須標明甲分區[illegible]

內敵貨查禁處設立地點下與鄰區銜接地點上二項除分電外

希查照辦理等因自應遵辦茲規定旬報表式如下（一）經濟游擊

隊數量及編訓情形（二）摧毀敵偽經濟及其組織與机構之辦法

及工作情形（三）破壞敵偽軍需設備及運輸机構之辦法及工作

情形（四）敵偽貨物查禁辦法及工作情形（五）其他以上各項本[illegible]

中華民國廿九年十二月[illegible]日

收文28/1940號

2

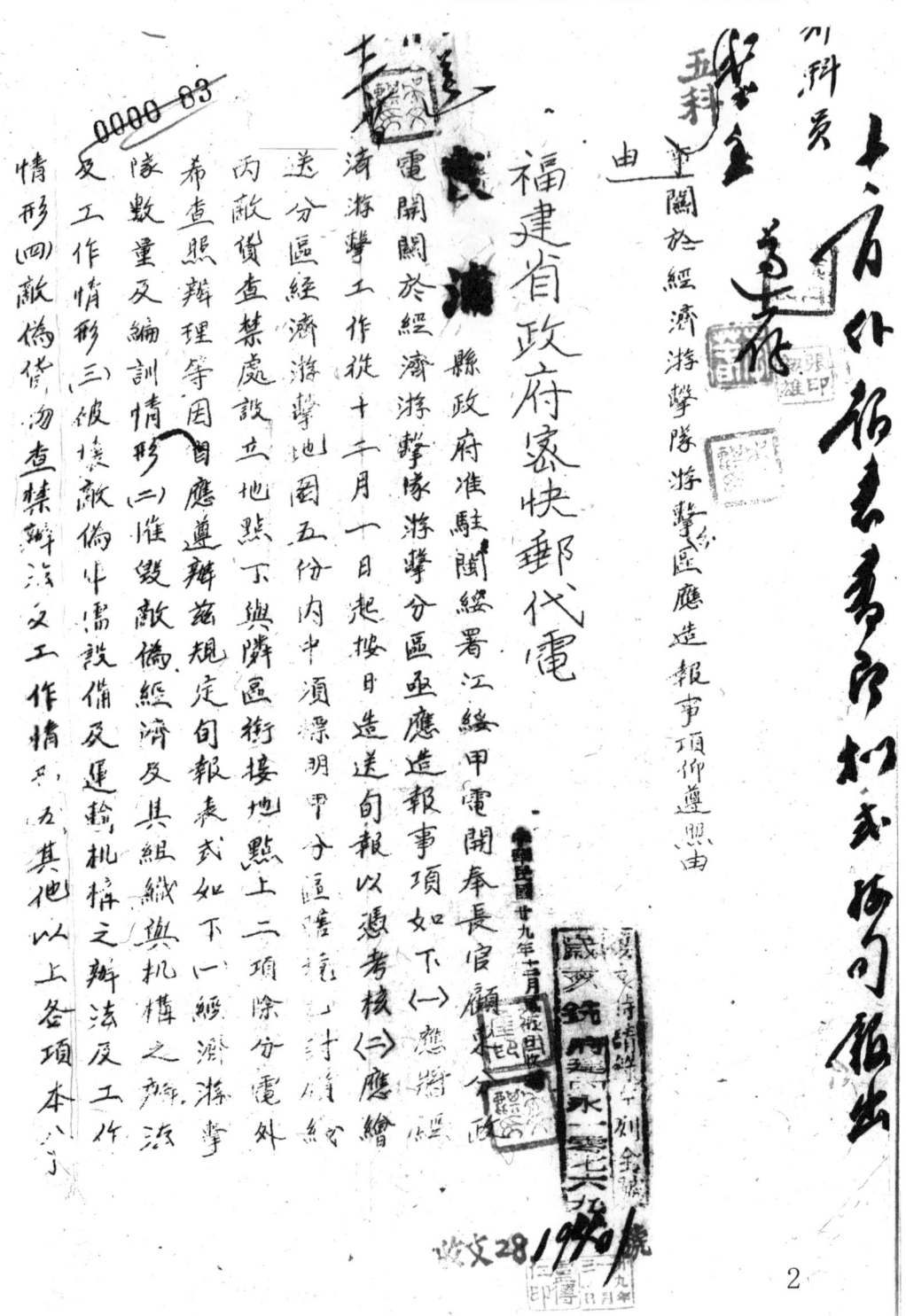

福建省政府关于经济游击队游击分区应造报事项仰遵的密快邮代电

(1939 年 12 月)a 面　0168-001-0430

區第一經濟封鎖綫第一封鎖地區詔安東山雲霄漳浦海澄龍溪
長泰同安八縣應報由八十五師呈遞轉第二封鎖地區安溪南
安晉江惠安莆田仙遊福清長樂閩侯連江十縣應報由八十師
呈遞轉第三封鎖地區羅源寧德福安霞浦福鼎五縣應報
保二旅呈遞轉第二經濟封鎖綫各封鎖地區各縣區應報由
保安處呈遞轉其八十五師八十師保二旅及保安處除即調製
各該管縣區經濟游擊地圖三份報核外應自十二月上旬起將
各縣特區經濟游擊旬報呈繳各該管綫區司令部一份[illegible]送本
署以便存轉除分行外特電請查照為荷等由除分行外合亟電
仰該縣長遵照省府建三印

中華民國二十八年十二月　日

福建省政府关于经济游击队游击分区应造报事项仰遵的密快邮代电

(1939年12月)b面　0168-001-0430

五科

福建保安第二旅司令部代電　春字第331號

霞浦張縣長奉綏署江綏田電開奉長官顧寅姆政電開關于經濟游擊隊游擊分區亟應造報事項如下(一)應將經濟游擊工作從十二月一日起按旬造送旬報以憑考核(二)應繪送分區經濟游擊地圖五份內須標明甲分區地境(乙)封鎖綫(丙)敵貨查禁處設立地點(丁)與鄰區會接地點上二項除分電外希查照辦理等因自應遵辦茲規定旬報表式如下(一)經濟游擊隊數量及編訓情形(二)摧毀敵偽經濟及其組織與机構之辦法及工作情形(三)破壞敵偽軍需設備及運輸机構之辦法及工作情形(四)敵偽貨物查禁辦法及工作情形(五)其他以上各項除分區第一經濟封鎖綫第一封鎖地區詔安東山雲霄漳浦海澄龍溪長泰同安八縣應報由七五師彙呈憑轉第二封鎖地區安溪南安晉江惠安莆田仙遊福清長樂閩侯連江十縣應報由八十師彙呈憑轉

張紉雄印

收文28 18258號

32

福建保安第二旅司令部关于经济游击队分区亟应造报事项仰遵的代电

(1939 年 12 月)a 面　0168-001-0429

第三經濟地區羅源寧德福安霞浦福鼎五縣應報由保二旅彙呈憑轉第二經濟封鎖綫各封鎖地區各縣區應報由保安處彙呈憑轉其七五師八十師保二旅及保安處除即調製各該管綫區經濟游擊地圖三份報核外應自十二月上旬起將各縣特區經濟游擊旬報彙製各該管綫區旬報表三份呈報本署以便存轉除分行外特電仰切實遵照為要等因第一封鎖分區羅源寧德兩縣應報由保二團彙呈憑轉第二封鎖分區福鼎霞浦福安三縣應報由保一團彙呈憑轉除分行外仰切實遵照具報本部憑轉為要李樹棠歌叅

中華民國二十八年十二月　日發

福建保安第二旅司令部关于经济游击队分区亟应造报事项仰遵的代电

(1939年12月)b面　0168-001-0429

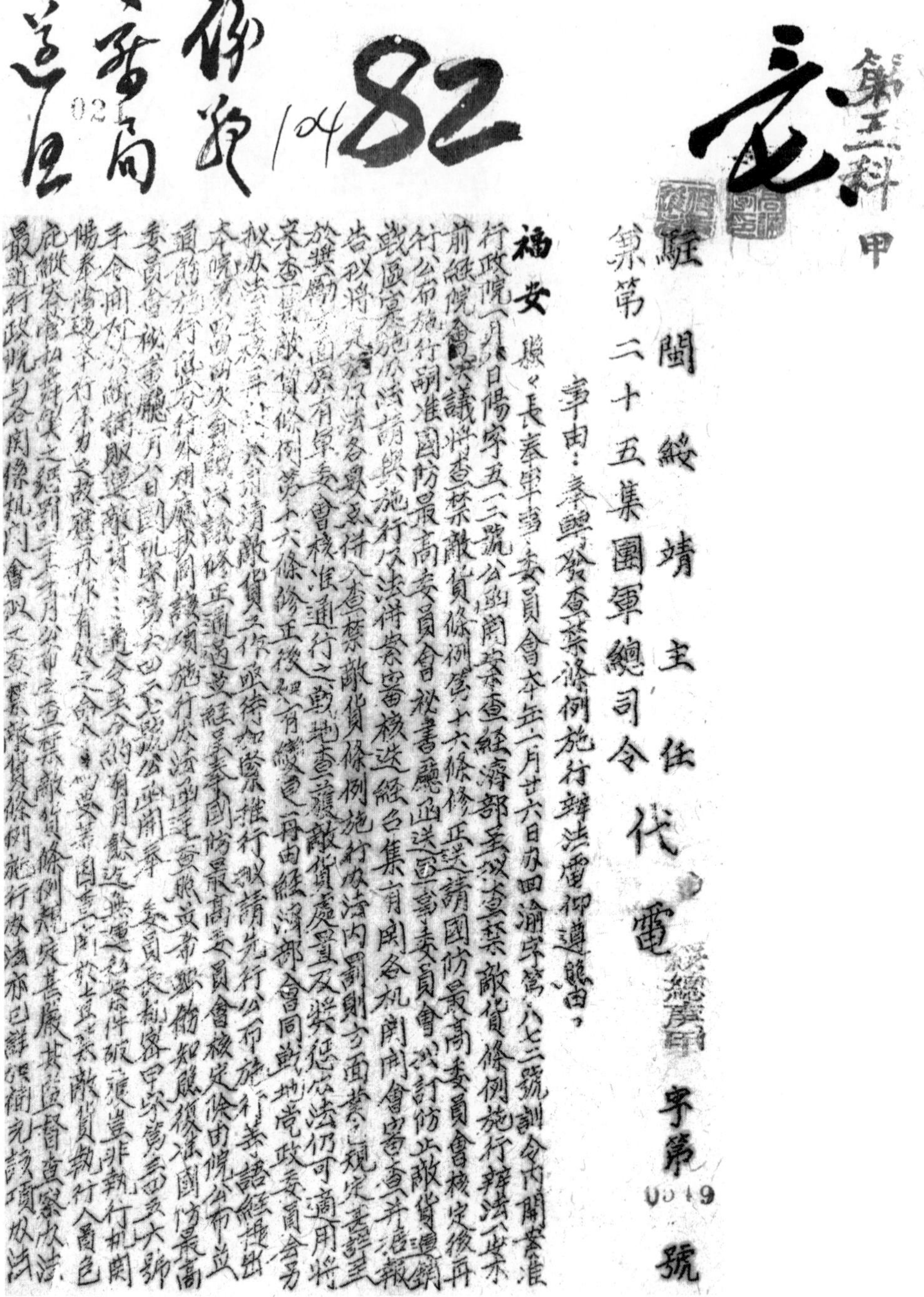

驻闽绥靖主任兼第二十五集团军总司令奉转发查禁条例施行办法的代电

(1940 年 2 月)a 面　0002-003-0362

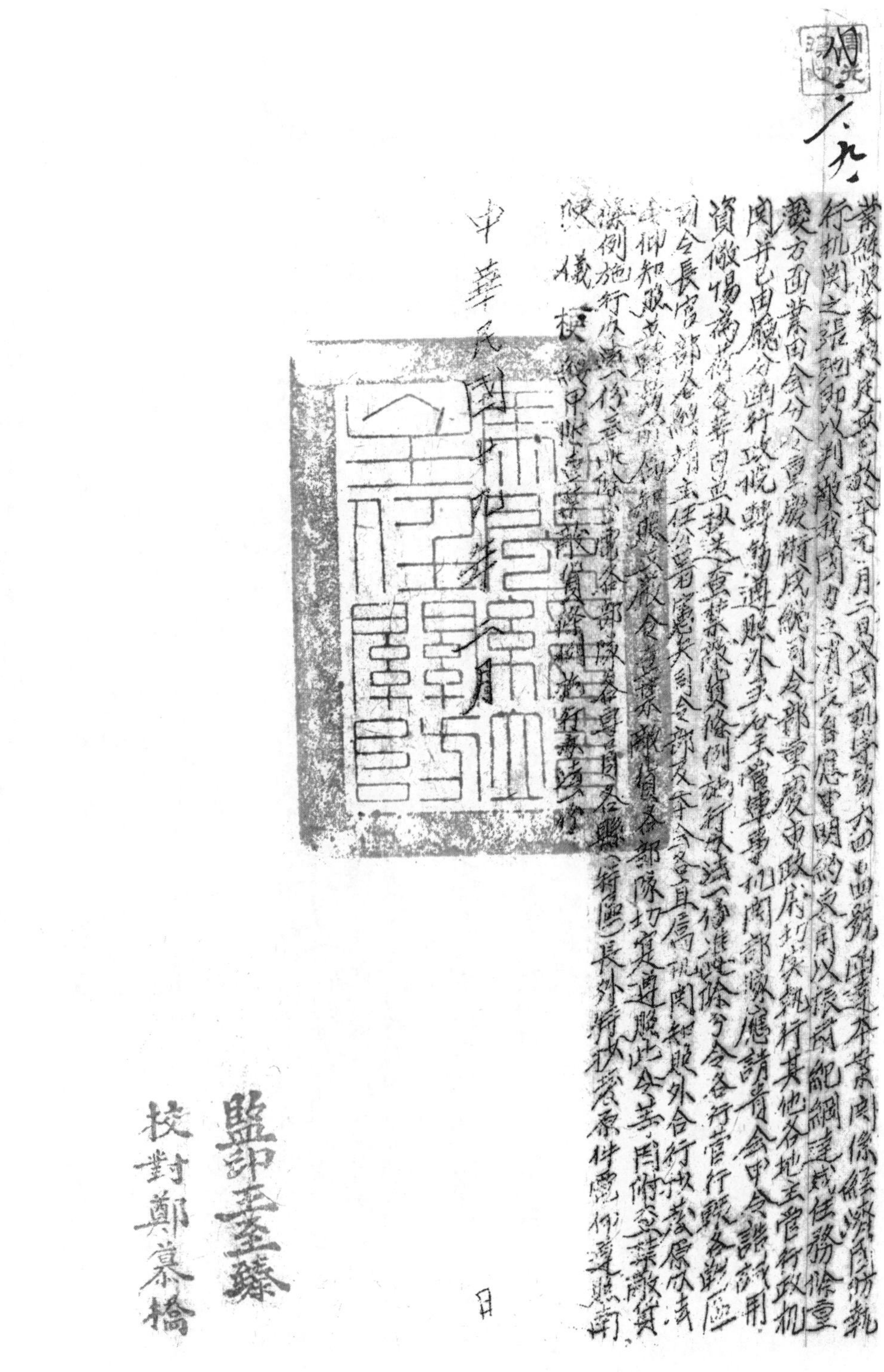
業經呈奉[illegible]月二日[illegible]號[illegible]本案關係經濟[illegible]執
行機關之張[illegible]即以判敵我國力之消長[illegible]明約定用以[illegible]綱違[illegible]任務除查
照方面業由會分令[illegible]司令部[illegible]市政府[illegible]執行其他各地主管行政機
關并已由院分别[illegible]外[illegible]主管[illegible]機關[illegible]應請[illegible]令[illegible]用
資徵[illegible]查禁敵貨條例施行辦法[illegible]令各行營[illegible]各戰區
司令長官部及[illegible]令部[illegible]令各[illegible]關[illegible]外合行[illegible]原[illegible]
[illegible]仰知照[illegible]令[illegible]敵貨各部隊[illegible]此令[illegible]附[illegible]禁敵貨
條例施行辦法[illegible]令[illegible]部隊[illegible]縣(行政區)長外[illegible]原件[illegible]
陳儀 梗[illegible]
中華民國廿九年二月 日
監印 王奎[illegible]
校對 鄭慕橋

駐闽绥靖主任兼第二十五集团军总司令奉转发查禁条例施行办法的代电

（1940年2月）b面　0002-003-0362

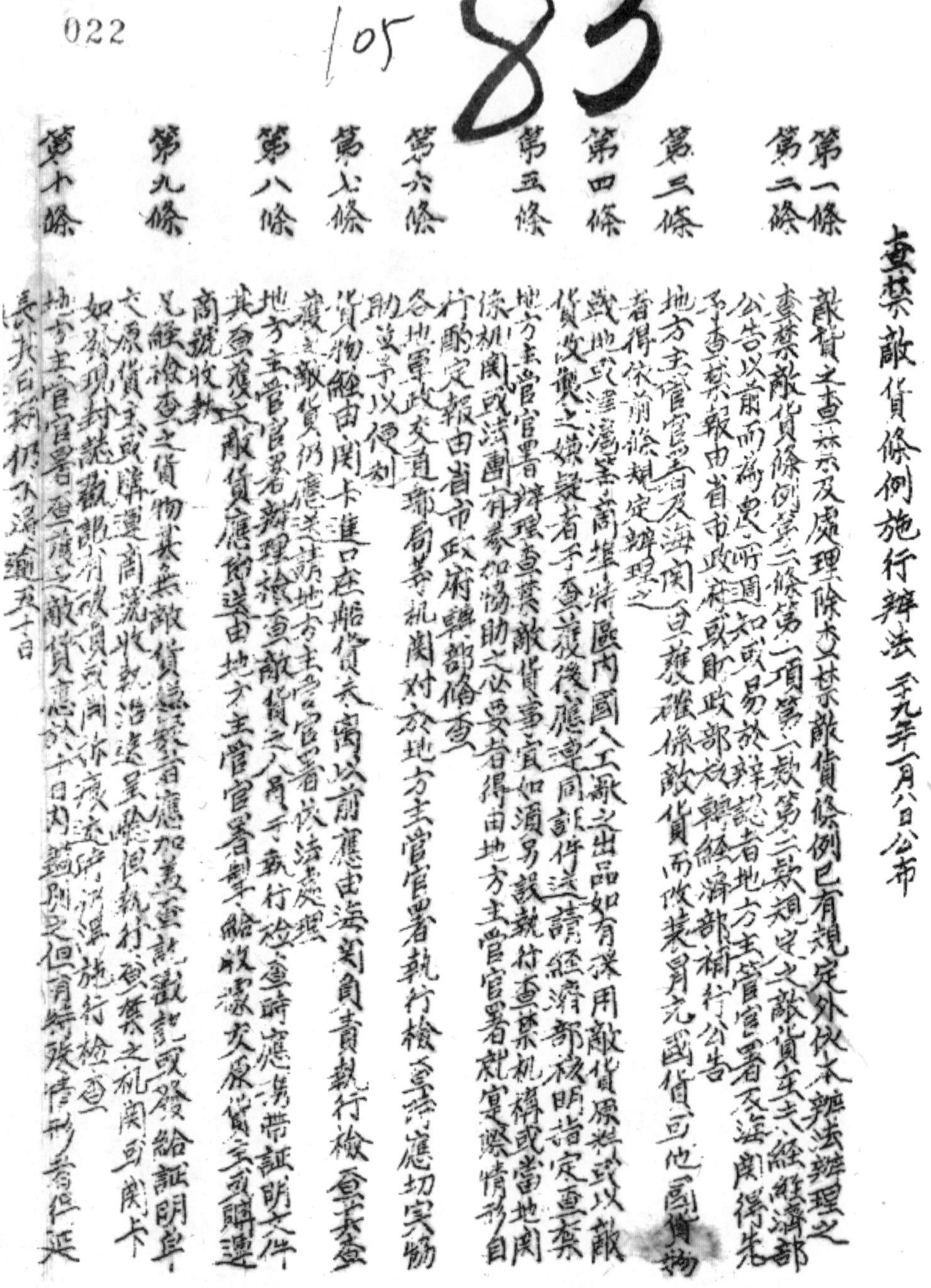

022 105 83

查禁敵貨條例施行辦法 廿九年一月八日公布

第一條 敵貨之查禁及處理除查禁敵貨條例已有規定外依本辦法辦理之

第二條 查禁敵貨條例第二條第一項第一款第二款規定之敵貨其未經經濟部公告以前而為衆所周知或易於辨認者地方主管官署及海關得先予查禁並報由省市政府或財政部核轉經濟部補行公告

第三條 地方主管官署及海關查獲確係敵貨而假冒充國貨或他國貨物者得依前條規定辦理之

第四條 戰地或淪陷區域商埠特區內國人工廠之出品如有採用敵貨原料或以敵貨改製之嫌疑者于查獲後應連同該件送請經濟部核明指定查禁

第五條 地方主管官署辦理查禁敵貨事宜如須另設執行查禁機構或當地關係機關或法團有參加協助之必要者得由地方主管官署就實際情形自行酌定報由省市政府轉部備查

第六條 各地軍政交通郵局等機關對於地方主管官署執行檢查時應切實協助並予以便利

第七條 貨物經由關卡進口在船貨未離以前應由海關負責執行檢查其查獲之敵貨仍應送請地方主管官署依法處理

第八條 地方主管官署辦理檢查敵貨之人員于執行檢查時應隨帶證明文件其查獲之敵貨應即送由地方主管官署掣給收據交原貨主或購運商號收執

第九條 凡經檢查之貨物其無敵貨嫌疑者應加蓋查訖戳記或發給證明單交原貨主或購運商號收執沿途呈驗但執行查禁之機關或關卡如發現封誌戳記有破損或開拆痕跡時仍得施行檢查

第十條 地方主管官署查獲之敵貨應於十日內處理但有特殊情形者得延長其日期仍不得逾五十日

查禁敌货条例施行办法(1940 年 1 月 8 日公布)a 面 0002-003-0362

第十一條　鑑別敵貨時應注意下列各款
(一)貨物之來源及數量
(二)貨物之品質及原料
(三)貨物之商標曾否註册及其真偽
(四)製造廠商所在地及其出品產銷情形
(五)購運商號之歷史營業情形
(六)其他有關證明之文件

第十二條　地方主管官署鑑別敵貨時得令原貨主或購運商號出具書面或列席說明或酌定期限責令提供確切證明文件

第十三條　地方主管官署對於查獲之貨物經鑑別後仍無法決定時應檢同說明文件並註明各款情形連同樣品商標文件等呈請省市政府核辦

第十四條　地方主管官署鑑別敵貨應於決定後三日內作成鑑別決定書送達原貨主或購運商號收執

第十五條　查獲之貨物如其性質易起變化或有特殊情形經過二十日尚未鑑別者原貨主或購運商號得繳納同價值之保證金或覓具殷實鋪保先行領回留樣聽候鑑別

第十六條　依前條領回之貨物得呈經地方主管官署核准先行銷售如經鑑別決定為敵貨時即沒收其保證金其未繳保證金者應將全部售價及未售原貨一併追繳依法處理

第十七條　原貨主或購運商號不服地方主管官署鑑別決定時應於地方主管官署鑑別決定書送達之日起七日內備具理由及證件呈請省市政府復鑑

查禁敌货条例施行办法(1940 年 1 月 8 日公布)b 面　0002-003-0362

並呈明原決定之地方主管官署

原決定之地方主管官署接到不服決定之聲明後應於三日內檢同卷宗及樣品呈送省市政府核辦

第十八條　省市政府復鑑後應於十五日內將復鑑決定書送原貨主或購運商號並令知原決定之地方主管官署

省市政府復鑑決定之敵貨地方主管官署接到前項令知時得逕予沒收並公告之

第十九條　地方主管官署鑑別決定沒收之敵貨經過申請復鑑期間而原貨主或購運商號未申請復鑑者應依照查禁敵貨條例第十二條呈報省市政府核准後執行並公告之

第二十條　經省市政府復鑑決定或地方主管官署鑑別決定呈經核准沒收之敵貨如有查禁敵貨條例第十三條第十四條各款情形之一者地方主管官署並將案卷連同樣品移送該管司法機關依法審判

第廿一條　省市政府或地方主管官署鑑別敵貨時應邀請富有專門經驗之人員二人以上徵詢意見

第廿二條　依照查禁敵貨條例第四條規定應行登記之敵貨地方主管官署於奉令公告時應將登記表式連同登記期限一併公告之

第廿三條　地方主管官署辦理敵貨登記應備具登記清冊將各工廠商號聲請登記之物品名稱數量價值購入及登記日期登記准單之號碼及逐月銷售之數量分別填列以資查攷

第廿四條　登記期滿後地方主管官署得隨時派員會同商會或同業公會負責人入其聲請登記之各工廠商號查驗

第廿五條　地方主管官署對於業經鑑別決定之敵貨除依查禁敵貨條例規定呈准省市政府執行沒收或依法送由法院處罰外不得另立名目科罰或額

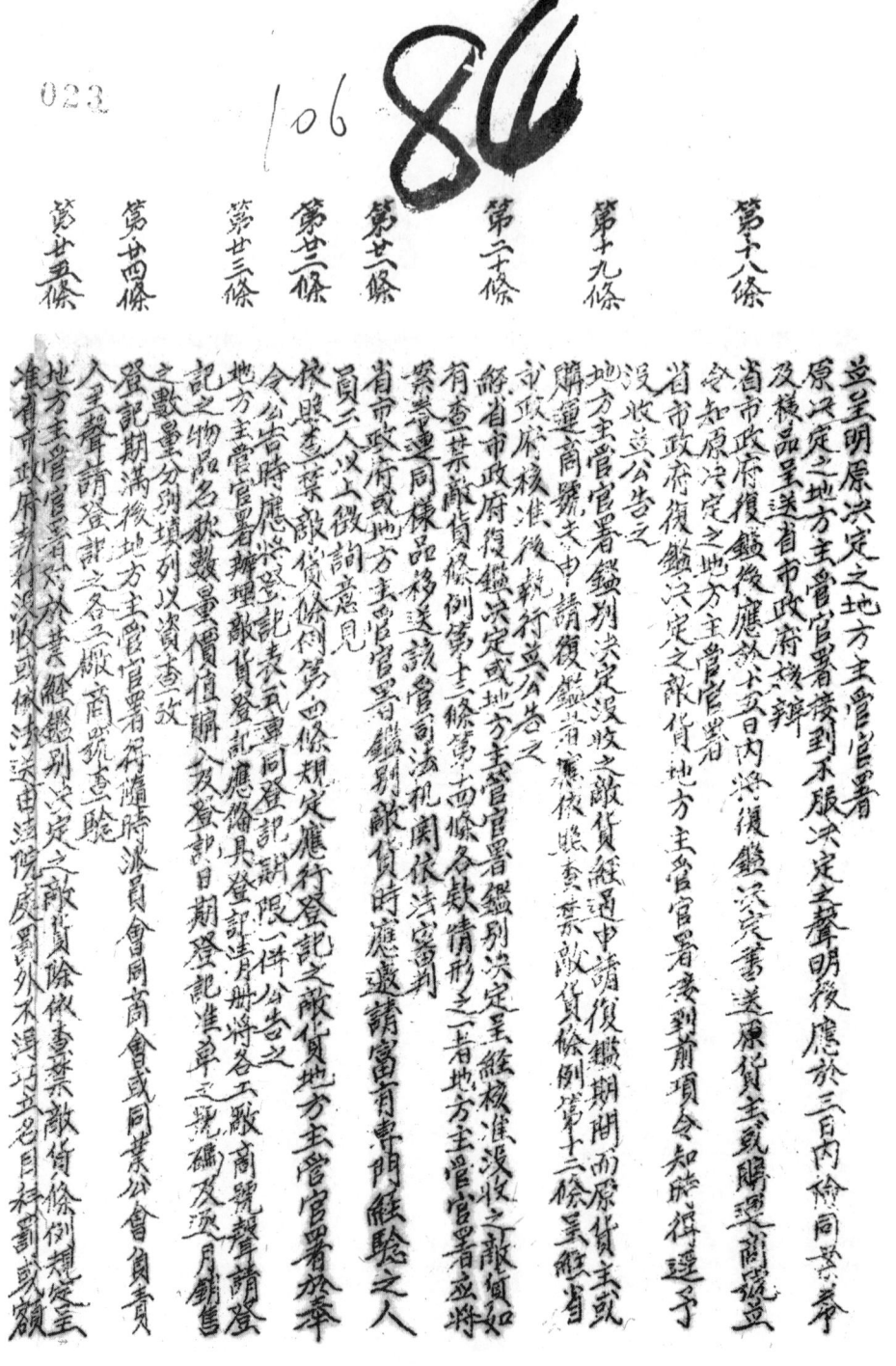

查禁敌货条例施行办法(1940 年 1 月 8 日公布)a 面　0002-003-0362

外寄案

第廿六條　司法機關依查禁敵貨條例第十三條第十四條所科之罰金應會同民政機關送地方主管官署依法定用途處分之

第廿七條　各地人民或團體如確知有運銷敵貨情事得隨時向當地地方主管官署告發檢舉

第廿八條　辦理檢查敵貨出力人員及前項告發人地方主管官署得酌給獎勵金

第廿九條　地方主管官署應按月將下列各款辦理情形呈報省市政府核轉經濟部備案

（一）敵貨公告事項

（二）敵貨登記事項

（三）執行檢查敵貨之工作情形

（四）查獲敵貨及施行鑑別情形

（五）執行處分事項

（六）沒收貨物及罰金收入之數目

（七）其他奉令辦理查禁敵貨事項

第卅條　戰區或戰地查禁敵貨事宜由該地動員委員會或戰地黨政委員會分會監督辦理之

前項地區遇必要時得聯合當地黨政軍機關及民衆團體另設查禁敵貨機構但地方政府已經設有辦理禁運資敵物品機關者該即合併辦理

第卅一條　前條第二項查禁敵貨機構之組織應由各省市政府制定呈由戰區司令長官轉呈軍事委員會核定施行並報經濟部備查

第卅二條　各戰區司令長官應依照封鎖敵區交通辦法就轄區各省交通形勢嚴密劃定封鎖線並經常派駐軍隊警察以防敵貨偷運侵入戰區

查禁敌货条例施行办法(1940年1月8日公布)b面　0002-003-0362

第卅三條　軍事委員會各戰區軍憲緝運察團及[illegible]隨時查察有無軍隊或其他黨政人員包運賄放敵貨情事尤須查明其地點時日與部隊人名以憑[illegible]根究嚴辦

第卅四條　凡包運或賄放敵貨人員經查獲後除敵貨之處置應就地移送主管機關辦理外包運或賄放之軍人應解由查獲者報由主管機關部隊移送軍法機關按軍法從嚴處辦其他黨政人員報由該管法院依法嚴辦

第卅五條　凡指定負責督察查禁敵貨之各級人員如發現有包運賄放敵貨情事而隱匿不報者應依法懲處

第卅六條　依本辦法第五條或第三十條第二項所組織之查禁敵貨機關所需經費除以第十七條所規定征收之登記費用開支外如有不足由各省市政府核補

第卅七條　各地行政機關及駐軍不得藉口檢查敵貨徵收手續費或檢查費

第卅八條　查禁敵貨條例第二條第一項第三款之工廠商號原廠產品業經指定查禁而於安全地域另建新廠家造出品雖與敵方無關係者其新廠產品與原廠產品之區別方法得由該廠商自行擬具呈請經濟部核准後由部分別通飭放行

第卅九條　各省市政府所訂關於敵貨檢查鑑別登記及處分等規程[illegible]與本辦法不抵觸者仍適用之

第四十條　本辦法自公布之日施行

查禁敌货条例施行办法(1940年1月8日公布)　0002-003-0362

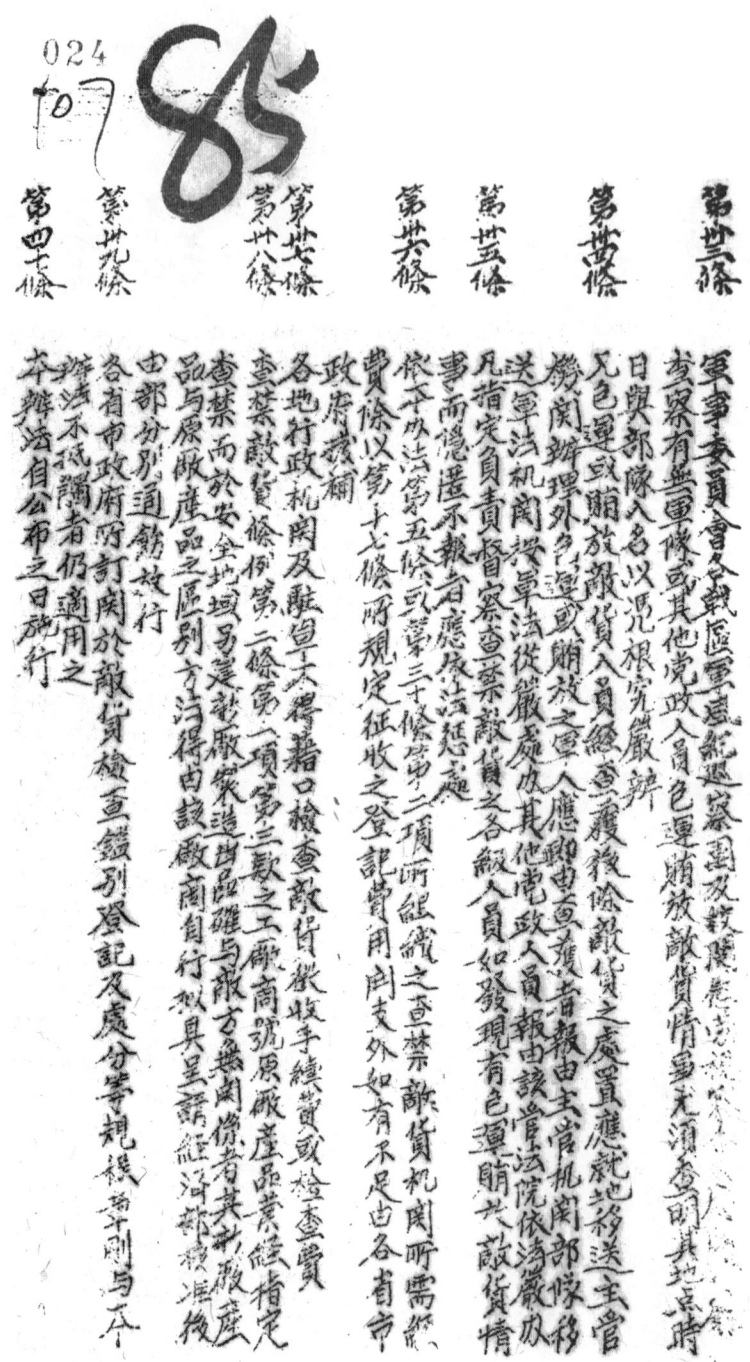

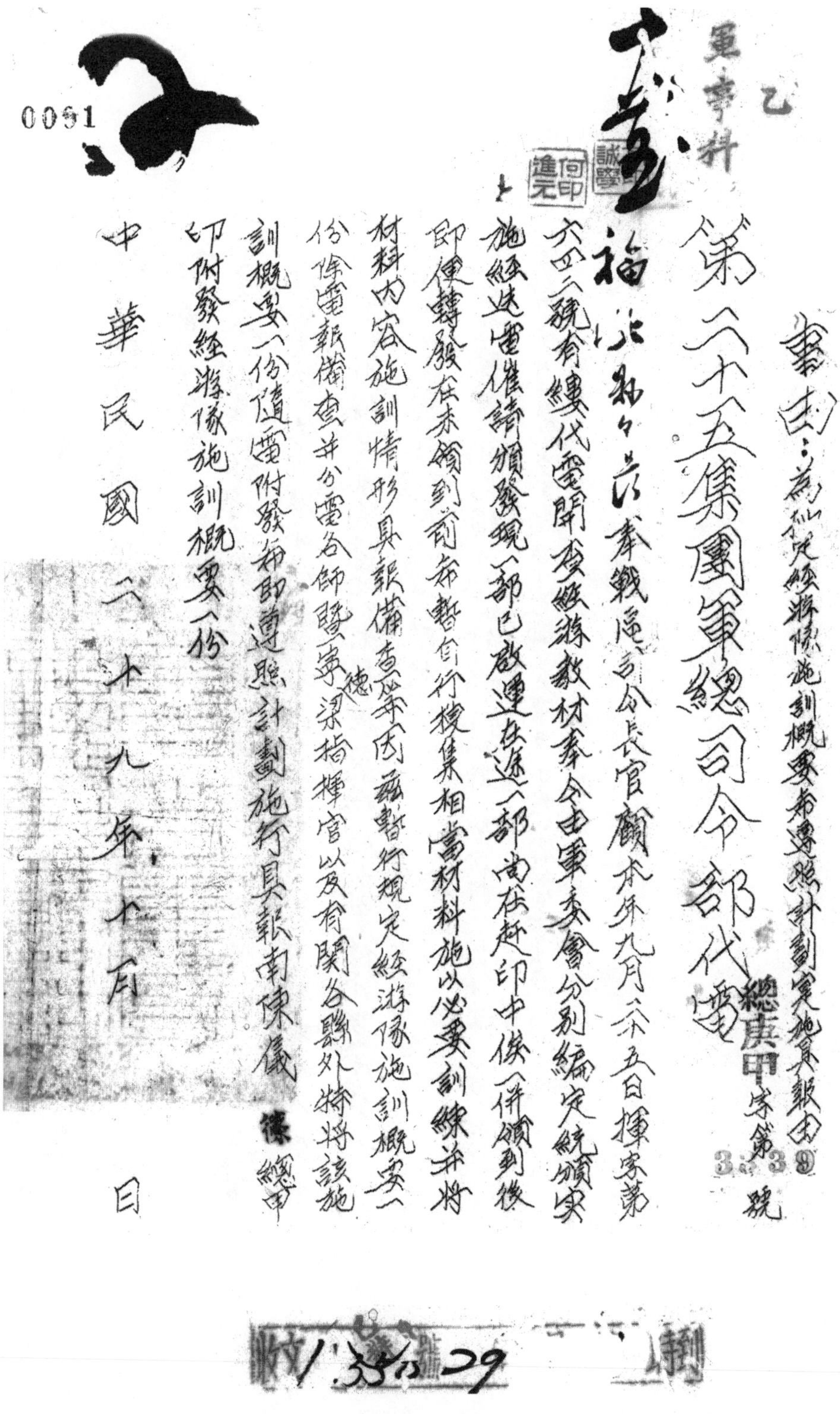

0061

事由：為擬定經濟游擊隊施訓概要希遵照計劃實施具報由

第二十五集團軍總司令部代電　總庚甲字第3339號

福[illegible]各縣長：奉戰區司令長官顧本年九月二十五日揮字第六四二號有總代電開：查經濟游擊教材奉令由軍委會分別編定統頒實施，經迭電催請頒發，現一部已啟運在途，一部尚在趕印中，俟一併頒到後，即便轉發。在未頒到前，希暫行搜集相當材料，施以必要訓練，並將材料內容施訓情形具報備查等因。茲暫行規定經濟游擊隊施訓概要一份，除電報備查并分電各師暨宗梁指揮官以及有關各縣外，特將該施訓概要一份隨電附發，希即遵照計劃施行具報。南陳儀。總申德印。

附發經游隊施訓概要一份

中華民國二十九年十月　日

第二十五集团军总司令部关于拟定经济游击队施训概要希遵照计划实施具报的代电

(1940年10月)a面　0002-004-0829

經游隊施訓概要

一、為使各士兵確實認識主義信仰 總裁並激發其愛國心與敵愾心應將 總理遺教 總裁言論黨員守則軍人讀訓等摘要作為精神教育以灌注之

二、為使各士兵確知服行之勤務並達成其任務應將頒發之經游組織與實施辦法及防止仇貨辦法緝私辦法（以及各種有關法令）並戰時經濟常識游擊戰術概要步兵操典射擊教範爆破教範陣中要務令（通信連絡偵察搜索之部）等摘要講授之

三、為使明瞭實施要領應施行急襲奇襲伏擊破壞交通通信連絡偵察搜索各項演習並手榴彈投擲步槍及手槍各項射擊實施

校對 鄭慕橋

经济游击队施训概要(1940年10月)b面 0002-004-0829

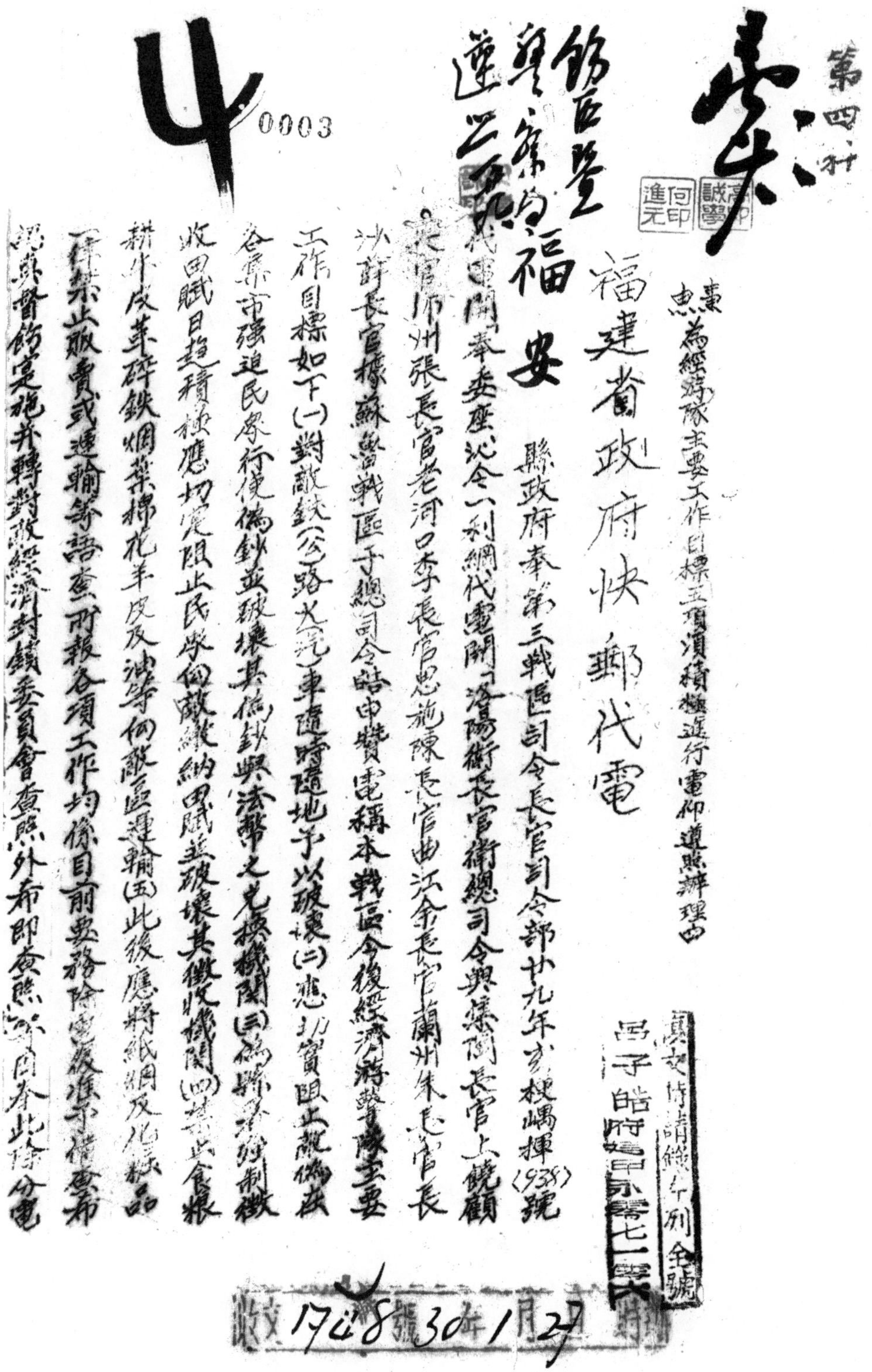

福建省政府关于经游队主要工作目标五项须积极进行的代电

(1941 年 1 月)a 面 0002-004-0829

丰

外，特電查照參考等因。查該項工作目標第五項，本省內糧食業經公賣，花紗區進口經另行控制，暫毋庸禁止敵運外，餘均應遵辦。奉電前因，除分電沿海各區行政督察專員、各縣政府、各水陸警及各省營事業機關外，合行電仰遵照辦理。

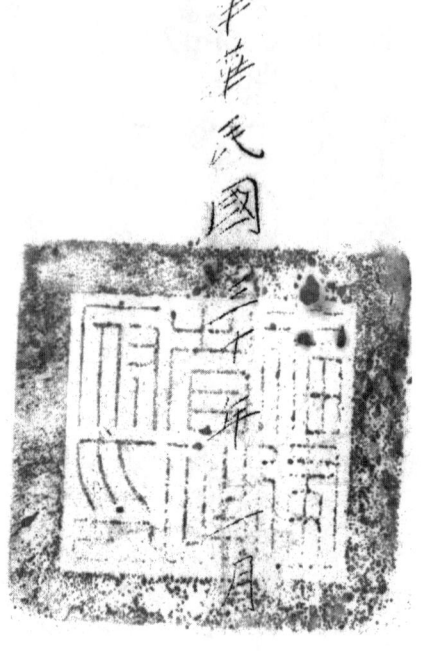

省政府 建一

中華民國三十年 月 日

福建省政府关于经游队主要工作目标五项须积极进行的代电

(1941年1月)b面 0002-004-0829

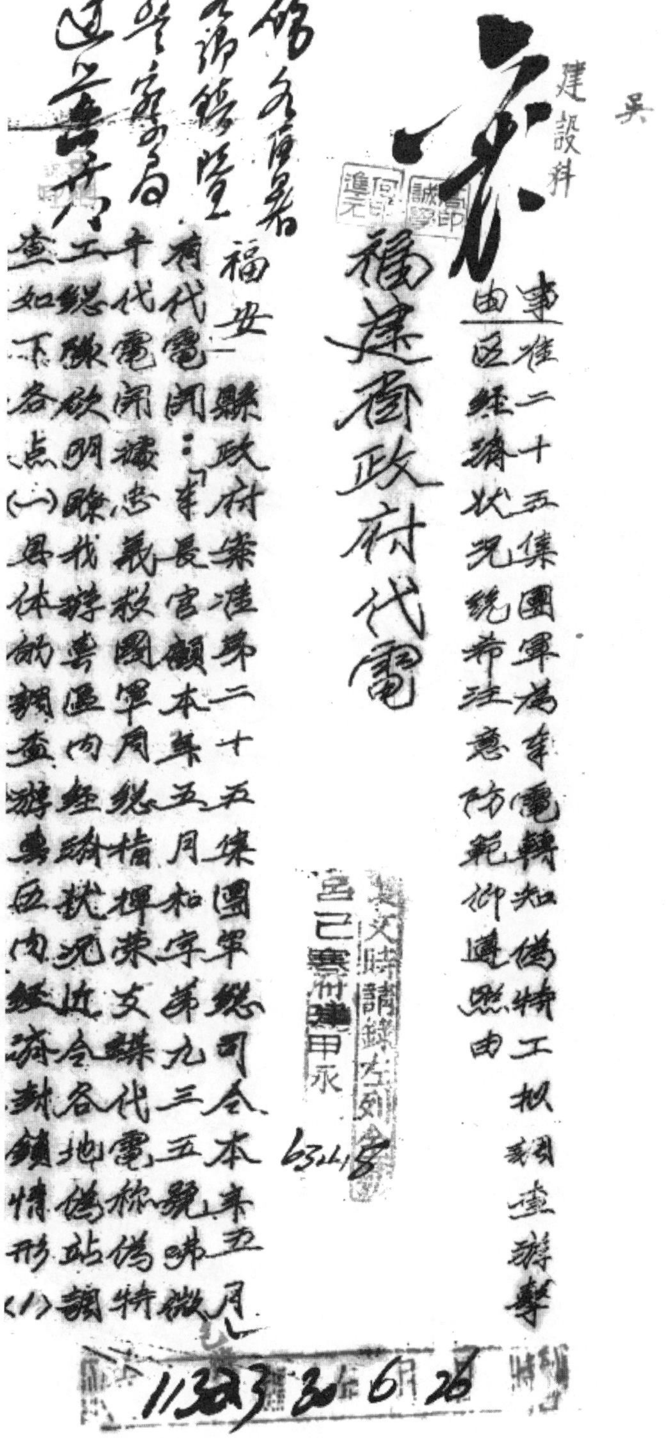
事由：准二十五集团军马奉电转知伪特工拟调查游击区经济状况希注意防范仰遵照由

福建省政府代电

福安县政府案准第二十五集团军总司令本年五月
有代电开：“案奉长官顾本年五月和字第九三五号转微
十代电开据忠义救国军周总指挥东支队代电称伪特
工总队欧明队伐游击区内经济状况近令各地伪站调
查如下各点（一）具体的调查游击区内经济封锁情形（二）

福建省政府奉电转知伪特工拟调查游击区经济状况希注意防范仰照的代电

(1941 年 6 月)a 面　0002-004-0829

6 0005

封鎖綫(乙)檢查所(丙)收容所(丁)封鎖後方民眾組織狀況
(一)輸陷區內物產流動狀況(二)經濟角活動狀況(三)吸收
物產之政策(甲)組織方式(乙)利用民眾方式(丙)經濟原則
角活動方式(丁)關於敵收物產之方法等情除分電外仰
即注意防範為要等因除分電各節外特電查照等由准
此除分電各區行政督察專員公署縣政府各特種區署企
業公司運輸公司貿易公司省銀行總管理處辦運總會
理處水陸聯運管理處水警總隊部外合行令仰遵照注
意防範為要省政府 建一

中華民國三十年六月 日

福建省政府奉电转知伪特工拟调查游击区经济状况希注意防范仰照的代电

(1941 年 6 月)b 面 0002-004-0829

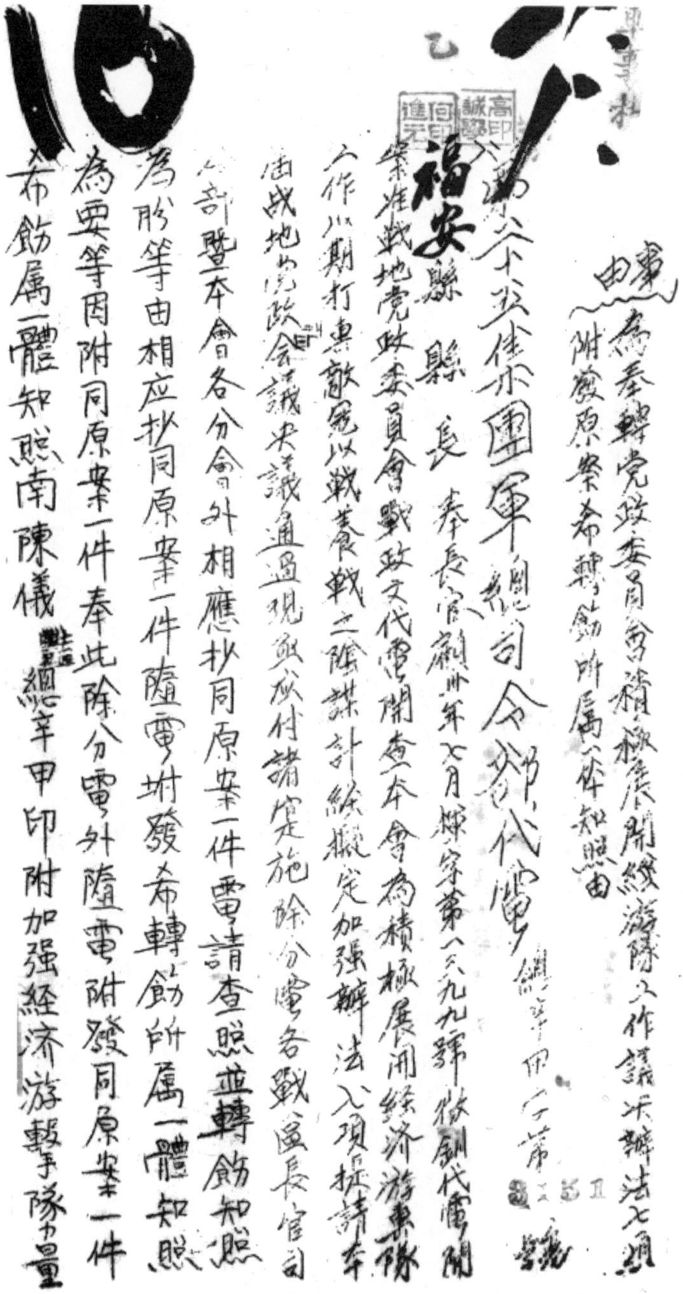

事由：為奉轉党政委員會積極展開經游隊工作議決辦法七項附發原案希轉飭所屬一体知照由

第二十五集團軍總司令部代電　銑辛印一一第　號

福安縣縣長：奉長官副卅年七月辦字第八六九九號銑副代電開：案准戰地党政委員會戰政文代電開：查本會為積極展開經濟游擊隊工作，以期打擊敵寇以戰養戰之陰謀計，經擬定加強辦法七項，提請本會戰地党政會議決議通過，現與檢付，請定施，除分電各戰區長官司令部暨本會各分會外，相應抄同原案一件，電請查照，並轉飭知照為盼等由；相應抄同原案一件，隨電附發，希轉飭所屬一體知照為要等因，附同原案一件。奉此，除分電外，隨電附發同原案一件，希飭屬一體知照。

總司令陳儀　辛甲印　附加強經濟游擊隊力量

0009

第二十五集团军总司令部奉转党政委员会积极展开经游队工作议决办法的代电附发原案
（加强经济游击队力量彻底破坏敌经济设施厉行对敌经济封锁以困疲敌寇而奠定反攻基础案）
（1941 年 8 月）　0002-004-0829

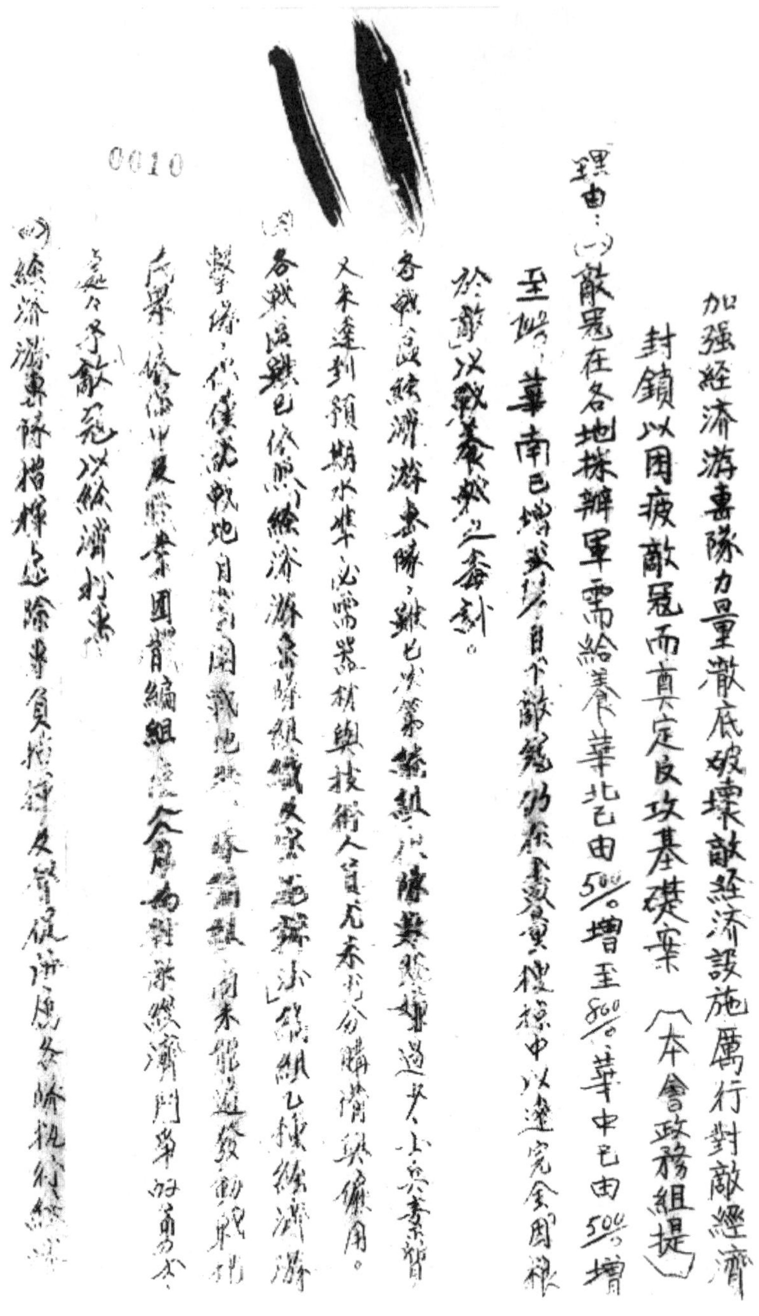

0010

加強經濟游擊隊力量徹底破壞敵經濟設施厲行對敵經濟封鎖以困疲敵寇而奠定反攻基礎案（本會政務組提）

理由：(一)敵寇在各地搾辦軍需給養，華北已由50%增至80%，華中已由50%增至[illegible]%，華南已增至[illegible]%，目下敵寇仍在盡量搜括中，以遂完全因糧於敵，以戰養戰之毒計。

(二)各戰區經濟游擊隊，雖已次第組織，但隊數既嫌過少，人數尤其貧乏，又未達到預期水準，必需器材與技術人員尤未能分購備與備用。

(三)各戰區雖已依照「經濟游擊隊組織及實施辦法」組織經濟游擊隊，但僅就戰地自衛團或戰地警察編組，尚未能普遍發動戰地民眾，從經濟中發掘禁團體編組，使全民參加經濟鬥爭，好勇不避之予敵寇以經濟打擊。

(四)經濟游擊隊指揮運輸事負指揮及督促游擊隊各隊執行經濟

第二十五集团军总司令部奉转党政委员会积极展开经游队工作议决办法的代电附发原案
(加强经济游击队力量彻底破坏敌经济设施厉行对敌经济封锁以困疲敌寇而奠定反攻基础案)
(1941年8月)a面 002-004-0829

游擊各項任務外，尤應研究破壞敵偽之一切經濟設施及設計對敵
經濟對策事宜，各戰區經濟游擊隊措施，以往對此項任務，尚未能
充分發揮，尤其對於所屬各隊，是否能完成其任務，尚未充分屬行
考績，分別獎懲。

(三)各戰區對於敵區之經濟情報，及經濟設施，不能切實有所封鎖破壞，仍
而深入敵後，發動民眾，實行全面封鎖，尤未徹底做到。

辦法(一)各戰區應成立經濟游擊隊幹部訓練班，或以必需學識與技能，儲養
撥組建，巡迴訓練，隨巡迴轄區內，負責訓練所屬各經濟游擊隊

(二)各戰區應設立會議會，應經常召集經濟諜報及敵偽經濟研究隊
時等機經濟問題對策，會同經濟游擊隊指揮處切實進行，並指
示所屬各隊執行破壞封鎖各項任務。

(三)充實機構，購買必需器材及聘雇技術人員。

(四)各戰區劃分地區，指定活動範圍後，應即責成主管切實執行
任務，屬行考績，並依照經濟游擊隊組織及實施辦法第八、十八條
之規定，每月給由該地黨政委員會分會彙報戰地黨政委員

第二十五集团军总司令部奉转党政委员会积极展开经游队工作议决办法的代电附发原案
(加强经济游击队力量彻底破坏敌经济设施厉行对敌经济封锁以困疲敌寇而奠定反攻基础案)
(1941 年 8 月)b 面　0002-004-0829

0011

政機未設立分會者，由該戰區經濟游擊隊指揮處遴選敵地黨政委員會並聯絡軍事委員會。

（五）各戰區經濟游擊隊指揮處應就各劃分地區，依照當地情勢及敵偽經濟趨勢，詳擬各該地經濟游擊隊主要工作及破壞敵偽經濟設施主要目標，隨時督飭執行。

（六）協同行政機關發動民衆，普遍組設各種經濟游擊隊，激勵領導民衆，人人對敵經濟鬥爭。

（七）各戰區經濟游擊隊應隨時與該區經濟委員會、各收購機關、緝私機關等，取得密切聯繫，以收分工合作之效

决議 通過

第二十五集团军总司令部奉转党政委员会积极展开经游队工作议决办法的代电附发原案
（加强经济游击队力量彻底破坏敌经济设施厉行对敌经济封锁以困疲敌寇而奠定反攻基础案）
（1941年8月） 0002-004-0829

福建省第一區行政督察專員公署代電 参字第三五四四號

霞浦縣縣長：奉省主席陳寒府保一代電開：「奉軍事委員會二十九年十月三日法督渝字(以89)號訓令開：查各戰區省分行政督察專員及區保安司令業經本委員會兼派執行紀監督察官在案，惟各該行政督察專員及區保安司令時有遷調補情事，而各戰區以戰局變動，亦常有伸縮，其未及委兼督察官之行政督察專員及區保安司令自難執行督察任務，而已經委兼督察官之行政督察專員及區保安司令自去歲以來迄今一年有餘，從無工作報告呈核，足徵其未按照規定職務認真執行，在該員等或以未明情勢，有所顧忌，或以事非本職，規避煩勞，無論出於何種原因，均屬未能盡其職責，殊失本會委任之至意。茲本會為整飭軍紀，嚴密督察起見，特明定凡戰區內各省分行政督察專員及區保安司令，當然兼任軍法執行總監部督察官職務，不必另行委任，各該兼督察官每月末月須將轄境內駐軍及過境軍隊軍風紀詳況據實密報，如遇要事，並須隨時密報，以憑核辦。如有風紀廢弛，應行處分或糾正之部隊，不遵分或糾正者，亦宜布告周知之姓名，除分令各戰區司令長官暨各省政府轉飭外，仰即轉飭各該兼督察官遵照辦理為至要」等因。奉此，除分電外，仰即遵照辦理為要。等因。茲製發駐軍及過境軍隊軍風紀詳

47

福建省第一区行政督察专员公署制发县驻军及过境军队军风纪详况密报表一份希于每月末填报的代电(1940 年 12 月 2 日)a 面　0168-001-0429

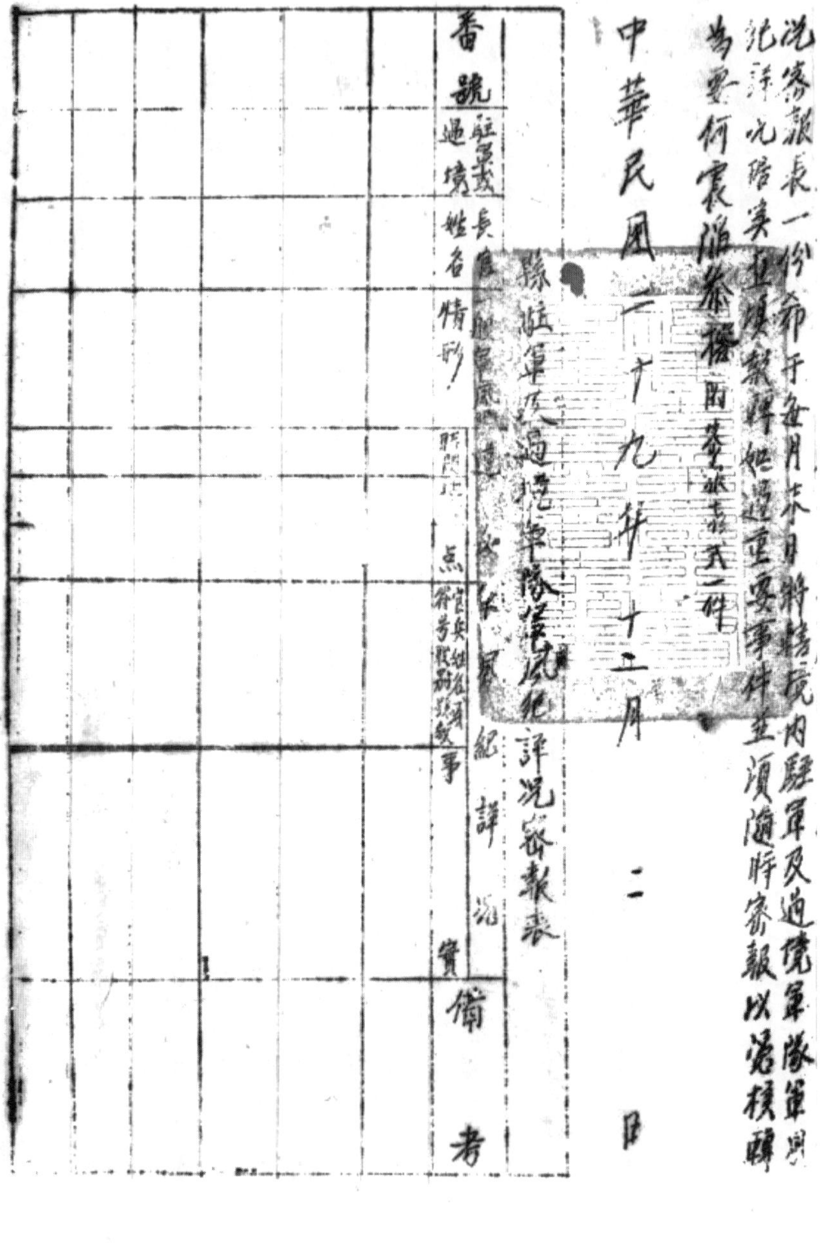

福建省第一区行政督察专员公署制发县驻军及过境军队军风纪详况密报表一份希于每月末填报的代电(1940 年 12 月 2 日)b 面　0168-001-0429

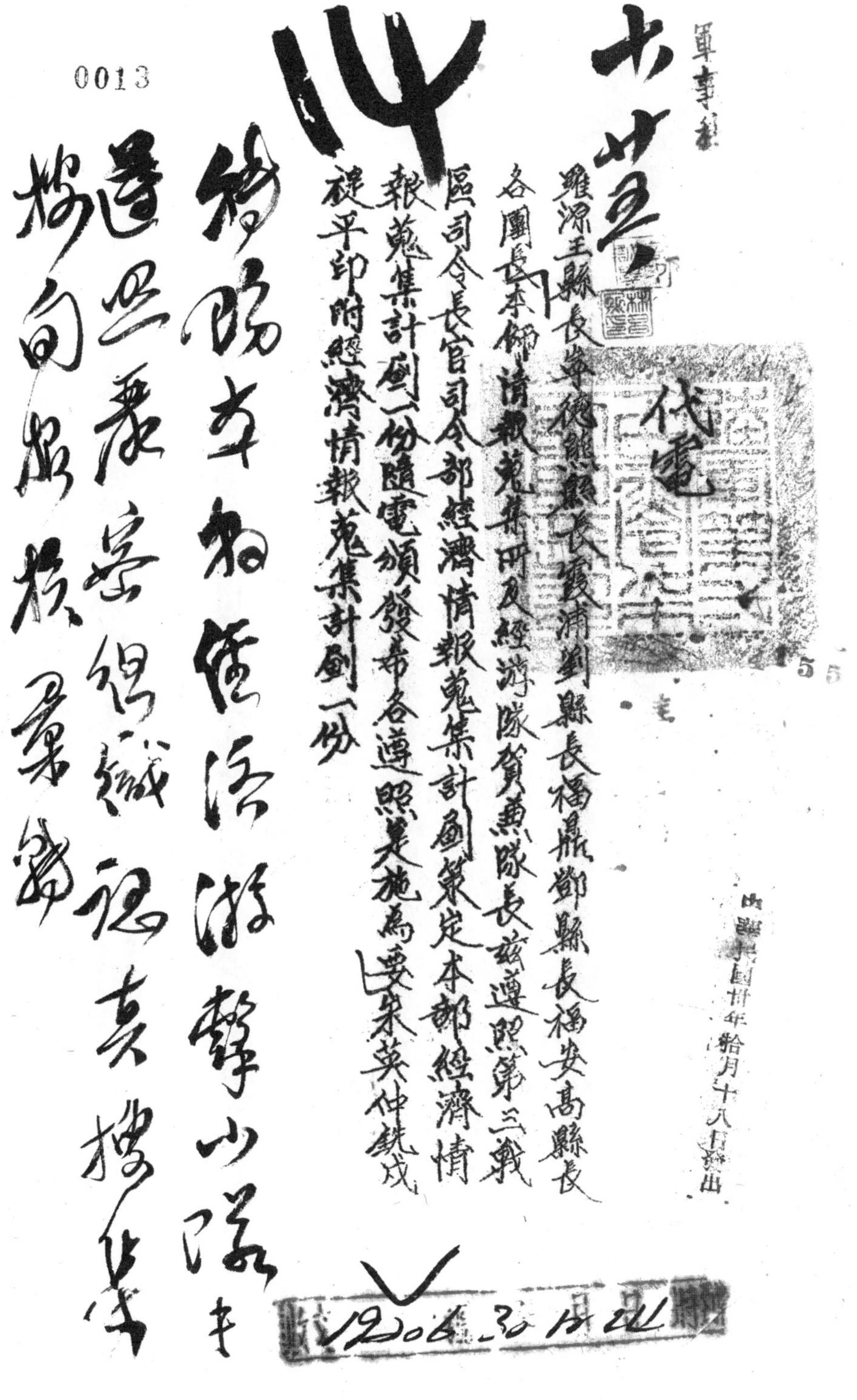
0013

軍事科

羅源王縣長寧德熊縣長霞浦劉縣長福鼎鄧縣長福安高縣長
各團長李師情報蒐集所及經濟隊賀兼隊長茲遵照第三戰
區司令長官司令部經濟情報蒐集計劃策定本部經濟情
報蒐集計劃一份隨電頒發希各遵照是為要宋英仲戟戌
徒平印附經濟情報蒐集計劃一份

代電

中華民國卅年拾月十八日發出

陆军第七十军第一〇七师关于该师经济情报搜集计划的代电

（1941 年 12 月 24 日） 0002-004-0829

0014

陸軍第七十軍第一零七師經濟情報蒐集計劃 三十年十月十六日于羅源

第一 方針

一、師奉於長官部經濟情報之計劃為確切指導經濟游擊戰，擬蒐敵偽經濟侵略陰謀及其崩潰，以利抗戰起見，特訂定經濟情報蒐集計劃，期能確切明瞭敵偽經濟情報及其侵略企圖。本師經濟游擊中隊及地方政府經濟情報機關應盡諸般手段，綜合搜索，努力偵察，以供指導經濟游擊戰之資料，而達成上項任務。

第二 蒐集要領

二、師屬甲種經濟游擊中隊及各地方政府諸經濟情報機關應配合當地民眾之偵察與多方派遣便衣偵探深入敵區，詳細搜索敵偽經濟情報，並可盡諸種方法由俘虜、間諜之審訊、沿海漁民之利用、檢查哨所之設置與郵電書報之檢查以搜集之。

三、担任守備之團及其經濟游擊小隊應隨時派遣便探，不斷偵察當面

陆军第七十军第一〇七师经济情报搜集计划

(1941年10月16日于罗源)a面 0002-004-0829

敵人之經濟情況及敵偽之經濟動態並須注意與當地縣府及鄉保甲長切取連繫互相交換有關之經濟情報

四、各地方政府應於各該縣境要地及沿海要口須妥分別用已組成之網或就原有各縣鄉鎮保甲長賦予蒐集情報之任務

五、師情報蒐集所應特別指定人員担任經濟情報任務而甲種經濟游擊隊及地方守備之經濟游擊小隊尤須設一經濟情報組專任經濟情報之蒐集事宜

六、各情報蒐集所所得各項經濟情報須加以整理詳細考察判斷隨時呈報

七、各經濟游擊隊所獲情報隨時向上級呈報外凡關於敵方經濟之設施事項以及各書報宣傳等所載之經濟文件尤應盡量蒐集以供研討

第三　經濟情報蒐集區處

八、第三二〇團及駐第一線地方團隊應分別於羅源三都寧德霞浦

陆军第七十军第一〇七师经济情报搜集计划

(1941 年 10 月 16 日于罗源)b 面　0002-004-0829

0015 16

福鼎各縣交通要点派遣便探偵察各該地區内之一切經濟情報

九、第三一九團及三二一團於轄境内各要点及交通要道派遣便探確切明瞭當地經濟情形並隨時蒐集各該地區内之一切經濟情報

十、羅源寧德霞浦福鼎福安各縣府及地方保安團隊分别於各該縣境沿海要点派遣便探組成綿密之情報機構蒐集各該地區内之一切情報

第四 一般搜索要目

十一、一般搜索要目：

1、敵偽在我淪陷區搜括物資之種類數量及其搜括方法

2、敵偽在我淪陷區厲行封鎖情形

3、敵偽工廠礦區倉庫分散地區及其概况

4、敵方交通網之構築情形與交通工具運輸力量

5、一般走私情况與仇貨傾銷情形

陆军第七十军第一〇七师经济情报搜集计划

(1941年10月16日于罗源)a面 0002-004-0829

6、封鎖線上物資輸出輸入情形
7、僞鈔行使情形及與法幣之比率
8、淪陷區農村經濟概况
9、敵僞税收機關之所在地及其徵收項目
10、淪陷區工商業概况

第五　特别搜索要目

十三、特别搜索要目：
1、敵人套取僑滙情形
2、粮食茶葉桐油木材木炭之偷運出口
3、塩場偷運出口情形走私偷運及受阻
4、敵對我沿海各口岸交通封鎖之張弛

第六　搜索手段

十三、各經濟游擊隊所派出之便探須設法與僞組織僞軍及居民利用

陆军第七十军第一〇七师经济情报搜集计划
(1941年10月16日于罗源)b面　0002-004-0829

0016

各種機會關係與其密切連絡並化裝各種職業以為掩護俾能遂行其任務而達成目的

十四、便探獲取經濟方面之各項情報必須設法混入敵之慰安宣撫班指揮部商店酒飯館兵站醫院倉庫等處充當傭人偵察其經濟動態與其陰謀並探竊取其有關經濟之文件為主要手段

第七 通信

十五、通信以有無線電為主其不能通信之處則以遞步哨或人力輔助之但以不失時效為原則

十六、各團營連及經濟游擊隊各縣鄉保甲長其所得之經濟情報必須加以整理隨時電呈上級並須注意連繫

十七、探取經濟情報後須偵查確實取得通信上連繫以發揚經濟游擊戰之效果

陆军第七十军第一〇七师经济情报搜集计划

(1941年10月16日于罗源)a面 0002-004-0829

第八 其他

廿八、就各部队及各地方政府所驻地区内所取得之经济情报除呈报外须按每月汇报一次

廿九、师派遣之情报人员应特别注意经济情报之搜集并须与经济游击队切取连络

陆军第七十军第一〇七师经济情报搜集计划
(1941年10月16日于罗源)b面 0002-004-0829

事由：轉飭游擊隊須整理各點希遵照由。

第五科

福建省政府

奉兼總司令陳總庚甲字第二零八三號齊代電開奉長官顧養未超代電開頃准何部長齊務游代電開准軍令部寒代電據報(一)游擊隊對於收編點驗常以搶枝到處冒點(二)游擊隊長多將餉項攫入私囊其隊員則騷擾民衆甚至私設關卡販賣仇貨(三)淪陷區縣長爭相委派斂括民財等情囑查照辦理等由查所稱第(一)(二)兩項關係游擊隊之整理亟須查明嚴禁以維軍譽(三)私設關卡騷擾地方已有令查禁外茲再規定如下(一)已經核准之游擊隊應由戰區嚴加考核三個月內至少須派員點驗一次並考查其補給狀況及官兵生活情形列表報核(二)游擊隊主官人選應慎重考慮不可以投機份子或落伍軍人充任尤禁

福建省保安处转饬游击队须整理各点的代电

(1940年7月)a面 0133-003-0113

濫事收編擴充私人武力(三)派員點驗須按規定辦理嚴禁
冒名頂替以期確實(四)游擊隊編制業經規定頒發在案應
本編併大單位充實小單位原則督飭各游擊隊按規定編
足(五)游擊隊如有設卡抽稅販賣仇貨者查明編併或解散
并按情節輕重依法懲究相應電請查照辦理等由除分電
外希切實遵照辦理具報為要等因除分電一百軍外特電
遵照切實辦理具報等因除分電外仰切實遵照辦理黃珍吾
(銳)衛印

中華民國二十九年七月 日發

校對馮士林

存案

福建省保安处转饬游击队须整理各点的代电

(1940年7月)b面　0133-003-0113

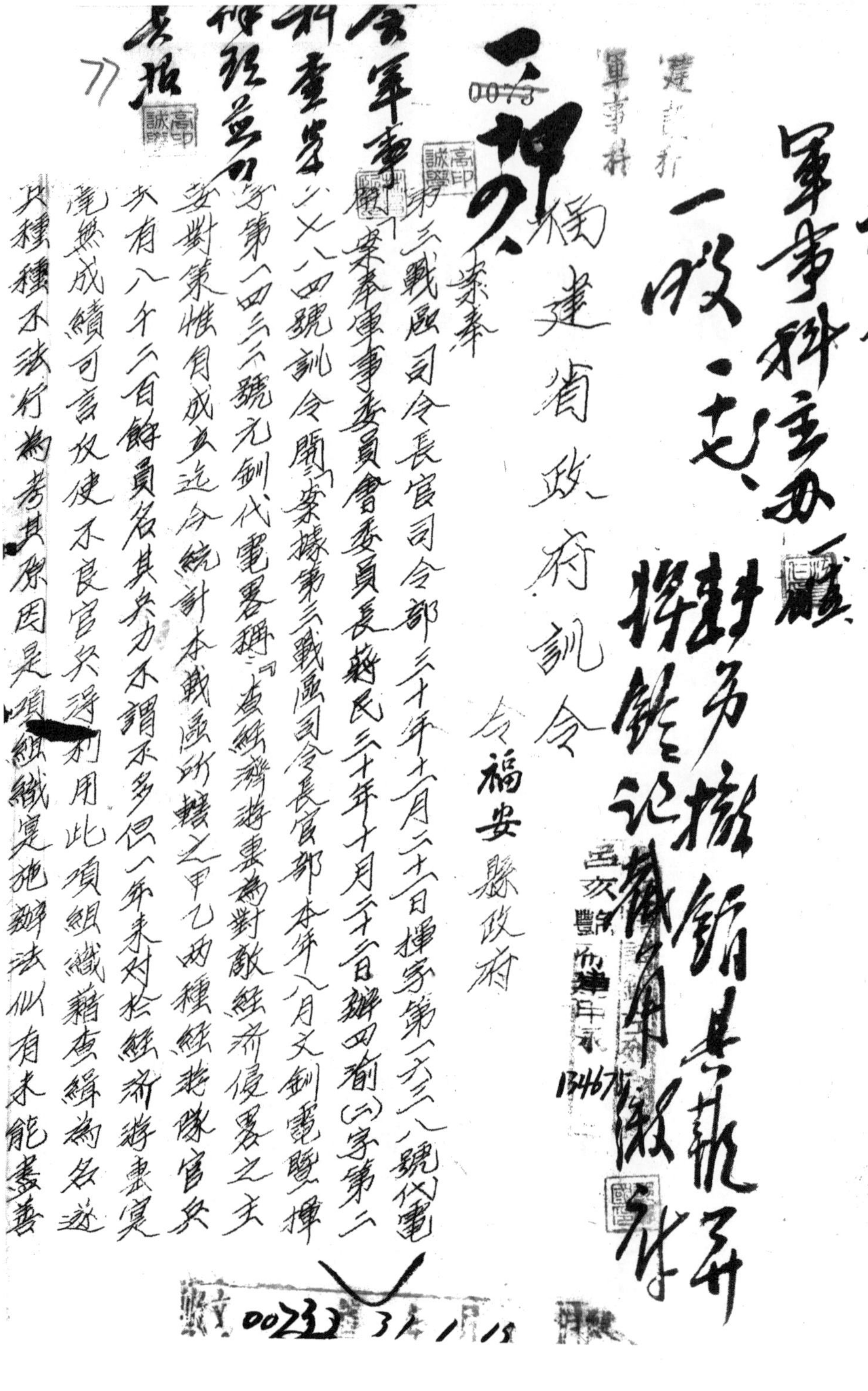
福建省政府訓令
令福安縣政府
案奉
第三戰區司令長官司令部三十年十一月二十八日揮字第一六三八八號代電
開：案奉軍事委員會委員長蔣民三十年十月二十三日辦四渝(二)字第二
一八四號訓令開：「案據第三戰區司令長官部本年八月文銅電暨揮
字第一四三六號元銅代電略稱：『查經濟游擊隊為對敵經濟侵略之主
要對策，惟自成立迄今，統計本戰區所轄之甲乙兩種經濟游擊隊官兵
共有八千二百餘員名，其兵力不謂不多，但一年來對於經濟游擊實
施無成績可言，反使不良官兵得利用此項組織藉查緝為名，遂
其種種不法行為，考其原因，是項組織實施辦法似有未能盡善

福建省政府有关经济游击队组织需进行改革的训令

(1941 年 12 月)a 面　0158-001-0304

之處(一)各部隊均虛應故事組織不嚴寔官兵多不健全(二)各經
濟游擊隊服行任務脫離掌握容易發生流弊(三)各經游隊力量
分散不能集中使用指揮尤不靈便(四)部隊更調頻繁各經游隊
不能在固定區域內長期服行任務不易收駕輕就熟之效茲為徹
底革除積弊及充分發揮經濟游擊力量起見擬於第一第二兩
游擊區內各編一個區浙東沿海皖南贛東北沿江一帶各駐一獨
立中隊專負此項經濟游擊之任務平時集中訓練臨時適應情
况分散使用謹擬具抽編及專編兩種方案並預算等件電呈鑒
核』等情經交軍令部核辦去後據覆畧稱『查經濟游擊任務主
在攻擊敵之側後及其聯絡線破壞敵偽政治組織與經濟設施不
斷予以擾亂牽制破壞并殲滅之寔與一般游擊部隊任務無異
以現數十萬之游擊部隊倘能實行其任務經濟游擊之功效自
可完成現各戰區經濟游擊隊之兵力誠屬不少但成效未見弊
端百出為統一事權節省公帑計寔不應有經濟游擊隊之重複
組織似應通令取銷嚴令第一線正規軍與淪陷區游擊部隊等

福建省政府有关经济游击队组织需进行改革的训令

(1941年12月)b面　0158-001-0304

0074

合力兼辦為宜等情復經主管各機關商定各戰區經濟游擊隊自即日起應斟酌情形逐漸取銷並嚴令第一線正規軍配合協助區游擊隊合力兼辦用收指臂相需之助等語查核尚無不合除呈請國防最高委員會備案令各戰區司令長官切實遵辦并分令各戰區經濟委員會各軍風紀巡察團各緝私主任本會各直屬各有關機關遵照暨分別函知黨政有關機關外合行令仰切實遵辦具報並轉飭遵照等因奉此除第一、二兩游擊區因情形特殊應俟陶冷兩總指揮擬議具覆再行另案核辦外所有各地方編組之乙種經濟游擊隊應自即日起一律撤銷歸還建制除分電並呈復外希轉飭所屬一體遵照辦理具報為要等因奉此正擬辦間復奉 行政院三十年十二月七日勇陸字第一七六九五號同前因自應遵辦除分令外合行令仰遵照迅將所編乙種經濟游擊隊自即日起一律撤銷歸還建制逕報長官部備案并將辦

福建省政府有关经济游击队组织需进行改革的训令

(1941年12月)a面 0158-001-0304

78

據情形具報。

此令。

中華民國三十年十二月　日

主席劉建緒

福建省政府有关经济游击队组织需进行改革的训令

(1941 年 12 月)b 面　0158-001-0304

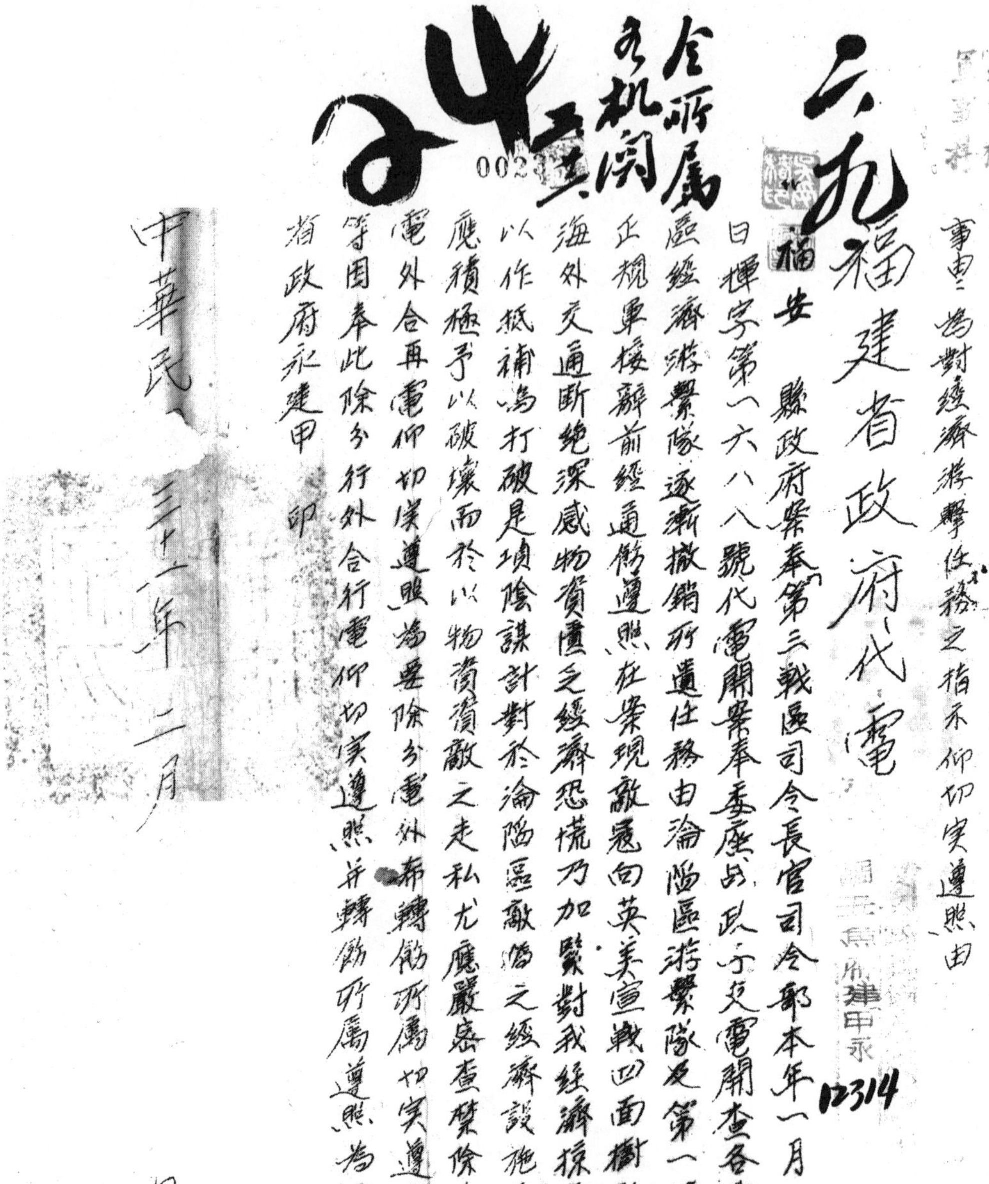
事由：為對經濟游擊任務之指示仰切實遵照由

福建省政府代電

福安縣政府案奉第三戰區司令長官司令部本年一月八日揮字第一六八八號代電開案奉委座戌敬侍參電開查各戰區經濟游擊隊逐漸撤銷所遺任務由淪陷區游擊隊及第一線正規軍接辦前經通飭遵照在案現敵寇向英美宣戰四面樹敵海外交通斷絕深感物資匱乏經濟恐慌乃加緊對我經濟掠奪以作抵補為打破是項陰謀計對於淪陷區敵偽之經濟設施亟應積極予以破壞而於以物資資敵之走私尤應嚴密查禁除分電外合再電仰切實遵照為要除分電外希轉飭所屬切實遵照等因奉此除分行外合行電仰切實遵照並轉飭所屬遵照為要

省政府永建甲印

中華民國三十一年二月 日

福建省政府对经济游击任务之指示的代电（1942 年 2 月） 0002-004-0829

軍字 177

事由：令發修正福建省游擊戰指導及游擊根據地建立方案由

第二十五集團軍總司令部密令　總王智字第　號

令福鼎縣縣長

茲為適應本集團軍現況預期尔後作戰之需要並遵照 層峯迭次文電指示與本部誠字第四號修正作戰指導腹案之規定特將二十八年五月由前駐閩綏靖公署頒訂之福建省游擊戰指導方案重新修正為福建省游擊戰指導及游擊根據地建立方案頒佈施行除呈報並分别函令外合行檢同修正福建省游擊戰指導及游擊根據地建立方案一份隨令頒發仰即遵照實施為要此令

附發修正福建省游擊戰指導及游擊根據地建立方案一份

中華民國三十一年二月

中華民國卅一年貳月廿七日發出

0041

卅一年三月十日

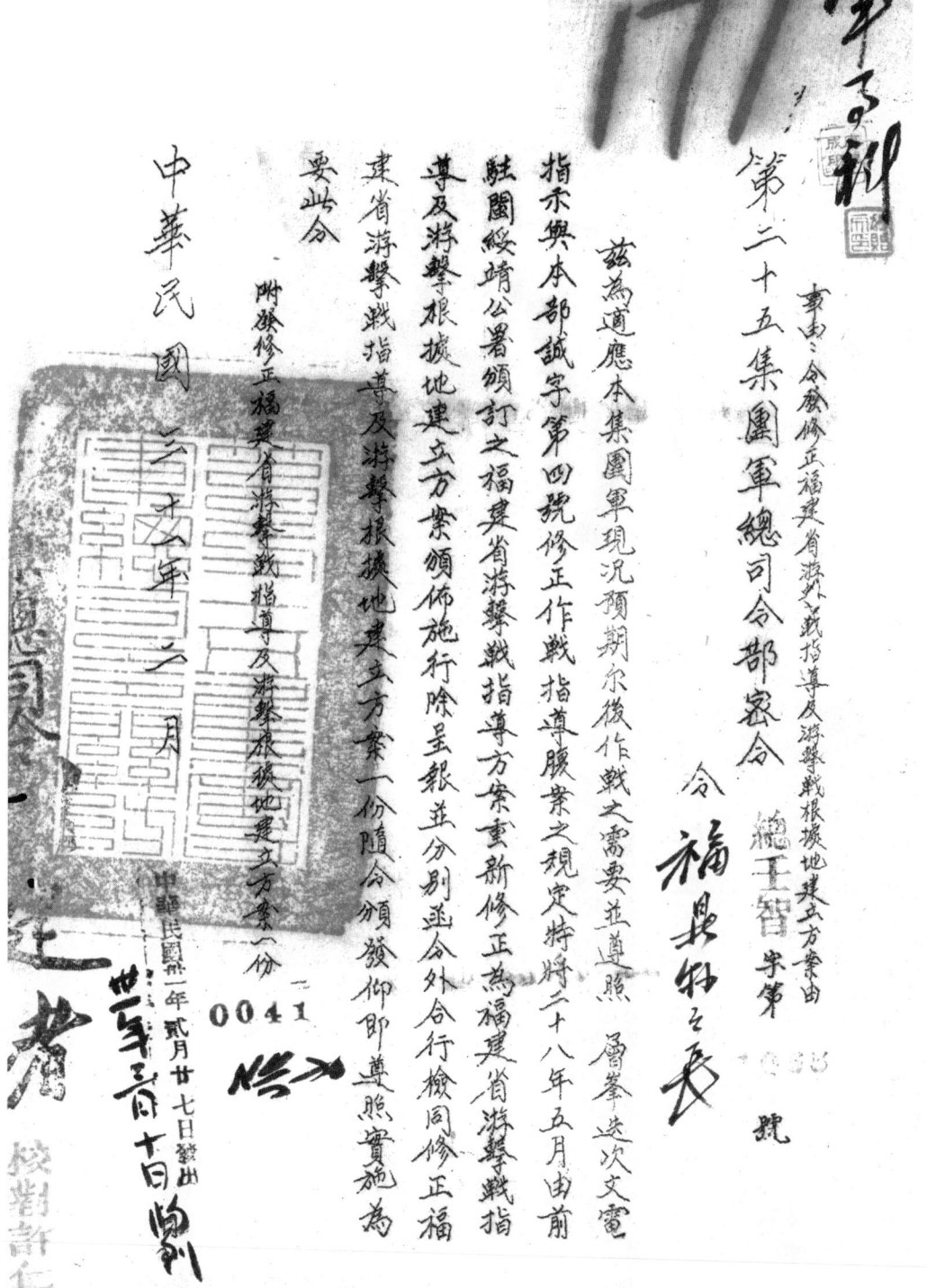

第二十五集团军总司令部关于令发修正福建省游击战指导及游击根据地建立方案的密电

(1942 年 2 月 27 日)　0133-003-0085

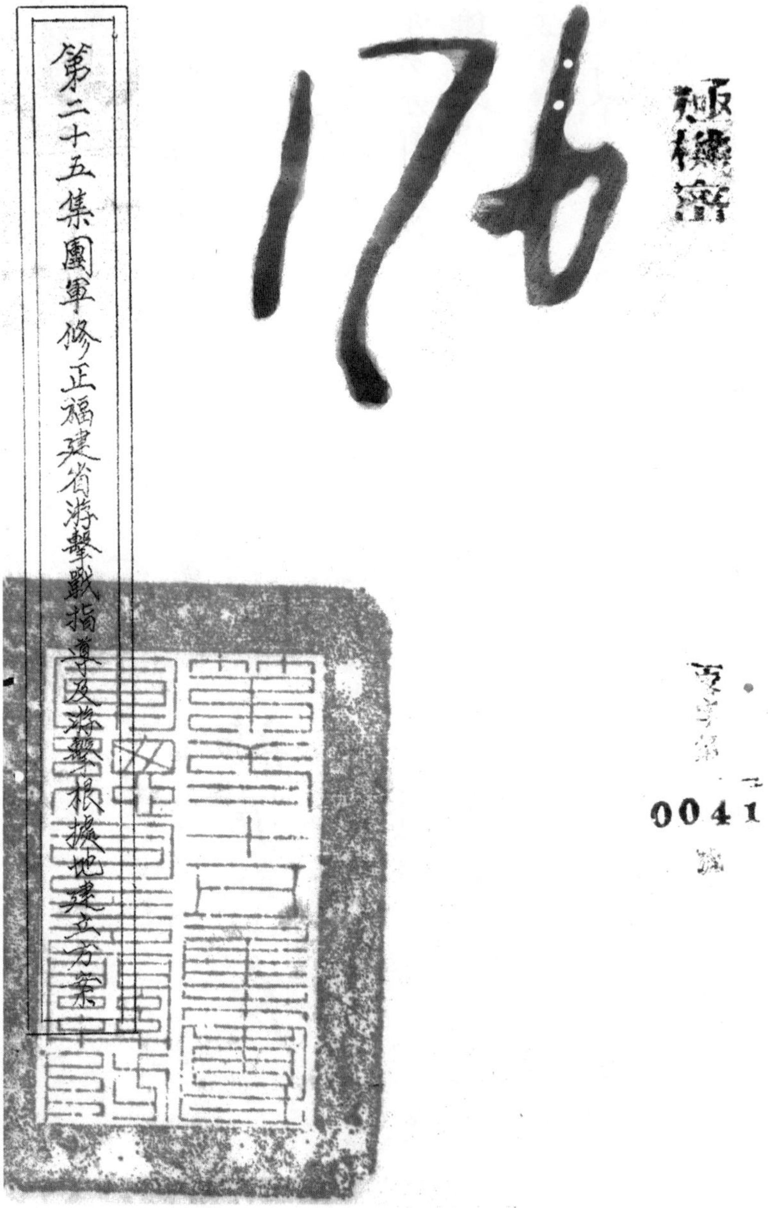
第二十五集團軍修正福建省游擊戰指導及游擊根據地建立方案

0041

第二十五集团军修正福建省游击战指导及游击根据地建立方案

（1942 年 2 月 27 日） 0133-003-0085

178

第二五集團軍修正福建省游擊戰指導及游擊根據地建立方案

三十一年九月

第一　總則

一、為適應本集團軍現況及預期尔後作戰之需要，並遵照　層峯迭次文電指示，與本部誠字第四號修正作戰指導腹案之規定，特將廿八年五月由前駐閩綏靖公署頒訂之福建省游擊戰指導方案，重新修正頒行之。

二、關于各游擊區根據地之建立（前進游擊區根據地之位置業經選定），應遵照本方案指示，切實完成已設未妥及未設之一切設施，並屆時準備行動。

三、各游擊部隊，應協同正規軍作戰，更於敵之後方為我之前方，妨害敵之行動，牽制敵軍兵力，消耗敵軍戰力，破壞敵之交通通信補給機關倉庫及其他重要設施，使正規軍作戰蒙有利之影響。

四、為保持我固有之政權，妨害敵偽之政治設施，應切寔運用策略，掌握民眾，務期無論在保有或淪陷區域內之政權，均能為我確寔控制。

五、關于游擊區內經濟上之設施，應由各部隊協助地方政府作以下之處置，（甲）凡無關于作戰軍所需要之財物，應儘量內移，並利用此種時機發展農村經濟，（乙）凡屬淪陷城市之建築物及不能遷移之資源，應儘量避免為敵利用，（丙）凡屬於重要產業之進出，應設法統制，（丁）破壞敵偽經濟組織及金融，絕對拒用敵偽鈔貨，以提倡節約，勵行儲蓄運動，確實做到經濟反封鎖。

六、對各游擊區內之民眾，各部隊應協同地方政府，設法灌輸抗戰國策，提高必勝信念，堅定抗戰意志，絕對信仰及服從　領袖，暨宣傳敵寇暴行及其必敗性，防止漢奸煽動，闡揚民族氣節及我革命理論等，使不為敵用。

七、為發揮抗戰之持續力及建設新興國力計，各游擊部隊應與地方各級政府切寔合作，在我絕對保有之地域內，使農業工業之發展，力求現代化合理化，不僅保持平時產量，尤須使之增加生產，俾戰時軍民需要，能以自給自足。

第二　游擊地區之劃分

八、為按照本集團軍作戰計劃之要求及地形上之關係，特將游擊地區劃分如左：

第二十五集团军修正福建省游击战指导及游击根据地建立方案

(1942 年 2 月 27 日)a 面　0133-003-0085

（甲）前進游擊地區：該地區所屬各縣游擊隊應協力于第一線正規軍（即沿海防守部隊）之作战，於必要時化整為零、或集零為整，繼續在敵後地區達成游擊任務。

（乙）主游擊地區：該地區所屬各游擊部隊係發動游擊战之主力部隊，應與該游擊地區各縣游擊隊確保連繫，協助第二線正規軍（山岳地帶防守部隊）之作战，並努力向敵後方深入發展。

（丙）預備游擊地區：該地區所屬各預備游擊隊係主游擊地區游擊支隊之控置部隊，協助主游擊地區游擊支隊在山岳地帶作战，並鞏固主游擊地區之根據地。

九、準本部誠字第四號修正作战指導腹案內各兵團部署中之規定，着將各游擊根據地分別劃歸各守備地區指揮官指揮，並協同兩防工程處負責偵勘計劃，督導建立等，其劃分如附圖。

第三 游擊區根據地之建立

十、為使游擊部隊得以動止自如，補給容易，以及病傷者之醫療与補充、訓練便利起見，必須有良好之根據地，以從事必要之準備与設施，俾能保持作战機動力与持久力。

十一、游擊根據地應選擇山岳地帶之盆地或大森林中地形錯雜、對外交通力求梗塞，使敵不易偵知及襲擊，且須富於糧食之出產、儲藏，以資補給，俾能持久固守。

十二、游擊區根據地應備有相當之倉庫，以資屯積糧食、儲藏彈藥及其他必需之物品，俾得隨時接濟。

十三、對于軍事上所需之手工業及工廠等，應于可能範圍內使之遷入游擊根據地內，以保持其工作常態。

十四、對于游擊區內民眾，務須確實掌握其密組訓，厲行精神總動員，舉行公民宣誓，使信仰政府、擁護政府，協助軍隊、肅清奸宄。

十五、各游擊區根據地，除前進游擊根據地暨前進游擊商易根據地位置業經選定，仍由各守備地區指揮官繼續督飭各縣政府迅速切確參合實施完成準備外，對主預兩種游擊區根據地，亦應由各地區守備指揮官負責分別派員前往偵勘，妥擬建立計劃，並統限于三月底前將是項計劃報由本部核奪。

十六、規定各游擊地區根據地完成時期如次：

(1)前進游擊地區各游擊根據地——應于本年四月底前切實完成具報。

(2)主游擊地區各游擊根據地——應于本年三月底前完成偵勘及計劃各項準備，於本年六月底前建立完成具報，必要時得提前完成之。

第二十五集团军修正福建省游击战指导及游击根据地建立方案

(1942年2月27日)b面　0133-003-0085

(3)預備游击地區各游击根據地——應于主游击根據地完成後,繼續完成之,必要時得提前完成。

第四 各游击部隊之編組及任務

十七、關于各游击部隊之編組,除前進游击區游击隊得指定縣長、國民兵團副團長或軍事科長為隊長外,其主預備游击區游击支隊,應按本方案附表之規定編組之,使担任战時游击任務,並歸各守備地區指揮官統一指揮。

十八、各游击區游击部隊之發動編組及任務等規定如附表。

十九、各游击部隊於編組後,應由各守備地區指揮官督飭積極訓練,以赴事机。

第五 沿海各縣(前進游击地區)游击战指導及各時期應行實施事項及準備

二十、第一守備地區沿海各縣前進游击支隊(詔安、東山、雲霄、漳浦、海澄、龍溪、同安)

甲、敵未登陸前時期

1、編組與訓練:游击隊之編組,應以縣自衛隊為基幹,並利用各該縣警察、義勇隊、地方民众武力等,依平時之建制編組或保甲之組合,切實調查登記,適宜分為偵探、突击、破壞各組,以不妨害原工作之任務範圍,利用時間定期召集施以偵探、搜索、野外战鬥、射击、通信、破壞、爬山、涉水等訓練。

2、搜索與警戒:各該縣除正式海岸守備部隊所担任之搜索警戒區域外,其空隙地帶,尤其梧林灣、南澳、礁是列島及黃岡、潮汕方面,利用各種方法與手段,俾適時能獲得必要情報,而形成極嚴密之警戒搜索網。

3、通信與防諜:為使能在淪陷或游击地區傳遞消息,務利用各種手段與方法(例如與各島嶼通信可利用漁民、商賈、郵艇或交通船隻,甚或反間諜之宣傳等)或利用徒步哨、傳遞哨以達成通信之任務,又須依便衣偵探及盤查哨所等嚴密封鎖警戒,以杜絕防止敵奸間諜之潛入活動。

4、預定前進游击簡易根據地(即活動軸心)之建立與設施:詔東雲三縣游击支隊應於六石寨、下營坂、大溪、車墩,漳浦海澄游击支隊應於東坑湖、石橋仔頭,龍溪同安游击支隊應於古行林沙、石港江都等各附近預為各該縣前進游击支隊簡易活動根據地之建立與設施(例如粮彈裝備、破壞、通信器材等儲備),俾便形成前進游击战活動之軸心。

5、阻絕與破壞:各該縣游击隊應於沿海各要點之道路,詔安、雲霄、漳浦、海澄、龍溪、同安,又由各該縣城之通大布寨、大溪、車墩、雲霄,及由黃岡之通詔安,並由漳浦、海澄之通小溪、龍溪、宮潭圩,又由龍溪、同安之通南靖

第二十五集团军修正福建省游击战指导及游击根据地建立方案

(1942年2月27日)a面 0133-003-0085

沙建厅港、江都、安溪等各道路，均须预为侦察，秘密准备阻绝或破坏之材料，以便必要时得从容实施或迳预行阻绝破坏之。

乙、敌开始登陆或登陆成功继续进犯时期

1、务先将原已编就之建制游击部队，协力配合预九师之守备部队，极力拒止敌军登陆，或乘其立足未稳，予以严重打击，并须注意避开正面抵抗，而迳由其侧翼或背后施行袭击，予正规军以直接或间接之协助。

2、利用预为潜置之侦探间谍，秘密侦察敌登陆之兵力、兵种、部队番号，尤其主登陆方面及其企图，一面作迅速之报告（一面继续侦察）（对由九龙江两侧进犯之敌军尤须随时特别注意）。

3、各该县此时应迅速发动曾经组训地方民众武力、警察、义勇队等，掌握控置于敌人侵犯县城之中间山地或险要道路之两侧（尤须注意企图窜扰漳州地区之敌），以奇袭埋伏之手段要击之（但须避免正面之冲突），或以一部协助正规军担任城防，利用街市建筑物、土堡工事等作坚固之守备。

4、各该县城市村镇在敌军尚未能攻占以前，应极力维持社会秩序之安宁，尤须防止汉奸第五纵队之骚扰活动，俾正规军得安心作战，毫无后顾之忧（对漳州特须注意）。

5、因情况之变迁，各该县城镇之行政机关（县府）或必要之公务人员，固可按预订之迁移计划（注意是项计划须于平时拟就之），向后方邻近县份或接壤边区适当地点迁移，俾得于县城沦陷时，仍得继续行使其政权，但县长及前述游击队长务须亲率必要人员，确实掌握游击部队，继续支持至最后阶段，并着重军事上行动，不得轻易离开或在未取得相当代价以前放弃县城。

丙、敌攻占各该县城后时期

1、此时期各该县担任游击任务之自卫队及地方武力等，更须重新调整，极力掌握，分别转移进入僻易前进游击根据地，利用其为活动轴心，行广泛之游击，而对敌占据各该县城后之（第六步骤）等行动，尤须极力侦察妨害之。

2、预为潜置沦陷区之侦探间谍，仍须利用其平时掩护职业继续工作，除探查敌军主力进犯龙溪（漳州）究从何方面外，而对敌小部队之行动、兵站线路上行李、辎重、弹药、粮秣之补给、输送、仓库之设置、兵营、指挥部、哨所之地点等，均须注意侦察密报，藉供正规军及游击部队作战之参考（游击部队常因消息之灵活，得随时施行袭击破坏、焚毁、截获、狙击等特殊任务）。

3、诏东云三县游击队对由诏安之通大布、秦大溪、平和及云霄之通车墩、漳浦、小溪，漳浦、海澄游击队对由该两县

第二十五集团军修正福建省游击战指导及游击根据地建立方案

(1942年2月27日)b面　0133-003-0085

180

之道（小溪、龍溪、龍溪同安）游擊隊對由角尾、灌口、同安之通龍溪、長泰、安溪等各道路，均須極力控制、破壞其交通通信，並運用欺敵、誘敵、分敵、激敵、埋伏、奇襲等種種手段，予敵以不斷打擊，使敵感覺處處荆棘，到處危險之痛苦，以牽制、疲憊、消耗敵人兵力，而間接直接予我正規軍以極大協助。

4. 可能時，並須利用潛置之偵探，或須為組成之暗殺游擊隊員（此以各縣之原有警察、偵緝隊等充任之較為適宜）在淪陷區內，尋可暗殺狙擊敵軍高級指揮官，或漢奸偽組織，並以縱火、粘貼反動標語等，造成恐怖狀態，消沉敵軍士氣，減殺其精神，使敵軍漸次陷於畏戰、厭戰、反戰之心理，而加速其滅亡（尤以漳州、石碼兩地務須特別注意設法施行）。

5. 萬一我正規軍主力會戰不利（指漳州失陷）而轉進入第二道主陣地帶時，其各該縣前進游擊隊，仍須根據以上要領，繼續不斷實施，惟對游擊隊本身持續力量之長期維持、補充，特須注意及之。

廿一、第二守備地區沿海各縣前進游擊支隊（南安、晉江、惠安、仙游、莆田、福清、長樂、平潭）

甲、敵未登陸前時期

1. 編組與訓練：游擊隊之編組，應以縣自衛隊為基幹，並利用各該縣警察、義勇、地方民眾武力等，依平時之建制編組，或保甲之組合，切實調查登記，適宜分為偵探、突擊、破壞各組，以不妨害原工作、業務為範圍，利用時間，定期召集，施以偵探、搜索、野外戰鬥、射擊、通信、破壞、爬山、涉水等訓練。

2. 搜索與警戒：各該縣除正式海岸守備部隊所擔任之搜索警戒區域外，其沿海地帶，尤其金門、泉州灣、湄州島、興化灣、東沙島、草嶼、塘嶼、匀大列島等，及廈門、閩江口方面，均須利用各種方法與手段，俾適時獲得必要之情報，而形成極嚴密之警戒搜索網。

3. 通信與防諜：為使能在淪陷或游擊地區傳遞消息，務利用各種手段與方法（例如與各島嶼通信，可利用漁民、商賈、部艇或交通船隻，甚或反間諜之宣傳等）或利用跑步哨等，藉以達成通信之任務；又須依便衣偵探及盤查哨所等，嚴密封鎖警戒，以杜絕防止敵奸間諜之潛入活動。

4. 預定前進游擊簡易根據地（即活動軸心）之建立與設施：南安、安溪游擊隊應於嶺頭、新圩、石炉；晉江、惠安游擊隊應於新厝、梧洋、西頭、嶺楓、厝洪、岩前；仙游游擊隊應於東埔、張宅、古邑、大林、徑裡、平洋；福清、長樂、平潭游擊隊應於林美、鳳跡、金芝、新縣、仁美、上倉、南洋、大坪、當東、國草、鼓唐、湖裡、坪邨、龍頂、蕪洋等各附近預為各該縣前進游擊支隊簡易活動根據地之建立與設施（例如糧彈、裝備、破壞通信器材等）囤備，俾使形成前進游擊戰之活動軸心）

第二十五集团军修正福建省游击战指导及游击根据地建立方案

（1942年2月27日）a面　0133-003-0085

5、阻止與破壞：各該縣應於沿海各要點之通南安安溪晉江惠安仙游之通莆田福清長樂及晉江南安之通洪瀨、下店街、詩山碼頭及莆田之通瀨溪、仙游、與仙游之通大濟、永春以及福清長樂之通東張、新縣、蓋田、尚幹等諸道路，均須預為偵查，秘密準備阻絕或破壞之材料，以便必要時得從容實施或預為阻絕破壞之。

乙、敵開始登陸或登陸成功繼續進犯時期

1、務先將已編就之建制游擊部隊協力配合保安縱隊之守備部隊，極力阻止敵人登陸，或乘其立足未穩予以嚴重打擊，但須注意避開正面抵抗，而專由其側翼或背後施行突擊，予正規軍以直接或間接之協助。

2、利用預為潛置之偵探、間諜秘密偵敵登陸之兵力、兵種、部隊番號，尤其主登陸方面及其企圖，一面作迅速之報告，一面繼續偵察（對由泉州港兩岸進犯之敵軍尤須特別注意）。

3、各該縣此時應迅速發動曾經組訓地方民眾武力、警察、義勇隊等，掌握毗貫於敵人侵犯縣城之中間山地，或險要道路之兩側（尤須注意掌握泉州地帶之敵），以奇襲、埋伏之手段要擊之（但須避免由正衝突），或另以一部協助正規軍担任城防，利用街市建築物（如堡壘等）作堅固之守備。

4、各該縣城、市、村、鎮在敵軍未攻佔以前，應極力維持社會秩序之安寧，尤須防止漢奸第五縱隊之騷擾活動，俾正規軍得安心作戰，毫無後顧之憂（對泉州特須注意）。

5、因情況之變遷，各該縣城鎮之行政機關、縣府或必要公務人員，固可按預定之遷移計劃（此處計劃須於平時擬就之）向後方鄰近縣份或接壤之區適當地點暫移，俾得於縣城淪陷時仍得繼續行使其政權，但縣長及前進游擊隊長務須親率必要人員確實掌握游擊部隊，繼續支持至最後階段，並着重軍事上行動，不得輕易離開或在未取得相當代價以前放棄城市。

丙、敵攻佔各該縣城後時期

1、此時期各該縣担任游擊任務之自衛隊及地方武力等，更須重新調整，極力掌握，分別轉移進入簡易前進游擊根據地，利用其為活動軸心，行廣泛之游擊，而對敵佔據各該縣城之第二步軍事行動，尤須積極偵察妨害之。

2、預為潛置淪陷區之偵探、間諜，須利用其本職掩護職業，繼續工作，除探查敵軍主力進犯晉江（泉州）究使用於何方面外，而對敵小部隊之行動、兵站線路上行李、輜重、彈藥、糧秣之補給輸送、倉庫之設置、兵營指揮部暗所之地點等，均須注意偵查密報，藉供正規軍及游擊部隊作戰之參考（游擊部隊常因消息之靈活得隨時施行襲擊破壞焚燬截獲狙擊等特殊任務）。

3、南安安溪兩縣游擊隊對由南安之通安溪洪瀨詩山碼頭並對尚官橋青陽鎮之通晉江，晉江惠安游擊隊對由惠安仙

第二十五集团军修正福建省游击战指导及游击根据地建立方案

（1942年2月27日）b面　0133-003-0085

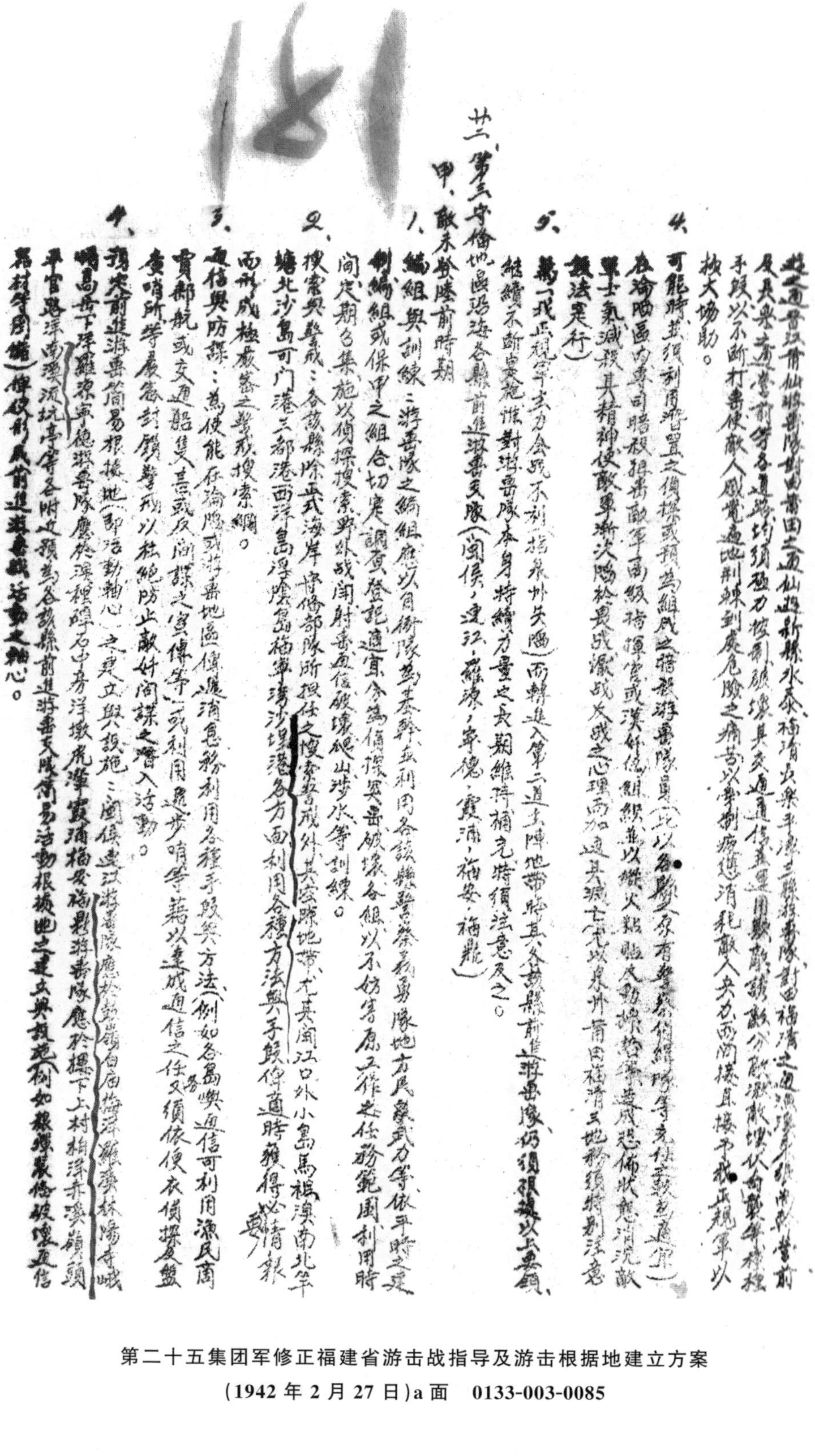

此道當以莆仙游擊隊由莆田之西仙游新縣水茶、梅嶺，長樂平潭三縣游擊隊由福清之西海邊至前
及長樂之渡營前等各道路均須極力控制破壞其交通通信並運用騷擾襲擊分散潛伏伏擊等積極
手段以不斷打擊使敵人感覺處此荊棘到處危險之痛苦以牽制疲憊消耗敵人兵力而間接直接予我正規軍以
極大協助。

4、可能時並須利用潛置之偵探或預為組民之潛伏游擊隊員（比以各縣原有警察偵緝隊等充任最為適宜）
在淪陷區內專司暗殺狙擊敵軍高級指揮官或漢奸偽組織並以縱火點燃及動擾搶擊等造成恐怖狀態消沉敵
軍士氣減殺其精神使敵軍漸次陷於畏戰厭戰反戰之心理而加速其滅亡尤以泉州莆田福清三地務須特別注意
設法實行）

5、就我正規軍主力會戰不利，局部地失陷）而轉進入第二道主陣地帶時其各該縣前進游擊隊仍須根據以上要領、
繼續不斷襲擾破壞對游擊隊本身持續力量之長期維持補充特須注意及之。

廿二、第三守備地區沿海各縣前進游擊支隊（閩侯、連江、羅源、寧德、霞浦、福安、福鼎）

甲、敵未登陸前時期

1、編組與訓練：游擊隊之編組應以自衛隊為基幹並利用各該縣警察義勇隊地方民眾武力等依平時之建
制編組或保甲之組合，切實調查登記適宜人員為偵探突擊破壞各組以不妨害原工作之任務範圍利用時
間定期召集施以偵探搜索野外戰鬥射擊通信破壞爬山涉水等訓練。

2、搜索與警戒：各該縣除正式海岸守備部隊所擔任之搜索警戒外其空隙地帶尤其閩江口外小島馬祖澳南北竿
塘北沙島可門港三都港西洋島浮鷹島福寧灣沙埕港各方面利用各種方法與手段俾適時獲得必需情報。

3、通信與防諜：為使能在淪陷或游擊地區傳遞消息務利用各種手段與方法（例如各島嶼通信可利用漁民商
賈船航或交通船隻甚或反間諜之宣傳等）或利用跑步哨等藉以達成通信之任務又須依便衣偵探及盤
查哨所等嚴密封鎖警戒以杜絕防止敵奸間諜之潛入活動。

4、預定前進游擊簡易根據地（即活動軸心）之建立與設施：閩侯連江游擊隊應於鼓嶺白鹿梅洋溪林陽寺峨
嵋島岳下洋羅源寧德游擊隊應於溪裡碑石中房洋墩虎澤霞浦福安福鼎游擊隊應於楊下上村柏洋赤溪嶺頭
平官路洋南溪流坑亭等各附近預為各該縣前進游擊支隊簡易活動根據地之建立與設施（例如糧秣儲備破壞通信
器材等預備）俾使形成前進游擊戰活動之軸心。

第二十五集团军修正福建省游击战指导及游击根据地建立方案

（1942 年 2 月 27 日）a 面　0133-003-0085

5、阻絕與破壞：各該縣游擊隊應於沿海各要點之通福州連江羅源寧德霞浦福安福鼎並由閩江口馬尾連江之通福州及由丹陽羅源寧德之通小舍霞口豐岸嶺裡杉洋鶴塘並由寧德霞浦福鼎之通福安等各道路，均須預為偵察，秘密準備阻絕或破壞之材料，以便必要時得從容實施或逕預為阻絕破壞之。

乙、敵開始登陸或登陸成功繼續進犯時期

1、除先將原已編就之建制游擊部隊協力配合七十軍之守備部隊，極力拒止敵軍登陸或乘其立足未穩予以嚴重打擊，但須注意避開正面抵抗而選由其側翼或背後施行突擊，予正規軍以直接或間接之協助。

2、利用預為潛置之偵探間諜秘密偵察敵登陸兵力兵種部隊番號，尤其主登陸方面及其企圖，一面作迅速之報告，一面繼續偵察（對由閩江口附近及羅源寧德方面進犯之敵軍尤須隨時特別注意）

3、各該縣此時應迅速發動曾經組訓地方民眾武力警察義勇隊等，事先撥置於敵人侵犯縣城之中間山地或險要道路之兩側（尤須注意企圖奪據福州地區或古田附近之敵）以奇襲埋伏等手段要擊之（但須避免由正面之衝突）或另以一部協助正規軍擔任城防，利用街市建築物或堡工事等作堅固之守備。

4、各該縣城市村鎮在敵人尚未能攻佔以前，應極力維持社會秩序之安寧，尤須防止漢奸策應縱隊之騷擾活動，俾正規軍得安心作戰，毫無後顧之憂（對福州特須注意）

5、因情況之變遷，各該縣城鎮之行政機關縣府或必要公務人員固可按預訂之遷移計劃（注意是項計劃須於平時擬就之）向後方鄰近縣份或接壤邊區適當地點遷移，俾得於縣城淪陷時仍得繼續行使其政權，但縣長及當地游擊隊長務須率必要人員確實掌握游擊部隊，繼續支持至最後階段，並肩負軍事上之行動，不得輕易離開或在未取得相當代價以前放棄縣城。

丙、敵攻佔各該縣城後時期

1、此時各該縣擔任游擊任務之自衛隊及地方武力等，更須重新調整，極力掌握，分別轉移進入適易前進游擊根據地，利用其為活動軸心，行廣泛之游擊，而對敵佔各該縣城之第二步軍事行動尤須極力偵察妨害之。

2、預為潛置淪陷區之偵探間諜仍須利用其平時掩護職業繼續工作，除探查敵軍主力進犯福州或古田究使用於何方面外，尚對敵小部隊之行動、兵站線路上行李輜重彈藥糧秣之補給輸送、倉庫之設置、兵營指揮部哨所之地點等均須注意偵察密報，藉使正規軍及游擊部隊作戰之參考（游擊部隊常可由消息之靈活得隨時施行襲擊破壞焚毀截獲狙擊等特殊任務）

3、閩侯連江游擊隊特須對由連江向安鎮馬尾之進犯福州及連江之進丹陽羅源寧德，游擊隊須對由丹陽羅源寧

第二十五集团军修正福建省游击战指导及游击根据地建立方案
(1942年2月27日)b面　0133-003-0085

總之通小倉霍口豐餘嶺狸杉洋鶴塘霞浦福安福興三縣游擊隊，須對由賽岐霞浦福州等各道路極力控制破壞其交通，但須適用欺敵誘敵、分敵激敵、埋伏奇襲等種種之手段予敵以打擊，使敵感覺處處地荊棘，到處危險之痛苦，用以牽制疲憊消耗敵人兵力，而間接直接予我正規軍以極大協助。

4、可能時並須利用潛之偵探或預為組成之暗殺游擊隊員（此以各縣之原有警察偵緝隊等充任之較為適宜）在淪陷區內乘可暗殺狙擊敵軍高級指揮官或漢奸偽組織，並以縱火粘貼反動標標語等造成恐怖狀態，消耗敵軍士氣，減殺其精神，使敵軍漸次陷於畏戰厭戰反戰之心理，而加速其滅亡（尤以福州一地務須特別注意設法實行）

5、萬一我正規軍主力會戰不利（指福州失陷）而轉進入第二道主陣地帶時，其各該縣前進游擊隊，仍須根據以上要領，繼續不斷實施，惟對游擊隊本身持續力量之長期維持補充，特須注意及之。

廿三、前進游擊地區簡易根據地之建立與設施，除依據本計劃之規定實施外，更須參照本部廿八年十二月反總代電並附游擊根據地建立計劃要綱之要領，俾臻切實。

第六　工事構築

廿四、各游擊根據地應構築左列各種工事

1、根據地外圍據點工事

2、根據地核心工事

3、對空防禦工事

4、改變地形（如為破壞河川阻塞等）

5、倉庫之建立

廿五、對根據地各種工事，以就地取材興築，並隨時不斷加強為原則。

廿六、構築工事所需之人工材料，應由地方負責自籌，必要時得酌情徵發，應用分報省府及本部備查。

第七　通訊設施

廿七、各游擊區根據地對外對內之通訊，無論何時均應確保連絡，以有無線電報與電話及遞步哨為主通訊，以郵遞及視號為補充通訊構設，時得撥各當地諸情形另定計劃施行之。

第八　糧彈補給

第二十五集团军修正福建省游击战指导及游击根据地建立方案

(1942年2月27日)a面　0133-003-0085

廿八、游击部队之粮弹补给，應以截击敌獲军需以補給為原則，並應於各游击區根據地內設置秘密小倉庫，由保安處負責預行囤備必需之粮彈，尤應竭力獎勵生產及製造，務求自給自足，必要時則由後方補給之。

第九　衛生

廿九、應由各縣衛生院先就各該游击根據地內選定適當地点，預備所需之衛生材料及諸設施，以備屆時開設游击隊野戰醫院收容病傷。

第十　用间與防间

卅、關於用间方面：

1、選擇优秀官兵，加以嚴格訓練，以備深入敵地使用軍事间諜員。

2、選擇抗戰意志堅定及机警之公民與商賈，加以嚴格訓練，以備將來混入敵偽組織及社会事業方面，使任政治經濟等间諜員。

卅一、關於防间方面

1、澈底清查户籍、

2、嚴密保甲組織、

3、檢查新聞郵電、

4、訓練黨員或特務人員担任秘密考察群眾之思想行動及言論等、

第二十五集团军修正福建省游击战指导及游击根据地建立方案

(1942年2月27日)b面　0133-003-0085

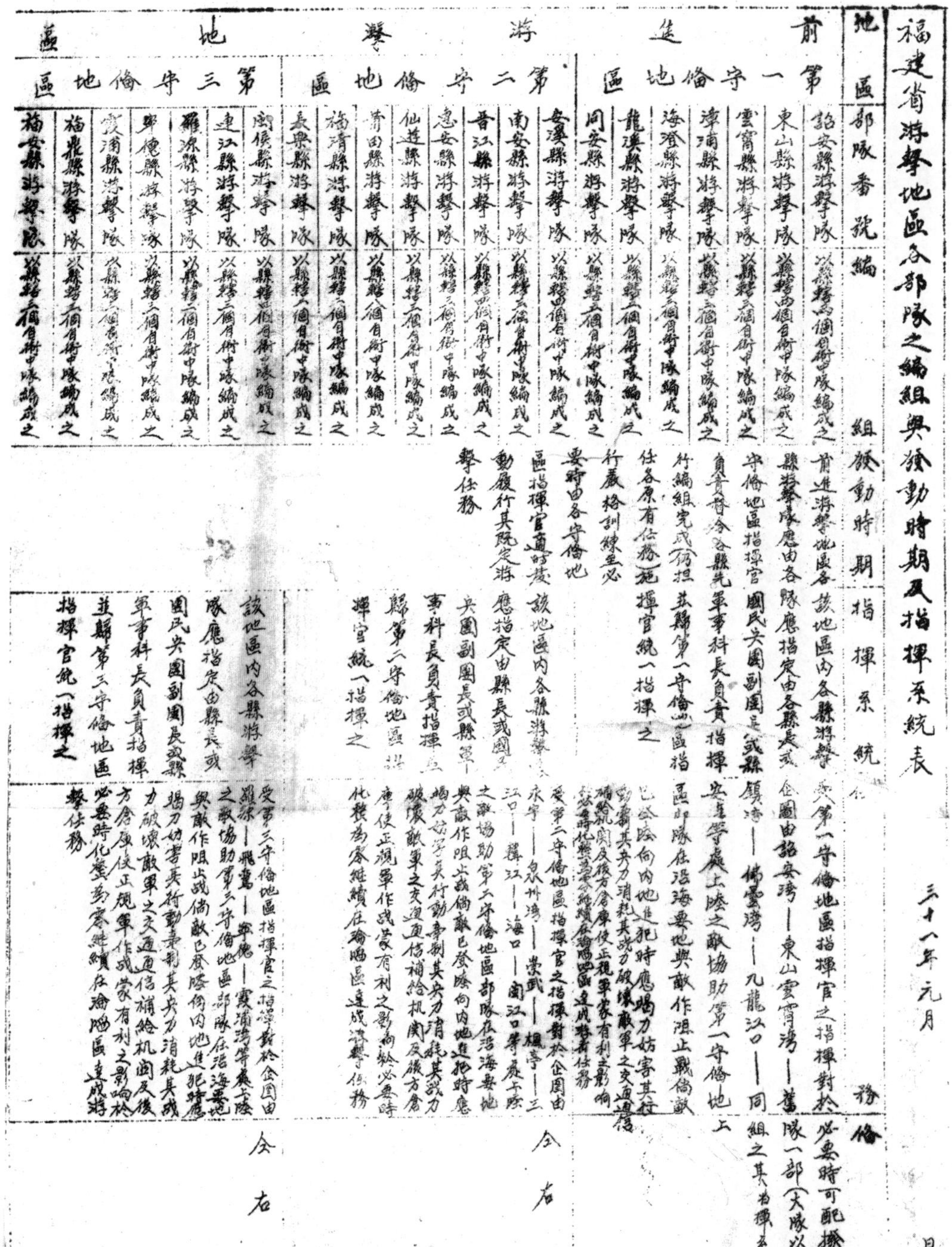

福建省游擊地區各部隊之編組與發動時期及指揮系統表

三十一年元月　日訂

地區		部隊番號	編組	發動時期	指揮系統	任務	備攷
前進游擊地區	第一守備地區	詔安縣游擊隊	以縣轄四個自衛中隊編成之	前進游擊地區各縣游擊隊應由各縣先行編組完成，仍担任各原有任務，施行嚴格訓練，至必要時由各守備地區指揮官適時發動，履行其既定游擊任務	該地區內各縣游擊隊應指定由各縣長或國民兵團副團長或縣軍事科長負責指揮，並歸第一守備地區指揮官統一指揮之	受第一守備地區指揮官之指揮，對於企圖由詔安灣—東山灣—舊鎮灣—佛曇灣—九龍江口—同安灣等處上陸之敵，協助第一守備地區部隊在沿海要地與敵作阻止戰，倘敵已登陸向內地進犯時，應竭力妨害其行動，並消耗其戰力，破壞敵軍之交通通信補給機關及後方倉庫，使正規軍獲有利之影響，於必要時化整為零，繼續在淪陷區達成游擊任務	必要時可酌撥保安隊一部（大隊以下）編組之，其指揮系統同
		東山縣游擊隊	以縣轄兩個自衛中隊編成之				
		雲霄縣游擊隊	以縣轄六個自衛中隊編成之				
		漳浦縣游擊隊	以縣轄六個自衛中隊編成之				
		海澄縣游擊隊	以縣轄三個自衛中隊編成之				
		龍溪縣游擊隊	以縣轄二個自衛中隊編成之				
		同安縣游擊隊	以縣轄五個自衛中隊編成之				
	第二守備地區	安溪縣游擊隊	以縣轄四個自衛中隊編成之		該地區內各縣游擊隊應指定由縣長或國民兵團副團長或縣軍事科長負責指揮，並歸第二守備地區指揮官統一指揮之	受第二守備地區指揮官之指揮，對於企圖由永寧—泉州灣—崇武—楓亭—三江口—羅江—海口—閩江口等處上陸之敵，協助第二守備地區部隊在沿海要地與敵作阻止戰，倘敵已登陸向內地進犯時，應竭力妨害其行動，並消耗其戰力，破壞敵軍之交通通信補給機關及後方倉庫，使正規軍作戰獲有利之影響，於必要時化整為零，繼續在淪陷區達成游擊任務	仝右
		南安縣游擊隊	以縣轄五個自衛中隊編成之				
		晉江縣游擊隊	以縣轄四個自衛中隊編成之				
		惠安縣游擊隊	以縣轄三個自衛中隊編成之				
		仙遊縣游擊隊	以縣轄三個自衛中隊編成之				
		莆田縣游擊隊	以縣轄八個自衛中隊編成之				
		福清縣游擊隊	以縣轄八個自衛中隊編成之				
		長樂縣游擊隊	以縣轄八個自衛中隊編成之				
	第三守備地區	閩侯縣游擊隊	以縣轄四個自衛中隊編成之		該地區內各縣游擊隊應指定由縣長或國民兵團副團長或縣軍事科長負責指揮，並歸第三守備地區指揮官統一指揮之	受第三守備地區指揮官之指揮，對於企圖由羅源—飛鸞—三沙—霞浦灣等處上陸之敵，協助第三守備地區部隊在沿海要地與敵作阻止戰，倘敵已登陸向內地進犯時，應竭力妨害其行動，並消耗其戰力，破壞敵軍之交通通信補給机關及後方倉庫，使正規軍作戰獲有利之影響，於必要時化整為零，繼續在淪陷區達成游擊任務	仝右
		連江縣游擊隊	以縣轄三個自衛中隊編成之				
		羅源縣游擊隊	以縣轄二個自衛中隊編成之				
		寧德縣游擊隊	以縣轄三個自衛中隊編成之				
		霞浦縣游擊隊	以縣轄六個自衛中隊編成之				
		福鼎縣游擊隊	以縣轄三個自衛中隊編成之				
		福安縣游擊隊	以縣轄三個自衛中隊編成之				

福建省游击地区各部队之编组与发动时期及指挥系统表

（1942 年 1 月） 0133-003-0085

主游擊地區	第一守備地區	南靖雲霄平和邊區游擊第一支隊	以保安一大隊兵力為基幹配合南靖雲霄平和自衛三個中隊編成之	主游擊地區各游擊支隊依戰況轉移適時由本部分令發動但必要時得由守備地區指揮官先行呈請發動之	由保安大隊長負責指揮並歸第一守備地區指揮官統一指揮之	受第一守備地區指揮官之指揮互相協同對由漳廈及潮汕方面登陸向龍岩進犯之敵竭力妨害並牽制其多消耗其戰力破壞敵後方一切設施使正規軍作戰容有利之影響並努力向敵後方深入發展	如有不[illegible]另[illegible]配撥保安大隊編組者其指揮系統仍應指定縣長（國民兵團副團長）或軍事科長負責並仍歸守備地區指揮官統一指揮
		華安龍溪長泰安溪邊區游擊第二支隊	以保安一大隊兵力為基幹配合華安自衛三個中隊龍溪自衛二個中隊編成之				
	第二守備地區	德化永春仙遊邊區游擊第三支隊	以保安一大隊兵力為基幹配合德化自衛二個中隊永春自衛二個中隊編成之		由保安大隊長負責指揮並歸第二守備地區指揮官統一指揮之	受第二守備地區指揮官之指揮分別對由泉州灣登陸經永德道路西進及沿閩江西進之敵竭力妨害牽制其兵力消耗其戰力破壞敵後方一切設施使正規軍作戰容有利之影響並努力向敵後方深入發展	
		永春閩清邊區游擊第四支隊	以保安一大隊兵力為基幹配合永泰自衛二個中隊編成之				
	第三守備地區	羅源古田閩侯邊區游擊第五支隊	以保安一大隊兵力為基幹配合古田自衛中隊編成之		由保安大隊長負責指揮並歸第三守備地區指揮官統一指揮之	受第三守備地區指揮官之指揮對由沿閩江西進及由霞浦寧德方面向古田進犯之敵竭力妨害牽制其兵力消耗其戰力破壞敵後方一切設施使正規軍作戰容有利之影響並努力向敵後方深入發展	
預備游擊地區	第一守備地區	平和永定南靖邊區游擊支隊	以保安一大隊兵力為基幹配合縣自衛隊編成之	預備游擊地區游擊支隊由本部適時飭發動之	由保安大隊長負責指揮並歸第一守備地區指揮官指揮之	受第一守備地區指揮官之指揮對於進出主游擊地區西進之敵竭力妨害牽制並消耗其戰力破壞敵後一切設施並鞏固主游擊地區之根據地	其指揮系統同主游擊地區但非必要時可不必配撥保安隊以免徒耗有用之兵力
		漳平龍岩邊區游擊支隊	以保安一大隊兵力為基幹配合縣自衛隊編成之				
	第二守備地區	寧洋漳平大田邊區游擊支隊	以保安一大隊兵力為基幹配合縣自衛隊編成之		由保安大隊長負責指揮並統歸第二守備地區指揮官指揮之	受第二守備地區指揮官之指揮對於進出主游擊地區西進之敵竭力妨害牽制並消耗其戰力破壞敵後一切設施並鞏固主游擊地區之根據地	
		尤溪閩清邊區游擊支隊	以保安一大隊兵力為基幹配合縣自衛隊編成之				
	第三守備地區	古田屏南邊區游擊支隊	以保安一大隊兵力為基幹配合縣自衛隊編成之		由保安大隊長負責指揮並統歸第三守備地區指揮官指揮之	受第三守備地區指揮官之指揮對於進出主游擊地區西進之敵竭力妨害牽制並消耗其戰力破壞敵後一切設施並鞏固主游擊地區之根據地	

附記

1、各游擊部隊之編組係按照戰略戰術上之要求而為概要之決定，必要時得由各地區指揮官隨時酌派正規部隊一部配合俾期達成所要之成果

2、關於各主預游擊地區游擊隊應由各地區守備指揮官遵照表列規定預為編組及發動之準備（保安處應將規定派往各縣游擊支隊之兵力預行確定準備報部核奪）報部備查

3、關於閩清尤溪兩預備游擊地區應合併為一個游擊地區

4、龍岩永定上杭邊區預備游擊地區在作戰計劃中未經規定故本表亦未列入惟該游擊地區可暫緩建立如必要時應由第一守備地區指揮官計劃具文並報由本部核奪

福建省游击地区各部队之编组与发动时期及指挥系统表

（1942 年 1 月）　0133-003-0085

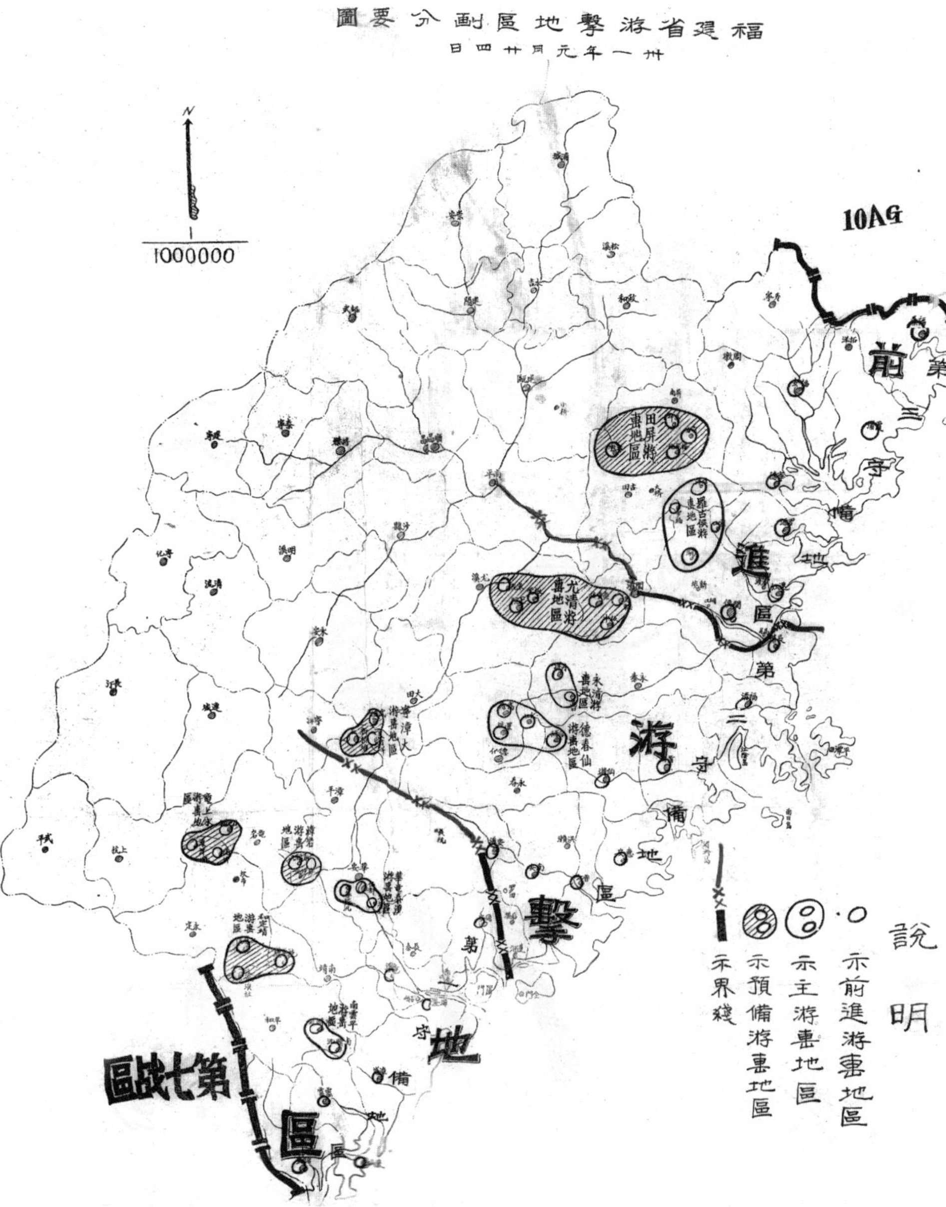

福建省游击地区划分要图(1942 年 1 月 24 日)　0133-003-0085

(二)重要会议与议决案

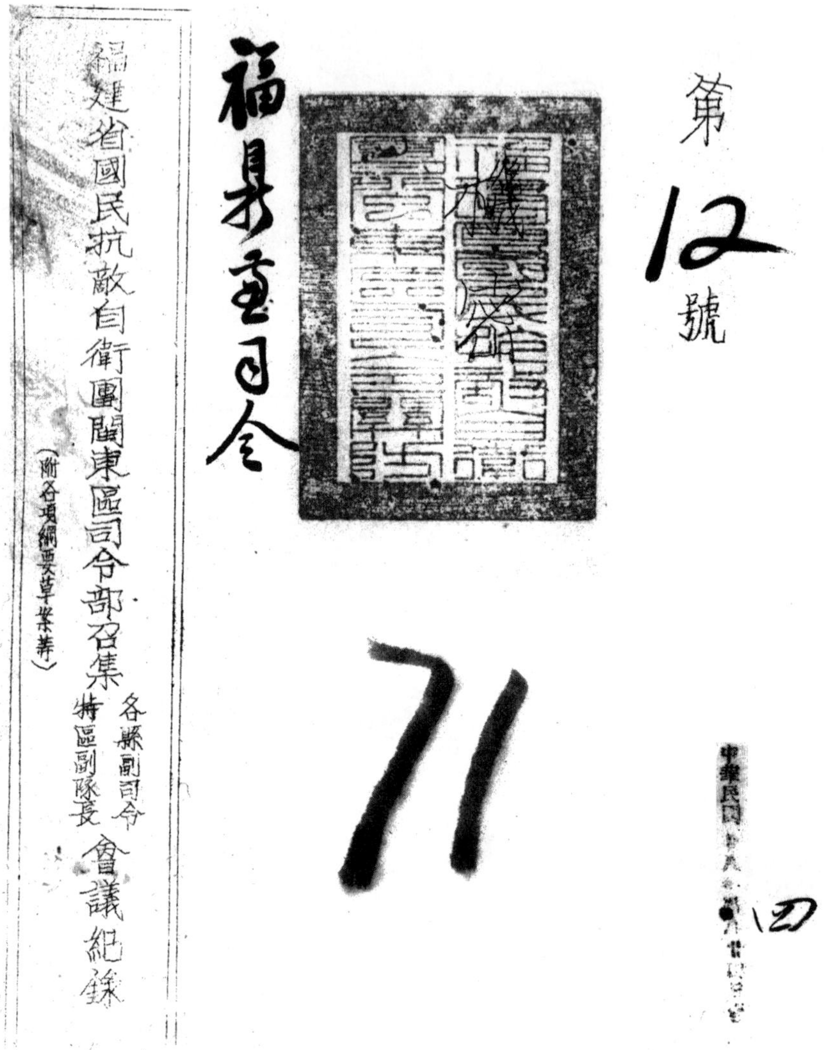

第12號

71

福建省國民抗敵自衛團閩東區司令部召集各縣副司令特區副隊長會議紀錄

(附各項綱要草案等)

福建省国民抗敌自卫团闽东司令部召集各县副司令、特区副队长会议记录

(1939年4月)a面　0133-003-0082

70

中華民國二十八年七月　　日

福建省国民抗敌自卫团闽东司令部召集各县副司令、特区副队长会议记录
(1939年4月)b面　0133-003-0082

72

福建省國民抗敵自衛團閩東區司令部召集各縣副司令特區副隊長會議紀錄

一、節錄

省總部二十八年三月賀國電如下：

「閩東各縣自衛團各副司令各特區副隊長着由該兼區司令召集在寧德會議指示工作方針仍將會議及實施情形具報」

二、節錄一本部二十八年三月廿四日召集各縣副司令特區副隊長來部會議之敬衛電文如下：

（衛署）奉「省兼總司令陳賀國電示閩東各縣自衛團各副司令各特區副隊長着由該兼區司令召集會議指示工作方針仍將會議及實施情形具報等因茲定四月號日在寧德本部舉行仰飭各副司令、特區副隊長如期到會并將縣自衛團（隊）已經成立任務隊人員武器彈藥經濟狀況各表冊及提案于篠日前送部彙查為要」

三、各縣副司令特區副隊長來部開會情形紀錄如下

福建省国民抗敌自卫团闽东司令部召集各县副司令、特区副队长会议记录

（1939 年 4 月）a 面　0133-003-0082

1、時間：二十八年四月廿一日至廿三日每日上午八時至十一時卅分下午二時至五時

2、地点：寧德縣城本部大礼堂

3、出席：區兼司令李樹棠　區副司令劉子英

區兼副司令張疎聲　區參謀主任念正鏘

霞浦縣副司令朱文質　鄒國藩

福安縣副司令韋　俊　韓崇德

羅源縣副司令陳伯琳　李漢陞

寧德縣副司令李濱熊　林化龍

福鼎縣副司令張劍雄

壽寧縣副司令王恩揚

古田縣副司令夏佐民

屏南縣副司令曾慶炎

福建省国民抗敌自卫团闽东司令部召集各县副司令、特区副队长会议记录

（1939 年 4 月）b 面　0133-003-0082

75

4、列席：保二旅司令部參謀主任盛　均
保二旅司令部副官主任詹　湜
居墩特區副隊長代　林　凱
柘洋特區副隊長　姚起淮

5、主席：李樹棠

6、紀錄：薛浩民

7、開會如儀

8、報告事項（略）

9、議決事項——（原提案理由及修正通過之办法附錄於後）

（甲）充实組訓幹部鞏固自衛組織案

高誠學等提議

（乙）充实區以下國民抗敵自衛隊幹部机構以發動民衆增強抗战力量案

福建省国民抗敌自卫团闽东司令部召集各县副司令、特区副队长会议记录

(1939年4月)a面　0133-003-0082

李忠鍛提議（以上两案合併讨论）

議決：照修正办法通過（办法附後）

（丙）閩東區各縣區聯係各級抗敵自衛工作應如何切取連繫案

陳伯琳 高誠學 韋俊 王恩陽等提議

議決：照修正办法通過（办法附後）

（丁）組織閩東區抗敵宣傳巡迴工作团赴各縣區巡迴宣傳以增強民眾抗敵情緒案

高誠學等提議

議決：照修正办法通過（办法附後）

（戊）閩東各縣迅即組織自衛模範分隊以增強力量案

何俊森提議

議決：俟後備隊預備隊組訓完成後再行詳定計劃

（己）請轉請撥省庫存槍彈以充實民眾自衛強固閩東防衛案

林凱提議

福建省国民抗敌自卫团闽东司令部召集各县副司令、特区副队长会议记录

（1939年4月）b面 0133-003-0082

74

議决：由區司令部專案呈請核示

(庚)注重士兵保育增進訓練效率案

夏佐氏提議

議决：由區司令採納是項意見轉飭各自衛大隊各縣特區常備隊注意施訓

10、臨時動議

(甲)關于本部所訂各項計劃及一切草案綱要等案

議决：照修正通過(修正各件附後)

(乙)自衛團司令部任務在平時有管理監督全縣自衛武力之責战時有策動指揮全縣自衛武力作战之權縣保安隊之武器人員在全縣武力中当較精銳一旦戰事發生與常備隊同為基幹倘平时另属縣府系统而战時方歸自衛團指揮在習慣與信仰上似欠鞏固應如何改善案

議决：由區司令部专案呈請總部以縣自衛团司令部(特區自衛隊)对縣(特區)

福建省国民抗敌自卫团闽东司令部召集各县副司令、特区副队长会议记录

(1939年4月)a面　0133-003-0082

保安中隊（分隊）有整訓指揮之權而于平時公差派遣仍可由縣府各科長以縣長名義調遣以資運用灵活

（丙）各縣（特區）聯保自衛隊副隊長生活費分隊長小隊長津貼應否規定標準

議決：各縣（特區）貧富不同應視地方財力許可聯保自衛隊副隊長每員每月生活費暫定十二元至十八元分隊長小隊長津貼費由縣（特區）視地方情形酌量規定

四、附件

1、各項原提案及修正办法

2、閩東區各縣（特區）屬各種任务隊組織实施綱要

3、閩東區各縣（特區）屬各種隊訓練实施綱要

4、閩東區各縣（特區）各種隊運用（即实施）綱要

5、閩東區各縣（特區）整備動员綱要

福建省国民抗敌自卫团闽东司令部召集各县副司令、特区副队长会议记录

（1939年4月）b面　0133-003-0082

75

6、闽东区延揽绅耆动员民众实施办法

7、闽东区各县司令部暂行办事细则

8、闽东区举办各县（特区）联保自卫队副队长训练班计划草案（并附经费预算表编制表等）

福建省国民抗敌自卫团闽东司令部召集各县副司令、特区副队长会议记录

（1939年4月） 0133-003-0082

026

48

第五科

甲一十五

兹抄送组织经济游击队安霞鼎分所第一次会议录一份希即

查照为荷

此致

福安县政府高县长

附会议录一份

另附三份

福建保安第一团团本部

启（一、一）

收文0822号29年1月14日到

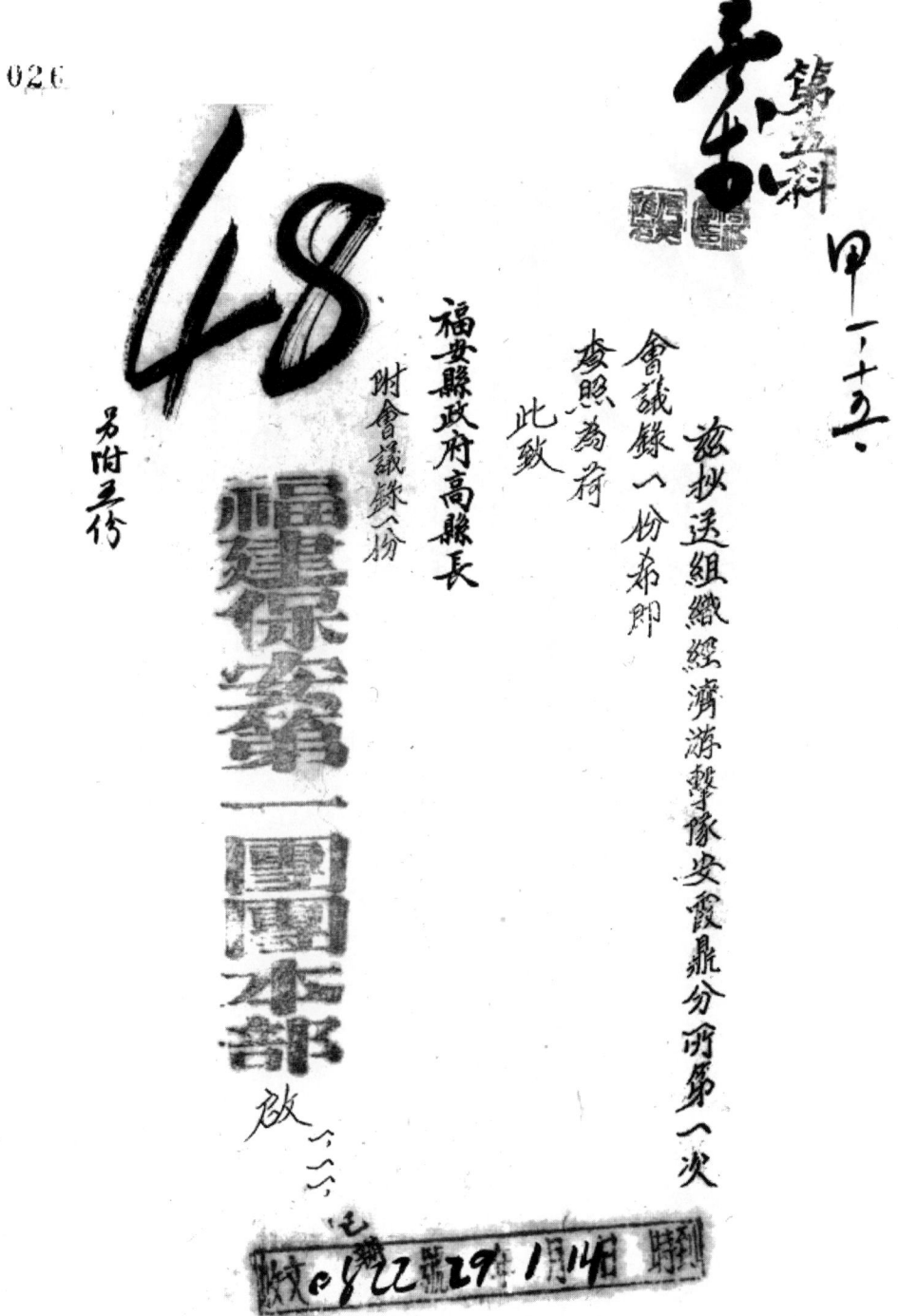

福安县国民抗敌自卫团司令部抄送组织经济游击队安霞鼎分所第一次会议记录

（1940年1月7日） 0002-003-0360

027

組織經濟游擊隊安霞鼎分所會議紀錄

時間 二十九年一月七日

地址 賽岐圓郭

出席 侯允遠 蘇德銓代

霞浦縣秘書 吳文麒

福安縣保安科長林保鏘

福安縣秘書 何健元

王碧春 霞浦分處主任代

張慈舜

謝修淼

周夢庚

主席 蘇德銓

紀錄 周夢庚

上午十時開會 主席恭讀總理遺囑

组织经济游击队安霞鼎分所第一次会议记录

(1940 年 1 月 7 日)a 面 0002-003-0360

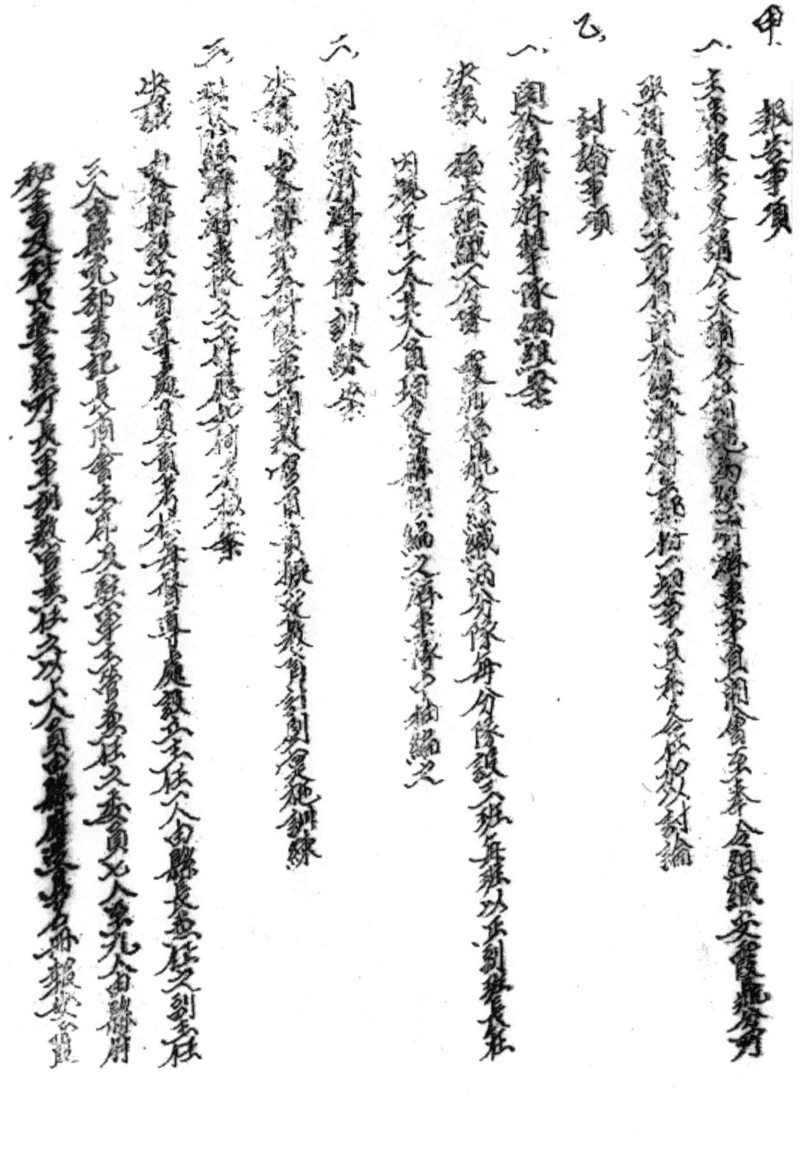
甲、報告事項
一、主席報告[illegible]組織安霞鼎分所
[illegible]討論
乙、討論事項
一、關於經濟游擊隊編組案
決議：[illegible]每分隊設三班，[illegible]
[illegible]編之
二、關於經濟游擊隊訓練案
決議：[illegible]訓練
三、關於經濟游擊隊[illegible]案
決議：[illegible]
[illegible]

组织经济游击队安霞鼎分所第一次会议记录
(1940年1月7日)b面　0002-003-0360

鼎分所分別聘請另設幹事一人至五人由党政軍各机关遴員充任分區設

督導分處由區長兼任之委員七人至九人由區長遴員報縣府聘請

50

四、設立敵貨查禁所案

決議　遵照規定於福安之賽岐下白石霞浦之東沖三沙福鼎之沙埕秦嶼分水關等處均設立敵貨查禁所外各縣得酌量情形增設分所每查禁所設主任一人副主任一人檢查員一人至三人檢查員由各縣查禁所自行酌定其主任副主任及檢查員均由督導處指定或派員分別聘委之

五、編組經濟游擊隊案

決議　每督導處設立一隊規定隊長一員隊員十人至三十人其隊長由縣党部書記長兼任隊員由党員中遴選優秀者充任之

组织经济游击队安霞鼎分所第一次会议记录

(1940年1月7日)a面　0002-003-0360

028

六、組織經濟游擊隊案

決議 每縣組織若干小隊由各級經濟處負責組織之其大隊待安鄉由省處導於安鎮責成施

七、各縣府經濟游擊隊報表規定呈報日期案

決議 每旬終了五日內表報條（團）案轉

八、吳秘書提議

霞浦東沖口擬請海關派艦封鎖以資周密案

決議 吳請張部[illegible]福海關酌办

時至六分散會

主席 蘇德輝

紀錄 周夢庚

组织经济游击队安霞鼎分所第一次会议记录

（1940 年 1 月 7 日）b 面 0002-003-0360

經濟游擊督導委員會第一次常務會議

時間：二十九年二月五日下午三時

地點：省政府會議室

出席委員　陳　儀　陳肇英（陳聯芬代）

陳聯芬　趙　南（張人俊代）

黃珍吾（譚昌顯代）　嚴家淦

包可永

主席　陳　儀　　紀錄　劉荊蔭

行禮如儀

甲、報告事項

一、本會成立日期經於一月十七日電呈第三戰區司令長官備案。

二、本會關防准省府一月二十三日刊送到會定於同月二十五日啟用已分別呈報及函知。

75

第三战区第一经济游击分区经济游击督导委员会第一次常务会议记录
(1940 年 2 月 5 日)a 面　0168-001-0430

三、本會組織規程已分呈第三戰區司令長官及戰地黨政委員會分會備案。

四、詔安、平和兩縣准二十五集團軍總司令電知皆列為本經濟游擊分區第一經濟封鎖綫，第四封鎖地區，由編二十師錢師長負責，故經游督委會工作實施方案第二条甲項亦隨之更改，其更改如下：

甲、第一封鎖綫

一、陸軍新編第二十師師長負責詔安、平和一帶

二、陸軍第七五師師長負責詔安之大梅以東至同安與東山島以及廈門金門等島淪陷區。

乙、討論事項

(一)對敵經濟封鎖及實施經濟游擊，關係抗戰前途至鉅，本會既已成立，工作自應加緊進行，查本會籌備事宜前奉

第三战区第一经济游击分区经济游击督导委员会第一次常务会议记录

(1940年2月5日)b面　0168-001-0430

主席交官廳辦理，現常業亦經指定，惟此後交辦及日常例行公事之處理未有規定，是否仍由建廳調員兼辦請公決案。

（議決）仍由建廳兼辦。

（二）擬具經濟游擊幹部訓練辦法請公決案。

（議決）原則通過。

（三）擬具經濟游擊隊編制原則及員額請公決案。

（議決）原則通過，其員額暫先就第一經濟封鎖線編組經濟游擊隊約三大隊，分配如下：七十五師一大隊，八十師一大隊，新編二十師一至二中隊，保安二旅一至二中隊。

（四）經濟游擊隊之臂章符號印章等應如何由會統籌頒發請

（五）擬具本會辦公費預算請公決案。

（議決）按月辦公費二千元，旅費二百元，合計二千二百元。

第三战区第一经济游击分区经济游击督导委员会第一次常务会议记录

(1940年2月5日)a面　0168-001-0430

（六）各縣成立敵貨查禁處或維持原有查禁敵貨委員會請明令公佈並規定應受各地之游擊縱隊司令之指導監督以便協力查緝案。

（議決）從緩。

（七）請另成立閩江經濟游擊隊以水警總隊長負責督導案。

（議決）從緩

（八）請確定常務委員會會期案。

（議決）無定期於必要時由主任委員臨時召集之。

第三战区第一经济游击分区经济游击督导委员会第一次常务会议记录
（1940年2月5日）b面　0168-001-0430

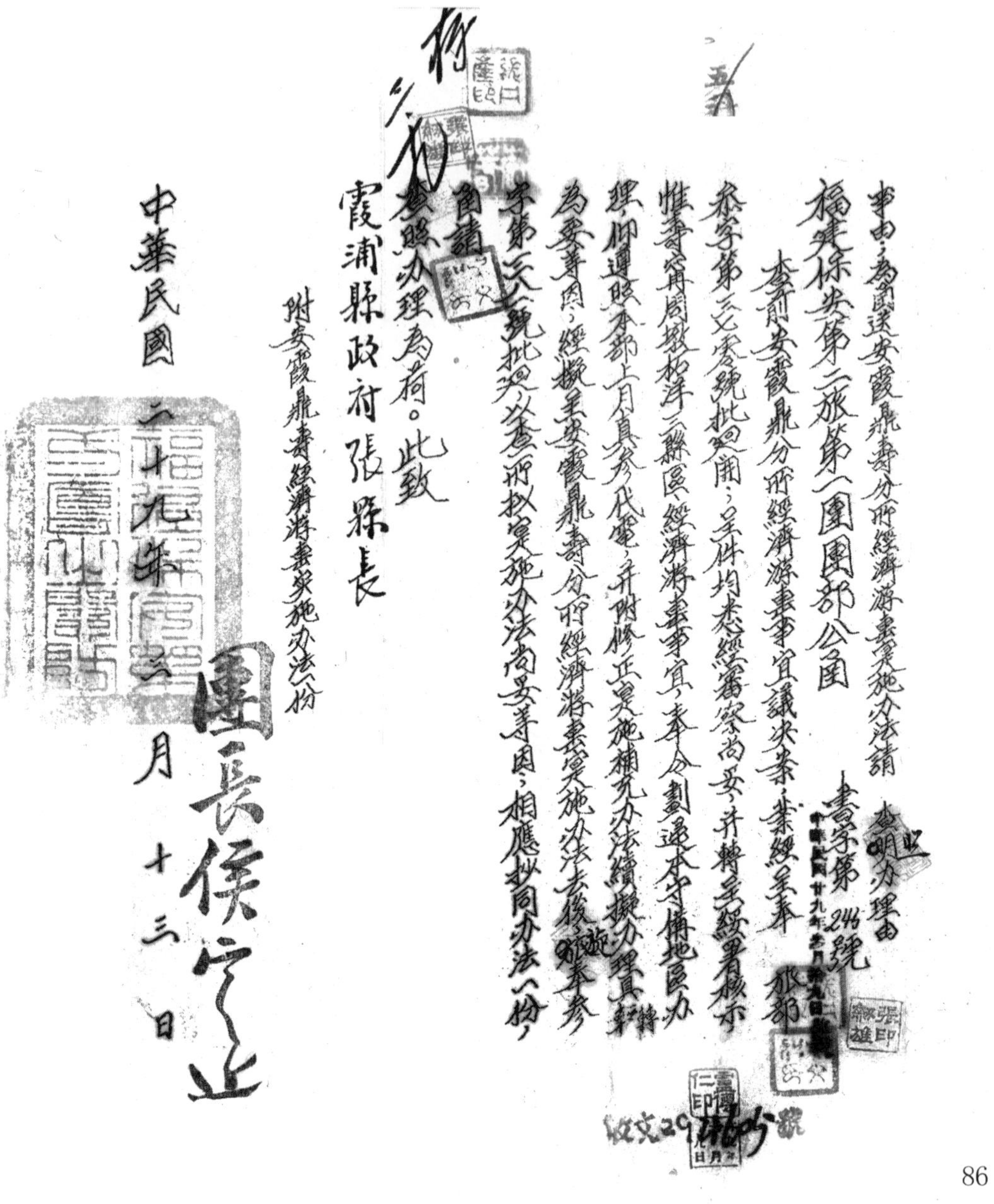
事由：為函送安霞鼎寿分所經濟游击實施办法請 查照办理由

福建保安第二旅第一團團部公函　書字第246號　中華民國廿九年叁月十三日　旅部

查前安霞鼎分所經濟游击事宜議決案，業經呈奉

參字第三七零號批開：「呈件均悉，經審察尚妥，并轉呈綏署核示，

惟寿宁周墩柘洋三縣區經濟游击事宜，奉令劃歸本守備地區办

理，仰遵照本部上月真参代電，并附修正實施補充办法續擬办理具報轉

為要等因」，經擬呈安霞鼎寿分所經濟游击實施办法去後，旋奉參

字第三八一號批開：「悉，所擬實施办法尚妥」等因，相應抄同办法一份，

函請

查照办理為荷。此致

霞浦縣政府張縣長

附安霞鼎寿經濟游击實施办法一份

中華民國二十九年三月十三日

團長侯定近

收文29號

86

福建保安第二旅第一团部送安霞鼎寿分所经济游击实施办法请查照办的公函

（1940 年 3 月 13 日）　0168-001-0430

寧德辦事處安霞鼎壽分所經濟游擊實施辦法

一、本辦法依據本頒第二十五集團第三守備地區經濟游擊實施補充辦法擬訂之

二、本分所為第二封鎖分區福安霞浦福鼎壽寧周墩柘洋六縣區均屬之

三、各縣經濟游擊隊之編組　福安一分隊霞浦福鼎合為一分隊壽寧兩小隊周墩柘洋各一小隊每分隊設三班每班以正副班長在內規定十二人每小隊以每班人數組成其人員均由各縣預編之游擊隊抽編之

四、經濟游擊隊之訓練由各縣第五科暨軍訓教官負責擬定教育計劃實施

五、經濟游擊隊工作之考核由各縣設立督導處負考核之責每督導處設主任一人由縣長兼任副主任三人由縣黨部書記長商會主席及駐軍主管官兼任委員七人至九人由縣府秘書及科長警察所長軍訓教官兼任以上人員由縣府造具名冊報安霞鼎壽分所分別聘請另設幹事三人至五人由黨政軍各機關遴員

87

宁德办事处安霞鼎寿分所经济游击实施办法

(1940 年 3 月)a 面　0168-001-0430

充任各區設一督導分處由區長兼主任委員三人至五人由區長遴員報縣府聘請之

六、設立敵貨查禁所 遵照規定於福安之賽岐下白石霞浦之東沖三沙福鼎之沙埕蓁嶼壽寧之武曲黃泥嶺及周墩柘洋等扼要之處均設立敵貨查禁所外各縣得酌量情形增設分所每一查禁所設主任一人副主任一人檢查員一人至三人檢查兵由各查禁所自行酌定其主任副主任及檢查員均由督導處指定交縣府分別聘委之

七、組織經濟游擊委員隊 每一督導處設立一隊規定隊長一員隊員十人至三十人隊長由縣黨部書記長兼任隊員由黨員中遴選優秀者充任之

八、組織經濟游擊宣傳隊 每縣組織若干小隊由各級學校負責組織之其宣傳要點由督導處擬定頒發實施

九、各縣區經濟游擊旬報表應於每旬終了三日內填表四份送保團黨轉

十、本辦法函呈報備案一面按照實行如有未盡之處得隨時修改之

宁德办事处安霞鼎寿分所经济游击实施办法

(1940年3月)b面 0168-001-0430

(三)第三战区经济游击旬报汇总

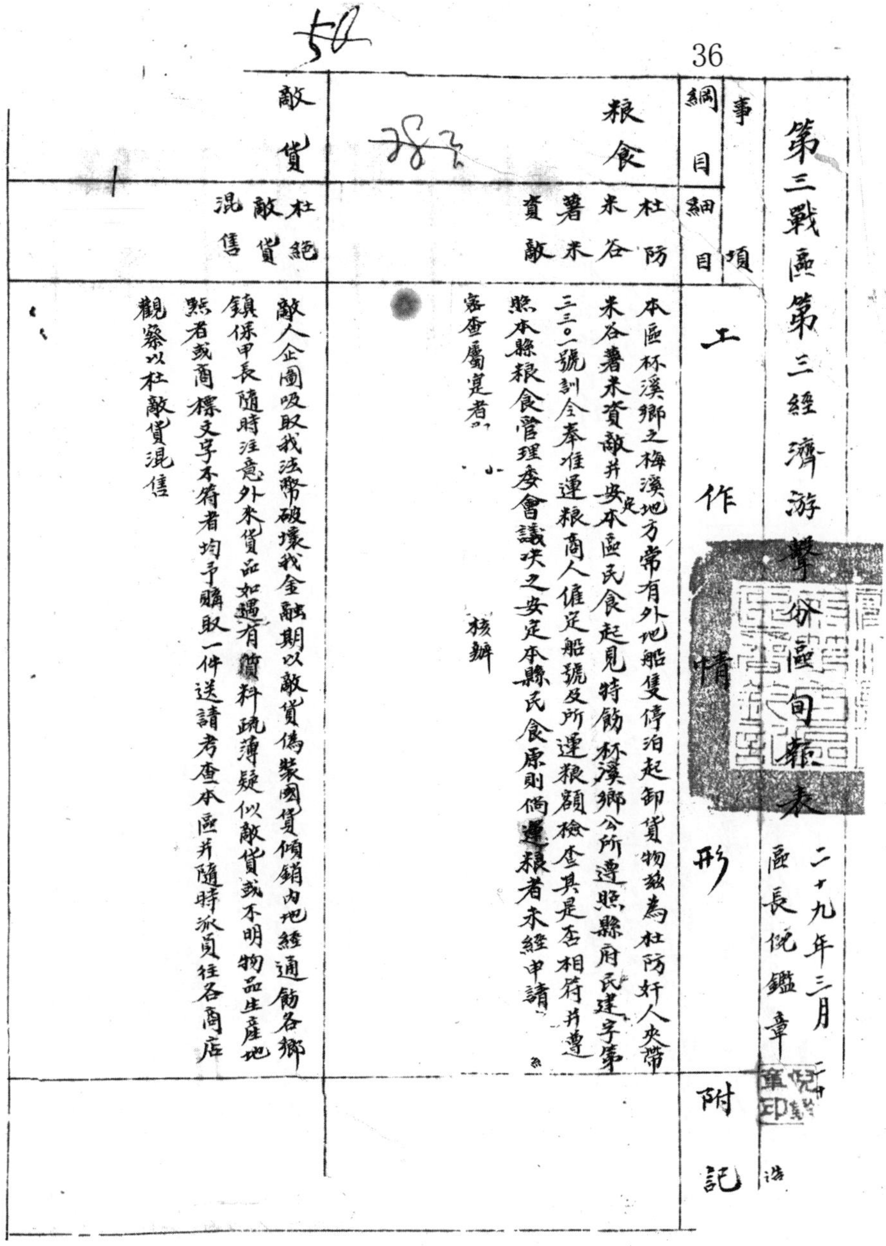

第三戰區第三經濟游擊分區旬報表

二十九年三月二十日　區長倪鑑章

事項 綱目	細目	工作情形	附記
糧食	杜防米谷薯米資敵	本區杯溪鄉之梅溪地方常有外地船隻停泊起卸貨物，兹為杜防奸人夾帶米谷薯米資敵并安定本區民食起見，特飭杯溪鄉公所遵照縣府民建字第三三〇一號訓令，奉准運糧商人僱定船號及所運糧額檢查其是否相符，并遵照本縣糧食管理委會議決之安定本縣民食原則，倘運糧者未經申請，密查屬寔者，核辦。	
敵貨	杜絕敵貨混售	敵人企圖吸取我法幣，破壞我金融，期以敵貨偽裝國貨傾銷內地，經通飭各鄉鎮保甲長隨時注意外來貨品，如遇有貨料疏薄，疑似敵貨或不明物品生產地點者或商標文字不符者，均予購取一件送請考查，本區并隨時派員往各商店觀察，以杜敵貨混售。	

第三战区第三经济游击分区旬报表(1940 年 3 月 20 日)　0174-001-0004

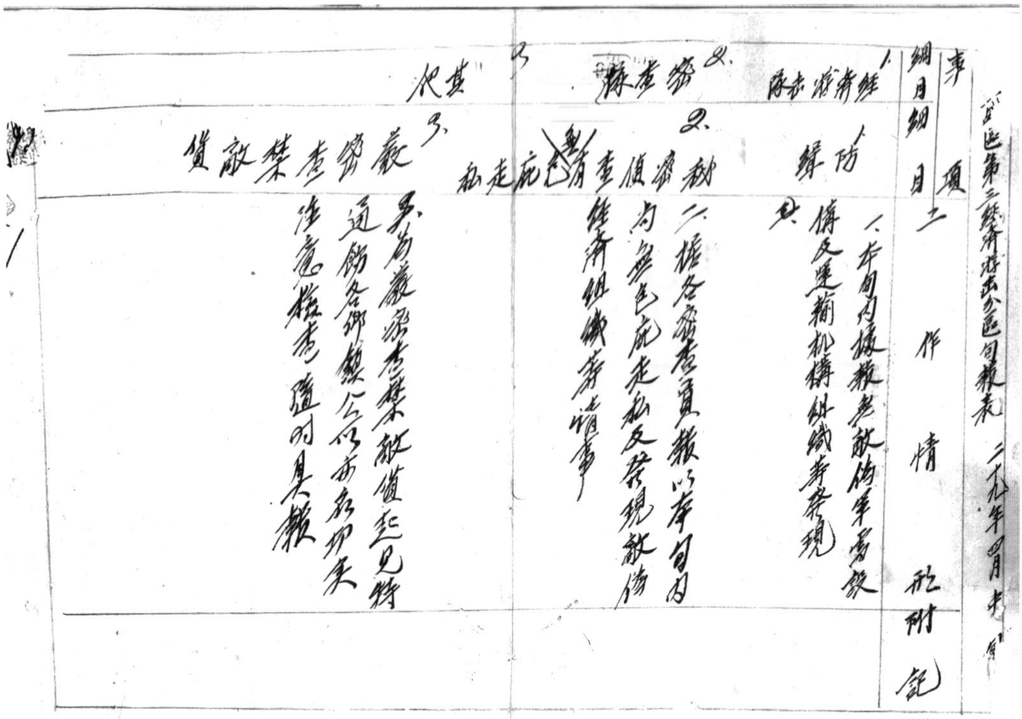

第三区第三经济游击分区旬报表　二十九年四月中旬

事项　纲目　工作情形　附记

1. 经济游击队　1. 防缉　一、本旬内接报无敌伪等勾结及运输机构组织等发现
2. 侦查队　2. 秘密侦查有无走私　二、据各密查员报以本旬内尚无走私及发现敌伪经济组织等情事
3. 其他　3. 严密查禁敌货　三、为严密查禁敌货起见，特通饬各乡镇公所及各办事处注意检查，随时具报

113

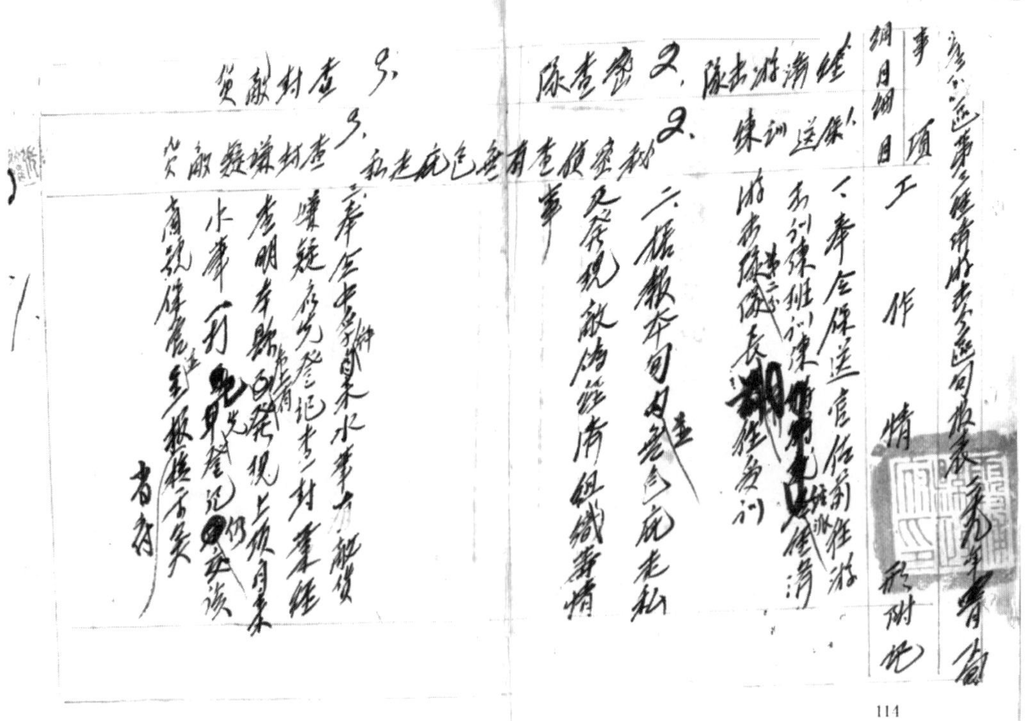

第三分区第三经济游击分区旬报表　二十九年四月下旬

事项　纲目　工作情形　附记

1. 经济游击队　1. 保送训练　一、奉令保送官佐前往游击训练班训练，[illegible]前往受训
2. 侦查队　2. 秘密侦查有无走私　二、据报本旬内尚无走私及发现敌伪经济组织等情事
3. 查封敌货　3. 查封嫌疑敌货　三、[illegible]

114

第三战区第三经济游击分区旬报表(1940年4月中下旬)　0168-001-0430

二

游击干部训练

第五科

九.廿.

甲九.廿.

事由：抄送游幹班教育綱要等仰遵轉飭指調人員听候召集由

駐閩綏靖主任兼第二十五集團軍總司令代電　甲建字第1172號

福安縣縣長：案查前奉第三戰區長官司令部頒發本集團軍幹部訓練班附設游擊幹部訓練班組織辦法及編制表各一份到署，經按照組織辦法及編制表令飭福建省保安處處長黃珍吾兼本集團軍游擊幹部訓練班教育長，業於廿八年九月八日以幾甫循字第3575號代電請福建省政府轉知各該縣在案。並據該兼教育長黃珍吾二十八年八月三十日文巳字第6045號呈送游擊幹部訓練班教育綱要、各課講法、編制表、調各機關任職人員表、調各機關軍事教官表、調各機關政治教官表、調各部隊軍官基準（一）（二）

分别函知

內召集办法

九.廿.

會科

28.15731

九　廿

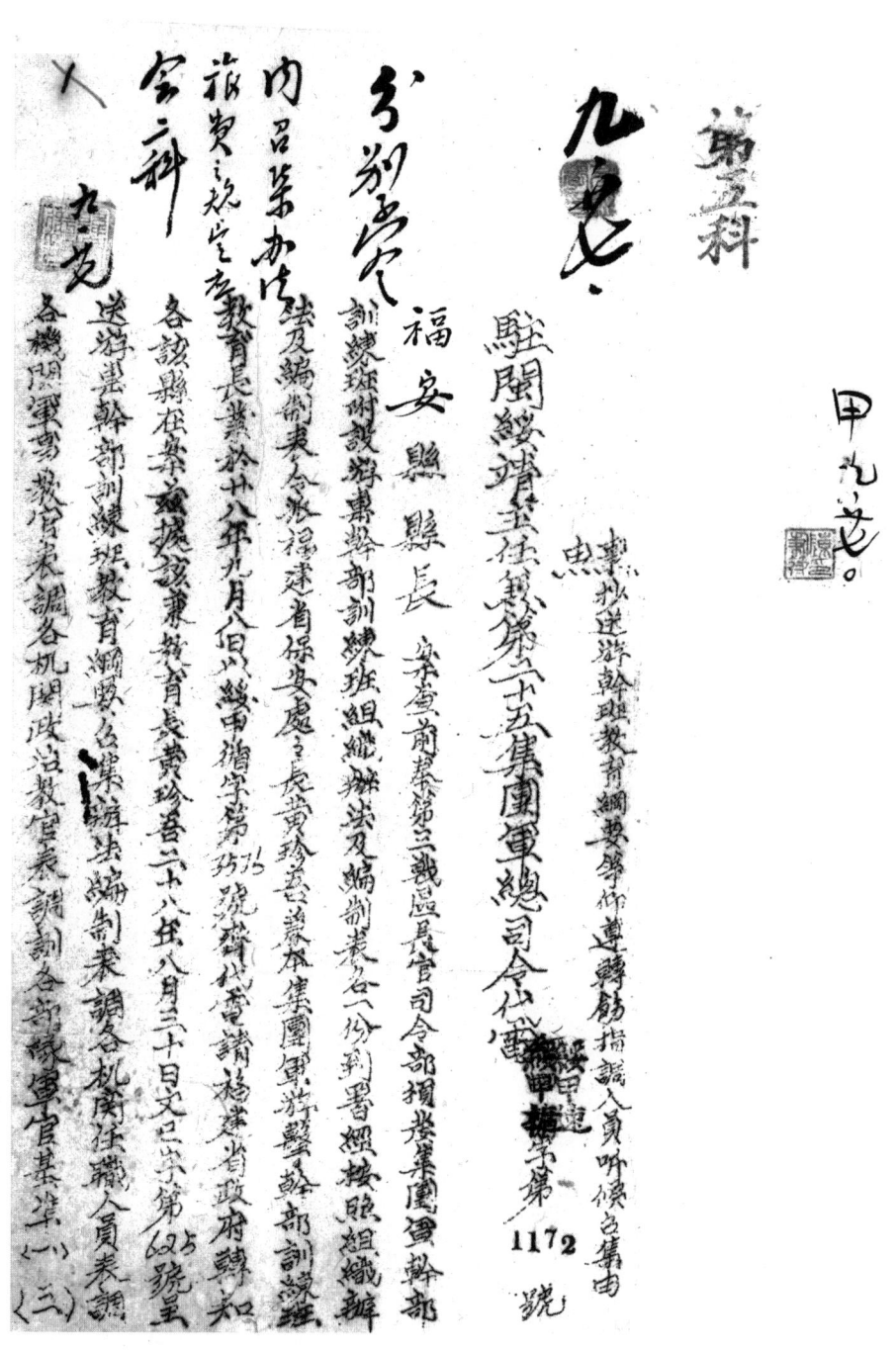

驻闽绥靖主任兼第二十五集团军总司令电抄送游干班训练班教育纲要等仰遵转饬指调人员听候召集(附游击干部训练班编制表)(1939 年 9 月)a 面　0158-001-0515

传阅

卅一 五科长

（附送表二份）

表调训各县党政人员暨（二）表各一份请分饬遵照到署，召集日期

另电饬知外特抄发游干班训练班教育纲要共九份，调照办

调训人员听候召集为要等因附送原附表暨附教育纲要等共九份

中华民国廿八年九月[illegible]日发于南平

校对沈嘉

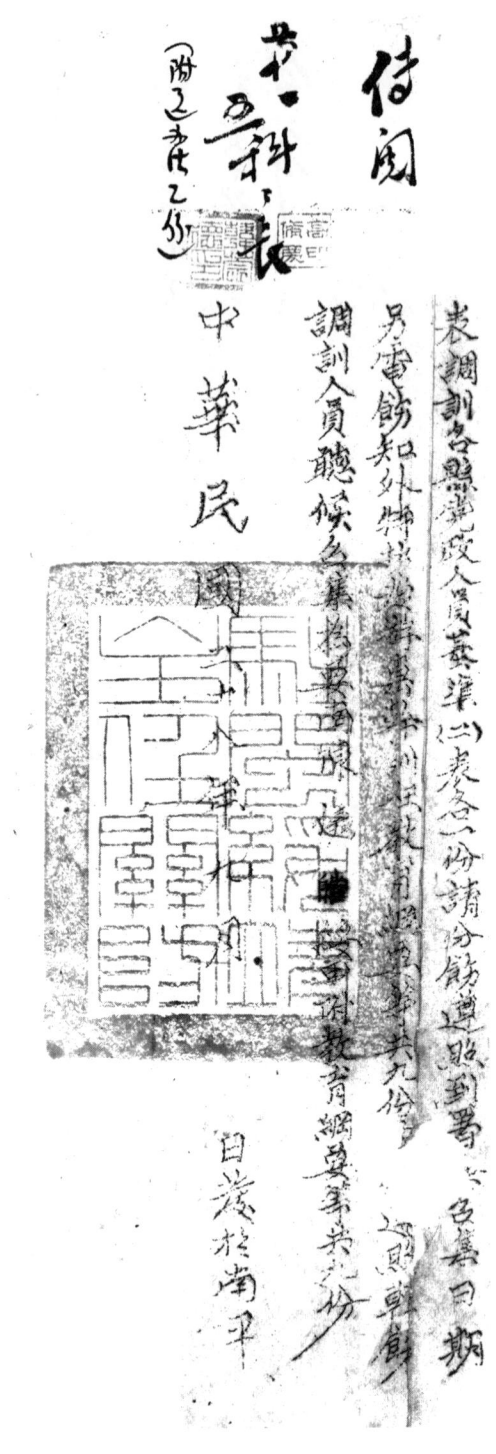

驻闽绥靖主任兼第二十五集团军总司令电抄送游干班训练班教育纲要等仰遵转饬指调人员听候召集（附游击干部训练班编制表）（1939年9月）b面 0158-001-0515

第三戰區第二十五集團軍游擊幹部訓練班教育綱要

一、教育方針

為適應閩省之作戰及充實黨政軍各級幹部游擊戰必要之學識與技能並堅強其抗戰必勝建國必成之信念發揮高度民族意識陶冶愛國情緒培養其嚴守紀律刻苦耐勞為國犧牲之精神為目的

二、教育期間：每期二個月分三期教育完畢

三、教育課目：

甲、學科

(1)精神教育

總理遺教

總裁言論

國民精神總動員

國民經濟建設運動

精神講話

(2)政治教育

國際現勢

抗建中之本國政治外交經濟

對民眾宣傳組織訓練之方法及運用

戰時法令之摘要

第三战区第二十五集团军游击干部训练班教育纲要(1939年9月)a面　0158-001-0515

[illegible]

兵役宣傳
堅壁清野之研究
（3）軍事課程
游擊戰概論
游擊戰術（營以下至多到團為止）
敵情摘要
諜報情務（秘密通訊）
工事構築
野外勤務
軍事運輸
步兵操典摘要
交通通訊設施與破壞
防毒
防空
傷亡救護
沙盤教育
夜間教育
射擊教育

乙、術科
戰鬥教練

第三战区第二十五集团军游击干部训练班教育纲要(1939年9月)b面 0158-001-0515

5

野外勤務實習（偵察警戒連絡）
爆破及破壞工作實習
通訊法實習
工事構築實習
夜間演習
射擊實習

四、教育時間分配標準

1、學科佔全教育時間百分之六十五

A、軍事課程佔全教育時間百分之三十

B、政治課程佔全教育時間百分之三十五

2、術科佔全教育時間百分之三十五

五、教育實施注意集體研究如座談小組討論及命題研究等其對象以適合於本班之目的為主

六、教育課目貴能簡要務在有計劃有準備之原則下熟練其實用動作

七、實施嚴格之軍事管理

八、生活士兵化

九、本綱要如有未盡事宜隨時以命令修改之

十、本綱要自核准之日施行

3

第三战区第二十五集团军游击干部训练班教育纲要(1939年9月)　0158-001-0515

4

第三戰區第二十五集團軍游擊幹部訓練班召集辦法

一、為使黨政軍密切連絡，加強游擊戰諸般準備，特設幹部訓練班，召集黨政軍各中下級幹部入班受訓，以增進其所需要之學術與技能。

二、訓練期間，分三期，每期定為兩個月。

三、訓練地點，三元梅列。

四、調訓學員為本集團軍所轄各師及福建地方團隊少校（少校含）以下軍官，縣府科長（一科及五科）社訓教官，及各縣黨務指導員，各縣（特區）長等，其調訓程序如附表（一、二、三）。但各縣党務指導員，及各縣（特區）長，於每期最後兩星期，始入班共同講習。

五、經規定調訓各員，須在三期內調訓完畢，不得藉故呈請免訓，並須按期派員率領，攜帶花名册二份，入班受訓。

六、調訓各員應自行攜帶草黄色布單軍服二套（短褲）、白襯衣褲二套、簡單卧具，及洗面具，與黑帆布鞋兩雙。

七、調訓各員來回旅費不分階級，每日每員一元五角，由各原屬部隊機關發給，其受訓期內之伙食一律自備，每月每員九元，入班時一次繳足，按月結算多退少補。書籍用品由班發給或貸與之。

4

第三战区第二十五集团军游击干部训练班召集办法（1939年9月）　0158-001-0515

第三戰區第二十五集團軍游擊幹部訓練班班本部編制表

職別	階級	員名額	備考
主任	上將	一	兼任
副主任	中將	一	兼任
教育長	中將	一	兼任
副教育長	少將	一	由各師副師長輪番調任
政訓組 主任	少(上校)將	一	調任
政訓組 政訓員	中(上)校	二	調任
政訓組 政治教官		三	兼任(或聘任)另表
教務組 主任	少將	一	調任(或著)(保安處)及(各部)
教務組 教育副官	少中校	一	調任(或選)(保安處)
教務組 軍事教官	上少(中)校將	十八、三	調任四餘兼任(或聘任)另表
教務組 軍事技術教官	上(中)校	二十一、四	兼任(或著)
總務組 主任	上(少)校	一	調任
總務組 副官	少校上尉	一	調任(保安處)
總務組 軍需	上尉少校	一	一
總務組 書記	上尉少校	一	一
總務組 譯電員	中上尉	二	一
總務組 司書	准尉	四	專任
總務組 司號長	准尉	一	專任
總務組 傳達	上中士	四	專任
總務組 公役	二等	九	專任
總務組 炊事兵	上二等	六十	專任
合計		七十六、二十六、七十五	

附記

一、編任準備川任班兼任乃予服行任務時任班

二、兼任調任各教官其机關如附表一

三、本編制職教各員係以四隊至六隊學員為基準

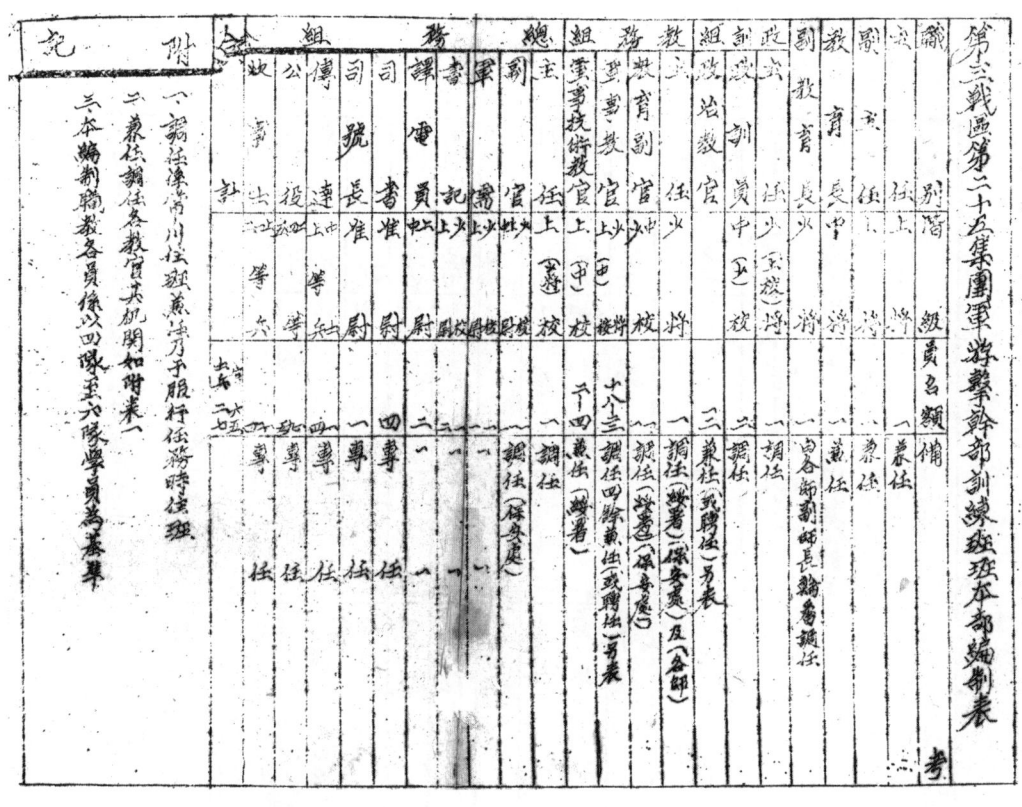

第三战区第二十五集团军游击干部训练班班本部编制表(1939年9月)　0158-001-0515

6

第三戰區第二十五集團軍游擊幹部訓練班總隊部編制表

職別	階級	員名額	備考
總隊長	少將	一	調任 各部副部長參謀長
總隊附	上（或少）校	一	調任 各部及保安處旅長或副旅長
副官	中尉	一	調任（保安處）
書記	中尉	一	
司書	准尉	二	專任
軍需	上士	一	專任
司號	下士	一	專任
傳達兵	上等兵	二	專任
公役	[illegible]等	二、一	專任
炊事兵	二一等兵	二、一	專任
合計		官六 士兵一二	

附記
一、調任係常川住隊
二、總隊以三、一六隊編成之

6

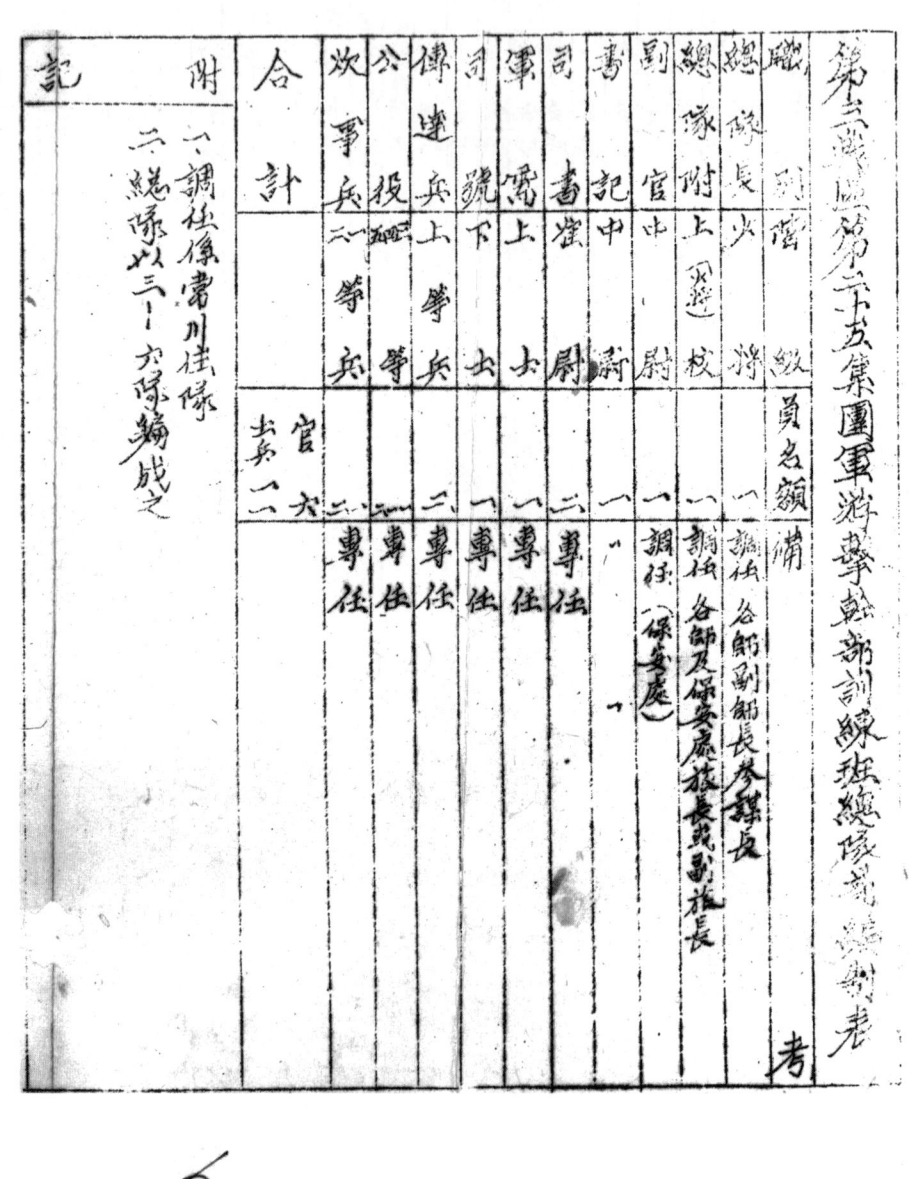

第三战区第二十五集团军游击干部训练班总队部编制表(1939 年 9 月) 0158-001-0515

第三戰區第二十五集團軍游擊幹部訓練班隊部編制表

職別	階級	員額	備考
隊長	上校	一	調任各師及保安處團長調充
區隊長	中校	三	調任各師軍管區補訓處及保安處團附調充
政治指導員	少(中)校	一	調任各部及保安處政治部調充
特務長	准尉	一	專任
文書	上士	一	專任
號兵	上等兵	一	專任
傳達兵	上等兵	二	專任
公役	[illegible]等	三二	專任
炊事兵	上等兵	五三	專任
合計		官六 士兵一九	

附記

一、每隊以三區隊編成之
二、每隊學員以120—160人編成之
三、調任係常川住隊
四、調任[illegible]人員數如附表二

7

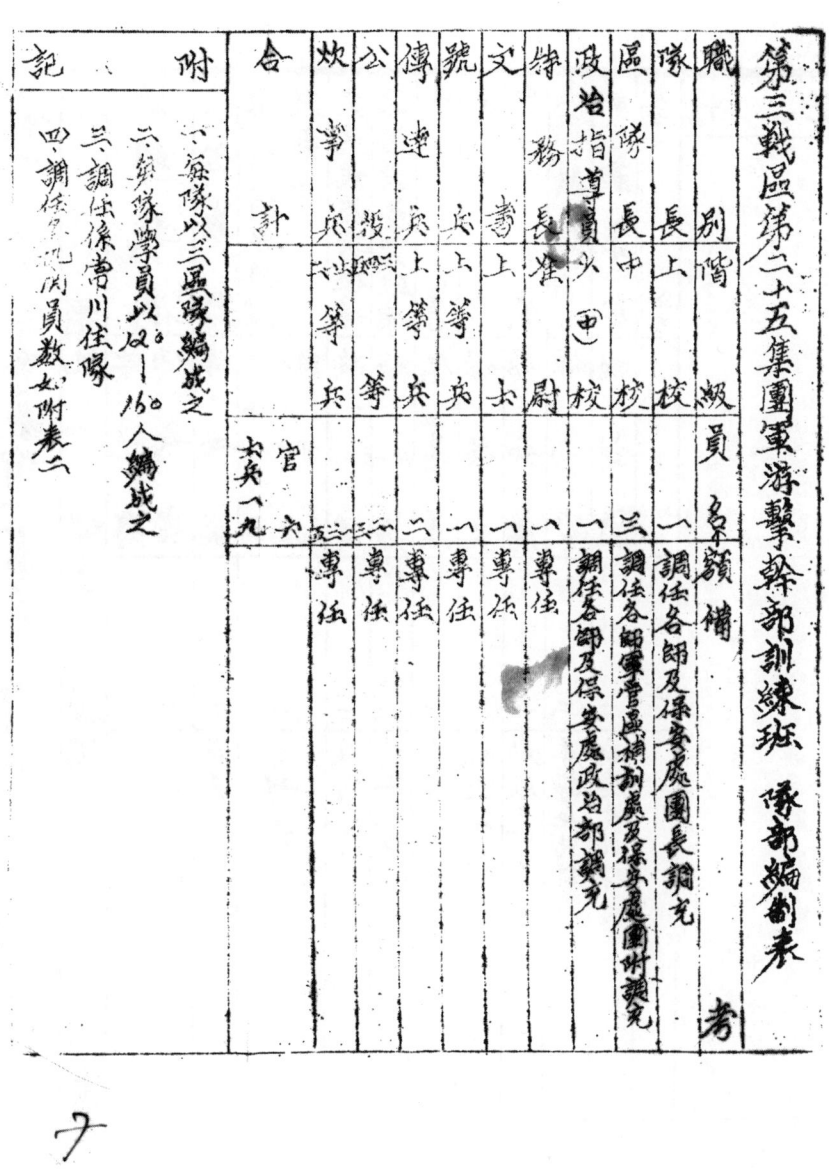

第三战区第二十五集团军游击干部训练班队部编制表（1939年9月） 0158-001-0515

8

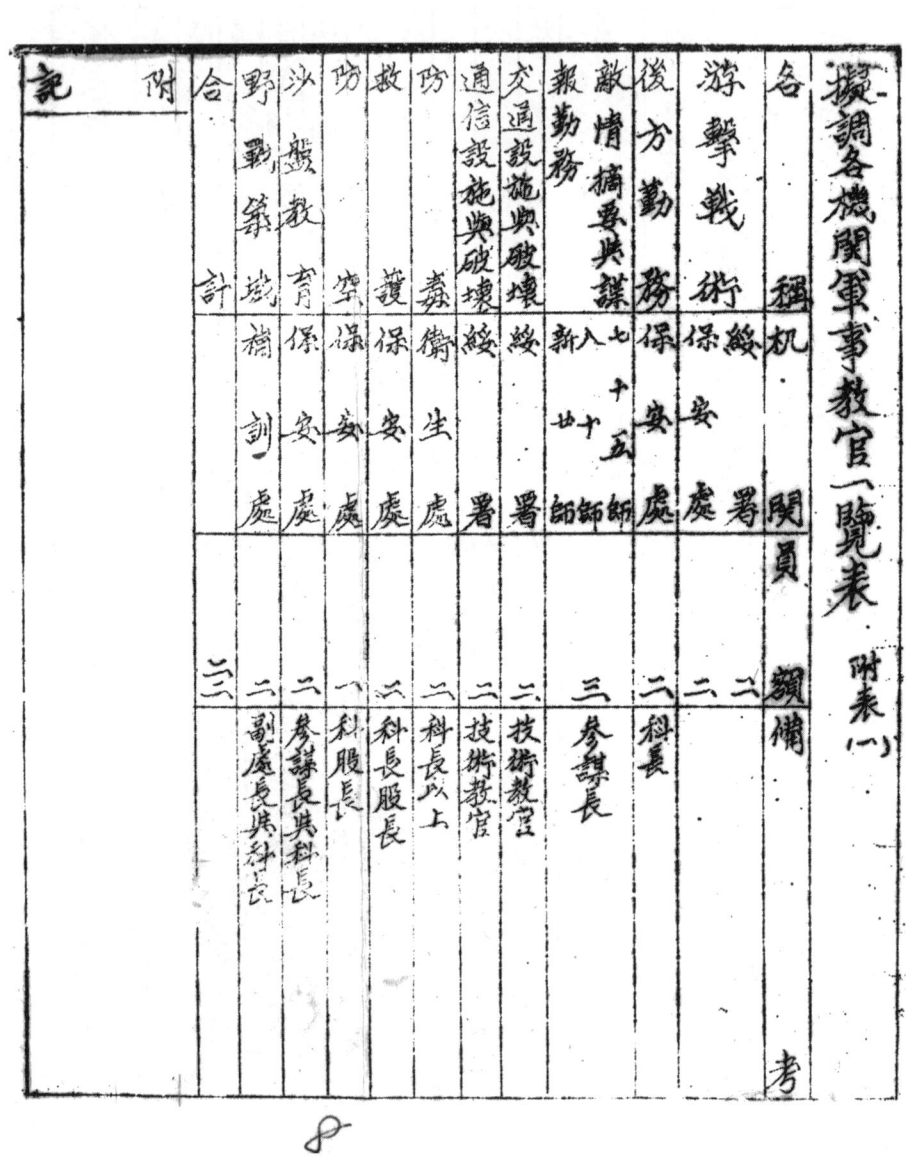

擬調各機關軍事教官一覽表

附表(一)

各組	机關	員額	備考
游擊戰術	綏署	二	
	保安處	二	
後方勤務	保安處	二	科長
敵情摘要與諜報勤務	七十五師、八十師、新廿師	三	參謀長
交通設施與破壞	綏署	二	技術教官
通信設施與破壞	綏署	二	技術教官
防毒	衛生處	二	科長以上
救護	保安處	二	科長股長
防空	保安處	一	科股長
沙盤教育	保安處	二	參謀長與科長
野戰築城	補訓處	二	副處長與科長
合計		二二	

附記

8

拟调各机关军事教官一览表(附表一)(1939年9月)　0158-001-0515

擬調各機關任職人員一覽表

附表(二)

職別	階級	員額	備考
副教育長	少將	一	一、總署、各師調任
總務組主任		〃	
教務組主任	少將	一	總署或保安處及各師
總隊長	少將	一	調各師副師長或參謀長一員充之
政治組主任	少(上校)將	一	二十五集團總部政治主任調充
政訓員	中(少)校	二	二十五集團總部政治部調充
教育副官	中(少)校	二	一、由總署調充 一、由保安處調充
總隊附	上校	一	調各師及保安處旅長或副旅長一員充之
隊長	上校	四	八十師七五師新廿師及保安處各調團長一員充之
區隊長	中校	一二	調團指區補充團団附二員補訓處団附四員餘保安團々附二員充之
政治指導員	中(少)校	四	保安處政治部調充
合計		三〇員	
附記			

拟调各机关任职人员一览表(附表二)(1939年9月)　0158-001-0515

10

擬調各機關政治教官一覽表

名稱	機關	員額	備考
總理遺教	班本部	一	政訓主任兼
總裁言論	保安處	一	政治部主任兼
國民精神總動員	教育廳	一	科長以上
國際現勢	省政府	一	仝右
國民經濟建設運動	建設廳	一	仝右
戰時本國政治經濟	民政廳	一	仝右
宣傳組訓	省黨部	一	仝右
戰時法令	保安處	一	科長
兵役宣傳	軍管區	一	科長以上
堅壁清野之研究	建設廳	一	
合計		一〇	
附記			

10

拟调各机关政治教官一览表(1939年9月) 0158-001-0515

第三戰區第二十五集團軍游擊幹部訓練班調訓各部隊軍官程序基準表

附表(一)

期別	階級	八十師	新二十師	七十五師	福建省保安處 第一旅	第二旅	第三旅	第四旅	第五旅	獨立一大隊	獨立二大隊	獨立五大隊	特務大隊	工兵隊	高射砲隊	閩南區	閩東區	漳廈區	閩運特區	合計
第一期	少校	8	8	8	4	4	4	4	4	1	1					2	1	1	1	51
	上尉	30	30	30	9	9	9	9	9	1	1	2	1			7	3	5	5	160
	中尉	25	25	25	10	10	10	10	10	1	1	1	1	1	1	6	3	4	4	148
	少尉	37	37	37	14	14	14	14	14	2	2	2	2			11	6	8	8	222
單計		100	100	100	37	37	37	37	37	5	5	5	4	1	1	26	12	18	18	581
第二期	少校	8	8	8	3	3	3	3	3	1	1	1				2	1	1	1	48
	上尉	30	30	30	10	10	10	10	10	1	1	1	2			7	3	5	5	165
	中尉	25	25	25	10	10	10	10	10	1	1	1	1		1	5	3	4	4	146
	少尉	36	36	36	13	13	13	13	13	2	2	2	3	1	1	11	6	8	8	217
單計		99	99	99	36	36	36	36	36	5	5	5	6	1	2	25	13	18	18	576
第三期	少校	8	8	8	3	3	3	3	3				1			2	1	1	1	46
	上尉	29	29	29	10	10	10	10	10	2	2	1	2			7	3	5	5	164
	中尉	25	25	25	9	9	9	9	9	1	1	1	2			5	3	4	4	141
	少尉	37	37	37	13	13	13	13	13	2	2	2	3	1	1	10	6	8	8	219
單計		99	99	99	35	35	35	35	35	5	5	4	8	1	2	24	13	18	18	570
總計		298	298	298	108	108	108	108	108	15	15	14	18	3	5	75	39	54	54	1726
備考																				

附記

之

一、各師係按每師兩旅四團及直屬之營連隊以校（含）以下各級軍官平均抽

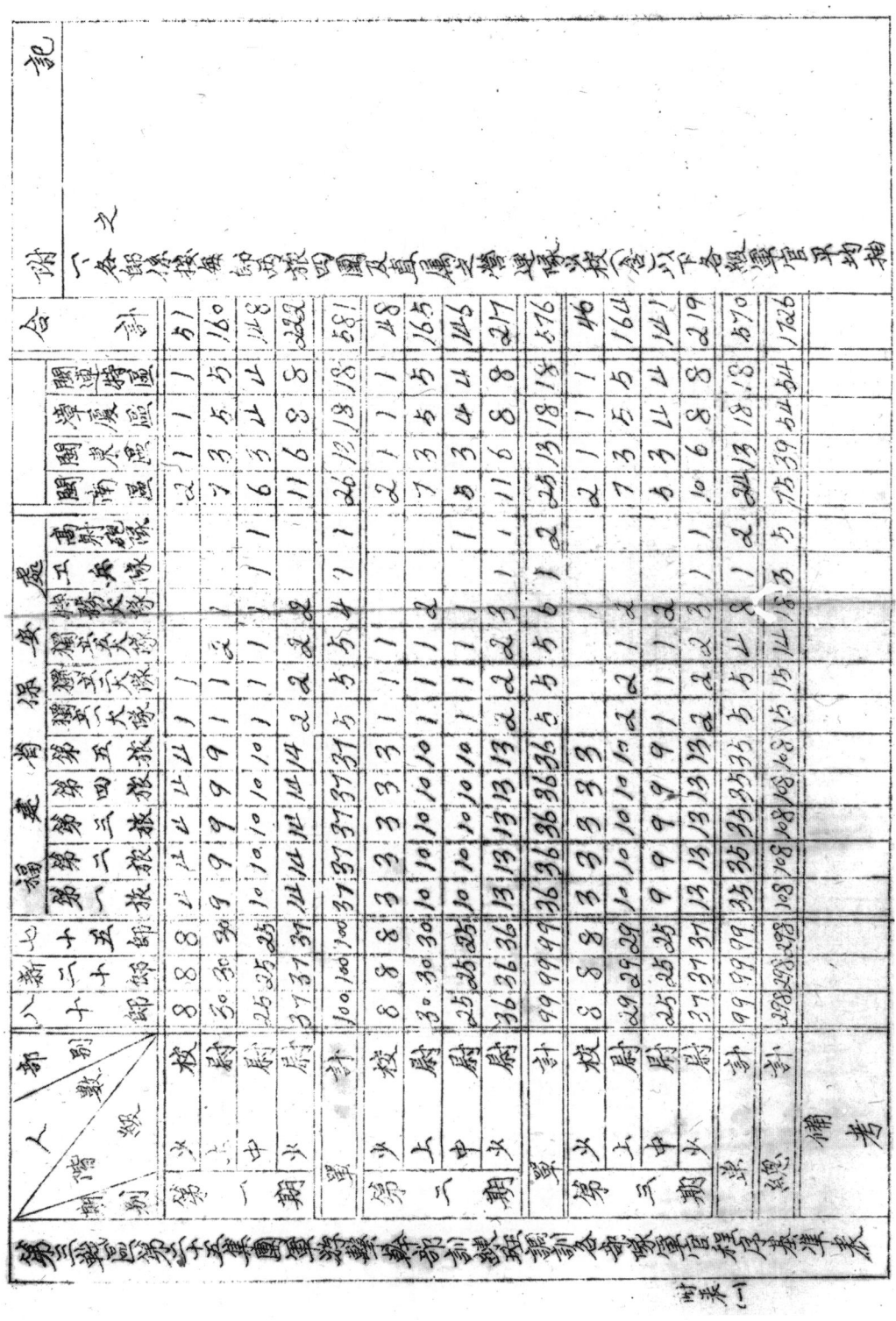

第三战区第二十五集团军游击干部训练班调训各部队军官程序基准表（附表一）

（1939年9月） 0158-001-0515

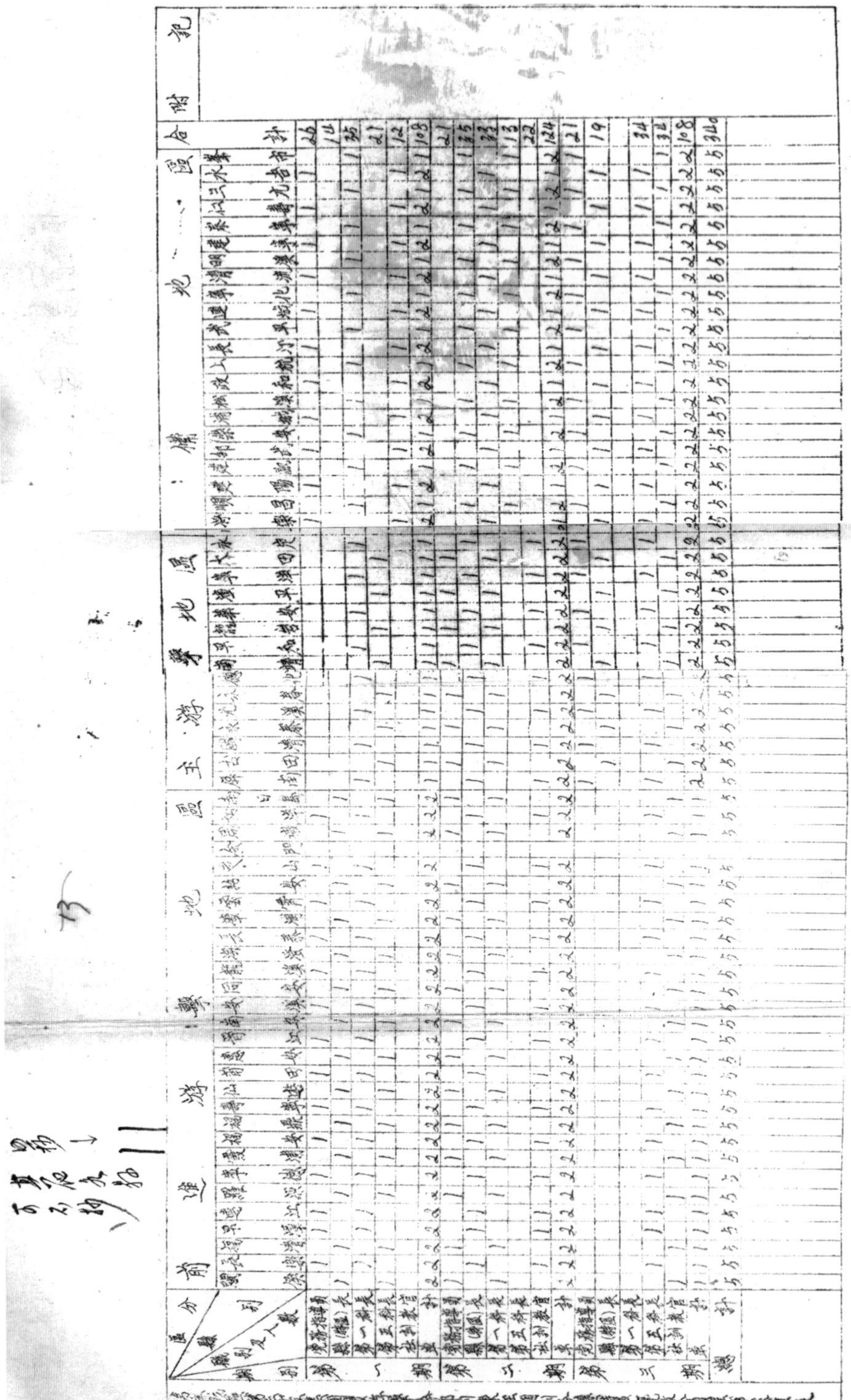

第三战区第二十五集团军游击干部训练班调训各县(特区)党政人员程序基准表(附表二)

(1939 年 9 月)　0158-001-0515

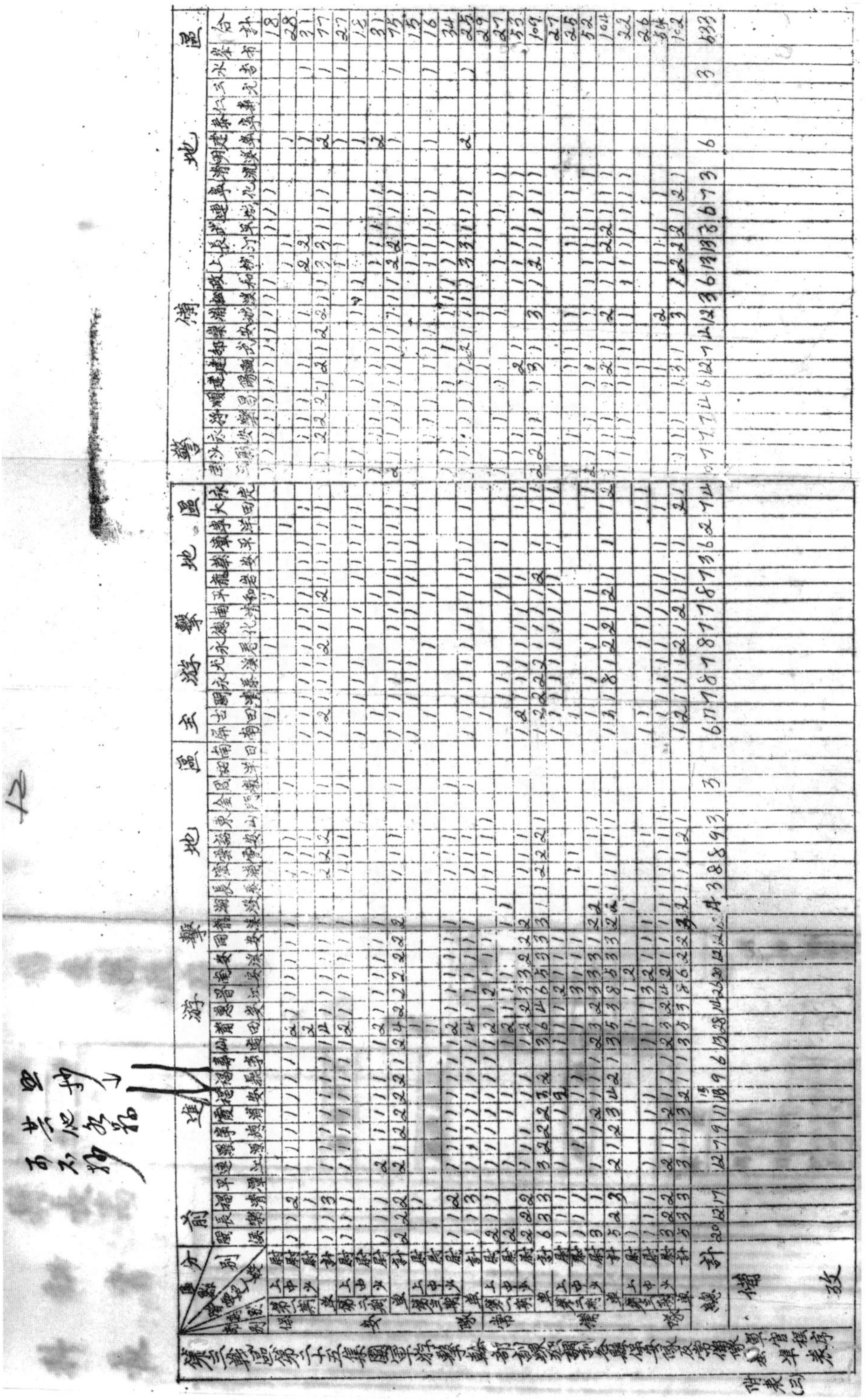

第三战区第二十五集团军游击干部训练班调训各县保安队及常备队军官程序基准表(附表三)

(1939 年 9 月)　0158-001-0515

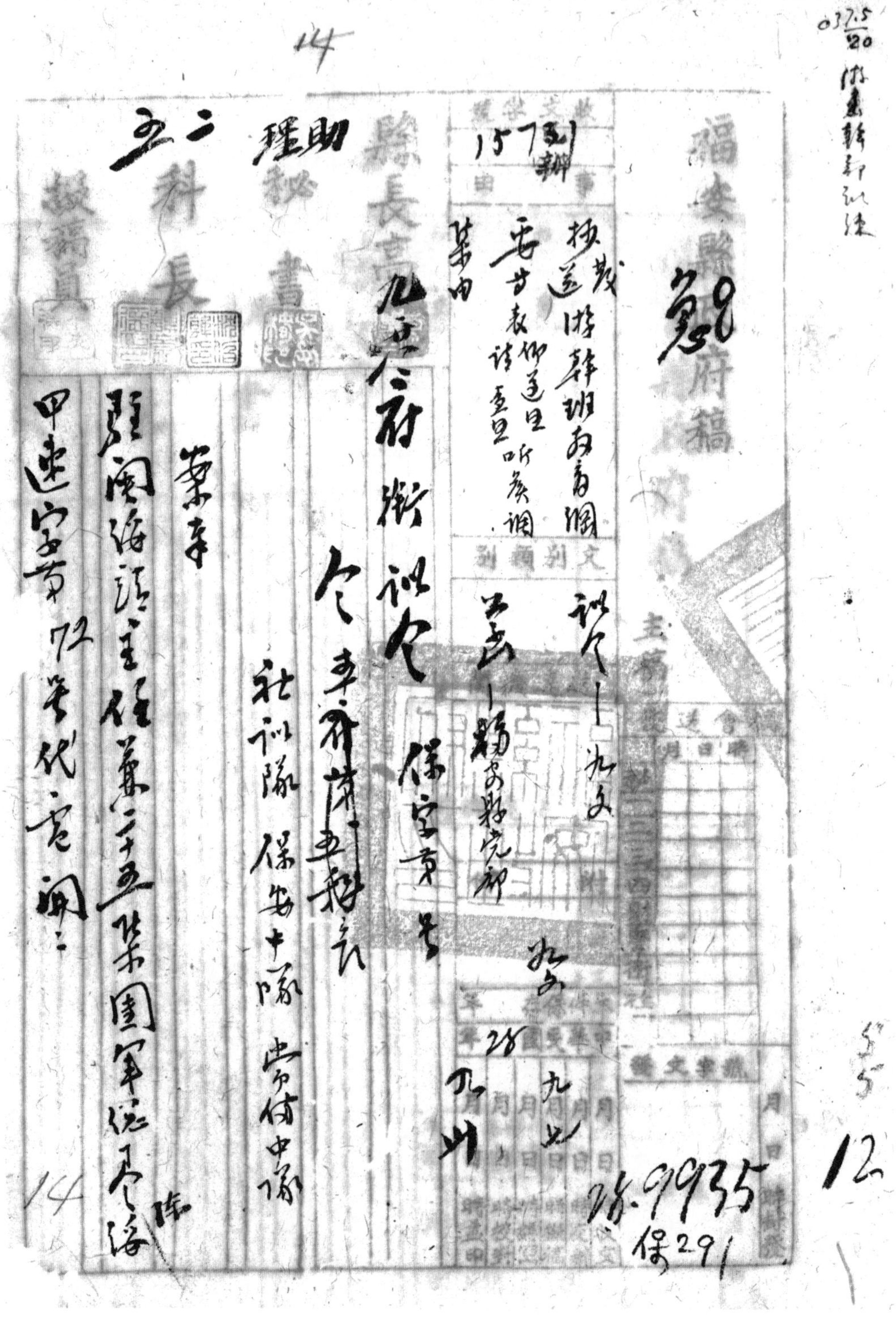

福安县政府抄送游干班教育纲要等表仰遵照请查照听候调集训令

（1939 年 9 月）　0158-001-0515

15

「原电敬悉。
等因，附教育纲要廿卅九份、表格，除分令外，合行抄发
训练班教育纲要、召集办法、调训各县党政人员及保安常
备队军官程序暨调查表各一份，令仰遵照。
此令
附发教育纲要廿四份
府衔县长　保安司令

安东章
驻闽绥靖主任第二十五集团军总司令陈　保甲速字第11号代电开
「原电敬悉。
等因，附发教育纲要廿卅九份、表格，除分令外，抄发游击干部训练班
教育纲要、召集办法、调训各县党政人员及保安常备队军官程序暨
调查表各一份，仰请查照。
福安县党部
附送教育纲要廿四份

15

福安县政府抄送游干班教育纲要等表仰遵照请查照听候调集训令
（1939年9月）　0158-001-0515

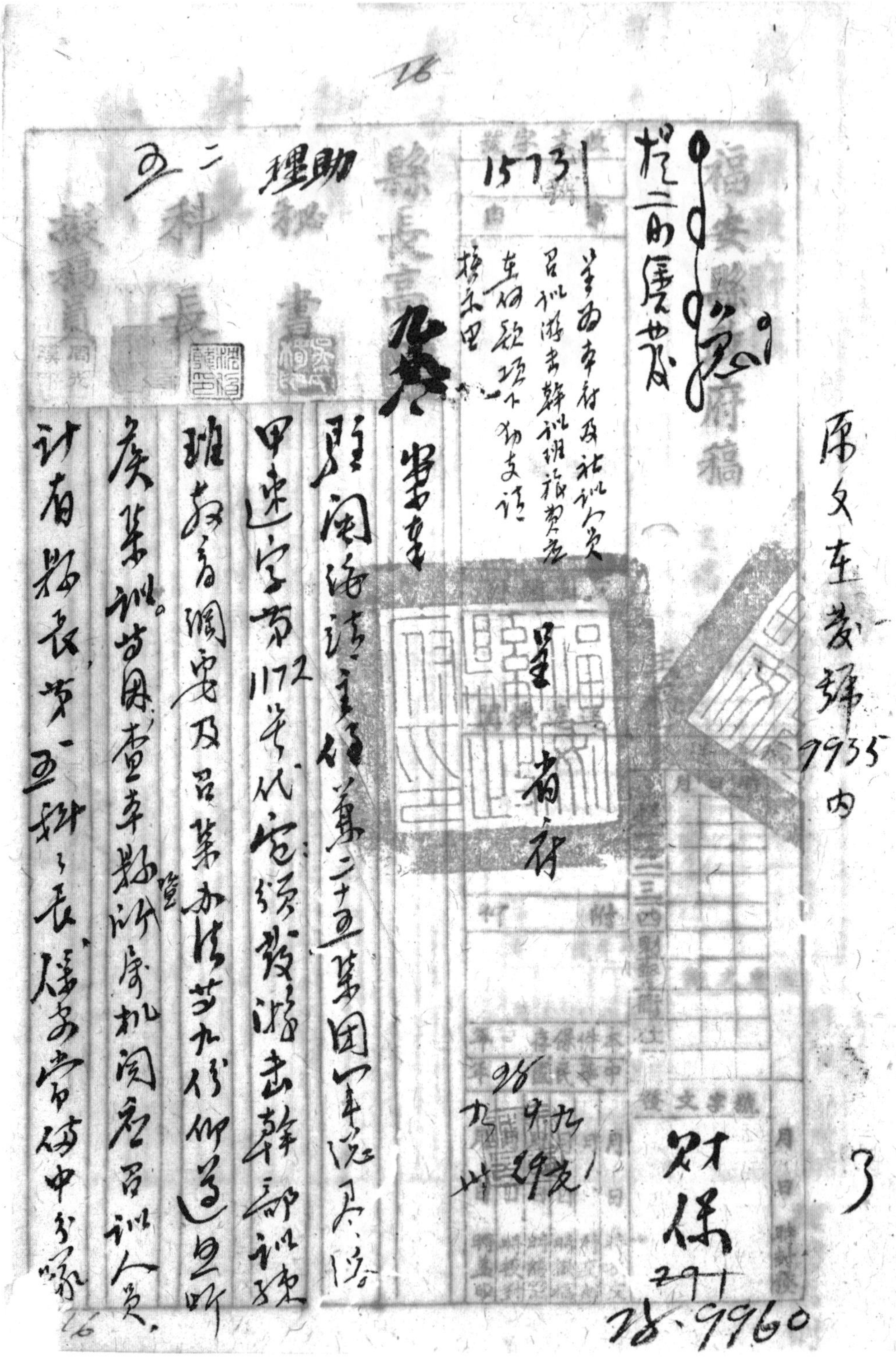

福安县政府呈为本府及社训人员召训游击干训班旅费应在何款项下动支请核示由的呈文

（1939 年 9 月） 0158-001-0515

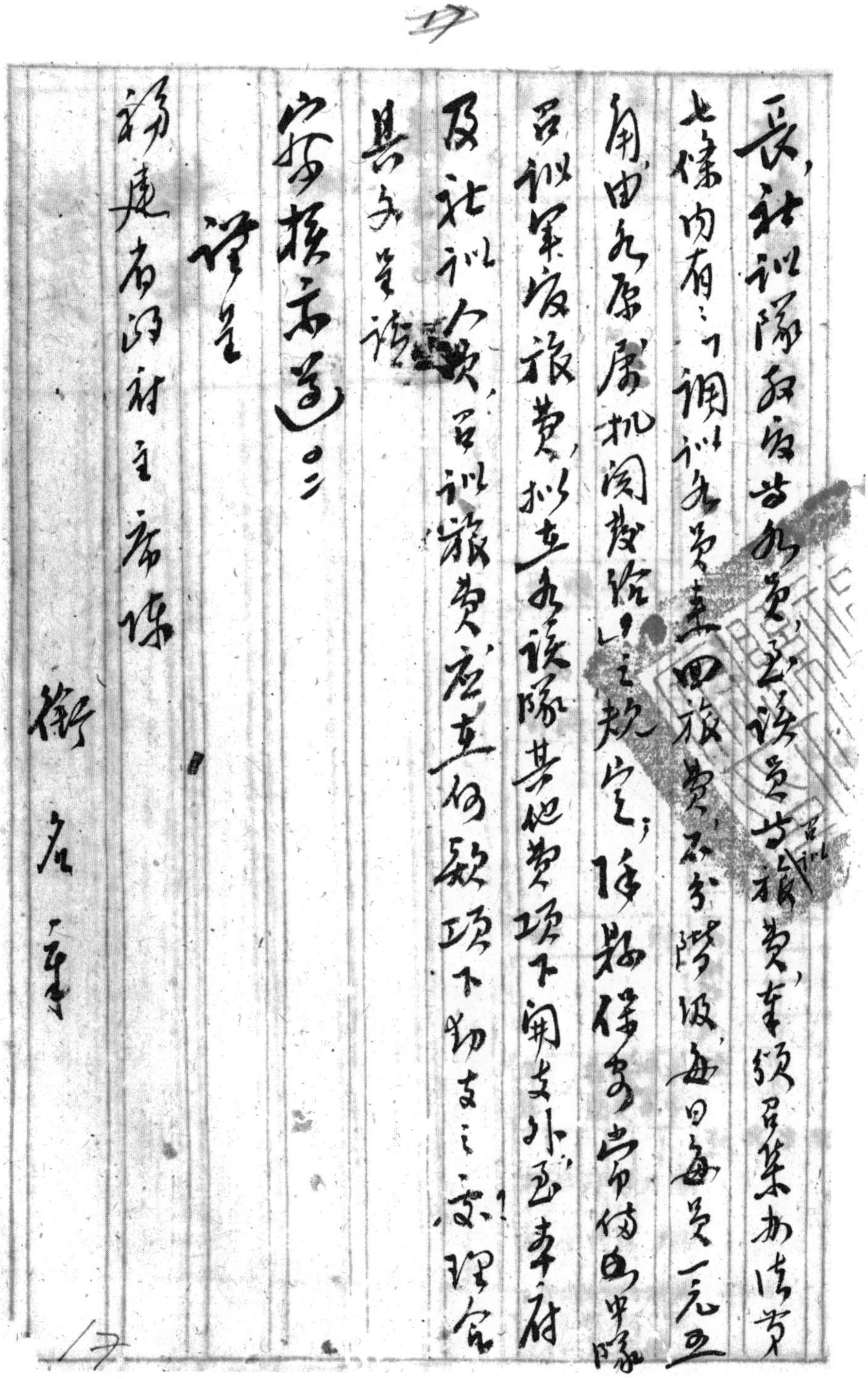

17

長，社訓隊政府召集隊員、社訓員召訓旅費，率須召集辦法第七條內有"調訓人員支旅費，不分階級每日每員一元五角，由各原屬機關發給"之規定。除將保安常備中隊召訓案發旅費，擬在該隊其他費項下開支外，至本府及社訓人員召訓旅費，應在何款項下動支之處？理合具文呈請

察核示遵。

謹呈

福建省政府主席陳

銜名 ○章

17

福安县政府呈为本府及社训人员召训游击干训班旅费应在何款项下动支请核示由的呈文

（1939 年 9 月） 0158-001-0515

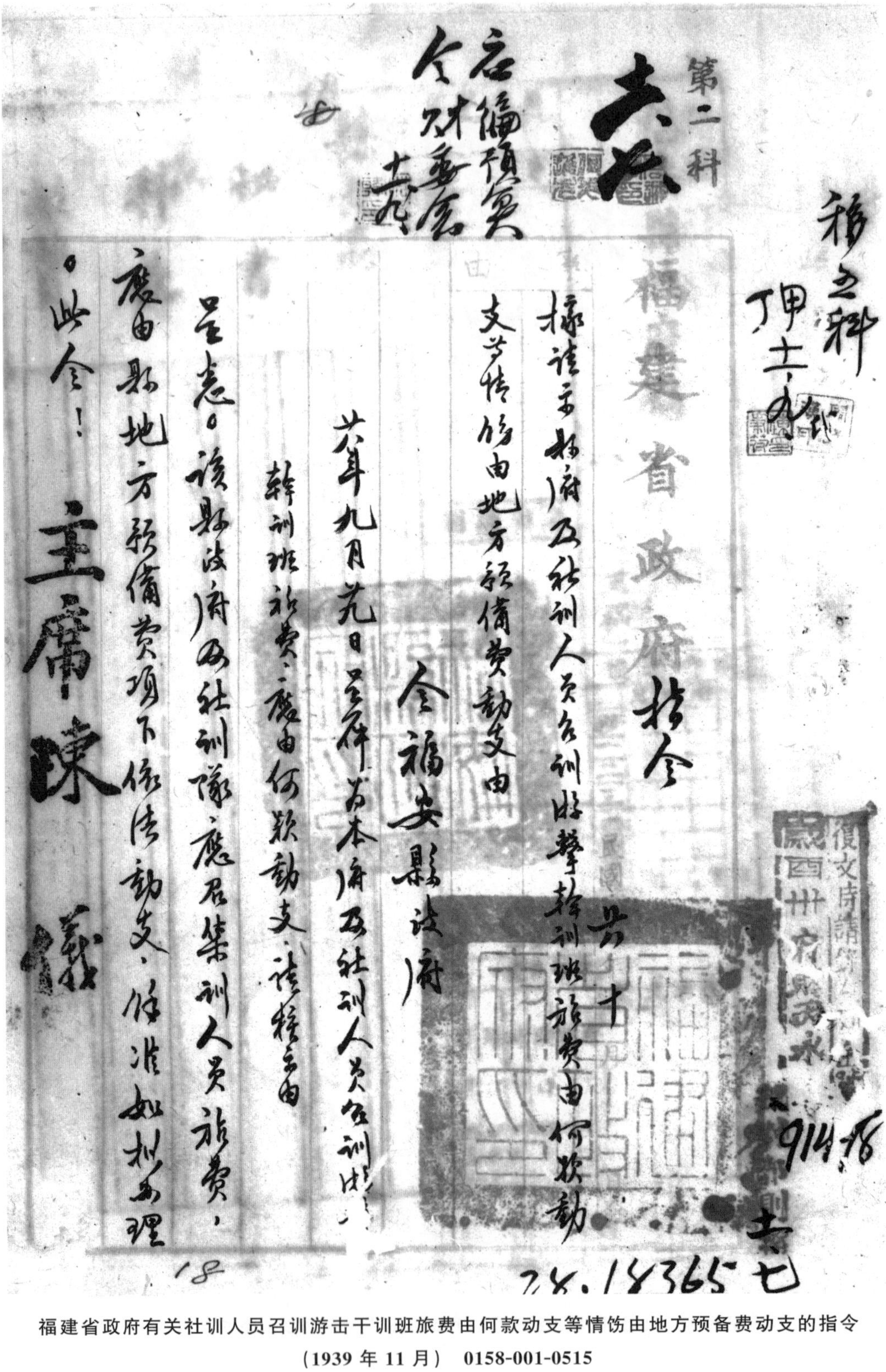
第二科 六六

存 編預算 財委會 十一、九

福建省政府指令

據該縣府及社訓人員召訓游擊幹訓班旅費由何款動支等情飭由地方預備費動支由

令福安縣政府

廿八年九月廿九日呈件為本府及社訓人員召訓游擊幹訓班旅費應由何款動支請核示由

呈悉。該縣政府及社訓隊應召集訓人員旅費，應由縣地方預備費項下依法動支，仰准如擬辦理。此令！

主席 陳儀

福建省政府有关社训人员召训游击干训班旅费由何款动支等情饬由地方预备费动支的指令

（1939年11月） 0158-001-0515

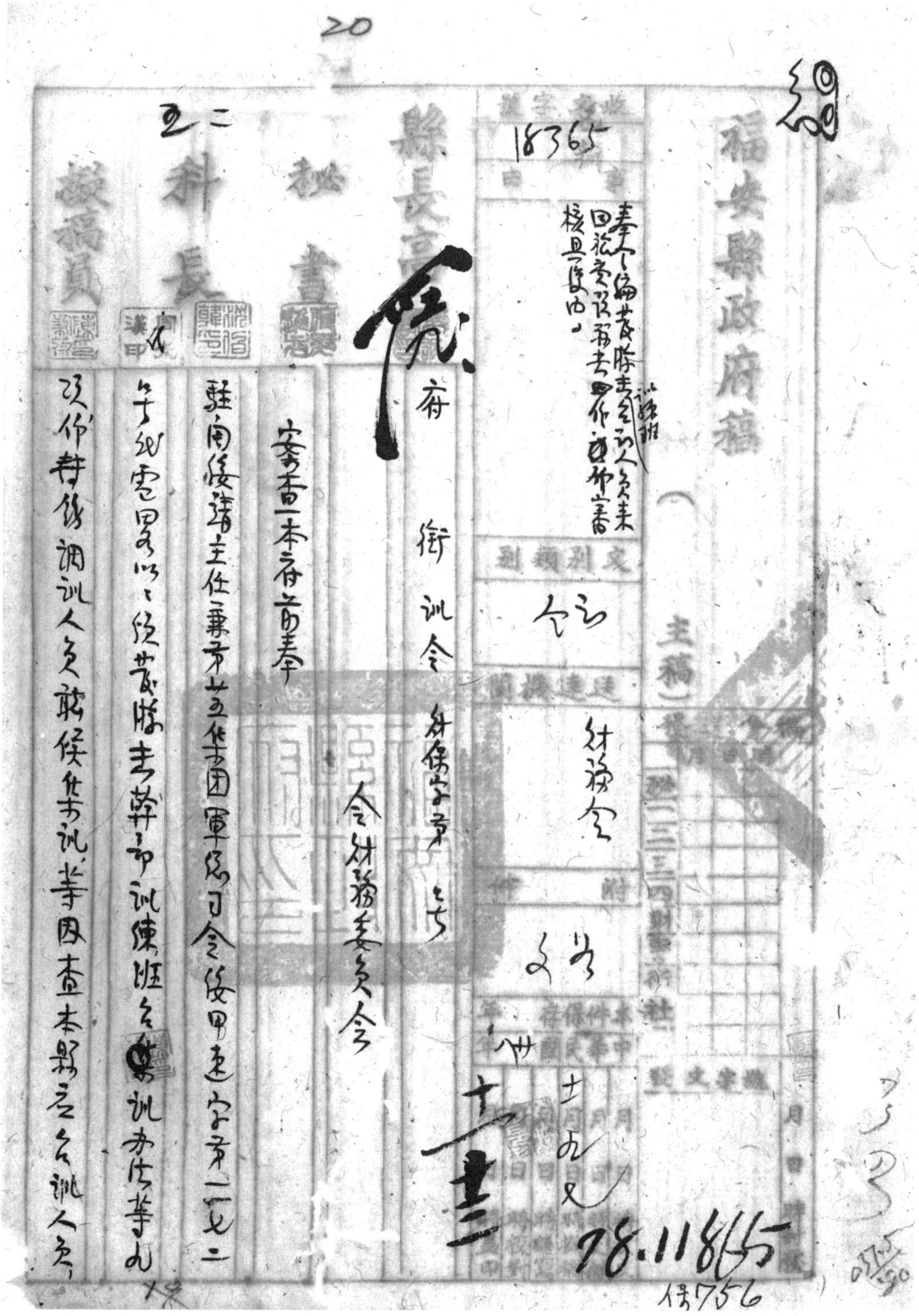

福安县政府奉令编发游击训练班召训人员来回旅费预算仰审核具复的训令

（1939 年 11 月） 0158-001-0515

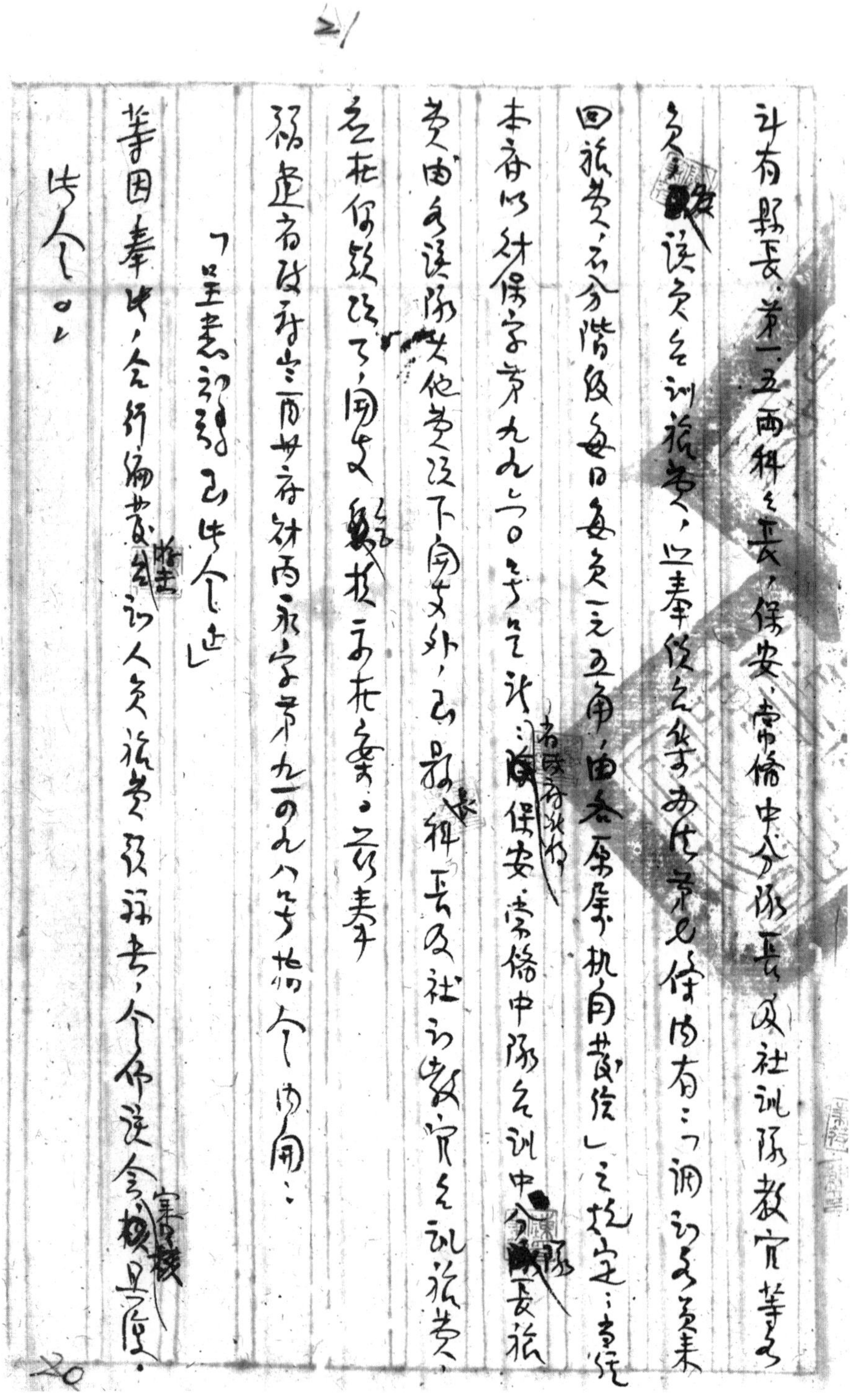
21

计有县长、第一、五两科科长、保安、常备中分队长及社训队教官等召集人员该员等之训练旅费，以奉发之等级规定第九条内有「调训人员来回旅费，不分阶级每日每员一元五角，由各原机关自行发给」之规定。查前经本府以财保字第九九六〇号呈请将保安、常备中队之训中分队长旅费由县该队其他费项下开支外，又县长、科长及社训教官之训练旅费，应在何款项下开支，饬候核示在案。兹奉福建省政府本年[illegible]月廿[illegible]日财丙永字第九一〇九八号指令内开：

「呈悉，准予照办。此令」

等因，奉此，合行编发该训人员旅费预算表，令仰该会审核具复。

此令。

20

福安县政府奉令编发游击训练班召训人员来回旅费预算仰审核具复的训令

（1939 年 11 月） 0158-001-0515

附发游击班训人员旅费预算书一份

福安县政府奉令编发游击训练班召训人员来回旅费预算仰审核具复的训令

（1939年11月） 0158-001-0515

25

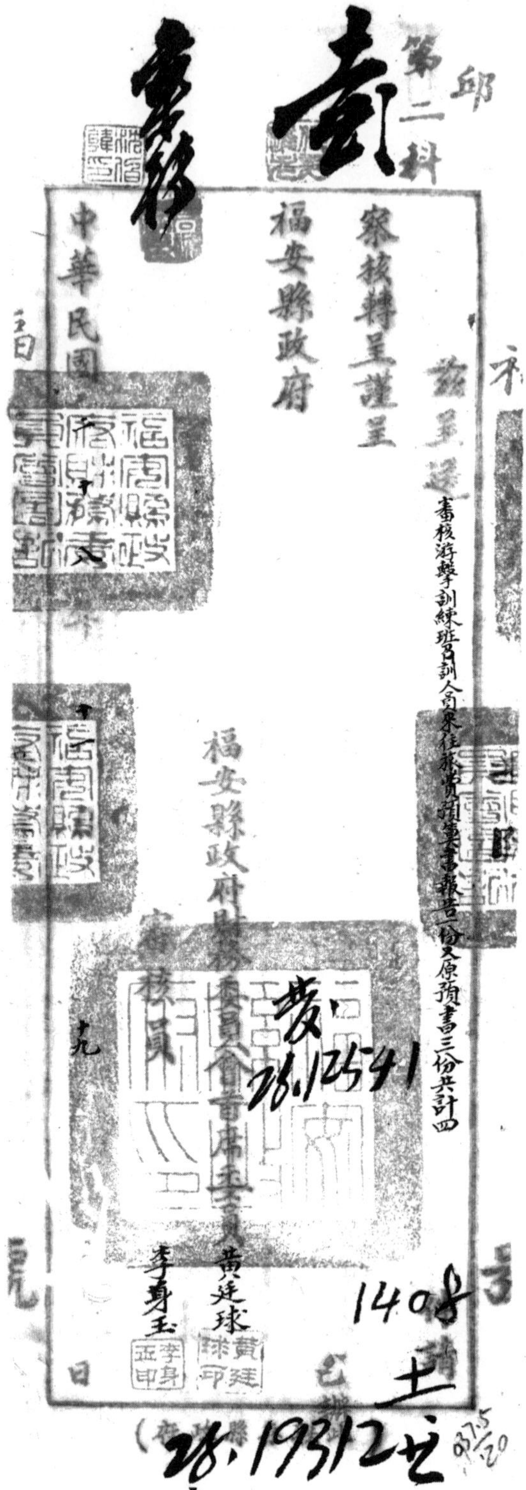
茲呈送審核游擊訓練班召訓人員來往旅費預算書報告一份又原預算書三份共計四
察核轉呈謹呈
福安縣政府
福安縣政府財務委員會首席委員黃廷球
審核員李身玉
中華民國二十八年十一月十九日

福安县政府奉令编发游击训练班召训人员来回旅费预算仰审核具复的训令

（1939 年 11 月） 0158-001-0515

24

福安縣財務委員會查訖

福安縣游擊召訓人員來回旅費支付預算書

23

福安县游击召训人员来回旅费支付预算书

（1939 年 11 月） 0158-001-0515

26

福安縣游擊召訓人員來回旅費支付預算書

支出經時門

項目	預算數	備攷
第一款 游擊召訓人員來回旅費	九六〇〇	
第一項 旅費	九六〇〇	
第一目 旅費	九六〇〇	第一期第一科科長參加受訓，第二期縣長[illegible]官參加受訓，第三期第五科科長參加受訓，三期共計四員參加受訓，每員來回日期，以十六天計算（班址三元梅烈）每天每員支一元五角，合支如上數。

24

福安县游击召训人员来回旅费支付预算书

（1939年11月） 0158-001-0515

27

福安縣縣長高識學
第二科科長沈伯彝
會計郎中粮

中華民國　　十一月　　月

校對
監印

福安县游击召训人员来回旅费支付预算书

（1939年11月）　0158-001-0515

28

五科

駐閩綏靖主任 代電　字第　號
兼第二十五集團軍總司令

事由：密

福安縣々長：據本集團軍游擊幹部訓練班巡迴教育團兼團長施覺民本年四月十一日呈送該團教育計劃實施細則及附表各一份到署。除尚可行，除轉報暨分電有關機關各部隊各專員各縣（特區）長外，特抄原件電仰遵照規定手續妥為保送并電飭受訓學員於五月十日前到達古田該團部報到毋延為要。陳儀　綏總甲附

抄該團教育計劃實施細則及附表各一份

中華民國廿九年四月　日

附件傳閱

收文3265號　29年4月28

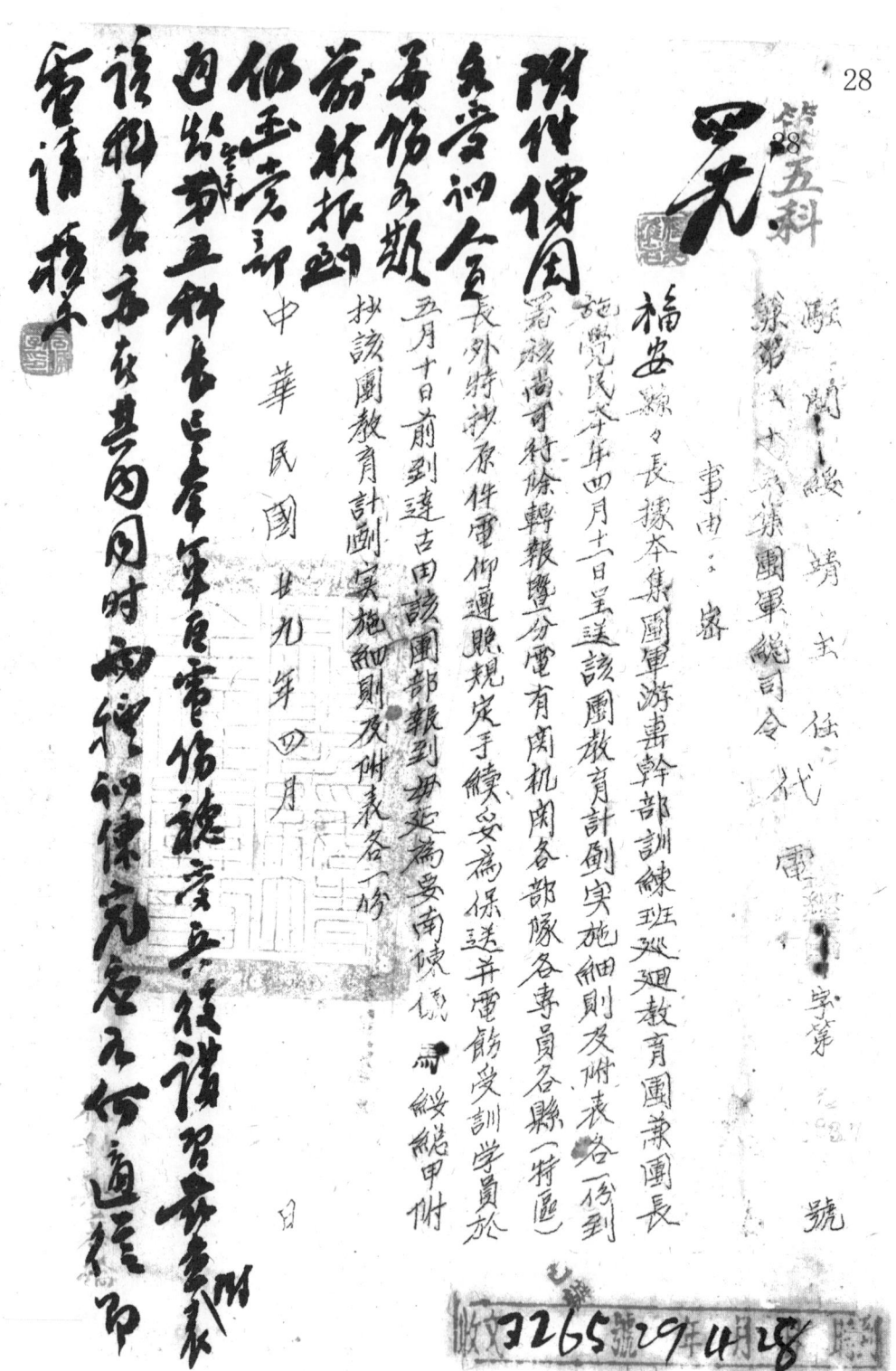

驻闽绥靖主任兼第二十五集团军司令部关于游击干部训练班巡回教育团教育计划实施细则及附表的代电（1940 年 4 月）　0158-001-0515

第二十五集團軍游擊幹部訓練巡迴教育團教育計劃大綱

(一)教育目的

為使各游擊區內，黨政軍各切實聯繫，增進各游擊部隊基層幹部之指揮技能，並灌輸經濟及領導常識，俾能共同完成全民抗敵工作，又為避免受訓人員往返費時，暨節省財力起見，特組織巡迴教育團，前往各游擊區域，實施短期教育。

(二)實施方針

1、本團巡迴教育，以巡迴各地，召集就地各游擊部隊之幹部，及各地黨政機關有關經濟游擊之公務人員，限期集結於適中地點，候本團到達該地時，開始教育。

2、為教育與管理便利起見，分組為游擊幹部與經濟游擊幹部二個乃至四個區隊，每區隊分三班，約以四十乃至四十五人為限，合組為一個中隊。(約百二十乃至百八十人)

3、教育時間：每期以一個月為準。

(三)教育課目：

一、精神

總理遺教

領袖言行

精神講話

二、政治

抗戰建國綱領

國民精神總動員

經濟學常識

經濟游擊概論

敵偽對閩經濟攻勢

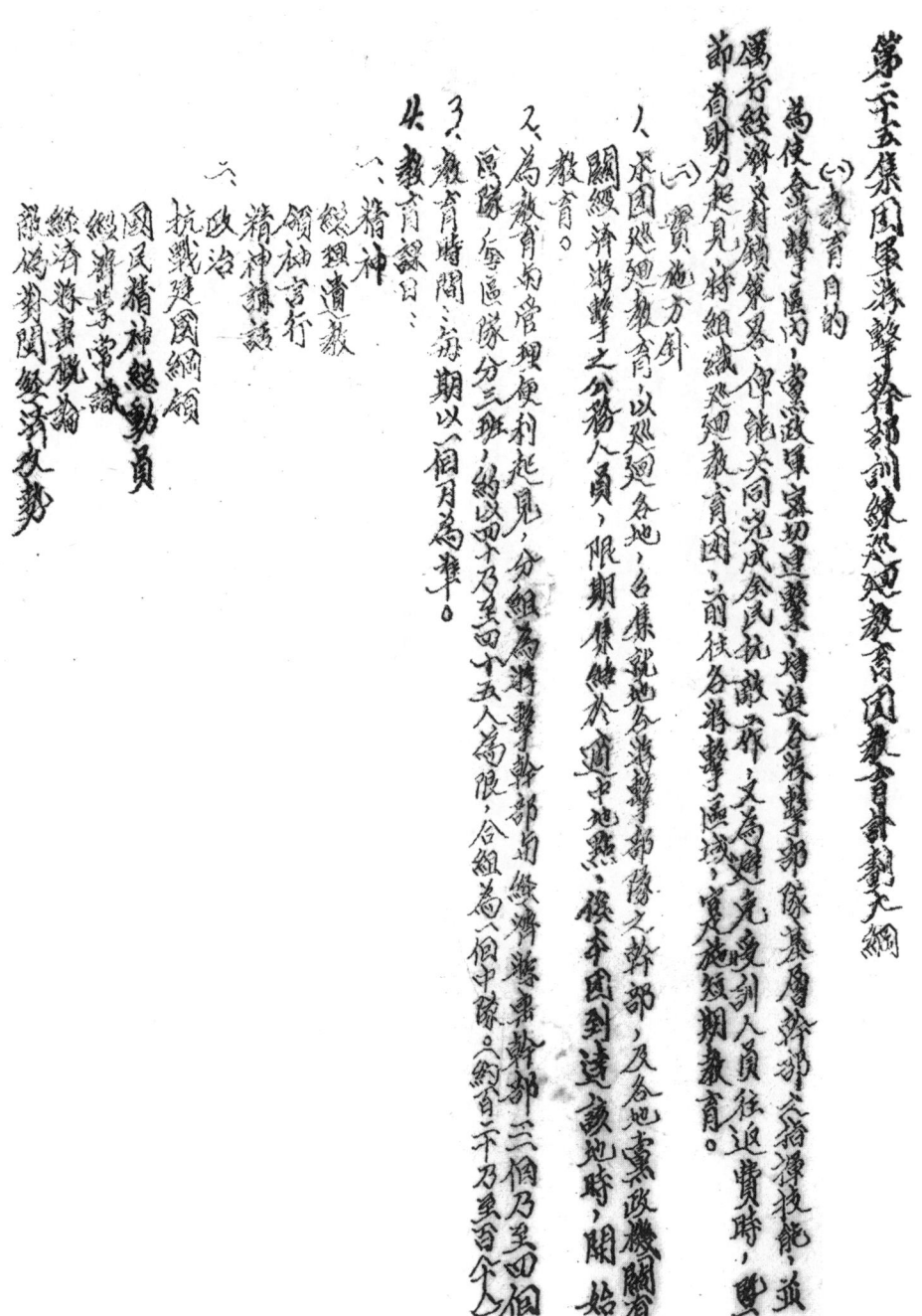

第二十五集团军游击干部训练巡回教育团教育计划大纲

(1940年4月)a面　0158-001-0515

本省經濟地理
戰時經濟法令
物資偷漏識別
敵情研究（軍事與經濟）
民眾運動

三、軍事：
游擊戰術
特工（情報與破壞）
築城概要
防奸講話
基本教練
戰鬥教練
陣中勤務

5、教育時間支配：
一、軍事：佔全教育時間百分之四十五。二、政治：佔全教育時間百分之三十五。
三、精神：佔全教育時間百分之二十。

6、管理：按軍隊管理

7、生活：同士兵生活

8、組織：編制如附表第一。

9、書籍：搜集各種教材、編成講義，油印分發。

10、經費：本團經臨各費，如附表第二。
本團人員遇移動時，按陸軍旅費條例，以實報實銷，撙節開支為原則。

11、團址及設備：
一、團址：
A 古田

第二十五集团军游击干部训练巡回教育团教育计划大纲
（1940年4月）b面 0158-001-0515

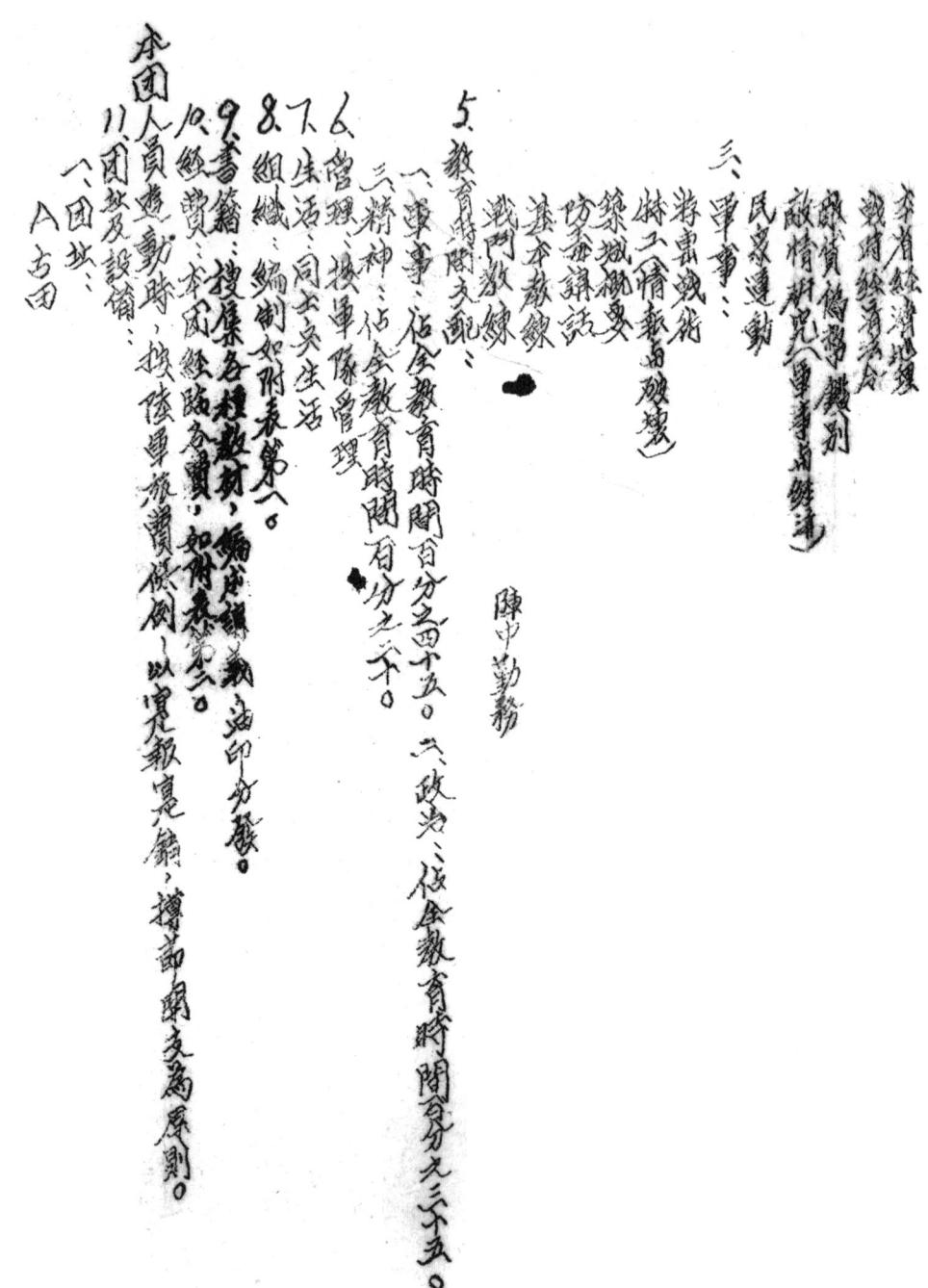

C B 梅列
龍岩

二、房舍：內計一八〇至二四〇人之宿舍，一二〇至一八〇人之教室一，一二〇至一八〇人之操場，一二〇至一八〇人之飯堂(傳達室)，廚房二，廁所二，辦公室館，能有禮堂最善，並覓地點附近有防空設備者佳，否則必須有空曠地或多山林有隱蔽之處為宜。

三、設備：一、什物：計課桌櫈各一五〇(一八〇)張，床舖一八〇(二四〇)付，八人長方飯桌二三(三〇)張，飯櫈(四人坐)四六(六十)條，黑板四塊，辦公桌椅各二十張，痰盂，餐具，水缸，木桶等。

四、電話：裝設軍用電話機一架。

五、其他

六、班址及設備：由本團呈請總部及福建省政府分別電令古田永安梅列縣政府，福建保安處(三在梅列附近)籌備，並由本團事前派員洽辦。

七、本計劃如有未盡事宜，得隨時呈請修正之。

八、本計劃自核准日起，公佈施行。

第二十五集团军游击干部训练巡回教育团教育计划大纲

（1940 年 4 月） 0158-001-0515

第二十五集團軍游擊幹部訓練班巡迴教育團教育實施細則

一、依據教育計劃大綱擬定之。

二、教育時期分三期，每期定為一個月。

三、第一期教育（古田）自五月十六日起，至六月十六日結訓。第二期教育（梅列）自六月二十五日起，至七月二十五日結訓。第三期教育（龍岩）自八月五日起（三天預備教育三日開課）至九月五日結訓，完成教育大綱所規定之教育。（教育計劃基準表，俟教務會議再定）

四、為教育與管理便利計，每期學員，斟酌當地情況及人數多寡，游擊幹部與經濟游擊幹部兩組，合組為一個中隊，約一二〇——一八〇人，分三——四個區隊，每區隊分三班，約四〇——四五人為限。

五、教育地點，依次輪設於古田（第一期教育）梅列（第二期教育）龍岩（第三期教育）附近。

六、團長調新二十一師少將副師長兼任，中隊長調團附或副旅長兼任，區隊以受訓之游擊隊中上尉以上軍官調充，班長由受訓學員中曾受軍訓之優秀者遴選充任。

七、教官以請調本集團軍學術優良、經驗豐富之現職軍官充任，並聘任教官，為無定額。

八、調訓學員，為福建前進游擊地區，主（預）游擊地區游擊隊幹部，與經濟游擊隊幹部，及縣政府科長（科及三科）黨政機關有關經濟游擊之公務人員等，其調訓程序，如附表第三。

九、在施教期間，各處送訓之學員，不得中途調回，或退學。

十、規定各處送訓員額與日期，不得逾期到達，並須造具簡歷表及相片各一份，送團存轉備查。（如附表）

十一、調訓各員，應自行攜帶草黃色布軍服二套，軍帽一頂，綁腿一付，腰皮帶一條，白襯衣褲二套，薄被一條，白枕頭一個，圓蚊帳一頂，黑布底鞋黑線襪各二雙，面具一

第二十五集团军游击干部训练班巡回教育团教育实施细则

（1940 年 4 月）a 面　0158-001-0515

付口糧、房用、薪資。

十三、調訓人員之來回旅費，由保送機關部隊，按路程遠近，一次發給，其在受訓期內之伙食，一律自備，每員十五元，入團時一次繳足，結訓後清算多退少補，講義及用品，由團發給。

第二十五集团军游击干部训练班巡回教育团教育实施细则

(1940年4月)b面　0158-001-0515

第二十五集團軍游擊幹部訓練班巡迴教育團調用人員一覽表

級職	姓名	原屬機關及其職務	擔任課程及其職務
上校教官	韓道仙	三民主義青年團支團部訓育主任	總理遺教　領袖言行　抗戰建國綱領及國民精神總動員
中校教官	姚永璜	省政府地政局秘書	經濟游擊論　經濟學常識　敵偽對閩經濟攻勢
	林振成	財政廳第一科科長	本省經濟地理　戰時經濟法令　敵貨偽幣鑑別
	林嘯天	八十師四七九團中校團附	游擊戰術　築城概要
			民衆運動
			敵情研究
			特工
中校副官	王名馨	綏靖主任公署少校參謀	教育副官
上尉副官			
中尉副官			
三等軍需正			
上尉書記			
上校隊長	張踈聲	保安第二旅副旅長	隊長

第二十五集团军游击干部训练班巡回教育团调用人员一览表(1940 年 4 月)　0158-001-0515

(附表第一)

第二十五集团军游击干部训练班巡回教育团编制表

区分	职别	阶级	员额	职务	备考
团部	团长	少将	一	承总指挥总司令之命教育长之指导综理全团教育人事总理等一切事宜	
	教官	上校 中校	一 六	承团长之命分别专任兵学政治经济各门学科讲授及编撰讲义等一切事宜	专任教官调用至于临时聘用教官无定额
	副官	中(少)校 上尉 中尉	一 一 一	承团长之命办理教育交际交通庶务及各官兵给养等一切事宜	调用
	军需	三等军需正	一	承团长之命办理经理事宜	调用
	书记	仝上尉	一	承团长之命教育副官之指导办理文电缮件及保管档案等一切事宜	雇用
	司书	仝准尉	五	担任缮写及油印事宜	雇用
	文书	上士	一	担任缮写及收发事宜	雇用
	司号	中士 上等兵	一 一		调用
	传达	中士 上等兵	一 二		雇用
部	公役	三四五等	一 二 八		雇用
队部	队长	上(中)校	一		调用
	区队长	上尉	二十四		由受训学员中遴选
	特务长	准尉	一		调用
	学员		一〇八〇		
	文书	上士	一		雇用
	军需	上士	一		雇用
	传达	下士 一等兵	一 二		雇用
	公役	四五等	一 二		雇用
部	炊事	上等兵 一等兵	二 一二		雇用
合计		官佐 士兵公役	一〇七 一一八 四八		

附记

一、队以学员一〇八〇人编为二十四区队,每区队分为三班,每班学员十二至十五人
二、区队长班长均由受训学员中遴选充任之
三、调用人员须常川驻团
四、炊事兵每卅人用一名并照教职员及学员人数按例增减之
五、团长用三等公役一名,其余校官二员用一名,尉官三员用一名,尚多六名以六名司油印及分发讲义,以四名司学员茶水及洒扫

第二十五集团军游击干部训练班巡回教育团编制表(1940 年 4 月)　0158-001-0515

（附表第三）

第二十五集团军游击干部训练班巡回教育团经费预算表

区分	职别	阶级	名额	月支数		合计月支数		备考
团部	团长	少将	一	[illegible]	〇〇	[illegible]	〇〇	调用给津
	教官	[illegible]	[illegible]	[illegible]	[illegible]	[illegible]	[illegible]	由教[illegible]各月支给津贴[illegible]元合计如上数
	副官	[illegible]	[illegible]	[illegible]	[illegible]	[illegible]	[illegible]	调用给津
	军需	[illegible]	一	[illegible]	〇〇	[illegible]	〇〇	仝上
	书记	[illegible]	一	[illegible]	〇〇	[illegible]	〇〇	雇用给薪
	司书	[illegible]	[illegible]	[illegible]	〇〇	[illegible]	〇〇	仝上
	文书	上士	一	[illegible]	〇〇	[illegible]	〇〇	雇用给饷
	司号	[illegible]	[illegible]	[illegible]	[illegible]	[illegible]	[illegible]	调用给津
	传达	[illegible]	[illegible]	[illegible]	[illegible]	[illegible]	[illegible]	雇用给饷
	公役	[illegible]	[illegible]	[illegible]	[illegible]	[illegible]	[illegible]	仝上
队部	队长	[illegible]	一	[illegible]	〇〇	[illegible]	〇〇	调用给津
	区队长	上尉	[illegible]	[illegible]	[illegible]	[illegible]	[illegible]	[illegible]
	特务长	准尉	一	[illegible]	〇〇	[illegible]	〇〇	调用给津
	文书	上士	一	[illegible]	〇〇	[illegible]	〇〇	雇用给饷
	军需	上士	一	[illegible]	〇〇	[illegible]	〇〇	仝上
	传达	[illegible]	[illegible]	[illegible]	[illegible]	[illegible]	[illegible]	仝上
	公役	[illegible]	[illegible]	[illegible]	[illegible]	[illegible]	[illegible]	仝上
	炊事	[illegible]	[illegible]	[illegible]	[illegible]	[illegible]	[illegible]	仝上
合计						[illegible]	〇〇	[illegible]
公费				[illegible]	〇〇	[illegible]	〇〇	团本部每月支给公费[illegible]元队部每月[illegible]元四个月合计如上数
教育费				[illegible]	〇〇	[illegible]	〇〇	四个月计算如上数
医药费				[illegible]	〇〇	[illegible]	〇〇	[illegible]官佐及学员医药之用
特别费				[illegible]	〇〇	[illegible]	〇〇	[illegible]
购置费						[illegible]	〇〇	[illegible]
预备费				[illegible]	〇〇	[illegible]	〇〇	[illegible]
合计						[illegible]	〇〇	[illegible]个月合支如上数
总计						[illegible]	〇〇	[illegible]个月[illegible]如上数

附记：
[illegible]
[illegible]
[illegible]
[illegible]
[illegible]

第二十五集团军游击干部训练班巡回教育团经费预算表

（1940 年 4 月） 0158-001-0515

附表第三

第二十五集團軍游擊幹部訓練班巡迴教育團調訓各縣人員及部隊程序基準表

第二段

區分 縣別 職別及部隊員額	古田	梅列	龍岩
党務指導員			
第一科長			
第五科長			
查禁所長			
警佐			
保安隊			
常備隊			
游擊隊			
其他			
合計	約一百九十一人	約二百八十六人	約一百七十人
備考	第一期教育（五月十六日至六月十六日）	第二期教育（六月廿五日至七月廿五日）	第三期教育（八月五日至九月五日）

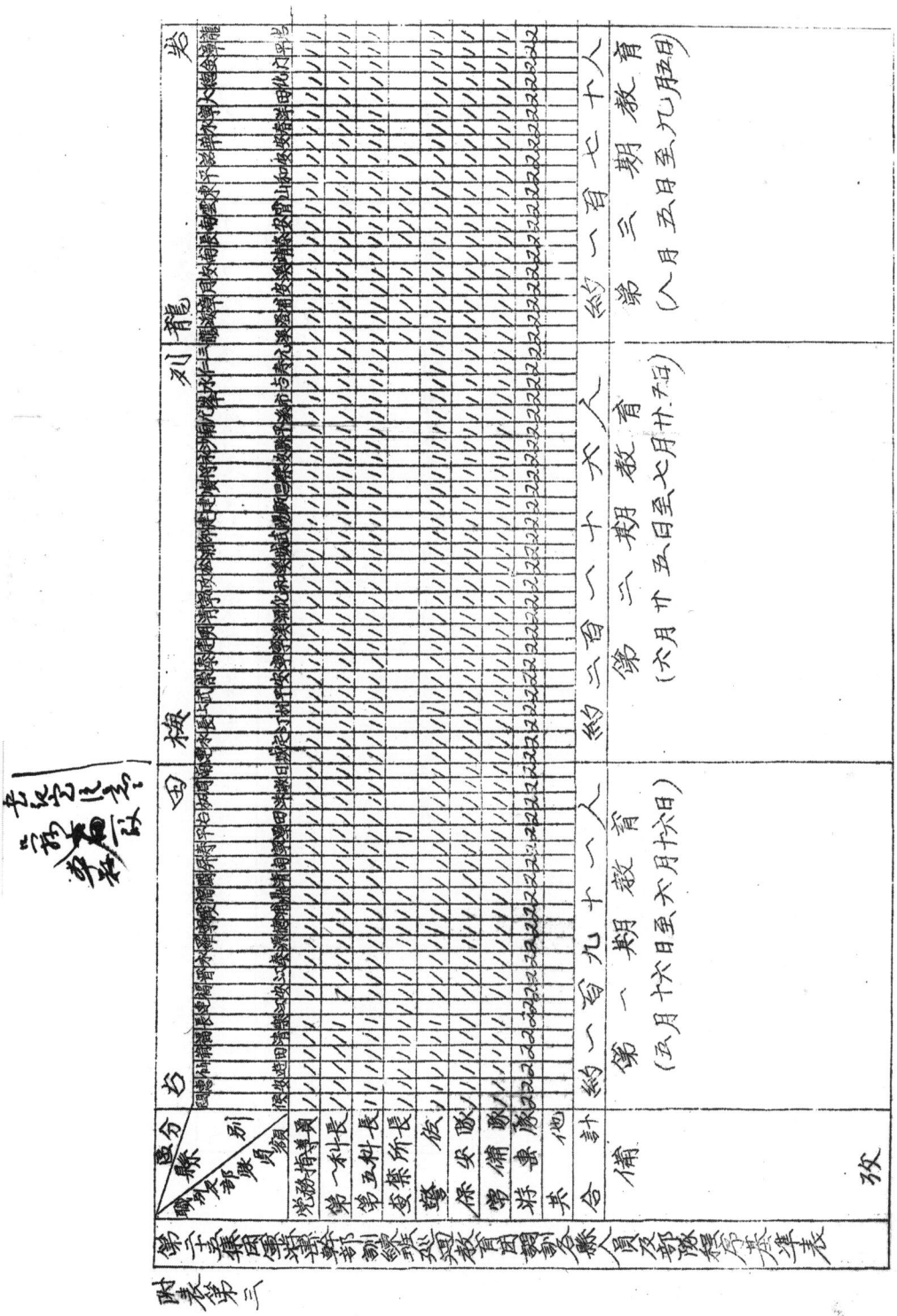

第二十五集团军游击干部训练班巡回教育团调训各县人员及部队程序基准表

（1940 年 4 月） 0158-001-0515

35

（附表第四）

○○縣政府保送受訓人員簡歷表

職別	姓名	年齡	籍貫	出身	備考

附記：此項簡歷表用十行格紙填造並加面底頁

30

县政府保送受训人员简历表(1940 年 4 月)　0158-001-0515

37

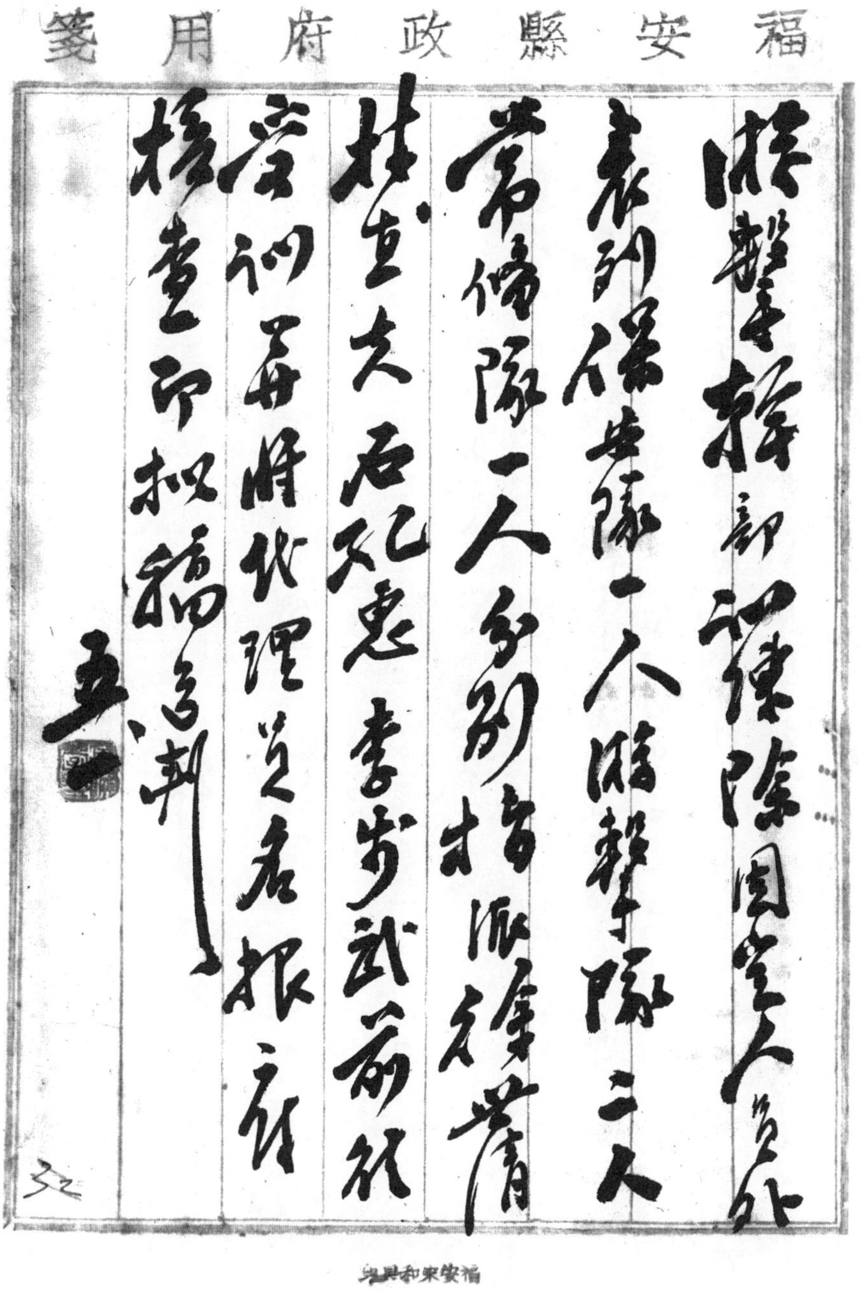

福安縣政府用箋

游擊幹部訓練隊閩東人員分
派到保安隊一人，游擊隊二人，
常備隊一人，分別指派[illegible]清、
林世太、石紀惠、李步武前往
受訓，再將代理員名報府
核查，即擬稿呈判
立、

福安東和興印

福安县政府分配参加游击干部训练班巡回教育团受训人员函文

（1940 年 5 月） 0158-001-0515

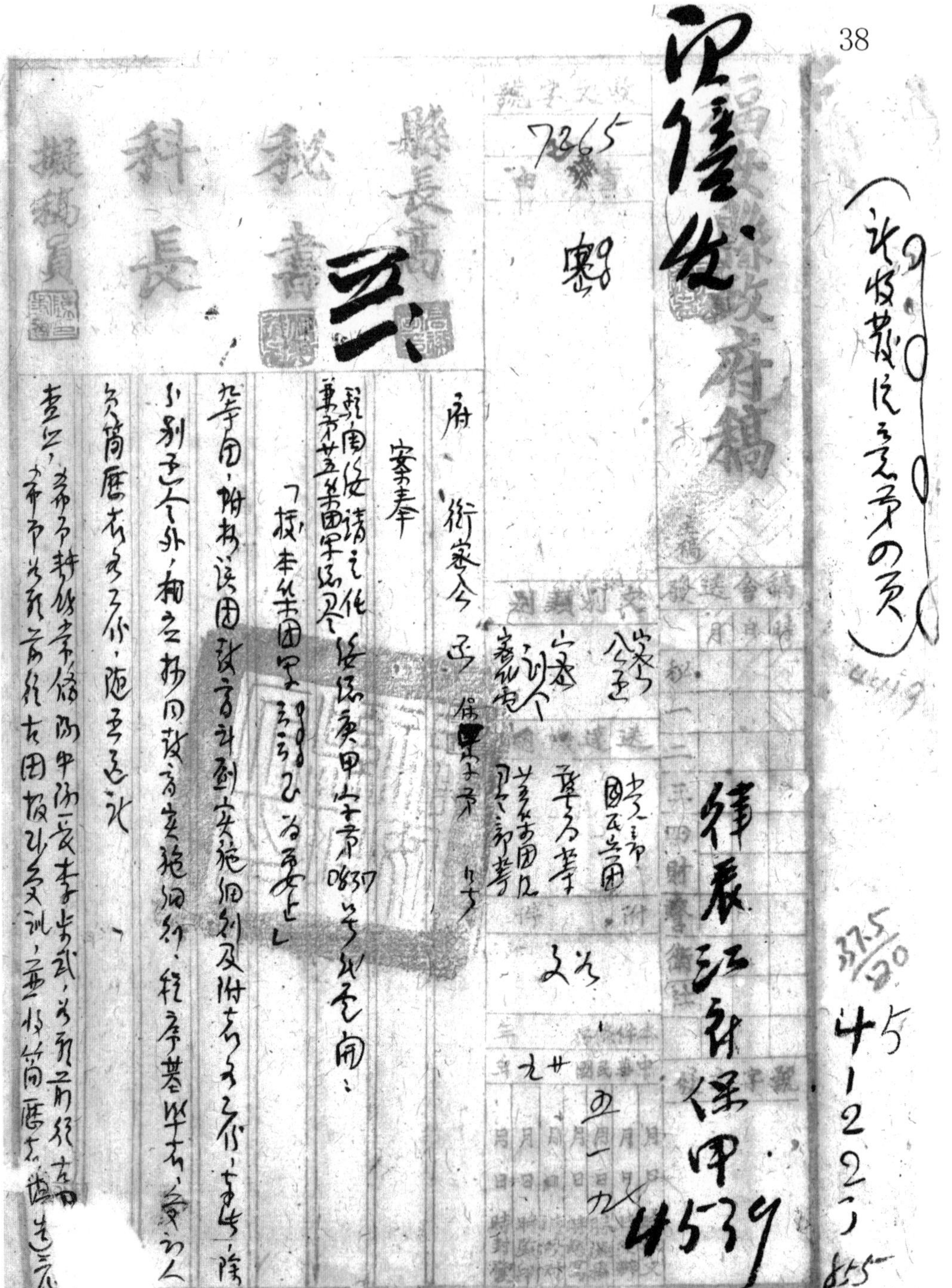

福安县政府关于巡回教育团教育实施细则及附表并报受训人员简历表的公函

（1940 年 5 月）　0158-001-0515

39

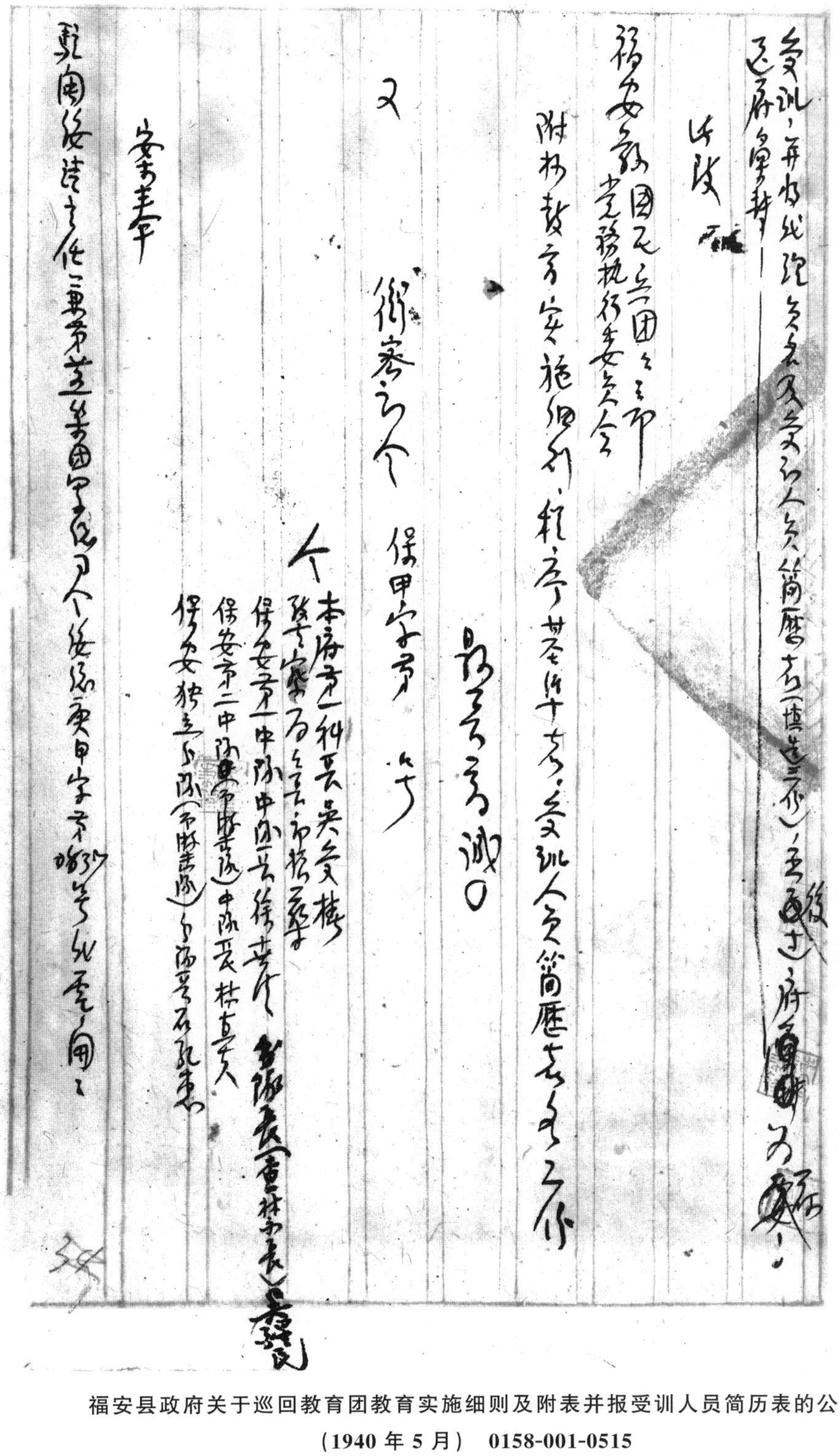

受训，并将训练各员及受训人员简历表（填送二份），呈送府备核为要！

此致

福安县国民兵团团部

党务执行委员会

附抄教育实施细则、程序、进度表、受训人员简历表各二份

县长 诚

又

保甲字第 号

令本府建设科长吴受椿

保安第一中队中队长

保安第二中队中队长林

保安独立分队分队长

福安县政府关于巡回教育团教育实施细则及附表并报受训人员简历表的公函

（1940 年 5 月） 0158-001-0515

40

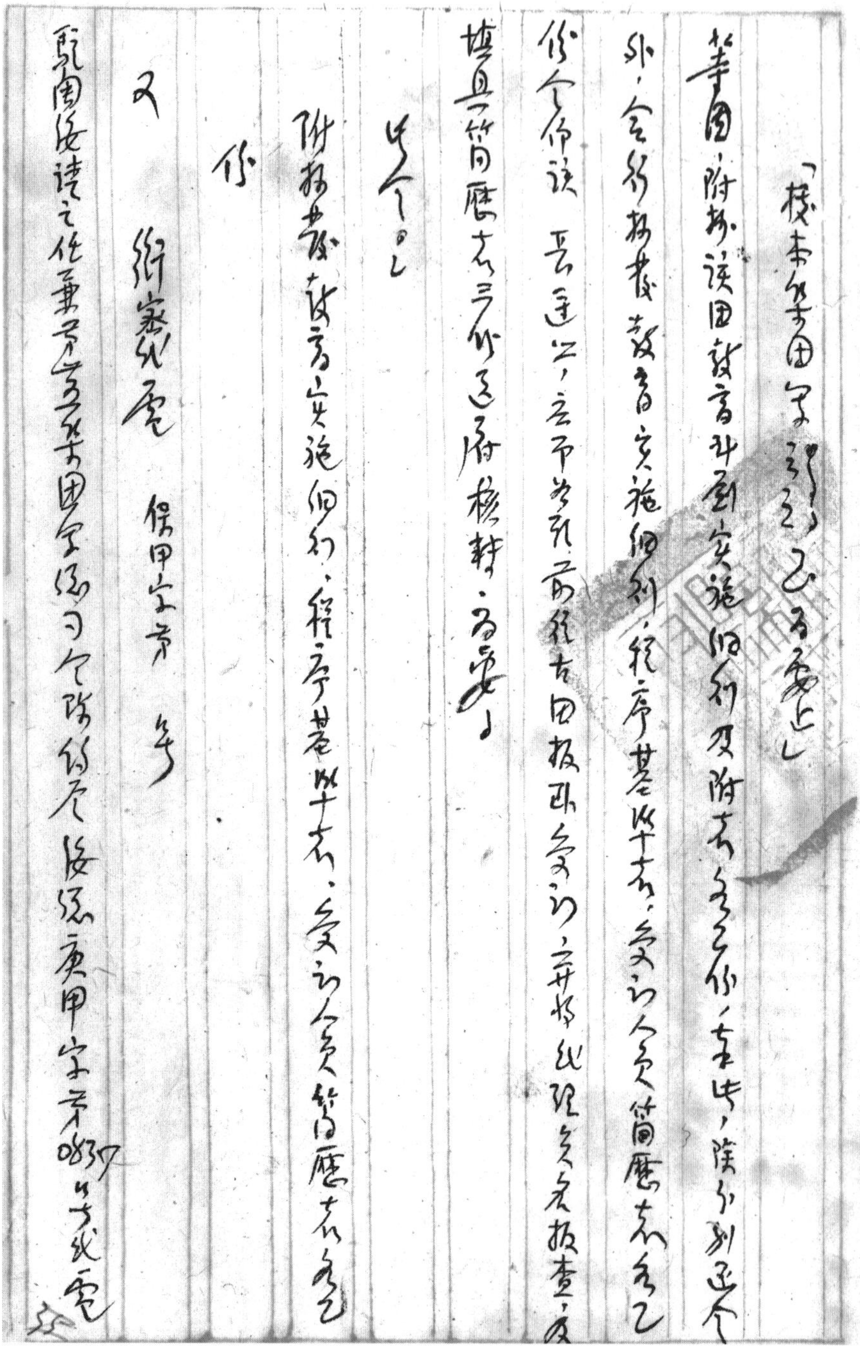

福安县政府关于巡回教育团教育实施细则及附表并报受训人员简历表的公函

（1940年5月） 0158-001-0515

41

奉悉。查本县参加受训学员，均于本（五）月 日前往七团报到受训，理合将受训人员简历表随函送请核备。福安县长高诚。（一）保甲附参加受训人员简历表一份

又

衔略 保甲字第 号

案准第廿五军政治部代电附发干部训练巡回教育团案奉第五集团军总司令部保甲山字第0837号代电开：“检本集团部订……为要。”此等因附抄该团教育计划实施细则及附表各一份，奉此除[illegible]外，相应检同本县参加受训人员简历表一份随函送请查照为荷。福安县县长高诚。（一）保甲 附受训人员简历表一份。

（收发注意：（一）此巡回教育团代电文是科存第[illegible]查；（二）送集团军及教育团简历表由三科发用。）

36

福安县政府关于巡回教育团教育实施细则及附表并报受训人员简历表的公函

（1940年5月） 0158-001-0515

42

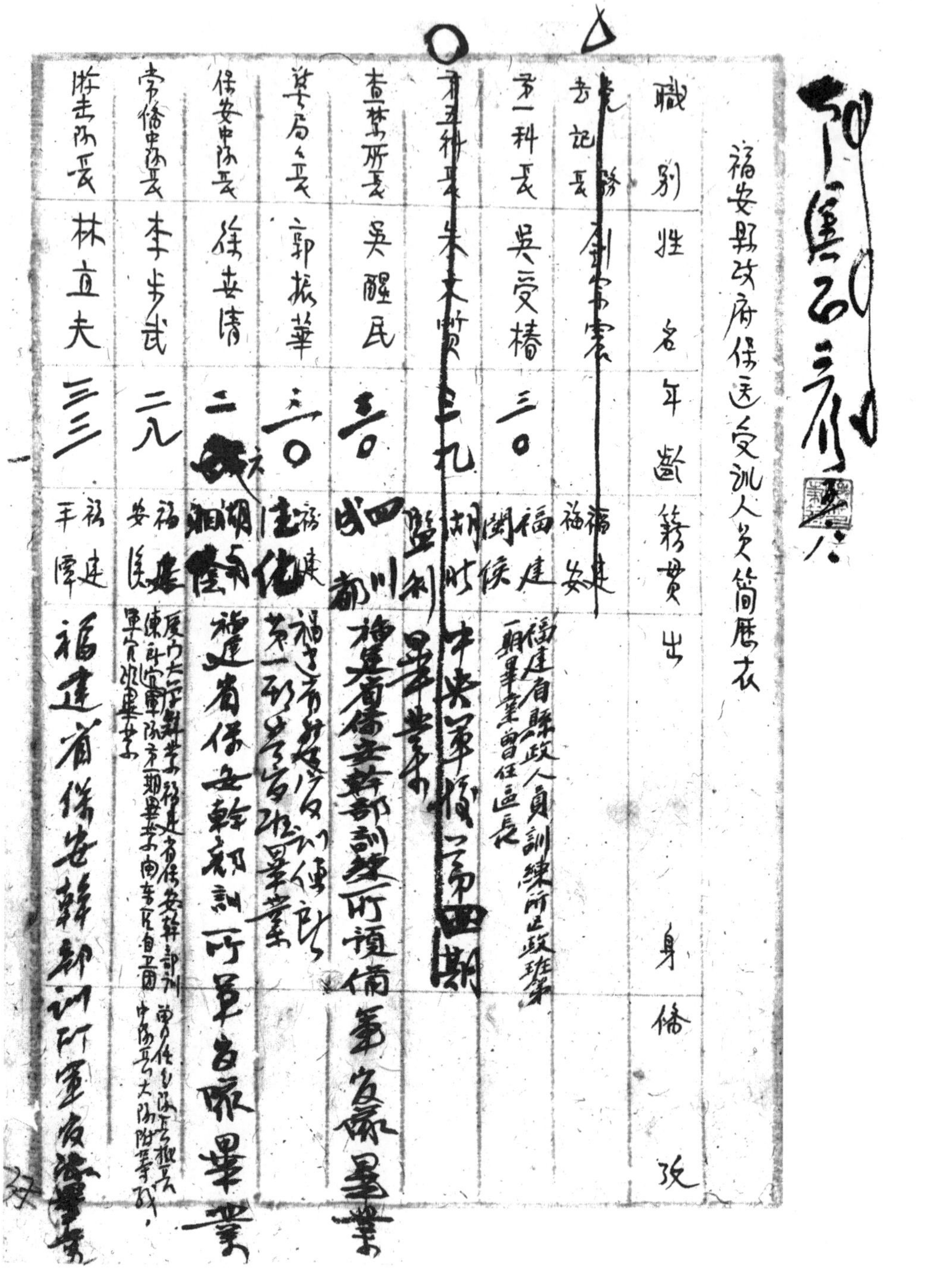

福安縣政府保送受訓人員簡歷表

職別	姓名	年齡	籍貫	出身	備攷
~~書記長~~	~~劉[illegible]震~~		~~福建福安~~		
第一科長	吳受椿	三〇	福建閩侯	福建省縣政人員訓練所區政班第一期畢業曾任區長	
~~第五科長~~	~~朱文質~~	~~二九~~	~~湖[illegible]~~	~~中央軍校第四期~~	
查禁所長	吳醒民	[illegible]	四川成都	[illegible]畢業 福建省保安幹部訓練所預備第[illegible]期畢業	
[illegible]長	郭振華	二〇	福建[illegible]	福建省[illegible]第一[illegible]班畢業	
保安中隊長	徐安清	二[illegible]	[illegible]	福建省保安幹部訓練所第[illegible]期畢業	
常備中隊長	李步武	二八	福建安溪	厦門大學[illegible]肄業 福建省保安幹部訓練所第一期畢業 曾任[illegible]中隊長大隊附等職	
游擊隊長	林立夫	三三	福建平潭	福建省保安幹部訓練所[illegible]畢業	

福安县政府保送受训人员简历表(1940 年 5 月)a 面 0158-001-0515

游击队长 石孔惠 二三 福建宁德 福建省保训所福安队毕业

员 兼书记 罗挺贤 二四 浙江西安 福建省保干训练第一期毕业

军管区 [illegible]

附记：此项简历表用十行格纸填造并加面底页

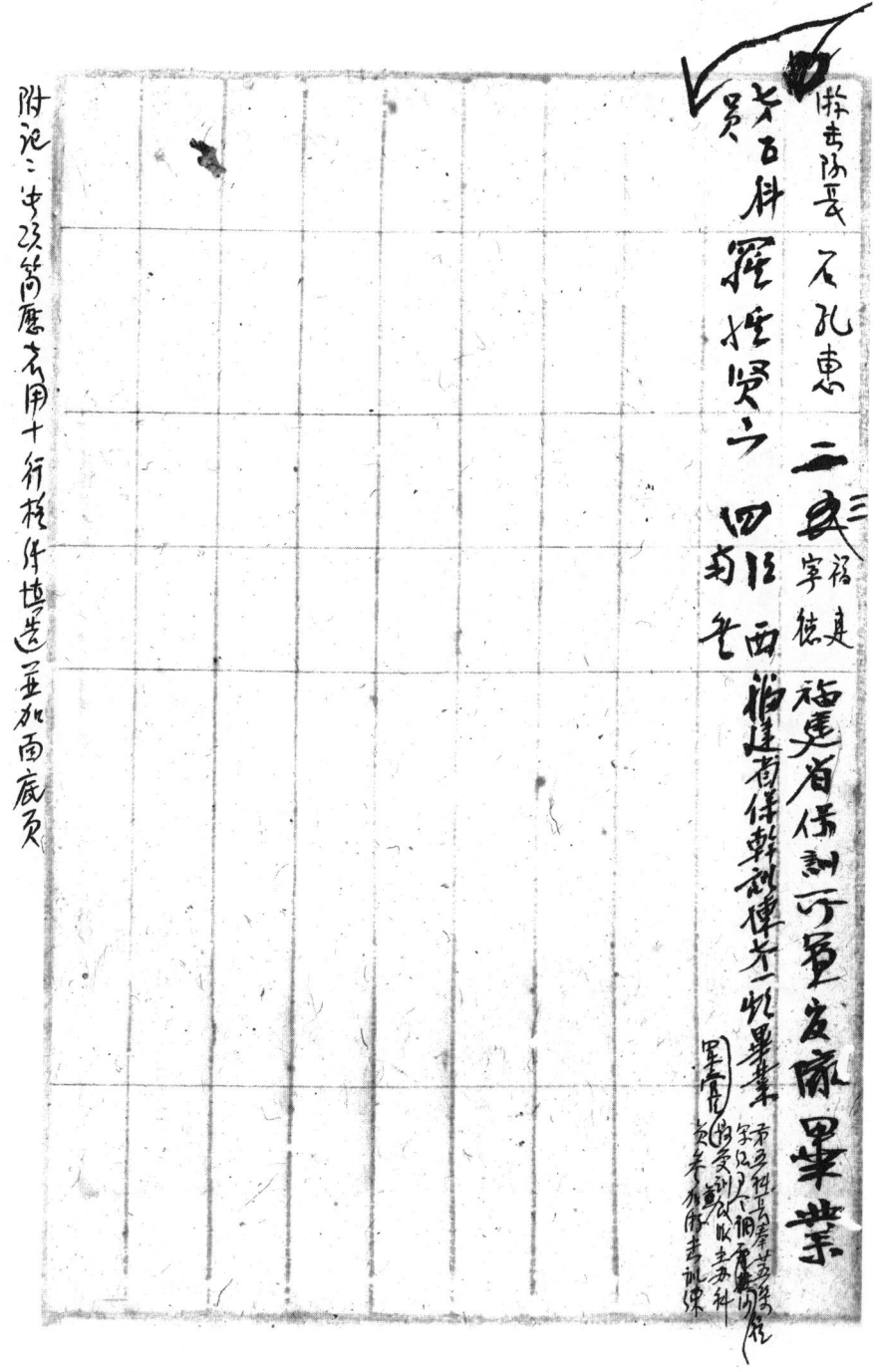

福安县政府保送受训人员简历表（1940年5月）b面　0158-001-0515

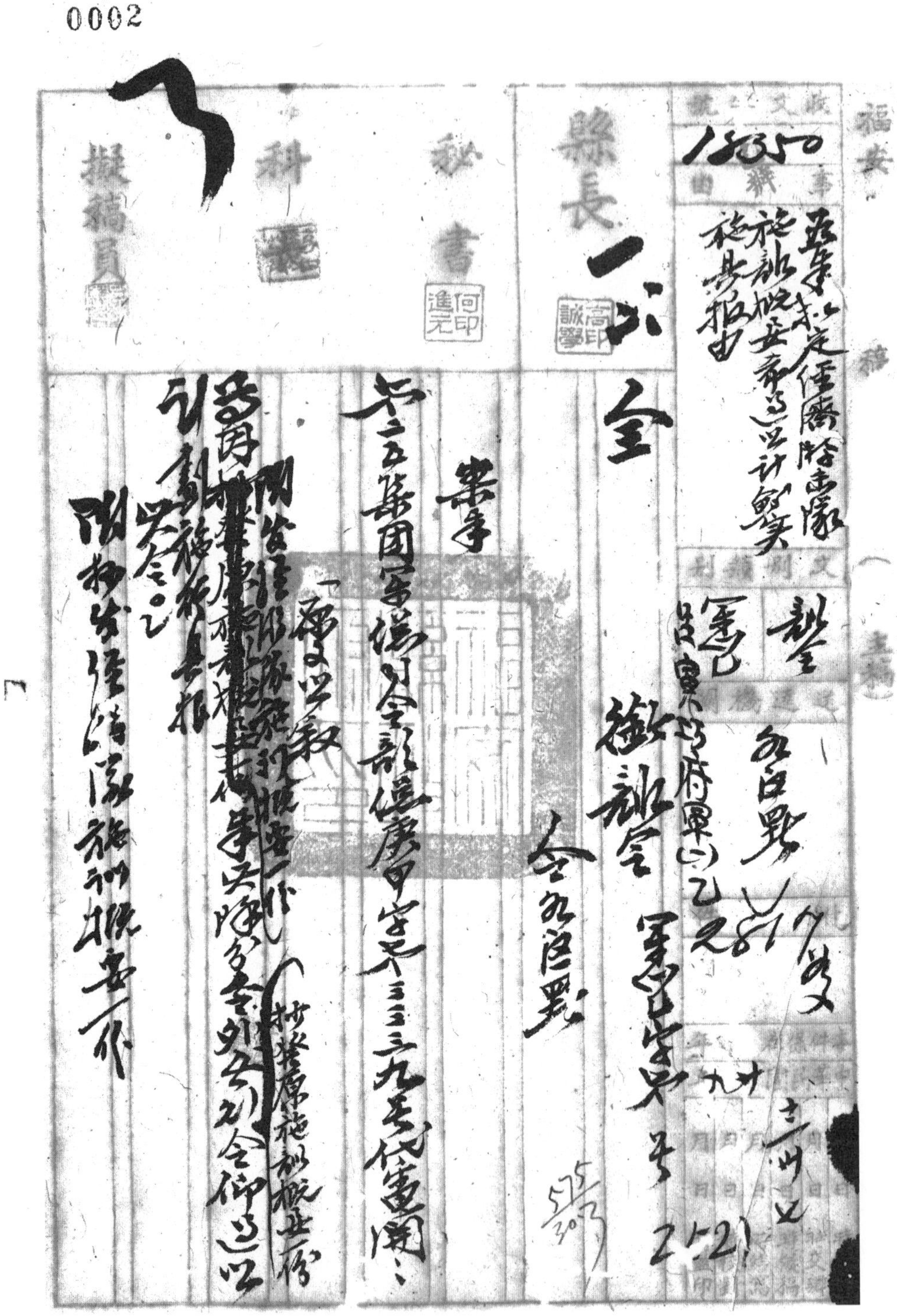

福安县政府为奉拟定经济游击队施训概要希遵照计划
实施具报训令(1940 年 5 月)　0002-004-0829

43

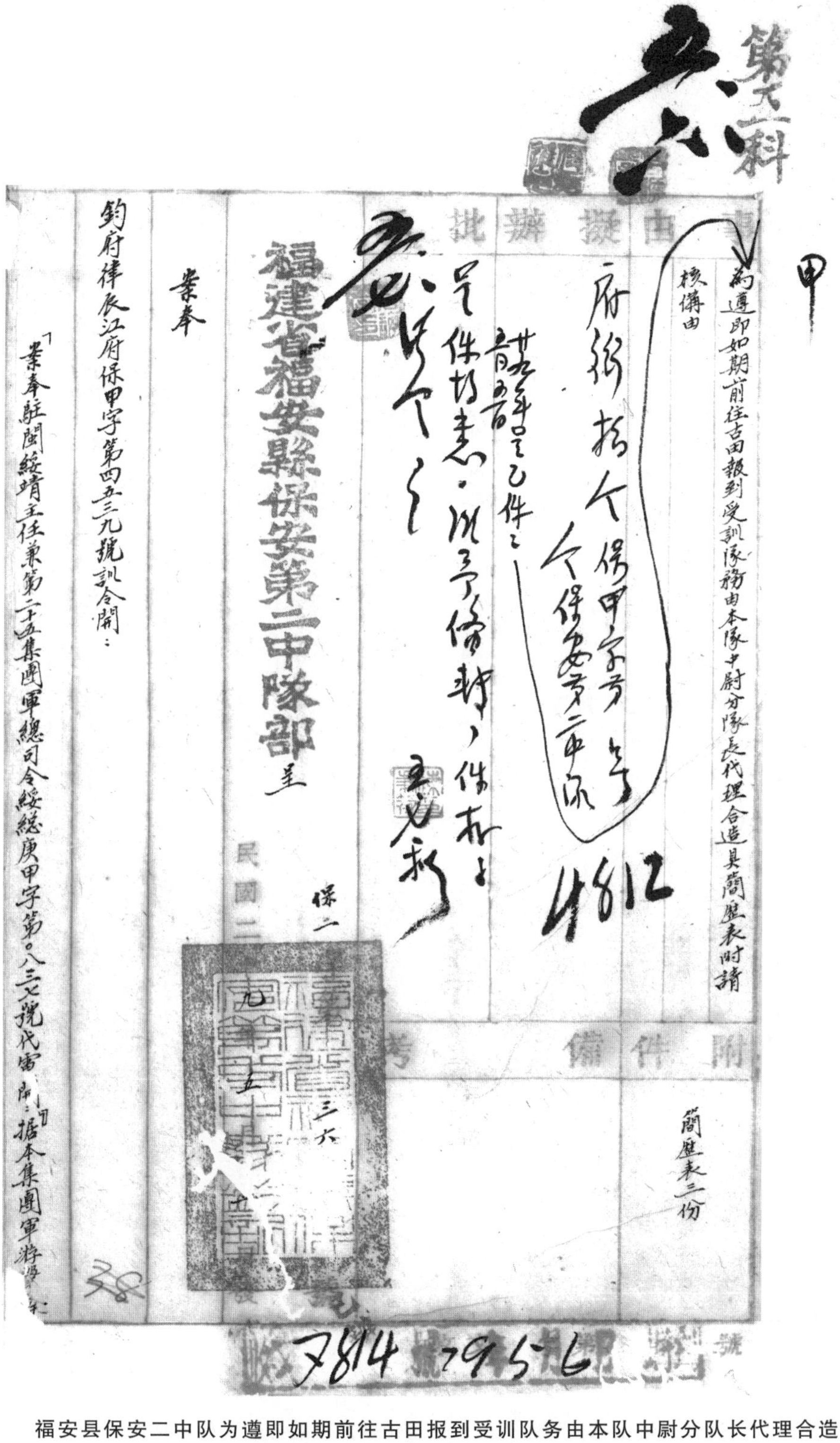
第六科

甲

事由：為遵即如期前往古田報到受訓隊務由本隊中尉分隊長代理合造具簡歷表附請核備由

擬辦

批

福建省福安縣保安第二中隊部 呈

民國二九年五月三六日

保二

案奉

鈞府保甲字第四五三九號訓令開：

「案奉駐閩綏靖主任兼第二十五集團軍總司令陳庚甲字第〇八三七號代電開：「據本集團軍游擊

附件備考：簡歷表二份

4812

7814 7956

福安县保安二中队为遵即如期前往古田报到受训队务由本队中尉分队长代理合造具简历表附请核的训令(1940年5月)a面 0158-001-0515

部訓練班巡迴教育團秉團長施覺民本年四月十一日呈送該團教育計劃實施細則（略）並電飭受訓學員於五月十日前到達古田該團部報毋延為要等因附抄該團教育計劃實施細則及附表各一份奉此除分別函令外合行抄發教育實施細則程序基準表受訓人員簡歷表各一份令仰該隊長遵照應即如期前往古田報到受訓並將代理員名報由及填具簡歷表三份送府核轉為要此令。

等因；附抄發教育實施細則程序基準表受訓人員簡歷表各一份，奉此，遵即如期前往古田報到受訓。隊務由本隊中尉分隊長陳炳元代理。合並造具受訓簡歷表三份，隨文報請

鈞長察核存轉，並乞

示遵。

謹呈

縣長高

保安第二中隊長林直夫

林直夫印

福安县保安二中队为遵即如期前往古田报到受训队务由本队中尉分队长代理合造具简历表附请核的训令（1940 年 5 月）b 面　0158-001-0515

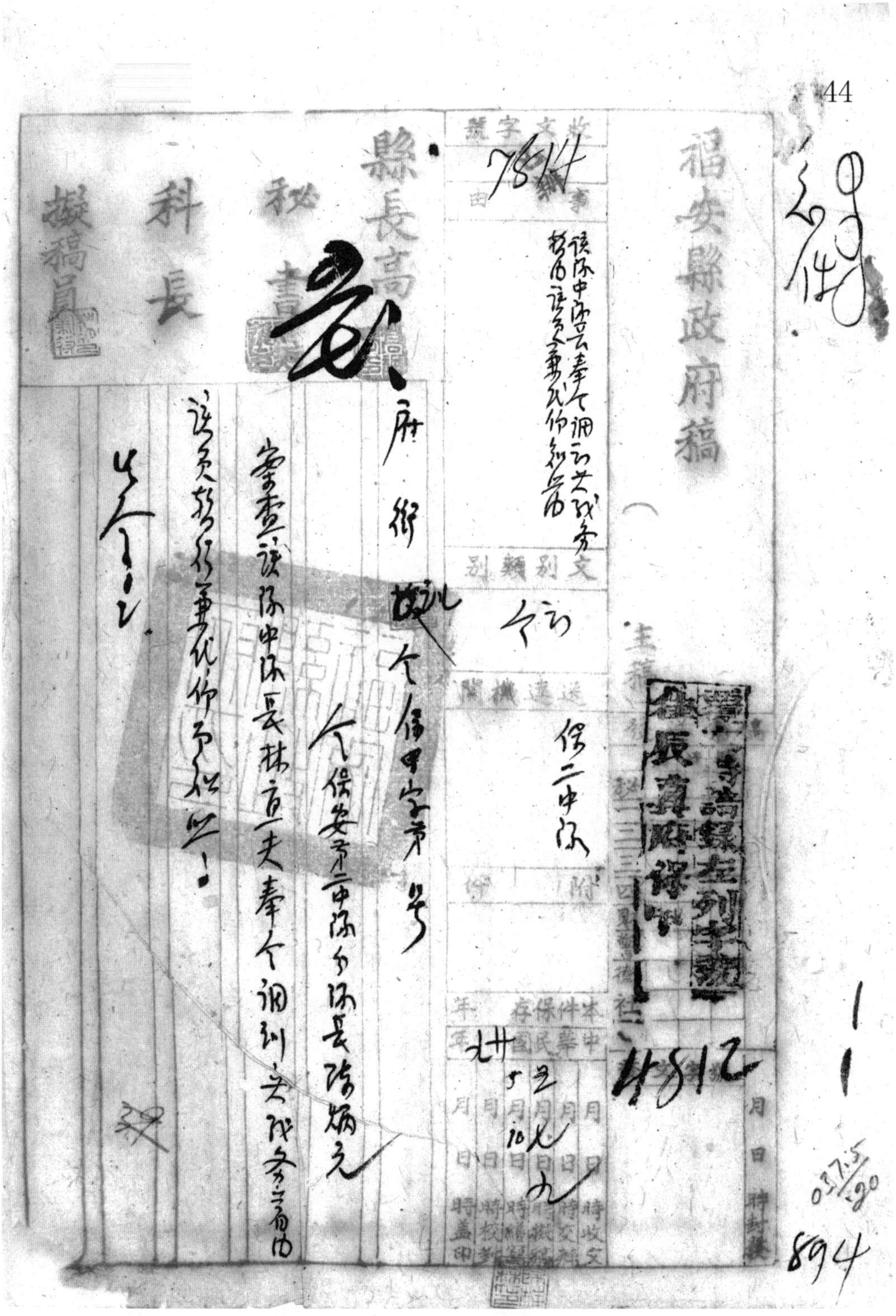
44

福安縣政府稿

收文字號 7814

事由 該隊中隊長奉令調訓其職務暫由該隊中尉分隊長兼代仰知照

文別 令

送達機關 保二中隊

縣長 高

秘書

科長

擬稿員

府銜 令保安第二中隊

令保安第二中隊分隊長陳炳元

案查該隊中隊長林直夫奉令調訓去職務暫由該員暫行兼代仰即知照！

此令

福安县政府关于该队中队长奉令调训其职务暂由该队中尉分队长兼代的训令

（1940 年 5 月） 0158-001-0515

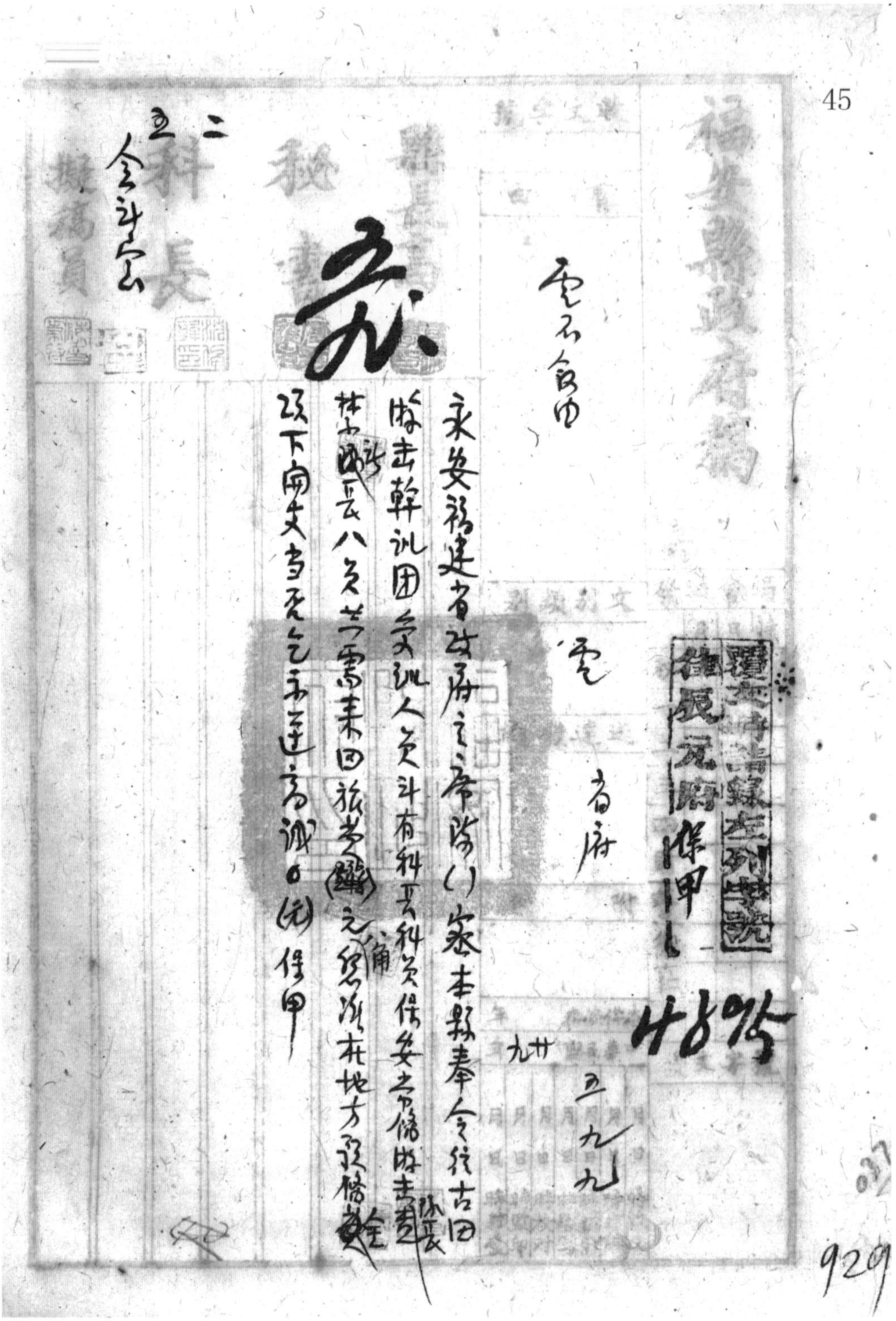

福安县政府为游击干训团受训人员来回旅费在地方预备金项下开支当否的电文

（1940 年 5 月） 0158-001-0515

46

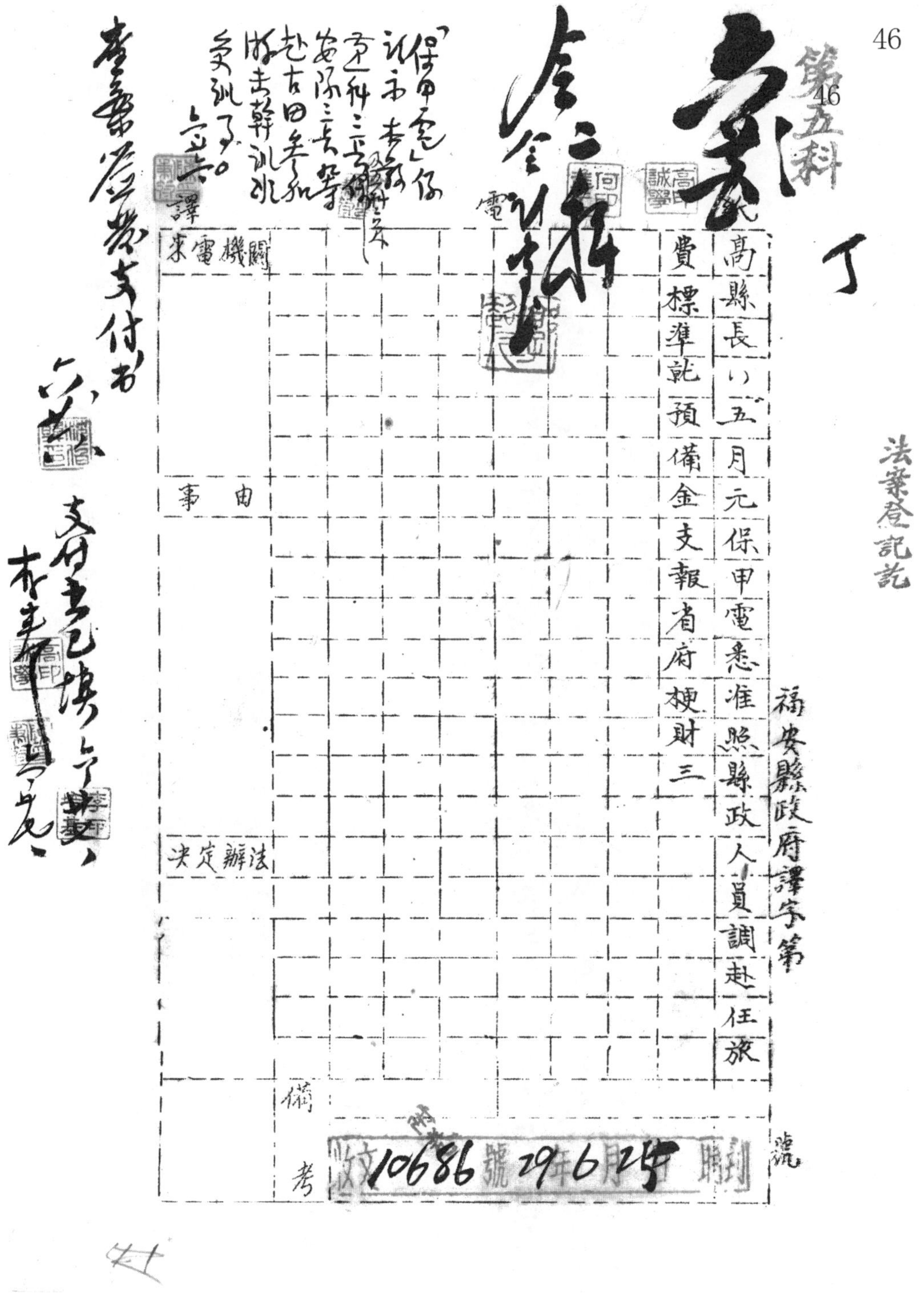

福安县政府译省政府为批准游击干训团受训人员来回旅费在地方预备金项下开支的电文

（1940 年 6 月） 0158-001-0515

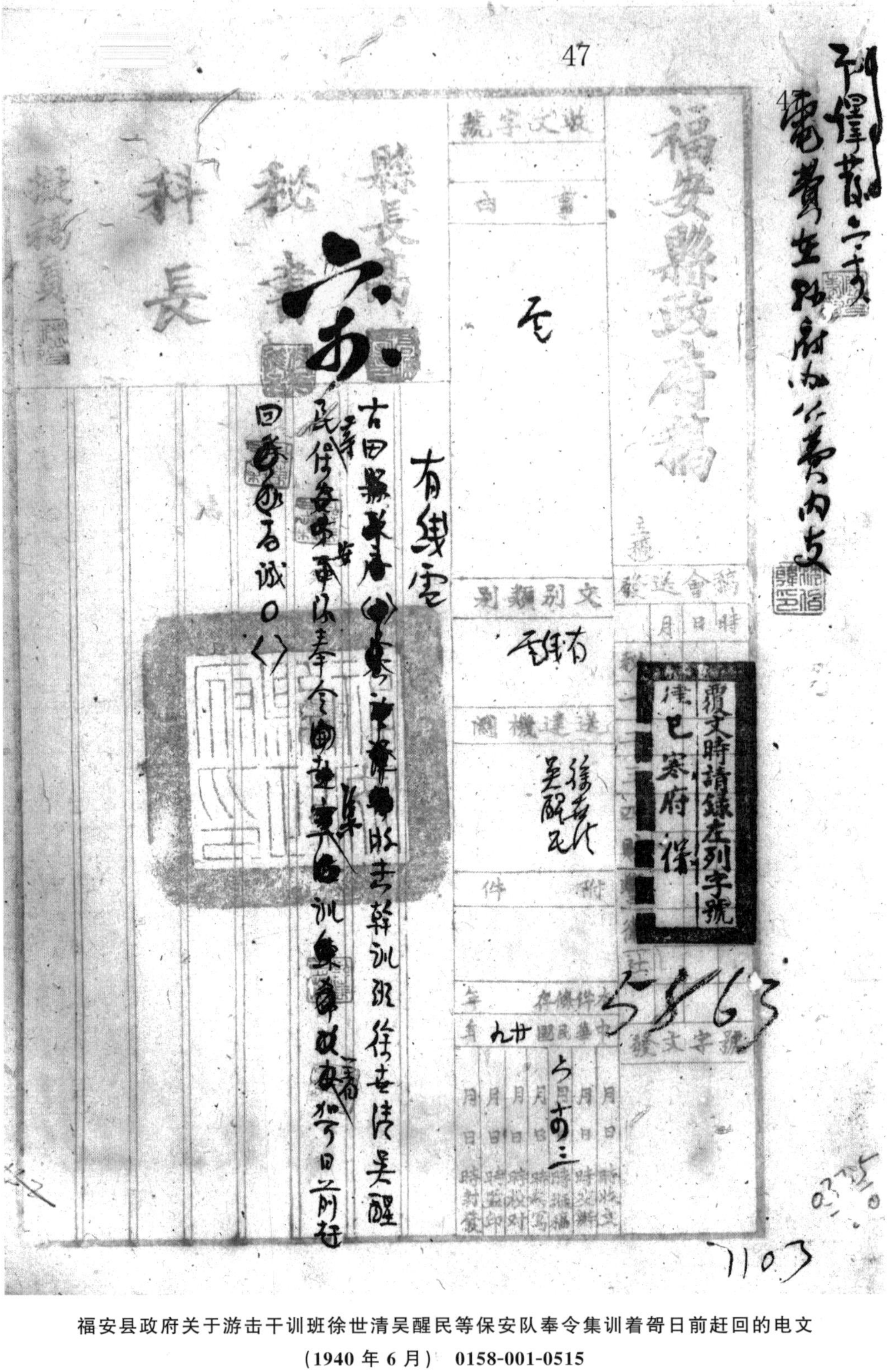
47

福安縣政府稿

縣長
秘書
科長
擬稿員

收文字號
事由
文別類別
有線電
送達機關
徐世清
吳醒民
附件
發送會稿
發文時請錄左列字號
律巳寒府保
存儲件保存 年
中華民國廿九年
六月廿三
發文字號
5863

福安县政府关于游击干训班徐世清吴醒民等保安队奉令集训着剋日前赶回的电文

（1940 年 6 月） 0158-001-0515

48

福安縣政府譯電紙

高縣長()密茲規定各守備地方游擊幹部訓練班之經費及名額如下〈一〉召訓人員仍以各縣之自衛隊後備隊隊長分隊長及區鄉隊附保長等至鄉鎮長因事忙不能到訓者可遴選曾經受過軍訓之優秀青年〈二〉召訓名額第一守備區成立二隊二區三隊三區二隊每隊均以一百二十名編成之一區計詔安雲霄平和東山漳浦海澄龍溪南靖長泰同安等十縣每縣應送學員二十四名二區計仙遊安溪晋江南安惠安莆田福清長樂平潭永泰永春德化等十二縣每縣應送學員三十名三區第一隊計閩

福安县政府译省政府有关各守备地方游击干部训练班之经费及名额规定的电文

（1942年4月） 0158-001-0515

福安縣政府譯電紙

候古田連江閩清等四縣每縣應送學員三十名第二隊計福安福鼎霞浦寧德羅源壽寧等六縣擬具縣應送學員二十名〈三〉各班經費均包辦性質以受訓名額計算而定經費之多寡茲規定每一學員每一學期(兩)個月連教育設備膳宿等費一併包括在內應繳壹百五十元學員往返旅費地點由各縣計程發給由各地區指揮官統籌包辦不得另請其開辦教育修理設備用人等費用上三項除分電各地區指揮官遵辦外希即遵照將應繳經費及學員名額迅行繳送各該地區指揮部并具報為要南

福安县政府译省政府有关各守备地方游击干部训练班之经费及名额规定的电文

（1942 年 4 月） 0158-001-0515

50

福安縣政府譯電紙

平。主席兼總司令劉建緒儉酉智力

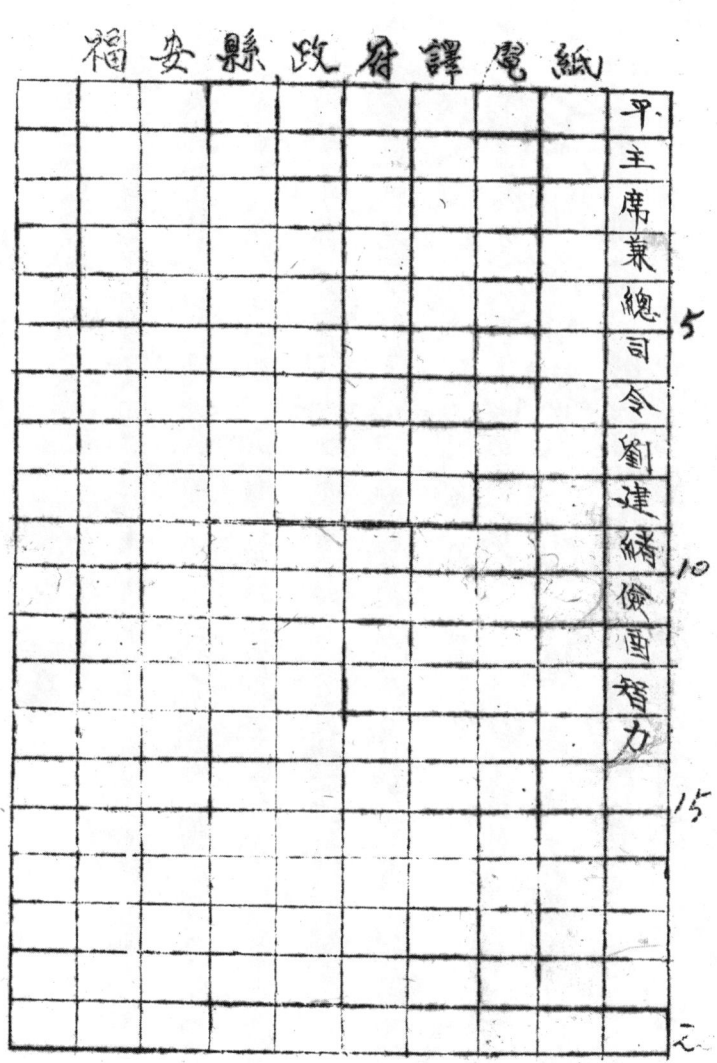

福安县政府译省政府有关各守备地方游击干部训练班之经费及名额规定的电文

（1942 年 4 月） 0158-001-0515

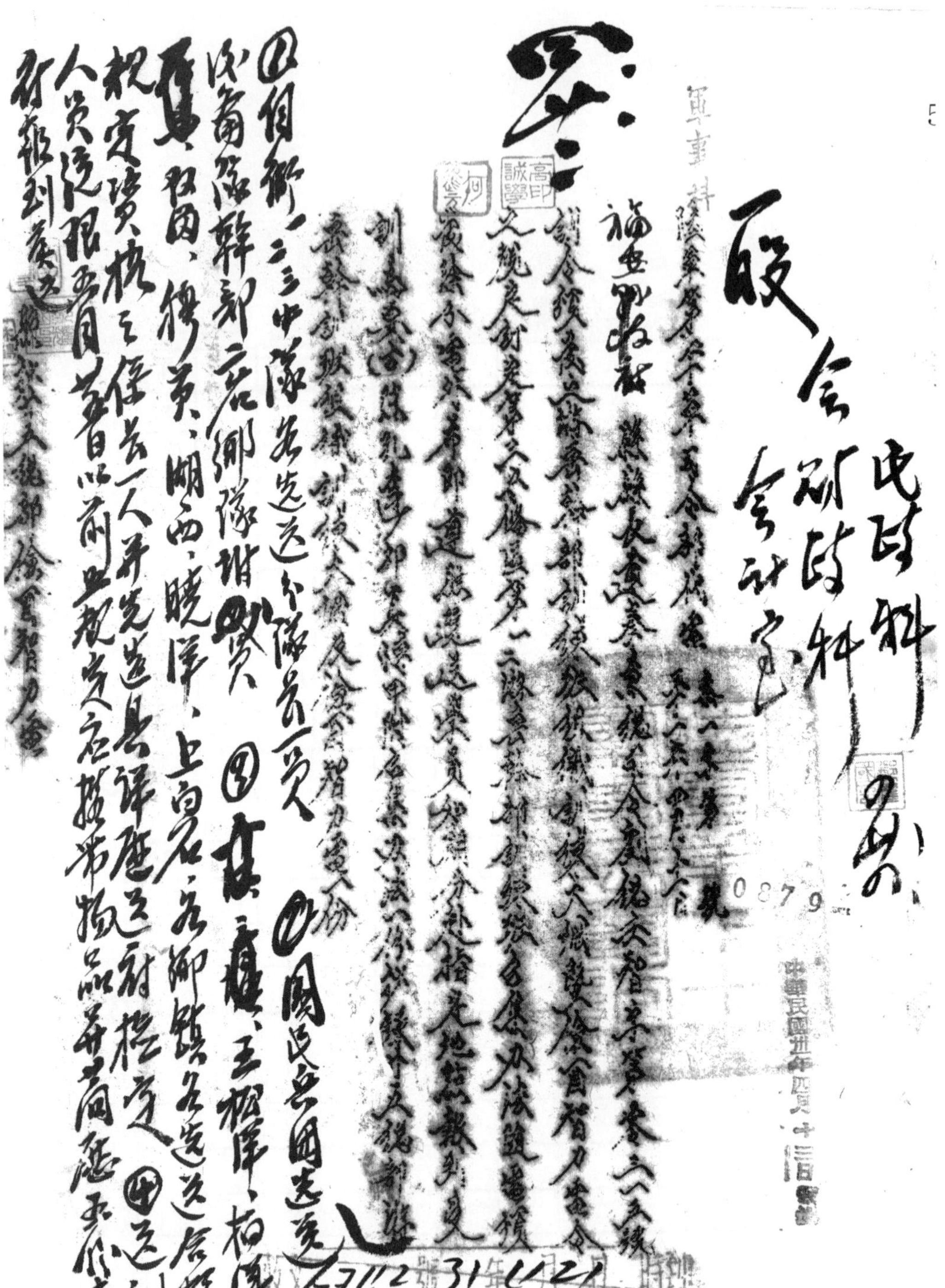

福安县转发陆军第七十军司令部关于第三守备区第一、第二游击干部训练班召集办法

(1942 年 4 月)a 面　0158-001-0515

兼總本區各地游擊幹部訓練班之學員，其名額如下：（一）各訓
練班以各縣之自衛隊、後備隊隊長、分隊長、區隊部隊長、鄉
鎮長及其他富有游擊經驗者選送之，其選送學員[illegible]（二）各
訓名額（第一班）地區[illegible]三區三隊三區八縣，每縣以（一百[illegible]名）為限
（八縣）計[illegible]
縣應選學員（[illegible]名）（仙遊、莆田、永泰、晉江、南安、惠安、[illegible]
[illegible]縣應選學員（三十[illegible]名）[illegible]
[illegible]
福[illegible]
[illegible]
月）運教[illegible]
[illegible]
[illegible]
遵照具報[illegible]兼總司令劉建緒[illegible]

福安县转发陆军第七十军司令部关于第三守备区第一、第二游击干部训练班召集办法
（1942年4月）b面　0158-001-0515

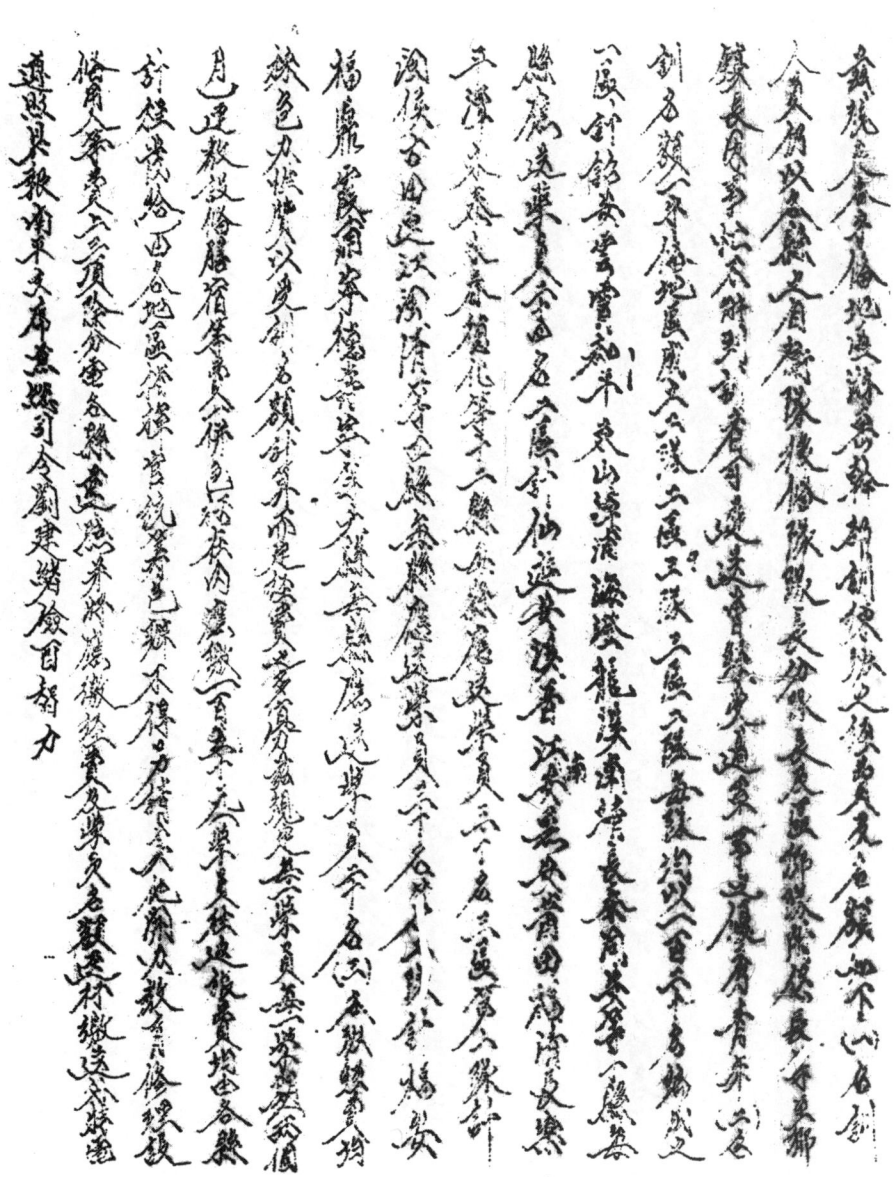

53

第二十五集團軍第三守備區第一、二游擊幹部訓練班召集辦法

第一 總則

一、本辦法依據本區游擊幹部訓練班組織訓練大綱及檢閱暫行規定訂定之。

第二 召集名額及範圍

二、本期召集隊數共為一八〇名，共計八四〇名，其員額分配如左：

一、第一班 閩侯 古田 連江 福清 平潭各縣各選派學員三十名編為一隊計一二〇名

二、第二班 福安 福鼎 霞浦 寧德 羅源 壽寧等各縣每縣各選派學員二十名編為一隊計一二〇名

第三 學員資格及待遇

三、選送之訓練學員應具左列之資格：

（一、本縣之有所隊長、分隊長、鄉鎮保長及國民兵團後備隊隊長、分隊長、班長及隊附者）

二、曾受小學以上教育並能操普通話語者

三、年齡在廿五歲以下體格強健而無不良嗜好者

四、有愛國思想素志服從者

召集辦法 一

第二十五集团军第三守备区第一、第二游击干部训练班召集办法

(1942 年 4 月)a 面 0158-001-0515

（召集辦法）

四、入選送受訓學員及受訓期內應一律保留原職

第四　開學及報到日期與報到地點

五、第一期：1.開學日期——六月八日

2.報到日期——五月廿八日至五月卅日

3.報到地點：

(1)第一班：福州第一〇一師師部

(2)第二班：福安第八區保安司令部

六、第二、三期之開學及報到日期另行通知

第五　學員應帶之物品

七、受訓學員報到時應攜帶下列各項物品：

1.完好步槍一枝、子彈五〇發、刺刀、鉄帶、背包全（隊長可不帶）

2.草黃色軍服兩套、軍帽一頂、綁腿一雙、襯衣兩套、雜色便衣一套、腰皮帶一根、黑布鞋一雙、黑袜兩雙、雨衣一（但

3.白被一床、毛毯一條（如無毛毯可帶棉被一床）

4.飯碗一只、竹筷一雙及洗盥具全套

第二十五集团军第三守备区第一、第二游击干部训练班召集办法

（1942年4月）b面　0158-001-0515

54

第六 經費

八、學員往返旅費由保送機關一次發給，其由部旅費並須于報到時繳呈本部，俟結訓時發還
保送機關在報到文中説明

九、學員于報到時須一次繳足教育膳宿各費洋一百五十元，並由保送機關在報到文中説明

十、所有學員往返旅費及教育膳宿各費，均由各縣地方準備金項下開支

第七 其他

十一、各縣保送之學員須先由縣政府考查合格，並將資深職級之學員親自攜帶證明文件及受訓
學員簡歷册四份，如期送交指定地點報到（格式如附表）

十二、各縣于學員報到後須將受訓學員簡歷册三份彙呈本部，以憑分别存轉

十三、本辦法自公佈之日起施行

（完）

49

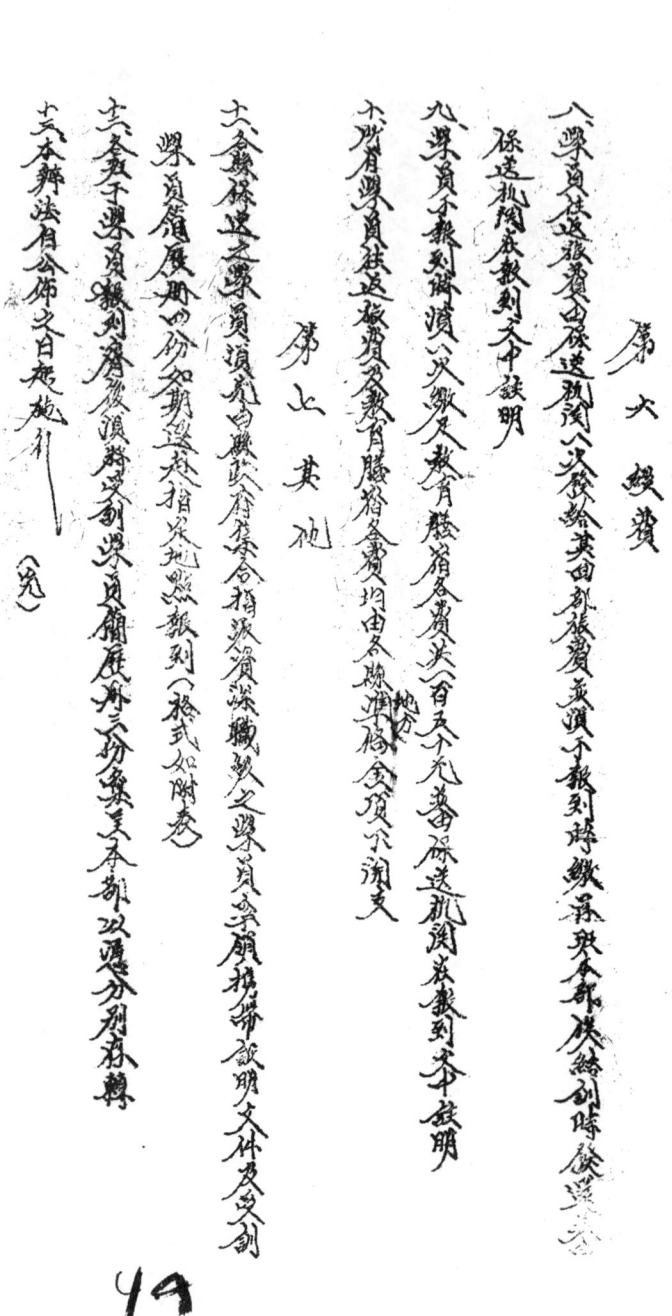

第二十五集团军第三守备区第一、第二游击干部训练班召集办法
(1942年4月)a面 0158-001-0515

附表(八)(格式)

某某縣選送游擊幹部訓練班受訓學員簡歷冊

縣(鄉鎮)別	級職	姓名	別號	年齡	籍貫	出身	略歷	(入黨年月日及黨證字號)	就職年月日

附記
(一)出身欄係填明其學歷如△△中學畢業△△訓練班受訓等
(二)略歷欄係填明其曾充任職務如自衛隊長、排長、保甲長等

第二十五集团军第三守备区第一、第二游击干部训练班召集办法

(1942年4月)b面　0158-001-0515

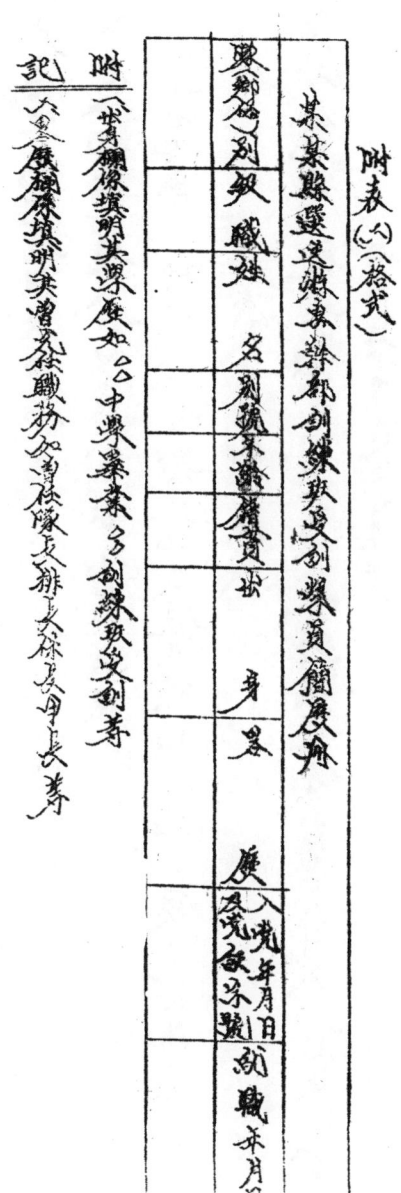

55

第二十五集团军第三守备地区游击干部训练班组织训练大纲

(一) 缘起

一、为适应长期抗战，增进游击战斗力量，[illegible]民族之忠勇爱国精神，[illegible]起见，[illegible]区内[illegible]，以打击敌人之作战[illegible]

起见，特于各守备地区设立游击干部训练班。

二、各守备地区应设班次如左：

第一守备地区：设立一班（[illegible]）[illegible]。

第二守备地区：设立二班（[illegible]地区设立一班，福安地区设立一班）由福建省[illegible]

[illegible]办理。

第三守备地区：设立二班（[illegible]设立一班，[illegible]保安司令部设立一班）

由各[illegible]办理。

(六) 组织

三、各游击干部训练班[illegible]第三守备地区[illegible]

50

第二十五集团军第三守备地区游击干部训练班组织训练大纲

(1942年4月)a面　0158-001-0515

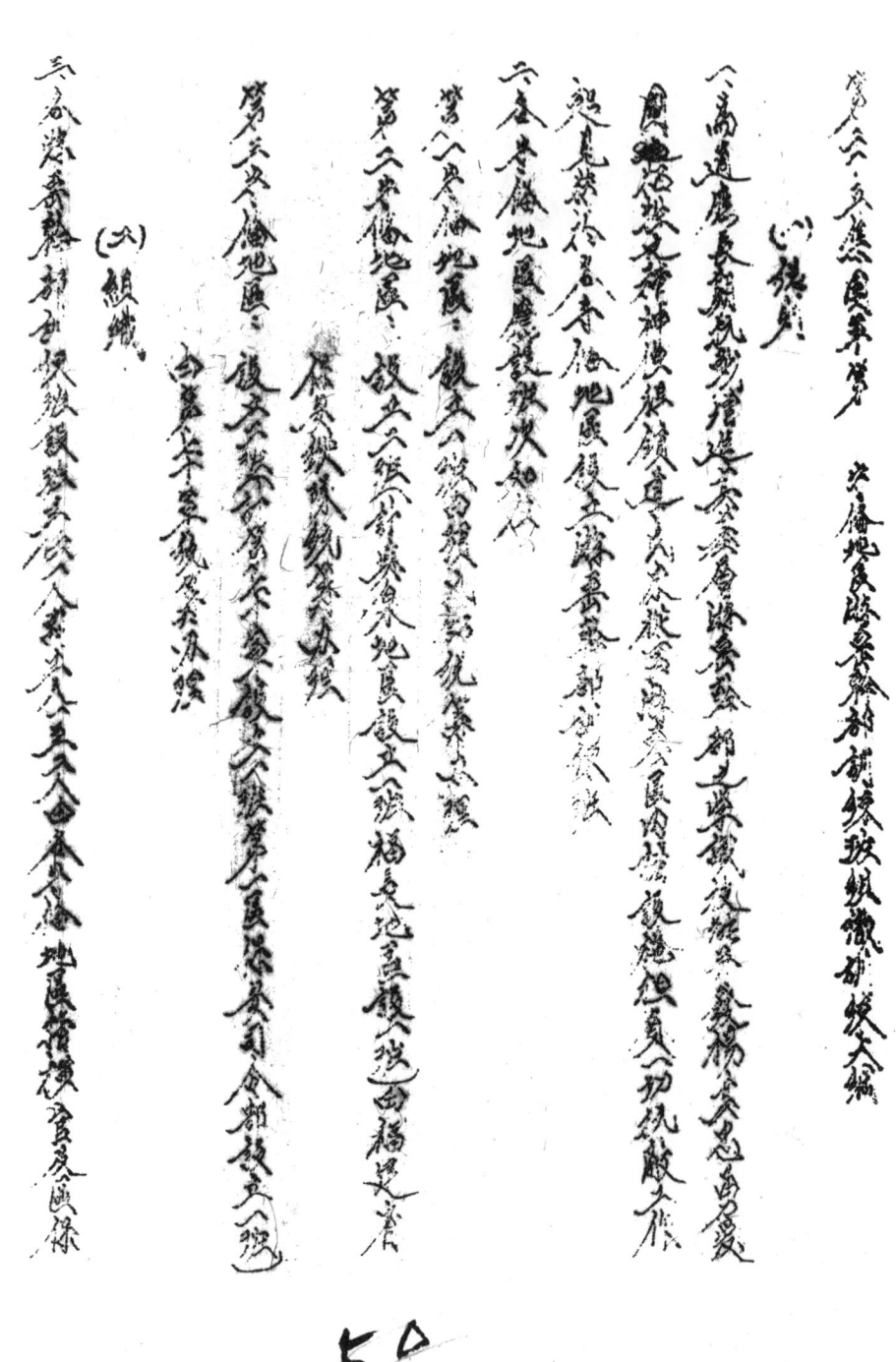

处以会长司令兼任，各县师管区副师长分别兼为副会长，由各地区指挥
部及照各区司令部参谋长兼任，各该区之干部教官若干人，均以调兼为
原则（不支薪俸，酌给公费）。

四、各班编制：[illegible]教育长[illegible]，总队长一人，[illegible]
一队，队分三区队，区队内设区队长一人，[illegible]
一队分[illegible]各[illegible]
队长、分队长、区队[illegible]统筹遴选委派。

五、学员名额：分配及选拔[illegible]由各沦陷地区指挥部就当地情形
自卫规定人员[illegible]
第六区沦陷地区：诏安、云霄、平和、[illegible]、海澄、龙溪、南靖、长泰、华安
等[illegible]县
第七区沦陷地区：长汀、晋江、南安、惠安、仙游、莆田、福清、长乐、平潭、永泰等十县
第三区沦陷地区：闽侯、连江、罗源、[illegible]、福安、[illegible]、福鼎、寿宁、[illegible]
[illegible]等十一县

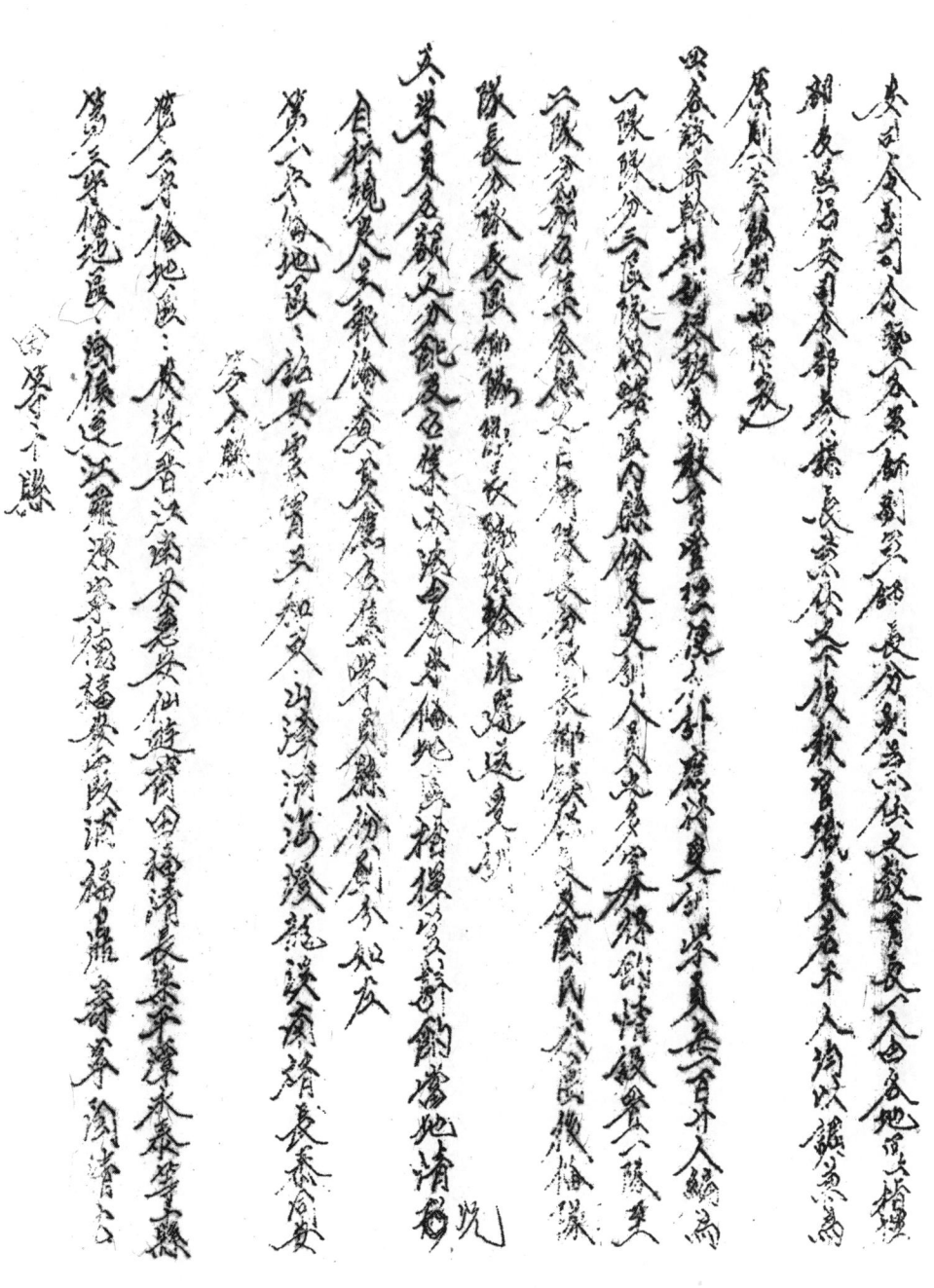

第二十五集团军第三守备地区游击干部训练班组织训练大纲
(1942 年 4 月)b 面　0158-001-0515

56

三、教育时间及科目

六、教育期间以两个月为一期，分三期教育完成

七、教育时间支配标准

1、军事学占全时间百分之六十（一、学科占百分之三十；术科占百分之三十）

2、政治精神教育占全时间百分之四十

八、本班系干部训练性质，故应注重个别讨论，并应尽量采取实际问题以适合今后工作

九、各科目为求完成必修课程如下

(1) 精神教育

国父遗教

总裁言行

国民精神总动员

军人精神教育

(2) 政治教育

民众组训

抗战建国纲领

51

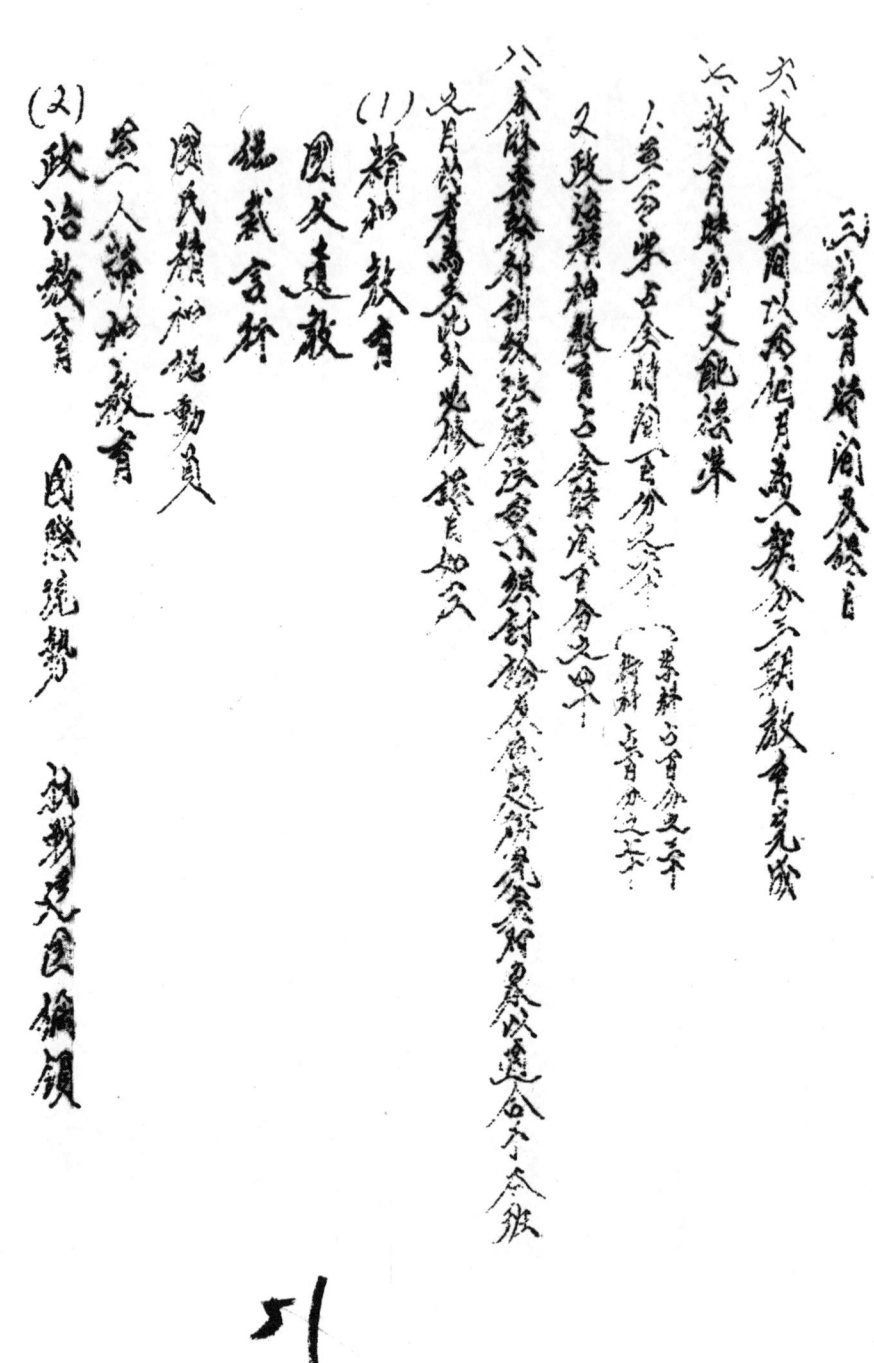

第二十五集团军第三守备地区游击干部训练班组织训练大纲

(1942年4月)a面　0158-001-0515

(3)

一、参谋业务组织训练之要领及运用　兵役要领
敌后及沦陷区之研究　游击战史　游击战法令
敌情判断要
兵器战术
游击战纲要
游击战应用战术
典范令摘要讲解
谍报组织要
交通通信设施及破坏
防空及防毒常识

第二十五集团军第三守备地区游击干部训练班组织训练大纲
(1942年4月)b面　0158-001-0515

57

夜間教育

六、術科

各種游擊戰鬥演習

野外勤務實習（偵探警戒連絡）

爆破實施

射擊實施

工事構築實習

通信演習

夜間演習

（四）經費

八、各游擊幹部訓練班經費由各縣地方準備金項下共同分担并拟具經費預算表呈核

52

第二十五集团军第三守备地区游击干部训练班组织训练大纲

(1942 年 4 月)a 面 0158-001-0515

十、學員來回旅費及服裝費均由原屬縣區鄉鎮發給伙食一律自備每月公費卅元入學時一次繳足按月結算多退少補書籍用品由班發給

(五)其他

十一、教育計劃由各地區指揮官遵照本大綱自行擬訂呈報備查

十二、本大綱如有未盡事宜得隨時修正之

十三、本大綱自公佈之日起施行

第二十五集团军第三守备地区游击干部训练班组织训练大纲
(1942年4月)b面　0158-001-0515

游擊幹部訓練班編制表

區分	職別	官佐階級	官佐員額	士兵等級	士兵名額	備攷
班本部	主任		一			由區指揮官兼任
	副主任		一—二			由區保安司令、副專員、副司令兼任
	教育長		一			由地區指揮部、區保安司令部參謀長兼任
	教官		五—七			[illegible]兼任
	副官	中尉	一			
	書記	同中尉	一			
	司書	同准尉	一			
	軍需軍士			上士	一	
	號兵			上等兵	二	
	傳達兵			上等兵	二	
	公役			[illegible]等	一	
	炊事兵			一等兵	一	
學員隊	隊長	中（少）校	一			以部隊副團長團附營長兼任
	區隊長	少校（上尉）	三			以部隊團附營長連長兼任
	學員		一二〇			
合計			一三五（一三八）		二四	

附記：一、學員隊學員每期以一百廿人為準，隊以三區隊編成

53

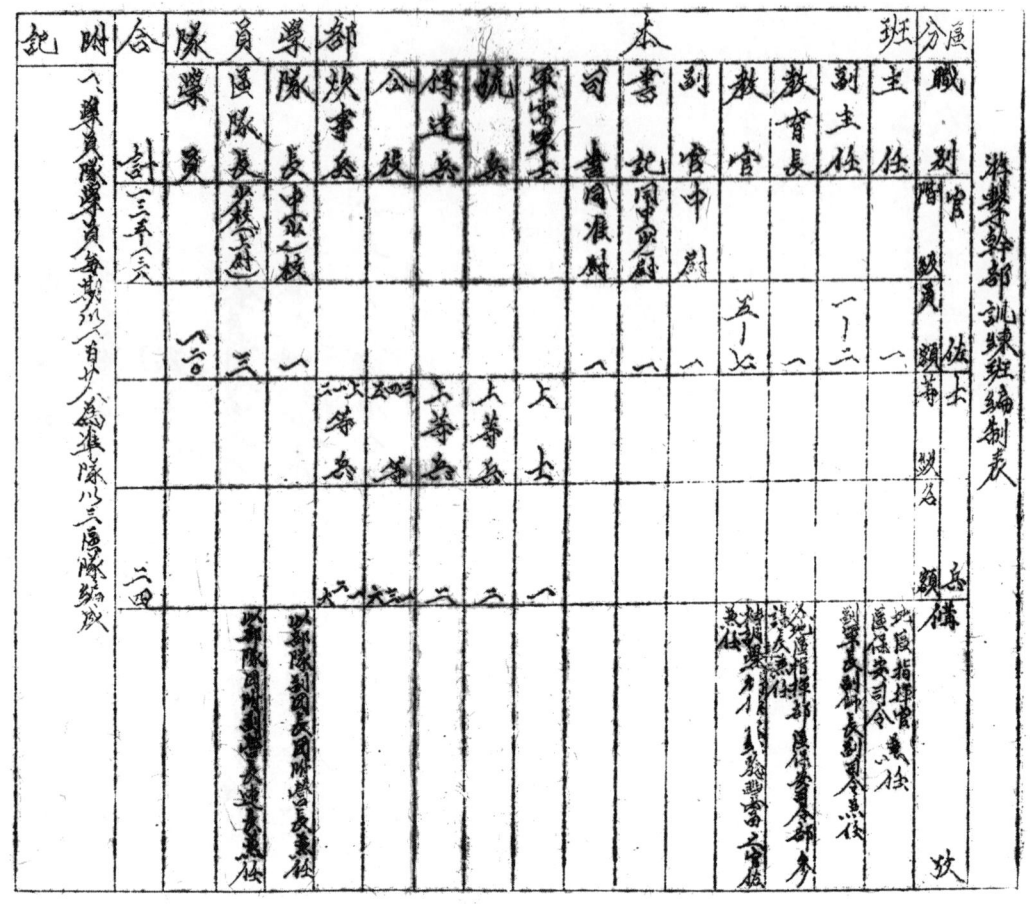

游击干部训练班编制表（1942 年 4 月） 0158-001-0515

51

福安縣政府譯電紙

縣政府、密准第卅五集团軍總部卅年一月寒總壬智才字第(313)寅代電附送各守備地区游击幹部訓練班組織訓練大綱到府関於經費部份茲定(1)各游击幹訓班經費由設備班部協自行設籌(2)服装因受訓期短不易製發学員往返旅費由原服務縣份地方預備金開支(3)受訓人員食米自行帶繳其餘安兵食米由經办机関在軍米項下作正領支除函復並分電外合行電仰該縣政府遵照省政府永財丁赤

收文325號31年4月28時

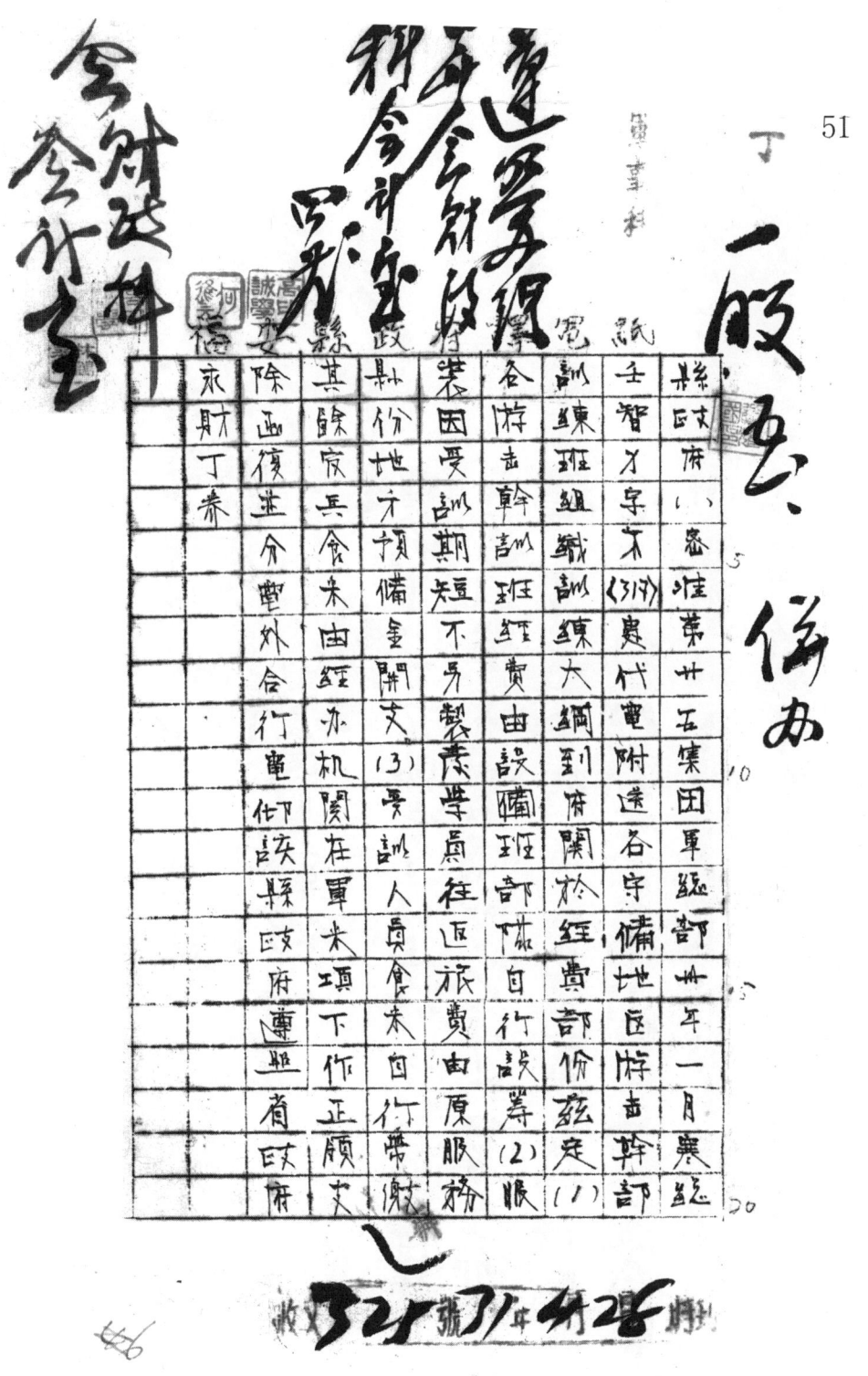

福安县政府译省政府有关各守备区游击干部训练经费预支规定的电文

（1942 年 4 月） 0158-001-0515

59

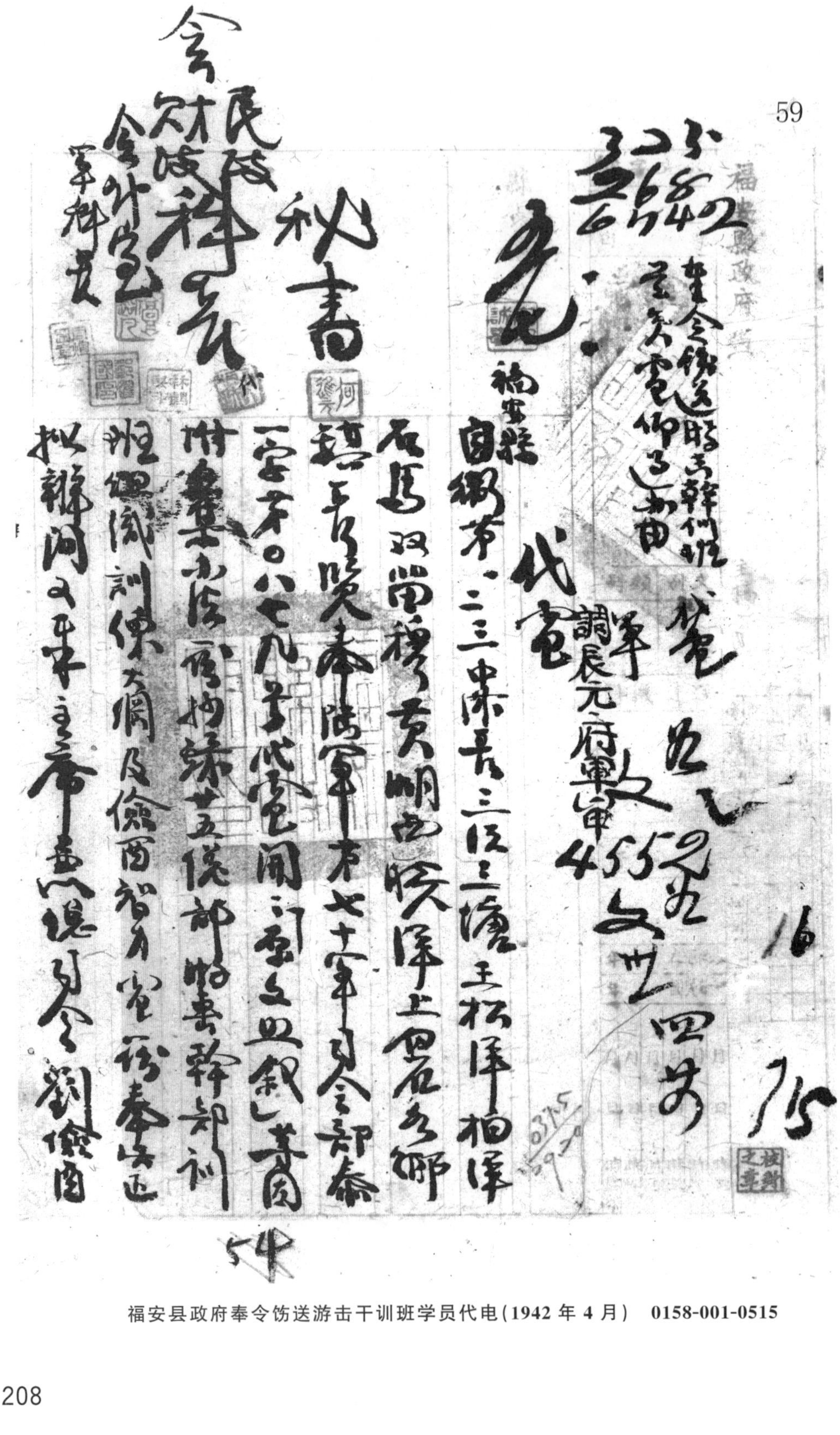

福安县政府奉令饬送游击干训班学员代电(1942 年 4 月) 0158-001-0515

60

智有電各縣業經本處擬定自衛第二、三中隊各
遴選送分隊長一員，國民兵團遴送保衛幹部鄉隊
附員，責成處之松羅柏洋甘棠雙溪穆陽湖西賴
洋上白石寺溪鄉鎮，每各遴選，令於擬定資格之保長一
人，并先依式造具詳歷送府檢定，除分別函電令外，隨
電附抄第二十五集團軍總部俞函智有電一件，并抄錄
第二十五集團軍第三分區第一二兩專署幹部訓練班各業辦
法之第三、第四、第五三項暨受訓學員簡歷冊格式，仰即
遵辦，凡選訓人員，依限[illegible]辰月有日前，依照擬定於
辦造簡歷五份，來府報到，以便送省為要。高

55

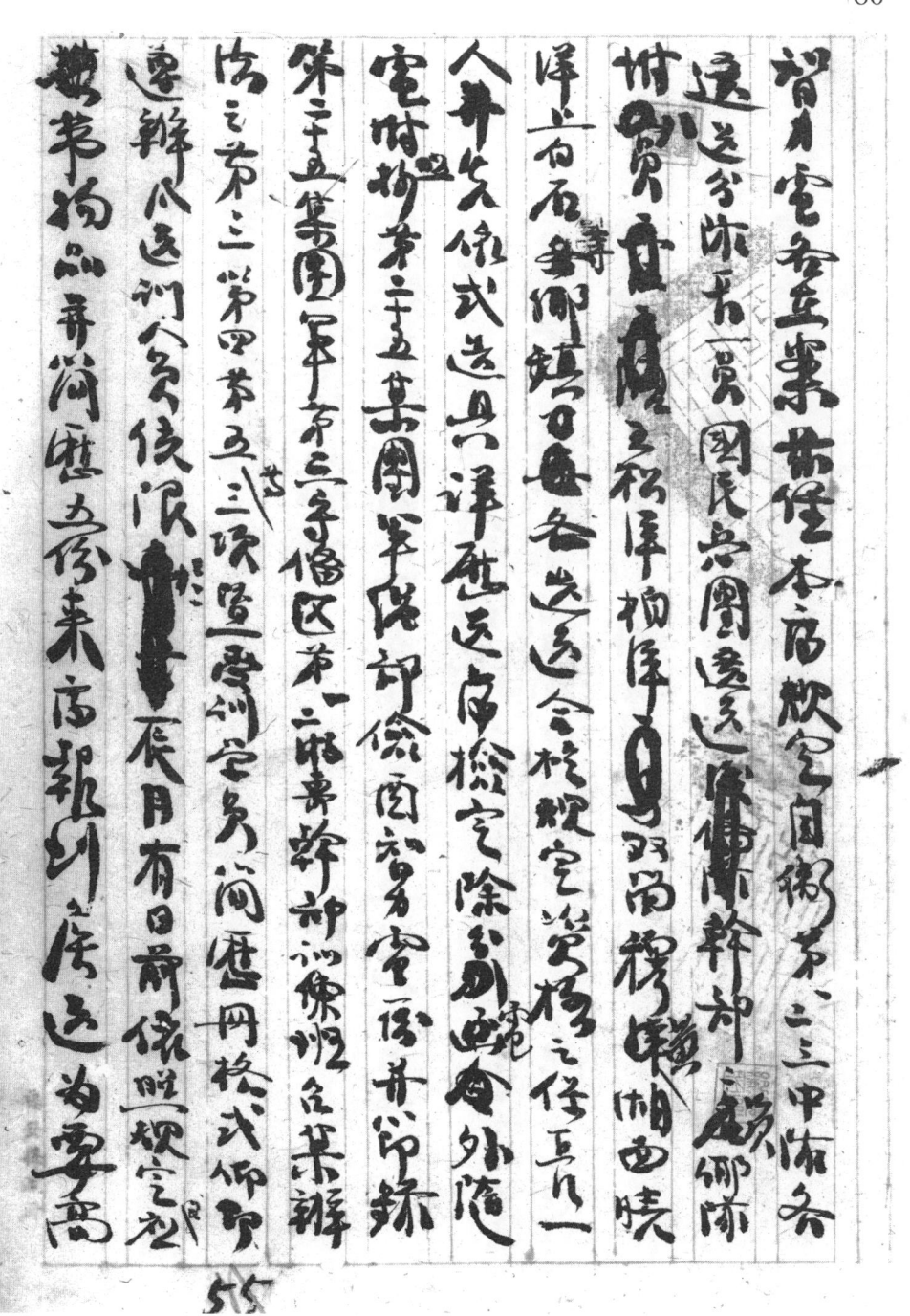

福安县政府奉令饬送游击干训班学员代电(1942 年 4 月)　0158-001-0515

61

戚〇四军山甲丁卅卯文

一、照抄五条之部一体知照办理

（原电四条）

二、第三战区第廿五集团军第三游击区第一二期专干训班召集办法

第三、学员资格应修改为

1. 各县之自卫队中分队长乡（镇）保长及国民兵团部附兵役（乡镇）队附者（任乡镇长及因故不能训者不予选送）

（原文四条）

第四、开学及报到日期更新如地点

（原文四条）

第五、学员应带之物品

（原文四条）

（增）受训人员伙米自行带缴

56

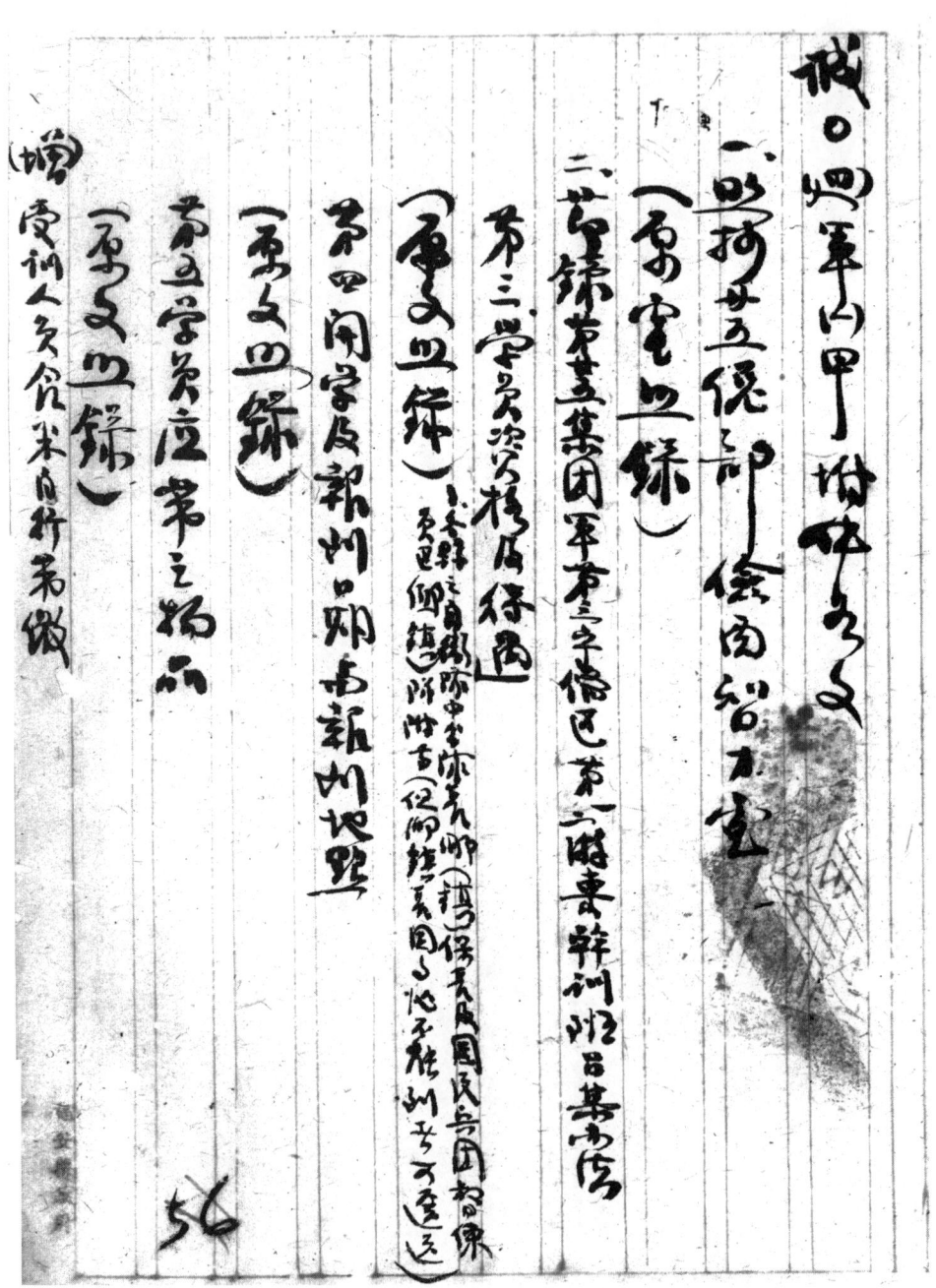

福安县政府奉令饬送游击干训班学员代电（1942年4月） 0158-001-0515

三、受训学员简历册格式

某某县（区、乡）选送游击干部训练班受训学员简历册

队（乡保）别	级职	姓名	别号	年龄	籍贯	出身	略历	入学年月日及党证字号	就职年月日

附记：

1. 出身栏应填明其学历，如□□中学毕业或□□训练班受训等
2. 略历栏应填明其曾充任职务，如曾任队长、排长、保长、甲长等

福安县政府奉令饬送游击干训班学员代电(1942年4月)　0158-001-0515

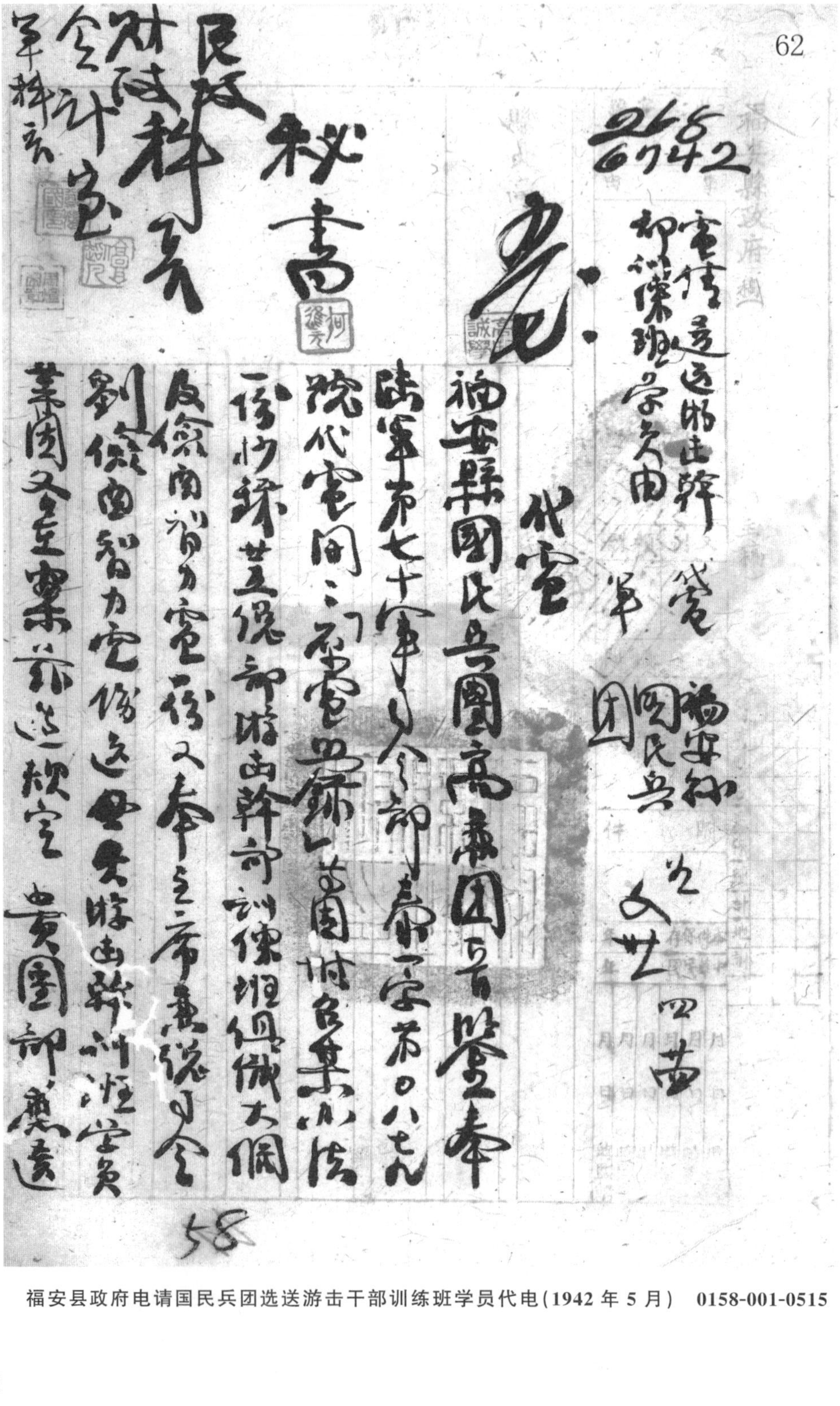

福安县政府电请国民兵团选送游击干部训练班学员代电(1942 年 5 月) 0158-001-0515

64

送游幹部二員，鄉保附費希於辰月有日前依
照規定應兼之物所舉簡歷五份來府遴轉祈迅電
抄送第二十五集團軍總部僉閱智力審查並存錄
廿五集團軍第三字倫遷第一、二將青幹部訓練班召集辦
洽由之三、四、五等三項暨受訓學員簡歷冊格式存請查
照查辦理為荷。福安縣長高誠叩（四）（辰）卅甲附
附一份文
（附件照錄自衛隊及鄉鎮長代電抄錄）

59

福安县政府电请国民兵团选送游击干部训练班学员代电（1942 年 5 月） 0158-001-0515

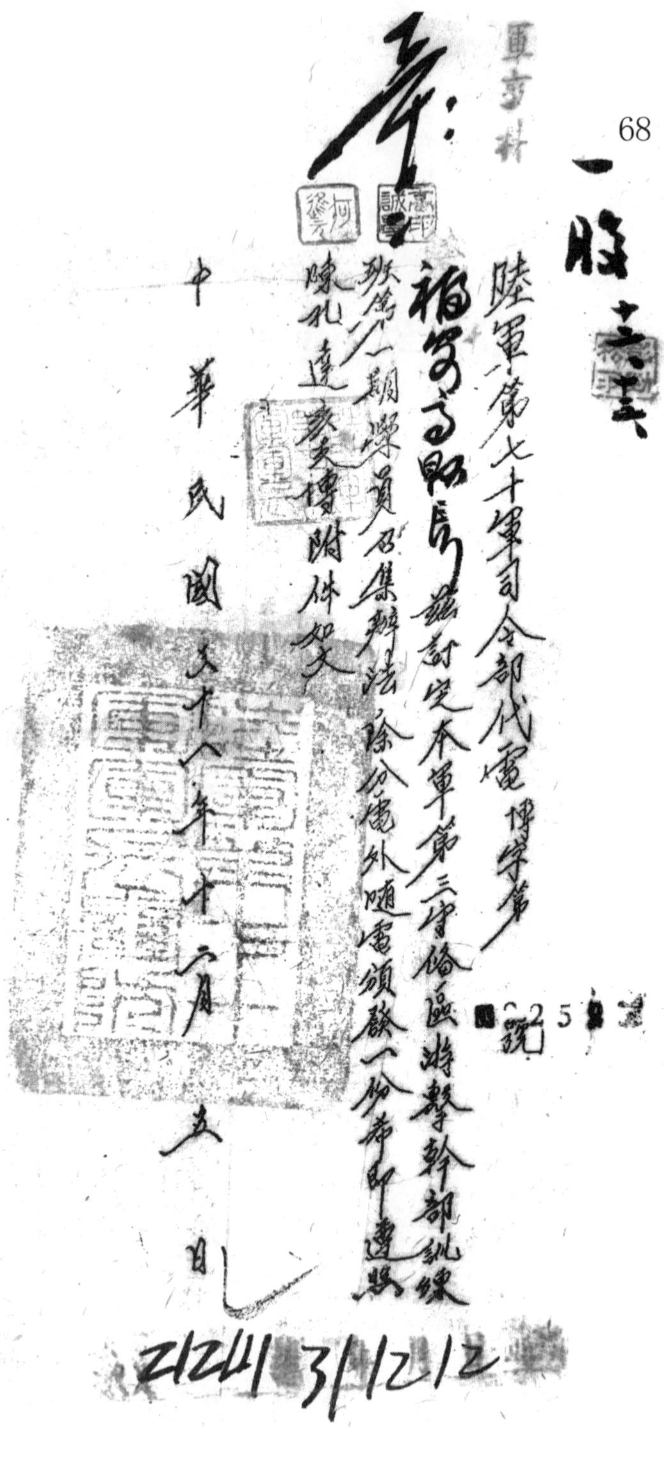
68
一般
陸軍第七十軍司令部代電 陣字第 號
福安縣政府 茲訂定本軍第三守備區游擊幹部訓練
班第一期學員召集辦法 除分電外隨電頒發一份希即遵照
陳孔達 參天 附件如文
中華民國三十一年十二月 日

福安县政府转发陆军第七十军订定本军第三守备区游击干部训练第一期学员召集办法
及附件的代电(1942 年 12 月) 0158-001-0515

陸軍第七十軍第三守備區游擊幹部訓練班第一期學員召集辦法 三十一年十二月三 日

第一 總則

一、為適應長期抗戰，增進地方基層幹部之學識技能，并發揚良心勇敢愛國之伸張精神，俾得領導民眾從事游擊區內諸設施，担負艱鉅之任務起見，特遵照前六十五總部之規定，成立本軍第三守備區游擊幹部訓練班，分期召集本守備區內各縣基層幹部訓練之。

第二 組織

二、第三守備區游擊幹部訓練班（以下簡稱游幹班）附設於本軍幹部訓練班內，不另設機構。

三、游幹班暫轄一隊，設隊長、隊附、政訓指導員各一，區隊長、區隊附各三，概由本軍現職軍官調兼。

第三 召集名額及範圍

四、名額：暫定為一六五名。

五、範圍：閩侯、連江、羅源、寧德、福安、福鼎、霞浦、壽寧、古田、屏南、閩清，等十一縣，每縣各選送學員一五名。

第四 學員資格及待遇

六、受訓學員應具備左列之資格：

1、各縣之國民兵團副團長、團附、自衛隊長、隊附、分隊長、區（鄉、鎮）保長及國民兵團後備隊隊長、隊附、分隊長等。

2、曾受小學以上之教育，本籍而能操普通語言者。

3、年齡在三十五歲以下，體格強健，無不良嗜好者。

4、有愛國熱忱，意志堅定者。

七、各縣選送受訓學員，於受訓期內，應一律保留原職、

63

陆军第七十军第三守备区游击干部训练第一期学员召集办法

(1942 年 12 月)a 面　0158-001-0515

第五　受训期间开学及报到日期与报到地点

八、开学日期：定于三十二年九月五日
报到日期：三十二年九月三日
报到地点：古田县番田镇
受训期限：暂定为四个月

第六　学员应携带之物品

九、受训学员应携带如左之物品：
1.已充任役政人员者，携带大刀、梭镖等武器一件（乡保长可不带）
2.灰布军服军帽绑腿全套
3.黄绿色军服军帽绑腿全套
4.棉被一床
5.棉大衣一件、衬衣两套
6.黑胶鞋两双、草鞋一双
7.洗脸具全套（不带脸盆）
8.筷碗全套

第七　经费

十、旅费经费，以下各项依省府之规定办理，并详示如次：
1.学员往返旅费，由保送机关一次发给，其有部旅费须于报到时缴存，结训时发给
遴选，并由保送机关于保送文件注明
2.学员在报到时应缴足教育及讲义费二十元，副食费五十元（多退少补），伙食米谷另行筹备
保送机关于保送文件注明
3.所有学员保送旅费及教育膳食各费，概由各县政府筹措全额，不得开支

第八　其他

十一、各县保送之学员，须先由该县府集合，指派负责职级之学员带领，携带该县府保送文件

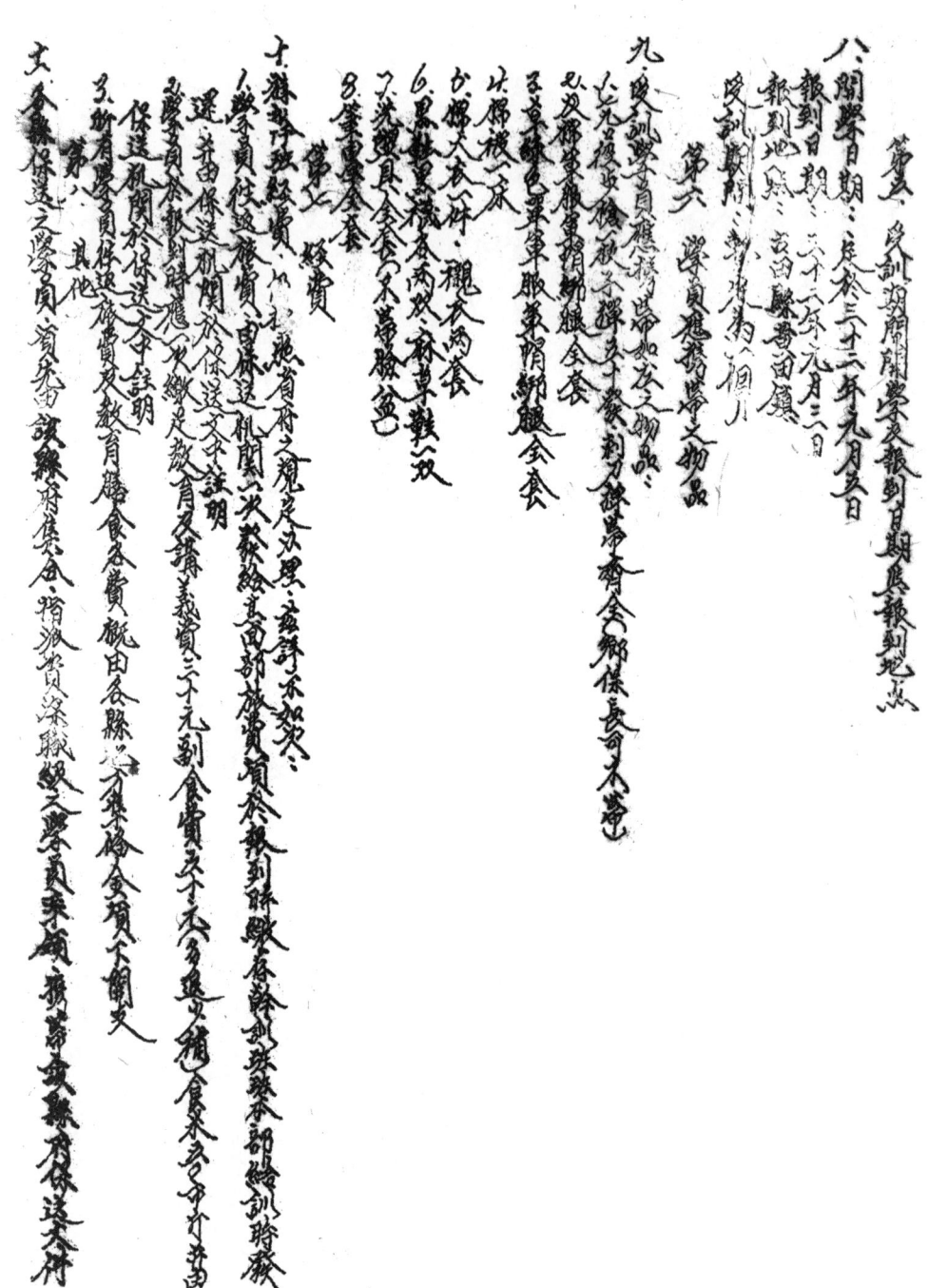

陆军第七十军第三守备区游击干部训练第一期学员召集办法
(1942 年 12 月)b 面　0158-001-0515

及受訓學員簡歷冊一份送赴指定地點報到（簡歷冊格式如附表）

十三、本辦法自公佈之日起施行

○○縣選送陸軍第七十軍第三守備區游擊幹部訓練班第一期受訓學員簡歷冊

隊（鄉保）別	級職	姓名及別號	年齡	籍貫	出身	略歷	入黨年月日 黨證字號	就職年月日

附記

一、出身欄係填明其學歷、如○○中學畢業○○訓練班受訓等

二、略歷欄係填明其曾充何職務、如曾任隊長、排長、保甲長等。

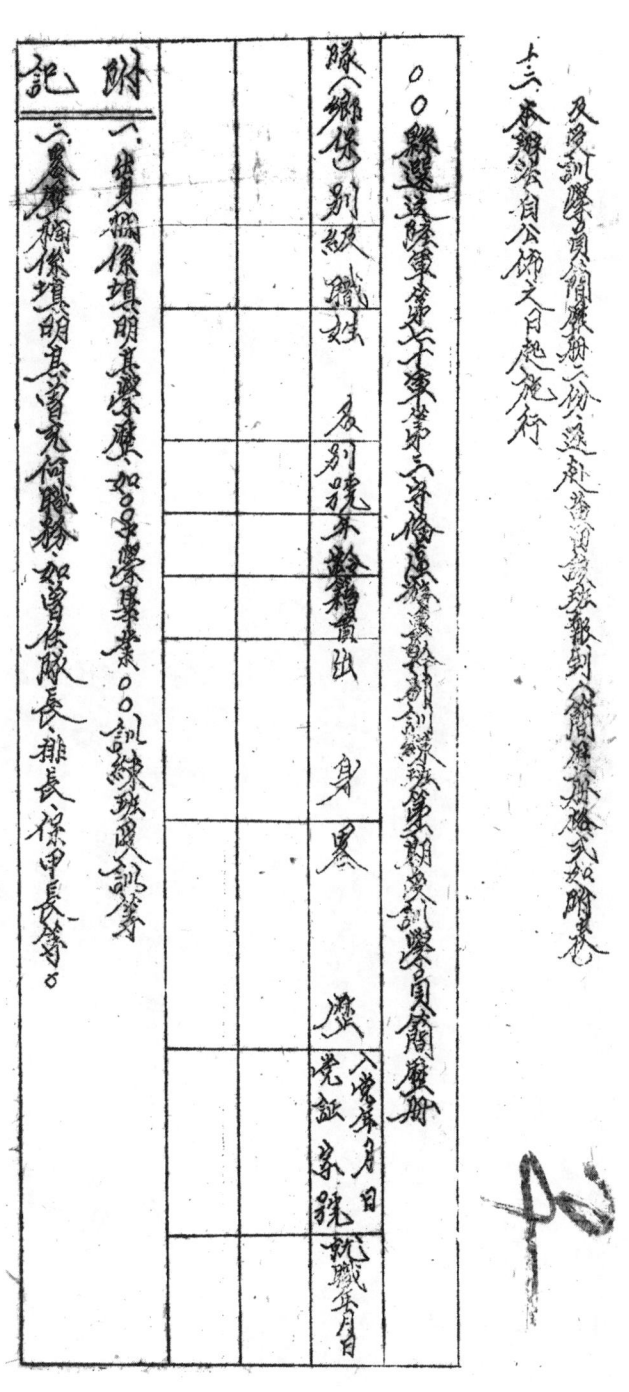

陆军第七十军第三守备区游击干部训练第一期学员召集办法

（1942年12月） 0158-001-0515

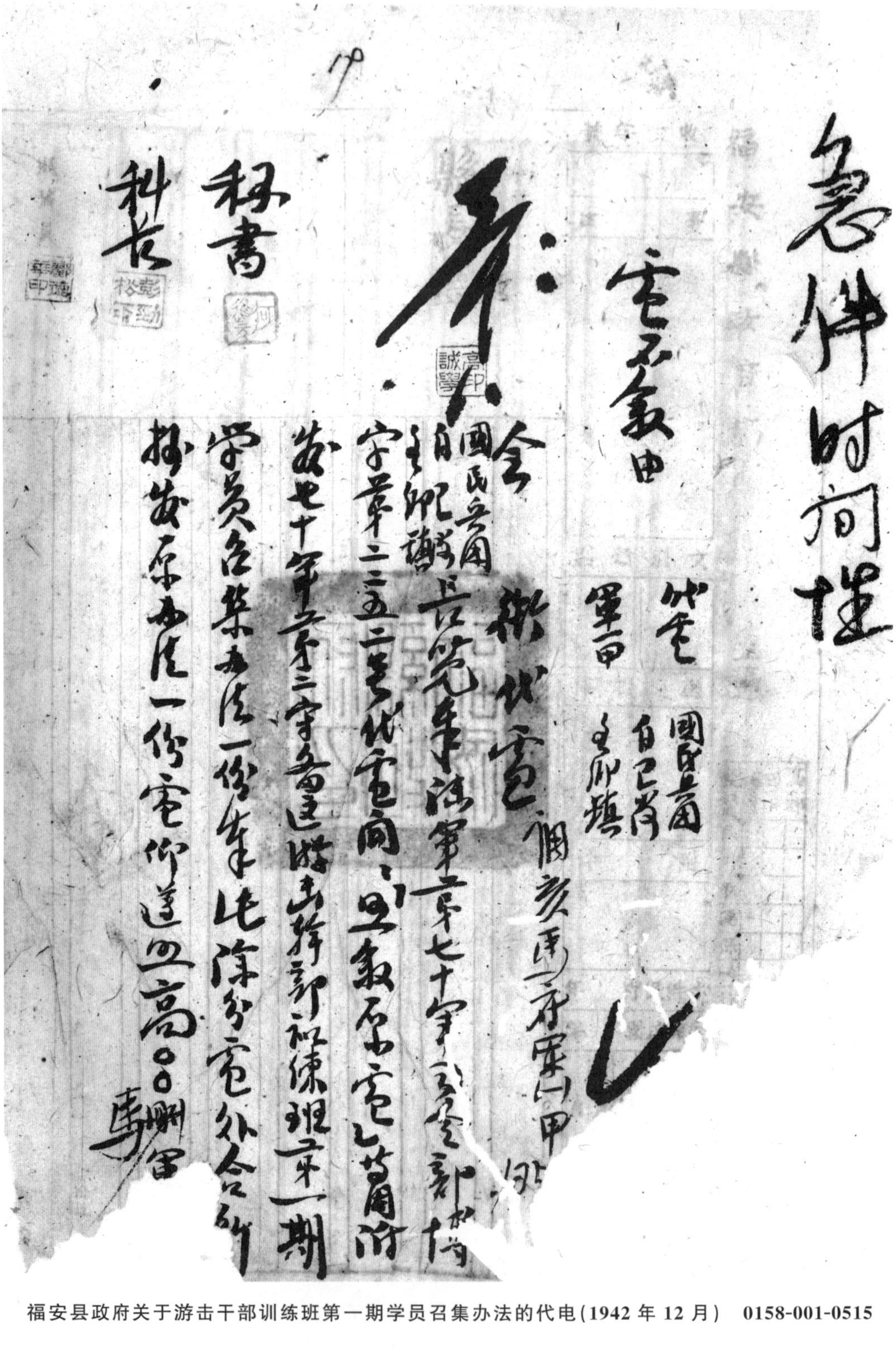

福安县政府关于游击干部训练班第一期学员召集办法的代电(1942 年 12 月) 0158-001-0515

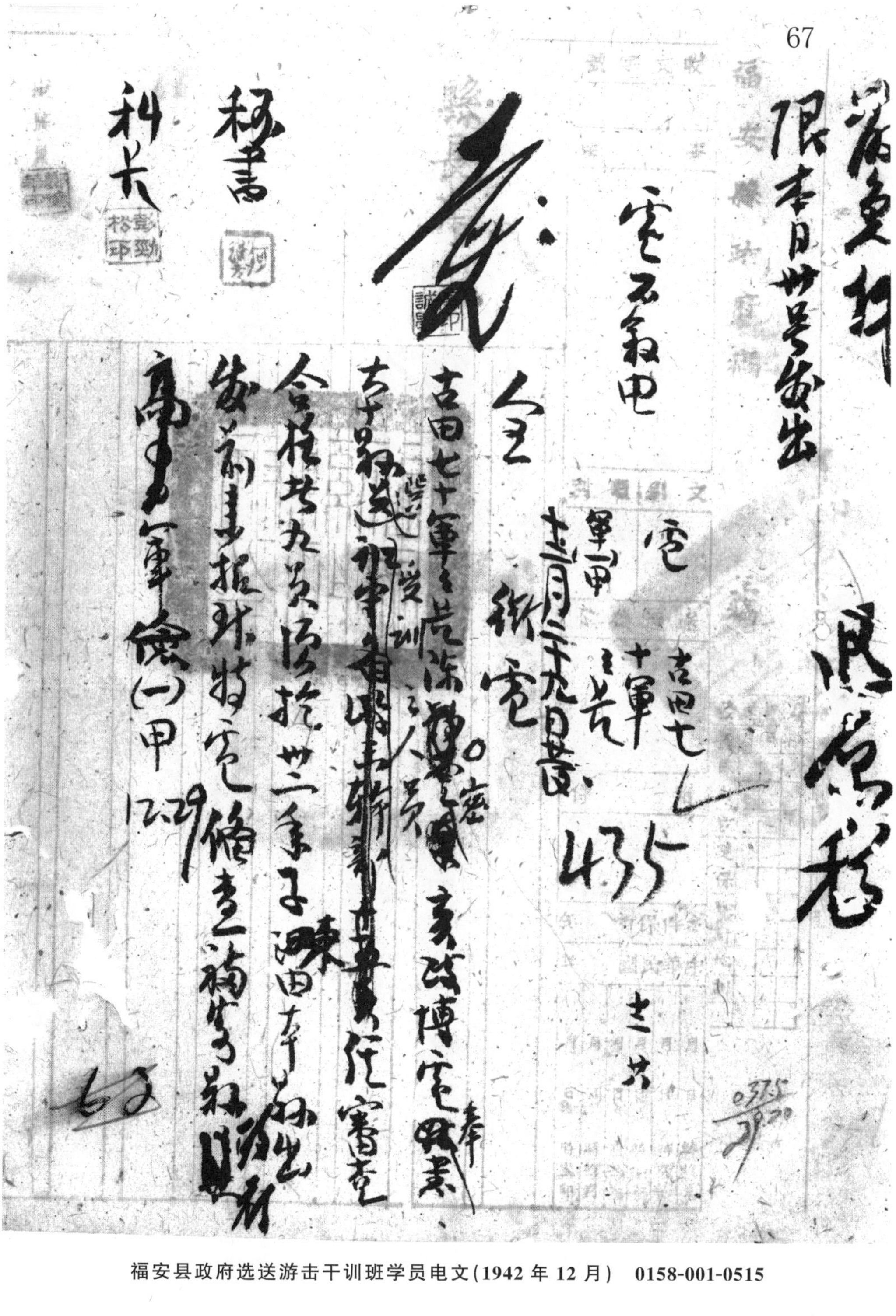

福安县政府选送游击干训班学员电文(1942 年 12 月)　0158-001-0515

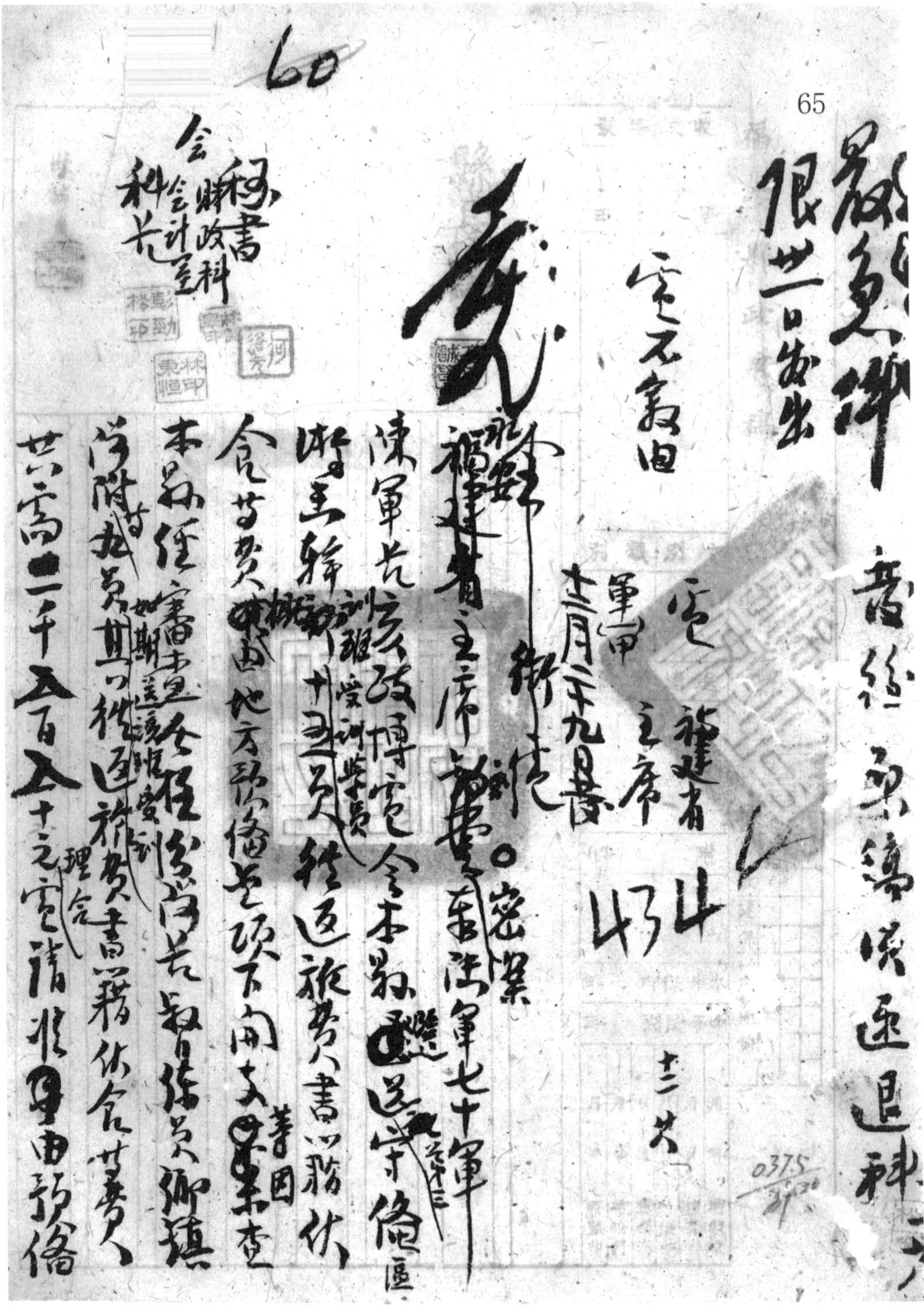

福安县政府请示游击干部训练学员往返旅费在预备金项下支出电文

（1942 年 12 月） 0158-001-0515

66

金項內支出並候示遵福安縣長高○○叩篠（印）

12.29

41

福安县政府请示游击干部训练学员往返旅费在预备金项下支出电文

（1942年12月） 0158-001-0515

三

福安县经济游击队

(一)编组概况

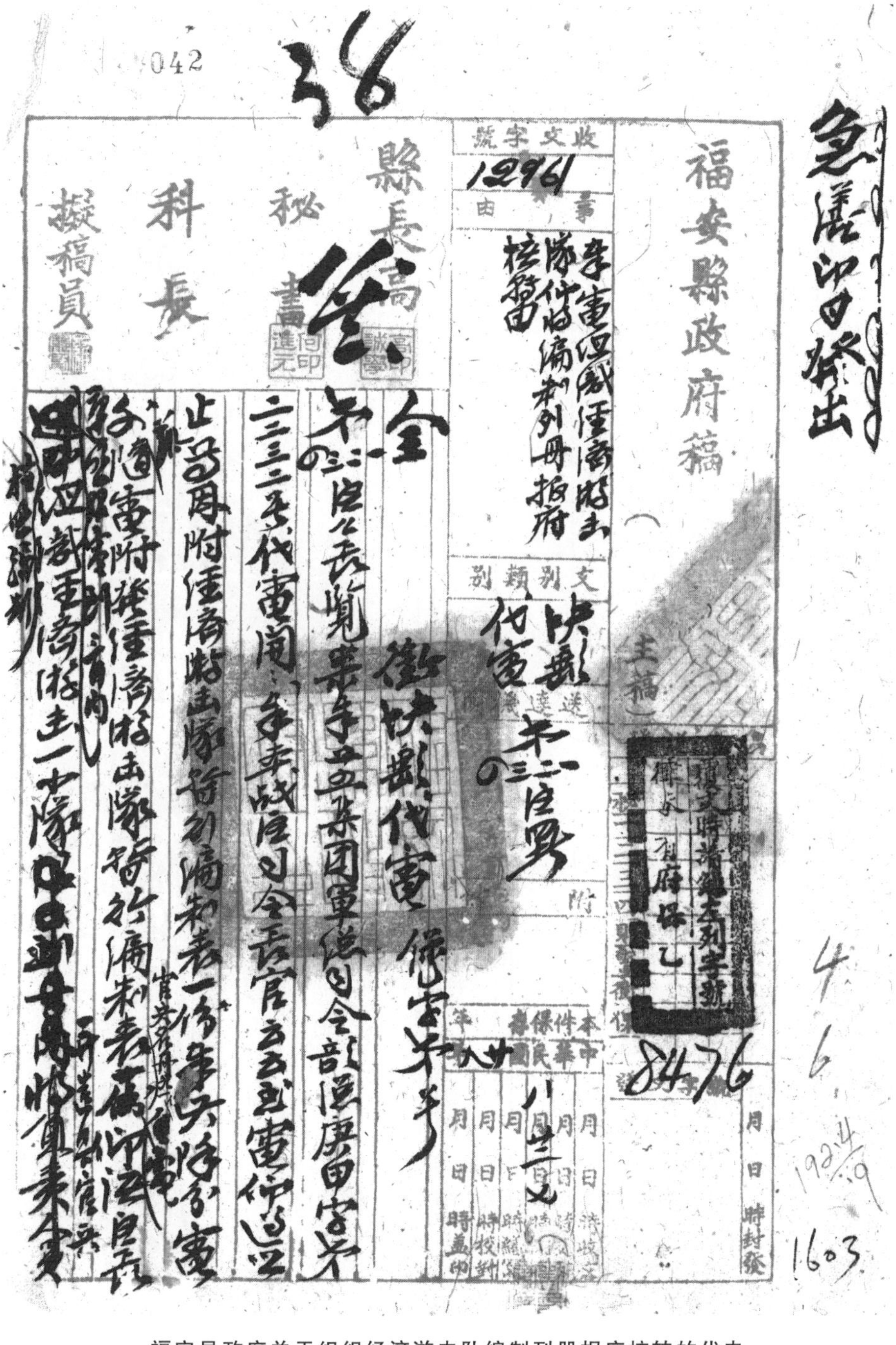
福安縣政府稿

收文字號 12961

事由

文別類別 快郵代電

送達

附

縣長

秘書

科長

擬稿員

急

8476

福安县政府关于组织经济游击队编制列册报府核转的代电

(1939 年 8 月 22 日) 0002-004-0238

39

043

姓名列册报府以凭核转为要。马66（代附发）经济游击队番

别编制表（代官兵名册）五份

福安县政府关于组织经济游击队编制列册报府核转的代电

（1939 年 8 月 22 日） 0002-004-0238

010

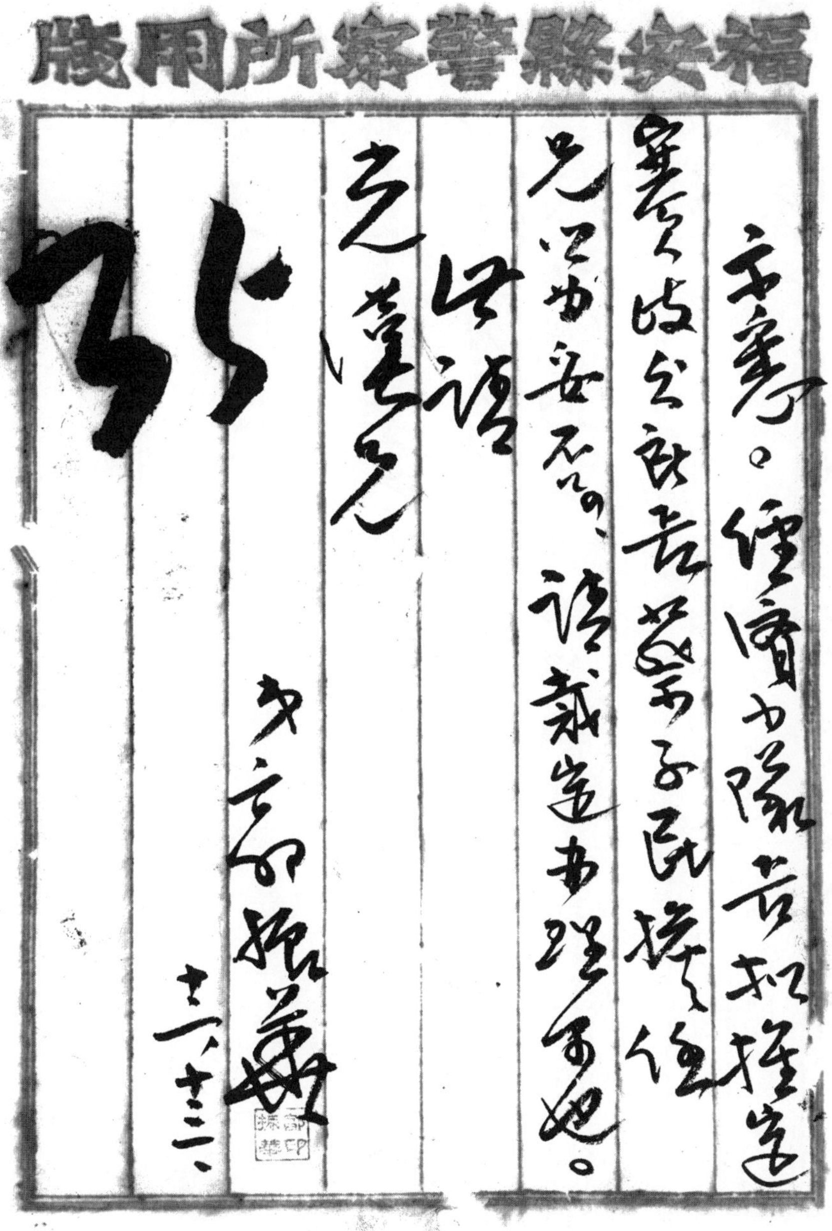
福安縣警察所用牋

福安县警察所拟推定蔡子民担任赛岐查禁所所长的请示

（1939 年 12 月 13 日） 0002-003-0360

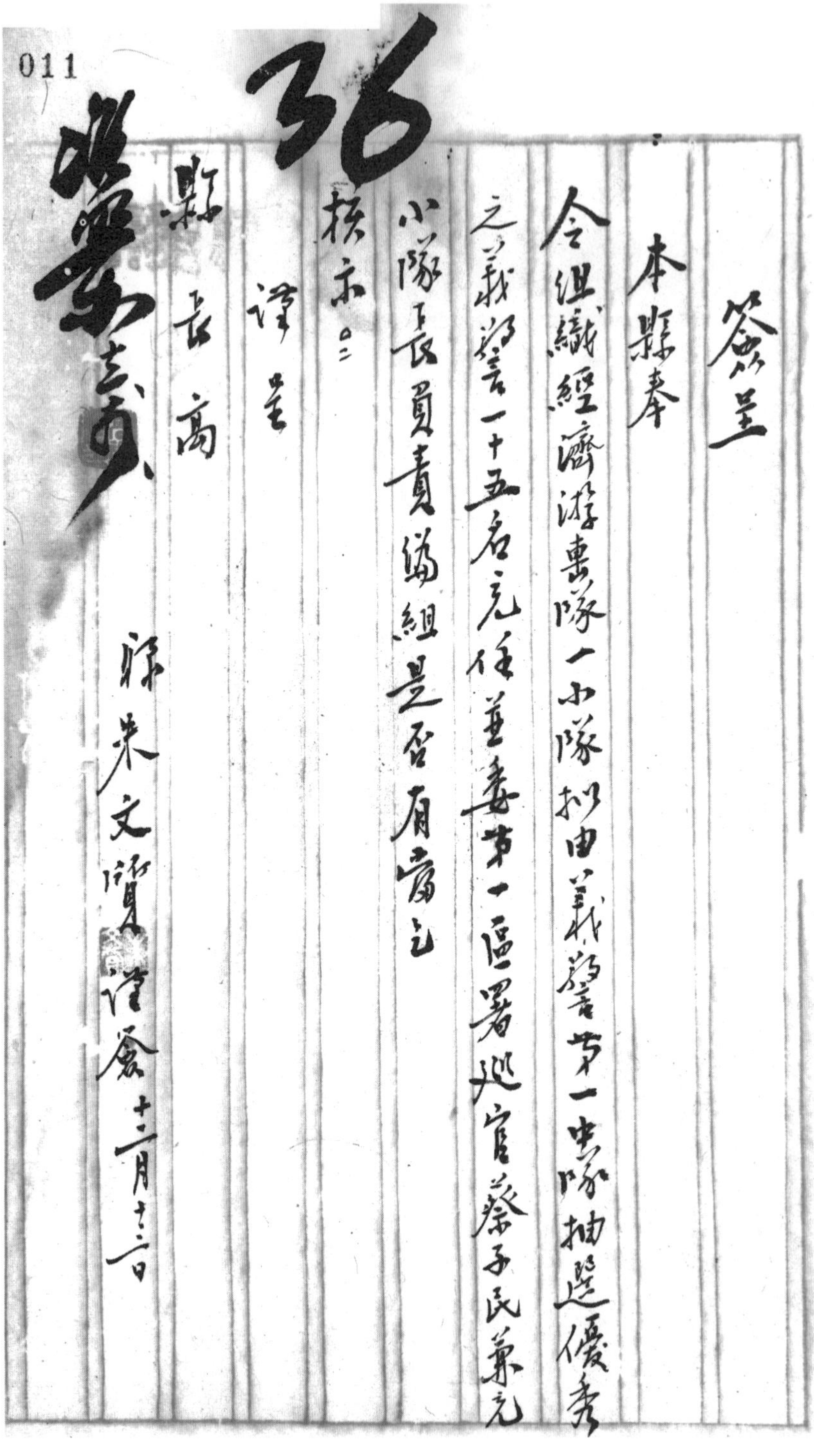
011

36

签呈

本县奉

令组织经济游击队一小队拟由义务警第一中队抽选优秀

之义务警一十五名充任并委第十区署巡官蔡子民兼充

小队长负责编组是否有当之

核示之

谨呈

县长高

职朱文贤谨签 十二月十三日

照委

拟委任蔡子民为赛岐敌货查禁所所长的请示

（1939年12月13日） 0002-003-0360

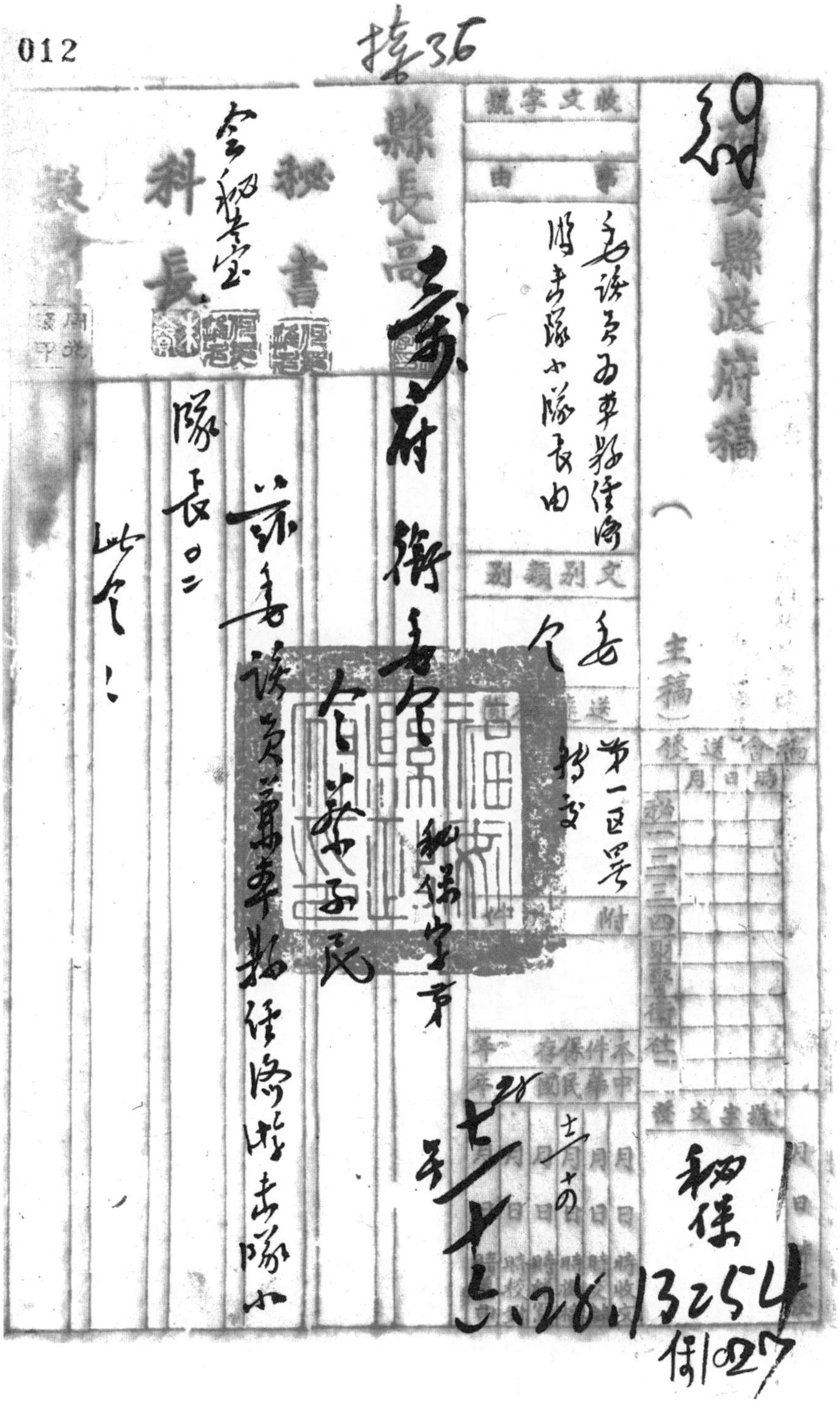

福安县政府委任蔡子民为赛岐敌货查禁所所长令(1939 年 12 月 14 日)　0002-003-0360

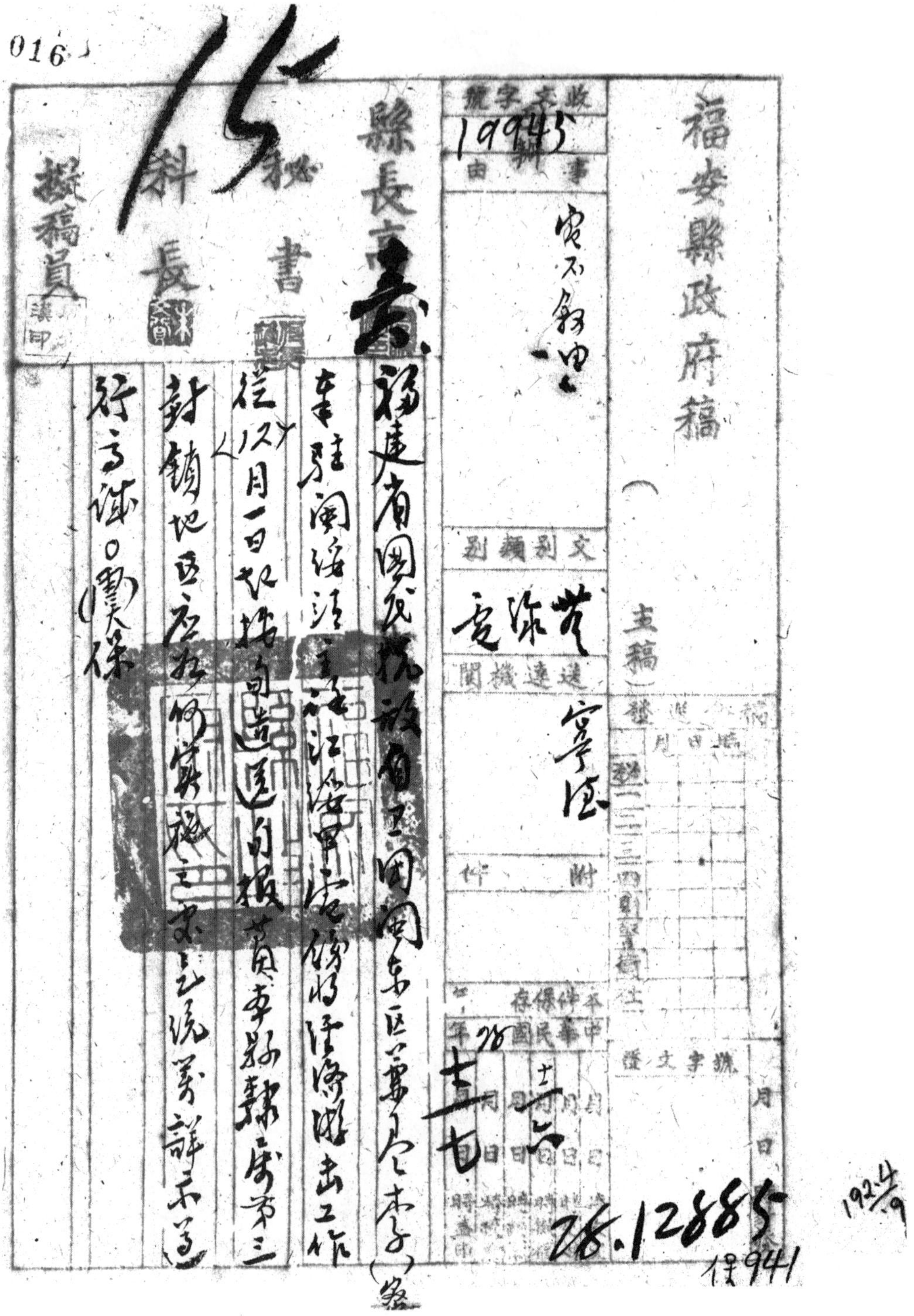

福安县政府关于本县经济游击旬报应如何实施的请示

（1939 年 12 月 7 日） 0002-003-0359

013

第五科

福安縣政府譯字第　號

甲十二真

來電機關	事由	處理辦法	備考

縣長八密奉長官顧東綏政電開關於經濟游擊隊游擊綏區亟應造報事項如下(一)應將經濟游擊工作從十二月一日起按旬造送旬報以憑考核(二)應繪送綏區經濟游擊地圖五份內中須標明甲綏區綏境乙封鎖線內敵貨查禁處設立地點丁與鄰區銜接地點上二項除分電外希查照辦理等因自應遵辦茲規定旬報表式次(一)經濟游擊隊數量及編訓情形(二)摧毀敵偽經濟及其組織與機構之辦法及工作情形(三)破壞敵偽軍需設備及運輸機構之辦法及工作情形四

譯電員

28.19945

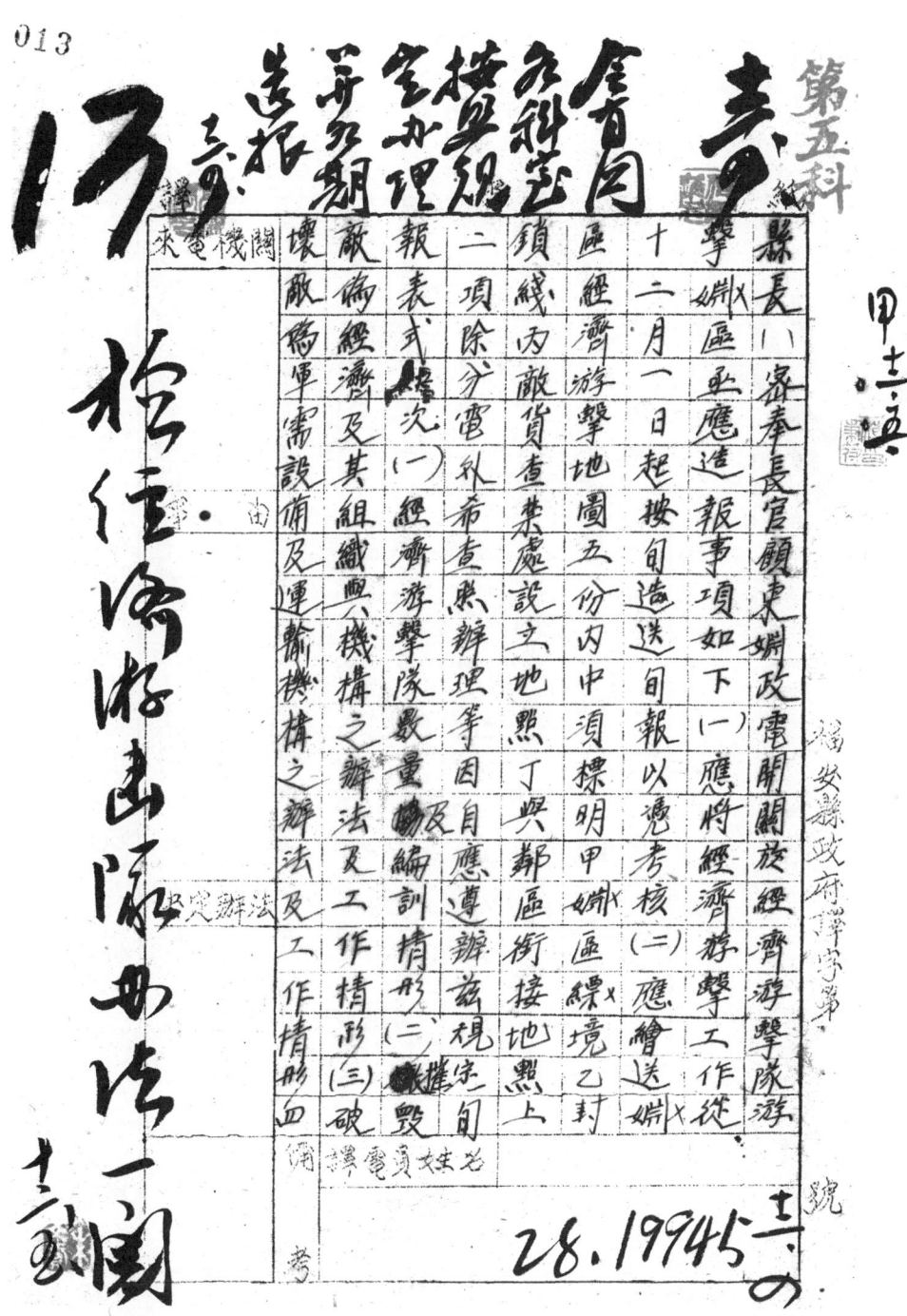

福安县政府译驻闽绥靖公署关于经济游击区亟应造报事项的电文

（1939 年 12 月） 0002-003-0359

014

14

譯電紙

福安縣政府譯字第　　號

來電機關

事由

敵偽貨物查禁辦法及工作情形(五)其他以上各項本
分區第一經濟封鎖線第一封鎖地區詔安東山雲霄
漳浦海澄龍溪長泰同安八縣應報由七五師彙呈憑
轉第二封鎖地區安溪南安晉江惠安莆田仙遊福清
長樂閩侯連江十縣應報由八十師彙呈憑轉第三封
鎖地區羅源寧德福安霞浦福鼎五縣應報由保二旅
彙呈憑轉第二經濟封鎖線各封鎖地區各縣區應報
由保安處彙呈憑轉其七五師八十師保二旅及保安
處除即調製各該管線區經濟游擊地圖三份報核外
僴

決定辦法

譯電員姓名

備考

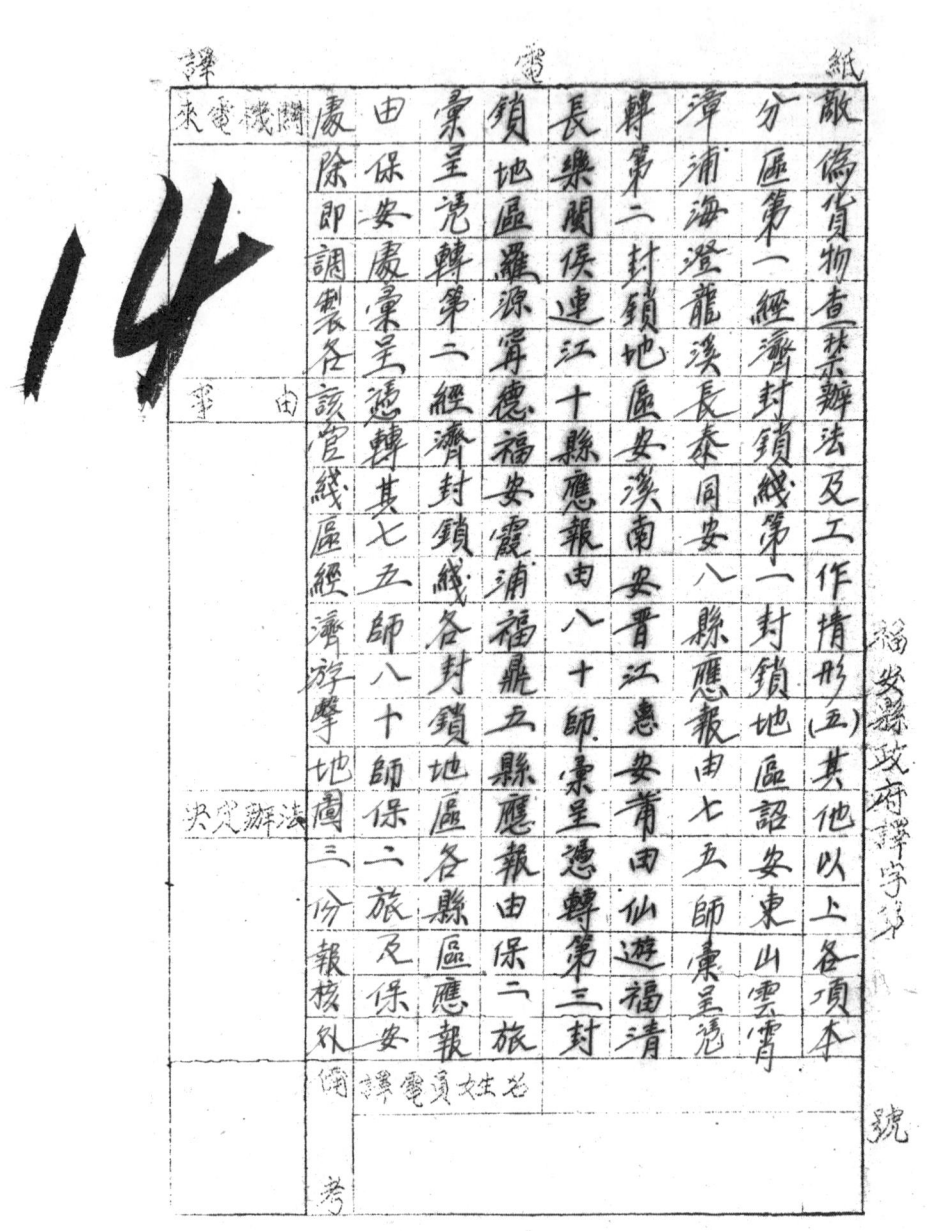

福安县政府译驻闽绥靖公署关于经济游击区亟应造报事项的电文

（1939 年 12 月） 0002-003-0359

015

接14

譯電紙

福安縣政府譯字第　　號

來電機關

事由

決定辦法

應自十二月上旬起將各縣(特區)經濟游擊旬報彙製各該管線區旬報表三份呈報本署以便存轉除分行外特電仰切實遵照爲要陳儀江綏甲

備考　譯電員姓名

福安县政府译驻闽绥靖公署关于经济游击区亟应造报事项的电文

（1939 年 12 月）　0002-003-0359

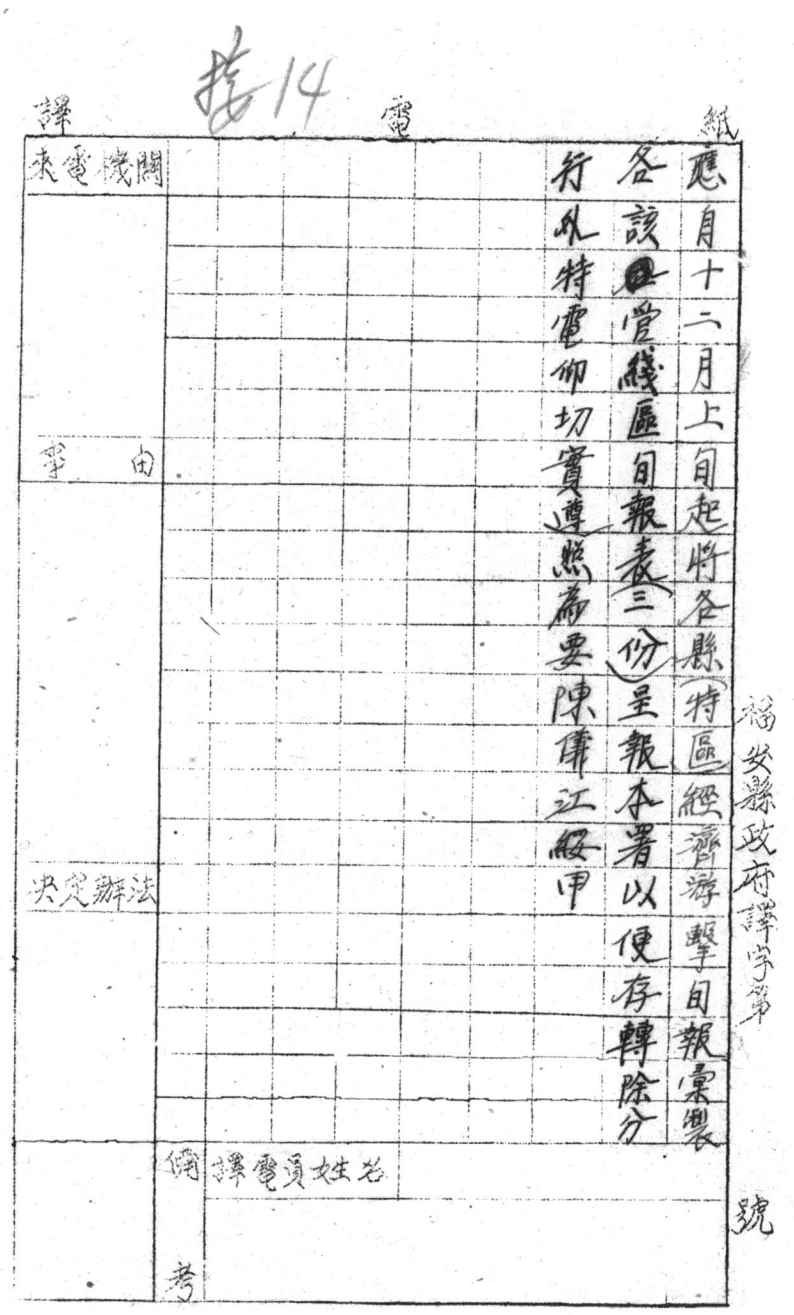

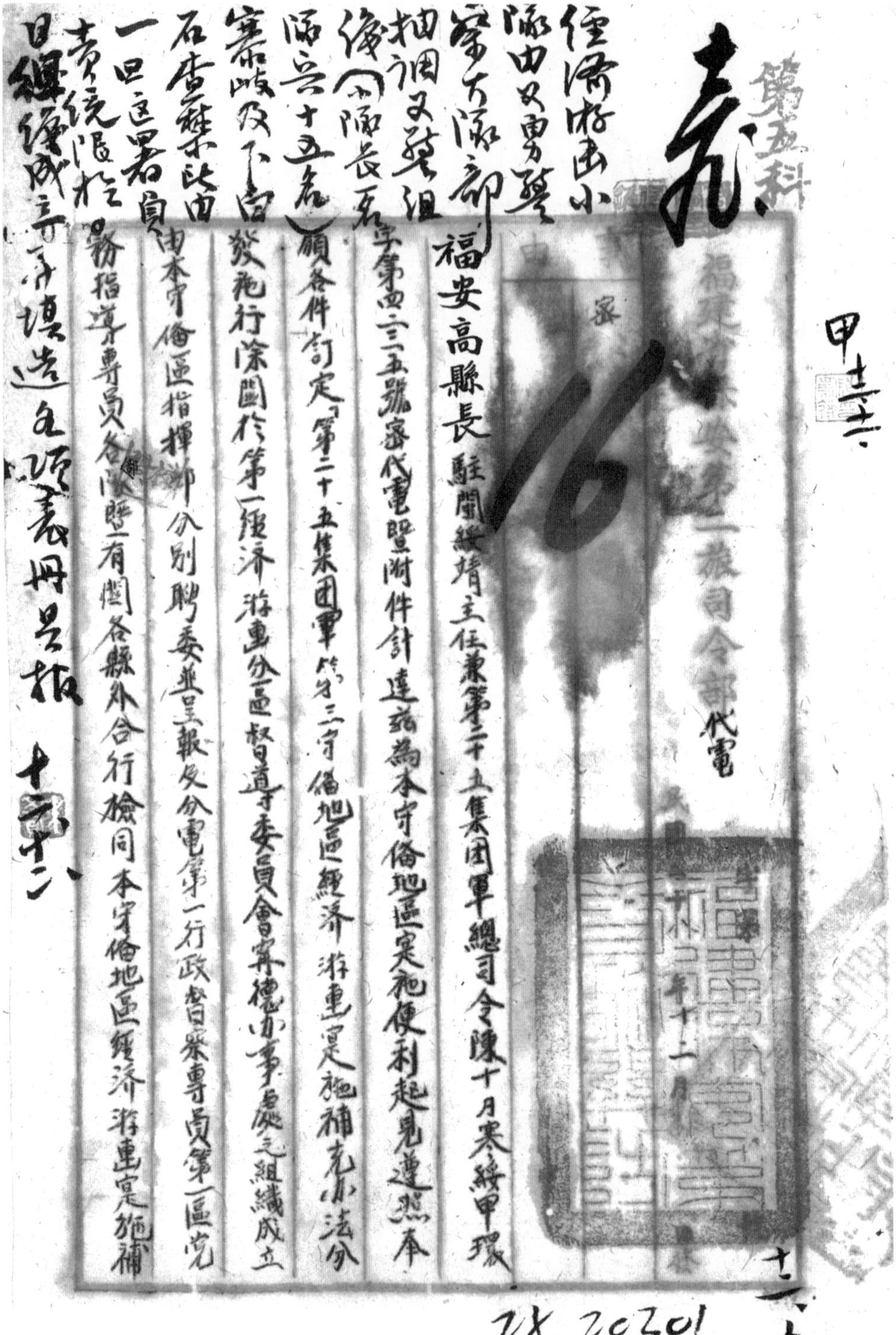

福建省保安第二旅司令部代電

福安高縣長：駐閩綏靖主任兼第二十五集團軍總司令陳十月寒綏甲環字第四三一五號密代電暨附件計達：「茲為本守備地區實施便利起見，遵照本顧各件訂定『第二十五集團軍第三守備地區經濟游擊實施補充辦法』分發施行，除關於第一經濟游擊分區督導委員會籌備辦事處之組織成立由本守備區指揮部分別聘委並呈報及分電第一行政督察專員、第一區党務指導專員、各縣暨有關各縣外，合行檢同本守備地區經濟游擊實施補

福安县政府奉福建省保安第二旅司令部关于第二十五集团军第三守备地区经济游击实施补充办法等的代电（1939 年 12 月）　0002-003-0359

018

指16 ①

充办法特電遵照办理並具報為要李樹棠總參附發第二十五集團軍第
三守備地區經濟游擊實施補充办法一份 受佳酉0009號

福安县政府奉福建省保安第二旅司令部关于第二十五集团军
第三守备地区经济游击实施补充办法等的代电(1939年12月)　0002-003-0359

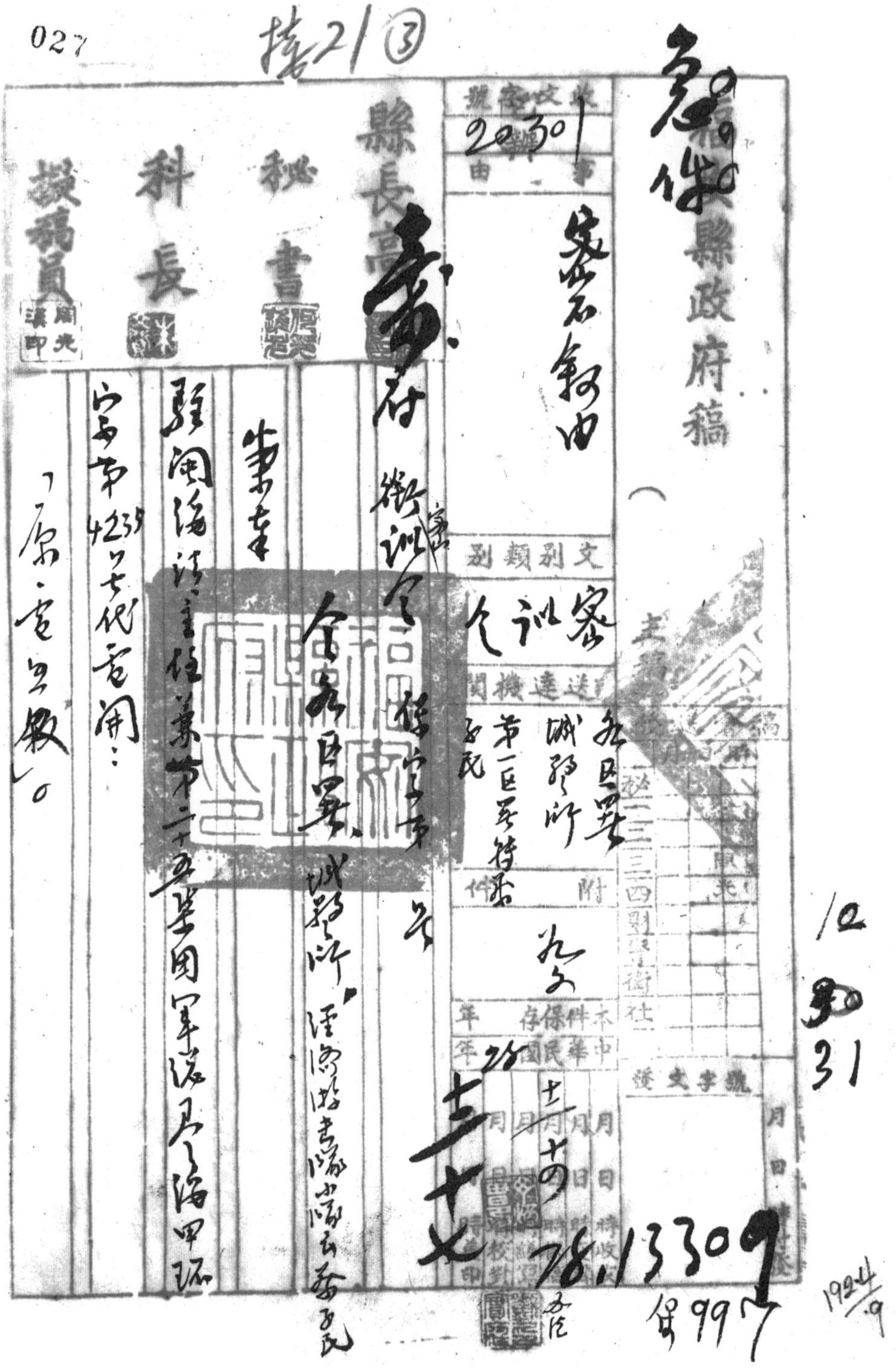

福安縣政府稿

縣長

秘書

科長

擬稿員

收文字號 20301

事由

文別 密訓令

送達機關

附件

本件保存年

中華民國 28 年 十二月 十四日

發文字號

福安县政府转发《经济游击队组织办法》、《第三战区经济游击实施办法》等办法的密训令

（1939 年 12 月 14 日） 0002-003-0359

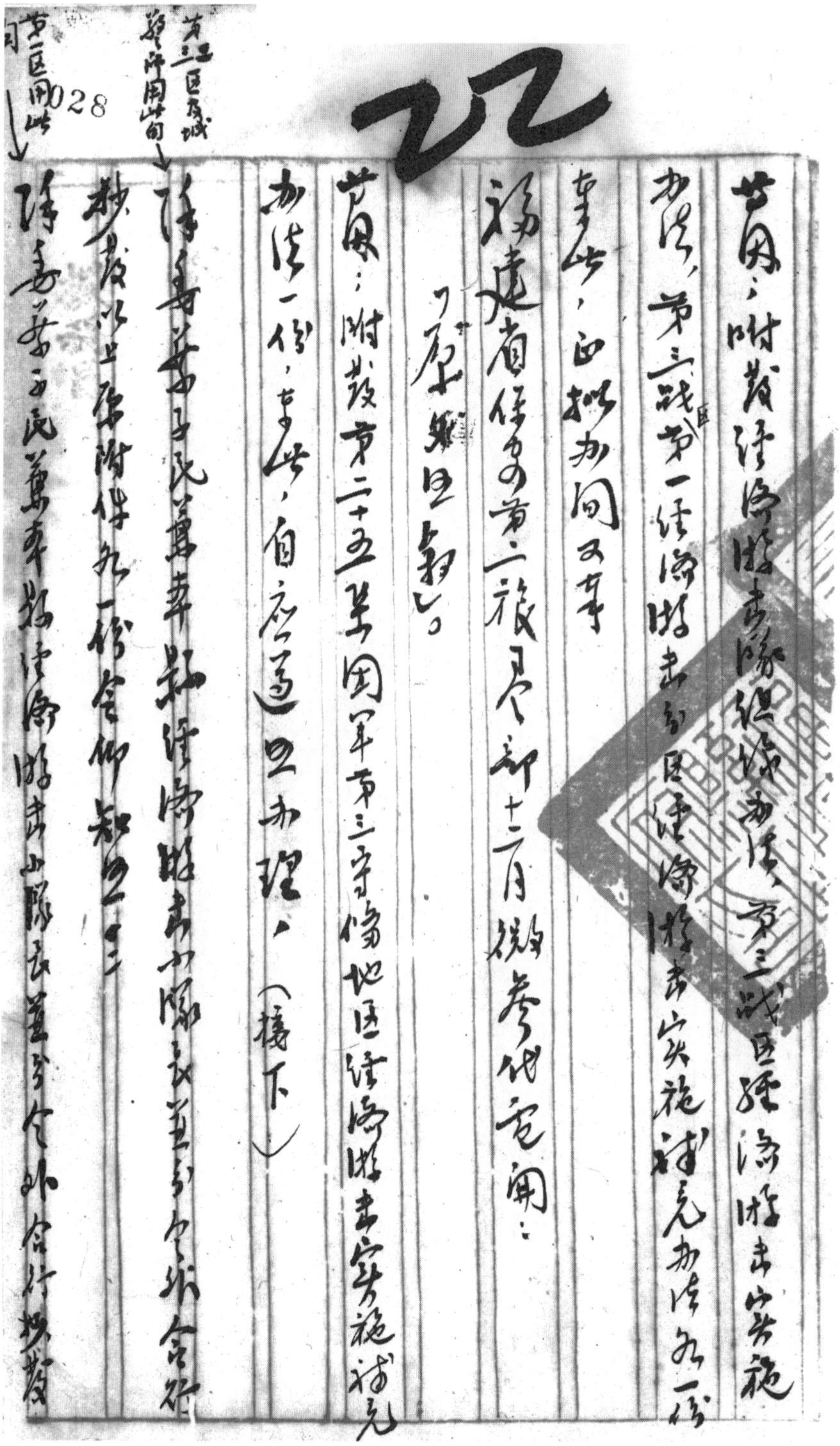

福安县政府转发《经济游击队组织办法》、《第三战区经济游击实施办法》等办法的密训令

（1939 年 12 月 14 日） 0002-003-0359

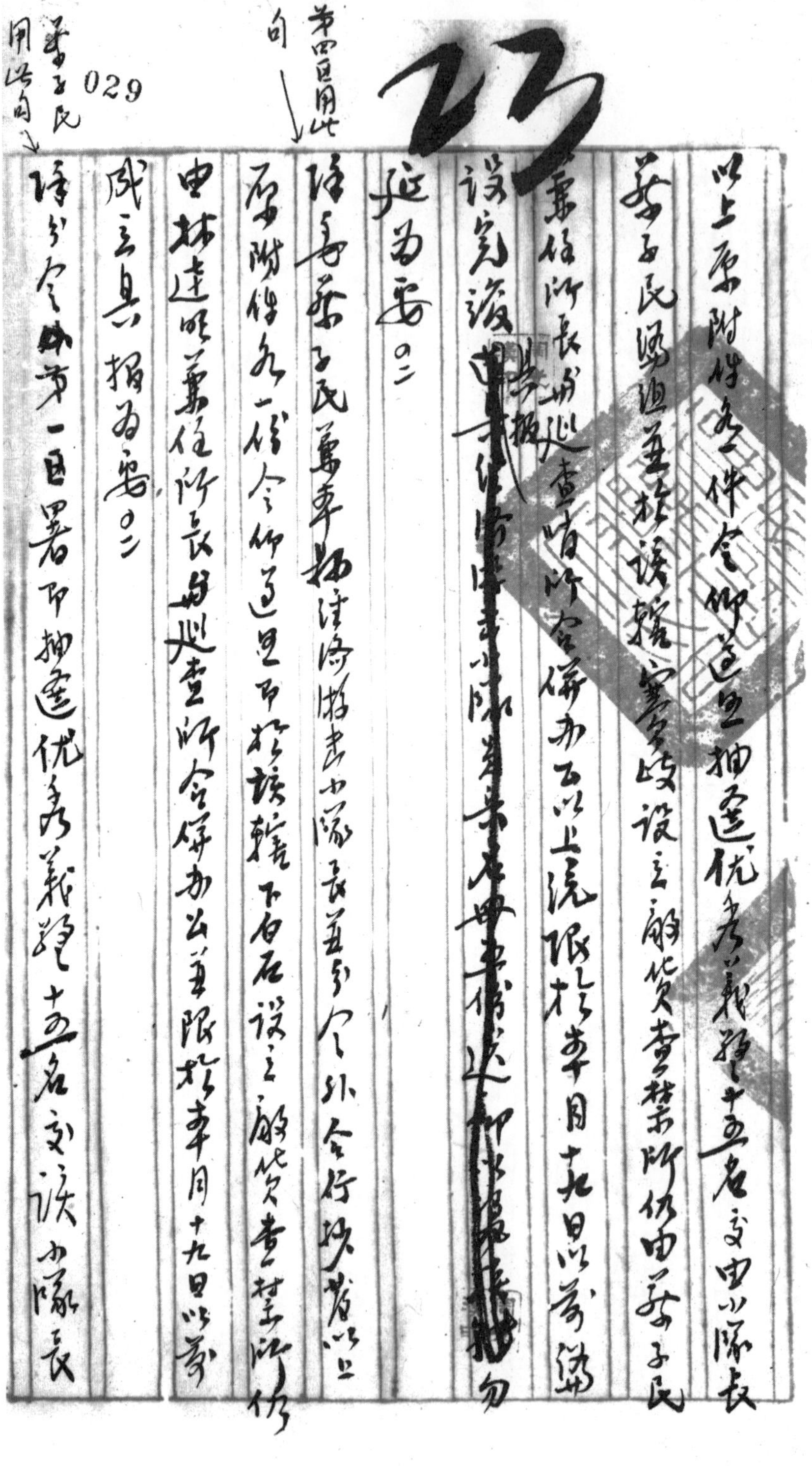

福安县政府转发《经济游击队组织办法》、《第三战区经济游击实施办法》等办法的密训令

（1939 年 12 月 14 日） 0002-003-0359

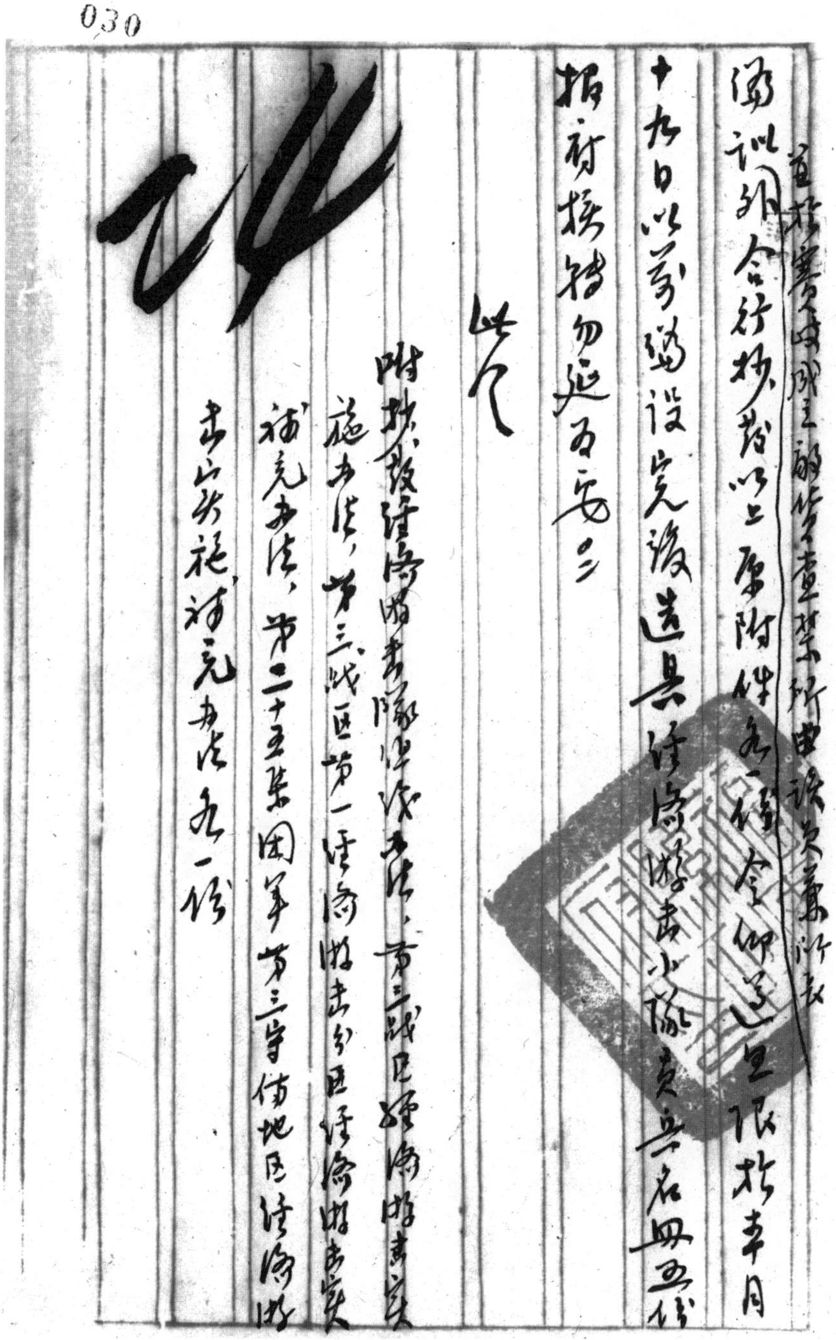

030

訓

首於奉令成立經濟查禁所由該員兼所長

除訓令外合行抄發以上原附件各一份令仰遵照限於本月

十九日以前編設完竣造具經濟游擊小隊員兵名冊具報

以憑核轉勿延為要

此令

附抄發經濟游擊隊組織辦法、第三戰區經濟游擊實

施辦法、第三戰區第一經濟游擊分區經濟游擊實

施補充辦法、第二十五集團軍第三守備地區經濟游

擊實施補充辦法各一份

福安县政府转发《经济游击队组织办法》、《第三战区经济游击实施办法》等办法的密训令

（1939 年 12 月 14 日） 0002-003-0359

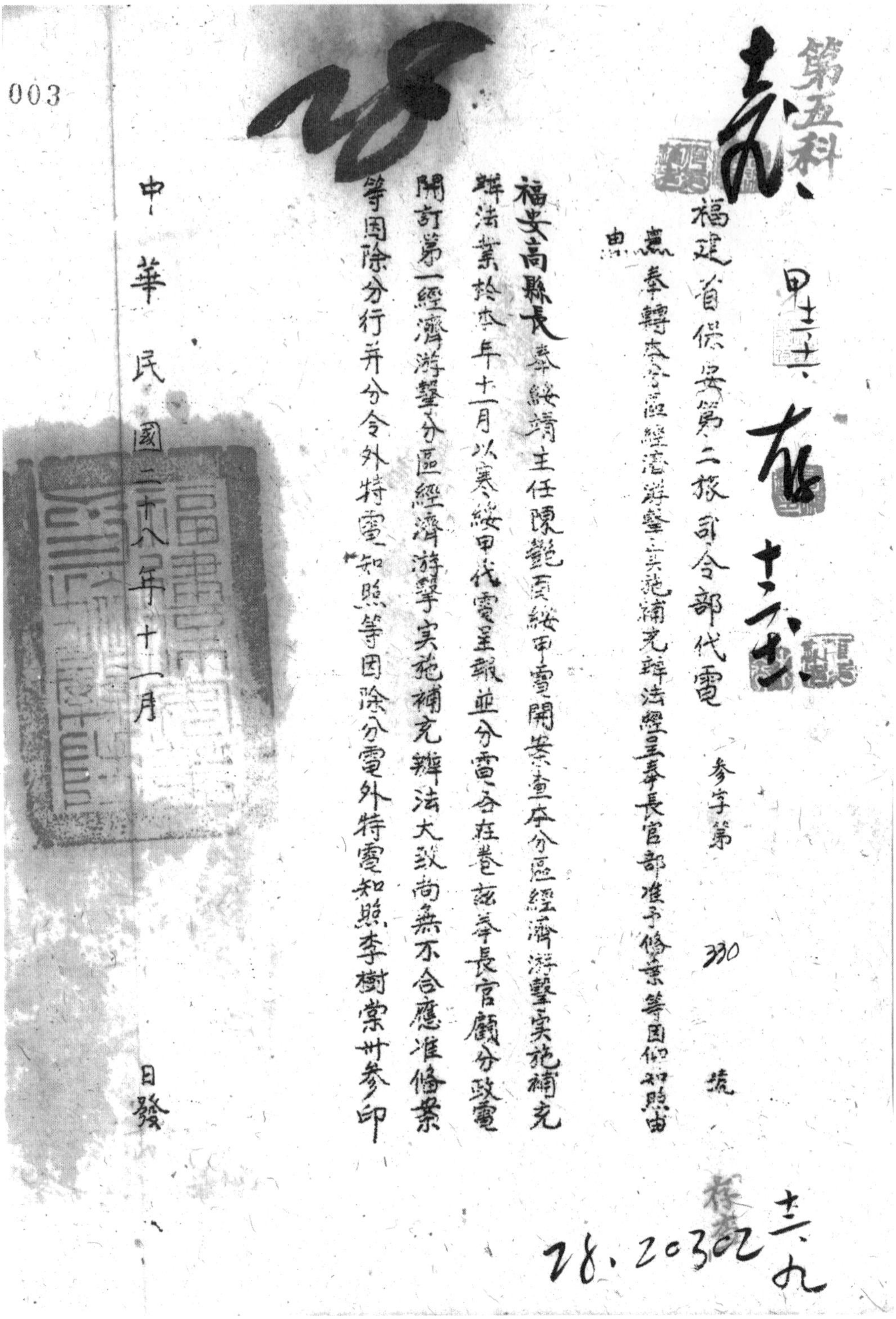
003

福建省保安第二旅司令部代電　参字第330號

奉轉本分區經濟游擊實施補充辦法經呈奉長官部准予備案等因仰知照由

福安高縣長：案奉綏靖主任陳艷亥綏甲電開：案查本分區經濟游擊實施補充辦法業於本年十一月以寒綏甲代電呈報並分電各在卷，茲奉長官顧分致電開：討第一經濟游擊分區經濟游擊實施補充辦法大致尚無不合，應准備案等因。除分行并分令外，特電知照等因。除分電外，特電知照。李樹棠卅參印

中華民國二十八年十一月　日發

28.2032

福建省保安第二旅司令部奉转本分区经济游击实施补充办法经呈奉长官部准予备案的代电

（1939年11月）　0002-003-0360

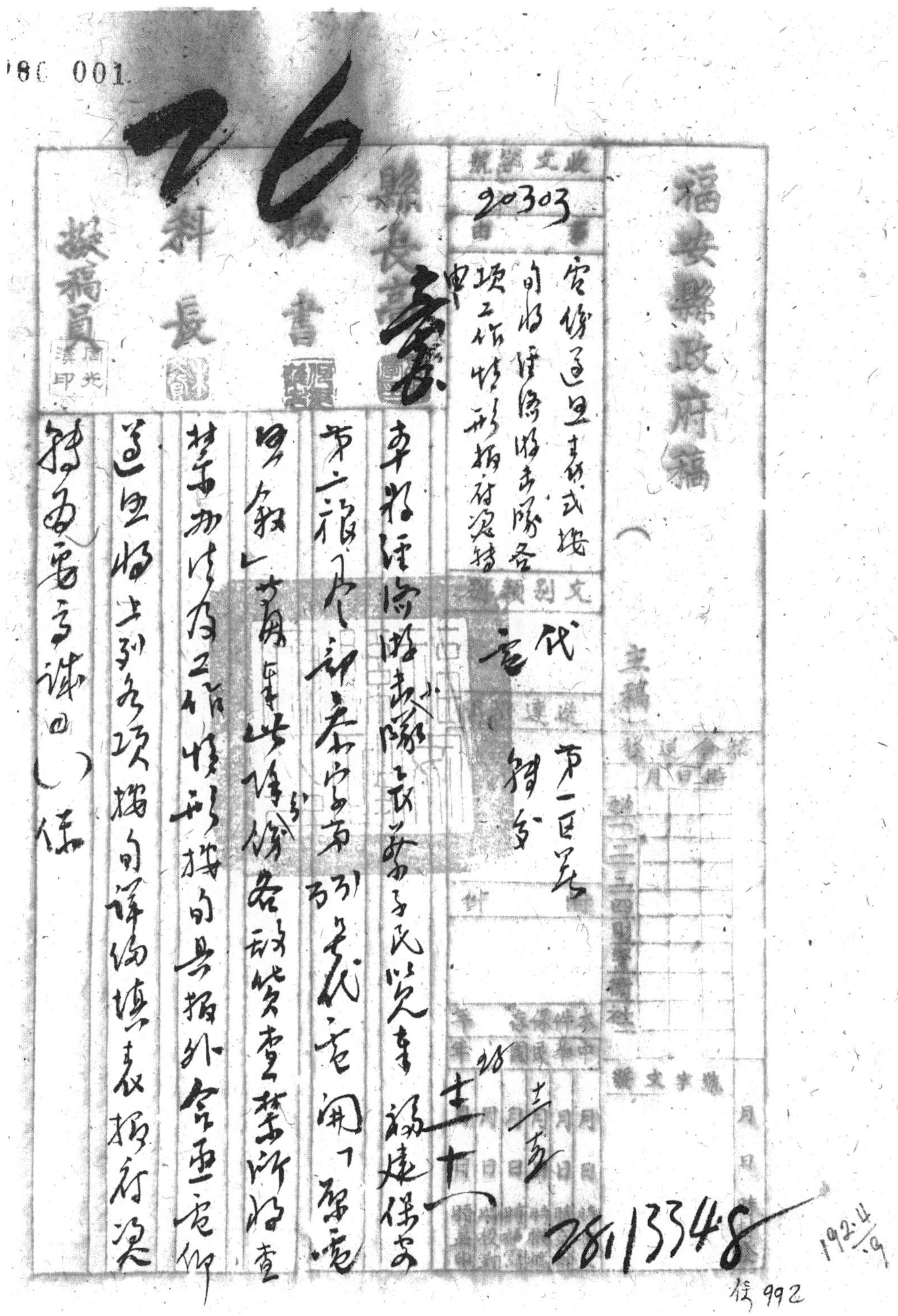
福安縣政府稿

縣長

秘書

科長

擬稿員

福安县政府饬遵照表式按旬将经济游击队各项工作情形报府凭转的代电

（1939 年 12 月 15 日） 0002-003-0360

006

接31

某某縣經濟游擊旬報表

項別	辦理情形	備攷
經濟游擊隊數量及編訓情形		
推毀敵偽經濟組織與機構之辦法及其工作情形		
破壞敵偽軍需設備及運輸機構之辦法及工作情形		
敵偽貨物查禁辦法及工作情形		
其他		
附記		

中華民國二十 年 月 日 某某縣縣長某某填報

福安县政府饬遵照表式将旬收经济游击队各项工作情形报府的代电
附经济游击旬报表式(1939 年 12 月 15 日) 0002-003-0360

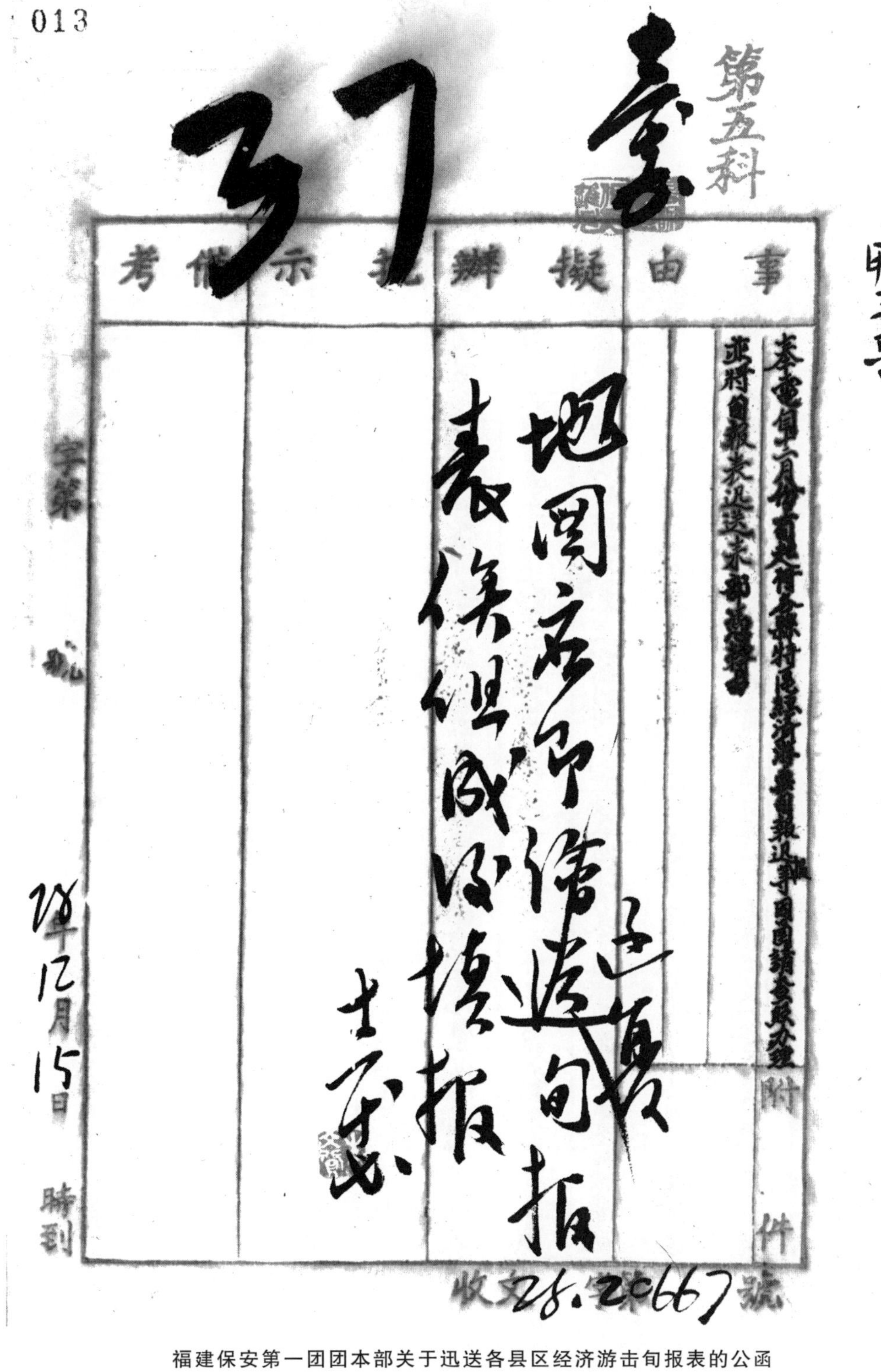

福建保安第一团团本部关于迅送各县区经济游击旬报表的公函

（1939 年 12 月 13 日） 0002-003-0360

福建保安第一团团本部　公函　书字第贰叁叁号

案奉

福建保安第二旅旅长亥寒秘字第三三一号歌秘代电开：

「奉绥署江经甲电开：案奉长官顾本（政）电开关于经济游击队、游击分区应按报事项如下：（一）应将经济游击工作从十二月一日起按旬造送旬报，并应表报；（二）应照送分区经济游击地图五份，内须标明：甲、分区地境；乙、封锁线；丙、敌货查禁处设施点；丁、（沿）部队各据地点。上三项除分电外，希查照办理等因，自应遵办，兹规定旬报表式如下：（一）经济游击队数量及编制情形；（二）摧毁敌伪经济及其组织与机构之办法及工作情形；（三）破坏敌伪军需设备及运输机构之办法及工作情形；（四）敌伪货物查禁办法及工作情形；（五）其他以上各项。除分区第一经济封锁线第一封锁地区（诏安、东山、云霄、漳浦、海澄、龙溪、长泰、同安八县）应报由之五部兼主（敌）……

福建保安第一团团本部关于迅送各县区经济游击旬报表的公函

（1939 年 12 月 13 日）　0002-003-0360

014

38

第二封鎖地區、安溪南安晋江惠安莆田仙游福清長樂閩侯連江十縣，應報由八十師兼區處轉；第三經濟地區、

屏南寧德福安霞浦福鼎五縣，應報由保安處兼區處轉；第三經濟封鎖線分封鎖地區各縣，應報由保安處

兼區處轉。其第五師、八十師、保安各系及保安處，除即調製各該管線區經濟游擊地圖三份報核外，應自十二月上旬

起，將各縣特區經濟游擊旬報表彙列表令各該管線區特報表每旬呈報來者，以便存轉。除分行外，特電仰切實遵

照為要，等因。第一封鎖分區、屏南寧德兩縣，應報由保安處兼區處轉；第二封鎖分區、福鼎霞浦福安三縣，應報由

保安處兼區處轉。除分行外，仰切實遵照具報本部為要」

等因，奉此，相應函達，希即

查照辦理，並將本月上旬旬報表，依照規定表式，迅予填送三份來部，以憑彙轉為荷。此致

福安縣縣政府

團長 侯定遠

福建保安第一团团本部关于迅送各县区经济游击旬报表的公函

（1939年12月13日） 0002-003-0360

中華民國二十八年十二月十三日

福建保安第一团团本部关于迅送各县区经济游击旬报表的公函

（1939 年 12 月 13 日） 0002-003-0360

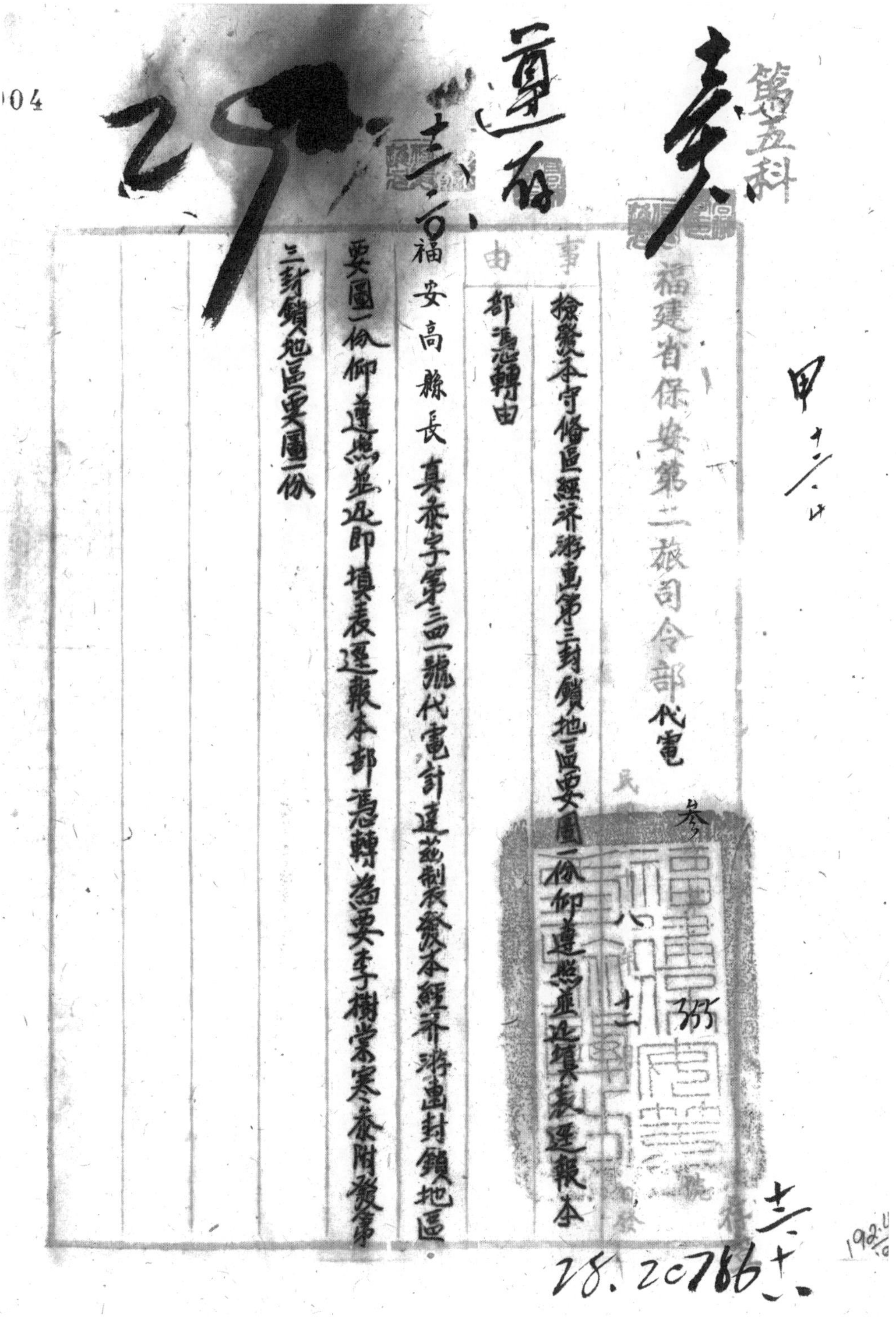
第五科
福建省保安第二旅司令部代電
事由 撿發本守備區經濟游擊第三封鎖地區要圖一份仰遵照並迅填表逕報本部憑轉由
福安高縣長 真秦字第三四一號代電計達茲制表發本經濟游擊封鎖地區要圖一份仰遵照並迅即填表逕報本部憑轉為要 李樹棠 寒参附發第三封鎖地區要圖一份

福建省保安第二旅司令部检发本守备区经济游击第三封锁地区要图一份的代电

（1939 年 12 月） 0002-003-0360

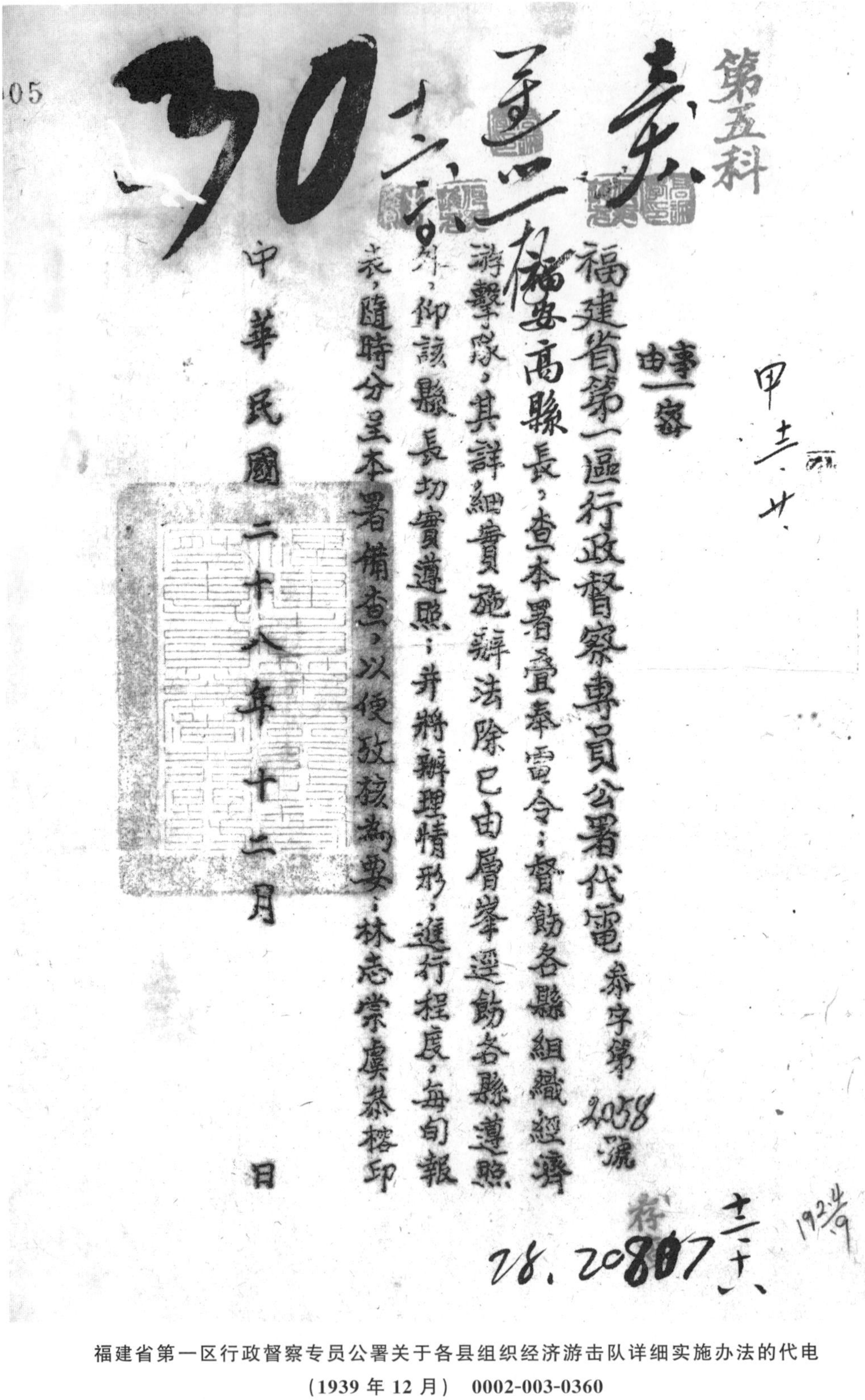

第五科

事由：一密

福建省第一區行政督察專員公署代電 𠛬字第2058號

福安高縣長：查本署前奉電令：督飭各縣組織經濟游擊隊，其詳細實施辦法除已由層峯逕飭各縣遵照外，仰該縣長切實遵照；并將辦理情形，進行程度，每旬報表，隨時分呈本署備查，以便考核為要。林志崇虞恭榕印

中華民國二十八年十二月　日

福建省第一区行政督察专员公署关于各县组织经济游击队详细实施办法的代电

（1939年12月） 0002-003-0360

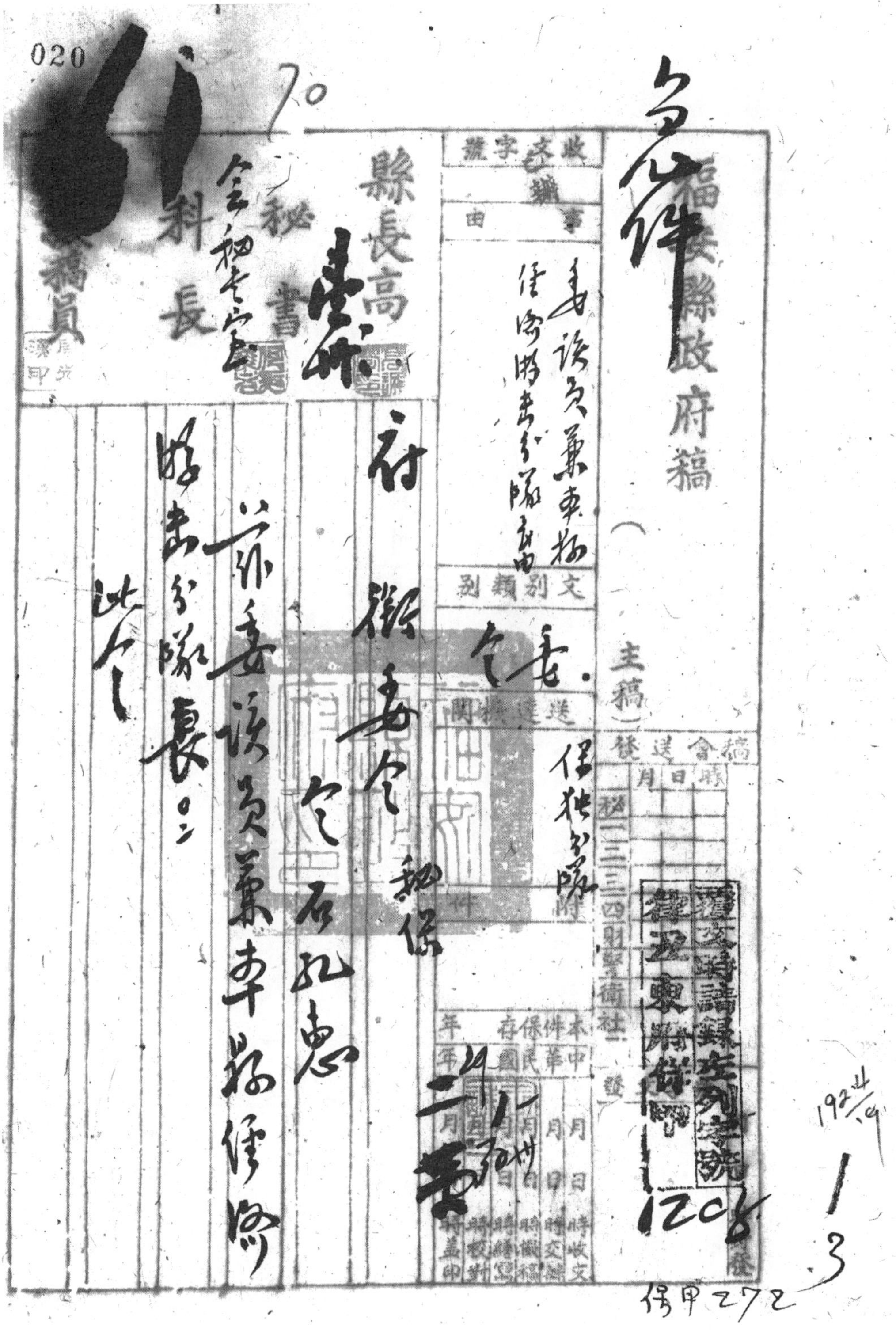

020

福安縣政府稿

事由：委該員兼本縣經濟游擊分隊長由

文別類別：令委

令 石孔惠

茲委該員兼本縣經濟游擊分隊長
此令

縣長 高
秘書
科長
主稿員

福安县政府关于委石孔惠兼本县经济游击分队长的委令（1940 年 1 月 30 日） 0002-003-0361

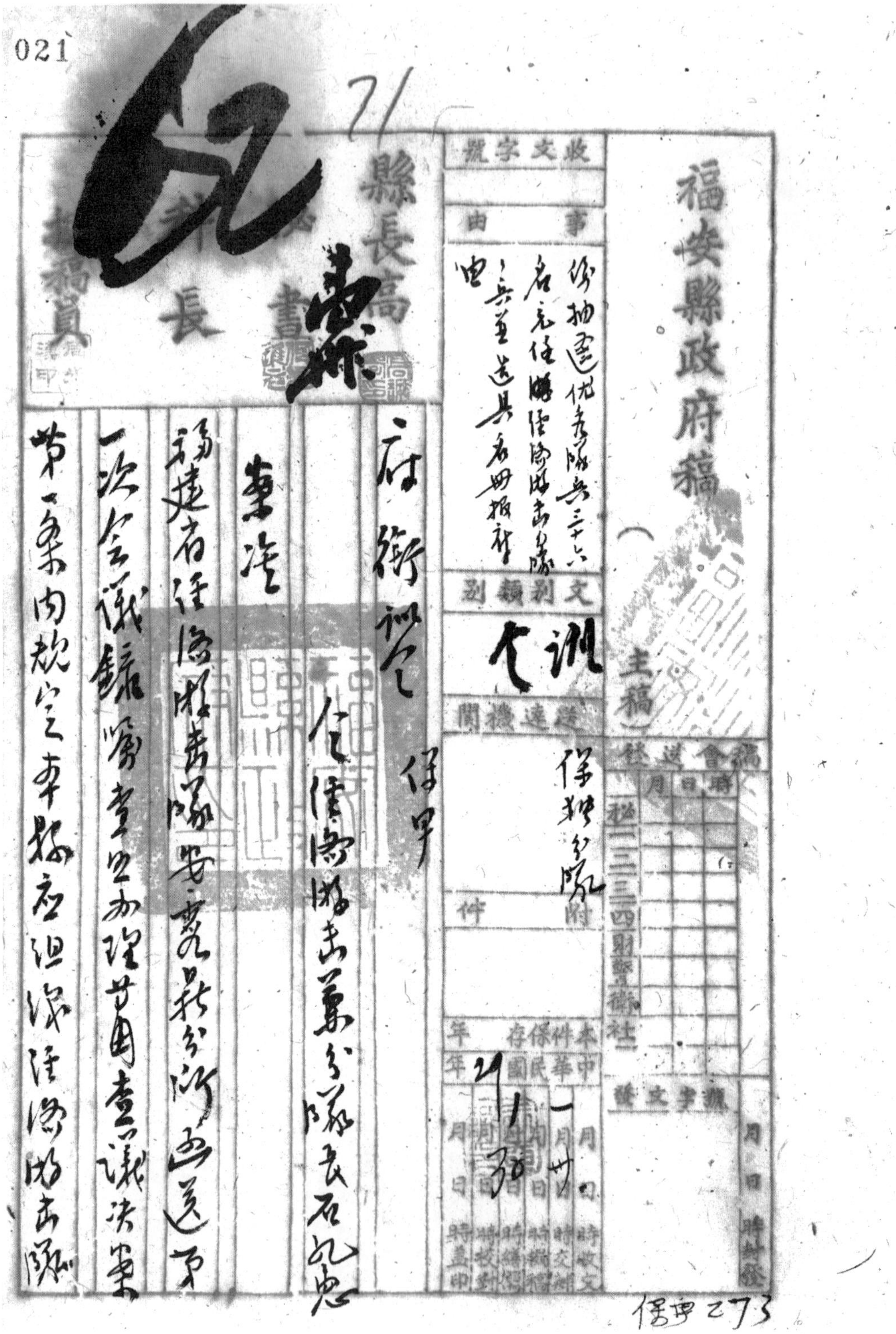
福安縣政府稿
縣長
秘書
科長
擬稿員
收文字號
事由
文別稿別
送達機關
附件
中華民國 年 月 日

福安县政府关于抽送优秀队兵三十六名充任经济游击队员兵并造具名册报府的训令

（1940 年 1 月 30 日） 0002-003-0361

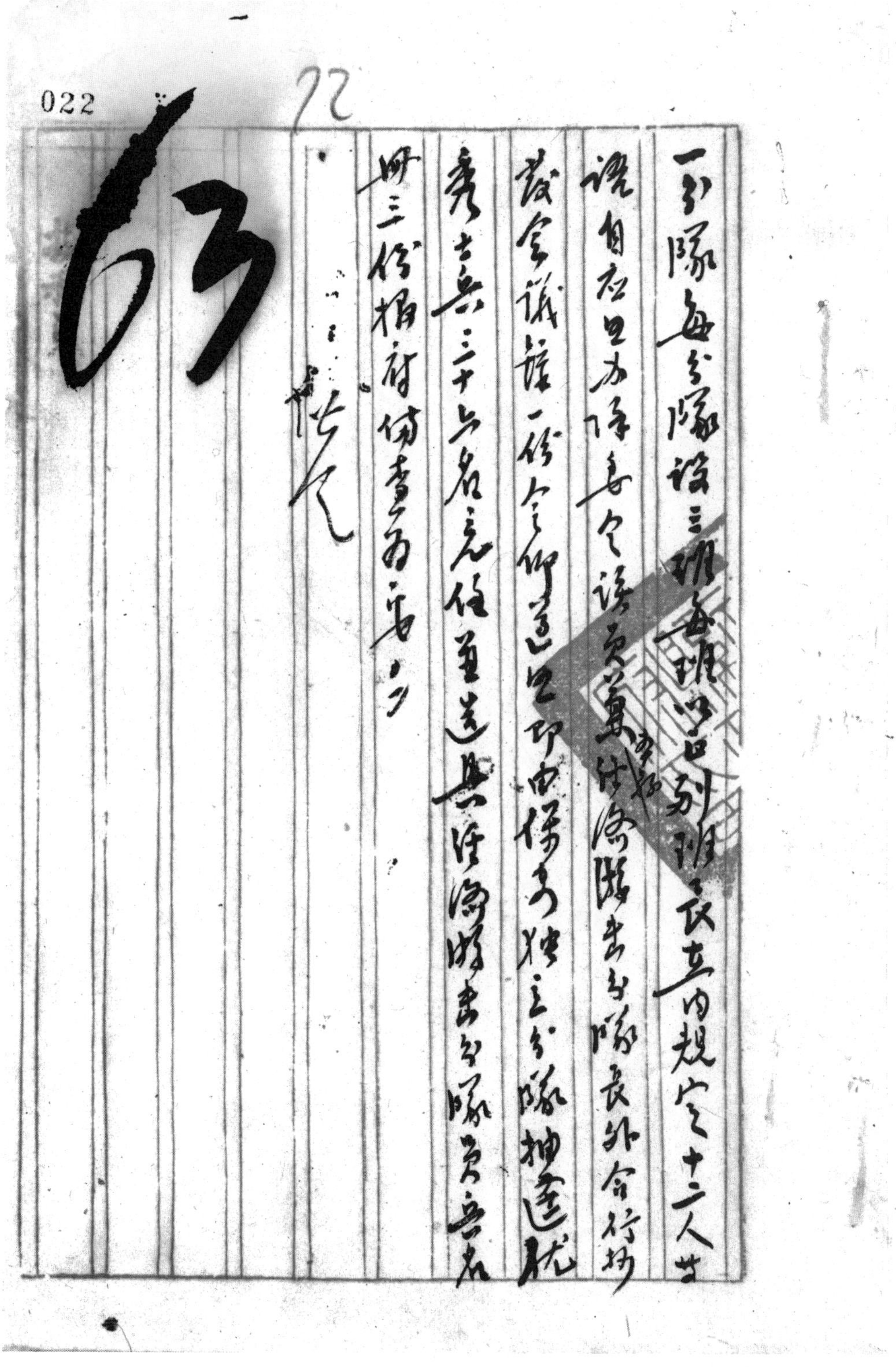
022 72 63

一分队，每分队设三班，每班除正副班长各一名外规定十二人，共

计自应由本府保安队调员兼代经济游击分队长外，合行抄

发会议录一份，令仰遵照，即由保安独立分队抽选优

秀士兵三十六名充任，并造具经济游击分队员兵名

册三份报府备查为要！

此令

福安县政府关于抽送优秀队兵三十六名充任经济游击队员兵并造具名册报府的训令

（1940 年 1 月 30 日） 0002-003-0361

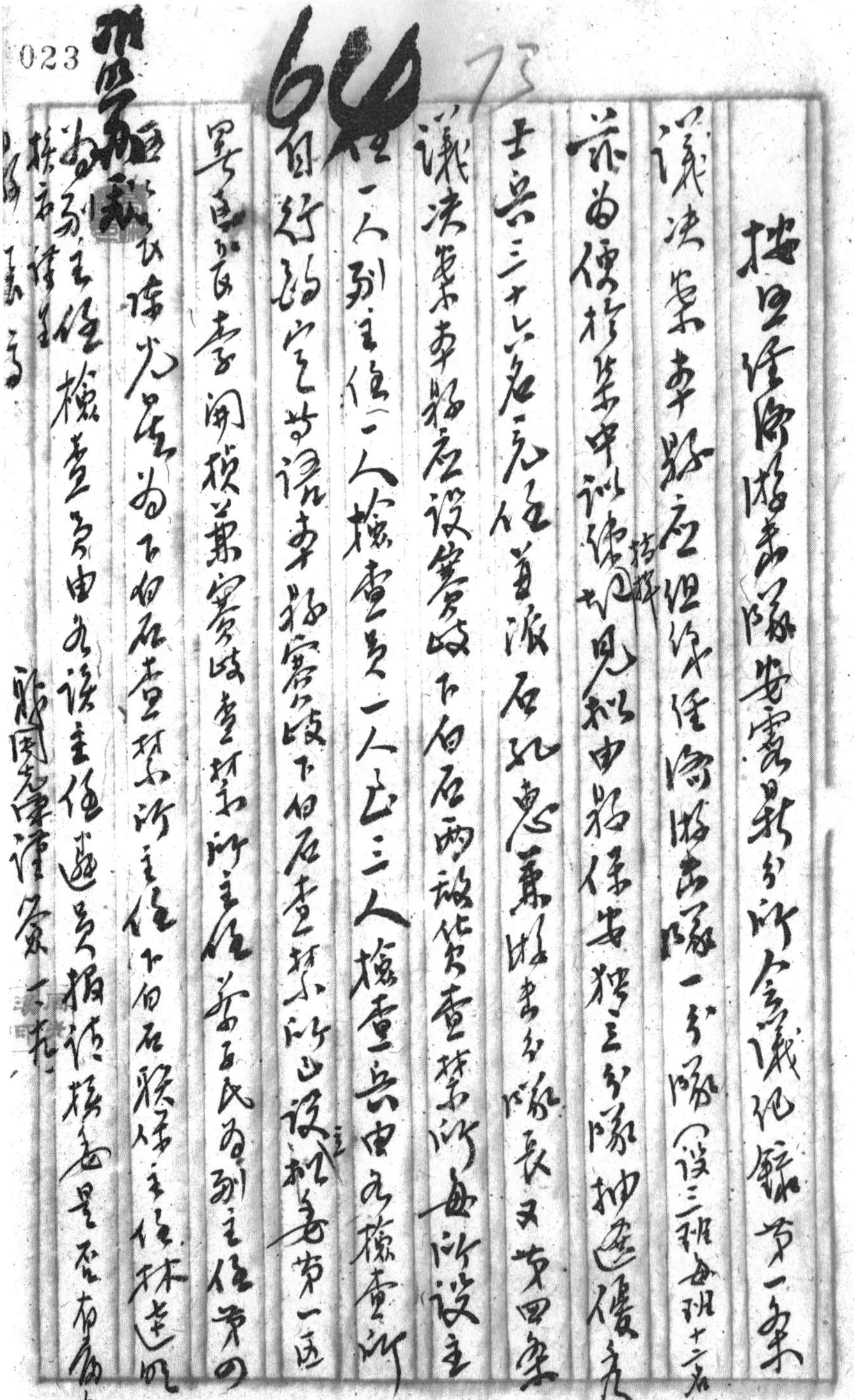

福安县政府关于抽送优秀队兵三十六名充任经济游击队员兵并造具名册报府的训令

（1940 年 1 月 30 日）　0002-003-0361

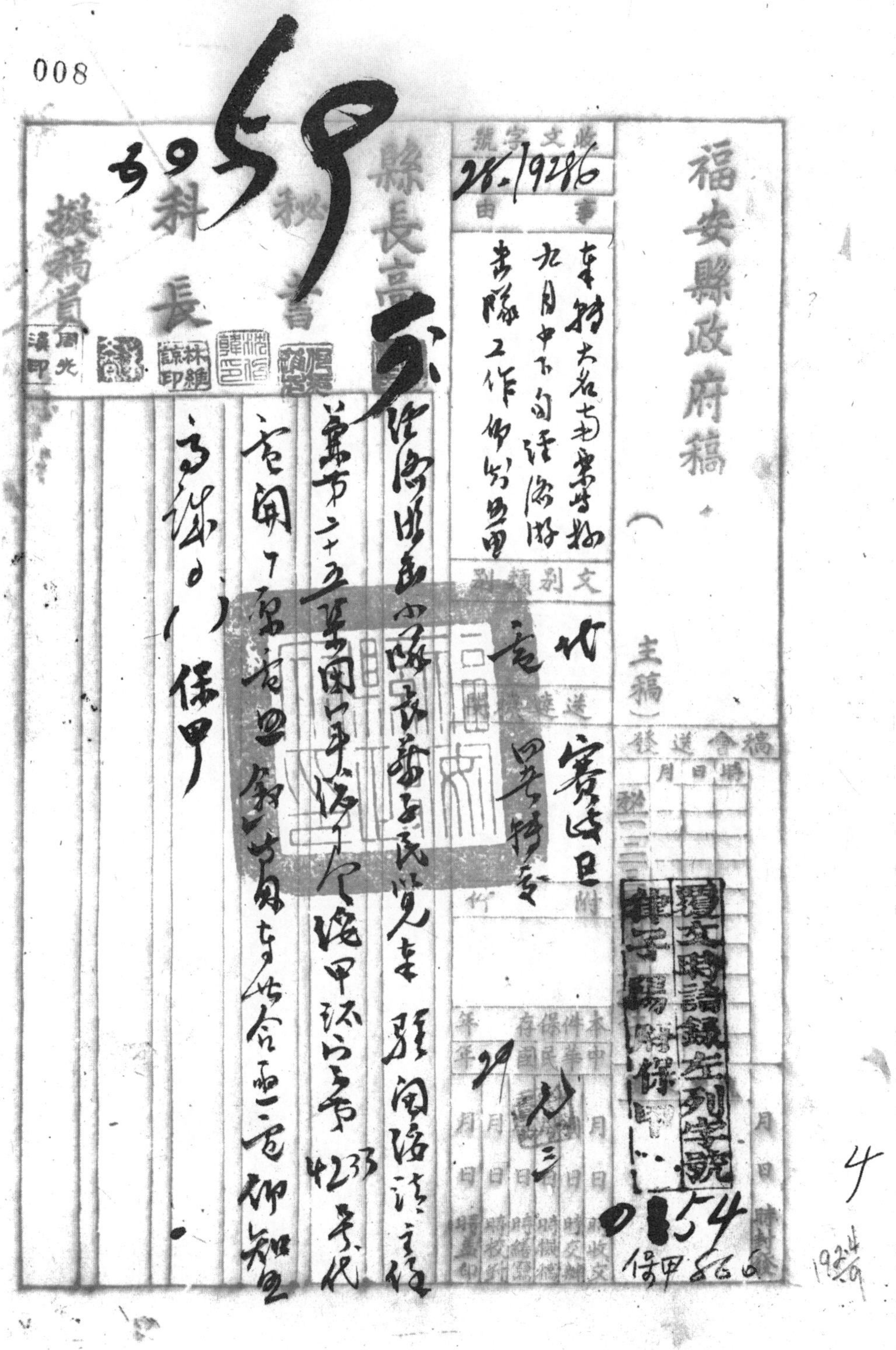
008

福安縣政府稿

縣長

秘書

科長

擬稿員

收文字號 28.19286

事由 奉轉大名南樂等縣九月中下旬經濟游擊隊工作仰知照由

文別

送達

福安县政府奉转大名南乐等县九月中下旬经济游击工作仰知照的代电

（1940 年 1 月 30 日） 0002-003-0361

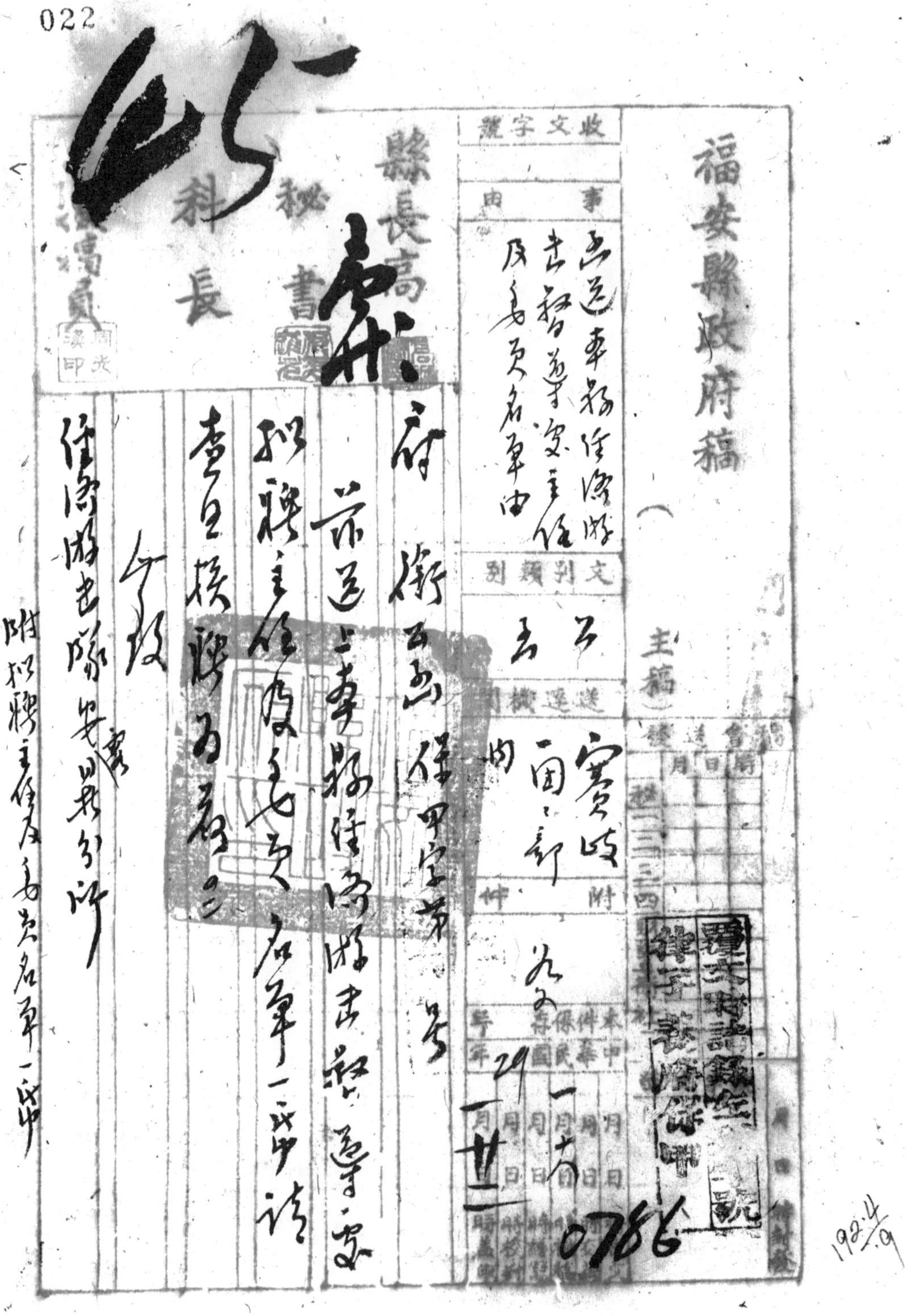

福安县政府送本县经济游击督导处主任及委员名单的公函

（1940 年 1 月 22 日） 0002-003-0360

023

福安县经济游击督导处拟聘主任及委员名单

拟聘职务	姓名	原职务	备考
兼主任	高诛学	福安县县长	
副主任	侯定远	县军长官	
委员	刘宗宸	福安县党部书记长	
	陈大均	福安县商会会长	
	何进元	福安县政府秘书	
	吴荣桂	福安县政府第一科科长	
	张伯扬	福安县政府第二科科长	
	何士宪	福安县政府第三科科长	

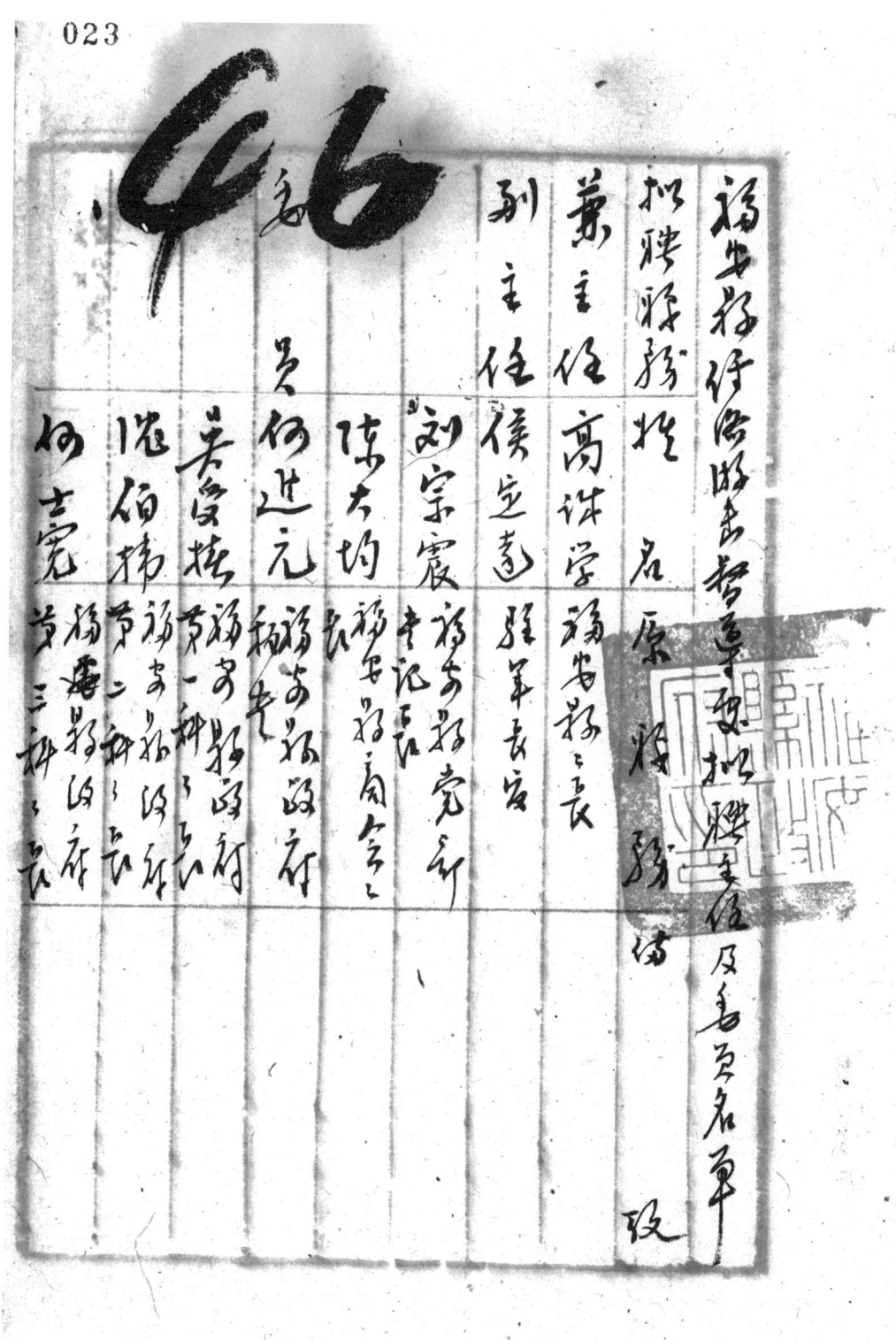

福安县经济游击督导处拟聘主任及委员名单（1940 年 1 月 22 日） 0002-003-0360

林继沅	福安县政府第四科科长
朱文赞	福安县政府第五科科员
陈伯琳	福安县国民兵团副团长　原职兼任
郭振義	福安县城区署区长

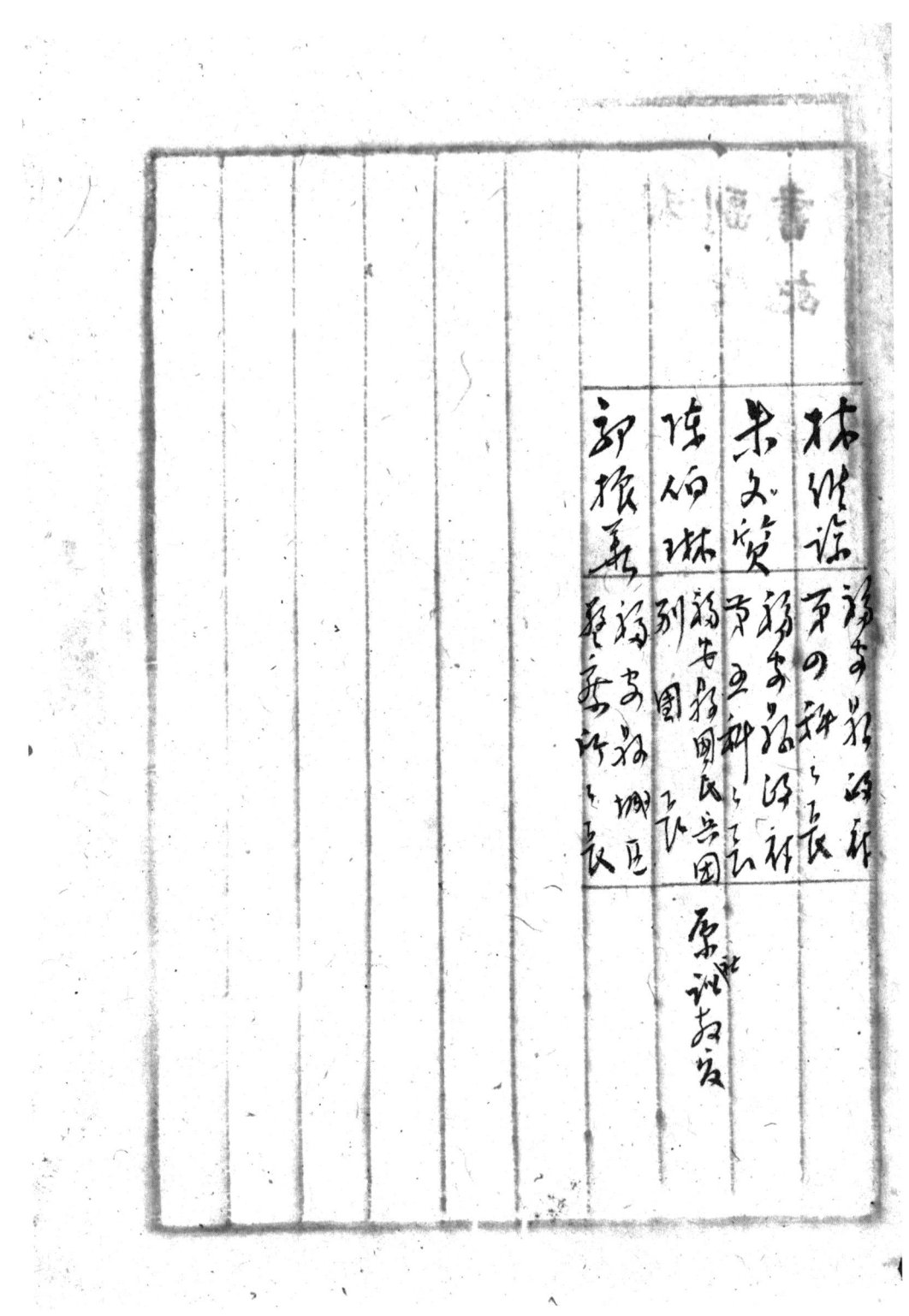

福安县经济游击督导处拟聘主任及委员名单(1940年1月22日)　0002-003-0360

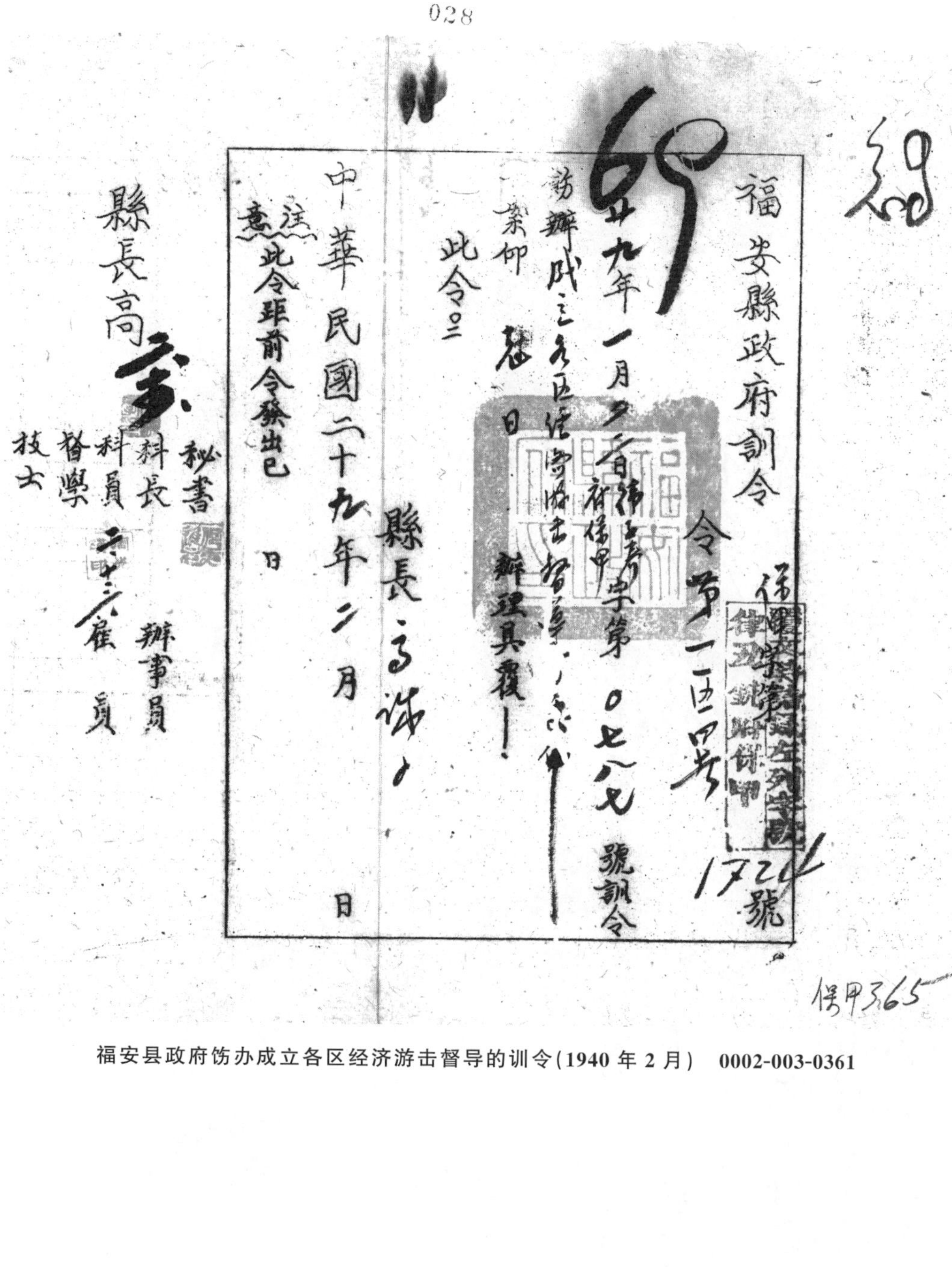
028

福安縣政府訓令 令第一五四号 1724號

廿九年一月廿二日府保甲字第〇七八七號訓令

飭辦成立各區經濟游擊督導員……

案仰 各 日 辦理具覆！

此令。

縣長 高詠

中華民國二十九年二月 日

注意 此令距前令發出已 日

縣長高

秘書 科長 科員 督學 技士 辦事員 雇員

保甲365

福安县政府饬办成立各区经济游击督导的训令(1940年2月) 0002-003-0361

024

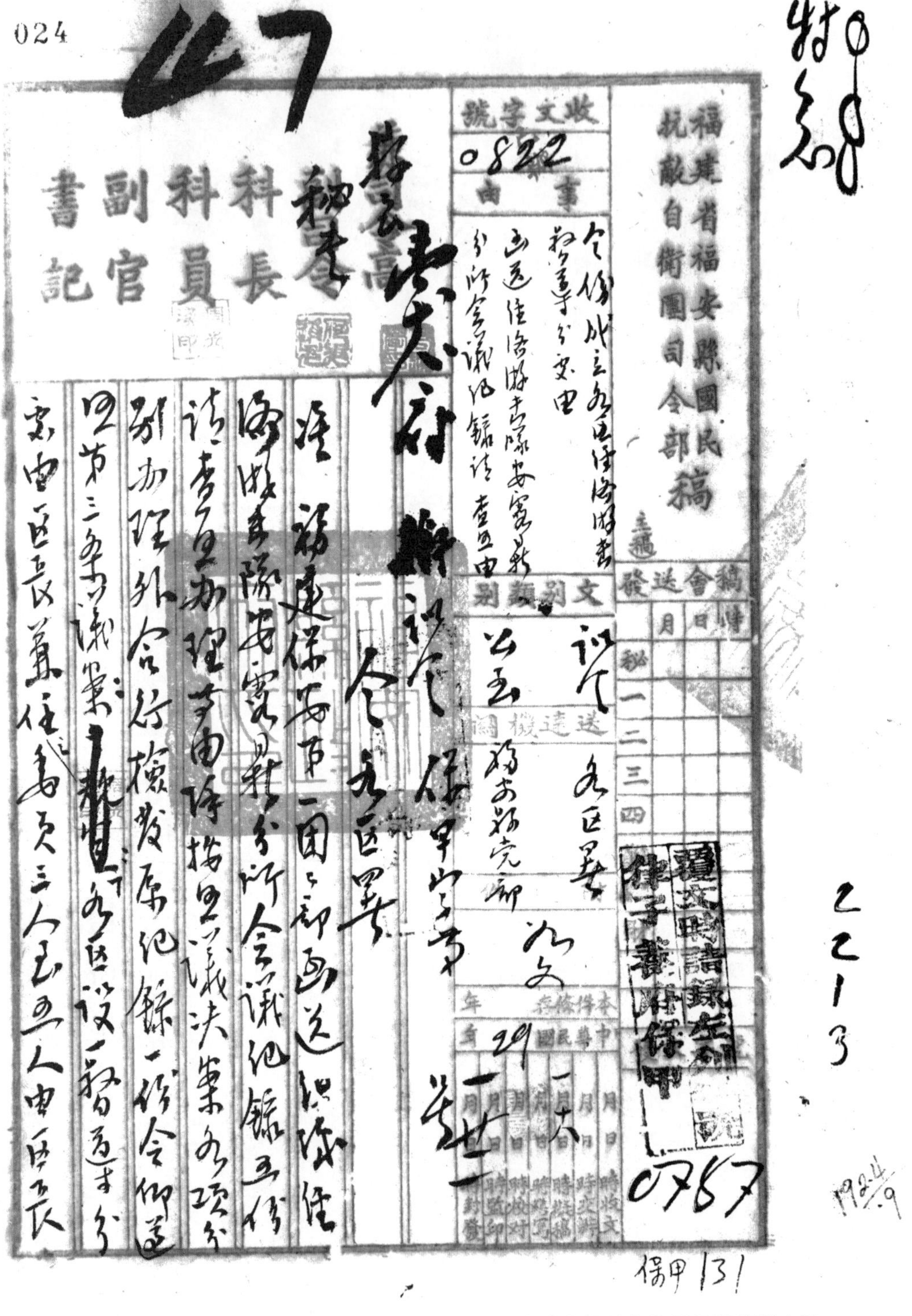
福建省福安縣國民抗敵自衛團司令部稿

收文字號 0822

事由：令仰成立各區經濟游擊督導分處并送經濟游擊隊安霞鼎分所會議紀錄仰查照由

高參　參謀長　秘書　科長　科員　副官　書記

文別：訓令

送達機關：各區署

訓令　保甲字第　號

令各區署

准福建保安第一團司令部函送經濟游擊隊安霞鼎分所會議紀錄一份，請查照辦理等由，附抄會議決案各項，分別辦理外，合行檢發原紀錄一份，令仰遵照……

本件條於中華民國廿九年一月廿二日

保甲 131

福安县国民抗敌自卫团司令部关于成立各区经济游击督导分处及送经济游击队安霞鼎分所会议记录的训令(1940 年 1 月 22 日)　0002-003-0360

025

遴选适当人材聘任兼充，克日成立督导分处，并将

遴选委员名单报府以凭核发聘书为要。

此令。

附发原记录一份

府

衔公函 保甲字第 号

案准福建保安第一团部函送经济游击

队安霞鼎分所会议记录，嘱查照办理并由查议

决事内第五条应请

贵书记长核办，相应检同原记录一份送达，请

查照为荷。此致

福安县抗敌部书记长刘

附送原记录一份

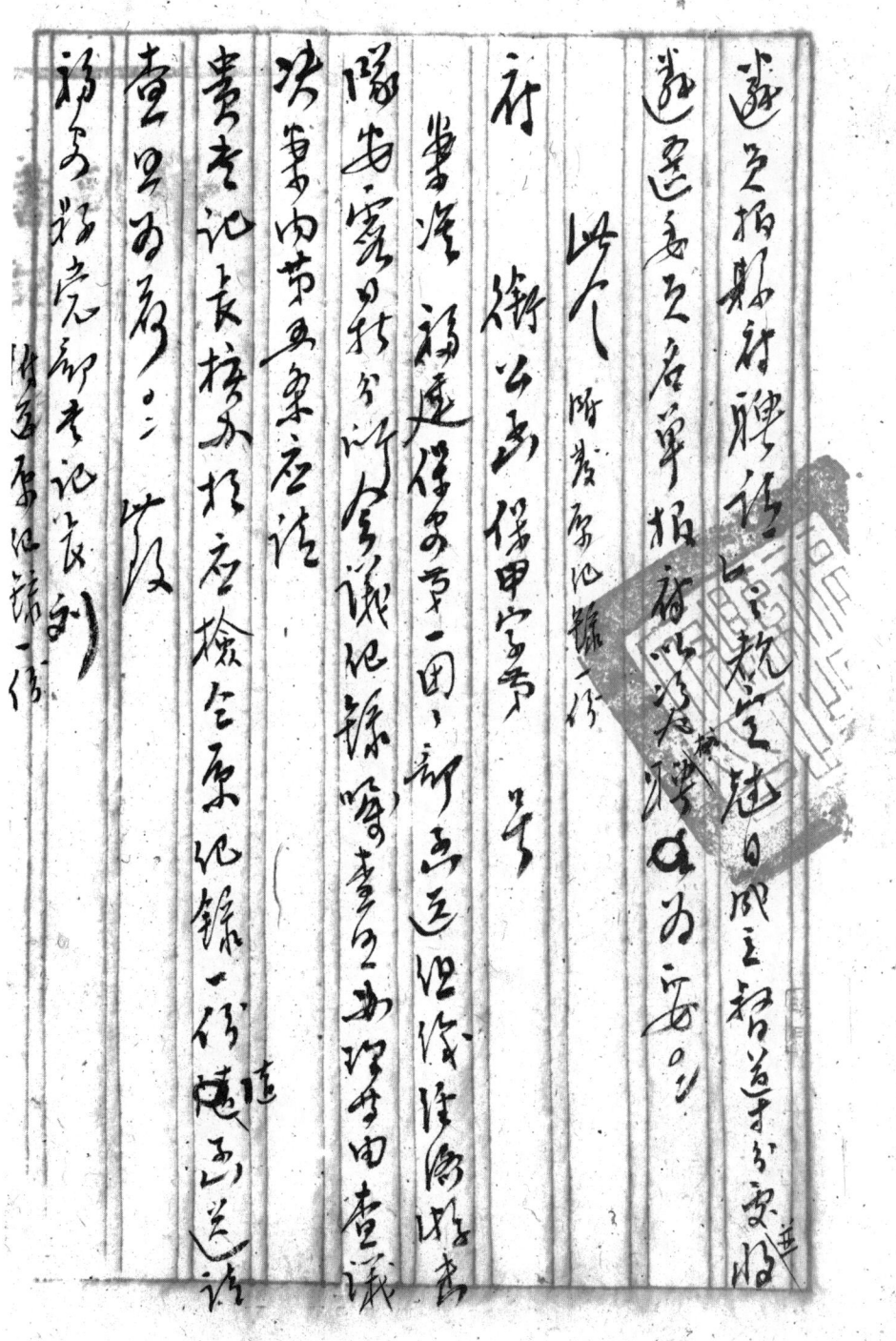

福安县国民抗敌自卫团司令部关于成立各区经济游击督导分处及送经济游击队安霞鼎分所会议记录的训令（1940 年 1 月 22 日） 0002-003-0360

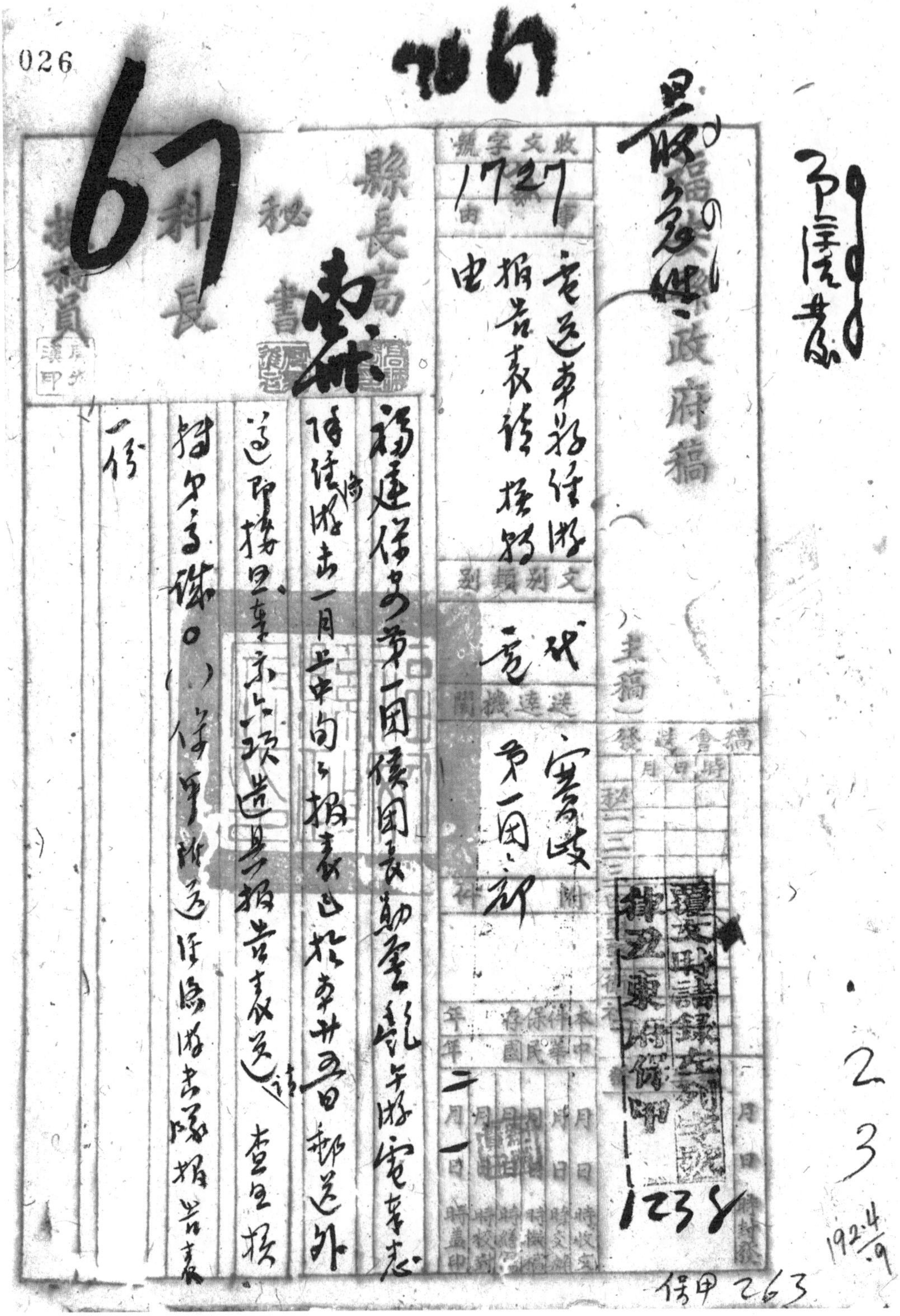
福安縣政府稿
縣長
秘書
科長
擬稿員
收文字號 1727
事由
文別 代電
送達機關

福安县政府关于送本县经济游击报告表的代电

（1940 年 2 月 1 日） 0002-003-0361

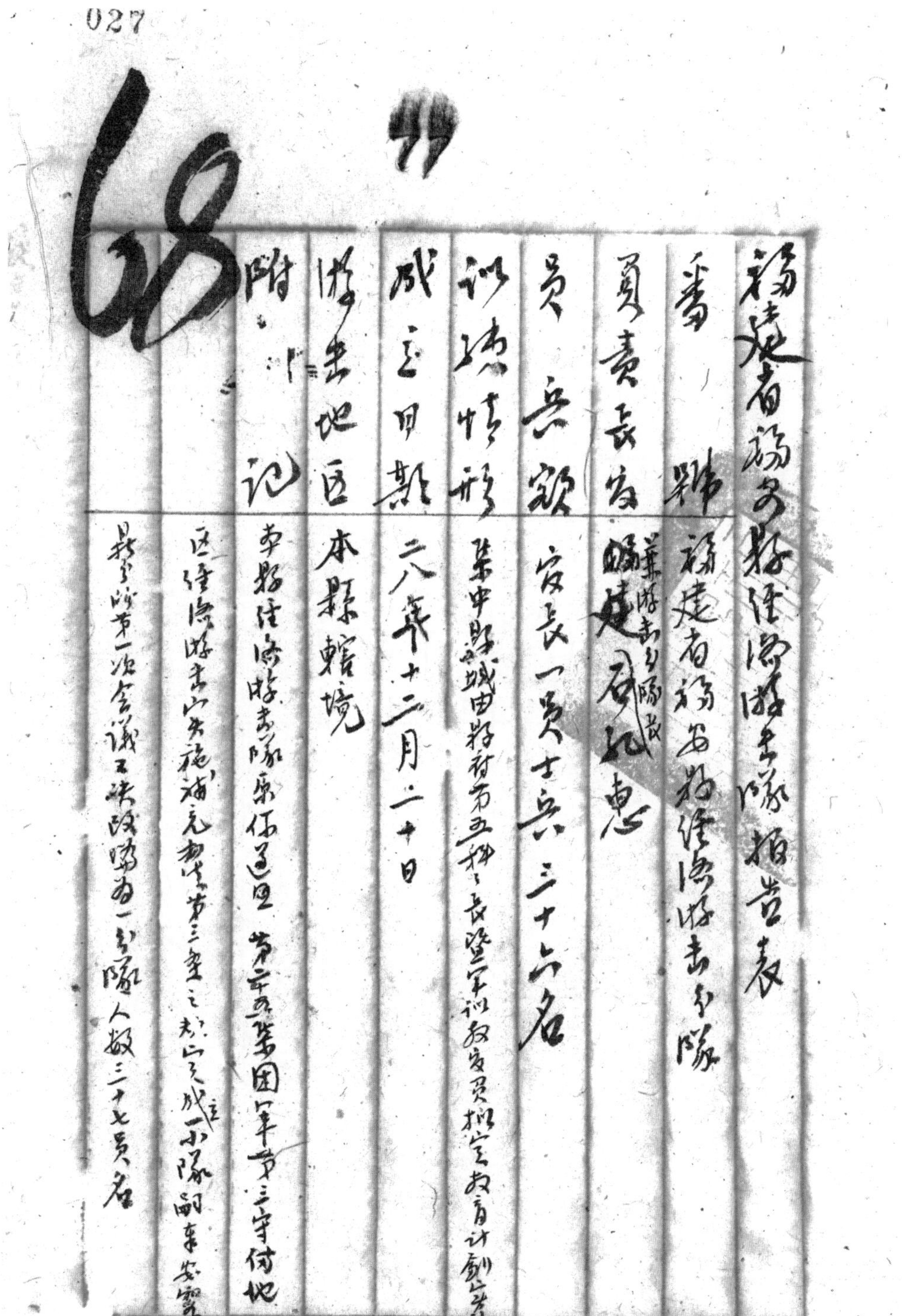
027

68

福建省福安县经济游击队报告表

番号	福建省福安县经济游击分队
负责长官	福安县长兼游击分队长 [illegible]纪惠
员兵额	官长一员士兵三十六名
训练情形	集中县城由县府第五科科长暨军训教官负责拟定教育计划实施训练
成立日期	二八年十二月二十日
游击地区	本县辖境
附记	本县经济游击队原係遵照第二十五集团军第三守备地区经济游击大队施补充办法第三条之规定成立一小队嗣奉安[illegible]县政第一次会议决议改编为一分队人数三十七员名

福建省福安县经济游击队报告表(1940 年 2 月 1 日) 0002-003-0361

U24

74

譯　電

福安縣政府譯字第　號

來電機關

事由

決定辦法

高縣長奉旅長李威游電開奉綏靖主任陳轉奉長官顧省政府電開希速將所屬各經濟游击隊(1)番號(2)負責官長(3)員兵額(4)訓練情形(5)成立日期(6)游击地區列表彙報候核等因仰將該團長負責之封鎖地區所屬各經濟游击隊遵上六項規定限電到三日內列表具報凭轉並將經濟游击工作旬報表從速報部以凭彙轉等因除分電外希速將貴縣所屬組織之經濟游击隊遵上六項規定限電到日或表具報凭轉並將一月份上中旬經濟游击工作旬報表速報來團彙轉勿

譯電員姓名

備考

1727　29/1/29

甲之光

福安縣政府譯字第　號

福安县政府译将所属各经济游击队番号、负责官长等六项列表报部并速报一月份上中旬经济游击工作旬报的电文(1940 年 1 月 29 日)　0002-003-0361

025

75

譯電紙

福安縣政府譯字第　號

來電機關	
由	延為荷候定遠艷午游 前以特電飭六項列表 呈報並經濟游擊工 作旬報表應按旬填報 未報茲應即補報為要
決定辦法	
備考	譯電員姓名

66

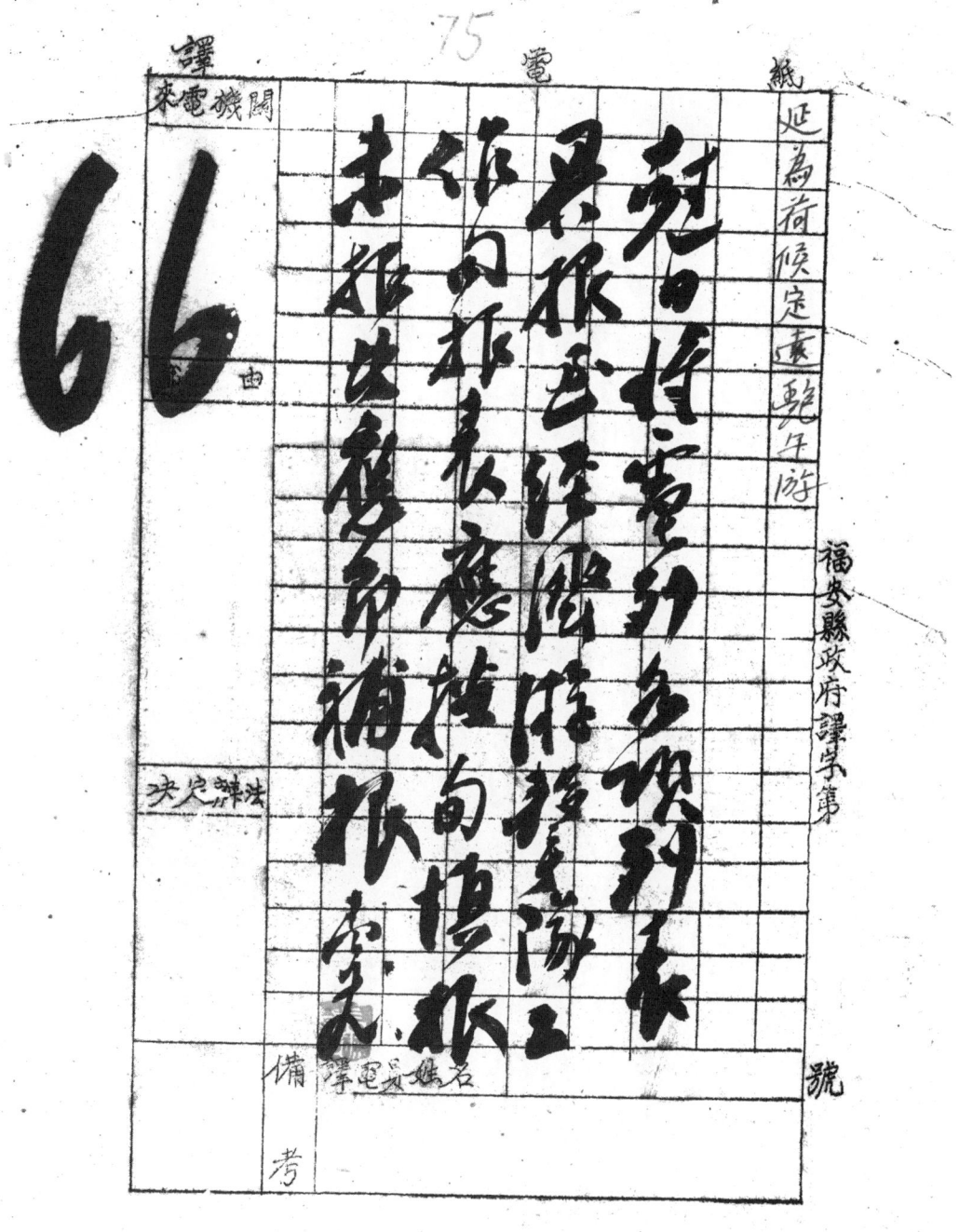

福安县政府译将所属各经济游击队番号、负责官长等六项列表报部并速报一月份上中旬经济游击工作旬报的电文(1940 年 1 月 29 日)　0002-003-0361

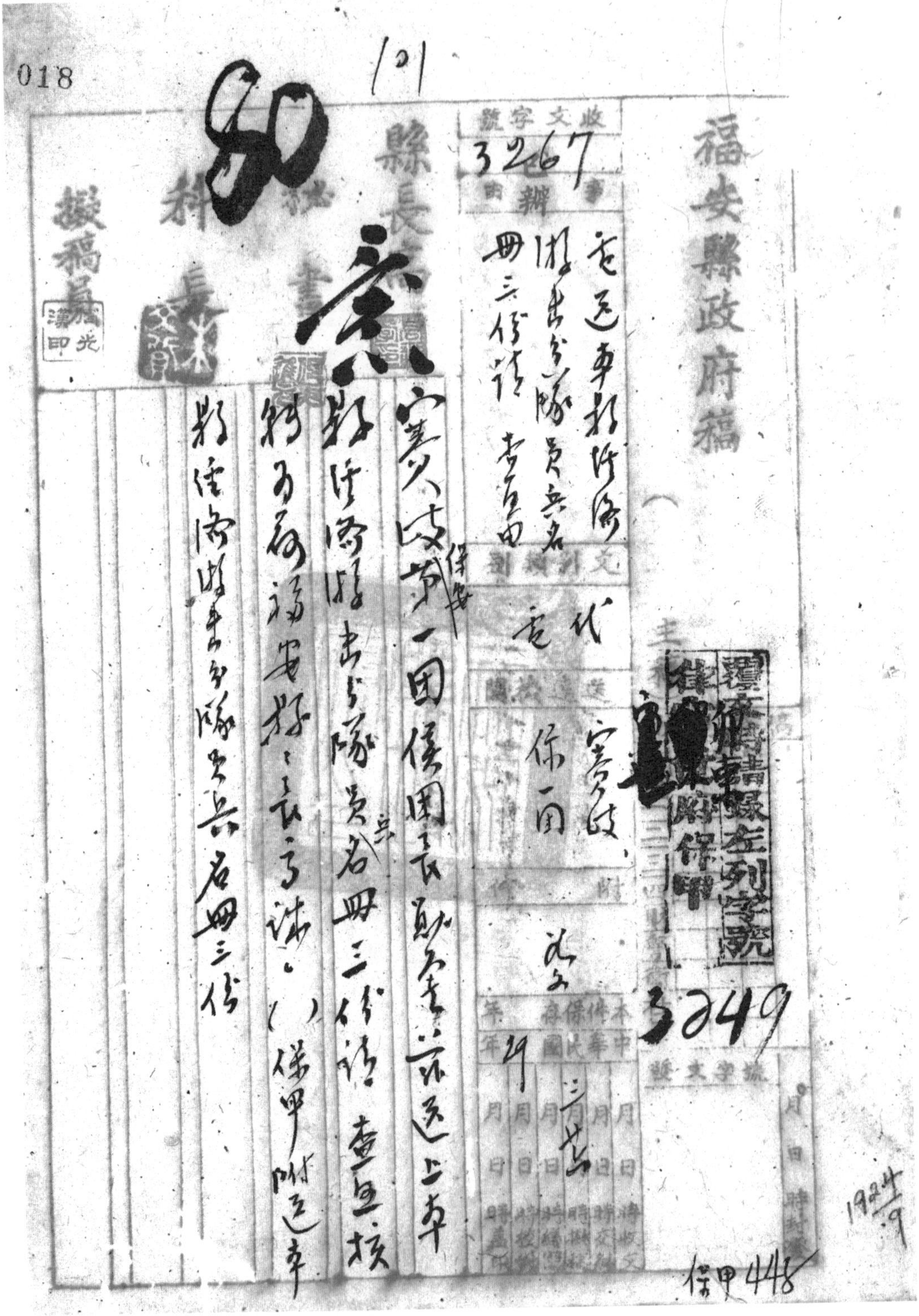

福安县政府关于送本县经济游击分队员兵名册的代电

（1940 年 3 月 26 日）　0002-003-0362

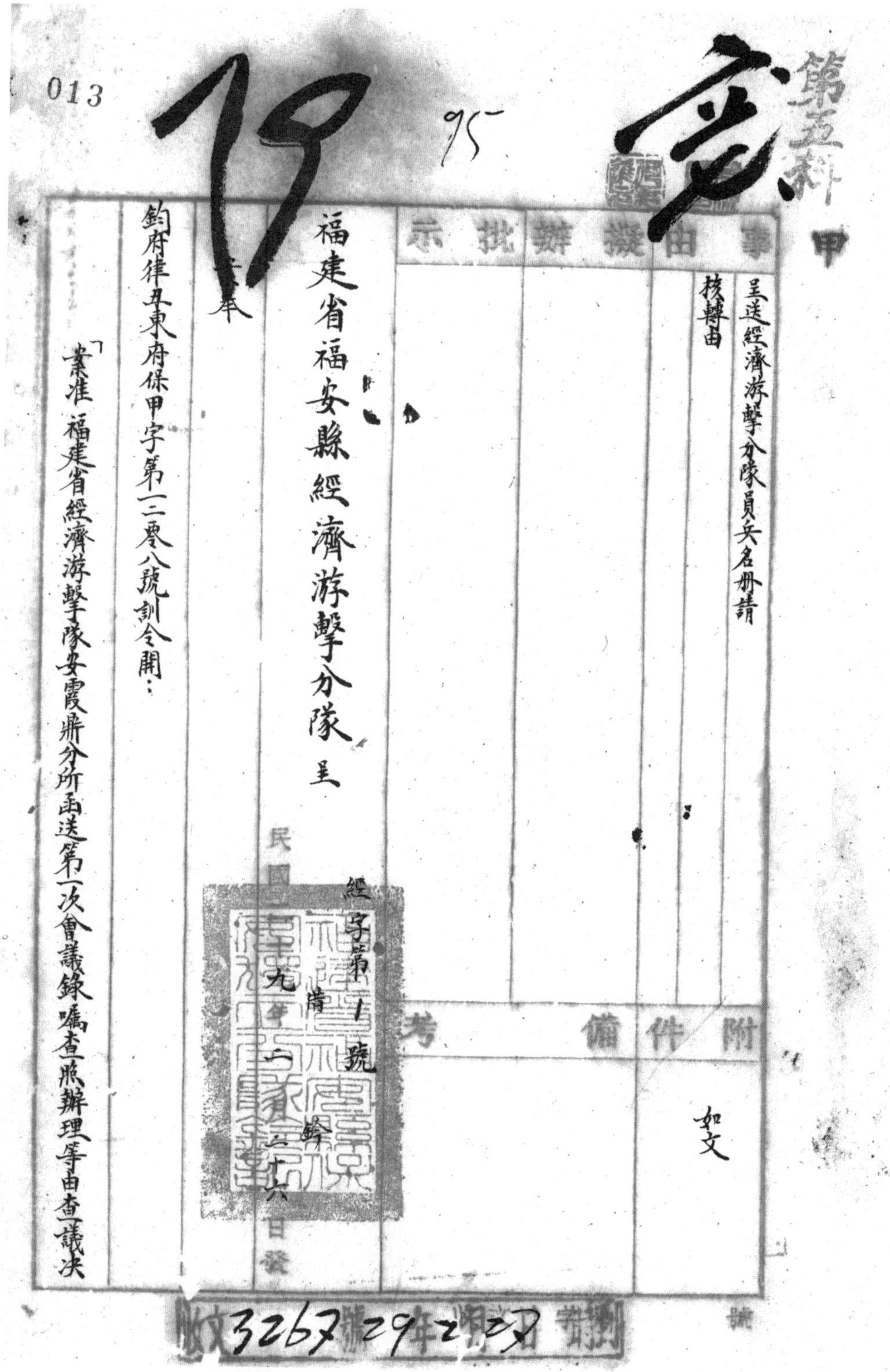

013

第五科

甲

事由：呈送經濟游擊分隊員兵名冊請核轉由

擬辦

批示

附件：如文

備考

福建省福安縣經濟游擊分隊　呈　經字第1號

民國廿九年二月廿六日發

案奉

鈞府律丑東府保甲字第一三零八號訓令開：

「案准福建省經濟游擊隊安霞鼎分所函送第一次會議錄囑查照辦理等由查議決

收文3267號　29年2月27日

福安县经济游击分队关于送本县经济游击分队员兵名册的呈文

（1940年2月26日）　0002-003-0362

案第一条内规定本县应组织经济游击队一分队，每分队设三班，以正副班长在内，规定十二人等语。自应照办。除委令该员兼本县经济游击分队长外，合行抄发会议录一份，令仰遵照，即由保安独立分队抽选优秀士兵三十六名充任，并造具经济游击分队员名名册三份，报府备查为要。此令。」

等因。奉此，遵就独立分队抽选优秀士兵三十六名，并造具员兵名册四份，备文呈请

鉴核存转。

谨呈

县长高

附经济游击分队员兵名册四份

兼福安县经济游击分队长石孔惠

福安县经济游击分队关于送本县经济游击分队员兵名册的呈文

（1940年2月26日）　0002-003-0362

014

96

福建省福安縣經濟游擊分隊員兵名冊

借 鈐

福建省福安县经济游击分队员兵名册(1940 年 2 月 25 日)　0002-003-0362

015

97

福建福安縣經濟游擊分隊官長名冊

級職	姓名	年齡	籍貫	出身	略歷	備攷
中尉分隊長	石孔惠	二三	福建寧德	福州三民中學畢業 福建保安幹部訓練所軍官隊畢業	曾任中尉分隊長排長中隊長等職	福安縣保安獨立[illegible]隊[illegible]
合計	一員					

福建省福安县经济游击分队员兵名册(1940 年 2 月 25 日)　0002-003-0362

016

98

福建省福安縣經濟游擊分隊士兵名册

班次	職別	姓名	年齡	籍貫	備攷
第一班	中士班長	高哲清	二四	福建平潭	福建省福安縣保安獨立分隊調來
	上等列兵	馬振興	二六	寧德	仝右
	一等列兵	石財中	一八	寧德	仝右
		張五妹	二八	福安	仝右
		林其發	二七	福安	仝右
		鍾四弟	二五	福安	仝右
	二等列兵	謝文弟	二七	福安	仝右
		林右珍	二四	福安	仝右

福建省福安县经济游击分队员兵名册(1940 年 2 月 25 日)　0002-003-0362

		張柏榮	二四	福安	福安縣保安獨立分隊調兼	右
		林紅旭	一八	福安	仝	右
		林士弟	二四	福安	仝	右
		胡文桂	二五	福安	仝	右
第二班	下士班長	鄭六沫	二四	福安	仝	右
	上等列兵	陳成紹	二四	福安	仝	右
	一等列兵	鍾伍弟	二三	福安	仝	右
		繆德蕃	二三	福安	仝	右
		陳邦明	二八	福安	仝	右
		劉逢牛	二三	福安	仝	右

宋和興印

福建省福安县经济游击分队员兵名册（1940 年 2 月 25 日） 0002-003-0362

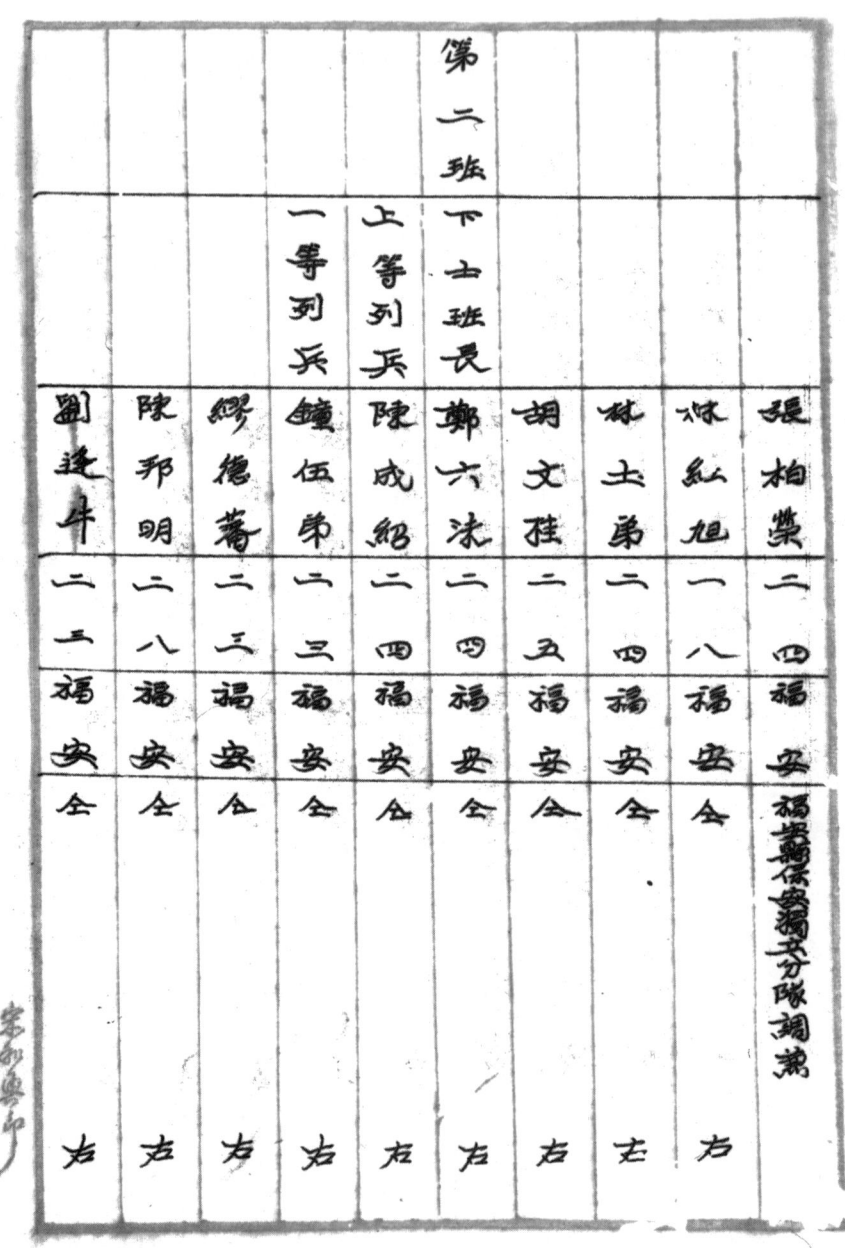

027

99

	二等列兵	鄭妹兒	二二	福安	仝	右
		郭灼榮	二八	福安	仝	右
		郭木同	二五	福安	仝	右
		藍進弟	二二	福安	仝	右
		張玄弟	二五	福安	仝	右
		郭勤章	二二	福安	仝	右
第三班	中士班長	陳祖清	二四	福安	仝	右
	上等列兵	高大駐	二四	福安	仝	右
	一等列兵	陳濤森	二六	福安	仝	右
		繆安咸	二六	福安	仝	右

福建省福安县经济游击分队员兵名册（1940 年 2 月 25 日） 0002-003-0362

	張德如	二六	福安	福安縣保安獨立分隊調兼
	陳金成	二五	福安	仝右
二等列兵	劉伏明	二一	福安	仝右
	林祥光	二三	福安	仝右
	鄭祥樂	二七	福安	仝右
	林聚祿	二九	福安	仝右
	謝灼煥	二〇	福安	仝右
	鍾潤波	三一	福安	仝右
合計	三六名			

福建省福安县经济游击分队员兵名册(1940 年 2 月 25 日)　0002-003-0362

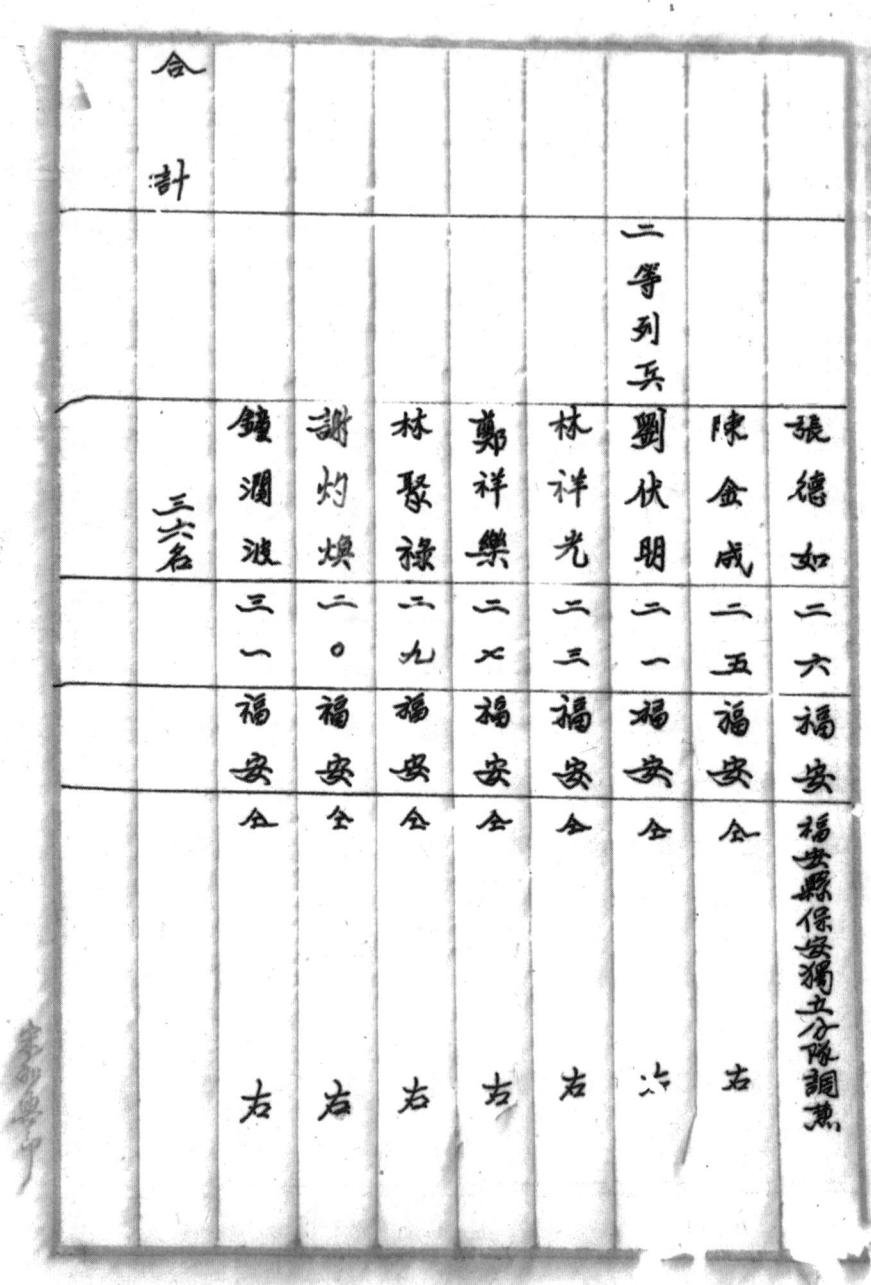

017

100

中華民國二十九年二月二十五日

兼分隊長石孔惠

福建省福安县经济游击分队员兵名册(1940年2月25日) 0002-003-0362

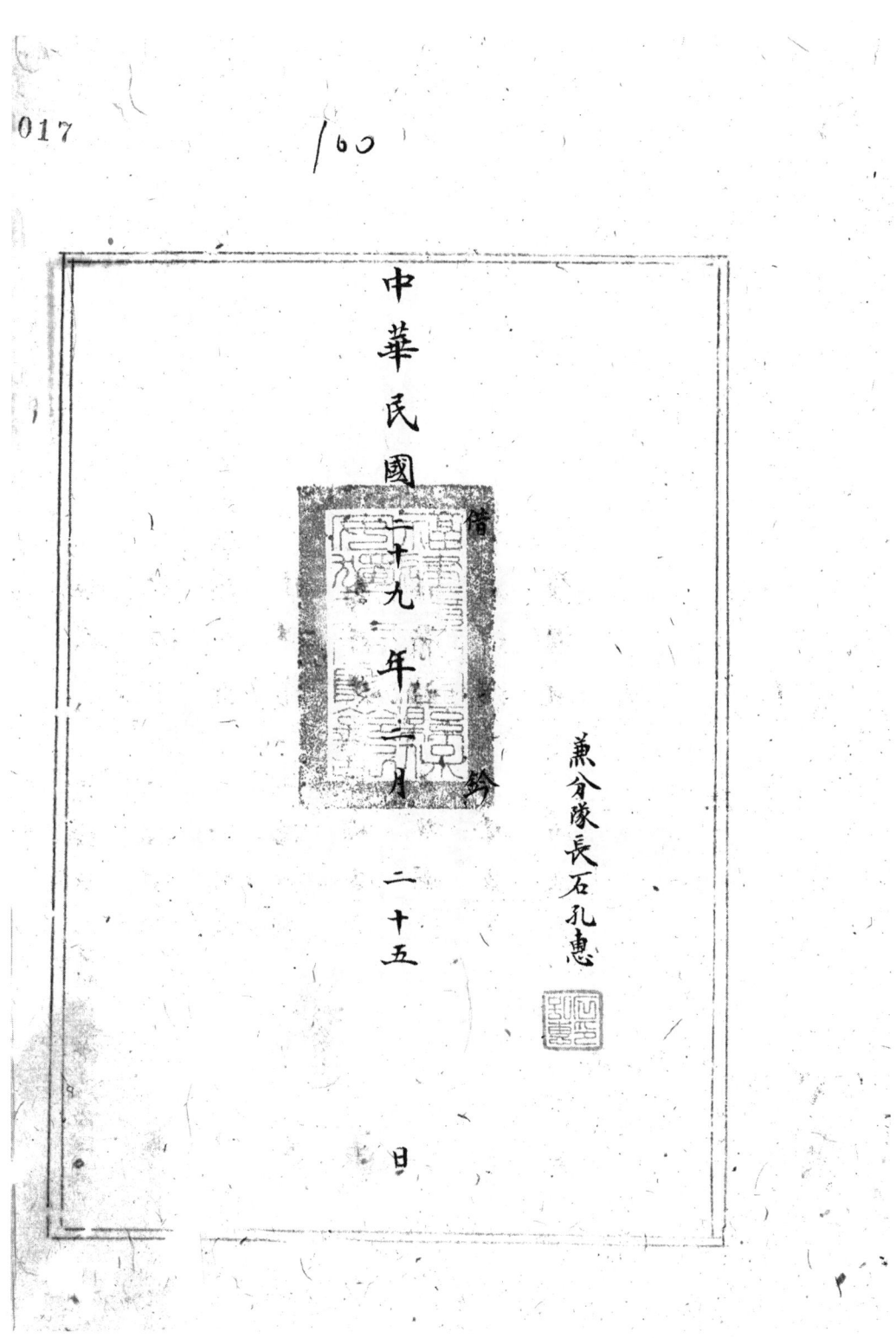

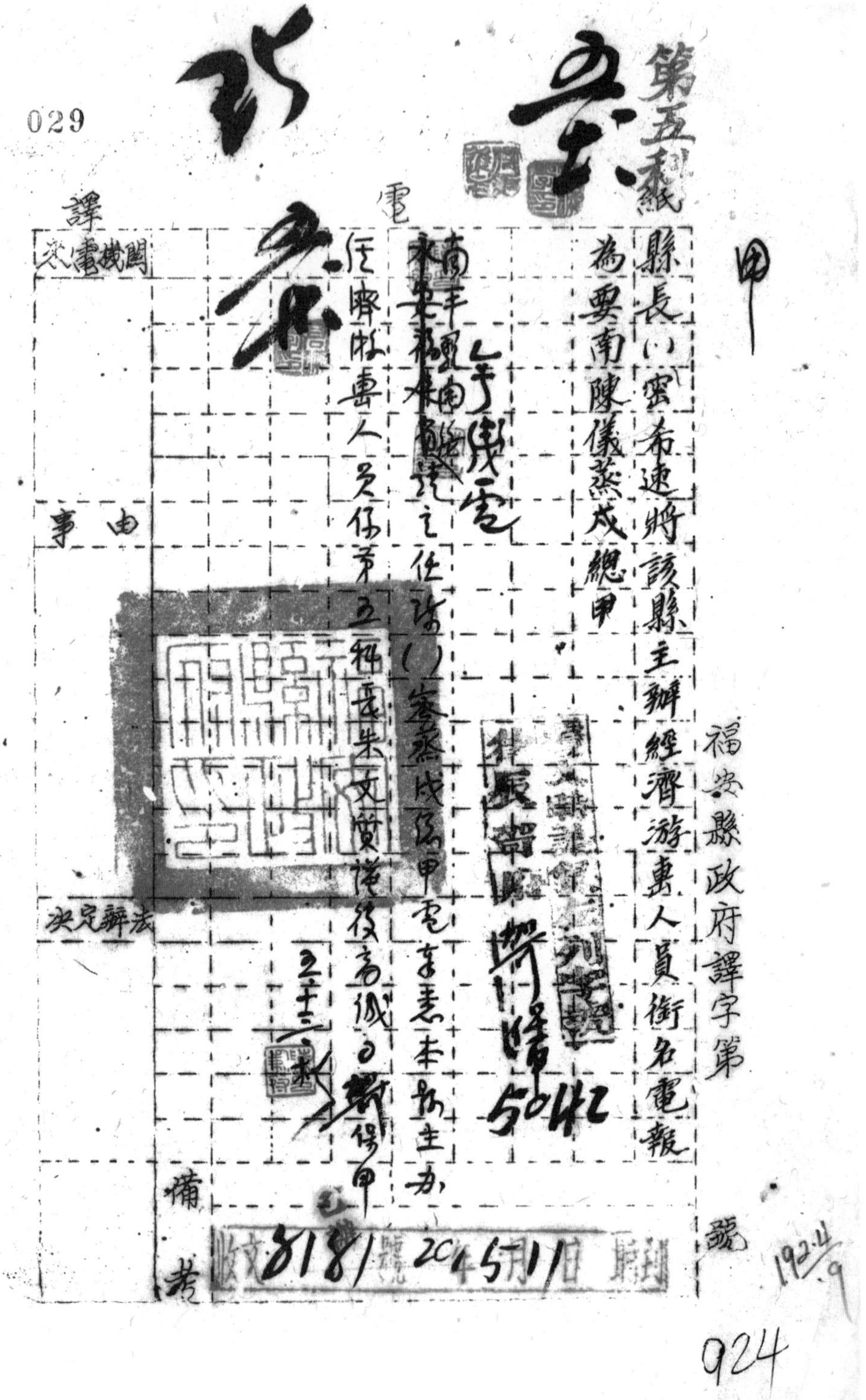
029

第五科稿紙

福安縣政府譯字第 號

電 譯

來電機關

事由

縣長(一)密希速將該縣主辦經濟游擊人員銜名電報為要 南陳儀蒸戌總甲

決定辦法

備考

收文 8181 號 29年5月11日 時到

924

福安县政府译希速将该县主办经济游击人员衔名电报为要的电文

（1940 年 5 月 11 日） 0002-004-0238

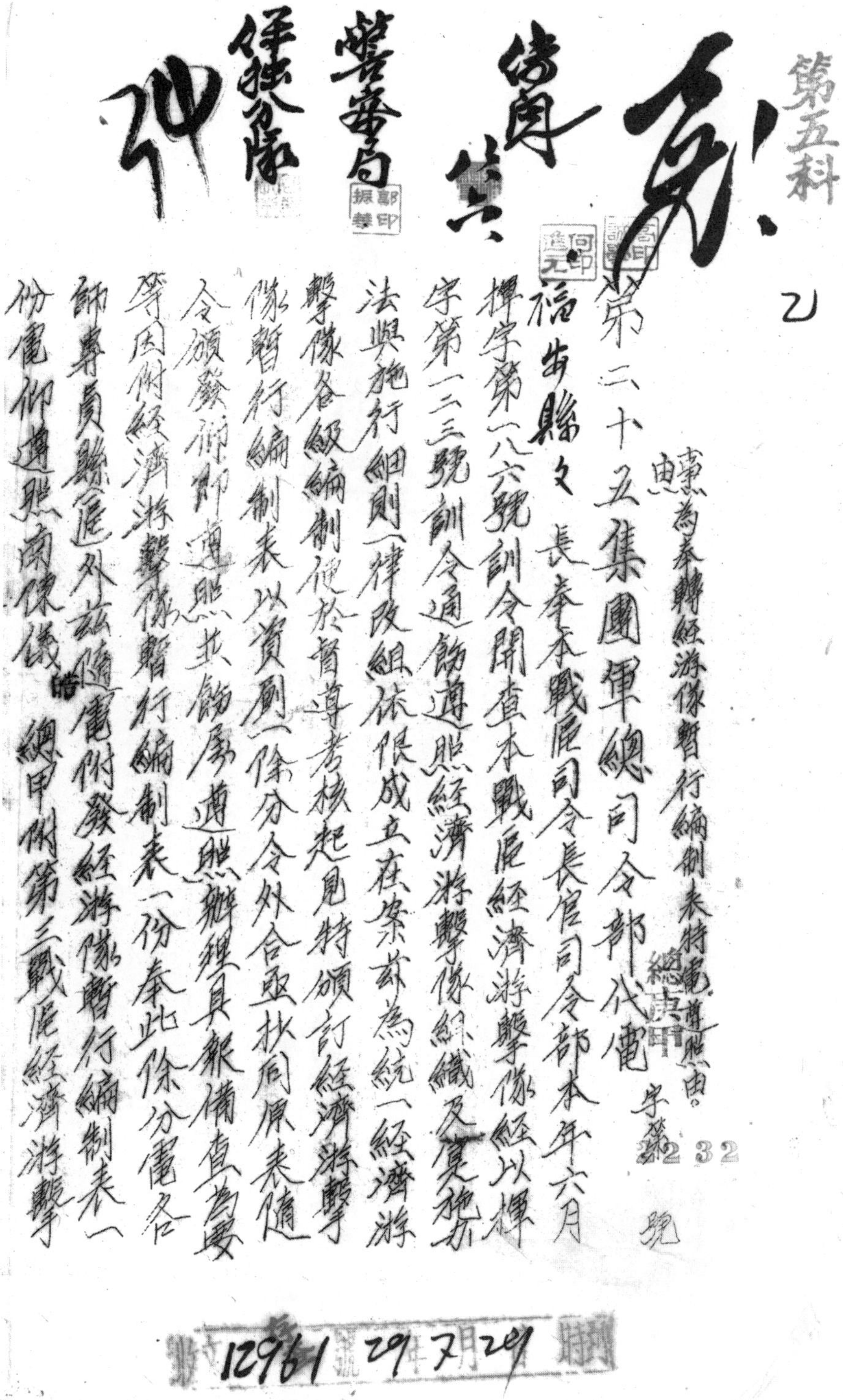

第五科

由：東 為奉轉經濟游擊隊暫行編制表特電遵照由

總庚甲 字第232號

第二十五集團軍總司令部代電

福安縣長奉本戰區司令長官司令部本年六月
揮字第一八六號訓令開查本戰區經濟游擊隊經以揮
字第一三三號訓令通飭遵照經濟游擊隊組織及實施辦
法與施行細則一律飭組依限成立在案茲為統一經濟游
擊隊各級編制便於督導考核起見特頒訂經濟游擊
隊暫行編制表以資劃一除分令外合亟抄同原表隨
令頒發仰即遵照並飭屬遵照辦理具報備查為要
等因附經濟游擊隊暫行編制表一份奉此除分電各
師專員縣(區)外茲隨電附發經濟游擊隊暫行編制表一
份電仰遵照陳儀皓 總甲附第三戰區經濟游擊

12961 29 7 29

第二十五集团军总司令部关于经济游击队暂行编制表的代电

（1940 年 7 月） 0002-004-0238

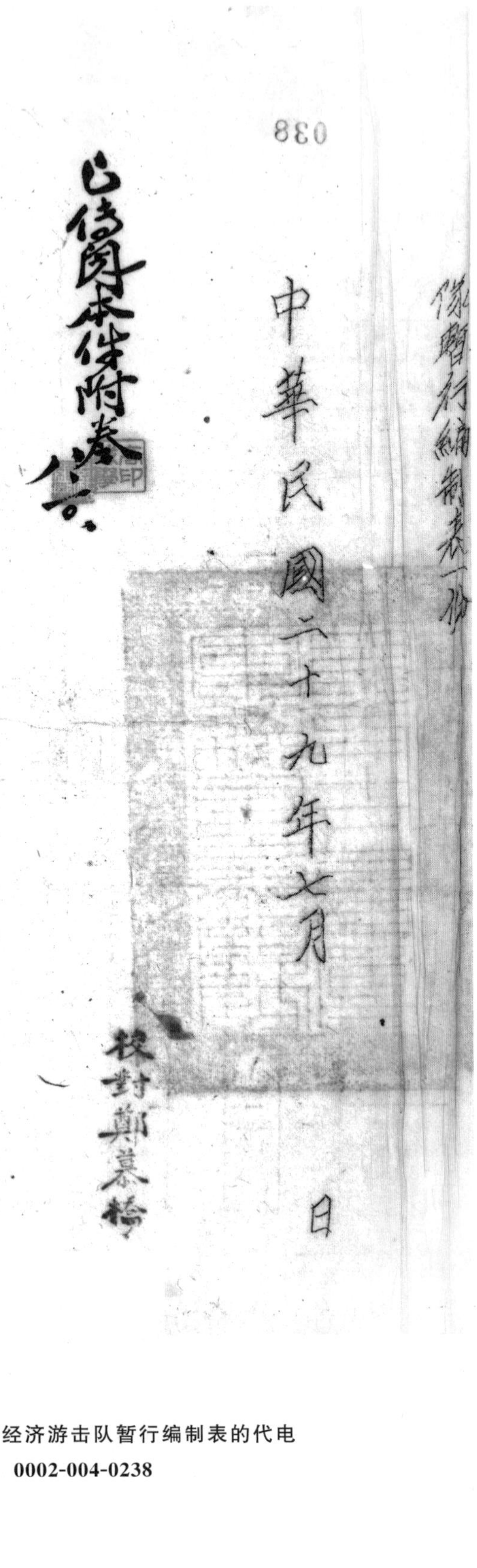
隊暫行編制表一份

038

中華民國二十九年七月　日

校對鄭與慕

已待閱本件附卷
八.六

第二十五集团军总司令部关于经济游击队暂行编制表的代电

（1940 年 7 月）　0002-004-0238

039

第三戰區經濟游擊隊暫行編制表

區分	職別	官佐階級	官佐員額	士兵階級	士兵名額	備考
大隊部	大隊長	中校	一			
	大隊附	少校	一			
	副官	上（中）尉	一			
	書記	中（少）尉	一			
	司書	准尉	一			
	文書上士			上士	一	
	司號軍士			中士	一	
	傳達兵			一（上）等兵	三（四）	
	炊事兵			一（上）等兵	二（一）	
	合計		五		[illegible]	
中隊部	中隊長	上尉（少校）	一			
	中隊附	中（上）尉	一			
	特務長	准尉	一			
	傳達兵			一（上）等兵	二	
	號兵			上（一）等兵	一	
	炊事兵			上（二）等兵	[illegible]	
	合計		三		[illegible]	
小隊	小隊長	少（中）尉	一			
	組長			中士	三	
	副組長			下士	三	
	列兵			一（上）等兵	[illegible]	
	合計		一		[illegible]	

附記：
一、本表係[illegible]
二、本表所列[illegible]
三、[illegible]之人員[illegible]編制為[illegible]

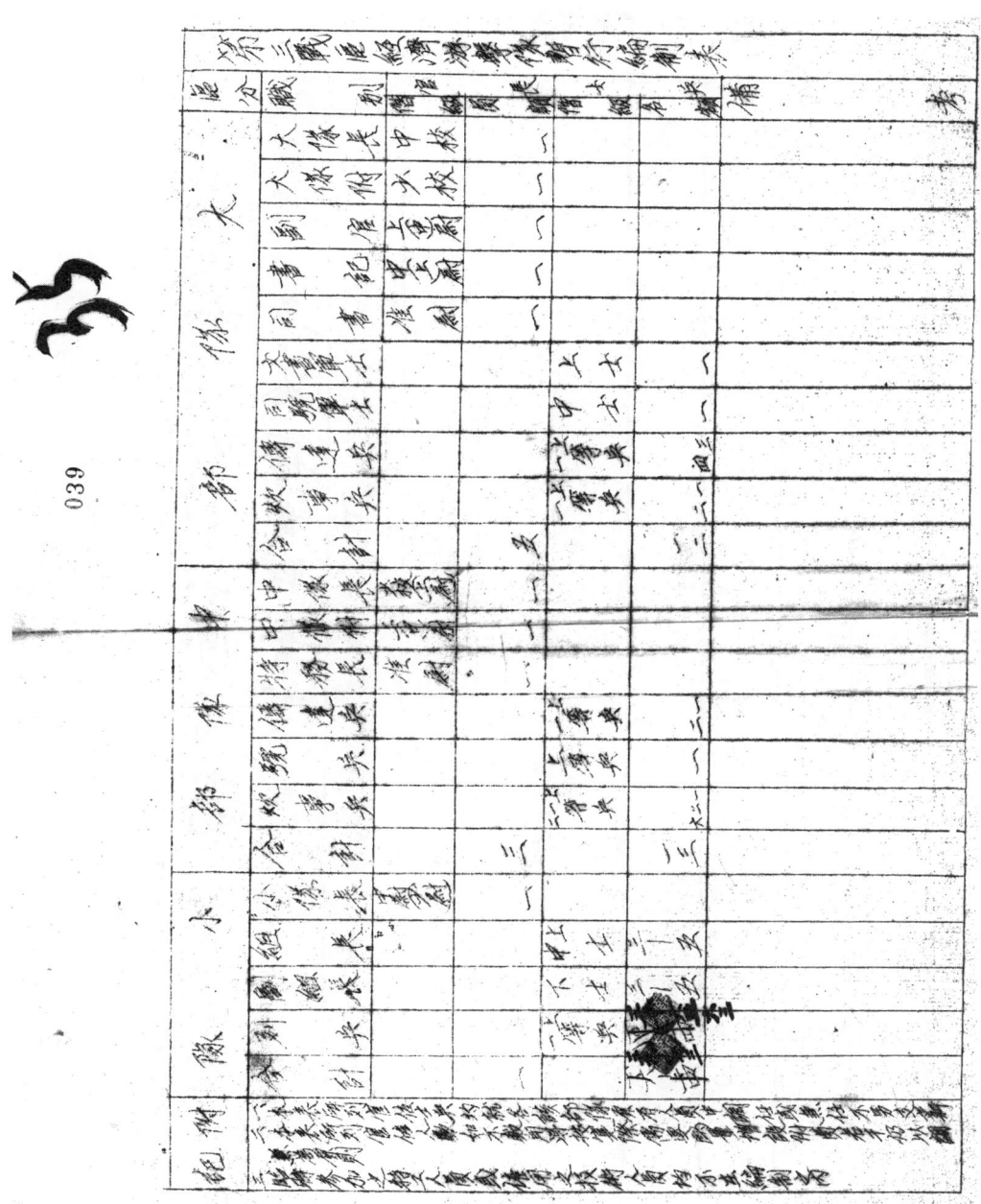

第三战区经济游击队暂行编制表(1940 年 7 月)　0002-004-0238

040　36

福建省福安縣經濟游击第○小隊隊員名册

級職	姓名	年齡	籍貫	職業	備攷

白 縣保甲

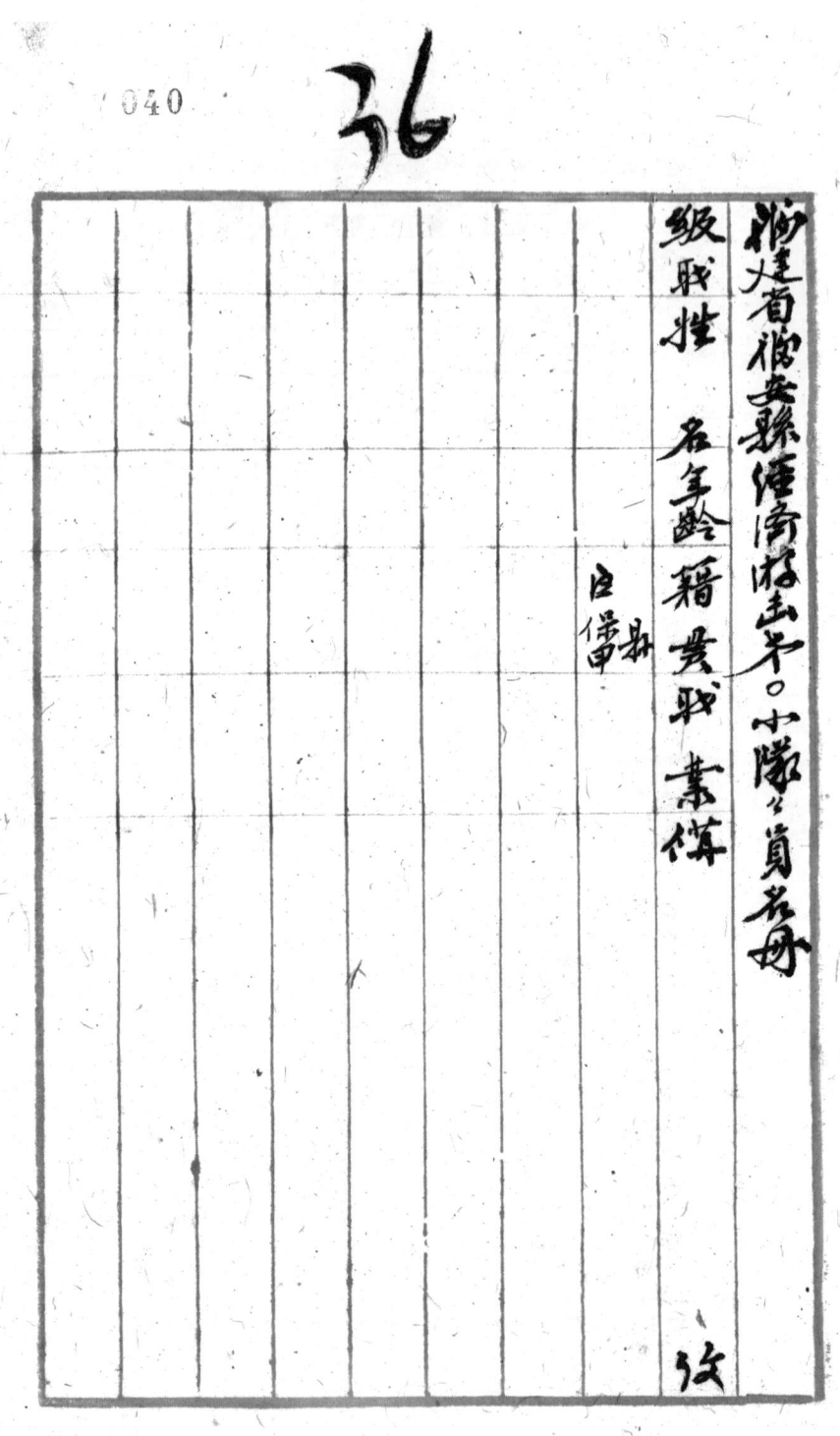

福建省福安县经济游击第□小队队员名册(1940 年 7 月)　0002-004-0238

041 37

福建省福安縣經濟游擊第○中隊官佐名冊

級職	姓名	年齡	籍貫	出身	履歷	備攷

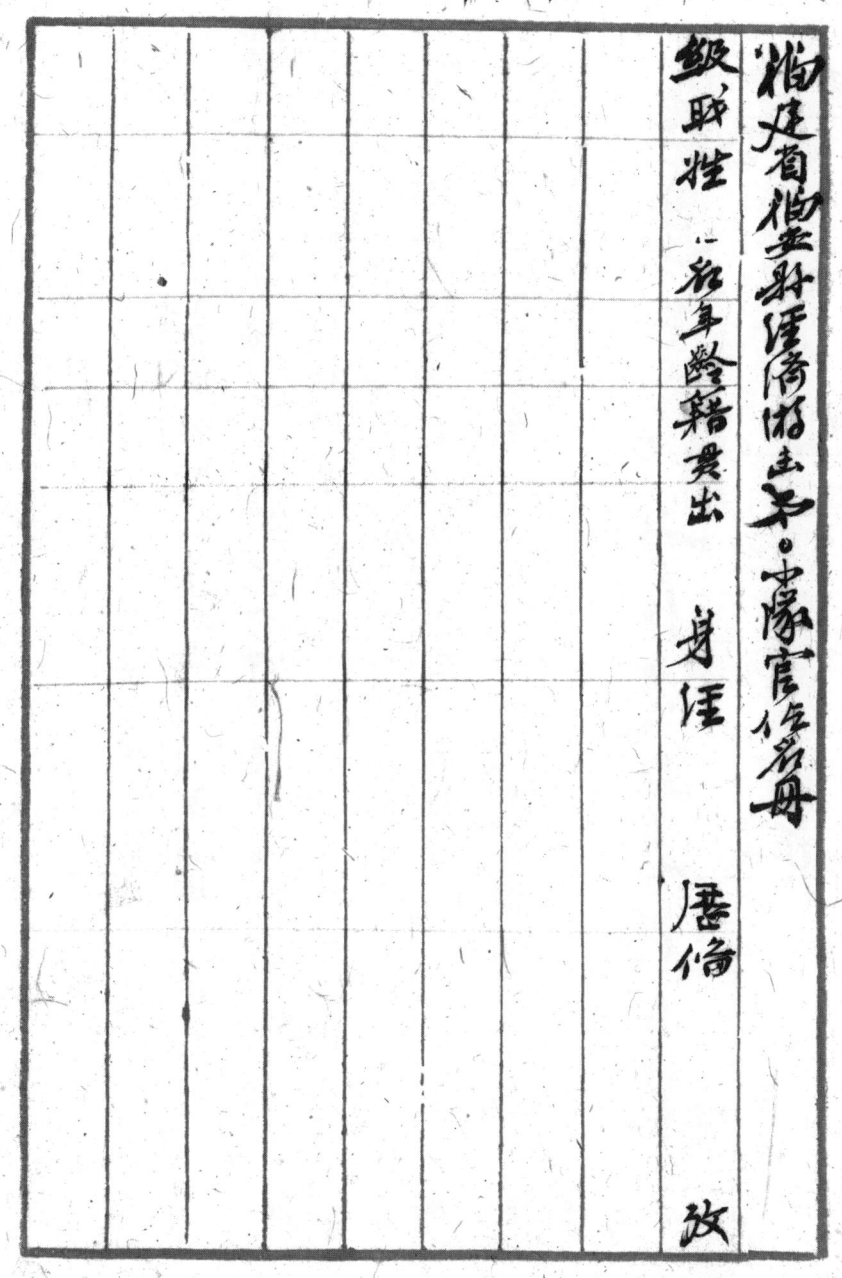

福建省福安县经济游击第□小队官佐名册(1940 年 7 月)　0002-004-0238

24

0022

第五科

譯電紙

福安縣政府譯字第　號

來電機關

事由

決定辦法

縣長(八)寄魚總甲代電計達茲奉長官顧佳甑電開閩
於經游隊編組情形究竟指揮負責人員隊級姓名等
業經兩次電催迄未報部希於電到十日內迅速具報
為要等因除分電各師及各縣外希即遵前電更正編
制表暨本戰區經游隊組織及實施辦法施行細則第
二十條所列各項尅日具報二份以憑存轉南陳儀文
戍總甲

考 14817 29 8 14

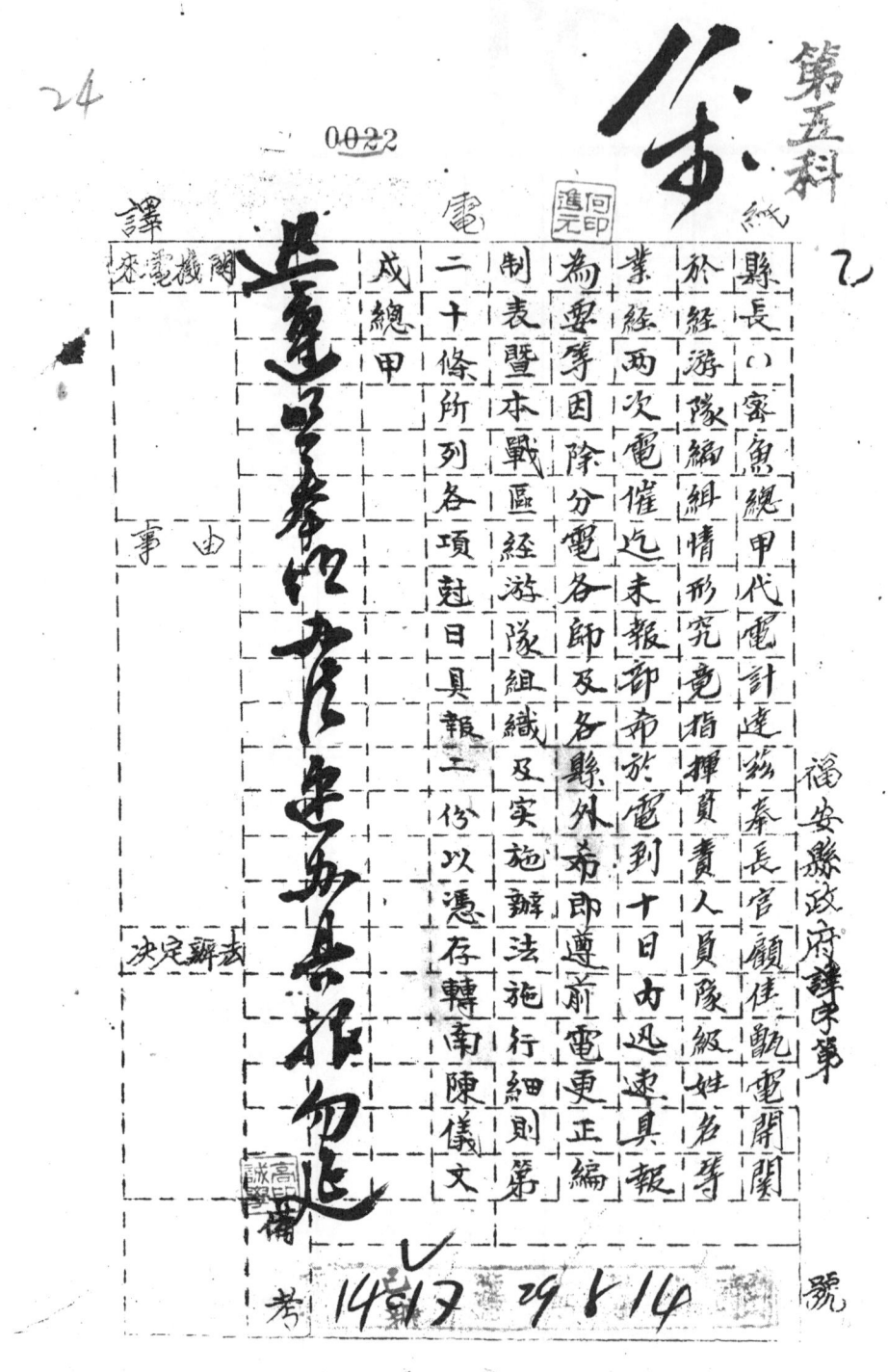

福安县政府译关于经济游击队编组情形的电报(1940年8月14日) 0158-001-0304

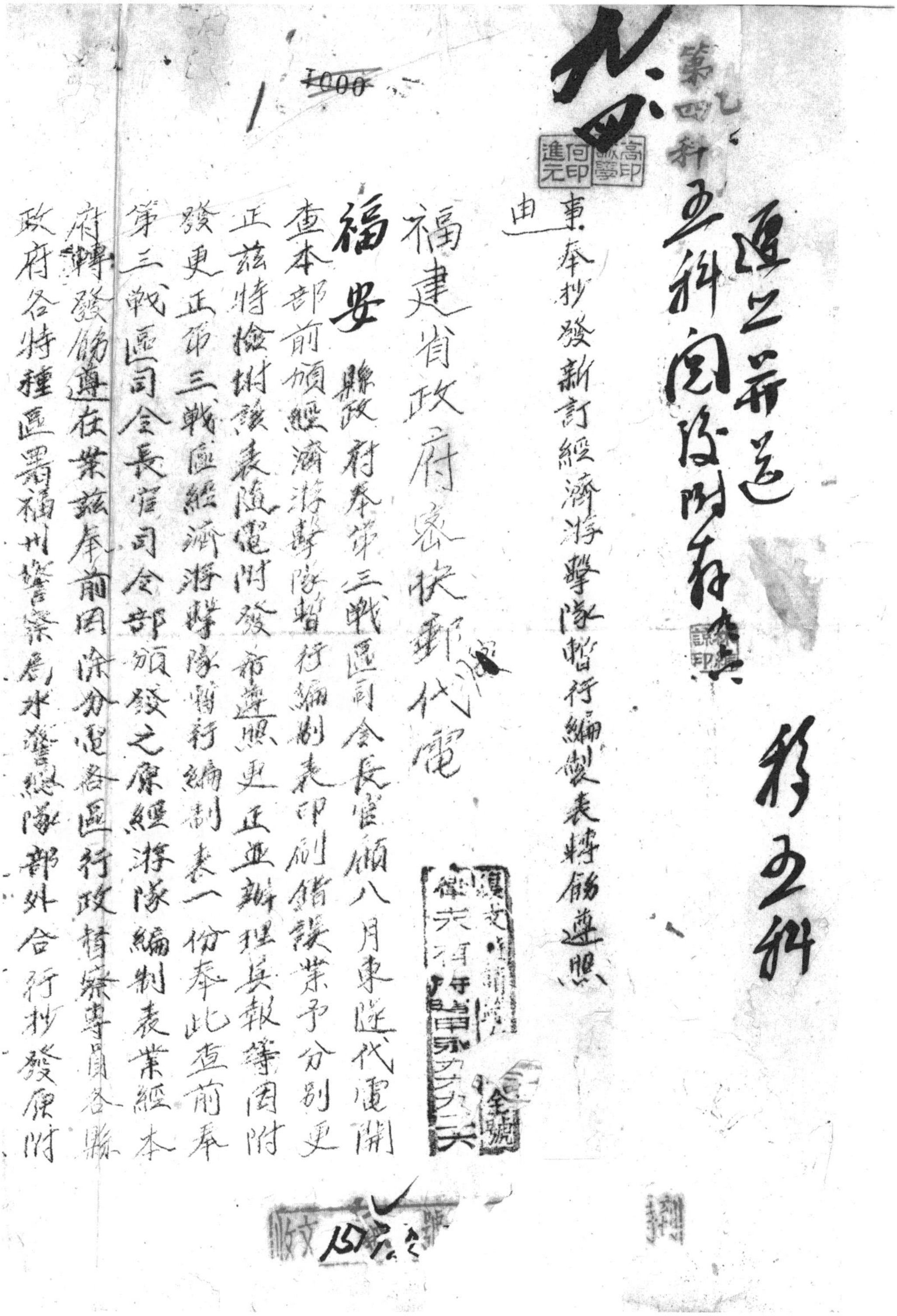
批
第四科
遵之并送
五科閱後附存
彭
五科

事由 奉抄發新訂經濟游擊隊暫行編製表轉飭遵照

福建省政府密快郵代電

福安縣政府奉第三戰區司令長官顧八月東隴代電開：查本部前頒經濟游擊隊暫行編制表印刷錯誤，業予分別更正，茲特檢附該表，隨電附發，希遵照更正並辦理具報等因，附發更正第三戰區經濟游擊隊暫行編制表一份。奉此，查前奉第三戰區司令長官司令部頒發之廣經游隊編制表，業經本府轉發飭遵在案。茲奉前因，除分電各區行政督察專員、各縣政府、各特種區署、福州警察局、水警總隊部外，合行抄發原附

福建省政府奉抄发新订经济游击队暂行编制表转饬遵照的代电

（1940 年 8 月） 0158-001-0304

件電仰遵照更正並辦理具報省政府建一印附抄發更正

第三戰區經濟游擊隊暫行編制表一份

中華民國二十九年八月 日

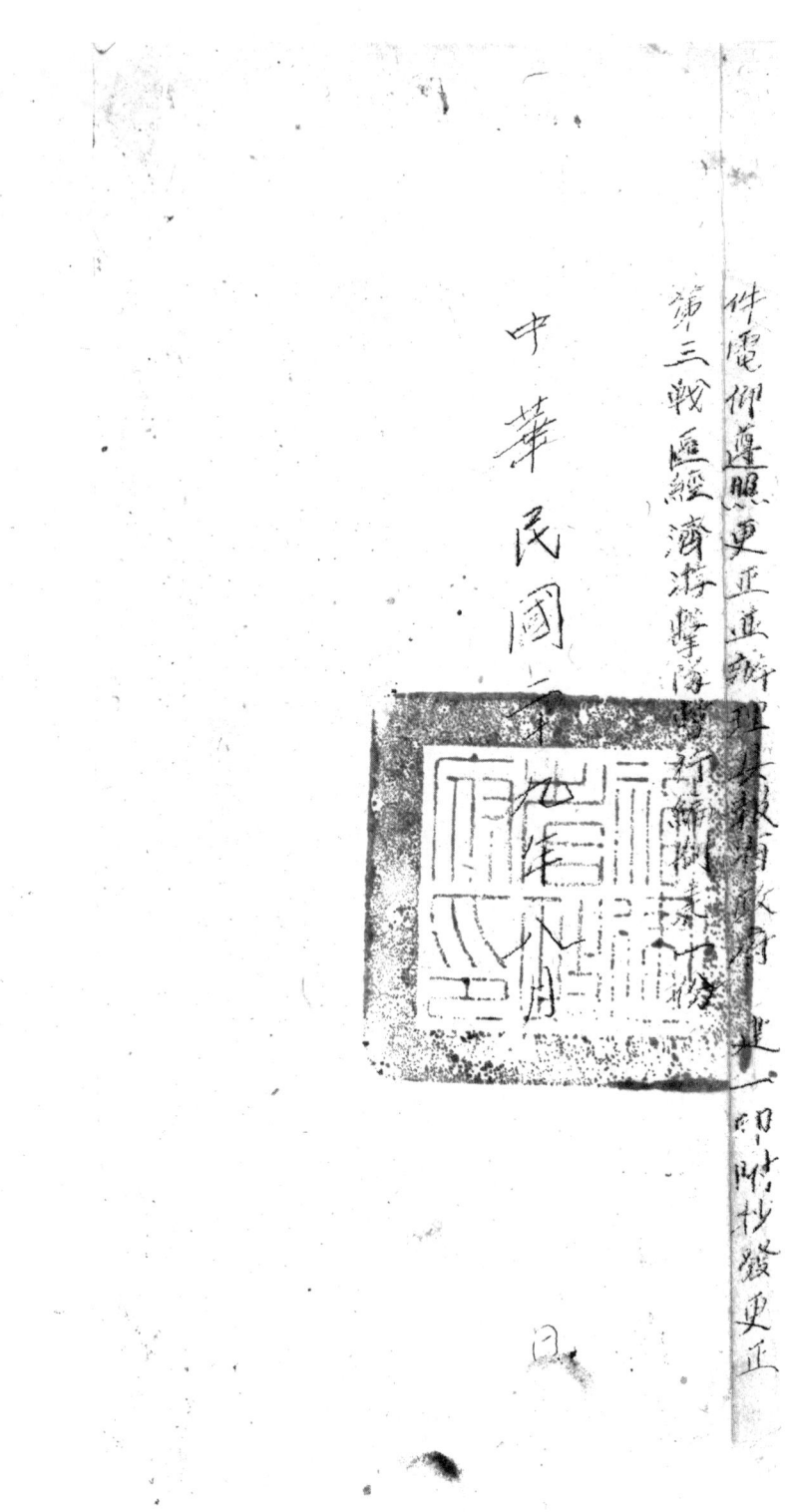

福建省政府奉抄发新订经济游击队暂行编制表转饬遵照的代电

（1940 年 8 月） 0158-001-0304

2

0002

第三戰區經濟游擊隊暫行編制表

區分	職別	官長 職級	官長 員額	士兵 階級	士兵 名額	備考
大隊部	大隊長	中校	一			
	大隊附	少校	一			
	副官	上中尉	一			
	書記	中上尉	一			
	司書	准尉	一			
	文書軍士			上士	一	
	司號軍士			中士	一	
	傳達兵			上一等兵	三四	
	炊事兵			上一等兵	一二	
	合計		五		一二	
中隊部	中隊長	少校(上尉)	一			
	中隊附	上(中)尉	一			
	特務長	准尉	一			
	傳達兵			上一等兵	一二	
	號兵			上等兵	一	
	合計		三		四	
小隊部	小隊長	上(中)尉	一			
	組長			中上士	五	
	副組長			下士	五	
	列兵			上一等兵	三〇一六〇	上列係按三組計算合如上數
	炊事兵			上一等兵	一二	
	合計		一		三〇一七三	

附記：

一、本表所列官佐士兵均就各該部隊原有人員中調任或兼任不另支薪

二、本表所列官佐人數如不敷用得按實際需要酌量增加附員若干仍以調兼為原則

三、臨時參加之特工人員或雇用之技術人員均不在編制之內

第三战区经济游击队暂行编制表(1940 年 8 月)　0158-001-0304

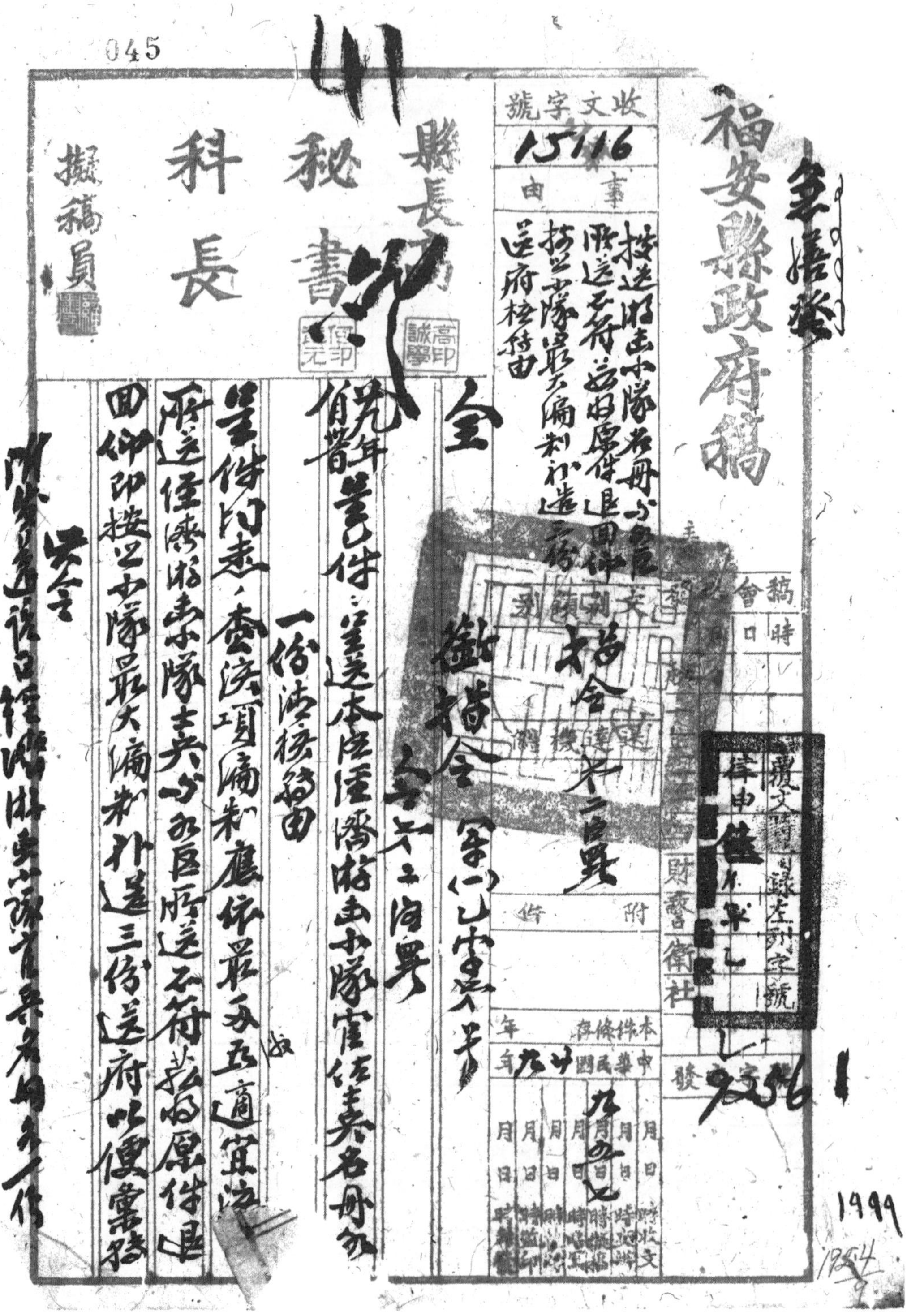

福安县政府关于报送游击小队名册与各区所送不符兹将原件退回仰按照小队最大编制补造三份送府核转的指令(1940 年 9 月 5 日)　0002-004-0238

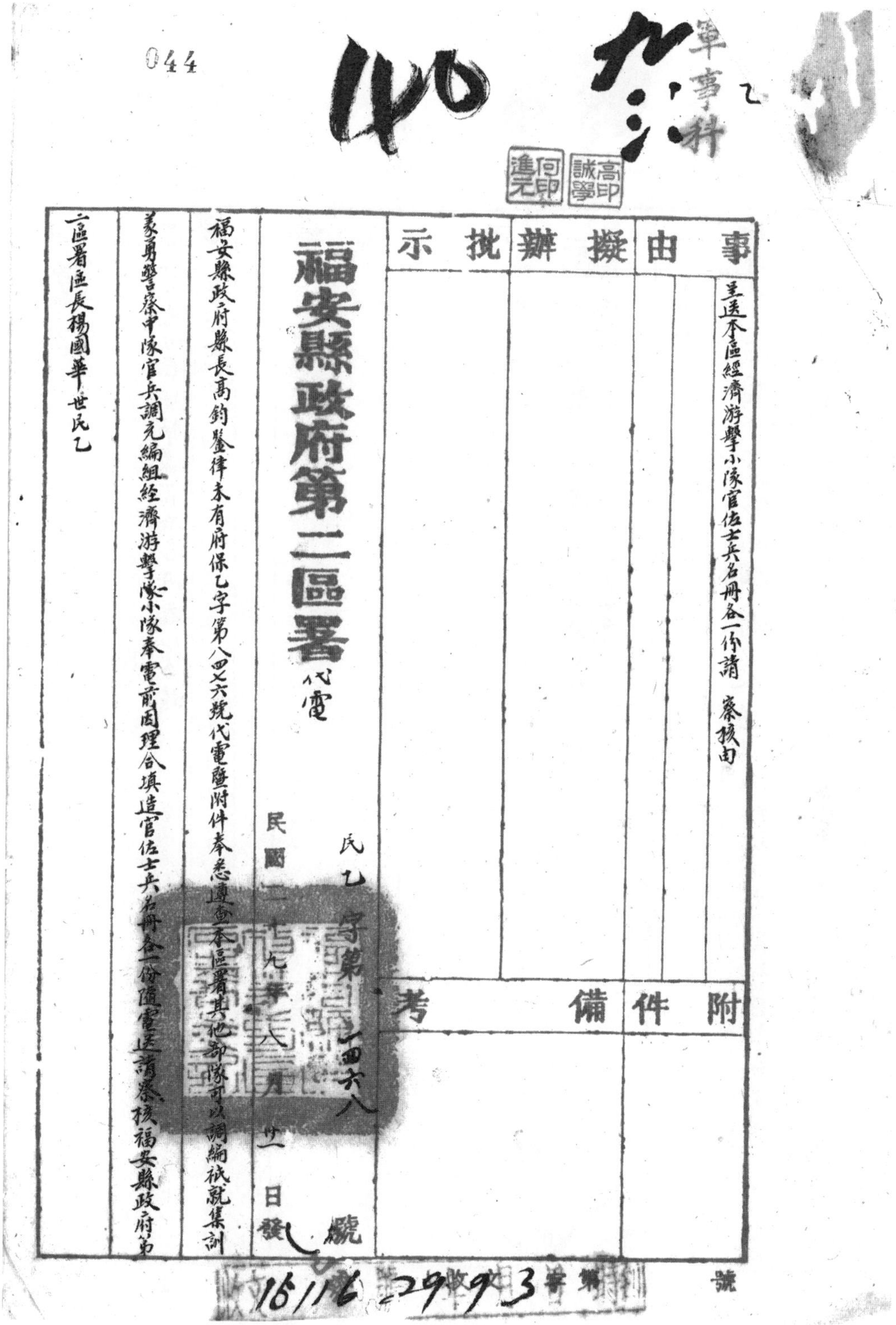

044

140

軍事科 乙

高印誠學 何印進元

事由	擬辦	批示
呈送本區經濟游擊小隊官佐士兵名冊各一份請 察核由		

附件	備考

福安縣政府第二區署代電

民乙字第一四六八號

民國二十九年八月廿一日發

福安縣政府縣長高鈞鑒律未有府保乙字第八四七六號代電暨附件奉悉遵查本區署其他部隊可以調編祇就集訓義勇警察中隊官兵調充編組經濟游擊隊小隊奉電前因理合填造官佐士兵名冊各一份隨電送請察核福安縣政府第二區署區長楊國華世民乙

收文 16116 字第 29 9 3 號

福安县政府第二区署呈送经济游击小队官佐士兵名册代电

（1940 年 8 月 31 日） 0002-004-0238

事由	擬辦	辦	批示
呈送經濟遊擊隊官兵名冊各乙份請察核由			

附件	備考
如文	

福安縣政府第三區署 呈

警字第801號

民國二十九年九月九日發

案奉

鈞府律未有府保乙字第8476號代電以奉電組織經濟遊擊隊仰將編制列冊報府核轉等因；奉此，遵即造具經濟遊擊隊官兵名冊各乙份，奉令前因，理合將造具經濟遊擊

福安县政府第三区署送经济游击小队官兵名册呈文(1940 年 9 月 9 日)　0002-004-0238

隊官兵名冊各乙份，隨文送請
察核！！
謹呈
縣長高
附名冊各乙份
福安縣政府第三區署區長王達
王達之印

福安县政府第三区署送经济游击小队官兵名册呈文(1940 年 9 月 9 日)　0002-004-0238

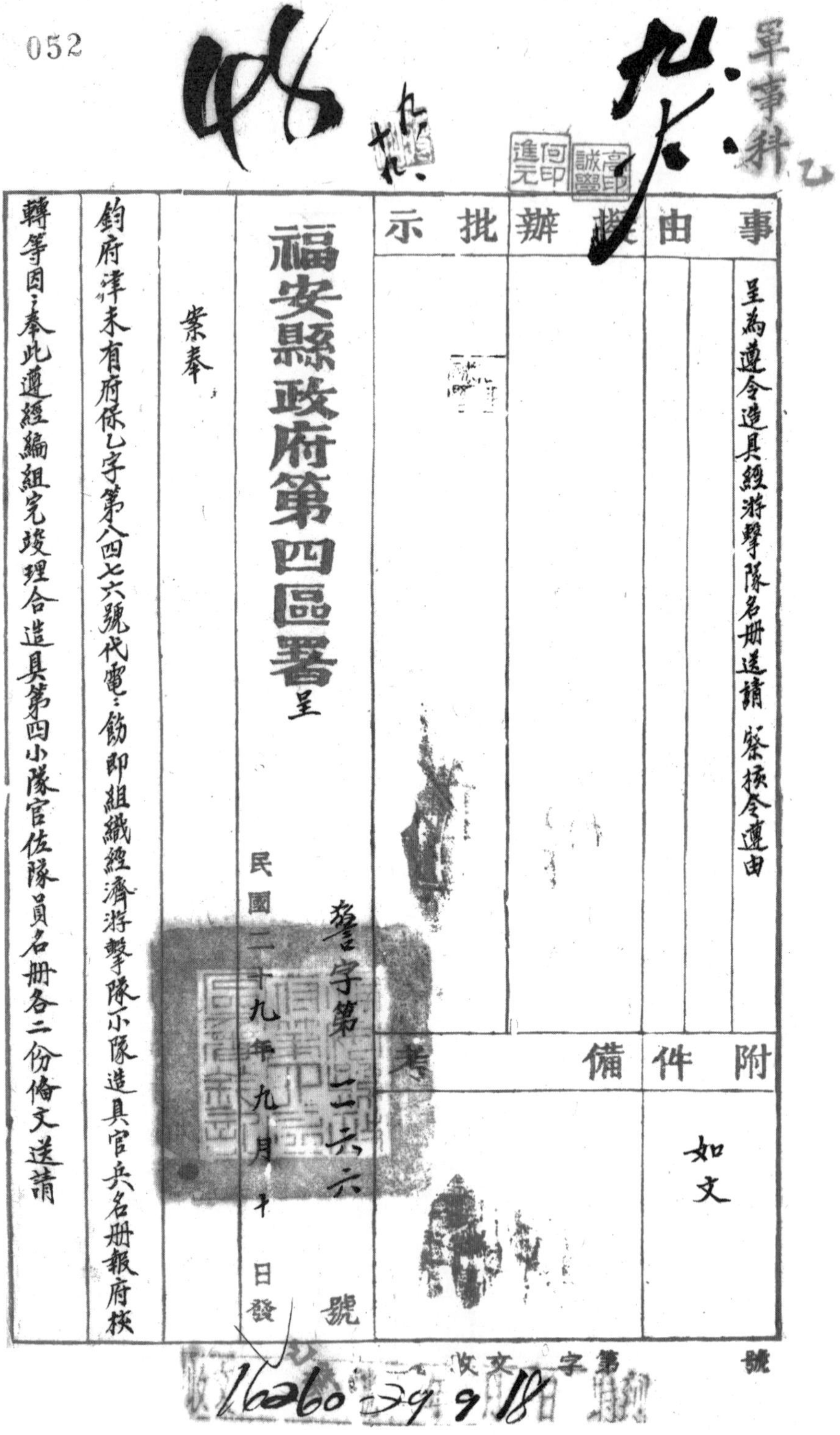
052

軍事科 乙

事由：呈為遵令造具經濟游擊隊名冊送請 察核令遵由

擬辦

批示

福安縣政府第四區署呈

警字第一二六六號

民國二十九年九月十日發

案奉

鈞府津未有府保乙字第八四七六號代電：飭即組織經濟游擊隊小隊造具官兵名冊報府核

轉等因：奉此遵經編組完竣理合造具第四小隊官佐隊員名冊各二份備文送請

附件：如文

備考

收文 字第 號

16260 29 9 18

福安县政府第四区署呈送经济游击队名册(1940 年 9 月 10 日) 0002-004-0238

察核令遵！

謹呈

縣長高

計呈送：福安縣經濟游擊隊第四小隊官佐隊員名冊各二份

福安縣政府第四區署區長李開楨

福安县政府第四区署呈送经济游击队名册(1940年9月10日)　0002-004-0238

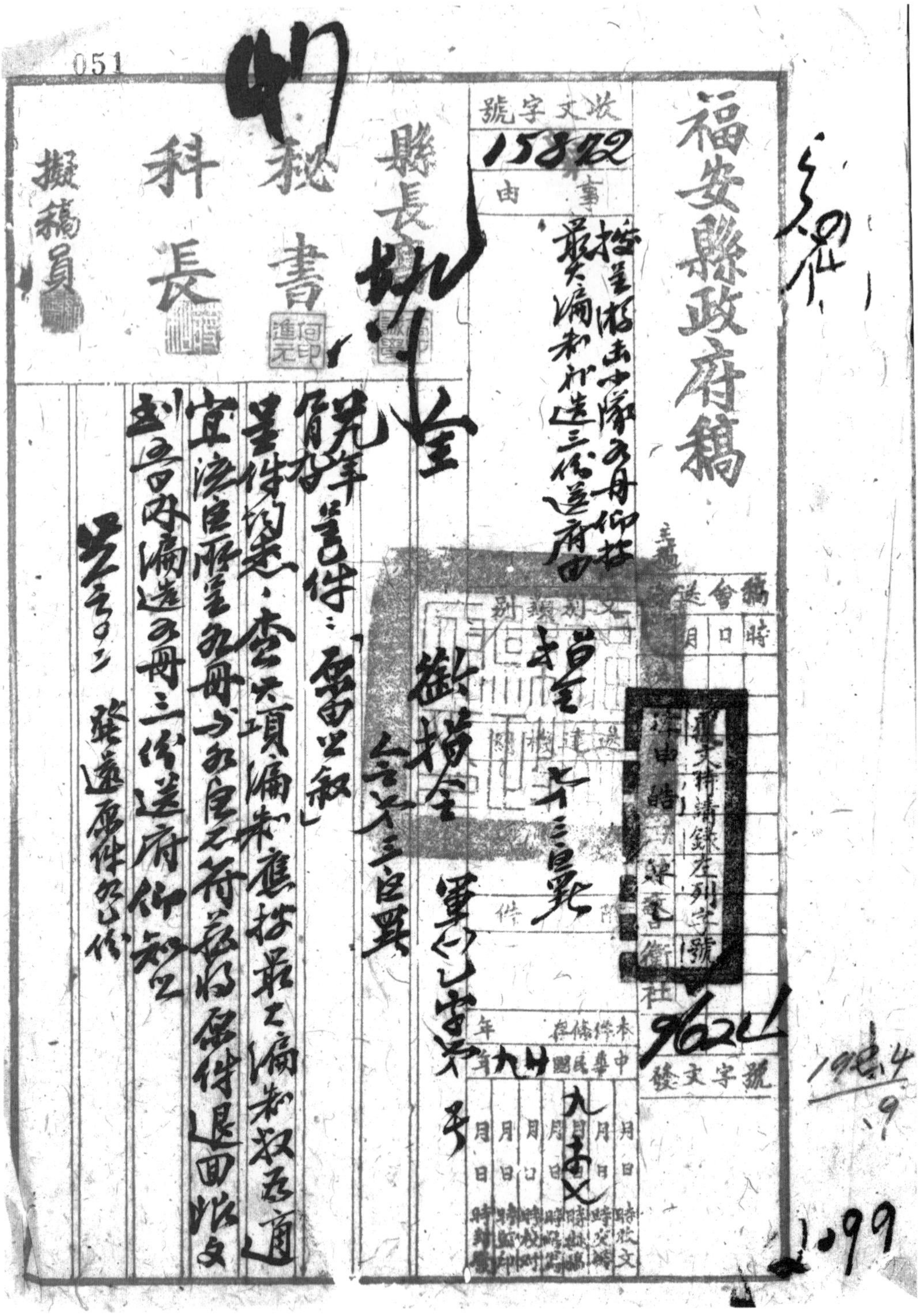

福安县政府令五日内编造游击小队名册三份送府的指令

（1940 年 9 月 14 日） 0002-004-0238

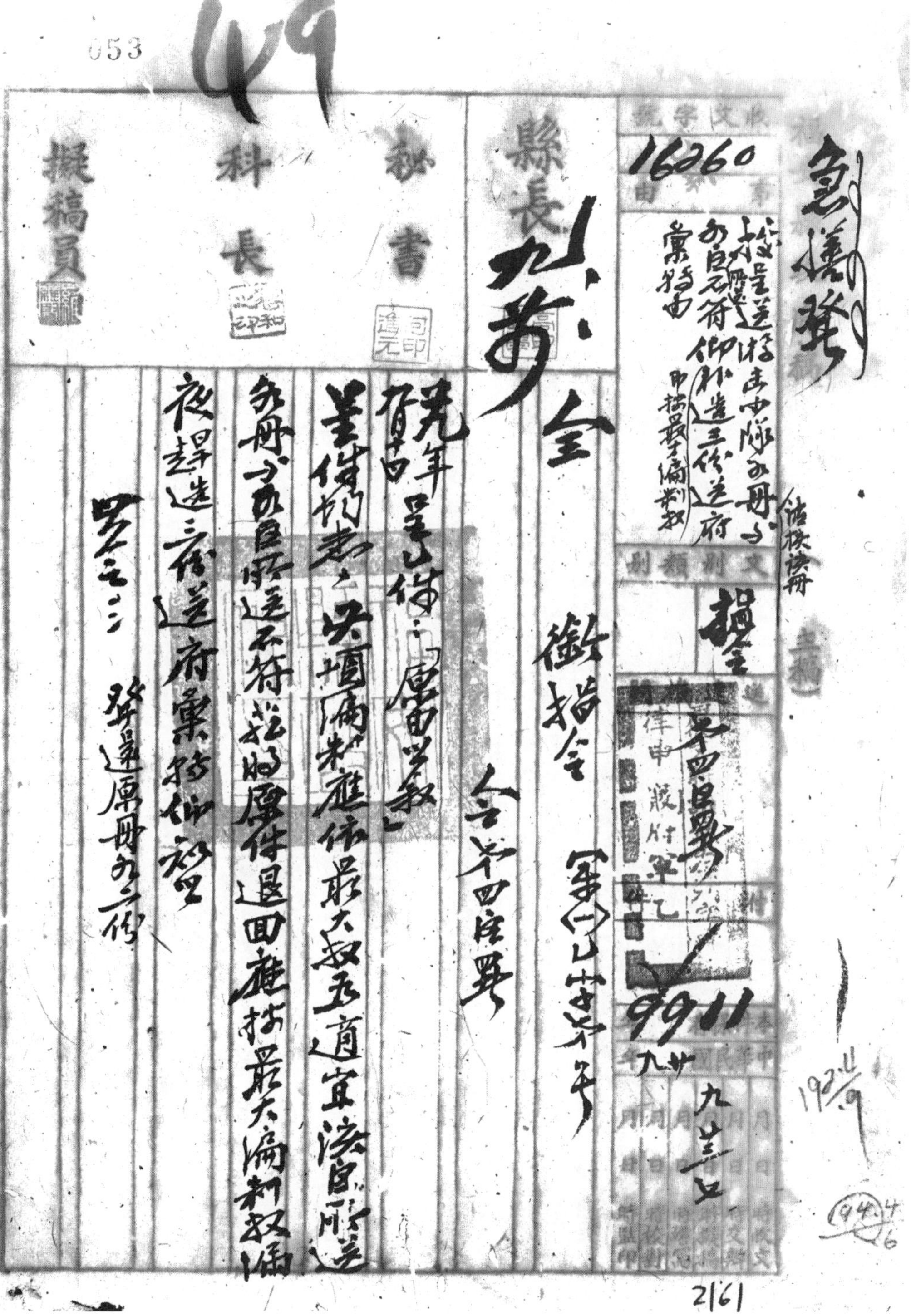

福安县政府令补造游击小队名册送府的指令(1940 年 9 月 23 日)　0002-004-0238

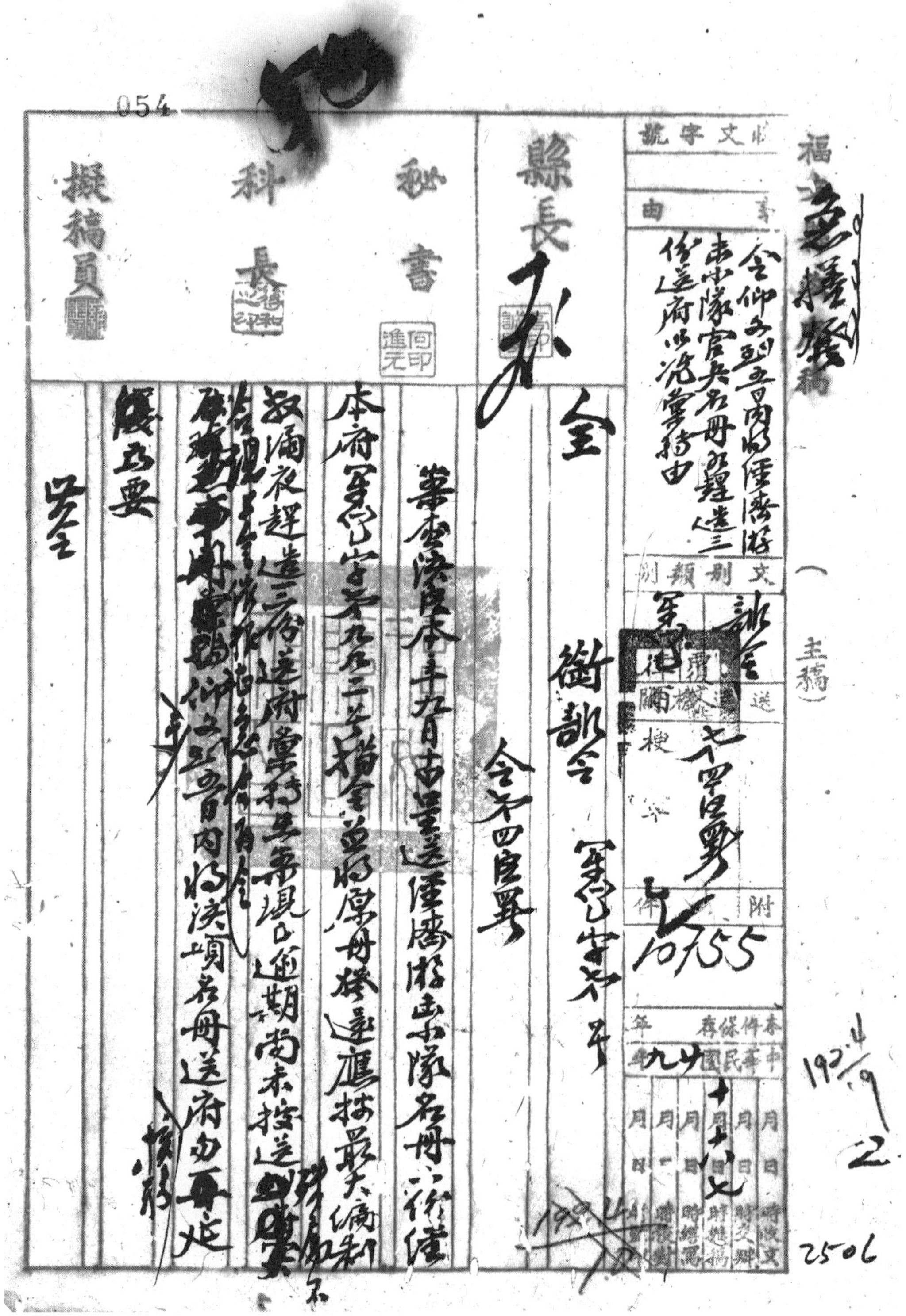
054

福安縣政府稿

縣長 秘書 科長 擬稿員

事由：令仰文到五日內將經濟游擊小隊官兵名冊各趕造三份送府以憑彙轉由

文別：訓令

福安县政府关于令仰文到五日内将经济游击小队官兵名册各赶造三份送府以凭汇转的训令(1940年10月6日) 0002-004-0238

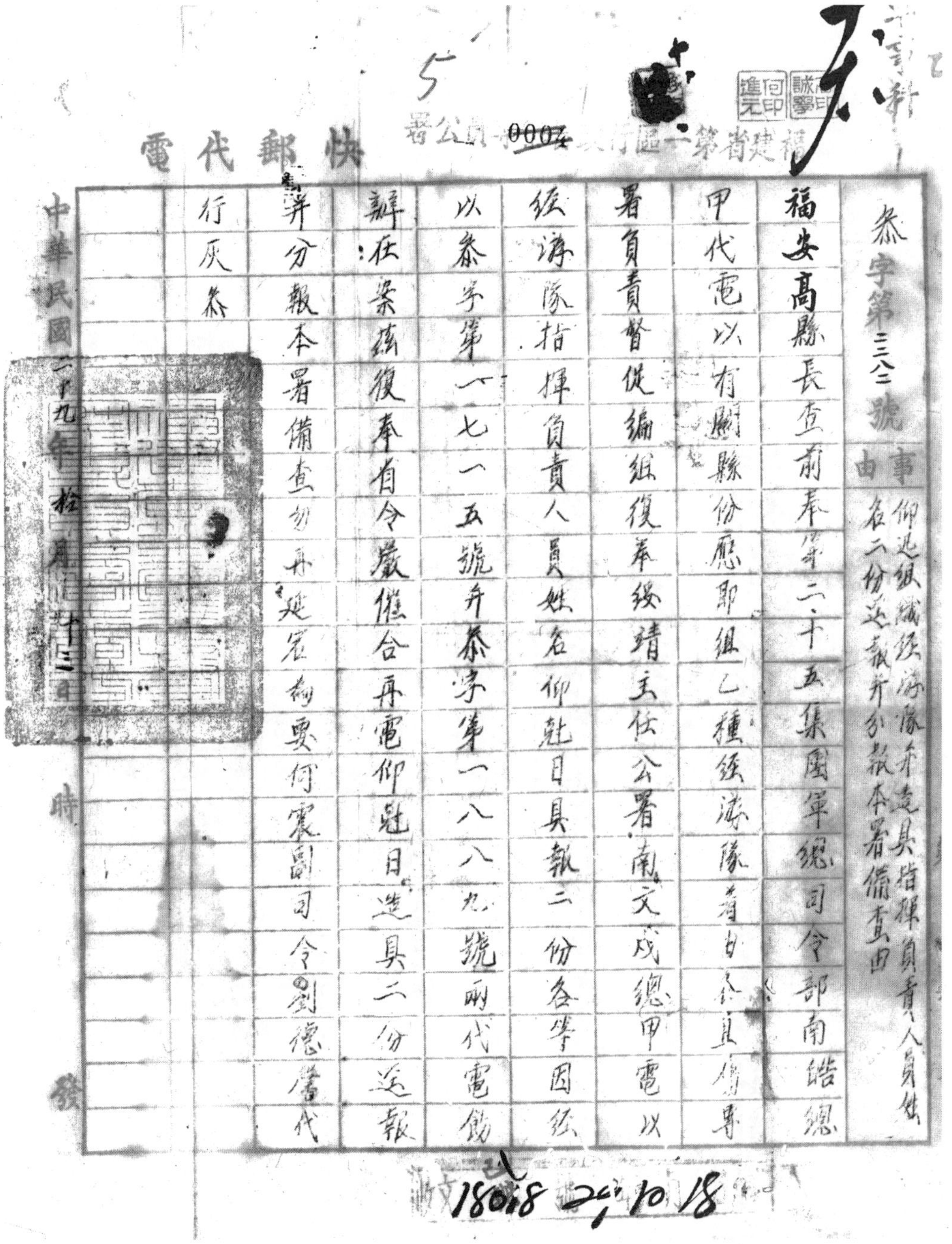
福建省第一區行政督察專員公署 快郵代電

叅字第三八二號

事由：仰迅組織經游隊希造具指揮負責人員姓名二份送報并分報本署備查由

福安高縣長查前奉第二十五集團軍總司令部南鐠總甲代電以有關縣份應即組乙種經游隊着由各縣長負署負責督促編組復奉綏靖主任公署南文戍總甲電以經游隊指揮負責人員姓名仰迅日具報二份各等因經以叅字第一七一五號并叅字第一八八九號兩代電飭辦在案茲復奉省令嚴催合再電仰迅日造具二份送報并分報本署備查勿再延宕為要何震副司令劉德麐代行灰叅

中華民國二十九年拾月十三日 時 發

18018 29/10/18

福建省第一行政督导委员公署关于仰迅组织经游队希造具指挥负责人员姓名二份送报并分报本署备查代电(1940 年 10 月 13 日) 0002-004-0238

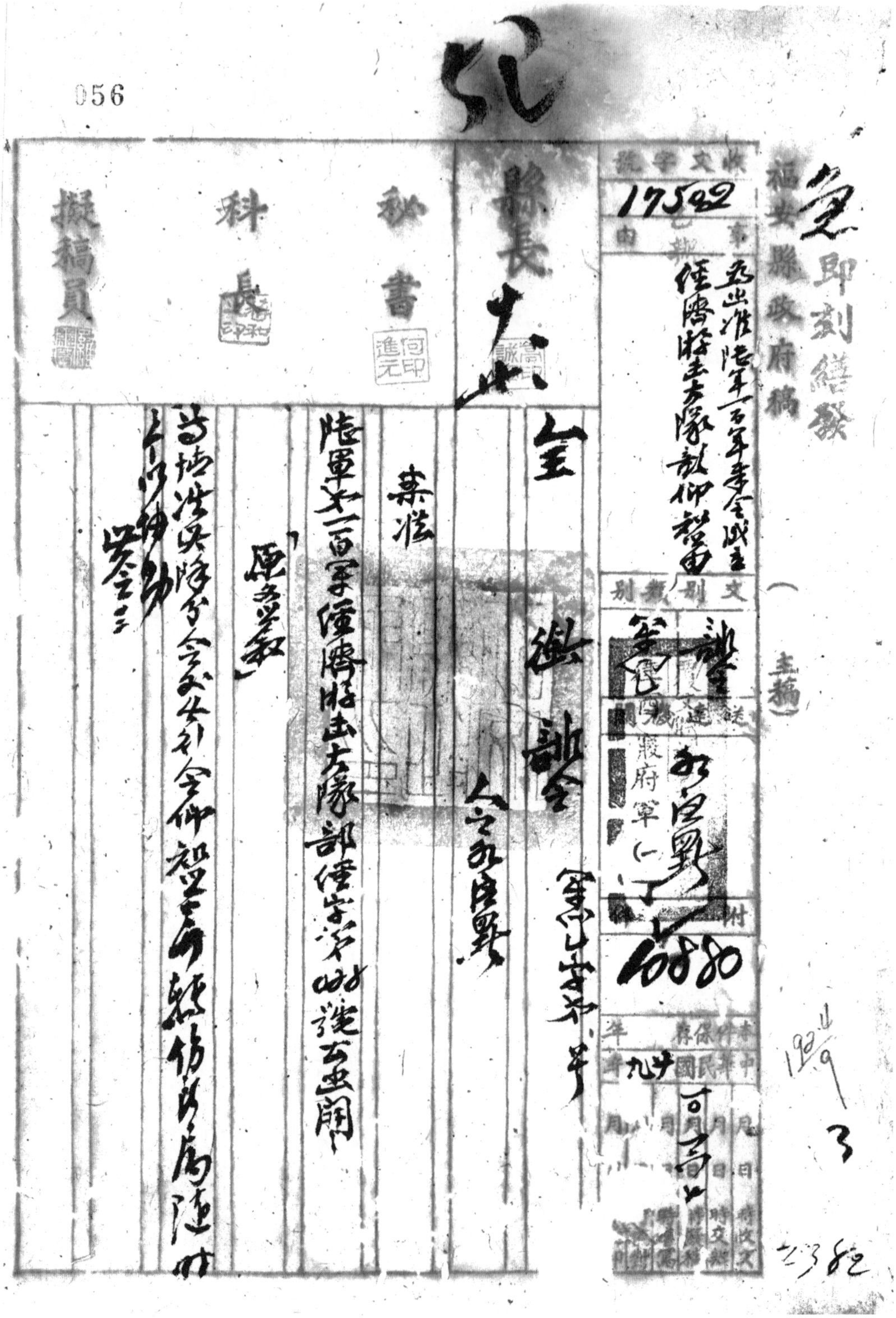
056

福安縣政府稿

急 即刻繕發

縣長

秘書

科長

擬稿員

令陸軍第一百軍經濟游擊大隊部

福安县政府成立经济游击大队的训令(1940 年 10 月 16 日)　0002-004-0238

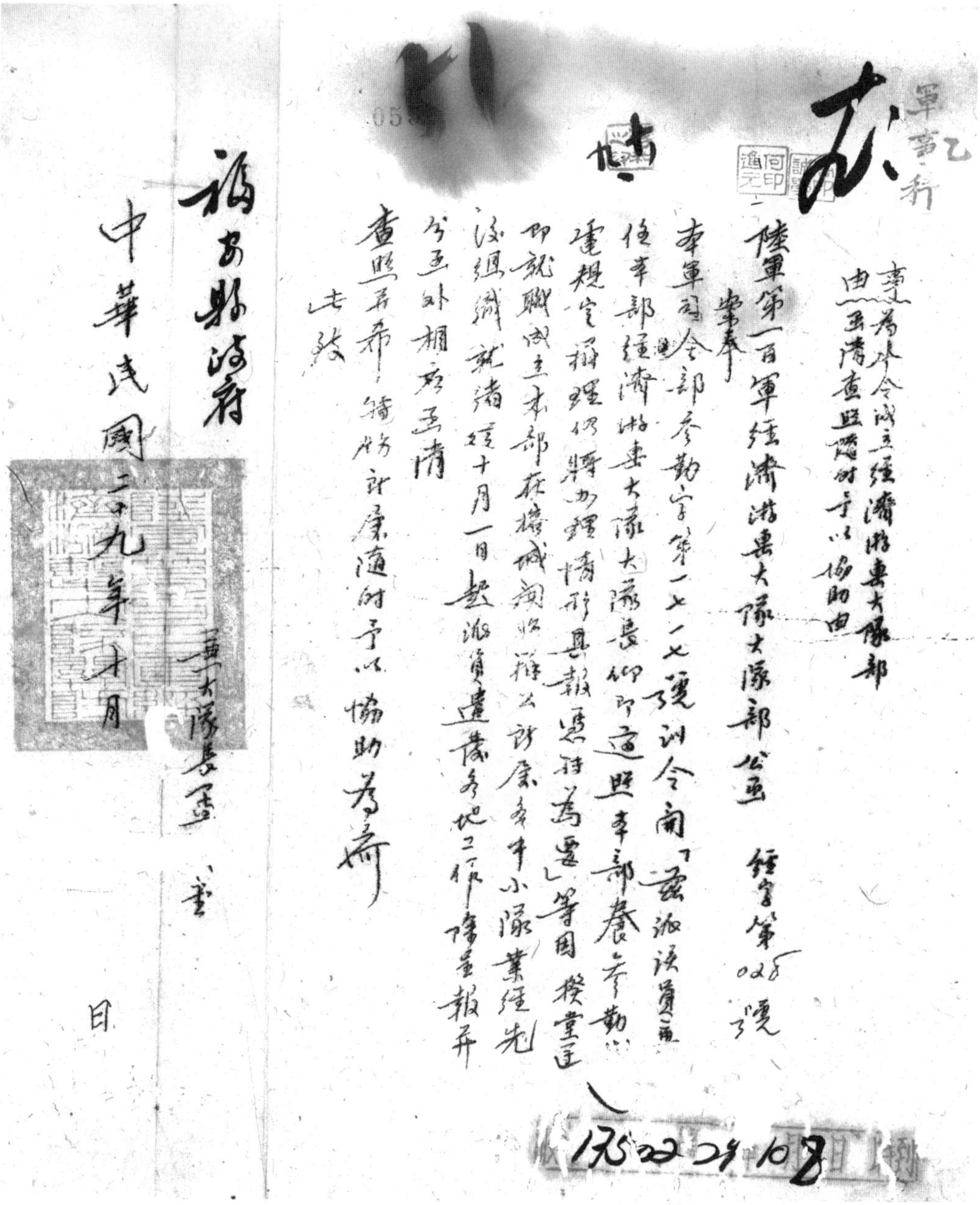

事由：為本部成立經濟游擊大隊部函請查照隨時予以協助由

陸軍第一百軍經濟游擊大隊大隊部公函　經字第028號

案奉

本軍司令部參勤字第一七一七號訓令開「茲派該員為本部經濟游擊大隊大隊長，仰即遵照本部參勤處規定辦理，仍將辦理情形具報，毋違為要」等因，奉此，遵即就職，成立本部於福城，開始辦公，所屬各中小隊業經先後組織就緒，於十月一日起派員遣往各地工作，除呈報并分函外，相應函請查照，希轉飭所屬隨時予以協助為荷。此致

福安縣政府

大隊長　王

中華民國二十九年十月　日

陆军第一百军经济游击大队部为成立经济游击大队部请随时予以协助的公函

（1940 年 10 月）　0002-004-0238

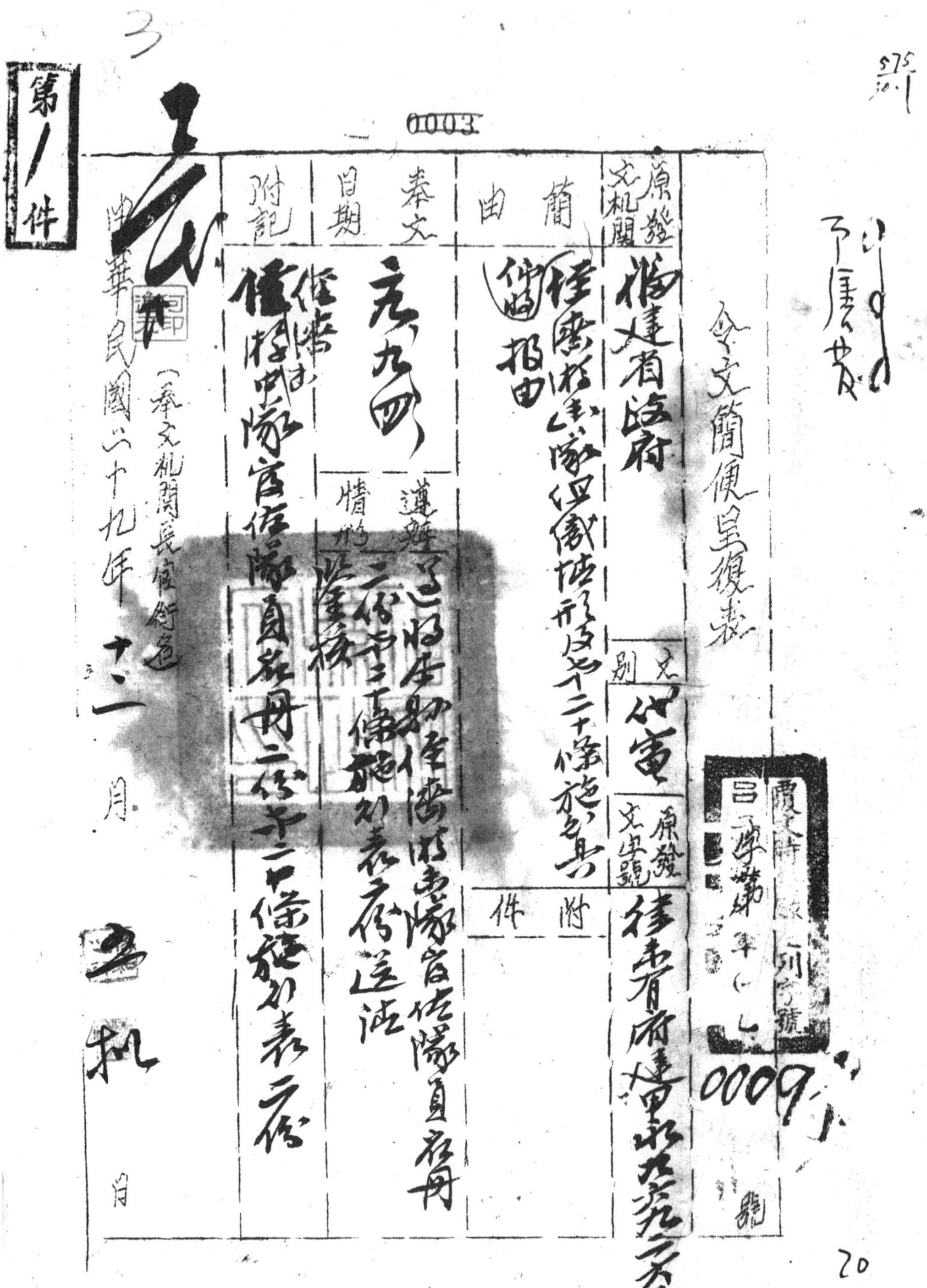

关于福安县经济游击队组织情形及二十条施行表的令文简便呈复表

（1940 年 12 月 5 日）　0158-001-0304

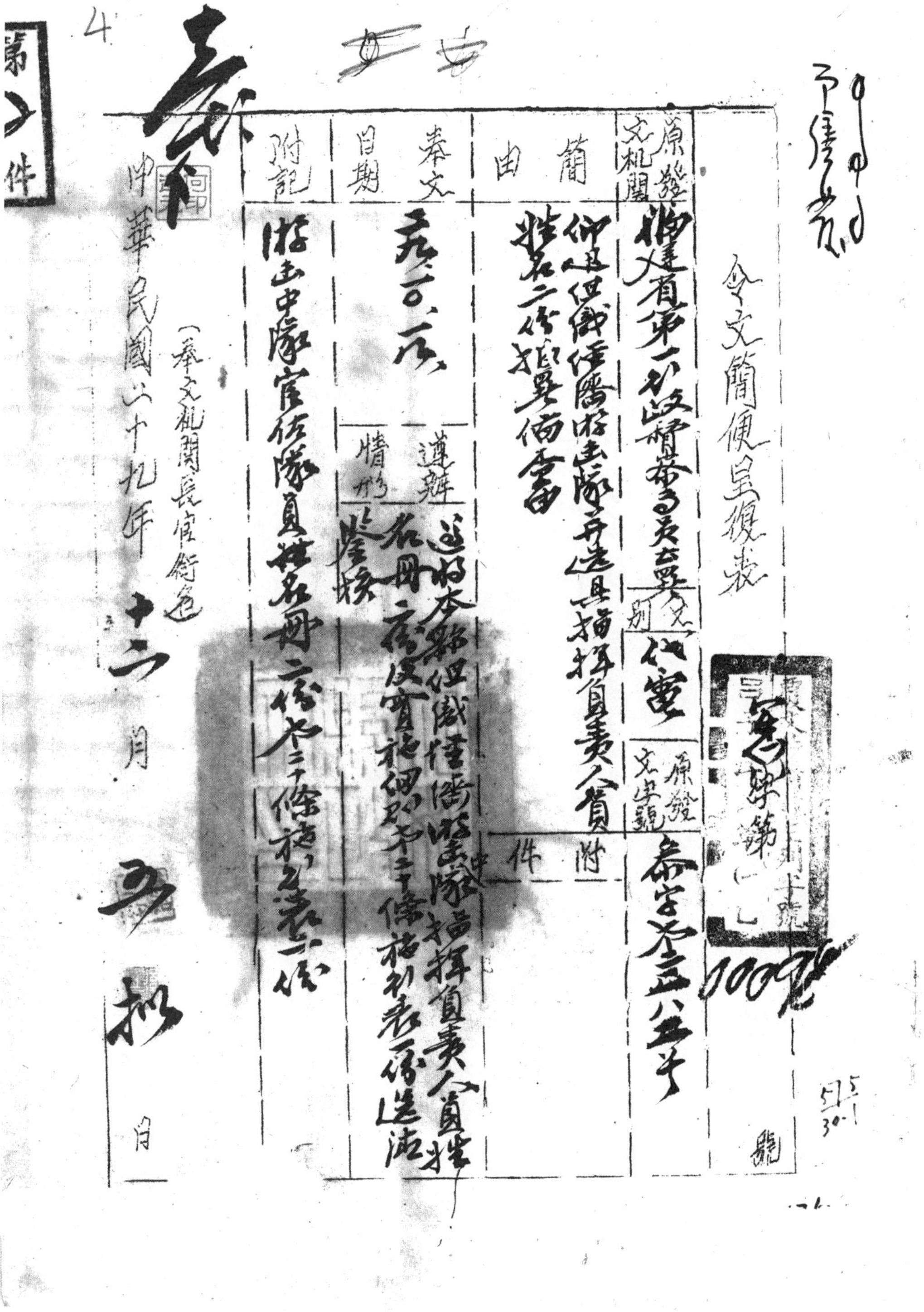
令文簡便呈復表
原發文机關
文別
原發文字號
簡由
奉文日期
遵辦情形
附件
附記
中華民國二十九年十二月 日

关于福安县经济游击队组织情形及二十条施行表的令文简便呈复表

（1940 年 12 月 5 日） 0158-001-0304

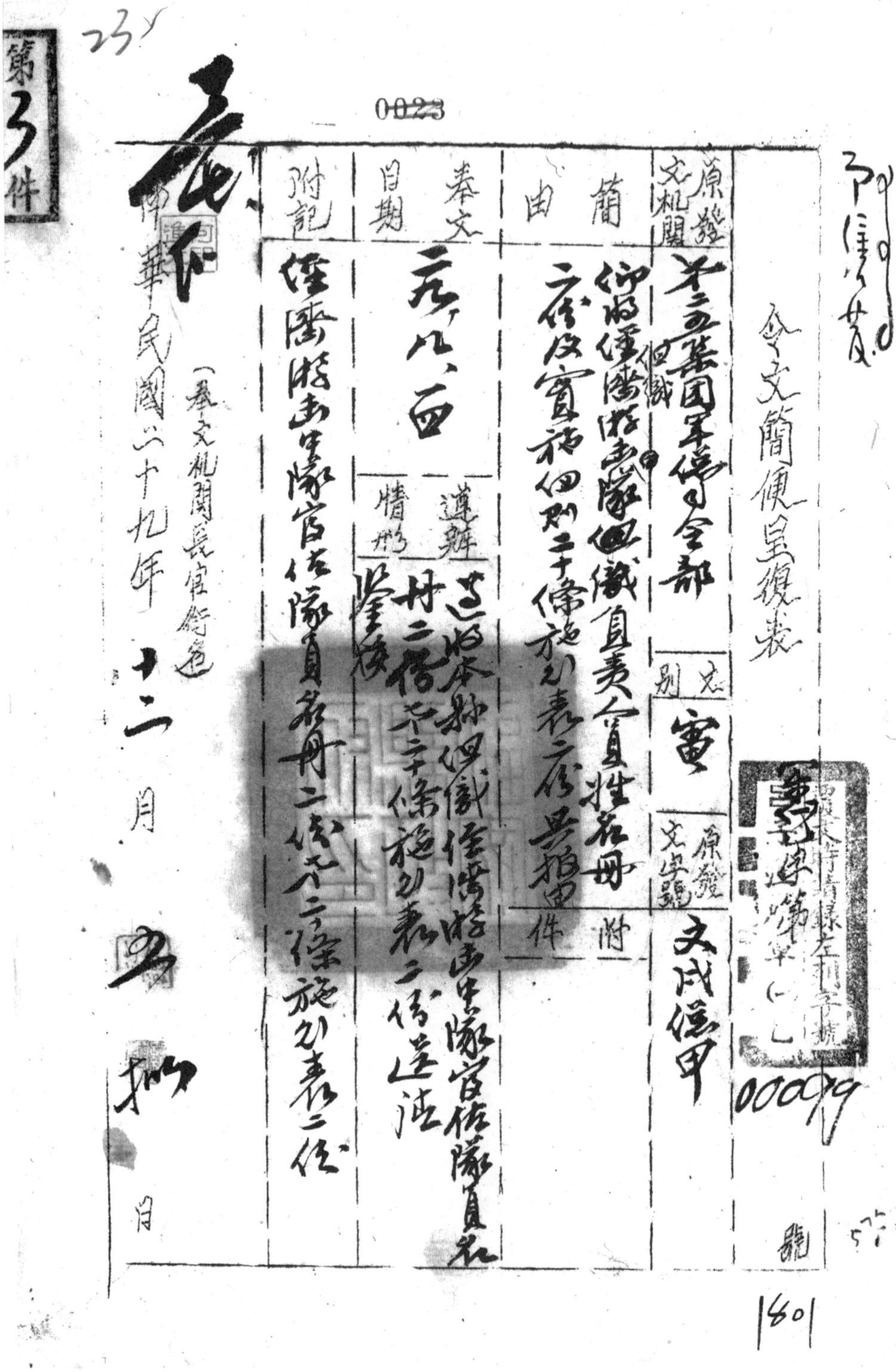
令文简便呈复表

原发文机关	第二五集团军总司令部
文别	寅
原发文号	文戌保甲
简由	饬将经济游击队组织负责人员姓名册二份及实施二十条施行表二份呈报由
奉文日期	[illegible]
遵办情形	遵将本县组织经济游击队官佐队员名册二份、二十条施行表二份呈送鉴核
附记	经济游击队官佐队员名册二份、二十条施行表二份

（奉文机关长官衔名）

中华民国二十九年十二月 日

关于福安县经济游击队组织情形及二十条施行表的令文简便呈复表

（1940 年 12 月 5 日） 0158-001-0304

22

0005

仝則第二十條施行表

本縣為適應游擊工作並與起見特這經濟游擊隊組織
及施行細則之第二十條之規定按照本地方情形及治安之形勢酌為立
出如下之交通資源依組織方案經濟封鎖之破壞
甲、交通：本縣地處沿海水路交通敵之主道為防止敵
人之突擊必要時施行封鎖並協助經濟游擊
隊及巡查哨所盤查監視以防偽裝
乙、資源：本縣糧食總合亦為已產倘欲存根據地之項
將來為防奸商偷運資敵特派經濟游擊隊
不時出沒沿海一帶協同各巡查哨所分
做為將來必要採取之破壞

72

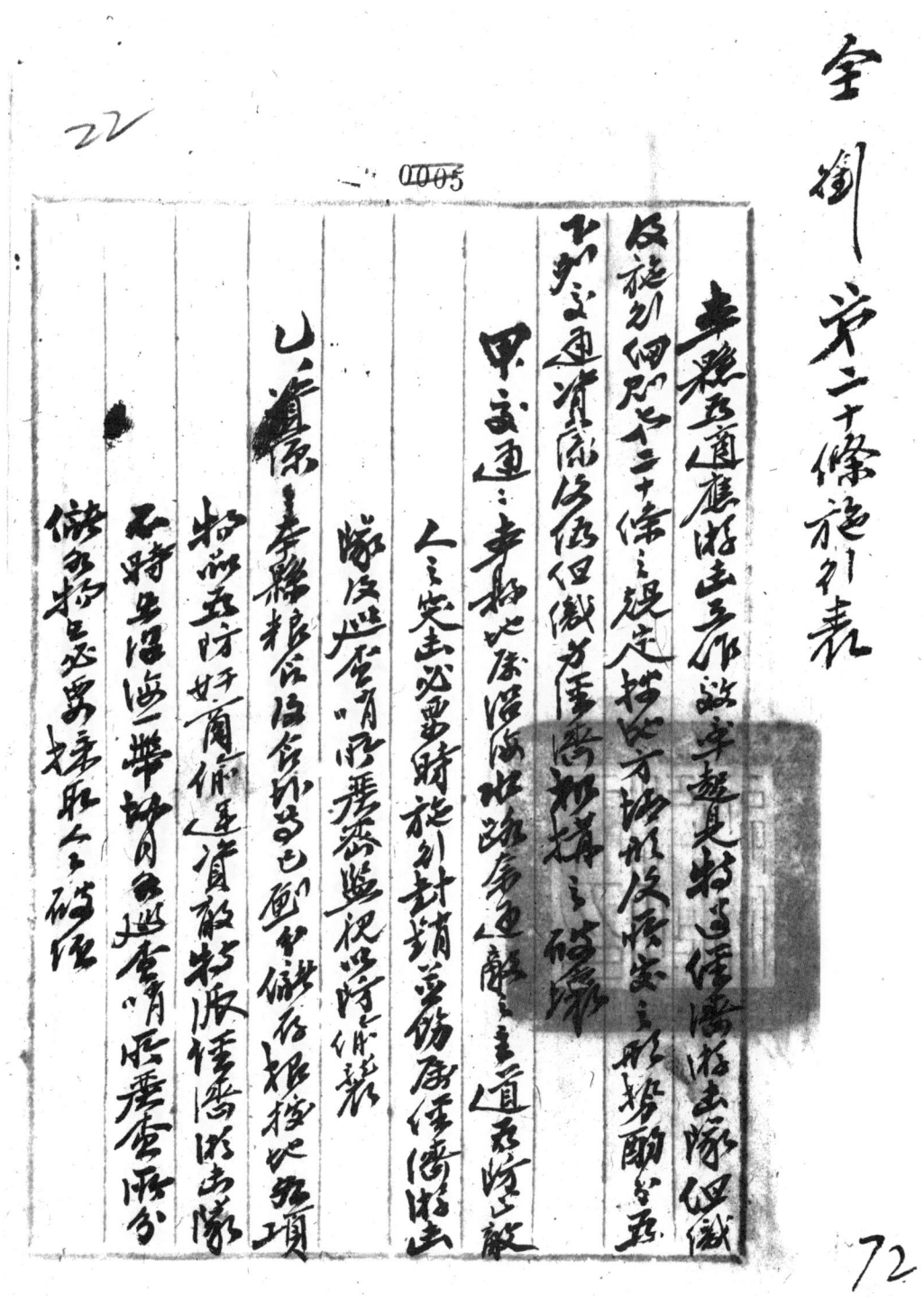

经济游击队组织及施行细则第二十条施行表（1940年） 0158-001-0304

丙、依经济组织（经济机构）之目前目的，对闽东各县尚无军事行动范围，经济组织依照起见，将通令各区乡、保甲、乡镇长、委员等负责办理，并由县长随时监督指挥，将敌之渗透，如沿洋一带闽江流域民众有偷运私货者，准许解律送互助，政府保护，敬之依照经济组织其经济机构

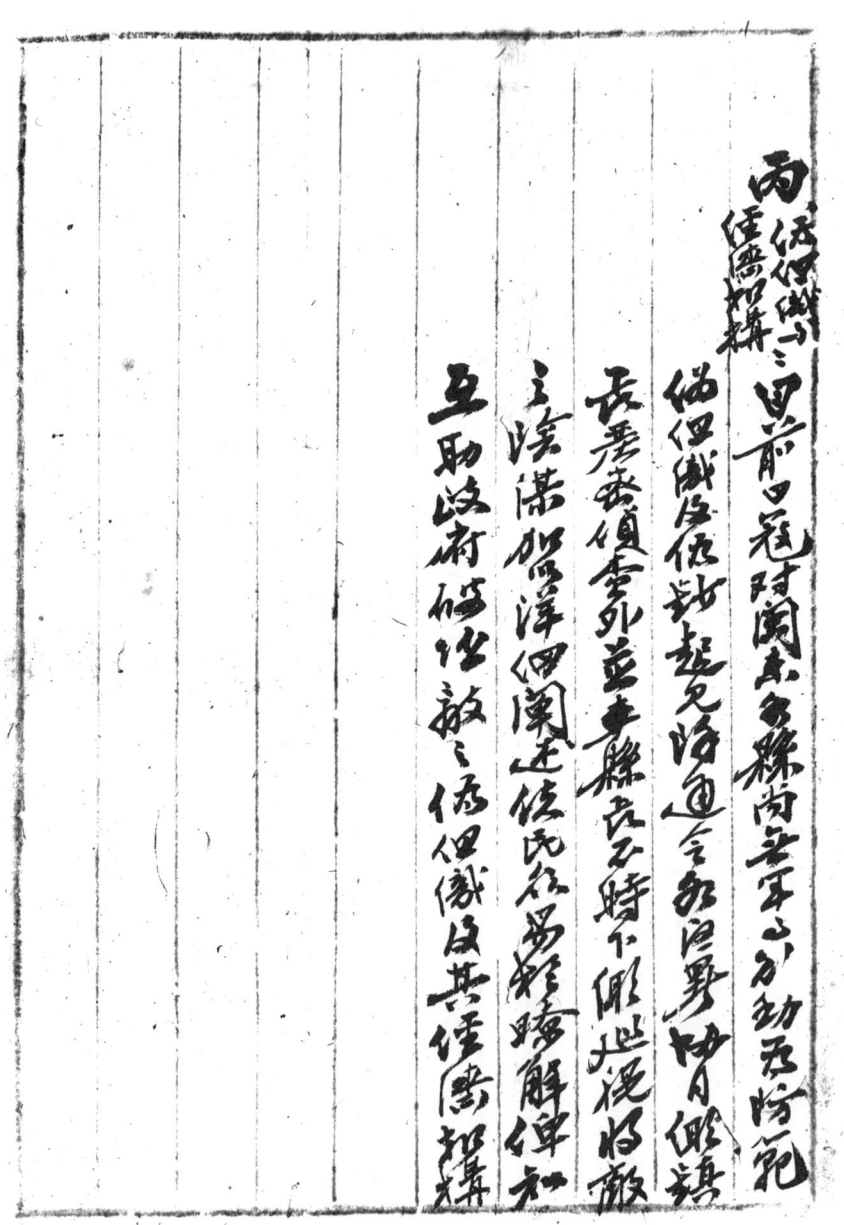

经济游击队组织及施行细则第二十条施行表（1940 年）　0158-001-0304

6

0006

全 徵官佐隊員名冊

福安縣經濟游擊中隊官佐名冊

級職	姓名	年齡	籍貫	出身	經歷	備攷
少校中隊長	蔣和	三二	湖南寶慶	閩保幹訓班軍官[illegible]隊畢業	曾任連長、排長、團附、大隊長等職	
中尉中隊附	羅培賢	二四	[illegible]南丰	閩保幹訓班畢業、第三集團軍游幹班軍官隊畢業	曾任八[illegible]隊長等職	
中尉小隊長	劉永福	二三	福建建甌	福建警官[illegible]師畢業	現任[illegible]官等職	
中尉小隊長	盧懷植	三六	福建壽寧	〃	現任[illegible]官等職	
中尉小隊長	彭言治	二三	福建寧德	〃	〃	
中尉小隊長	林昌庚	二七	福建閩侯	〃	〃	
准尉特務長	章樂棋	二七	福建福安	福安[illegible]學畢業	現任特務長	

福安县经济游击中队官佐名册(1940 年)　0158-001-0304

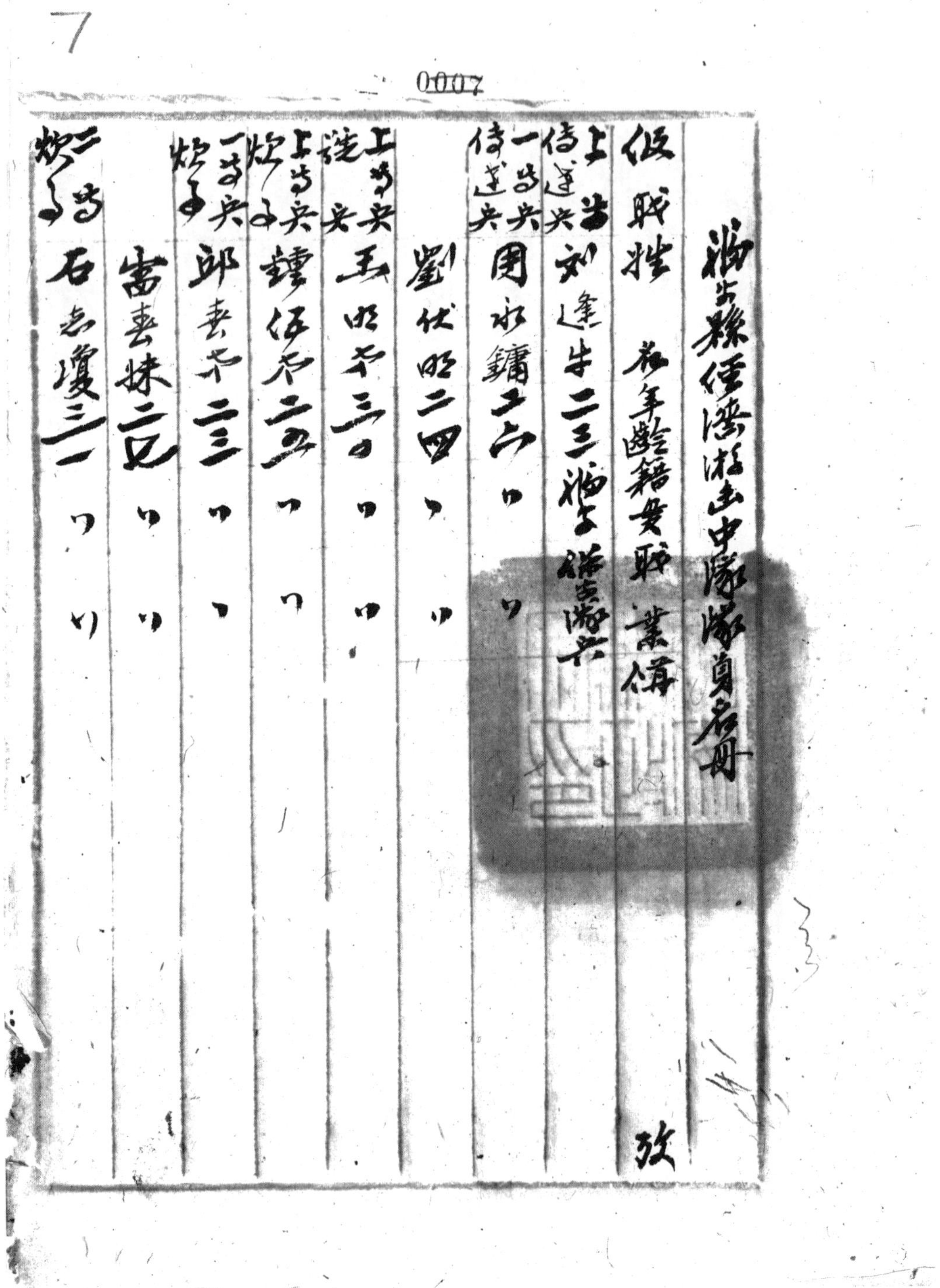
0007

福安縣經濟游擊中隊隊員名冊

級職	姓名	年齡	籍貫	職業	備考
上等傳達兵	劉逢生	二三	福安	游擊隊兵	
一等兵傳達兵	周永鏞	二六	〃	〃	
	劉伏明	二四	〃	〃	
上等兵護兵	王明弟	三〇	〃	〃	
上等兵炊事	鍾依弟	二五	〃	〃	
一等兵炊事	郎妹弟	二三	〃	〃	
	雷妹妹	二〇	〃	〃	
二等炊事	石志瓊	三一	〃	〃	

福安县经济游击中队队员名册（1940 年）　0158-001-0304

劉志孝 二九 〃 〃

陳圭妹 二六 〃 〃

鍾潤汝 三〇 〃 〃

繆富德 二四 〃 〃

雷才平 二三 〃 、

福安县经济游击中队队员名册(1940 年)　0158-001-0304

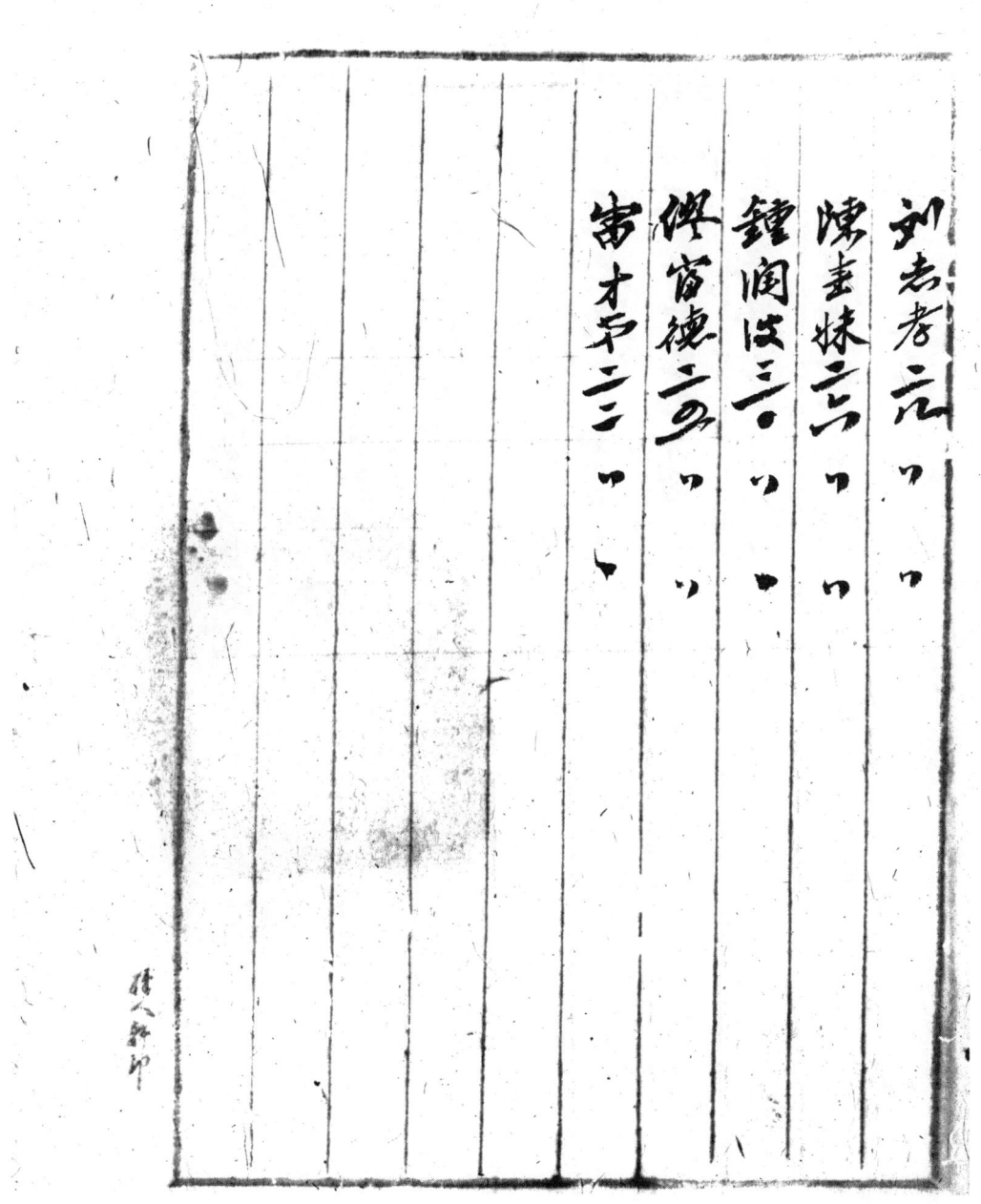

8

0008

福安縣經濟游擊隊隊員名冊

職別	姓名	年齡	籍貫	職業
上士組長	沈安民	二六	福安下白	農業
〃 〃	吳十平	四五	下白	〃
〃 〃	吳裘	三一	下白	〃
〃 〃	張光威	三〇	下西白	〃
中士組長	湯軒平	三九	下白	〃
〃 〃	林揚聲	三〇	〃	〃
〃 〃	彭順壽	三二	〃	〃
〃 〃	章友之	三一	〃	〃

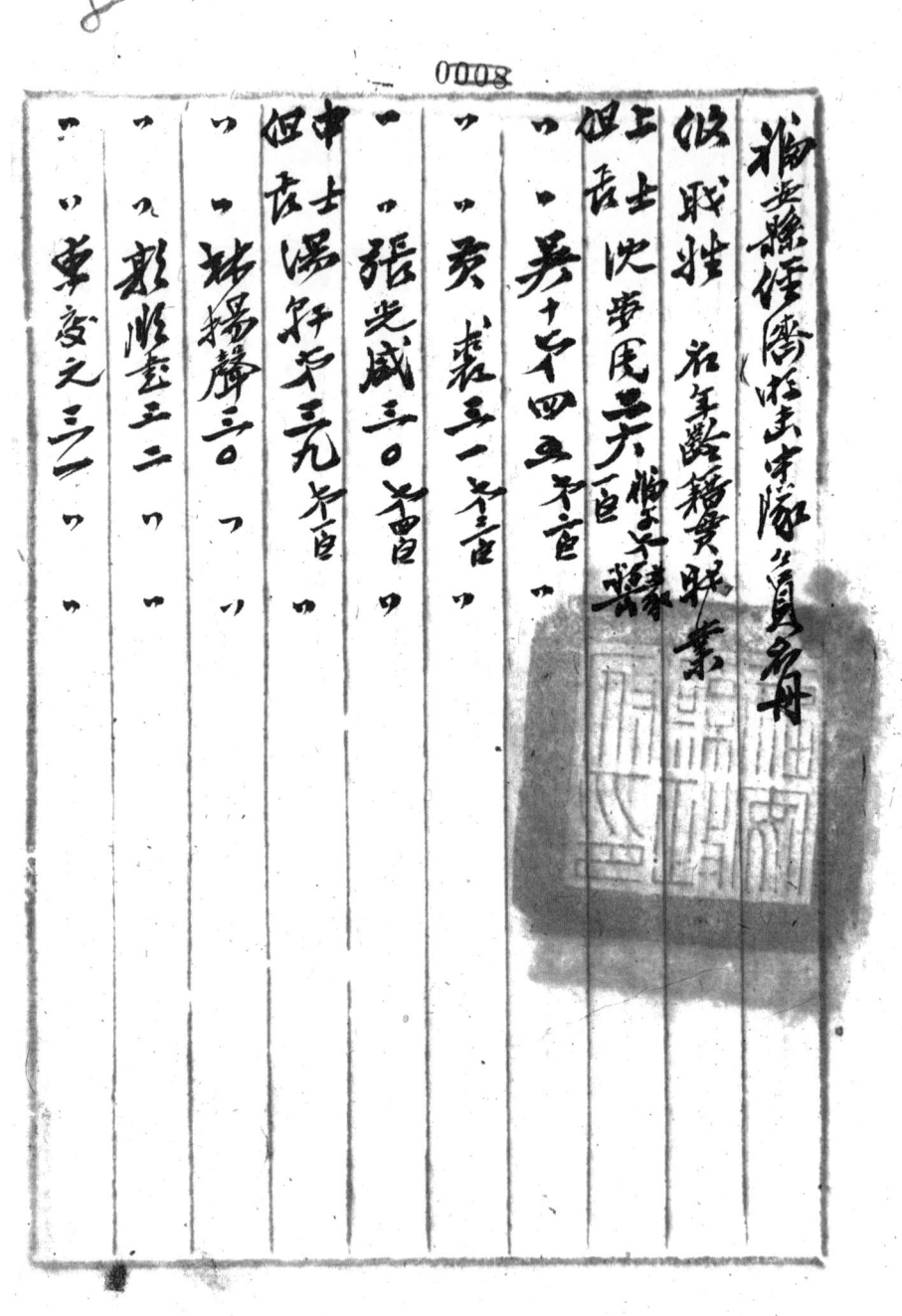

福安县经济游击中队队员名册(1940 年)　0158-001-0304

〃 翁金七 三七 第二甲 義警
〃 葉宗友 二七 〃 〃
〃 刘仲堯 三三 〃 〃
〃 李宗蘭 三六 〃 〃
〃 缪奇生 二五 〃 〃
〃 许宏鳳 二六 〃 〃
〃 谢宝卿 二七 〃 〃
〃 王思平 二六 〃 〃
〃 陳興樹 三二 自七甲 〃
〃 周棠 二七 〃 〃

福安县经济游击中队队员名册(1940 年) 0158-001-0304

9

0009

〃	〃	李成錦	三〇	本邑	義塾
〃	〃	馬永良	三〇	〃	〃
下士	副班長	高五妹	三五	本邑	〃
〃		王四弟	二六	〃	〃
〃		李木成	二〇	〃	〃
〃		章永現	二七	〃	〃
〃		張番坤	二六	〃	〃
〃		彭壽松	三〇	本邑	〃
〃		陳登富	三五	〃	〃
〃		林水生	四〇	〃	〃

福安县经济游击中队队员名册(1940 年)　0158-001-0304

林升来	二八	
龚兴春	三九	
许灿富	二〇	第三区
袁廷生	十九	
王万仁	二七	
苏家和	二六	
陈志轩	二三	
刘荣钦	二二	第四区
张步松	[illegible]	
罗忠藩	二七	

[illegible]

福安县经济游击中队队员名册(1940 年)　0158-001-0304

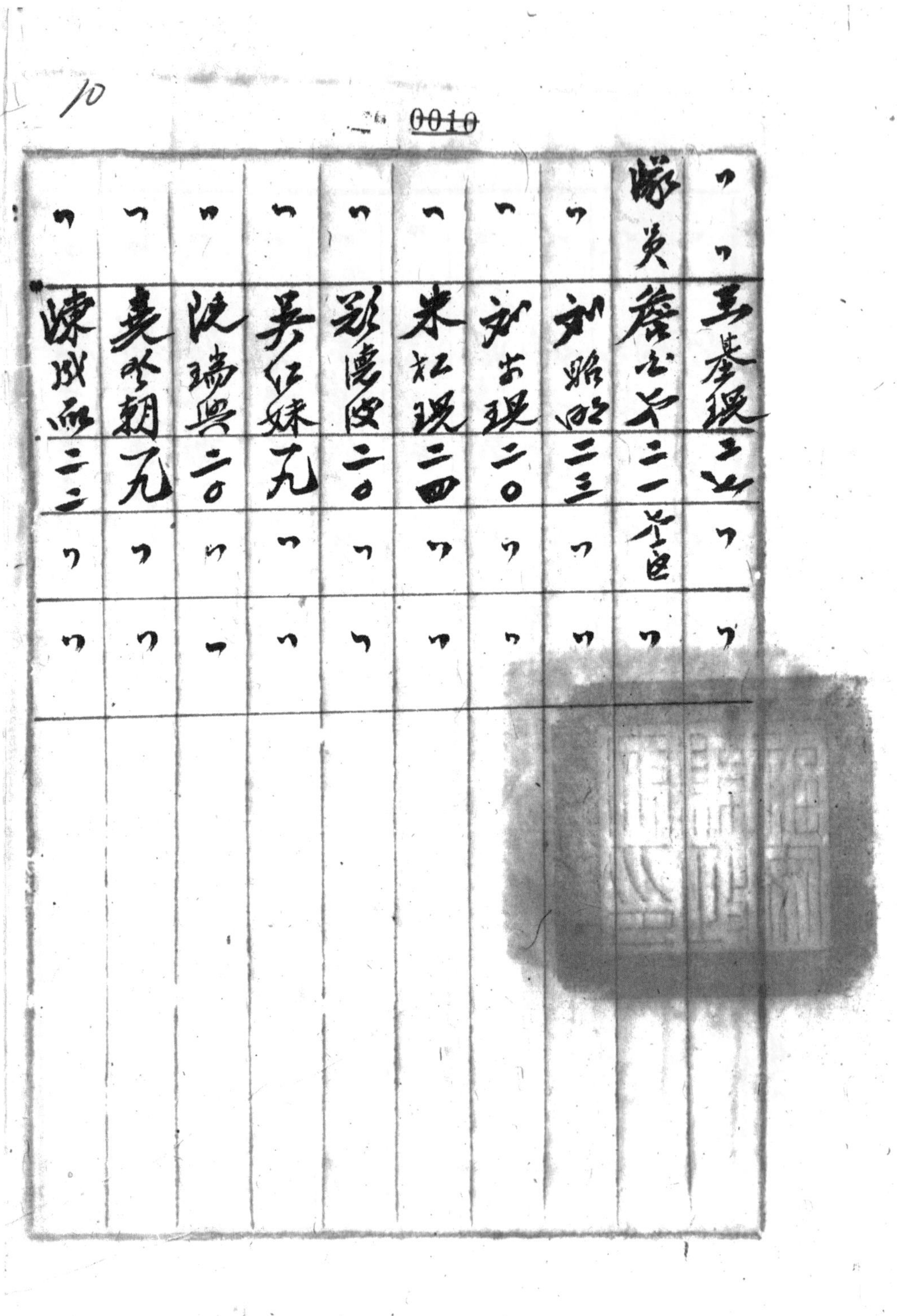

福安县经济游击中队队员名册(1940 年) 0158-001-0304

〃	〃	〃	〃	〃	〃	〃	〃	〃	〃
劉金栖	李毓麟	范成其	陳澤治	劉成泰	王普安	林蔭治	薛顯貴	林錦中	林學濤
二三	一八	一九	二〇	二一	一九	一九	一九	二九	三二
〃	〃	〃	〃	〃	〃	〃	〃	〃	〃
〃	〃	〃	〃	〃	〃	〃	〃	〃	〃

[illegible]

福安县经济游击中队队员名册(1940年)　0158-001-0304

11 0011

〃	〃	蔡二头	二六 [illegible]	〃	〃
〃	〃	彭邦富	二〇	〃	〃
〃	〃	陈阁成	二三	〃	〃
〃	〃	蔡奶兹	二二	〃	〃
〃	〃	陈洪	二五	〃	〃
〃	〃	黄秋生	三〇	〃	〃
〃	〃	吴四冬	二九	〃	〃
〃	〃	陈依新	二六	〃	〃
〃	〃	林维松	一九	〃	〃
〃	〃	李阁之	二九	〃	〃

福安县经济游击中队队员名册(1940 年)　0158-001-0304

		姓名	年龄		
〃	〃	陈信忠	二九	〃	〃
〃	〃	何文墉	二六	〃	〃
〃	〃	王耀堂	二五	〃	〃
〃	〃	沈明森	三五	〃	〃
〃	〃	陈作松	二三	〃	〃
〃	〃	彭伙生	二三	〃	〃
〃	〃	彭宗尧	二三	〃	〃
〃	〃	陈理恩	二九	〃	〃
〃	〃	杨细富	二〇	〃	〃
〃	〃	梁垂华	二〇	〃	〃

福安县经济游击中队队员名册(1940 年)　0158-001-0304

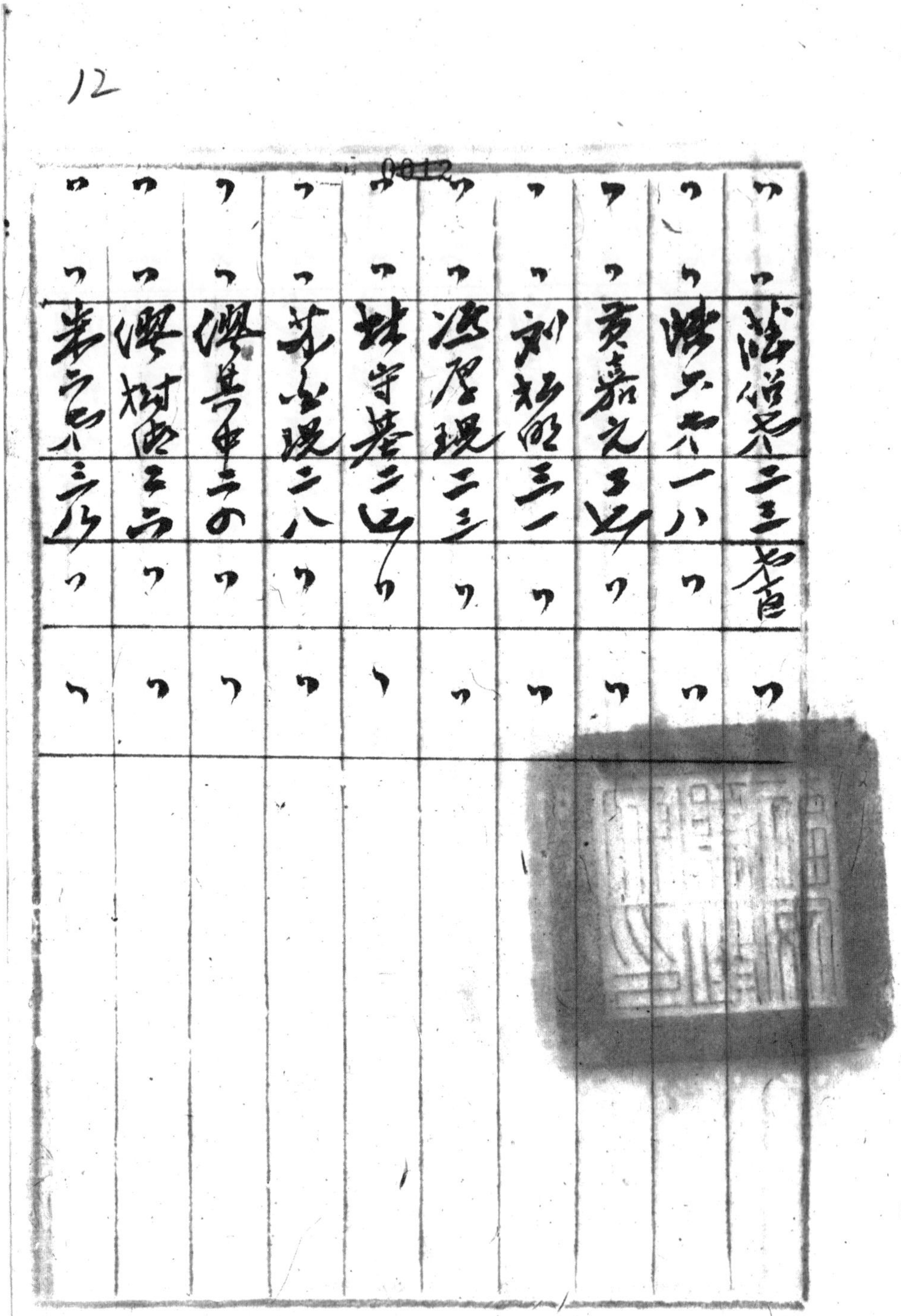

福安县经济游击中队队员名册(1940年) 0158-001-0304

〃	〃	丁七引	二五	〃	〃
〃	〃	彭应谷	二九	〃	〃
〃	〃	黄廷煤	二三	〃	〃
〃	〃	张春水	二三	〃	〃
〃	〃	陈文光	一九	〃	〃
〃	〃	李老豪	[illegible]	〃	〃
〃	〃	钟勤波	[illegible]	〃	〃
〃	〃	李振伍	二八	〃	〃
〃	〃	陈修加	二三	〃	〃
〃	〃	王益球	[illegible]	〃	〃

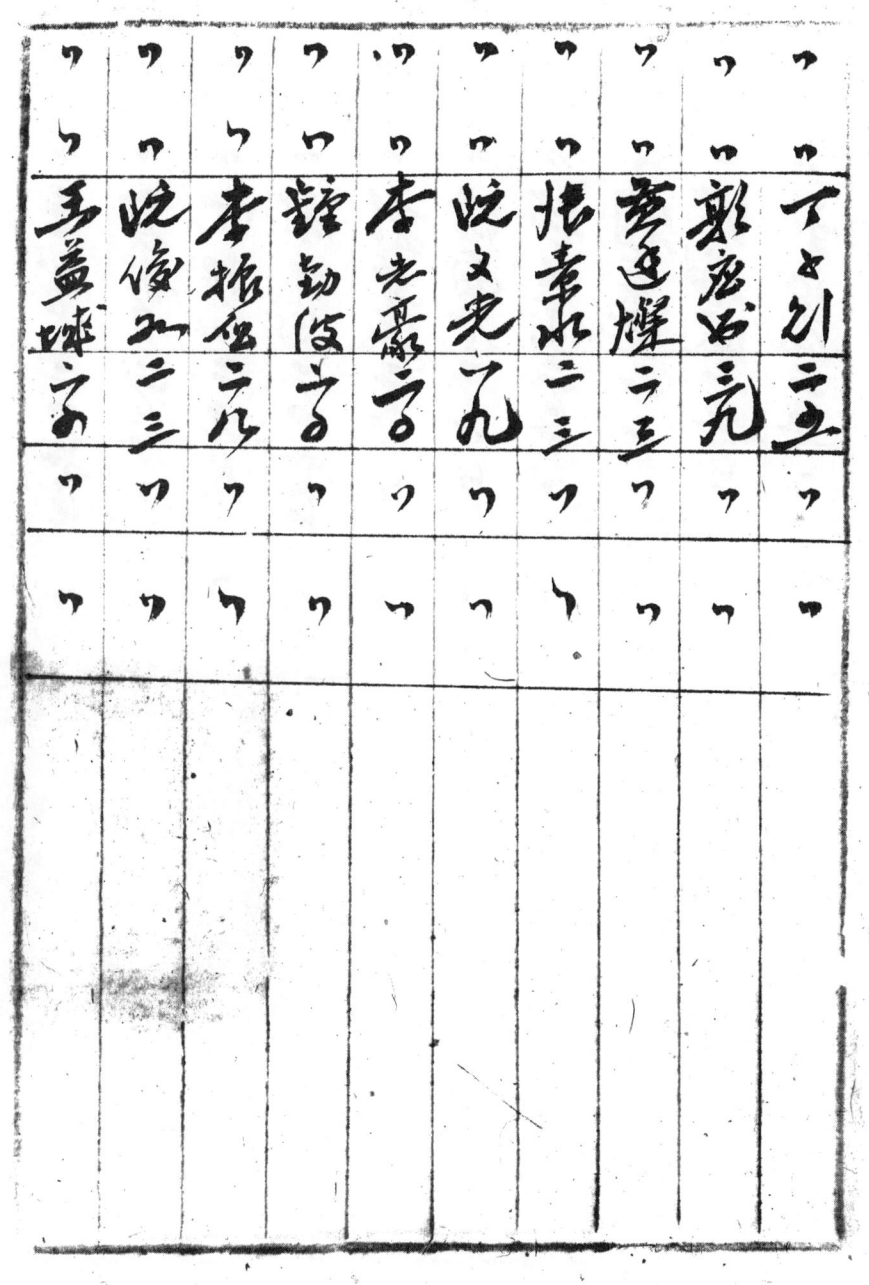

福安县经济游击中队队员名册(1940 年)　0158-001-0304

〃	〃	王玉生	二〇	茶良	〃
〃	〃	高樹自	二六	〃	〃
〃	〃	沈炳松	二五	〃	〃
〃	〃	謝常潘	二八	[illegible]	〃
〃	〃	彭華瑶	二六	〃	〃
〃	〃	陳南光	二二	〃	〃
〃	〃	林正倫	二三	〃	〃
〃	〃	賴華賢	二三	〃	〃
〃	〃	鄒海波	二五	〃	〃
〃	〃	刘祥康	二五	〃	〃

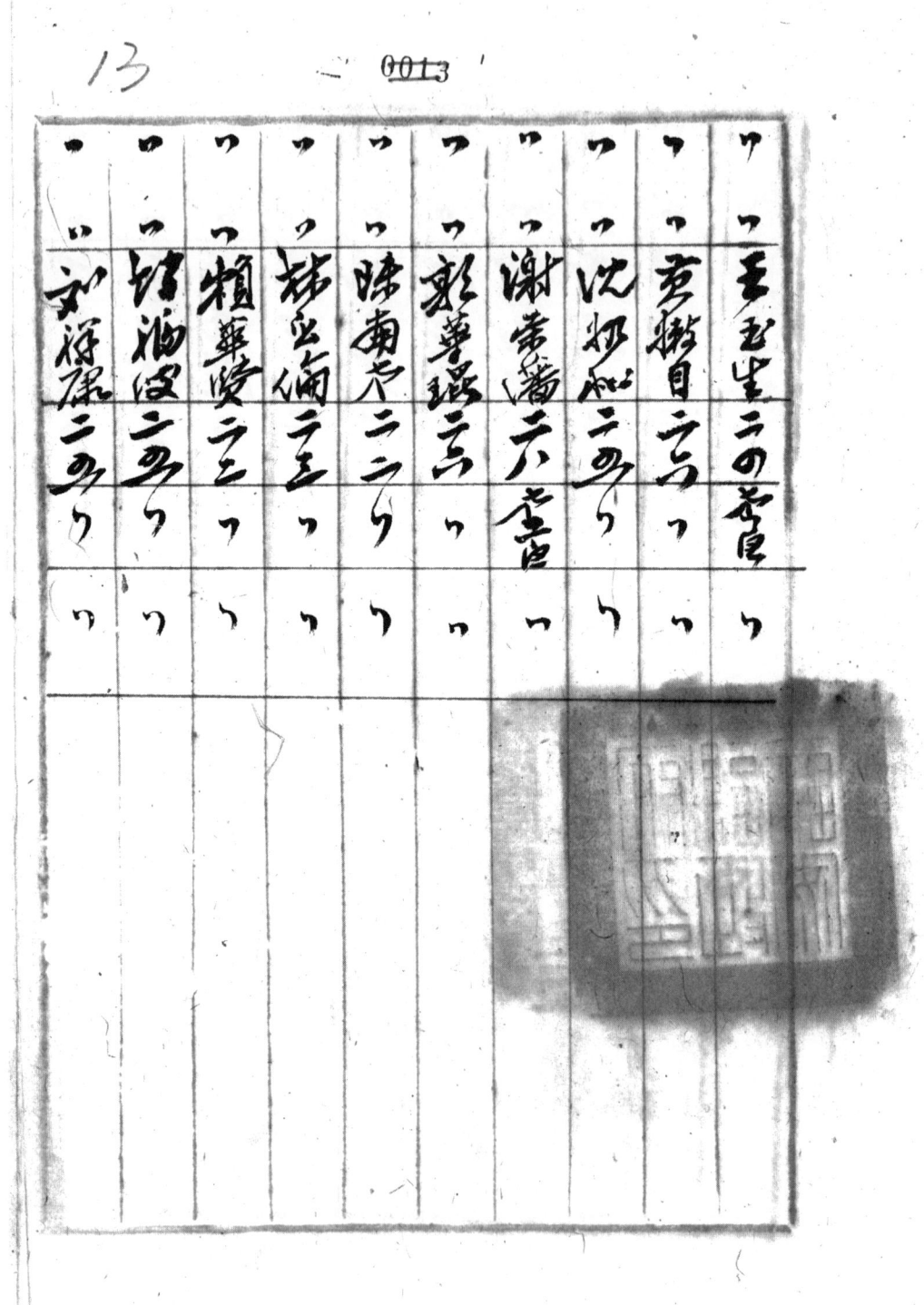

福安县经济游击中队队员名册(1940年)　0158-001-0304

〃	〃	林宗[illegible]	二二	〃	〃
〃	〃	林漢德	二三	〃	〃
〃	〃	彭若川	二二	〃	〃
〃	〃	陳帝毅	三三	〃	〃
〃	〃	吳品濂	二四	〃	〃
〃	〃	林振昭	二二	〃	〃
〃	〃	林景[illegible]	二二	〃	〃
〃	〃	林樹德	二四	〃	〃
〃	〃	陳作和	二一	〃	〃
〃	〃	彭宏位	三一	〃	〃

福安县经济游击中队队员名册(1940 年)　0158-001-0304

14

0114

〃	〃	陈生[illegible]	二一	七官	〃
〃	〃	陈常[illegible]	二二	〃	〃
〃	〃	赵[illegible]钝	二[illegible]		〃
〃	〃	王文燦	二〇	〃	〃
〃	〃	林金[illegible]	二一	〃	〃
〃	〃	赵寿根	二三	〃	〃
〃	〃	张[illegible]	二二	〃	〃
〃	〃	郑阿木	二〇	〃	〃
〃	〃	林梦卿	二九	〃	〃
〃	〃	叶撒[illegible]	二二	〃	〃

福安县经济游击中队队员名册（1940 年） 0158-001-0304

〃	〃	陳生興	二三	〃	〃
〃	〃	王晋樹	二一	〃	〃
〃	〃	鄭敬庸	二一	〃	〃
〃	〃	王秀孫	二一	〃	〃
〃	〃	謝寶興	二〇	〃	〃
〃	〃	謝谷昌	二二	〃	〃
〃	〃	宋福成	二二	〃	〃
〃	〃	常玉松	二二	〃	〃
〃	〃	施仲康	二三	〃	〃
〃	〃	沈鳴金	二二	〃	〃

福安县经济游击中队队员名册(1940年)　0158-001-0304

15 0015

〃	〃	林锦照	二二	〃	〃
〃	〃	王秋坤	二二	〃	〃
〃	〃	李金銘	二八	〃	〃
〃	〃	钟主[illegible]	二四	〃	〃
〃	〃	廖明和	二六	〃	〃
〃	〃	彭石华	二六	〃	〃
〃	〃	彭华銘	二一	〃	〃
〃	〃	陈[illegible]明	二二	〃	〃
〃	〃	彭增辉	二三	〃	〃
〃	〃	陈南[illegible]	二三	〃	〃

福安县经济游击中队队员名册(1940 年) 0158-001-0304

〃	〃	林秋兴	二〇	〃	〃
〃	〃	王桂资	二三	〃	〃
〃	〃	张继楼	二二	〃	〃
〃	〃	郑留仁	二九	〃	〃
〃	〃	陈冬治	二〇	〃	〃
〃	〃	毛长寿	二五	〃	〃
〃	〃	彭绍德	二三	〃	〃
〃	〃	周贵兴	二七	〃	〃
〃	〃	李荣兴	二三	〃	〃
〃	〃	李应梓	二五	〃	〃

填人郑印

福安县经济游击中队队员名册(1940 年)　0158-001-0304

16

0016

〃	〃	陈秉灿	二六	[illegible]	〃
〃	〃	金加祥	三〇	〃	〃
〃	〃	林如琨	二四	〃	〃
〃	〃	刘秉畴	二九	〃	〃
〃	〃	叶海威	二五	〃	〃
〃	〃	钟依道人	二四	〃	〃
〃	〃	[illegible]	三〇	[illegible]	〃
〃	〃	林大建	一九	〃	〃
〃	〃	吴开良	二〇	〃	〃
〃	〃	陈振远	二〇	女	〃

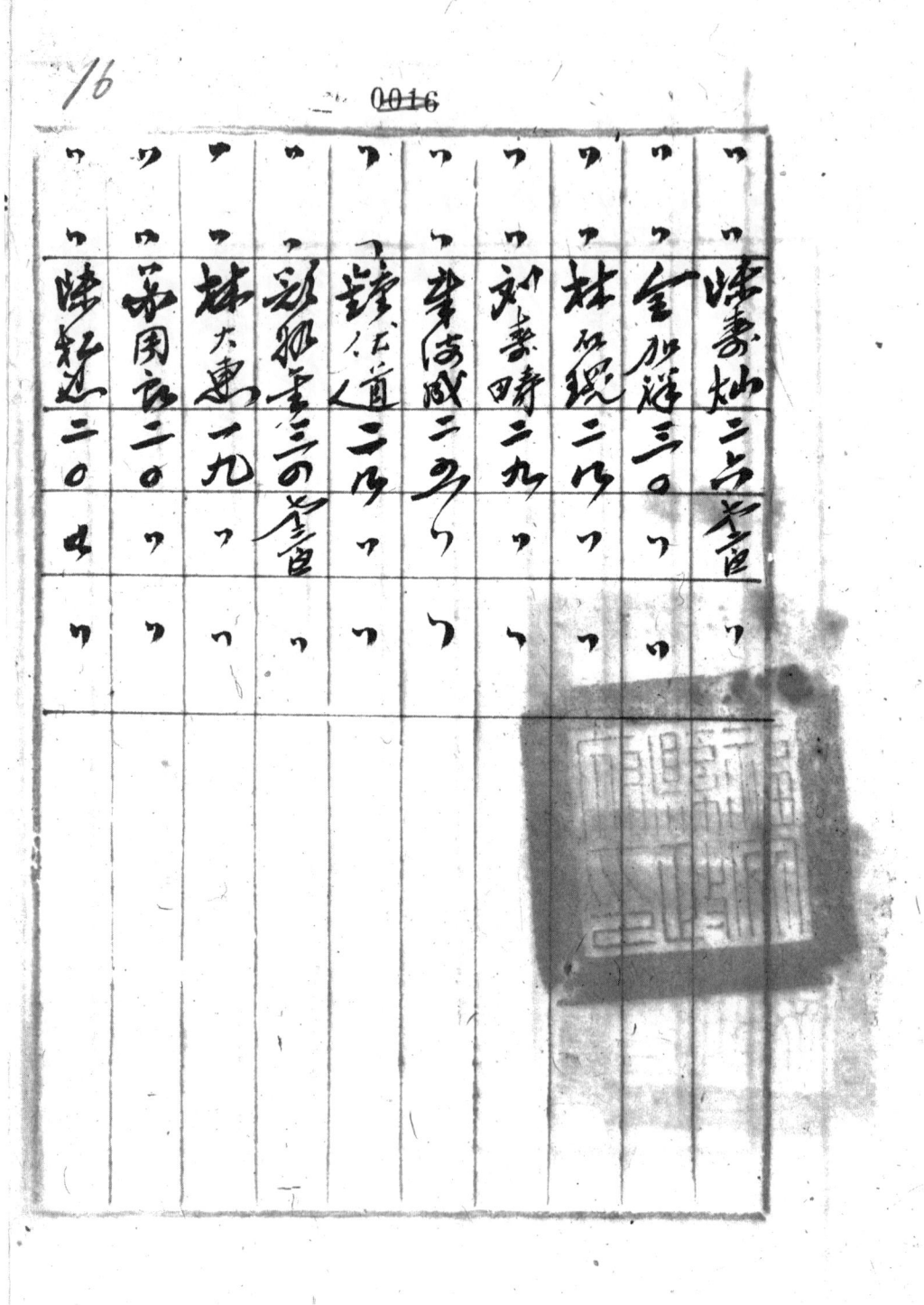

福安县经济游击中队队员名册(1940 年) 0158-001-0304

〃	〃	宋象金	二五	〃	〃
〃	〃	王长波	二〇	〃	〃
〃	〃	冯冠禄	二七	〃	〃
〃	〃	陈济生	二二	〃	〃
〃	〃	缪成安	三〇	〃	〃
〃	〃	谢昭明	二二	〃	〃
〃	〃	缪梓铨	二三	〃	〃
〃	〃	缪以依	二二	〃	〃
〃	〃	张妹女	二〇	〃	〃
〃	〃	李志居	二八	〃	〃

福安县经济游击中队队员名册(1940 年)　0158-001-0304

福安县经济游击中队队员名册(1940 年) 0158-001-0304

〃	〃	王以松	二二	〃	〃
〃	〃	张满全	二五	〃	〃
〃	〃	王明声	二五	〃	〃
〃	〃	魏希富	二二	〃	〃
〃	〃	魏维来	二五	〃	〃
〃	〃	刘柏启	二三	〃	〃
〃	〃	王金辉	二七	〃	〃
〃	〃	冯国贤	二七	〃	〃
〃	〃	刘冬华	二〇	〃	〃
〃	〃	刘生来	二六	〃	〃

福安县经济游击中队队员名册(1940 年)　0158-001-0304

18　0018

〃	〃	林倩长	二五	〃
〃	〃	孙坤求	二四	〃
〃	〃	缪侣全	二〇	〃
〃	〃	彭见波	二六	〃
〃	〃	黄忠华	二七	〃
〃	〃	陆信森	二六	〃
〃	〃	王招华	二〇	〃
〃	〃	李阿团	二[illegible]	〃
〃	〃	林裕江	二七	〃
〃	〃	谢为兴	二一	〃

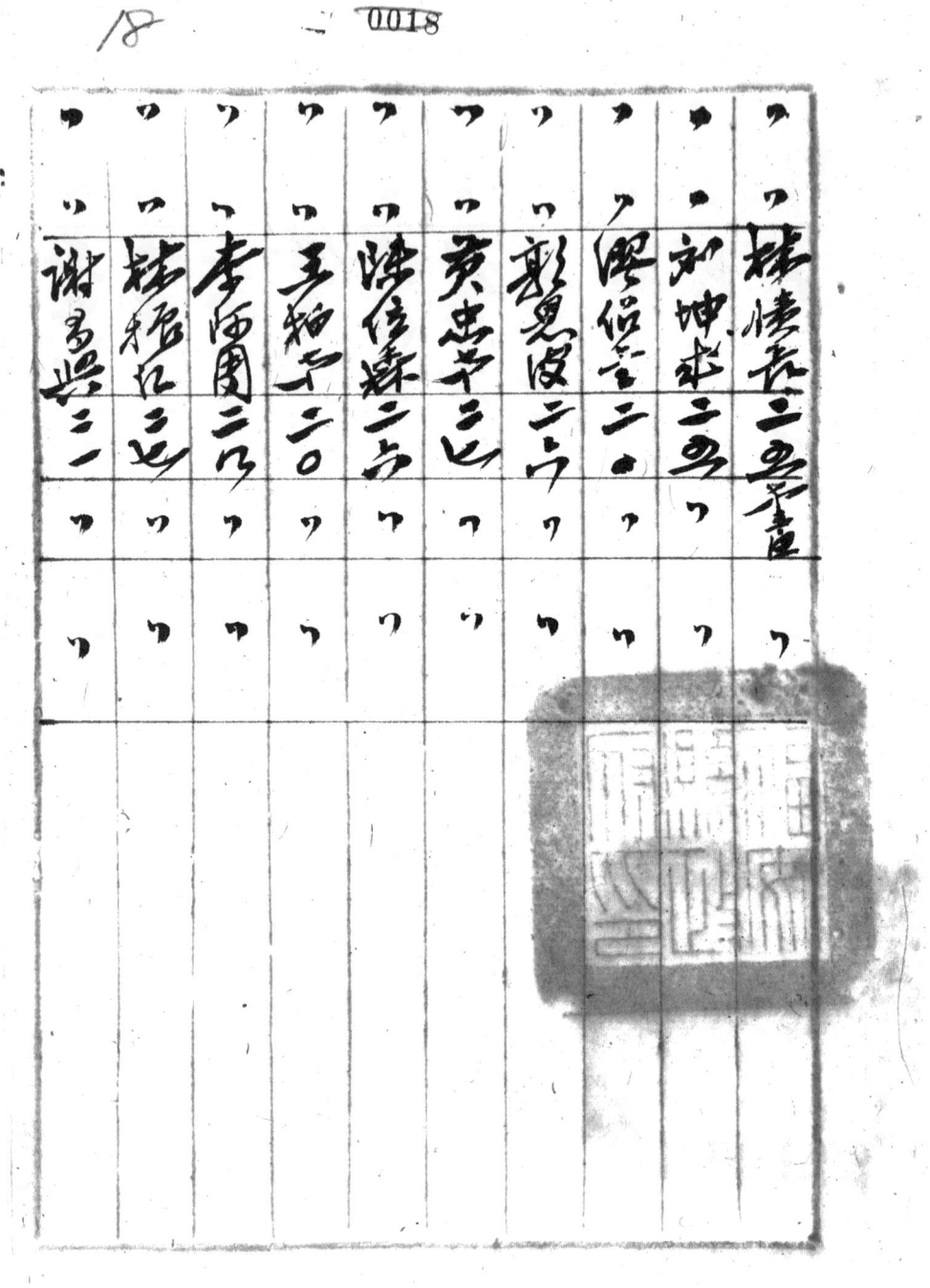

福安县经济游击中队队员名册(1940 年)　0158-001-0304

〃	〃	缪品生	二一	〃	〃
〃	〃	刘从荣	二三	〃	〃
〃	〃	刘进茂	二四	〃	〃
〃	〃	王善祥	二六	〃	〃
〃	〃	王昌盛	二二	〃	〃
〃	〃	刘一夫	元	〃	〃
〃	〃	刘荣依	二二	留	〃
〃	〃	张建祥	二二	〃	〃
〃	〃	黄益荣	二三	〃	〃
〃	〃	刘妹吉	二七	〃	〃

福安县经济游击中队队员名册(1940 年)　0158-001-0304

19

0019

〃	〃	鍾廷善	二二	〃	〃
〃	〃	張錦托	二二	〃	〃
〃	〃	林度助	二一	〃	〃
〃	〃	張田標	二三	〃	〃
〃	〃	林二妹	二二	〃	〃
〃	〃	黄長明	三〇	〃	〃
〃	〃	吴基發	二〇	〃	〃
〃	〃	楊仕[illegible]	二六	〃	〃
〃	〃	楊佳海	三一	〃	〃
〃	〃	林啟發	二五	〃	〃

七曾

福安县经济游击中队队员名册(1940 年)　0158-001-0304

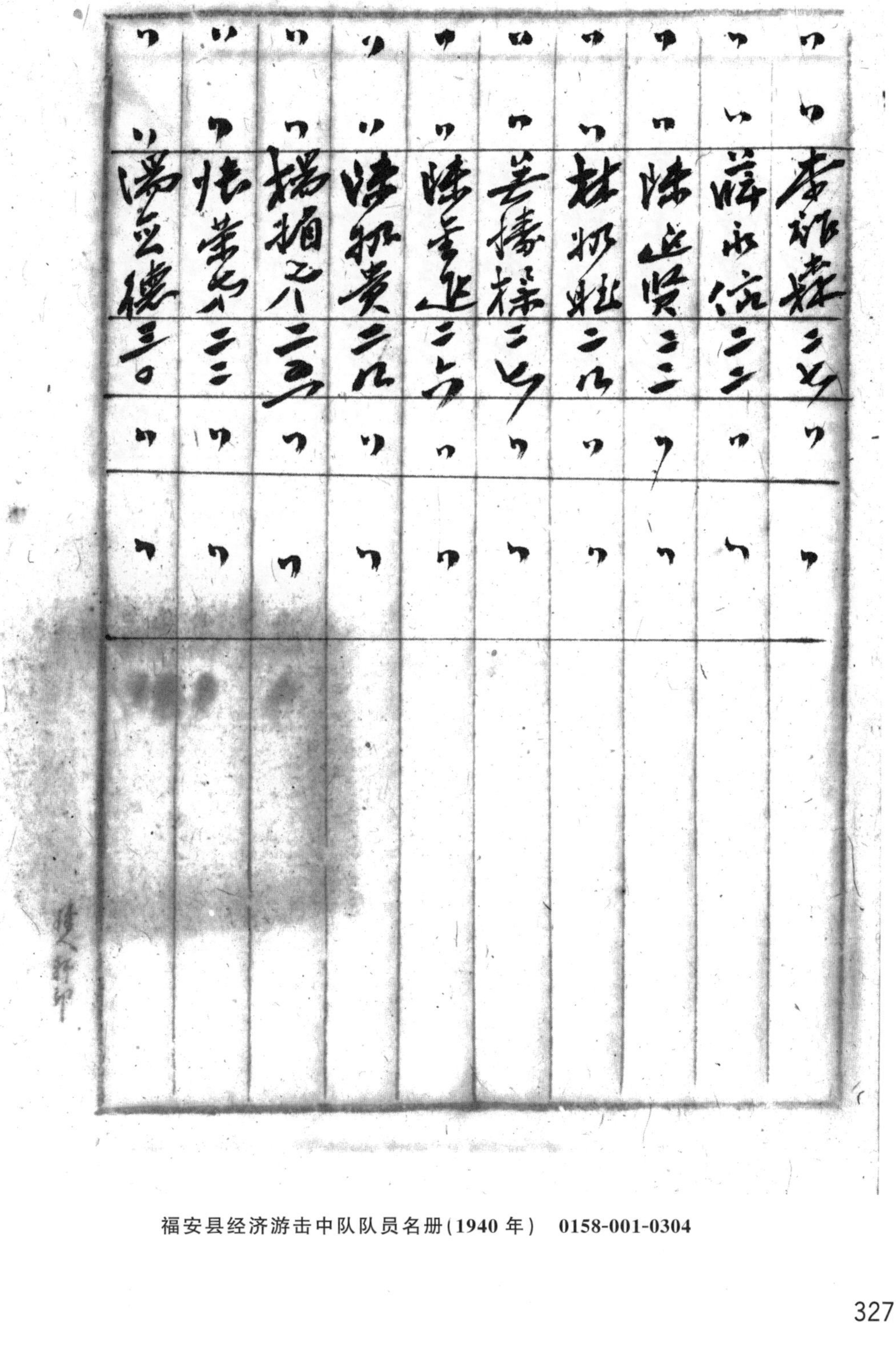

福安县经济游击中队队员名册(1940 年)　0158-001-0304

20　　0020

〃	〃	林植忠	二九	曾	〃
〃	〃	林善和	二二	〃	〃
〃	〃	武增光	二八	〃	〃
〃	〃	陈寿钟	二〇	〃	〃
〃	〃	李安泰	二二	〃	〃
〃	〃	吴合山	二六	〃	〃
〃	〃	高振波	二七	〃	〃
〃	〃	黄美廉	二七	〃	〃
〃	〃	彭坤申	二〇	〃	〃
〃	〃	林如忠	二〇	〃	〃

福安县经济游击中队队员名册(1940 年)　0158-001-0304

〃	〃	王瑞佃	二六	〃	〃
〃	〃	薛文进	二六	〃	〃
〃	〃	林赵文	二二	〃	〃
〃	〃	彭永勋	三二	〃	〃
〃	〃	汪福叢	二六	〃	〃
〃	〃	陈柏玩	二〇	〃	〃
〃	〃	王锦兴	三一	〃	〃
〃	〃	彭金生	二三	〃	〃
〃	〃	陈依峰	二一	〃	〃
〃	〃	黄昌撒	二九	〃	〃

福安县经济游击中队队员名册(1940 年)　0158-001-0304

21　　0021

〃	〃	〃	〃	〃	〃	〃	〃	〃	〃
〃	〃	〃	〃	〃	〃	〃	〃	〃	〃
蒋细富	陈善和	林富五	林太和	郑细服	林居兼	陈长钦	池凌俤	郑铣中	郑偶生
二八	二六	二四	二二	二四	二三	二九	二八	二四	二三
〃	〃	〃	〃	〃	〃	〃	〃	〃	〃
〃	〃	〃	〃	〃	〃	〃	〃	〃	〃

福安县经济游击中队队员名册(1940 年)　0158-001-0304

〃	〃	陆品新	二〇	〃	〃
〃	〃	吴定國	二〇	〃	〃
〃	〃	阮尚铭	三〇	〃	〃
〃	〃	陆德求	二八	〃	〃
〃	〃	缪金兰	一九	〃	〃
〃	〃	潘金球	二一	〃	〃
〃	〃	张元宝	一九	〃	〃
〃	〃	陆顺球	二二	〃	〃
〃	〃	林明学	二三	〃	〃
〃	〃	吴智来	二七	〃	〃

福安县经济游击中队队员名册(1940 年) 0158-001-0304

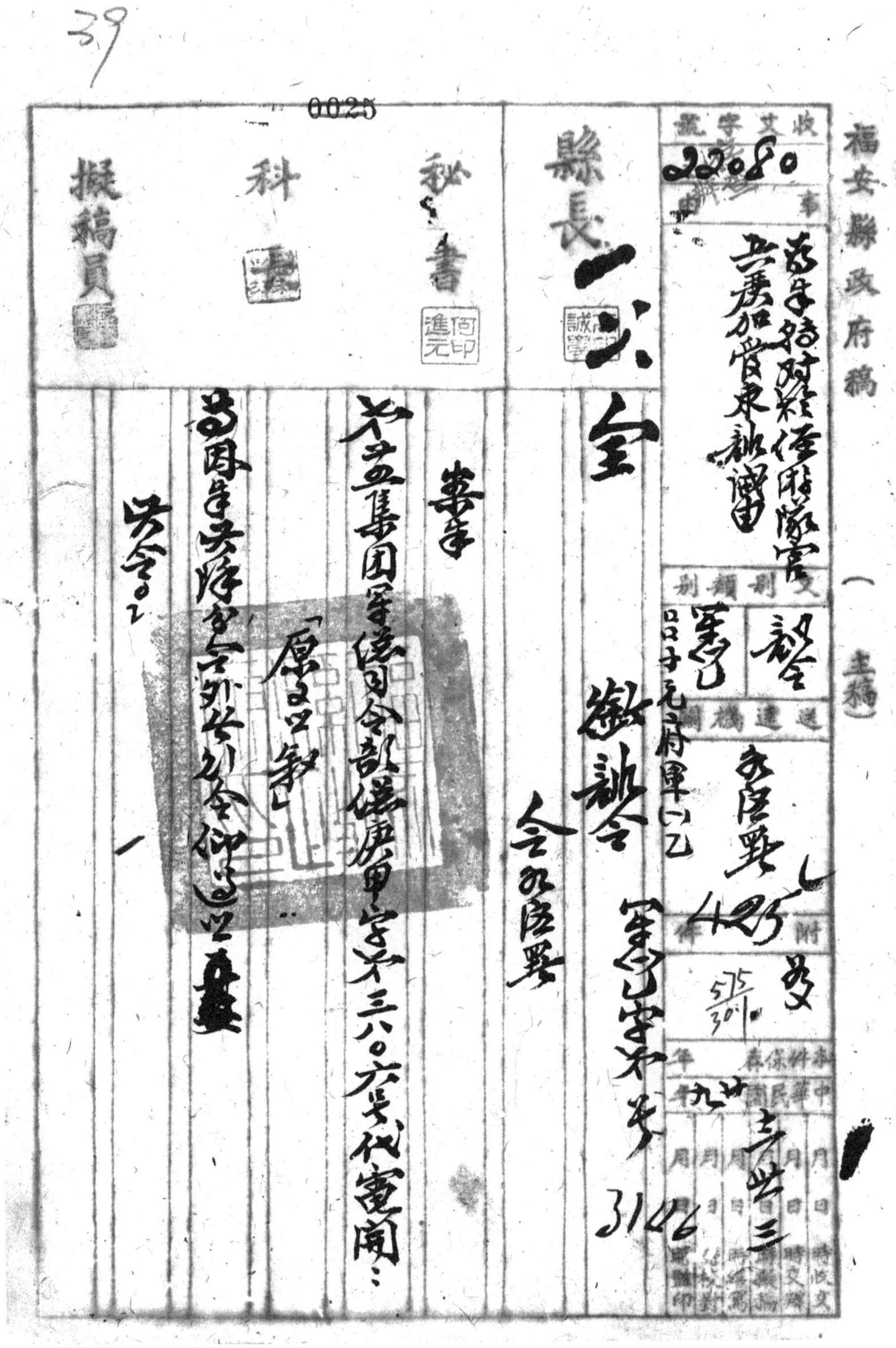
福安縣政府稿
縣長
秘書
科長
擬稿員
0025

福安县政府训令为奉转第二十五集团军总司令部关于对经济游击队官兵严加管束训诫的代电（1940 年 12 月 31 日） 0158-001-0304

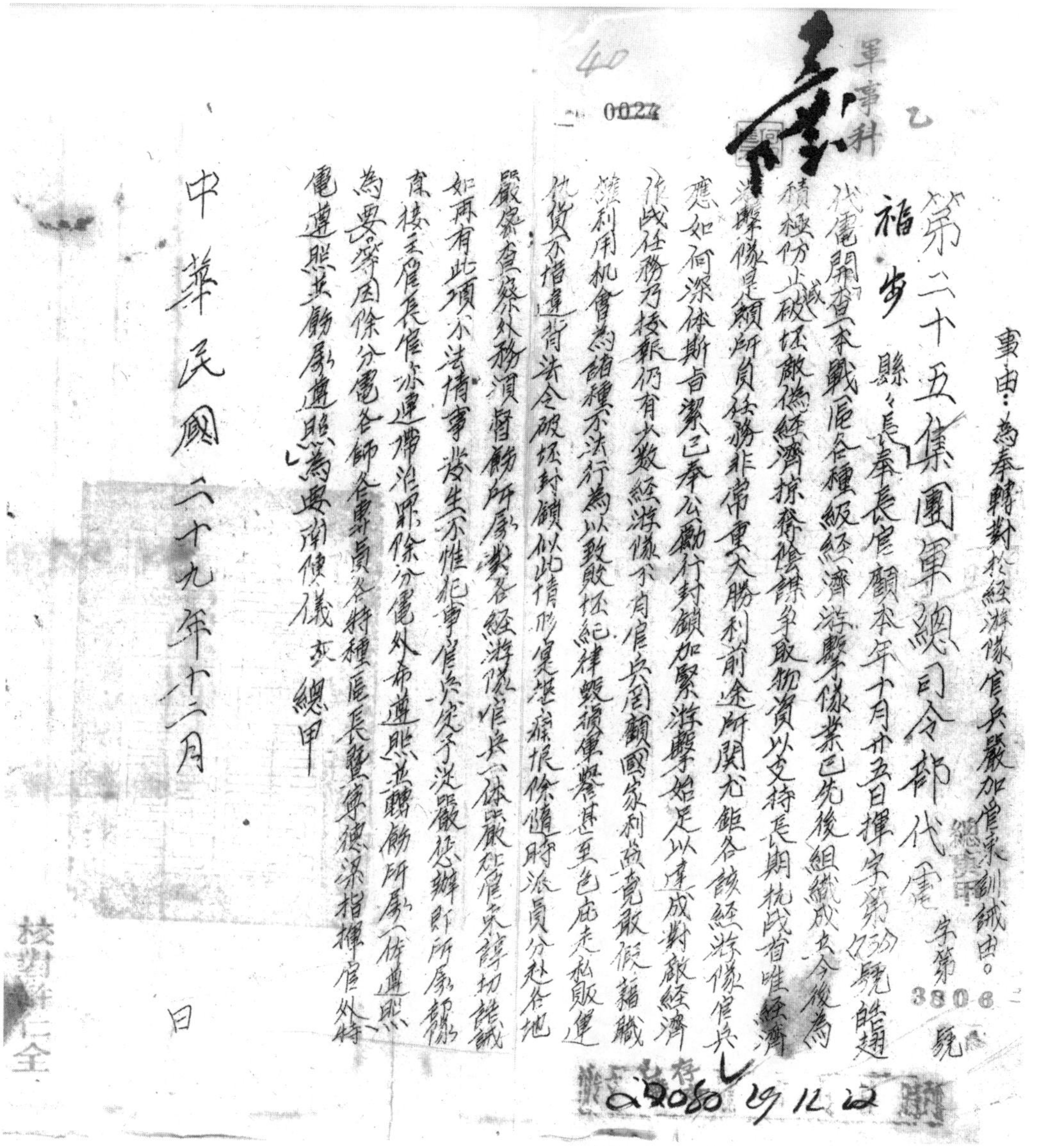

事由：為奉轉對於經游隊官兵嚴加管束訓誡由。

第二十五集團軍總司令部代電 字第3806號

福安縣縣長：奉長官顧本年十月廿五日揮字第[illegible]號皓趙代電開：查本戰區各種級經濟游擊隊業已先後組織成立，今後為積極防止、破壞敵偽經濟掠奪陰謀，爭取物資以支持長期抗戰，首唯經濟游擊隊是賴。所負任務非常重大，勝利前途所關，尤能各該經濟游擊隊官兵應如何深體斯旨，潔己奉公，勵行封鎖，加緊游擊，始足以達成對敵經濟作戰任務。乃據報，仍有少數經游隊下有官兵罔顧國家利益，竟敢假藉職權，利用機會為諸種不法行為，以致敗壞紀律，毀損軍譽，甚至包庇走私，販運仇貨，不啻違背法令，破壞封鎖。似此情形，實堪痛恨。除隨時派員分赴各地嚴密查察外，務須督飭所屬對各經游隊官兵一體嚴加管束，諄切訓誡。如再有此項不法情事發生，不惟犯事官兵定予從嚴懲辦，即所屬部隊主管長官亦連帶治罪。除分電外，希遵照並轉飭所屬一體遵照為要。等因。除分電各師、各專員、各特種區長暨寧德、深指揮官外，特電遵照，並飭屬遵照為要。[illegible] 亥 總甲

中華民國二十九年十二月 日

第二十五集团军总司令部关于对经济游击队官兵严加管束训诫的代电

（1940 年 12 月） 0158-001-0304

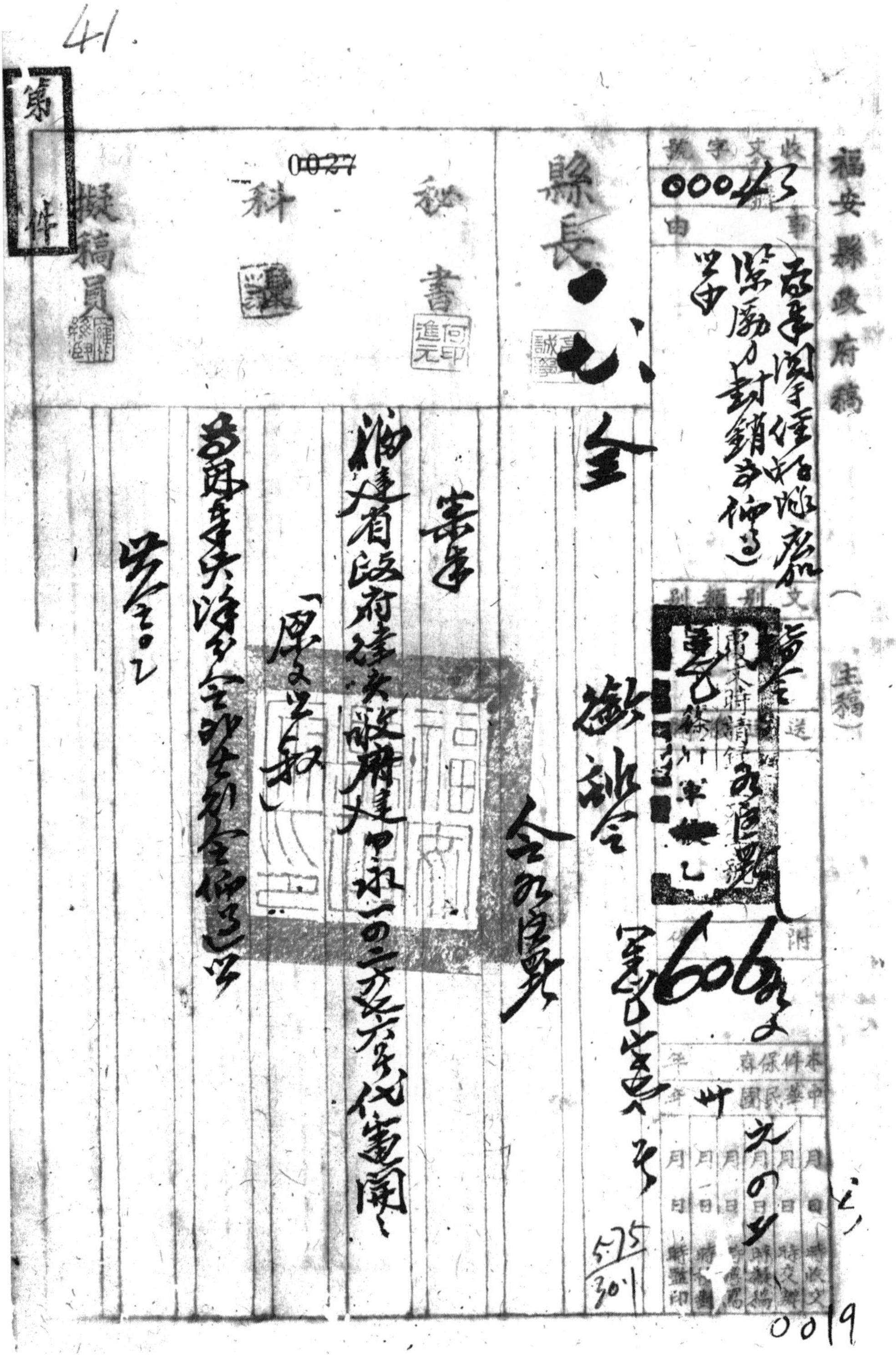

福安县政府训令为奉转福建省政府关于经济游击队应加紧励力封锁的代电

（1941 年 1 月 4 日） 0158-001-0304

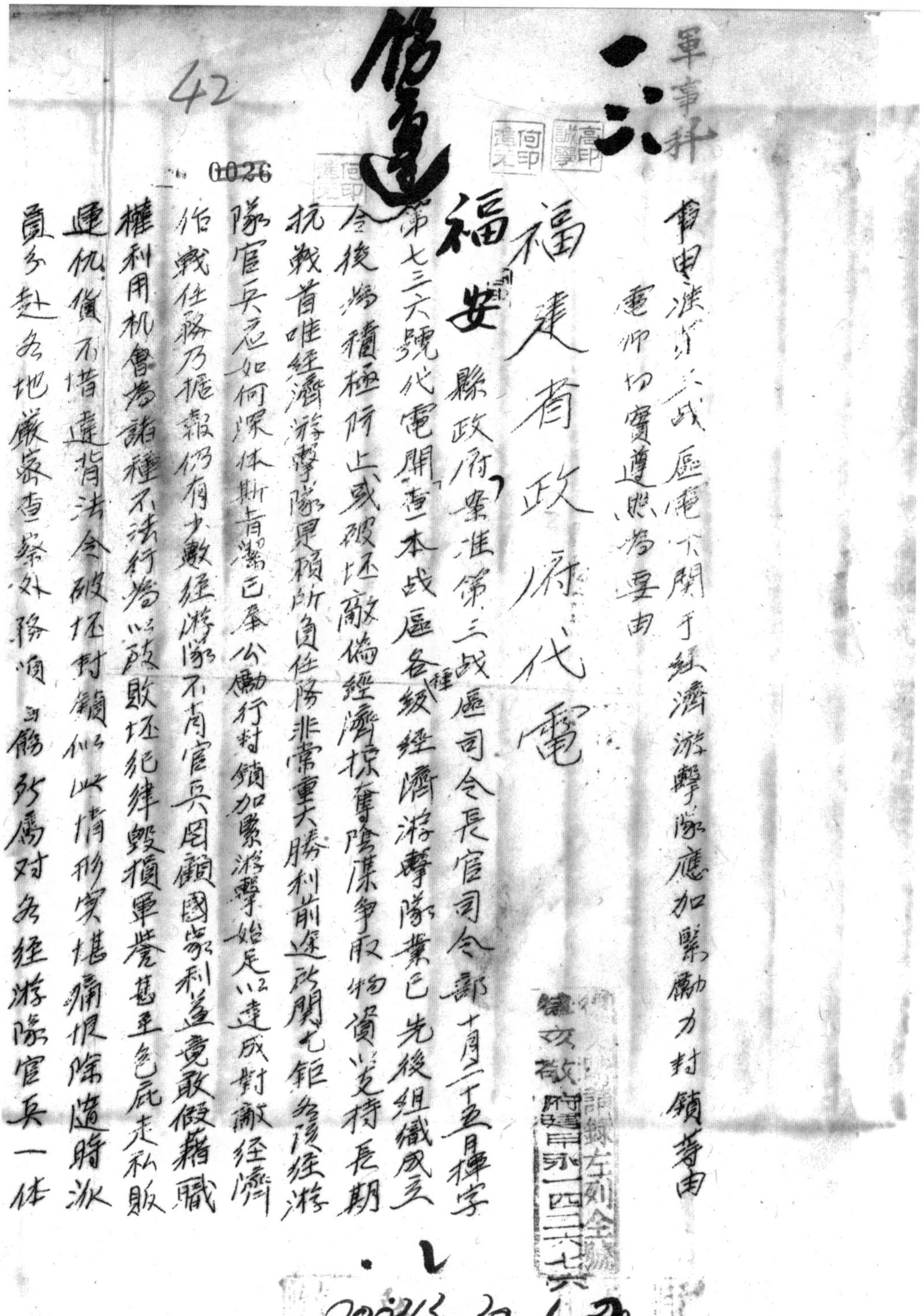

42

0026

軍事科

二六

事由：准第三戰區電以關于經濟游擊隊應加緊勵力封鎖等由電仰切實遵照為要由

福建省政府代電

福安縣政府：案准第三戰區司令長官司令部十月二十五日揮字第七三六號代電開：查本戰區各種級經濟游擊隊業已先後組織成立，今後為積極防止或破坏敵偽經濟掠奪陰謀，爭取物資以支持長期抗戰，首唯經濟游擊隊是賴，所負任務非常重大，勝利前途所關匕鉅，各該經濟游擊隊官兵應如何深体斯旨，踴躍奉公，勵行封鎖，加緊游擊，始足以達成對敵經濟作戰任務。乃據報仍有少數經游隊不肖官兵罔顧國家利益，竟敢假藉職權利用机會為諸種不法行為，以致敗坏紀律，毀損軍譽，甚至包庇走私販運仇貨，不惜違背法令，破坏封鎖，似此情形，實堪痛恨。除隨時派員分赴各地嚴密查察外，務須飭所屬對各經游隊官兵一体

福建省政府关于经济游击队应加紧励力封锁的代电(1940 年 12 月)　0158-001-0304

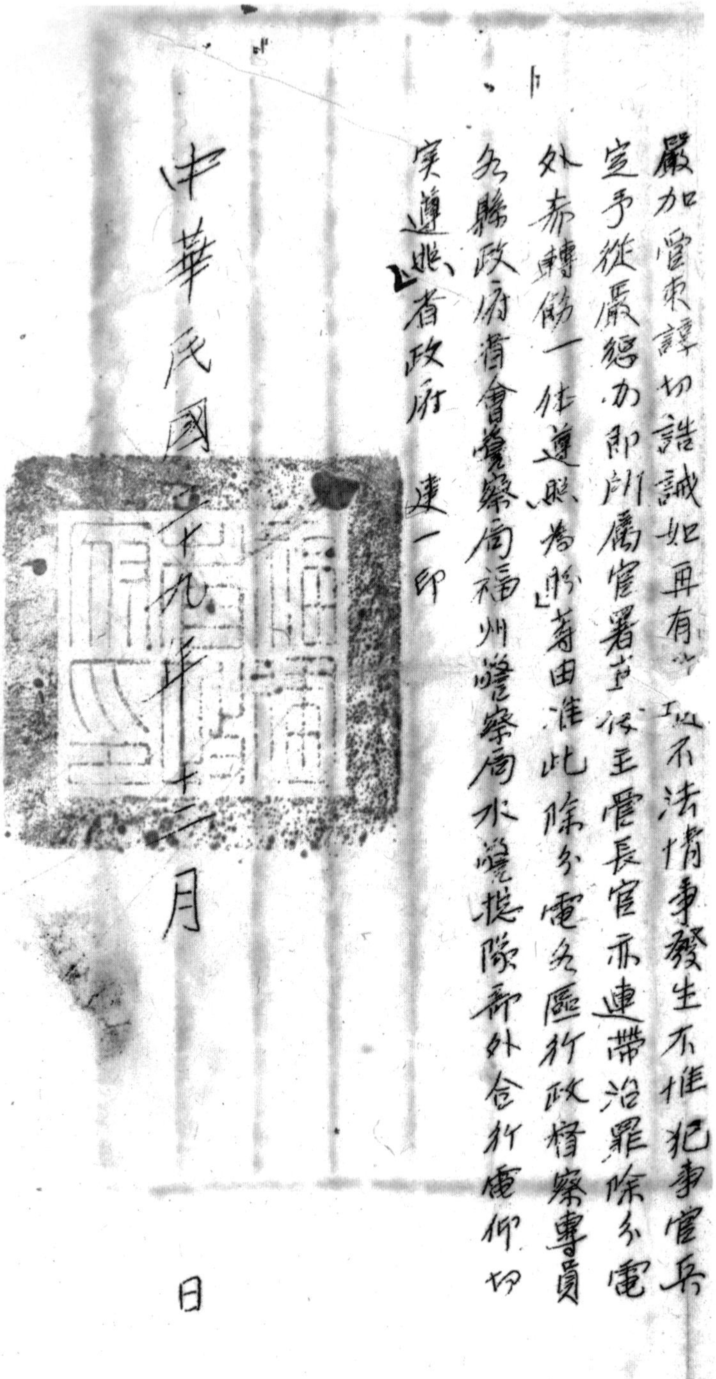
嚴加管束諄切誥誡如再有走私不法情事發生不惟犯事官兵
定予從嚴懲辦即所屬官署並該主管長官亦連帶治罪除分電
外希轉飭一体遵照為盼」等由准此除分電各區行政督察專員
各縣政府省會警察局福州警察局水警總隊部外合行電仰切
實遵照。省政府 建一印

中華民國二十九年十二月 日

福建省政府关于经济游击队应加紧励力封锁的代电（1940年12月） 0158-001-0304

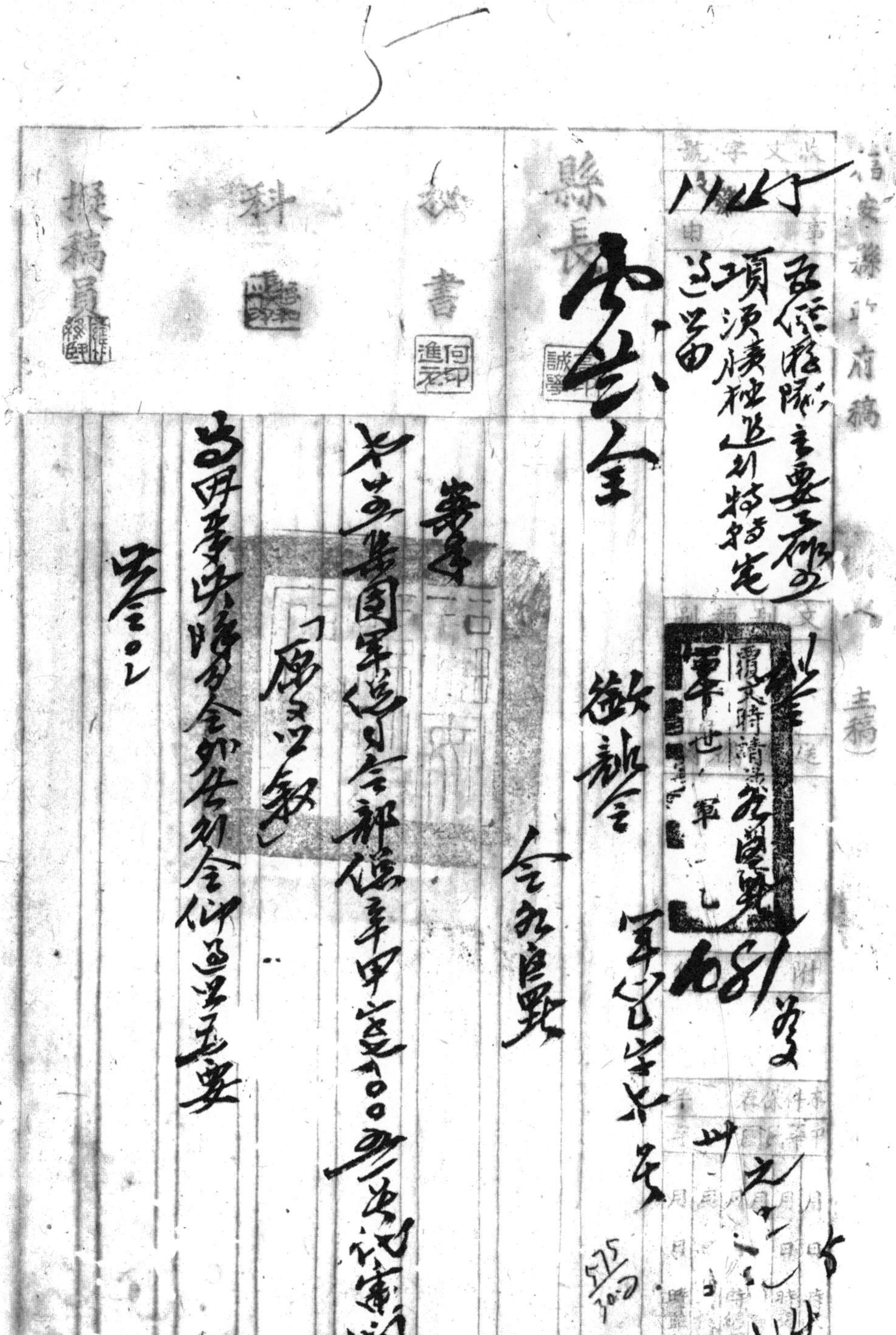

福安县政府训令为奉转第二十五集团军总司令部关于经济游击队主要工作五项须积极进行的代电(1941 年 1 月)　0158-001-0516

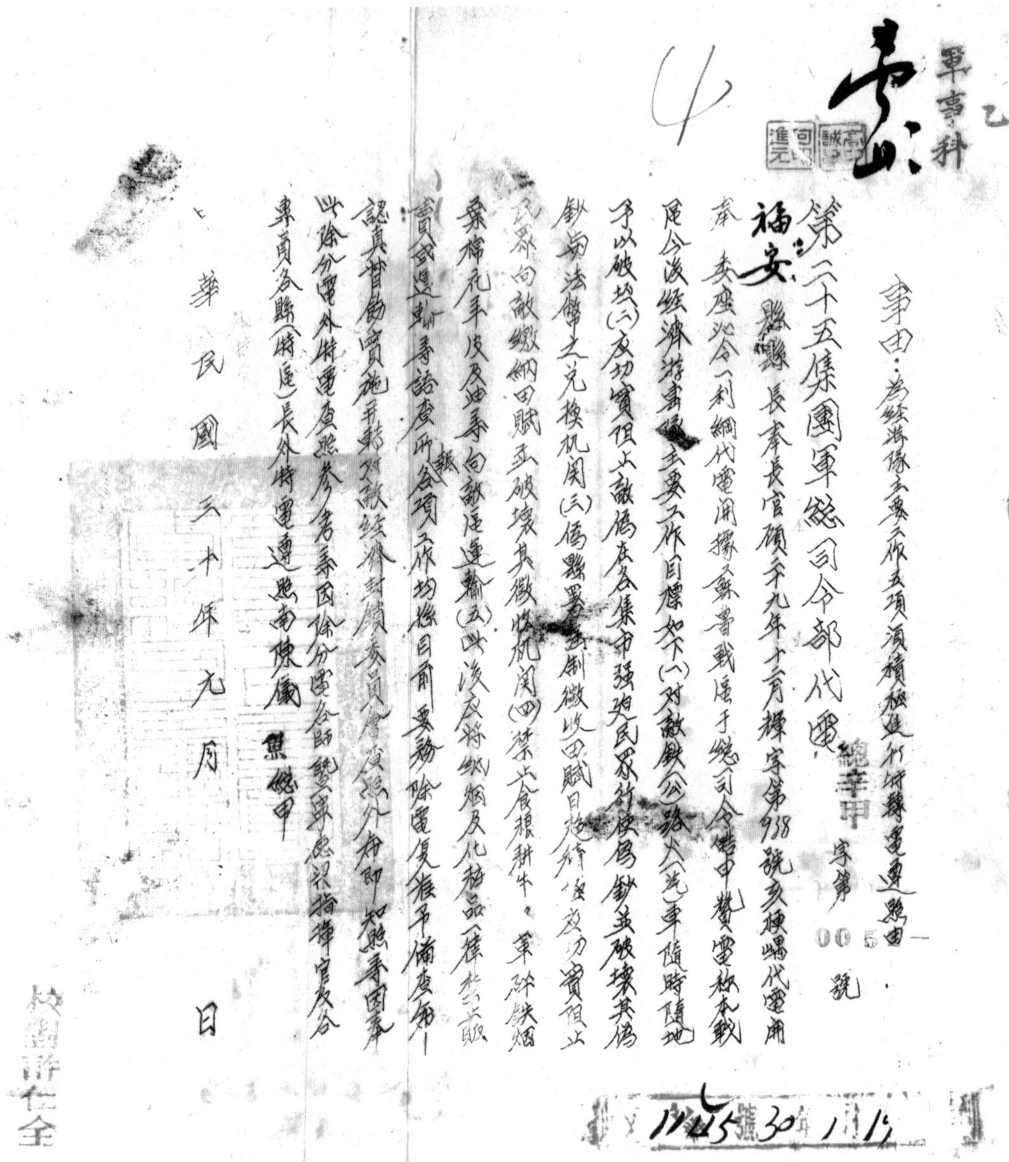

事由：為經濟游擊主要工作五項須積極進行仰轉電遵照由

第二十五集團軍總司令部代電 總辛甲字第005號

福安縣縣長：奉長官顧廿九年十二月輝字第938號亥梗嵋代電開：奉委座巡令一利綱代電開：據蘇魯戰區于總司令佳申警電稱：本戰區今後經濟游擊主要工作目標如下：（一）對敵鐵（公）路（火）（汽）車隨時隨地予以破壞；（二）及切實阻止敵偽在各集市強迫民眾行使偽鈔，並破壞其偽鈔向法幣之兌換機關；（三）偽縣署強制徵收田賦日趨積極，應切實阻止民眾向敵繳納田賦，並破壞其徵收機關；（四）禁止食糧、耕牛、棄鉄、烟葉、棉花、牛皮及油等向敵區運輸；（五）以後應將紙烟及化粧品（僅於各販賣或運銷）等語。查所陳各項工作均係目前要務，除電復准予備查外，仰即知照等因，奉此，除分電外，特電查照，參考等因。除分電各師暨專區總指揮官及各專員各縣（特區）長外，特電遵照，認真督飭實施為要。陳儀 蒸總甲

中華民國三十年元月 日

第二十五集团军总司令部关于经济游击队主要工作五项须积极进行的代电

（1941年1月） 0158-001-0516

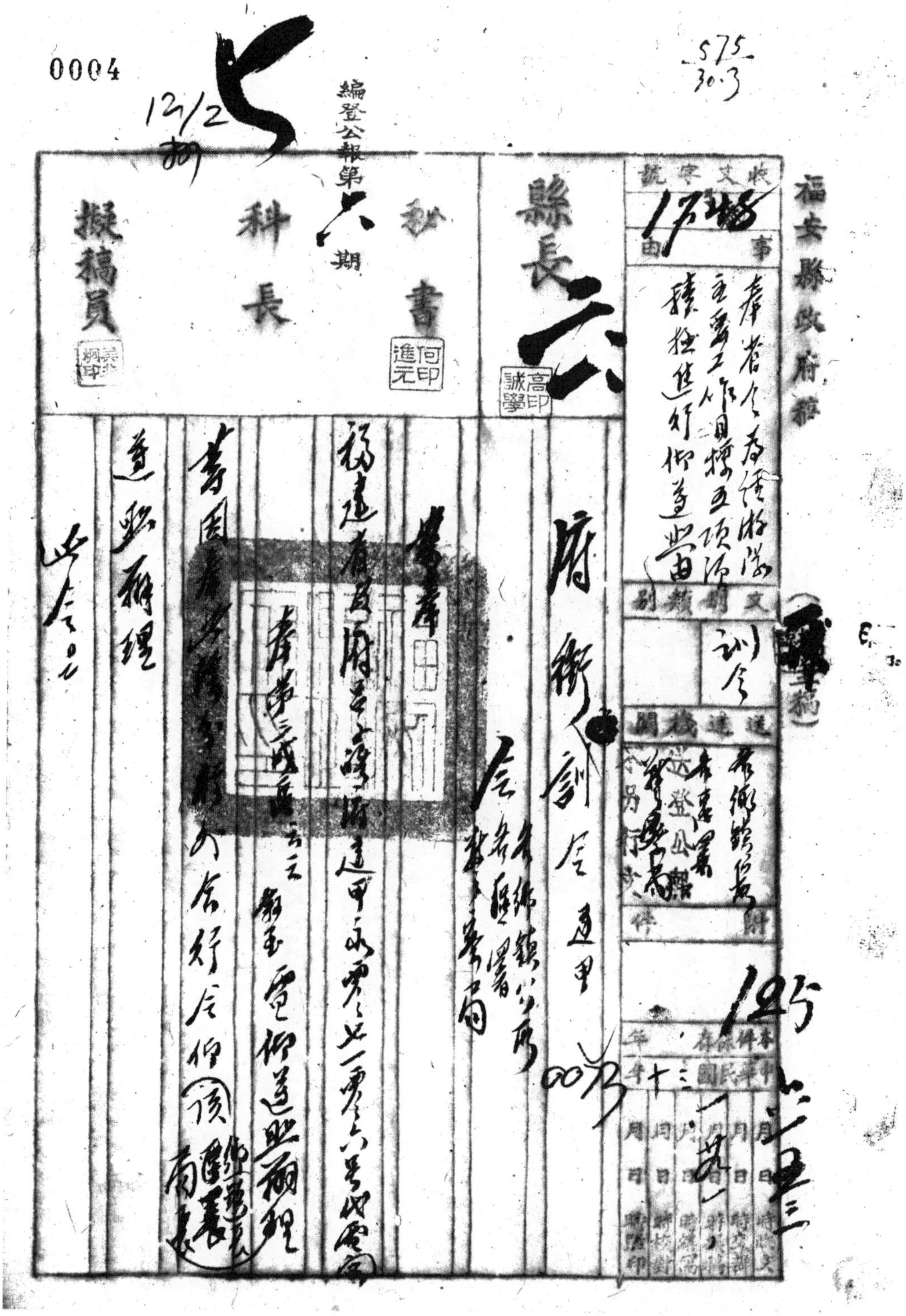

福安县政府为经济游击队主要工作五项须积极进行仰遵照的训令

（1941 年 1 月 29 日） 0002-004-0829

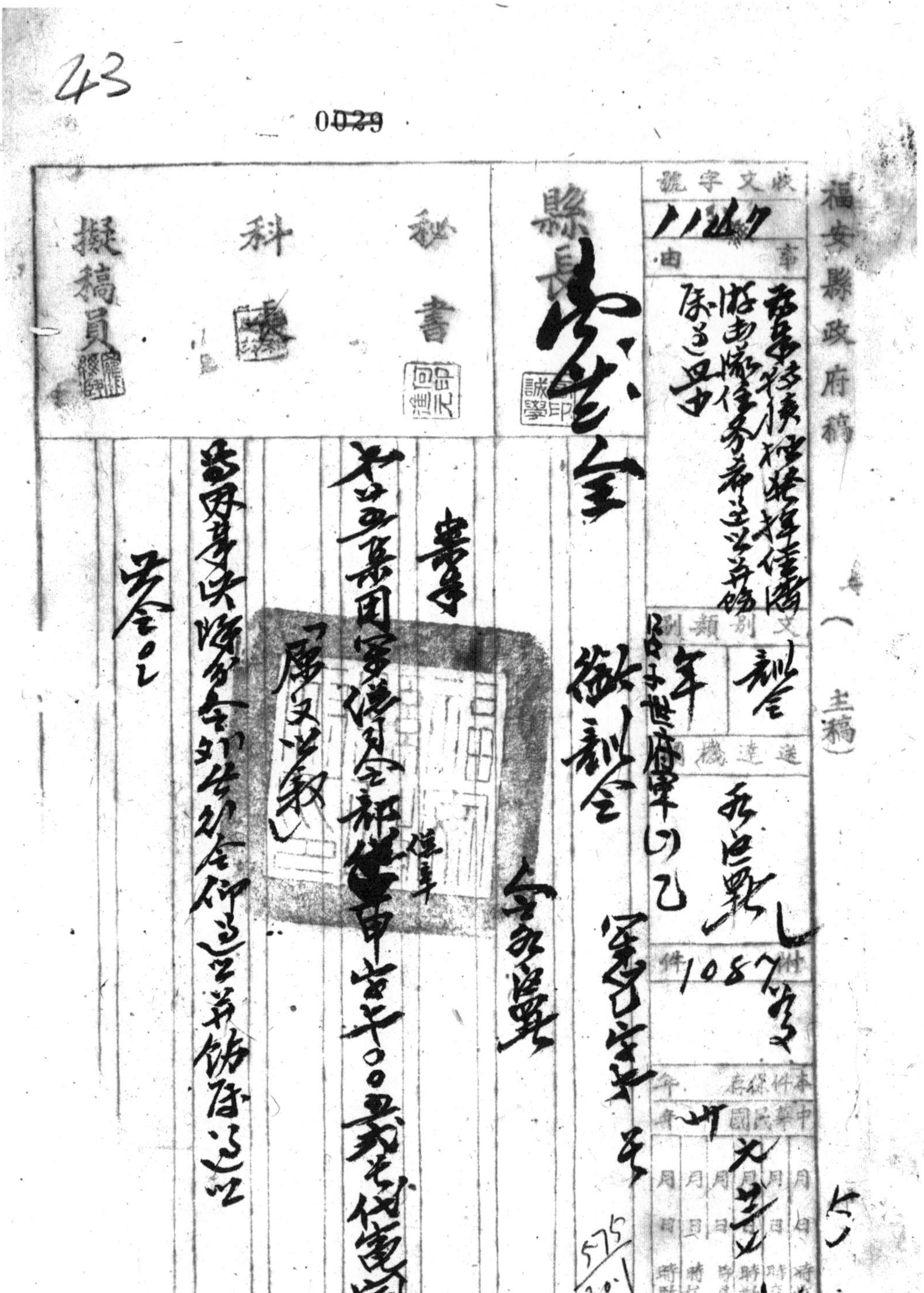

福安县政府训令为奉转第二十五集团军总司令部关于积极发挥经济游击队任务的代电(1941 年 1 月 22 日)　0158-001-0304

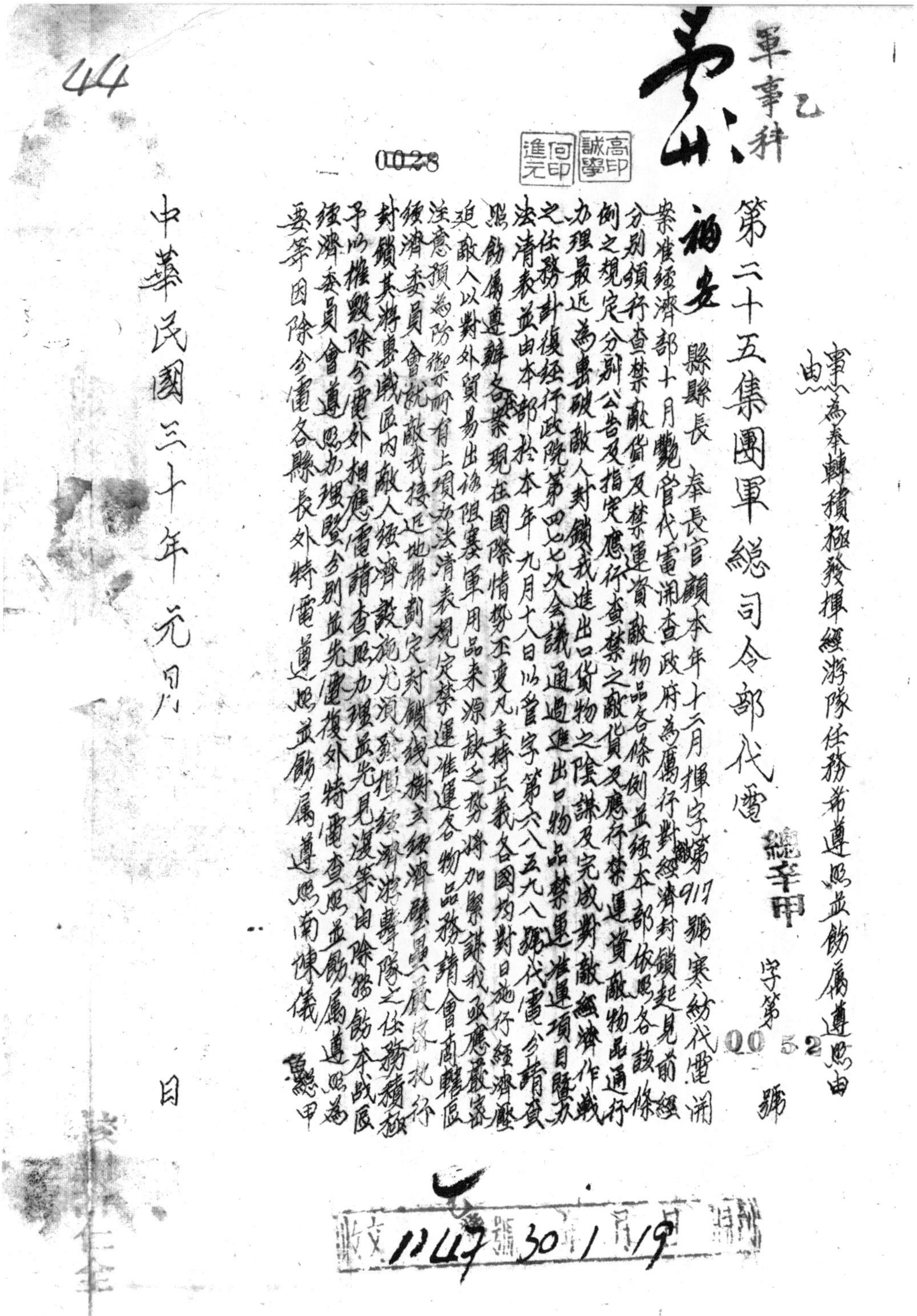

44

軍事乙科

高誠學印　何進元印

0028

事由　為奉轉積極發揮經濟游擊隊任務希遵照並飭屬遵照由

第二十五集團軍總司令部代電　總辛甲字第 0052 號

福安縣縣長　奉長官顧本年十二月揮字第917號寒紡代電開
案准經濟部十月艷管代電開查政府為厲行對經濟封鎖起見前經
分別頒行查禁敵貨及禁運資敵物品各條例並經本部依照各該條
例之規定分別公告及指定應行查禁之敵貨及應行禁運資敵物品通行
辦理最近為粉碎敵人封鎖我進出口貨物之陰謀及完成對敵經濟作戰
之任務，針復經行政院第四七次會議通過進出口物品禁運准運項目暨辦
法清表並由本部於本年九月十八日以管字第六八五九八號代電分請查
照飭屬遵辦各在案現在國際情勢丕變凡主持正義各國均對日施行經濟壓
迫敵人以對外貿易出路限塞軍用品來源缺乏勢將加緊謀我亟應嚴密
注意預為防禦所有上項辦法清表規定禁運准運各物品務請會商轄區
經濟委員會就敵我接近地帶劃定封鎖線樹立經濟壁壘嚴格執行
封鎖其淪陷區內敵人經濟設施尤須發揮經濟游擊隊之任務積極
予以摧毀除分電外相應電請查照辦理並先見復等由除飭本戰區
經濟委員會遵照辦理暨分別並先電復外特電查照並飭屬遵照為
要等因除分電各縣長外特電遵照並飭屬遵照 [illegible]陳儀 總甲

中華民國三十年元月　日

收文 1147 號 30 年 1 月 19 日

第二十五集团军总司令部关于积极发挥经济游击队任务的代电

（1941 年 1 月）　0158-001-0304

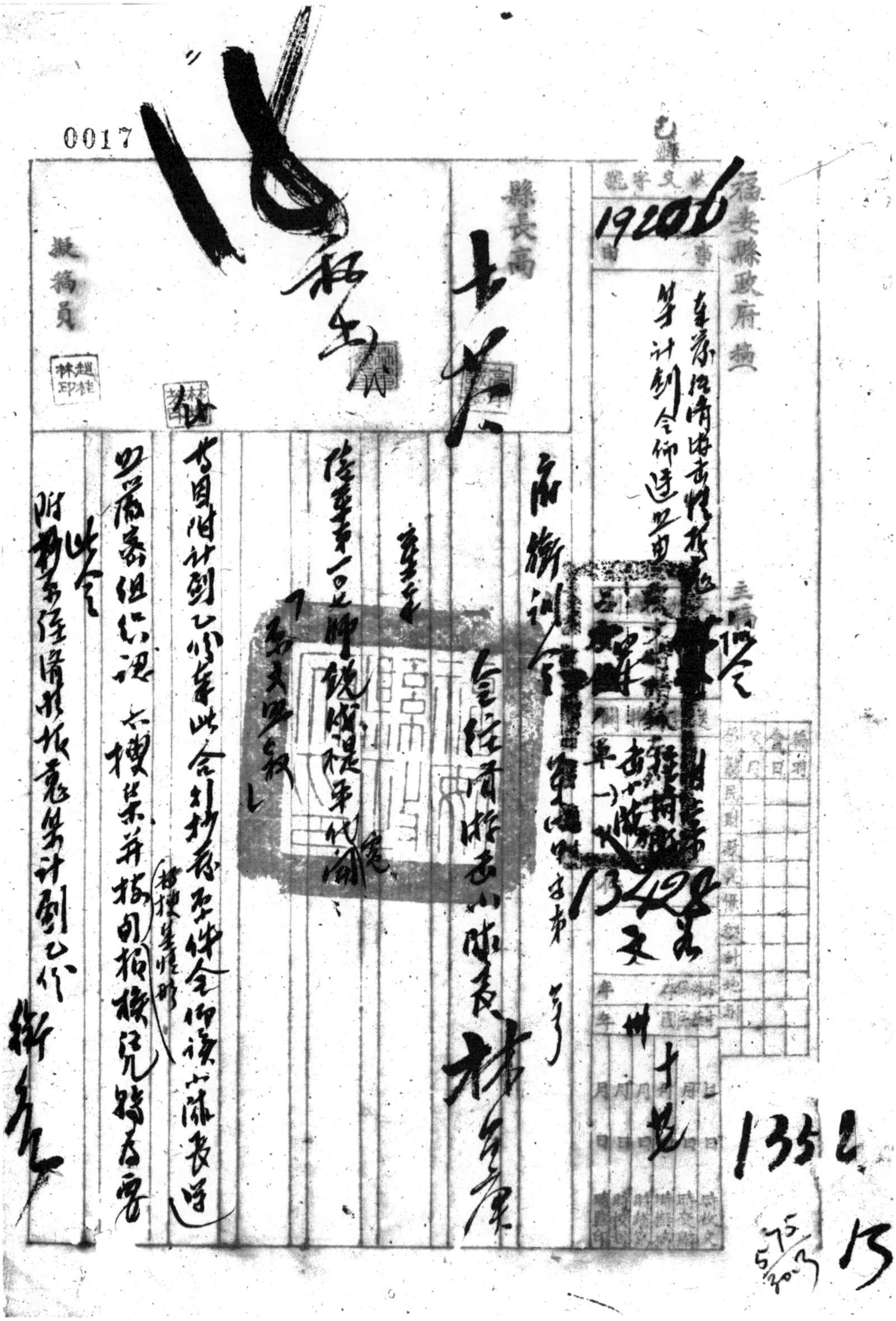

福安县政府训令为奉转陆军第一〇七师经济情报搜集计划的代电

（1941 年 10 月 27 日） 0002-004-0829

47

~~0038~~

第二十五集團軍總司令部快郵代電

總辛甲字第0122號

事由：復辛子江軍(一)乙99號呈

福安高縣長廿九年十二月呂子江軍(一)乙字第99號呈復表暨附件均悉茲核示如次(一)該縣所組織之經游中隊核與規定不符應縮編為經游小隊以照劃一(二)組成日期組編情形駐地所在活動範圍應一併具報憑轉(三)第廿條施行表准予備查經游中隊官佐隊員名冊發還仰遵照南陳儀佟　總辛甲蒸遂名冊一份

中華民國卅年元月　日發

1563 301 124

第二十五集团军总司令部关于福安县所组织之经游中队与规定不符应缩编为经游小队的电文(1941年1月)　0002-004-0829

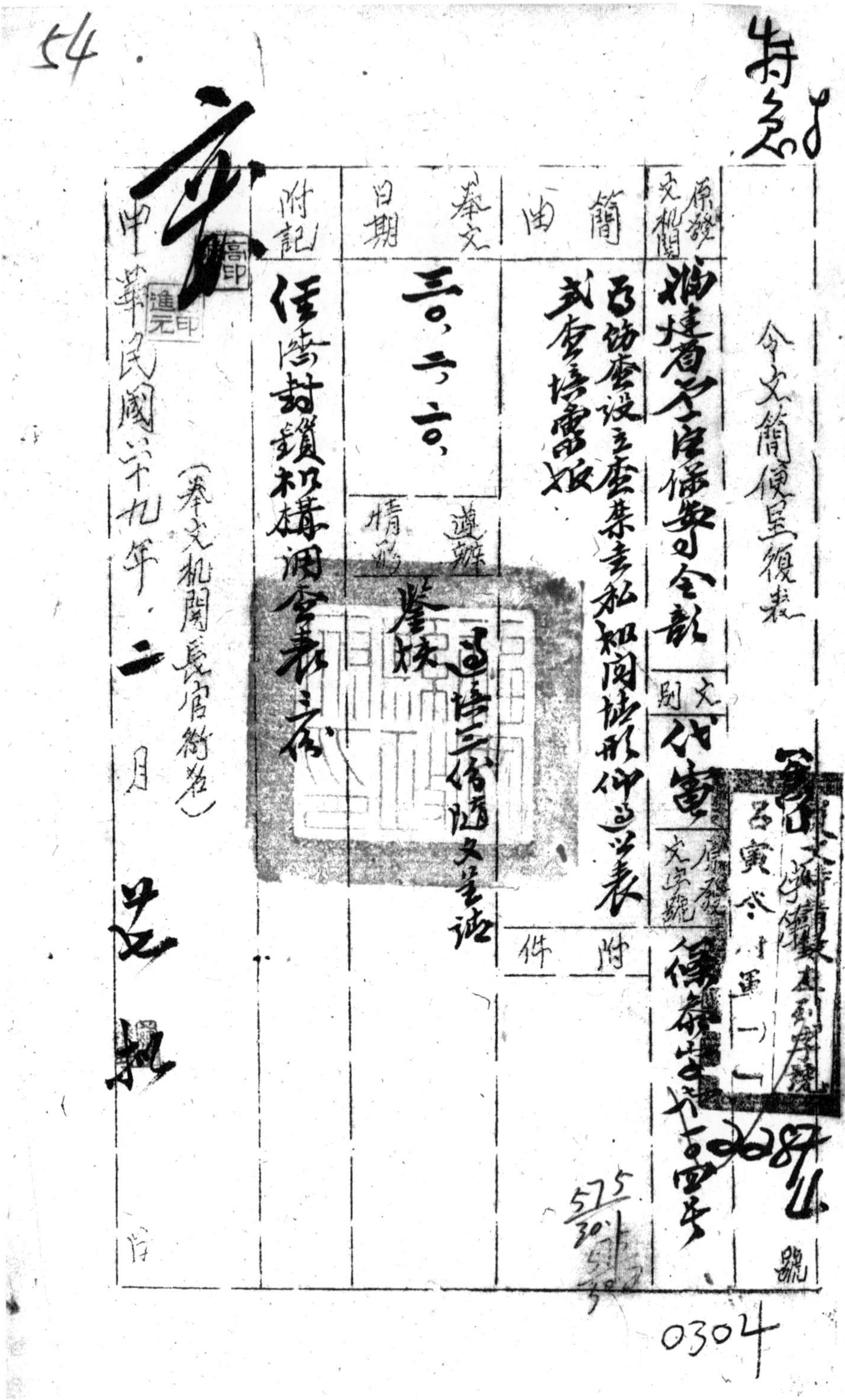
令文簡便呈復表

原發文機關：福建省保安司令部

簡由：為飭查設立查禁走私相關情形仰即具表式查填實報

文別：代電

原發文字號：保

奉文日期：三〇、二、一〇、

遵辦情形：遵經三份隨文呈請鑒核

附記：

附件

（奉文机關長官銜名）

中華民國三十年二月 日

为饬查设立查禁走私相关情形的令文简便呈复表

（1941年2月27日） 0158-001-0304

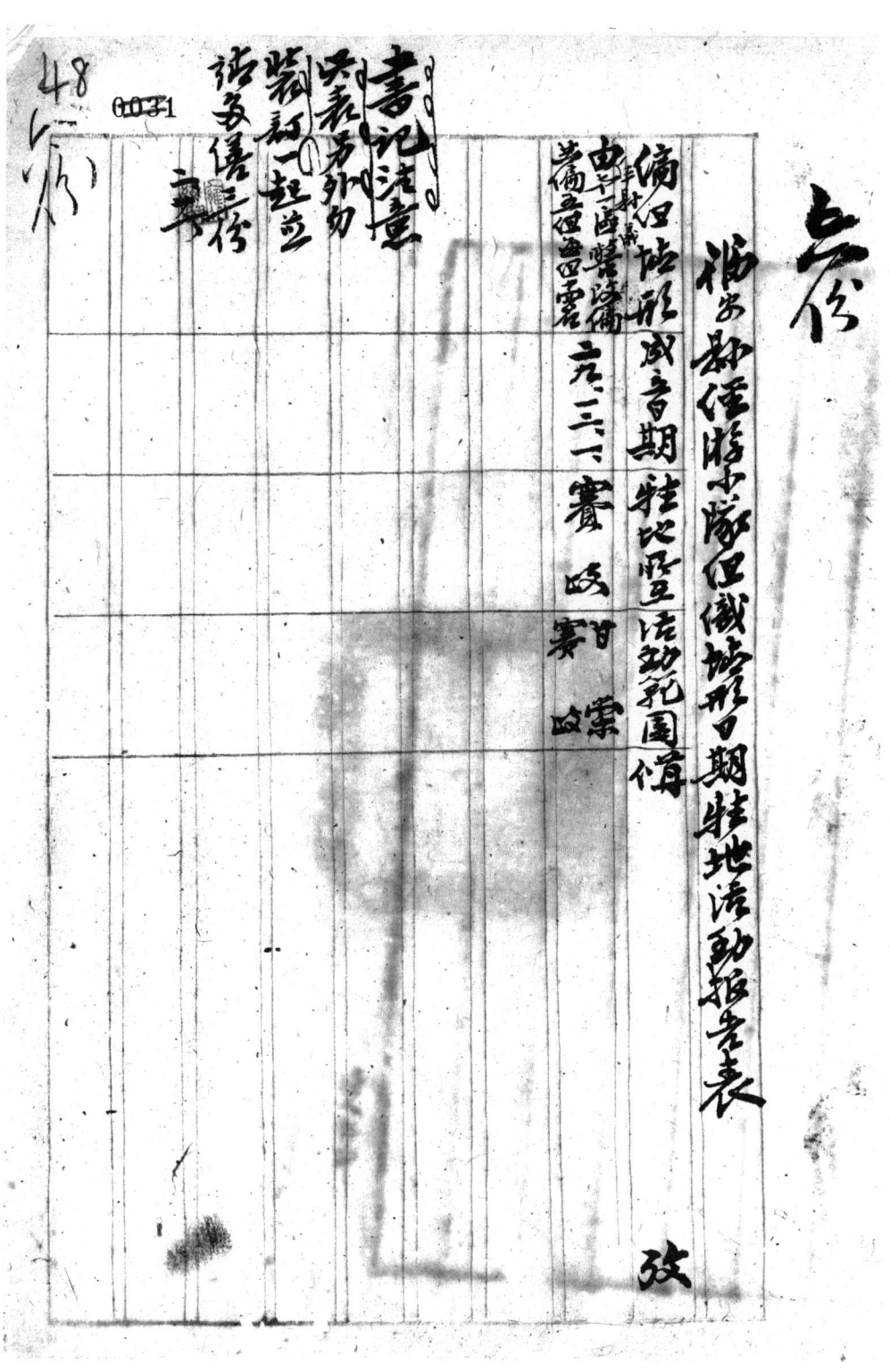

福安县经游小队组织情形日期驻地活动报告表(1941 年)　0158-001-0304

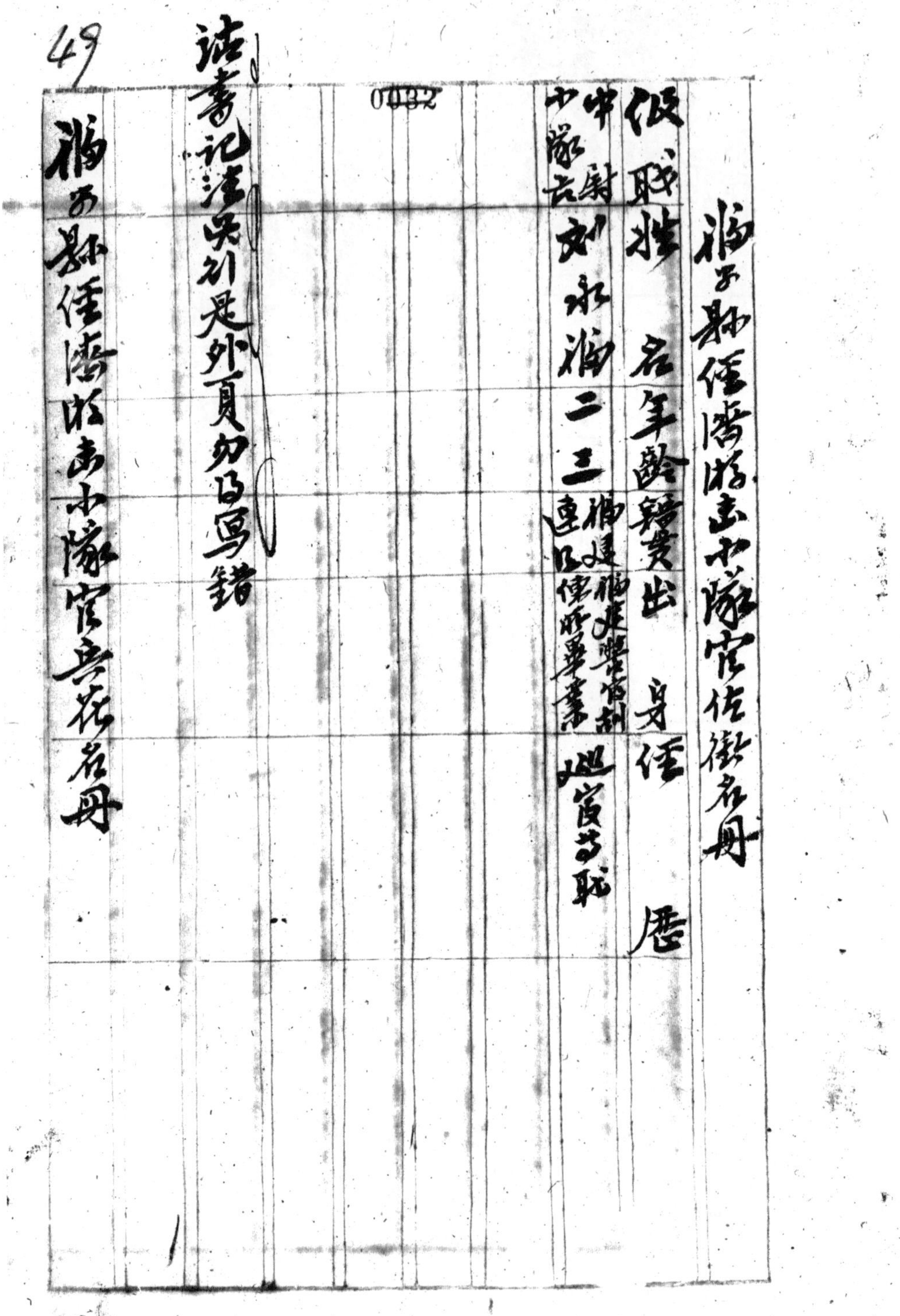

49

0032

福安县经济游击小队官佐衔名册

级职	姓名	年龄	籍贯	出身	经历
中尉中队长	刘永福	二三	福建连江	福建警官训练队保干班毕业	巡官等职

该部记注兵列是外页勿乃写错

福安县经济游击小队官兵花名册

福安县经济游击小队官佐衔名册(1941 年) 0158-001-0304

50

~~0033~~

備份

福安縣經濟游擊小隊隊員花名冊

級職	姓名	年齡	籍貫	職業
上士班長	沈步聞	二六	福安	義警
下士副班長	湯軒如	三九	〃	〃
隊兵	林揚聲	三〇	〃	〃
〃	彭順書	三二	〃	〃
〃	單慶之	三一	〃	〃
〃	王昭如	三六	〃	〃
〃	李木成	二〇	〃	〃
〃	單如現	二七	〃	〃

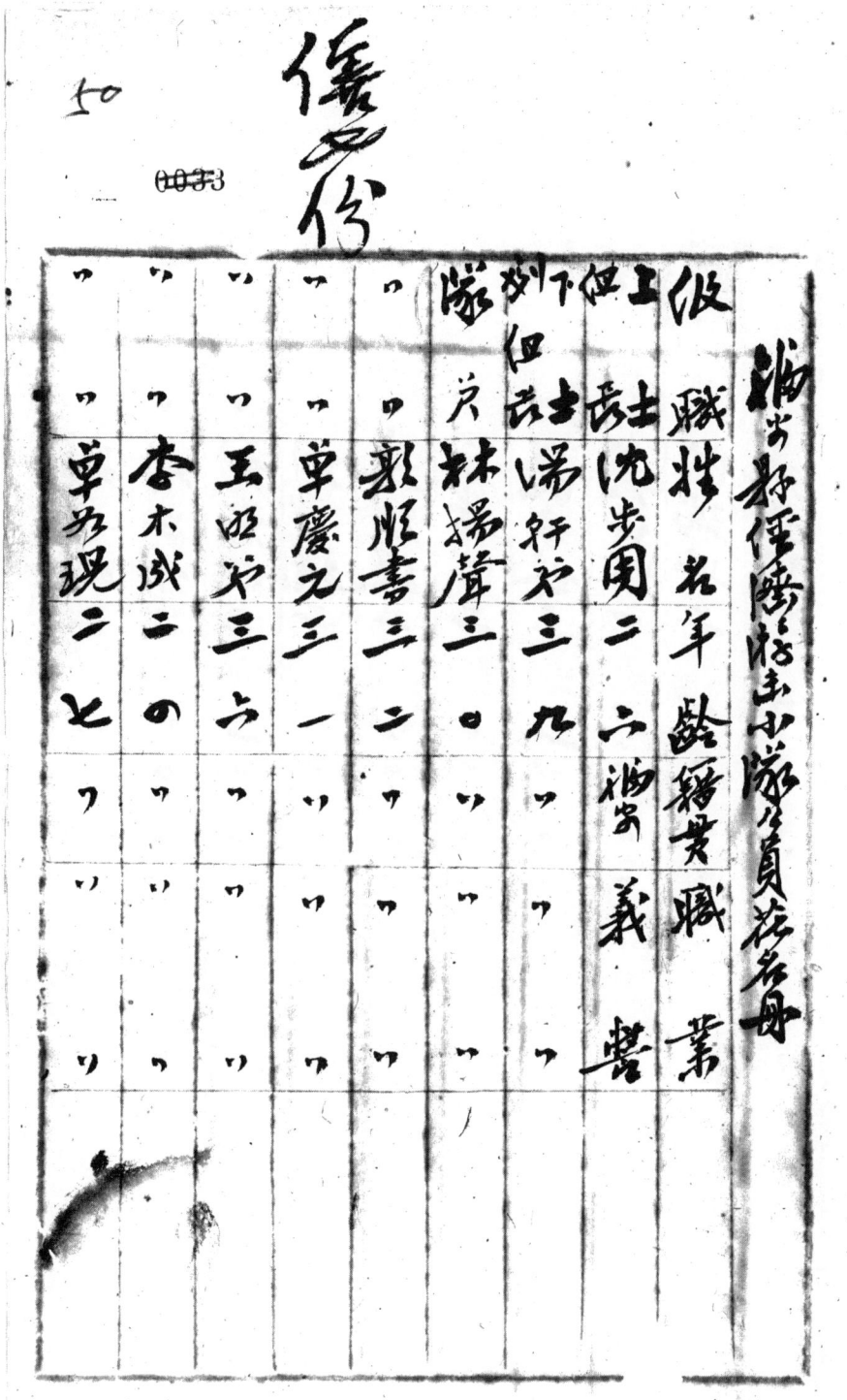

福安县经济游击小队队员花名册(1941年)　0158-001-0304

〃	〃	彭晋坤	二六	〃	〃	〃	〃
〃	〃	詹玉弟	二一	〃	〃	〃	〃
〃	〃	刘彩昭	二三	〃	〃	〃	〃
〃	〃	刘堤	二〇	〃	〃	〃	〃
〃	〃	朱松堤	二四	〃	〃	〃	〃
〃	〃	彭德波	二〇	〃	〃	〃	〃
士但	上士	葛文妹	三五	〃	〃	〃	〃
士但	上士	吴仁妹	一九	〃	〃	〃	〃
队	兵	阮瑞兴	二〇	〃	〃	〃	〃
〃	〃	姜登朝	一九	〃	〃	〃	〃

[illegible]人[illegible]印

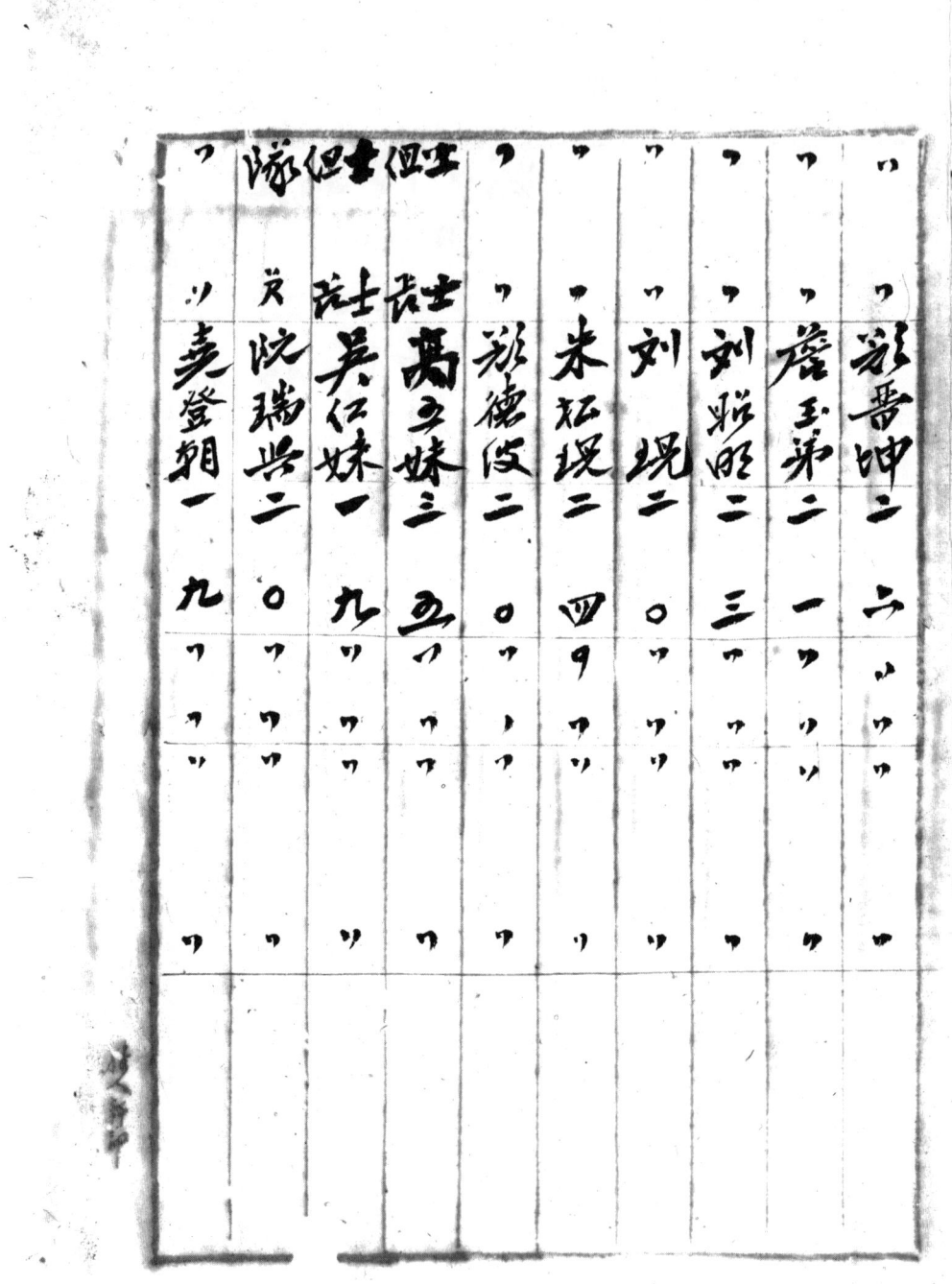

福安县经济游击小队队员花名册(1941 年)　0158-001-0304

51

0034

〃	〃	陳成品	二二	〃	〃	〃	〃
〃	〃	刘金福	二二	〃	〃	〃	〃
〃	〃	李毓麟	一八	〃	〃	〃	〃
〃	〃	范成登	一九	〃	〃	〃	〃
〃	〃	陈泽浩	二〇	〃	〃	〃	〃
〃	〃	刘成泰	二一	〃	〃	〃	〃
〃	〃	王晋安	一九	〃	〃	〃	〃
〃	〃	林荫浩	一九	〃	〃	〃	〃
组士	战士	薛显贵	一九	〃	〃	〃	〃
班中组	战士	林锦生	二九	〃	〃	〃	〃

福安县经济游击小队队员花名册(1941 年) 0158-001-0304

隊	员	林安藩	三二	〃	〃	〃	〃
〃	〃	薛二頭	二六	〃	〃	〃	〃
〃	〃	彭邦富	三〇	〃	〃	〃	〃
〃	〃	陳润成	二三	〃	〃	〃	〃
〃	〃	薛根松	二二	〃	〃	〃	〃
〃	〃	陳日洪	二五	〃	〃	〃	〃
〃	〃	黄旺生	三〇	〃	〃	〃	〃
〃	〃	吴四弟	二九	〃	〃	〃	〃
〃	〃	陳水新	二六	〃	〃	〃	〃
〃	〃	林航松	一九	〃	〃	〃	〃

[illegible]

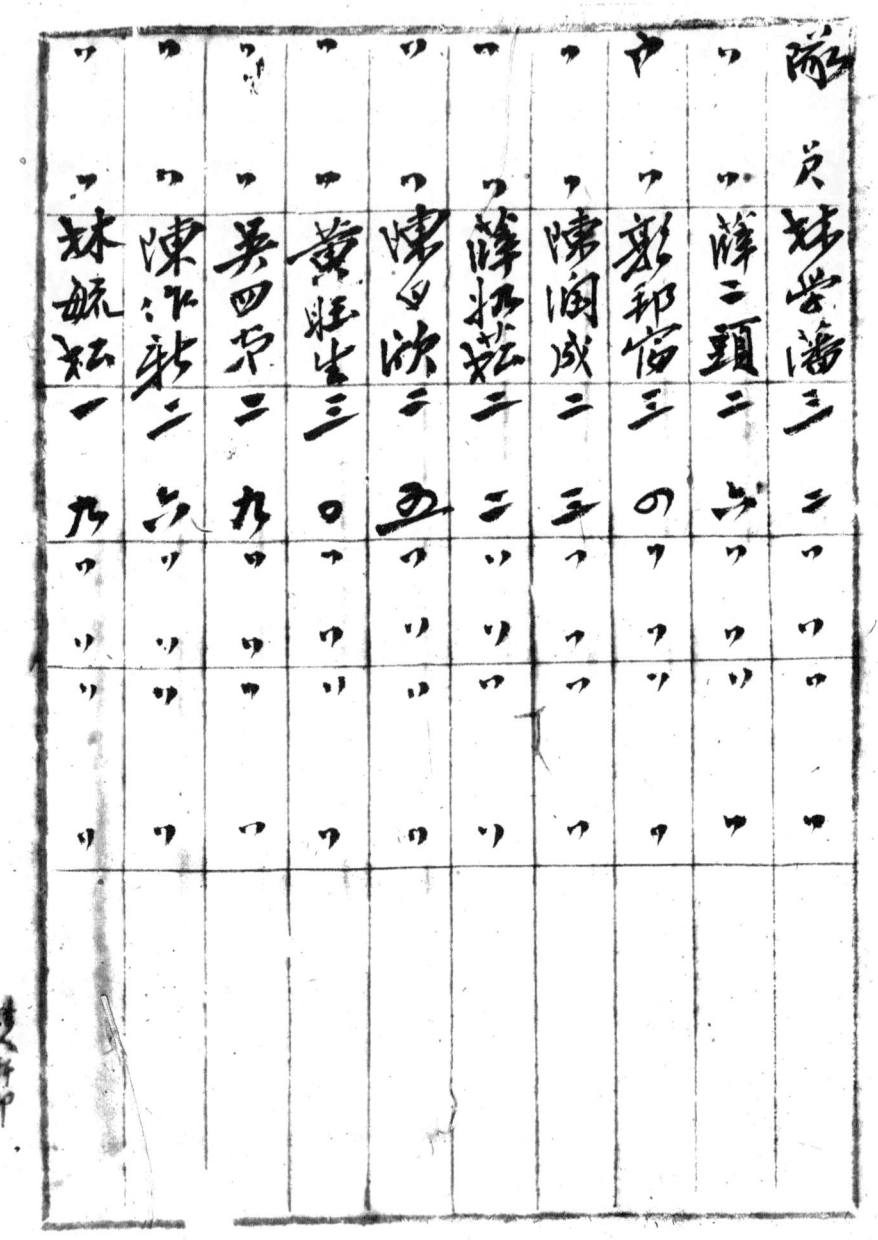

福安县经济游击小队队员花名册(1941年)　0158-001-0304

52

0035

〃 〃	贡润之	二九	〃 〃	〃 〃
〃 〃	陳培忠	二九	〃 〃	〃 〃
上士伍長	何文墉	二六	〃 〃	〃 〃
下士副伍長	王燦生	二五	〃 〃	〃 〃
隊員	阮[illegible]森	三五	〃 〃	〃 〃
〃 〃	潘作[illegible]	二三	〃 〃	〃 〃
〃 〃	彭佑生	二三	〃 〃	〃 〃
〃 〃	張宗[illegible]	二三	〃 〃	〃 〃
〃 〃	陳祖[illegible]	二九	〃 〃	〃 〃
〃 〃	楊细富	二四	〃 〃	〃 〃

福安县经济游击小队队员花名册(1941 年)　0158-001-0304

〃 〃	[illegible]嘉[illegible]之	二七	〃	〃	〃	〃
〃 〃	刘松明	三一	〃	〃	〃	〃
〃 〃	冯學琨	二三	〃	〃	〃	〃
〃 〃	林守基	二七	〃	〃	〃	〃
〃 〃	苏白琨	二八	〃	〃	〃	〃
〃 〃	缪其[illegible]	二四	〃	〃	〃	〃
上士	缪树[illegible]	二六	〃	〃	〃	〃
下士 组长	[illegible]	三八	〃	〃	〃	〃
组员	丁子行	二五	〃	〃	〃	〃
队附	彭[illegible]	三九	〃	〃	〃	〃
〃 〃						

福安县经济游击小队队员花名册(1941年) 0158-001-0304

53

0036

〃	〃	贡廷燦	二三	〃	〃	〃	〃
〃	〃	張素水	二三	〃	〃	〃	〃
〃	〃	阮文光	一九	〃	〃	〃	〃
〃	〃	李志豪	二〇	〃	〃	〃	〃
〃	〃	鍾勤波	二〇	〃	〃	〃	〃
〃	〃	李振聚	二八	〃	〃	〃	〃
〃	〃	阮俊為	二三	〃	〃	〃	〃
〃	〃	王益坤	二〇	〃	〃	〃	〃
〃	〃	王玉生	二〇	〃	〃	〃	〃
〃	〃	贡[illegible]目	二六	〃	〃	〃	〃

福安县经济游击小队队员花名册(1941年)　0158-001-0304

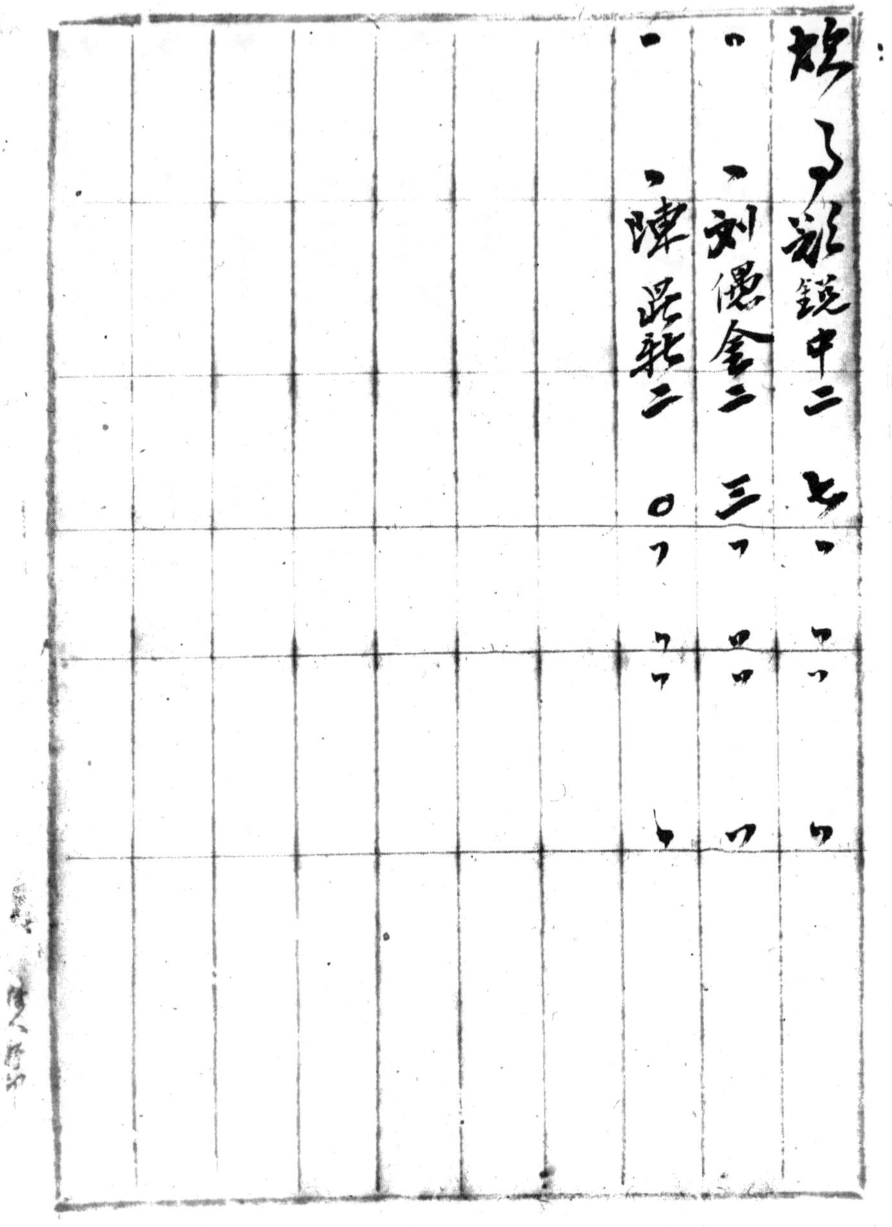

福安县经济游击小队队员花名册(1941 年)　0158-001-0304

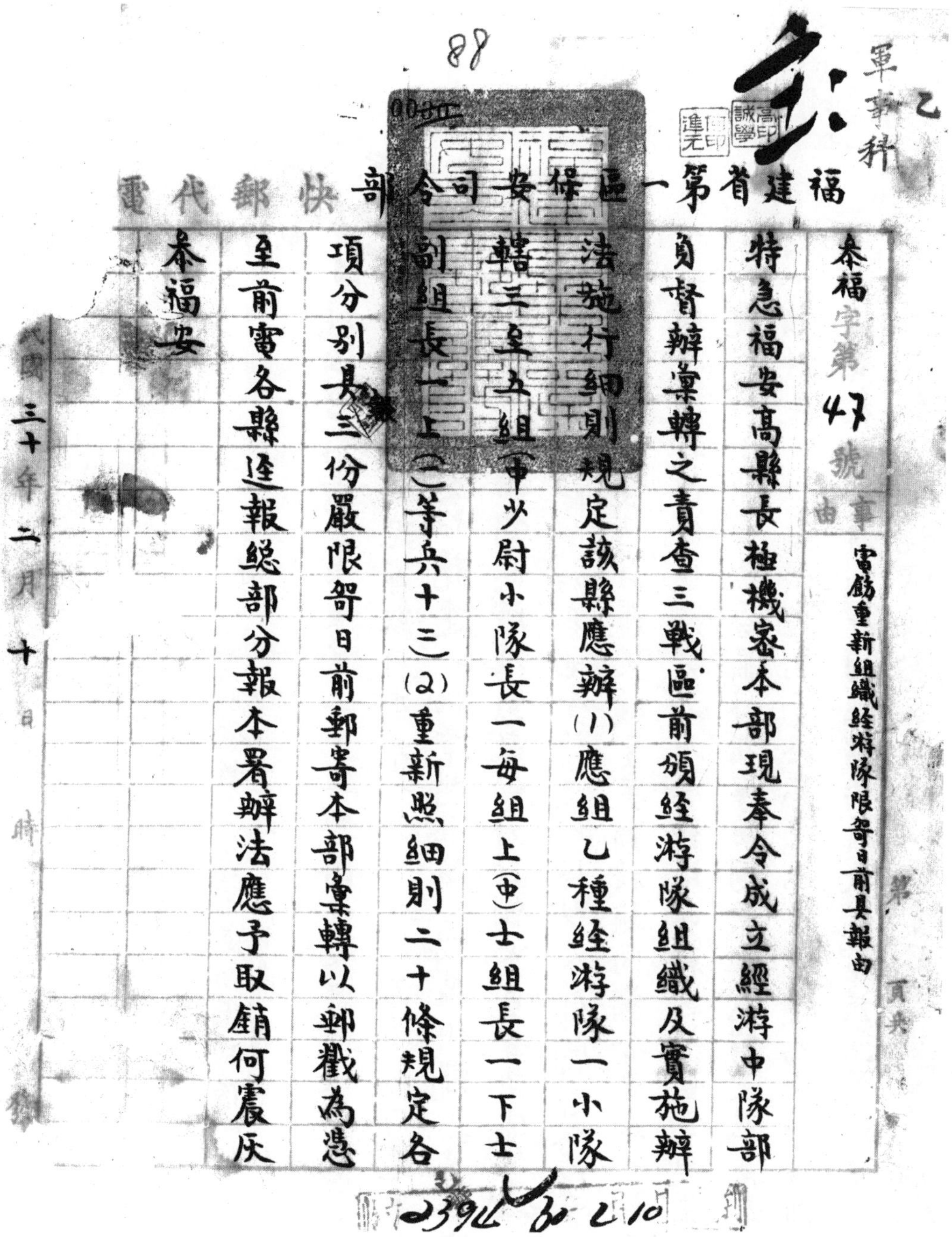
88

軍事科 乙

福建省第一區保安司令部快郵代電

本福字第47號

事由：電飭重新組織經游隊限咎日前具報由

特急福安高縣長極機密本部現奉令成立經游中隊部負督辦彙轉之責查三戰區前頒經游隊組織及實施辦法施行細則規定該縣應辦(1)應組乙種經游隊一小隊轄三至五組(甲)少尉小隊長一每組上(甲)士組長一下士副組長一上(二)等兵十三(2)重新照細則二十條規定各項分別具三份嚴限咎日前郵寄本部彙轉以郵戳為憑至前電各縣逕報總部分報本署辦法應予取銷何震庚本福安

民國三十年二月十日 時 發

2394 30 2 10

福建省第一区保安司令部饬重新组织经游小队限咎日前具报的代电

（1941 年 2 月 10 日） 0158-001-0304

55

0054

軍事科 乙

發

事由：為飭查設立查禁走私機関情形仰遵照表式查填彙報由 104

福安縣長

案奉兼第二十五集團軍總司令陳齊揔辛甲代電開准福建省政府本年一月卅一日呂子世府建甲永字第一〇九五七號建一代電開准第三战區經濟委員會資子佳〈68〉號代電開頃准對敵經濟封鎖委員會考字第〈202〉號馬考代電開関於各地查禁走私機関及有関對敵經濟封鎖機構組設情形邇来頗多變動特檢同調查表式一份電請查照轉飭依照表列各項分別填明轉送備查等由並附表式一份過會除分電外相應檢同原表電請查照並希轉飭所屬有関機関按式查填具復以便彙轉為荷等由附原調查表式一份到府相應檢同原表式電請查照將本省經濟游擊隊組設情形查填具復以便彙轉為荷等由附送原

3028 30 2 20

福安县政府转发兼第二十五集团军总司令为饬查设立查禁走私机关情形仰遵照表式查填汇报的代电附发原调查表（1941年2月17日） 0158-001-0304

調查表式一份准此附發原調查表式一份希查明該原應設山種經游隊之各縣設立各種查禁走私机關情形遵照表式彙報二份存轉奉等因附發原調查表式一份奉此除分電外合行附發原表式電仰遵即查填三份送部存轉何震篠叅福安附發原調查表式一份

副司令劉德馨代行

中華民國三十年二月十七日

第三戰區經濟委員會轄境對敵經濟封鎖機構調查表

機關名稱	
隸屬關係	
主管人	
辦公所在地	
成立日期	
組織及分布情形	
備考	

福安县政府转发兼第二十五集团军总司令为饬查设立查禁走私机关情形仰遵照表式查填汇报的代电附发原调查表(1941年2月17日) 0158-001-0304

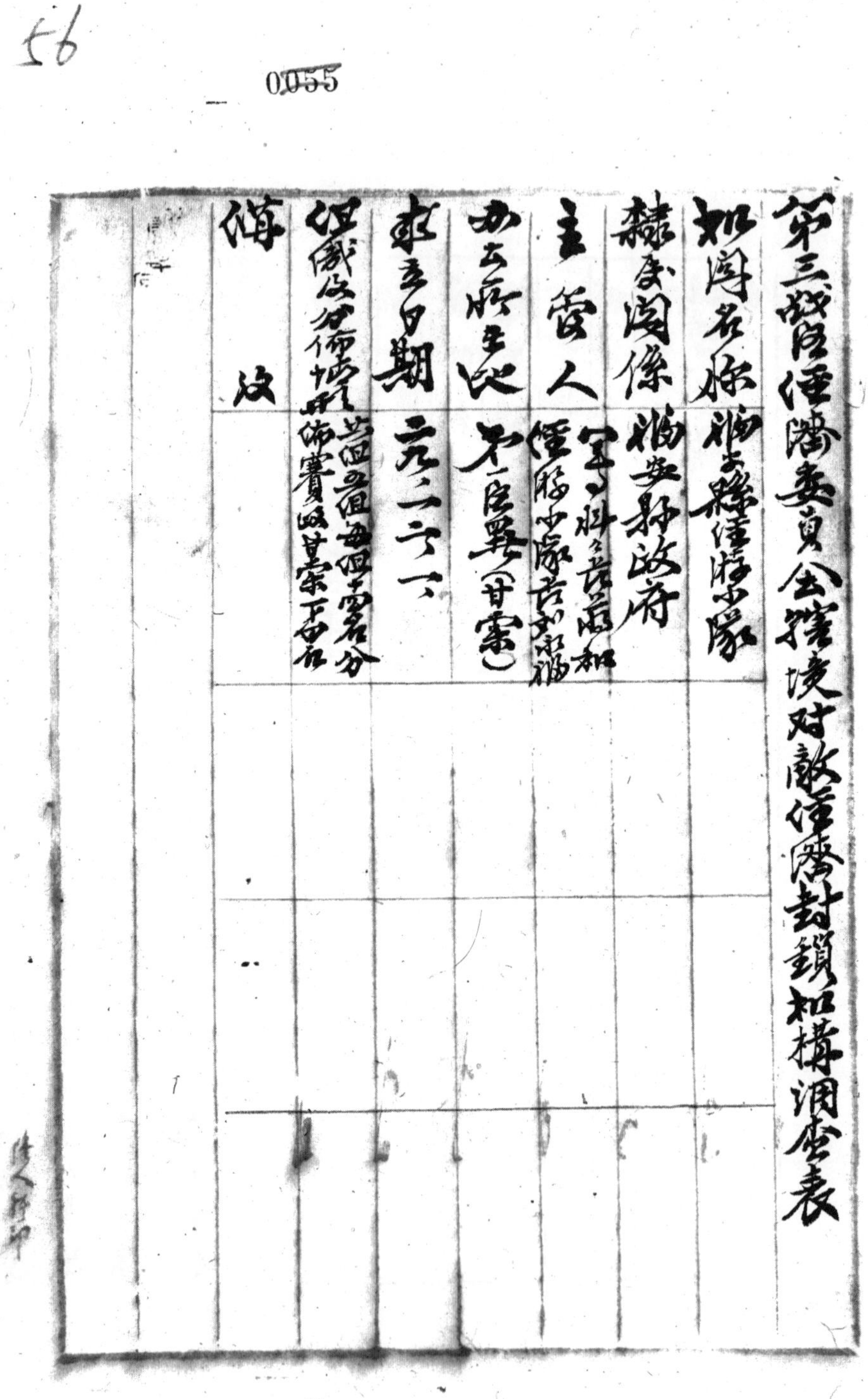

第三战区经济委员会辖境对敌经济封锁机构调查表

机构名称	福安县经济游击队
隶属关系	福安县政府
主管人	（军事科科长兼经济游击队长吉永福）
办公处所	不一定（甘棠）
成立日期	二九、二、一六
组织及分布情形	共四组，每组十名左右，分布赛岐、甘棠、下白石
备考	

第三战区经济委员会辖境对敌经济封锁机构调查表（1941 年） 0158-001-0304

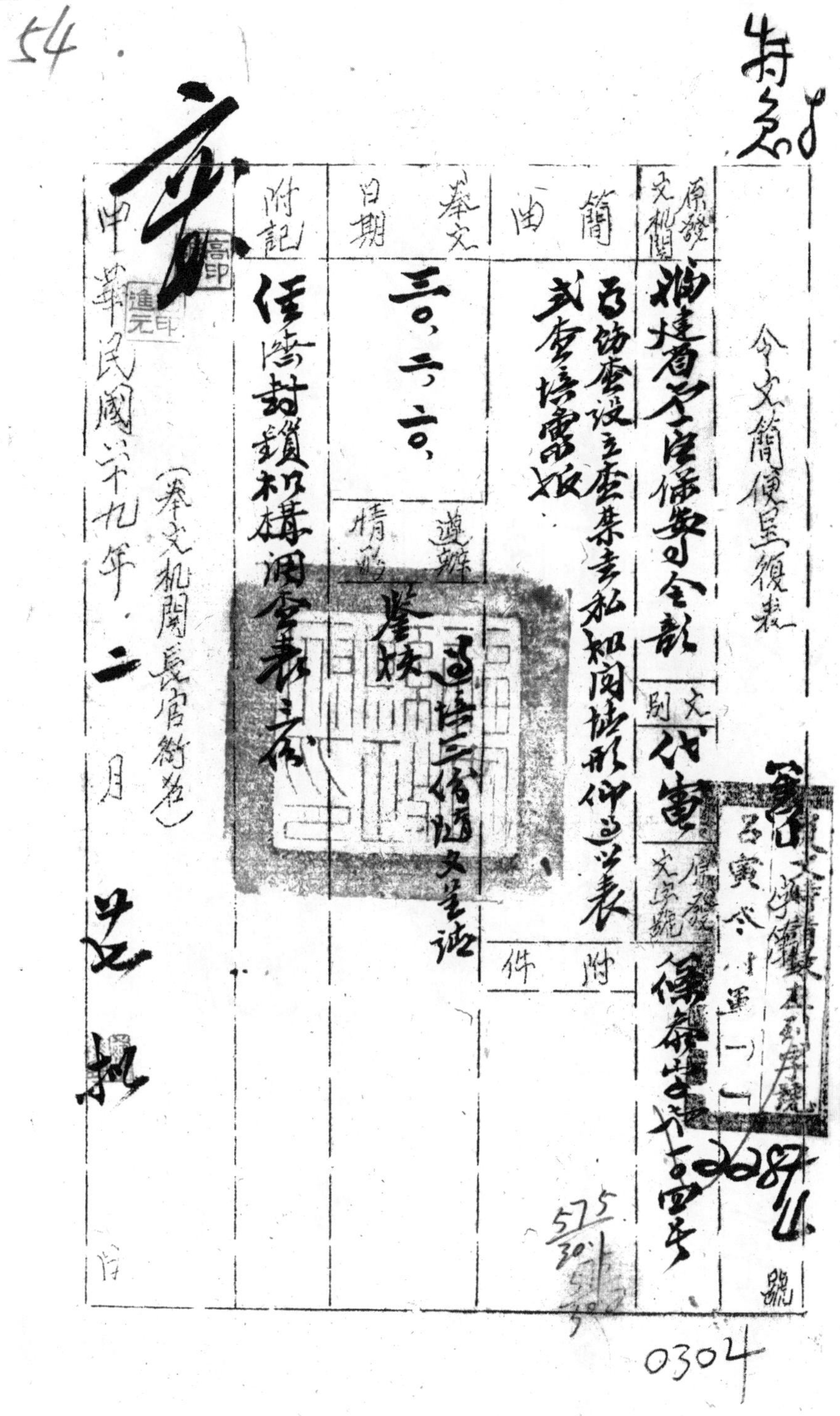

福安县政府关于呈送经济封锁机构调查表的令文简便呈复表

（1941 年 2 月 27 日） 0158-001-0304

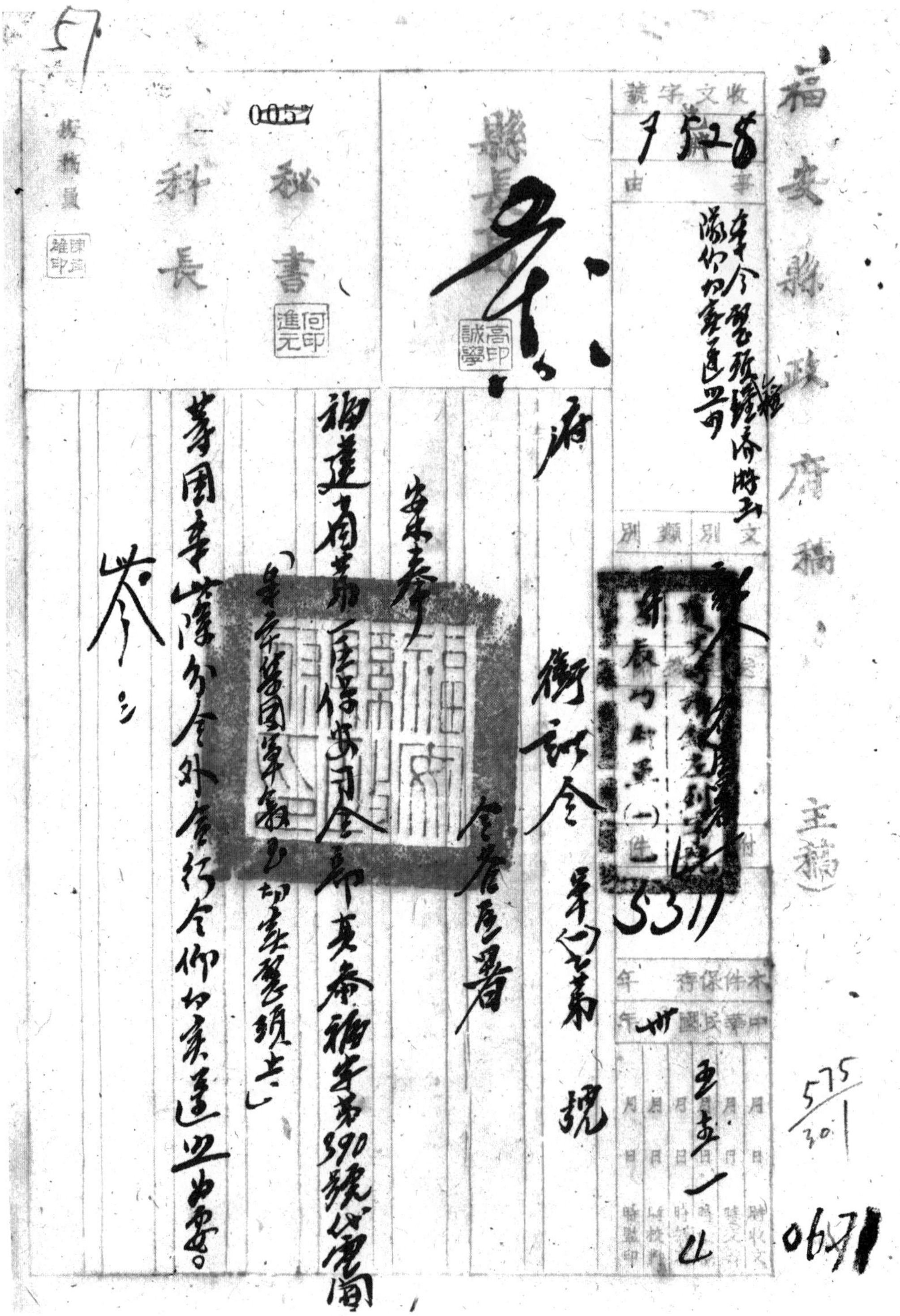
福安縣政府稿

收文字號

事由

縣長

秘書

科長

主稿

府 銜訓令 第 號

令各區署

案奉福建省第一區保安司令部

等因奉此除分令外合行令仰切實遵照為要。

福安县训令为奉转福建省第一区保安司令部关于整顿经济游击队的代电

（1941 年 5 月 15 日） 0158-001-0304

0056

福建省第一區保安司令部快郵代電

呂辰真

軍事科

電不錄由

福安高縣長奉兼第二十五集團軍總司令陳感總辛甲
代電開奉長官顧本年四月六日揮字第三二九號魚沆
代電開查本戰區甲乙兩種經濟游擊隊業經分别組織
成立唯据報各縣所組之乙種經濟游擊隊多欠健全甚
至有多無實者不嚴加整頓影响經濟作戰至鉅除分電
各省政府各行署飭縣注意整頓外希飭組有甲種經游
隊之軍事長官就近督策整頓為要等因奉此除分電外
希即遵照切實整頓何震真泰福

中華民國三十年五月　日　時

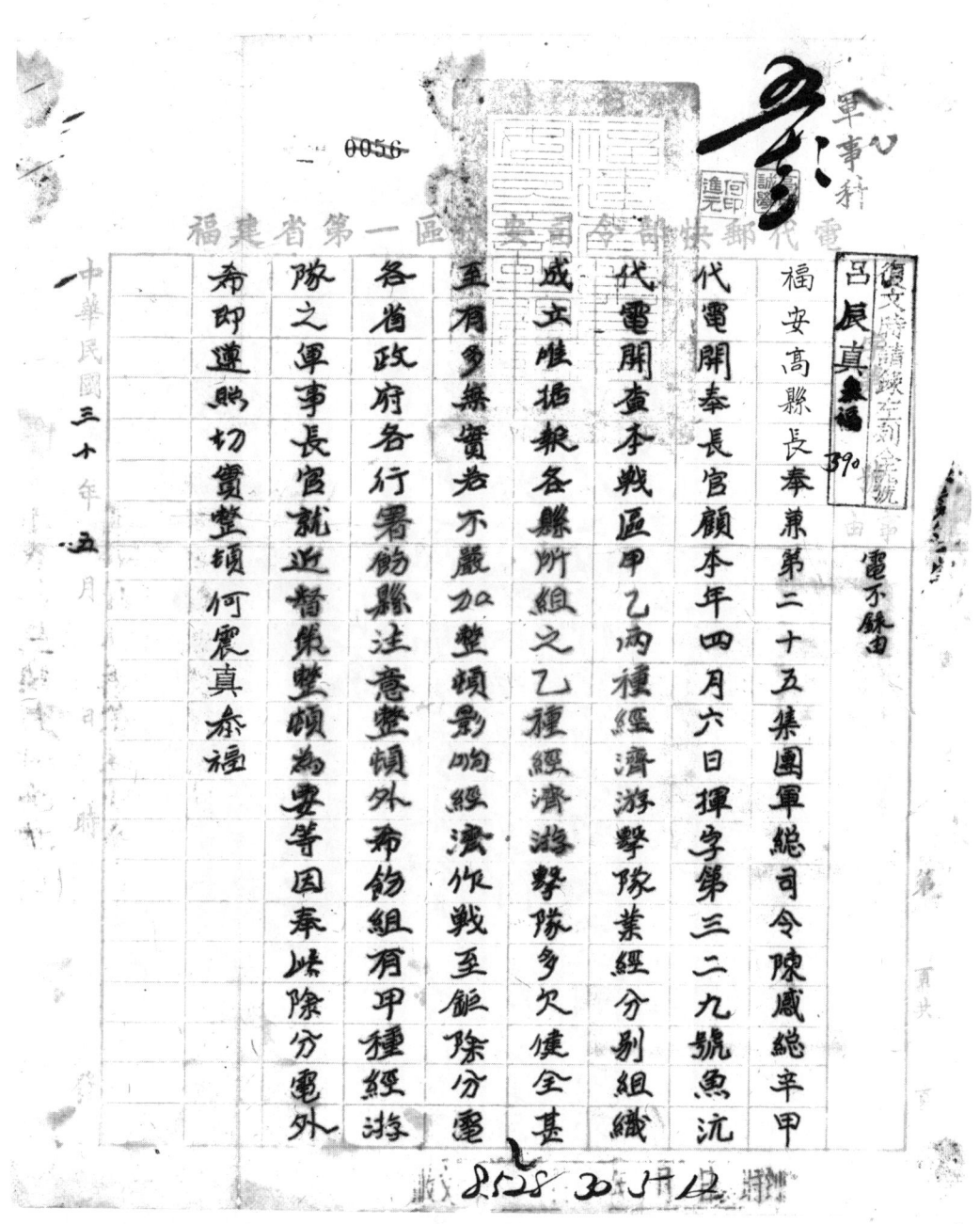

福建省第一区保安司令部关于整顿经济游击队的代电

(1941 年 5 月)　0158-001-0304

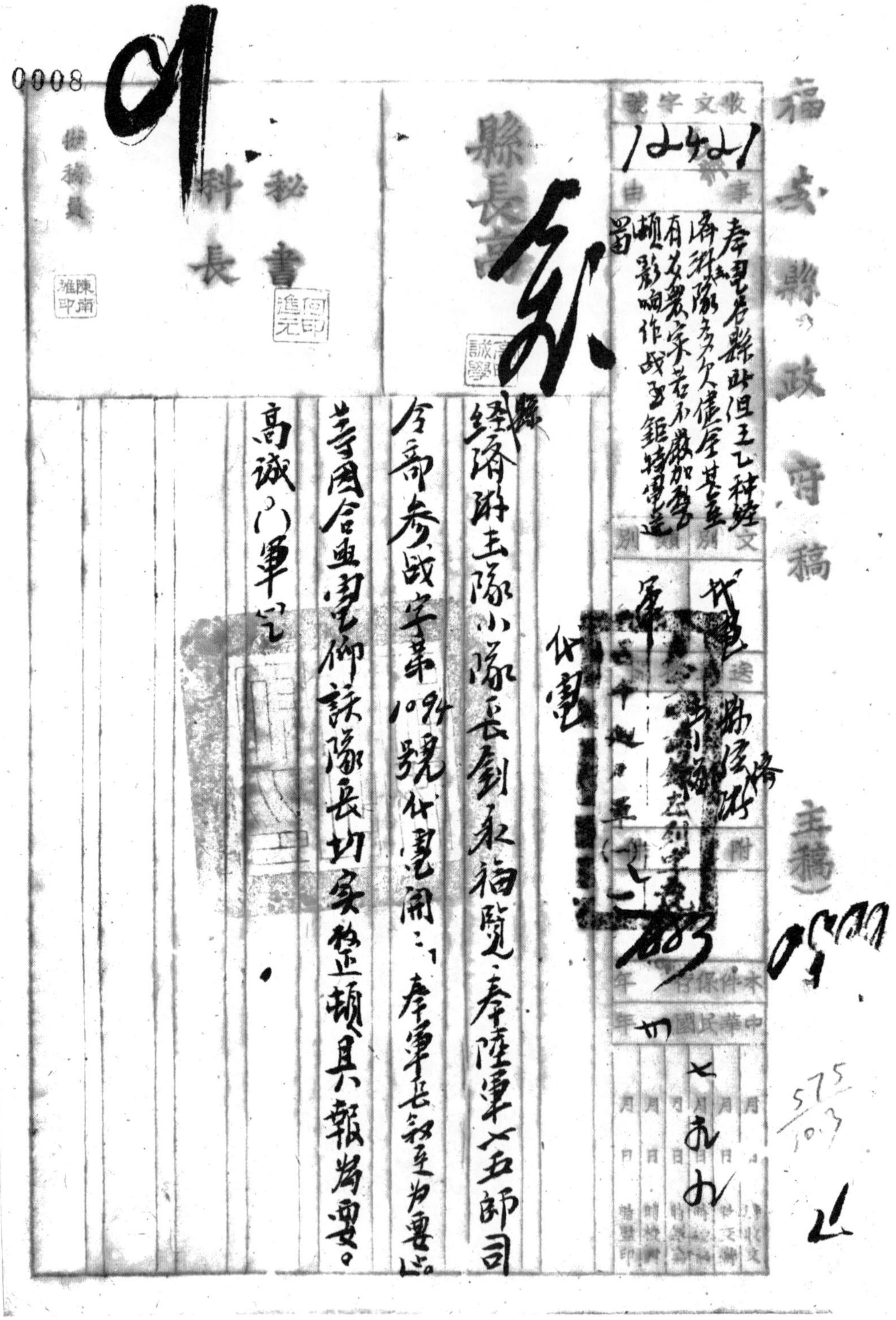

福安县政府稿

收文字号 12421

事由

奉电各县敌伪区经济游击队各种人员……

县长 秘书 科长 拟稿员

经济游击队小队长刘永福览：奉陆军七五师司令部参战字第1094号代电开：“奉军长……为要”等因，合亟电仰该队长切实整顿具报为要。

福安县政府训令为奉转陆军第七五师司令部关于整顿经济游击队的代电

(1941年7月19日) 0002-004-0829

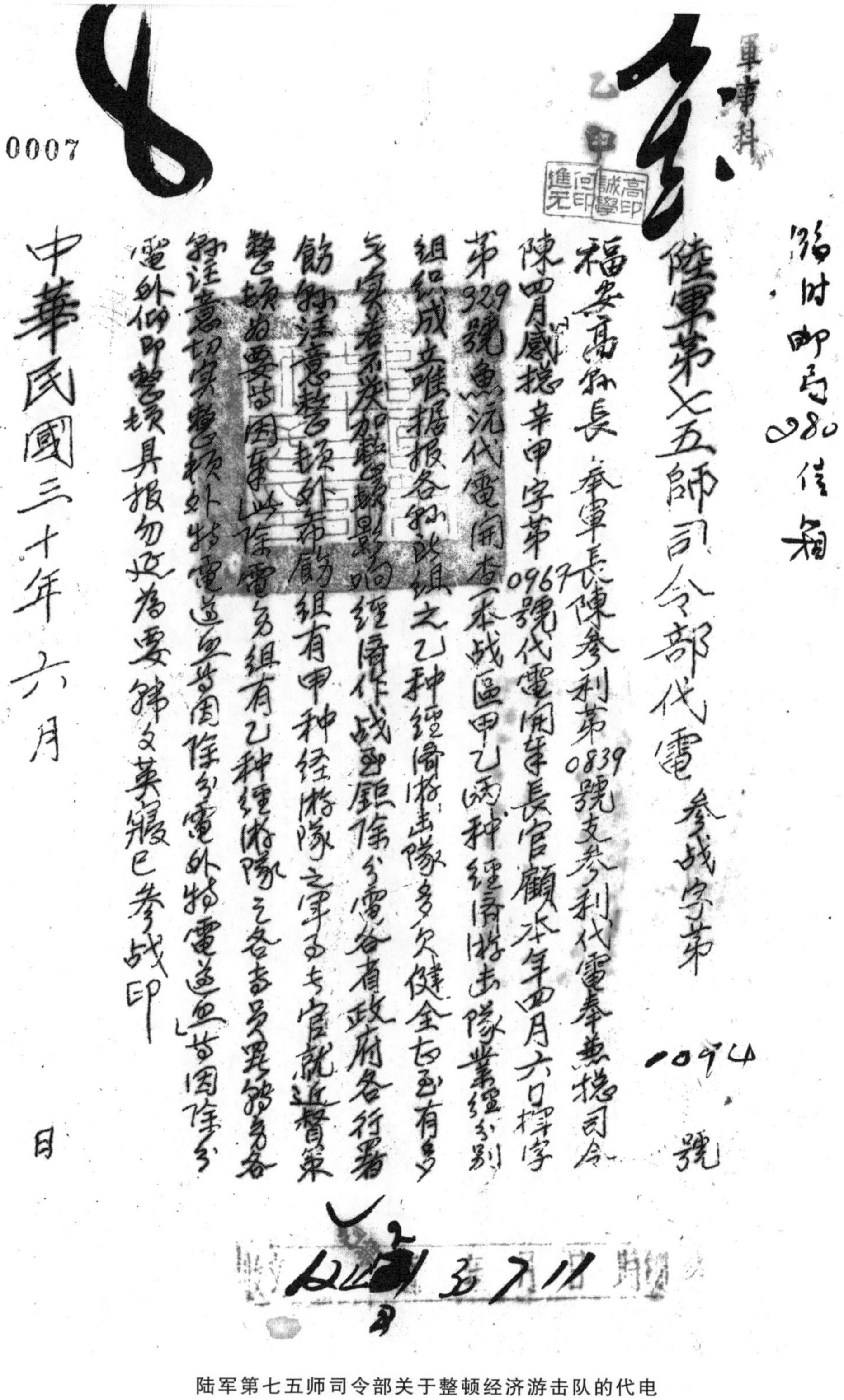
0007

陸軍第七五師司令部代電　參战字第1094號

臨時郵局0980信箱

福安高縣長：奉軍長陳參利第0839號支參利代電奉兼總司令陳卯感總辛甲字第0967號代電開案奉長官顧本年四月六日擇字第329號魚沅代電開查本战區甲乙丙種經濟游击隊業經分別組織成立唯據報各縣改組之乙种經濟游击隊多欠健全而且有多無實若不從加整頓影响經濟作战至鉅除分電各省政府各行署飭知注意整頓外希飭組有甲种经游隊之軍事長官就近督策整頓為要等因奉此除電分組有乙种經游隊之各專員署飭分各縣注意切實整頓外特電遵照等因除分電外特電遵照等因除分電外仰即整頓具報勿延為要　師長文英寢巳參战印

中華民國三十年六月　日

陆军第七五师司令部关于整顿经济游击队的代电

（1941年1月6日）　0002-004-0829

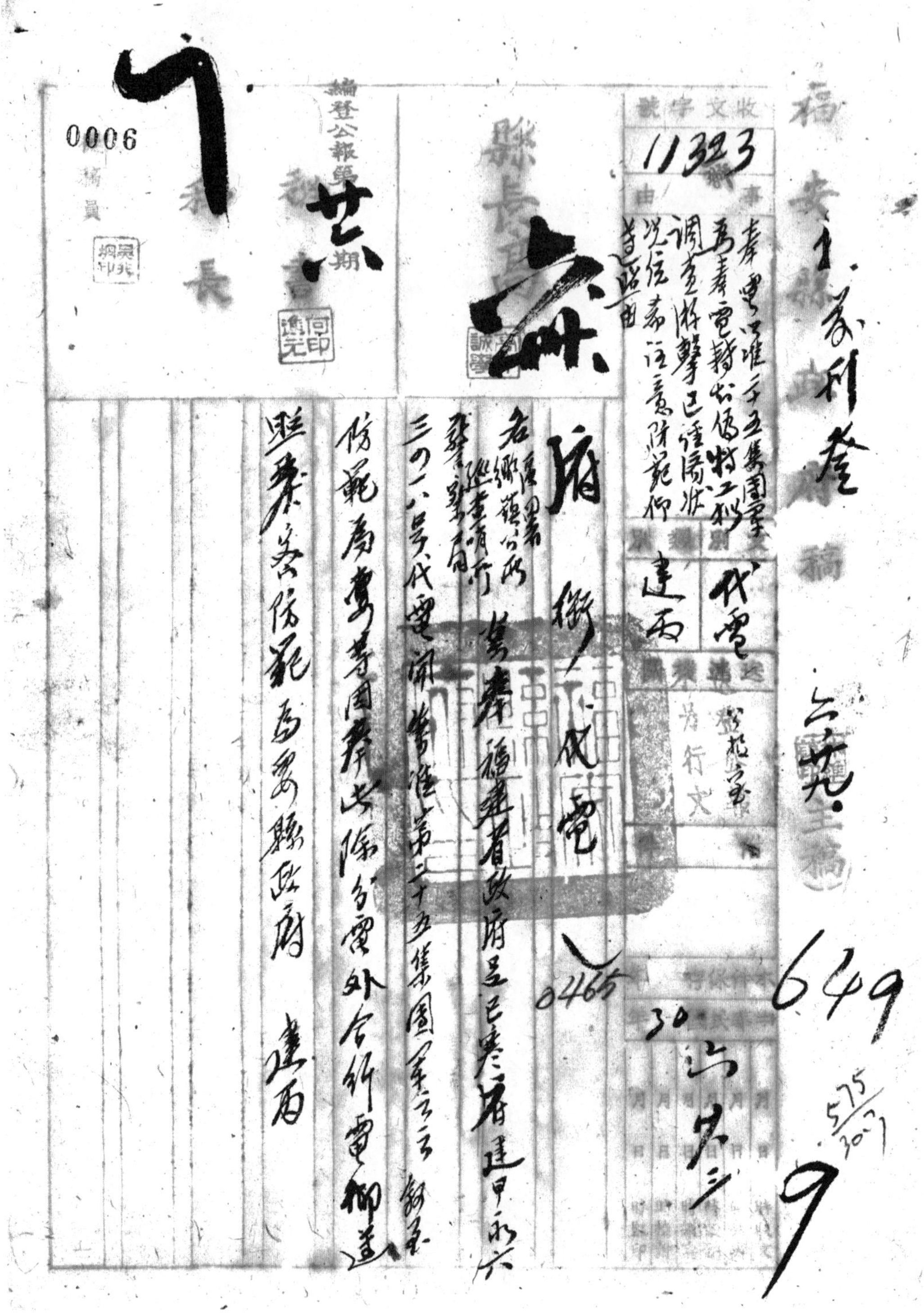

福安县政府关于防范伪特工调查游击区经济状况的代电

（1941 年 6 月 28 日）　0002-004-0829

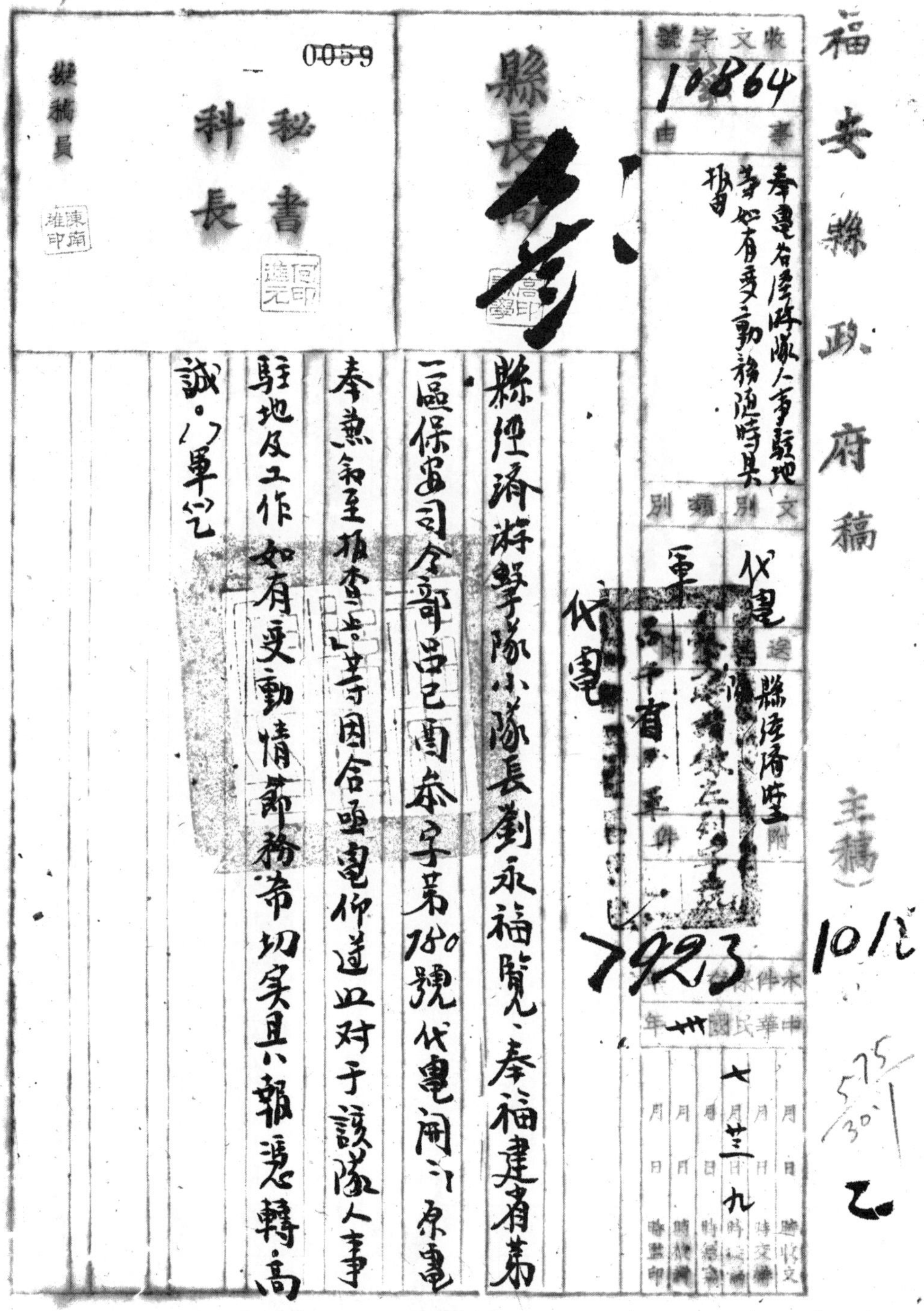

福安縣政府稿

收文字號 10864

事由：奉電各經濟游擊隊人事駐地等如有變動務隨時具報由

文別：代電

送：縣經濟游擊隊

縣長　秘書　科長　擬稿員

縣經濟游擊隊小隊長劉永福覽：奉福建省第
一區保安司令部品巳酉參字第780號代電開：「原電
奉悉，飭至撮查為要」等因，合亟電仰遵照，對于該隊人事
駐地及工作如有變動情節，務希切實具報，毋忽，轉高
誠。○○單印

福安县政府代电为奉福建省第一区保安司令部关于各经济游击队人事驻地等如有变动务随时具报的代电(1941 年 7 月 23 日)　0158-001-0304

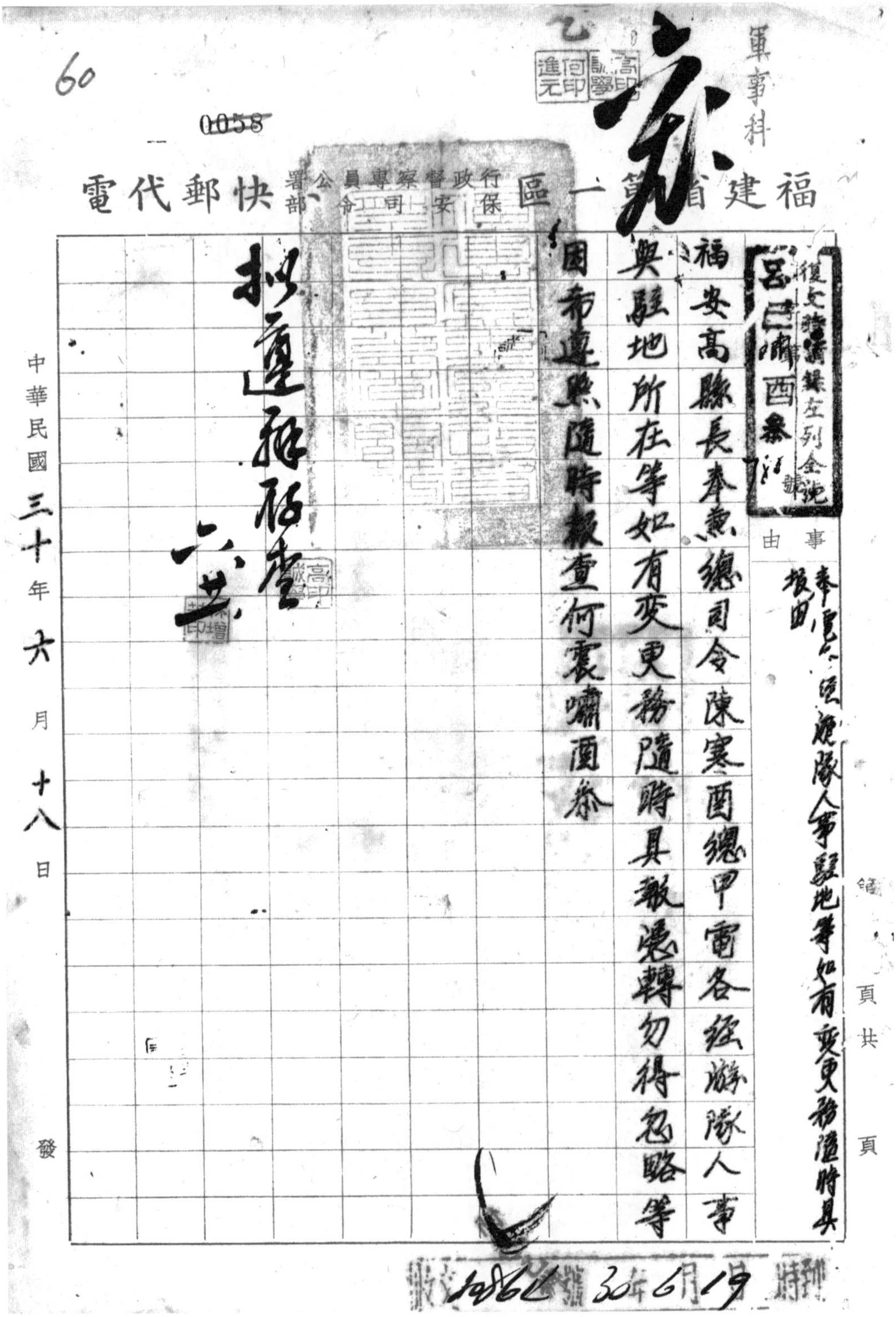
福建省第一區行政督察專員公署、保安司令部快郵代電

軍事科

呂已嘯酉參　復文請錄左列全號

事由：奉電以經遊隊人事駐地等如有變更務隨時具報由

福安高縣長奉惠總司令陳寒酉總甲電各經遊隊人事與駐地所在等如有變更務隨時具報懇轉勿得忽略等因希遵照隨時報查何震嘯酉參

中華民國三十年六月十八日 發

擬遵辦存查 六廿

收文 1862號 30年6月19 時到

福建省第一区保安司令部关于各经济游击队人事驻地等如有变动务
随时具报的代电(1941 年 6 月 18 日)　0158-001-0304

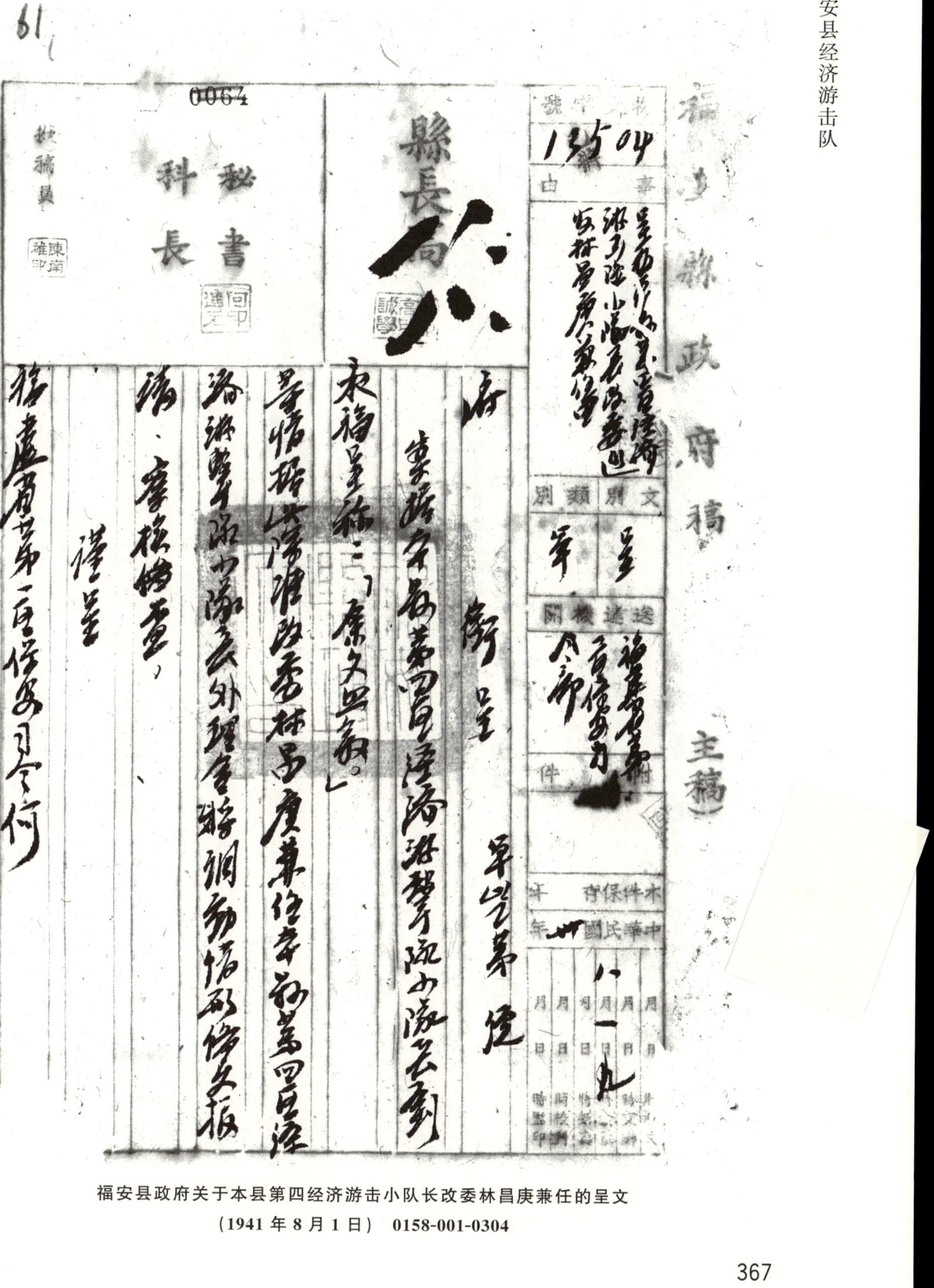

福安縣政府稿

0064

縣長

秘書

科長

核稿員

收字號 13504

事由 呈為第四區經濟游擊小隊長改委林昌庚兼任由

文別 呈

類別 軍

送達機關 福建省第一區保安司令部

附件

本件保存年

中華民國 年 八月 一日

府銜呈 軍字第 號

案據第四區經濟游擊小隊長劉

表請呈稱：「……原文照叙。」

等情。據此，除派林昌庚兼任第四區經

濟游擊小隊長外，理合將調動情形，備文報

請 鑒核備查。

謹呈

福建省第一區保安司令何

福安县政府关于本县第四经济游击小队长改委林昌庚兼任的呈文

（1941 年 8 月 1 日） 0158-001-0304

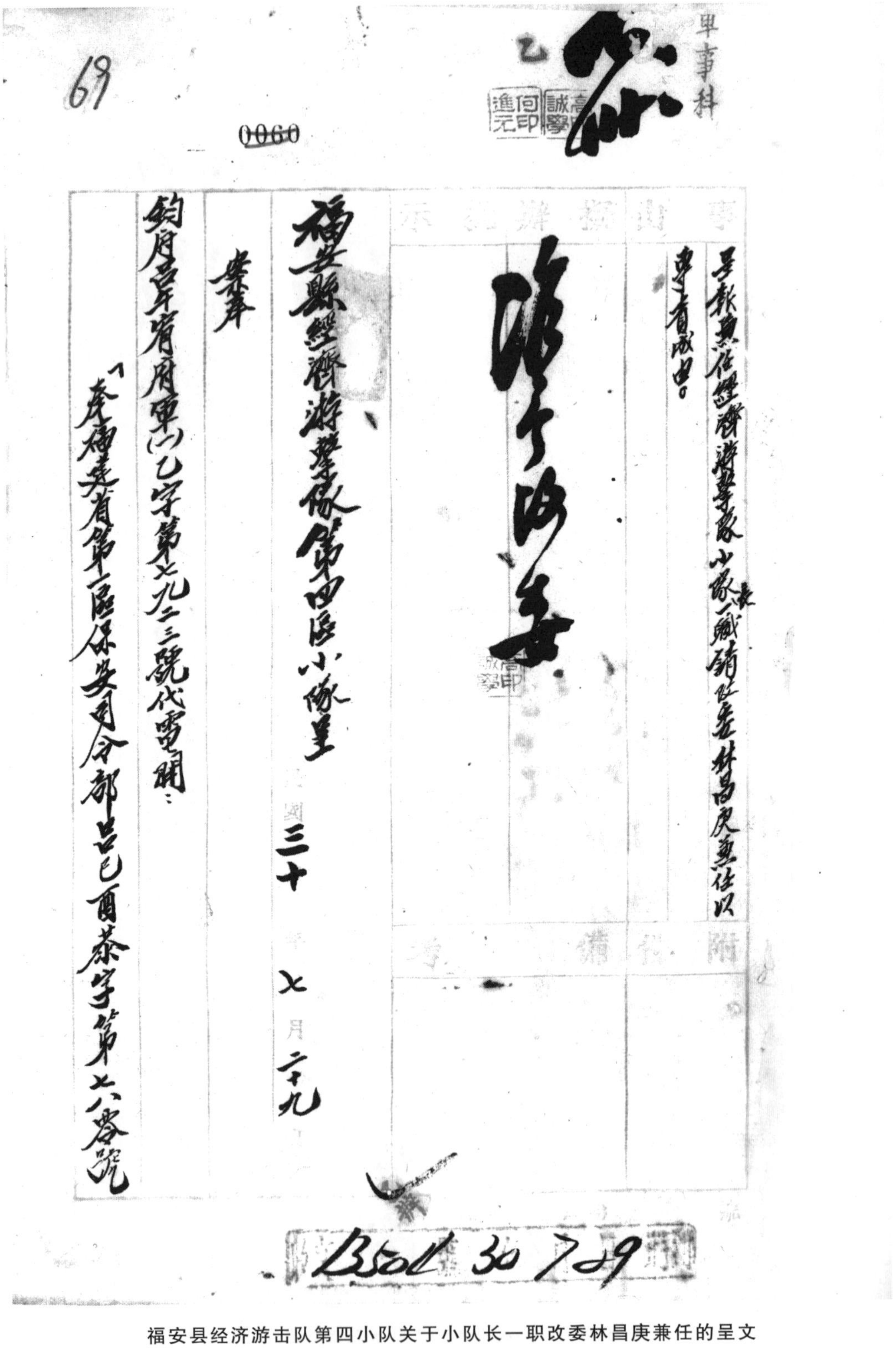
军事科
乙
0060
69
呈报兼任经济游击队小队长一职请改委林昌庚兼任以专责成由。
福安县经济游击队第四区小队呈
案奉
钧府哀年肖府军(二)乙字第七九二三号代电开：
「奉福建省第一区保安司令部巳酉蔡字第七八〇四号
国 三十 年 七 月 二十九

福安县经济游击队第四小队关于小队长一职改委林昌庚兼任的呈文

(1941 年 7 月 29 日) 0158-001-0304

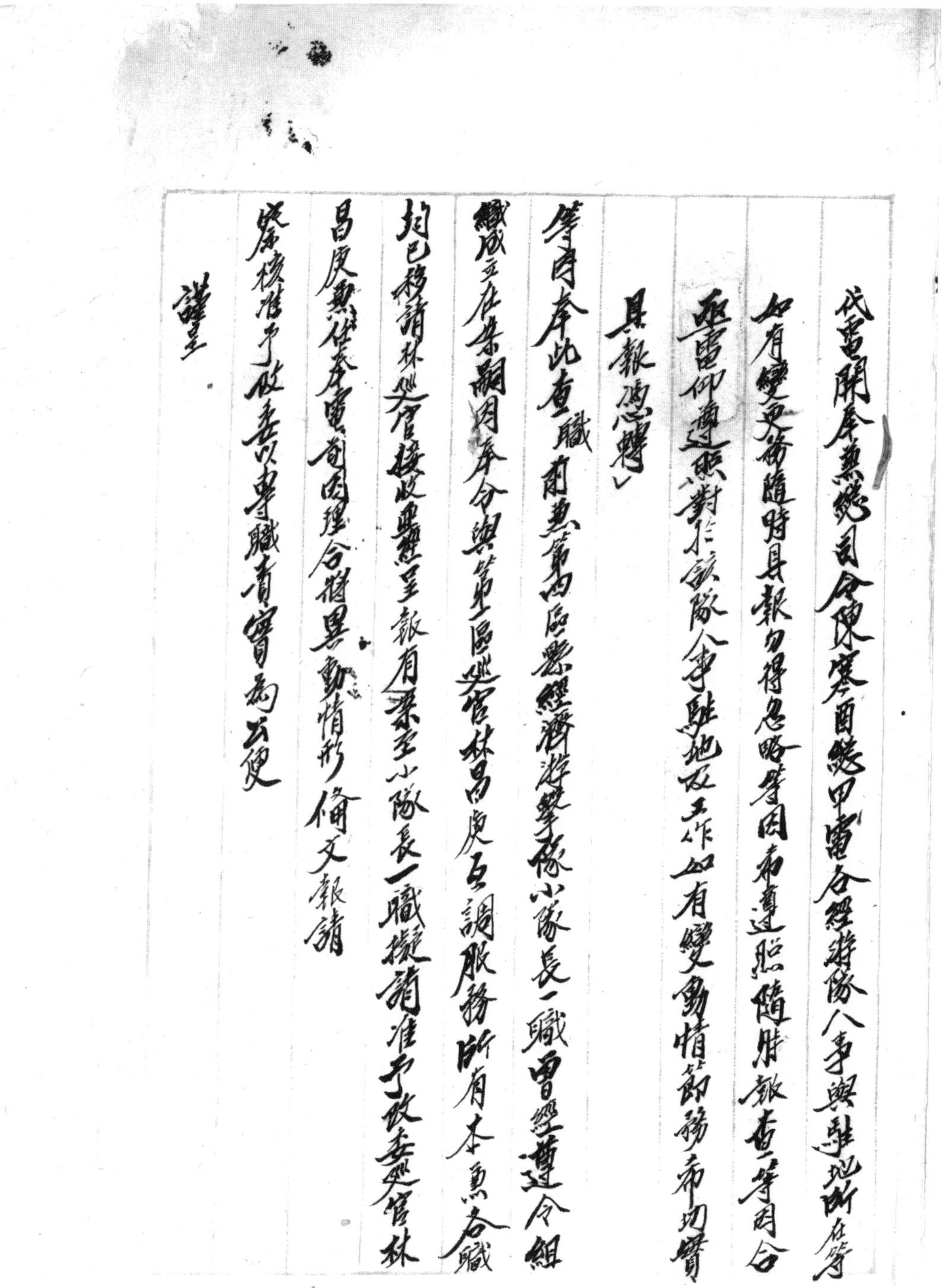

代電開奉熙總司令陳寒酉魚甲電合經游隊人事與駐地所在等
如有變更務隨時具報勿得忽略等因亦經遵照隨時報查等因合
亟電仰遵照對於該隊人事駐地及工作如有變動情節務希切實
具報為要
等因奉此查職前兼第四區署經濟游擊隊小隊長一職曾經遵令組
織成立在案嗣因奉令與第七區署官林昌庚互調服務所有本兼各職
均已移請林署官接收並經呈報有案至小隊長一職擬請准予改委署官林
昌庚兼任俾本電就地整理合將異動情形備文報請
鑒核准予改委以專職責實為公便
謹呈

福安县经济游击队第四小队关于小队长一职改委林昌庚兼任的呈文

（1941 年 7 月 29 日） 0158-001-0304

70

0061

縣長高

福安縣警察局巡官劉永福

劉永福印

福安县经济游击队第四小队关于小队长一职改委林昌庚兼任的呈文

(1941 年 7 月 29 日) 0158-001-0304

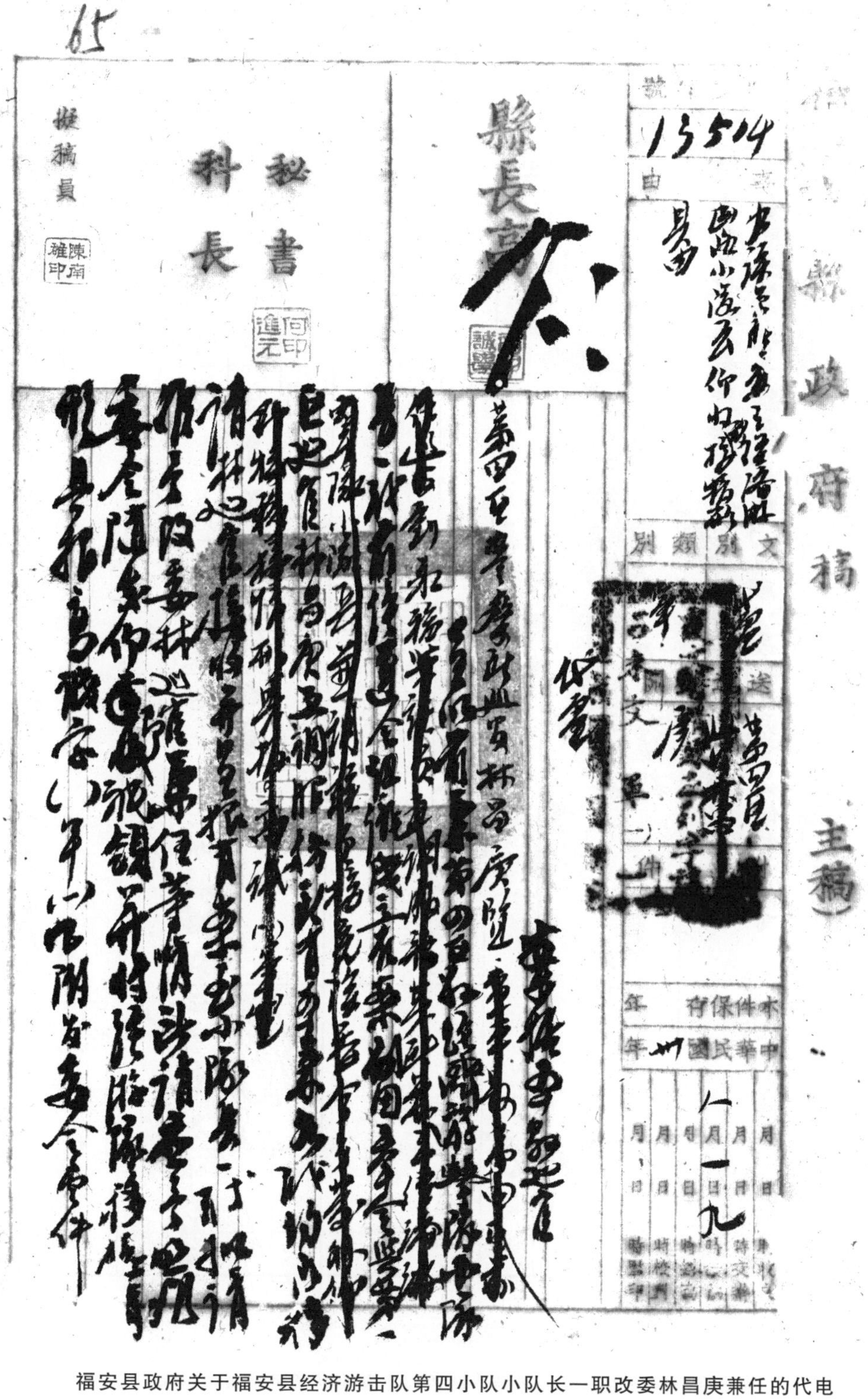

福安县政府关于福安县经济游击队第四小队小队长一职改委林昌庚兼任的代电

（1941 年 8 月 1 日） 0158-001-0304

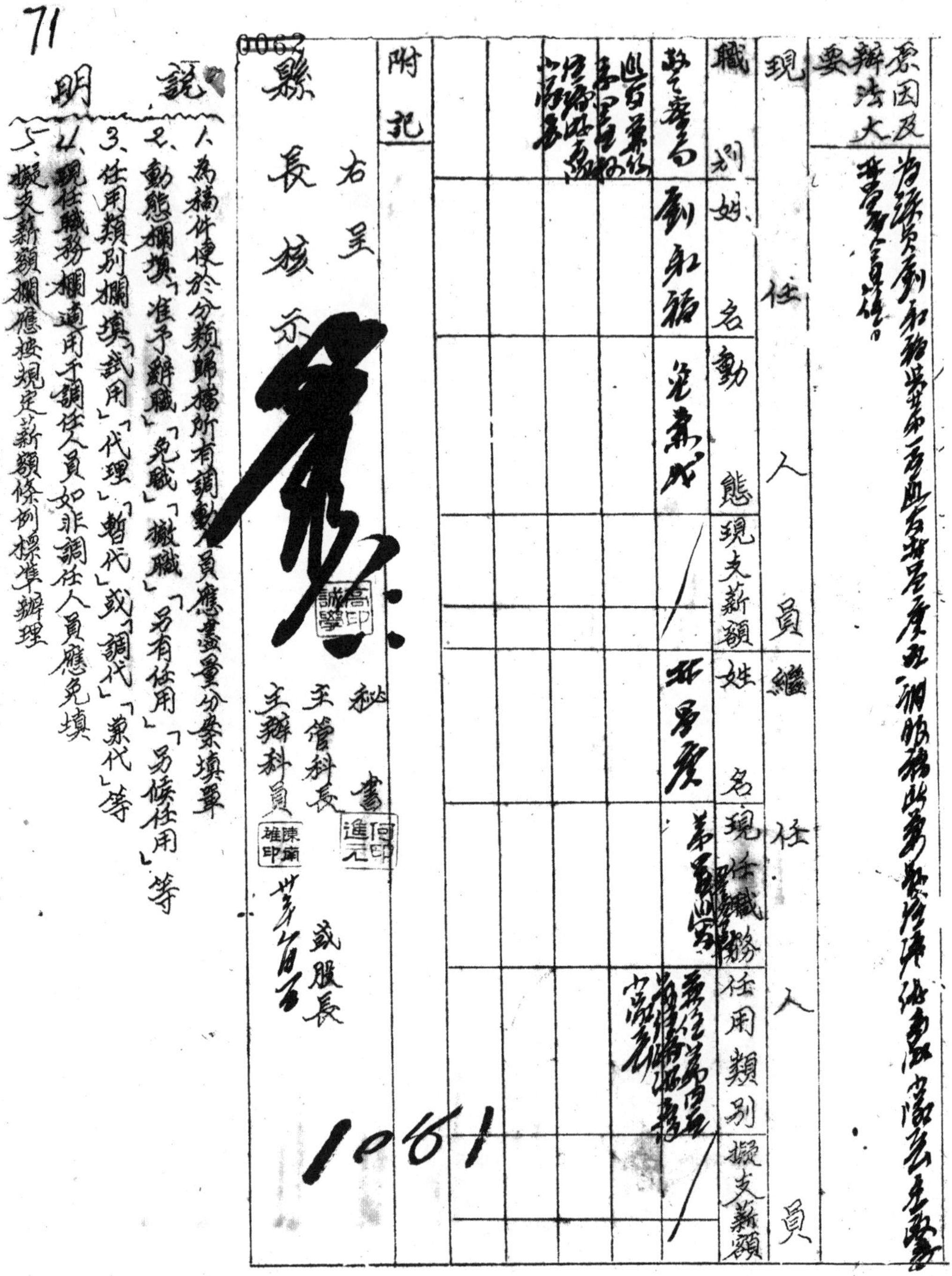
71

0062

原因及辦法大要

現任人員：職別　姓名　動態　現支薪額

劉和禧

繼任人員：姓名　現任職務　任用類別　擬支薪額

林昌庚

附記

右呈

縣長核示

秘書

主管科長

主辦科員

說明

1. 為稿件便於分類歸檔所有調動人員應盡量分案填單

2. 動態欄填「准予辭職」「免職」「撤職」「另有任用」「另候任用」等

3. 任用類別欄填「試用」「代理」「暫代」或「調代」「兼代」等

4. 現任職務欄適用于調任人員如非調任人員應免填

5. 擬支薪額欄應按現定薪額條例標準辦理

1061

为林昌庚兼任福安县经济游击队第四小队小队长呈请县长核示

（1941 年 8 月 1 日） 0158-001-0304

67

軍事科

福建省第一區 行政督察專員公署 保安司令部 快郵代電

未字第元參/1331號

事由：據報改委林昌庚為四區經游小隊長一節核與規定不符希迅查案更正具報由

福安高縣長呂未支府軍〈一〉乙八六一四號代電悉查該縣应組乙種經游一小隊定名為福建省第一行政督察區經濟游擊中隊福安縣經濟游擊小隊經于二月灰參〈41〉號及真參〈53〉號兩代電飭遵并經該縣報委劉求福為小隊長有案據報改委林昌庚為該縣第四區經游小隊長一節核與規定不符希迅查案更正並將該林昌庚簡歷送部憑核付震元參

中華民國卅年八月 日 發

第 頁

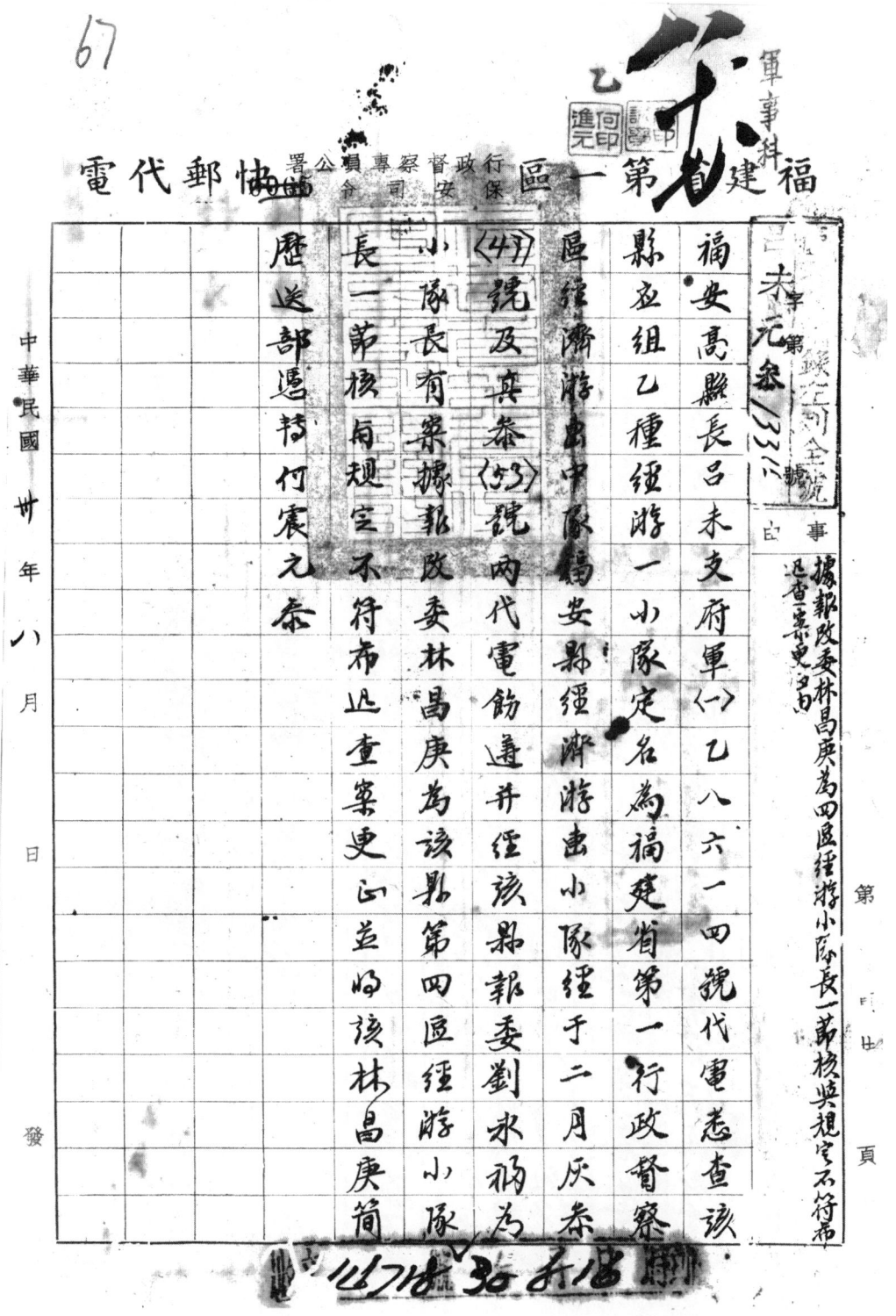

福安县政府奉福建省第一区保安司令部关于改委林昌庚为第四经济游击小队长与规定不符的代电(1941 年 8 月 16 日) 0158-001-0304

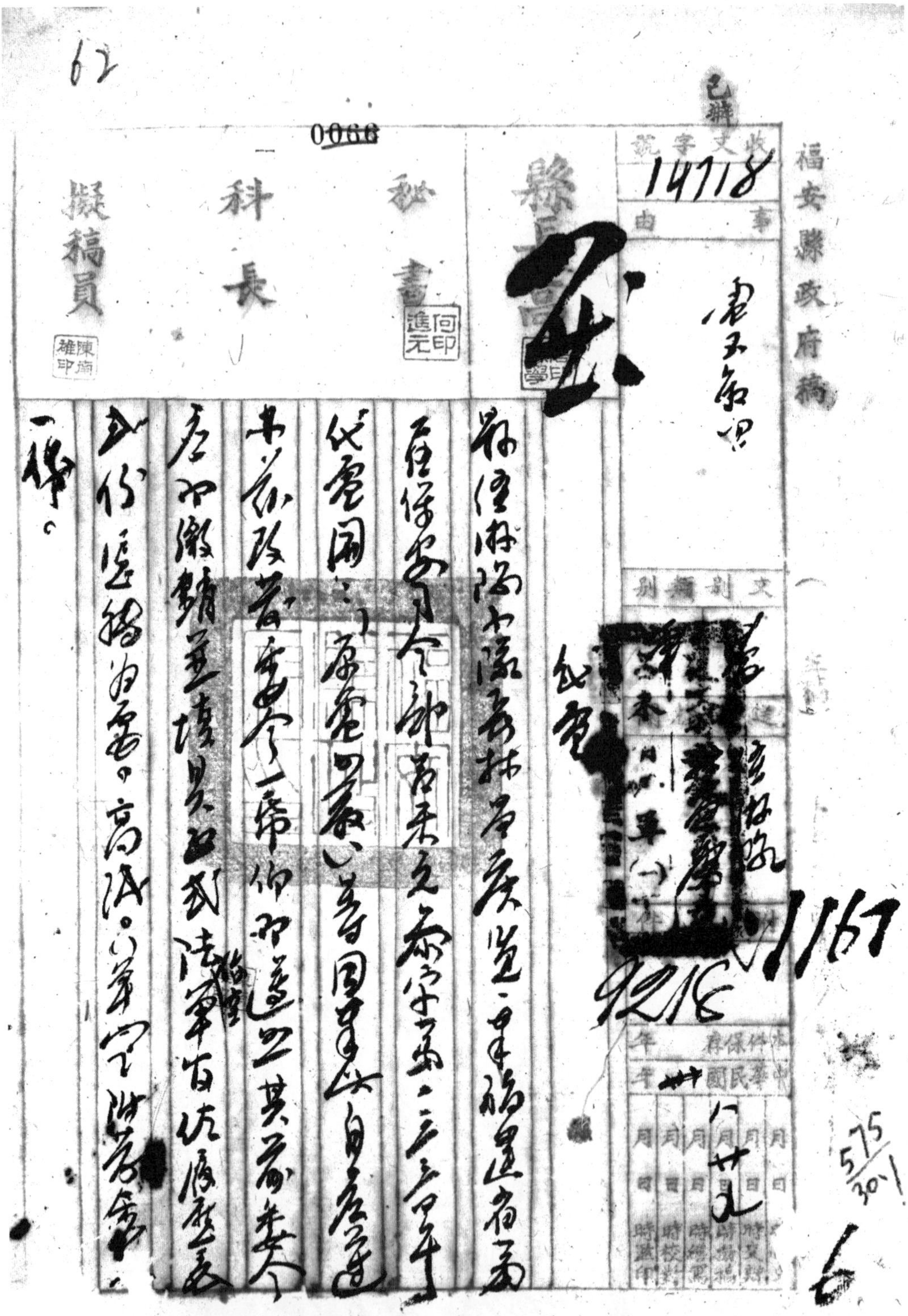

福安县政府代电为奉福建省第一区保安司令部关于林昌庚为第四经济游击小队长兹委令应即撤销的代电(1941 年 8 月 20 日)　0158-001-0304

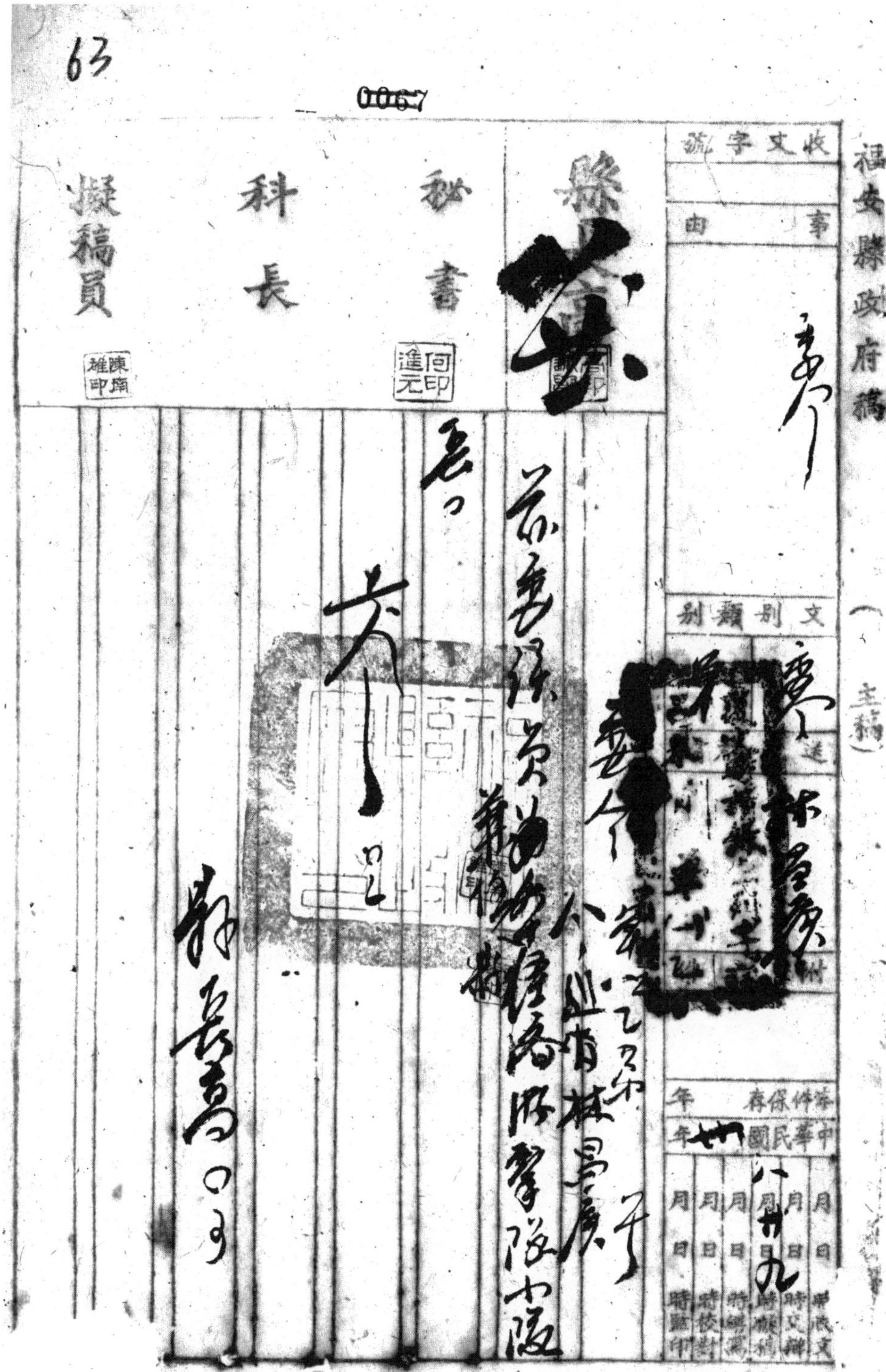
福安縣政府稿

收文字號

事由

文別 類別

主稿

卷件保存 年

中華民國 年

月 日 時收文

月 日 時交辦

月 日 時擬稿

月 日 時繕寫

月 日 時校對

月 日 時蓋印

縣長

秘書

科長

擬稿員

福安县政府兹委林昌庚兼任本县经济游击队小队长的委令

（1941 年 8 月 20 日） 0158-001-0304

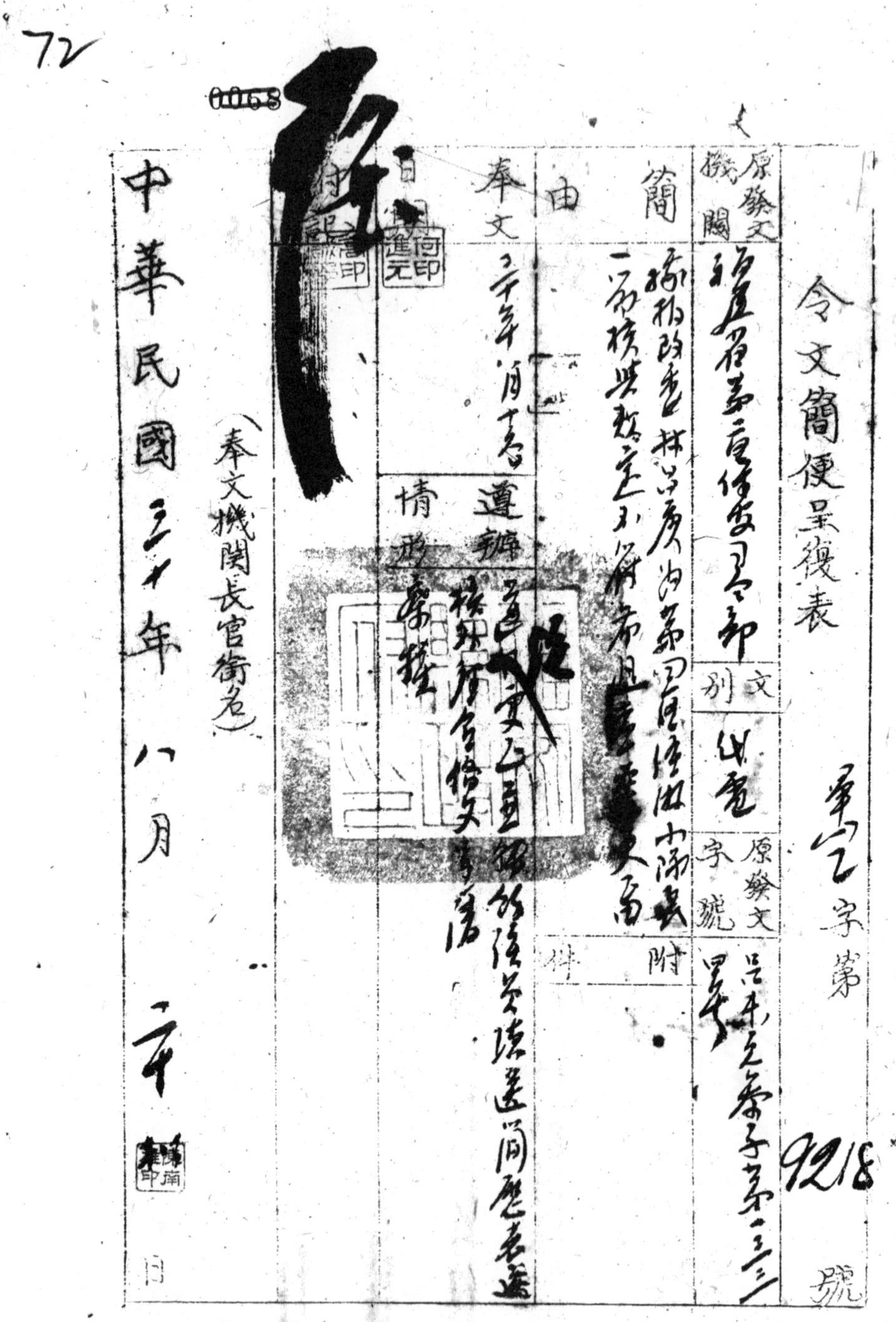

令文簡便呈復表

第 字第 號

原發文機關	文別	原發文字號
福建省第一區保安司令部	代電	

簡由

奉文

遵辦情形

附件

中華民國三十年八月

（奉文機關長官銜名）

福安县政府奉文遵办改委林昌庚为第四经济游击小队长与规定不符的令文简便呈复表(1941 年 8 月 20 日) 0158-001-0304

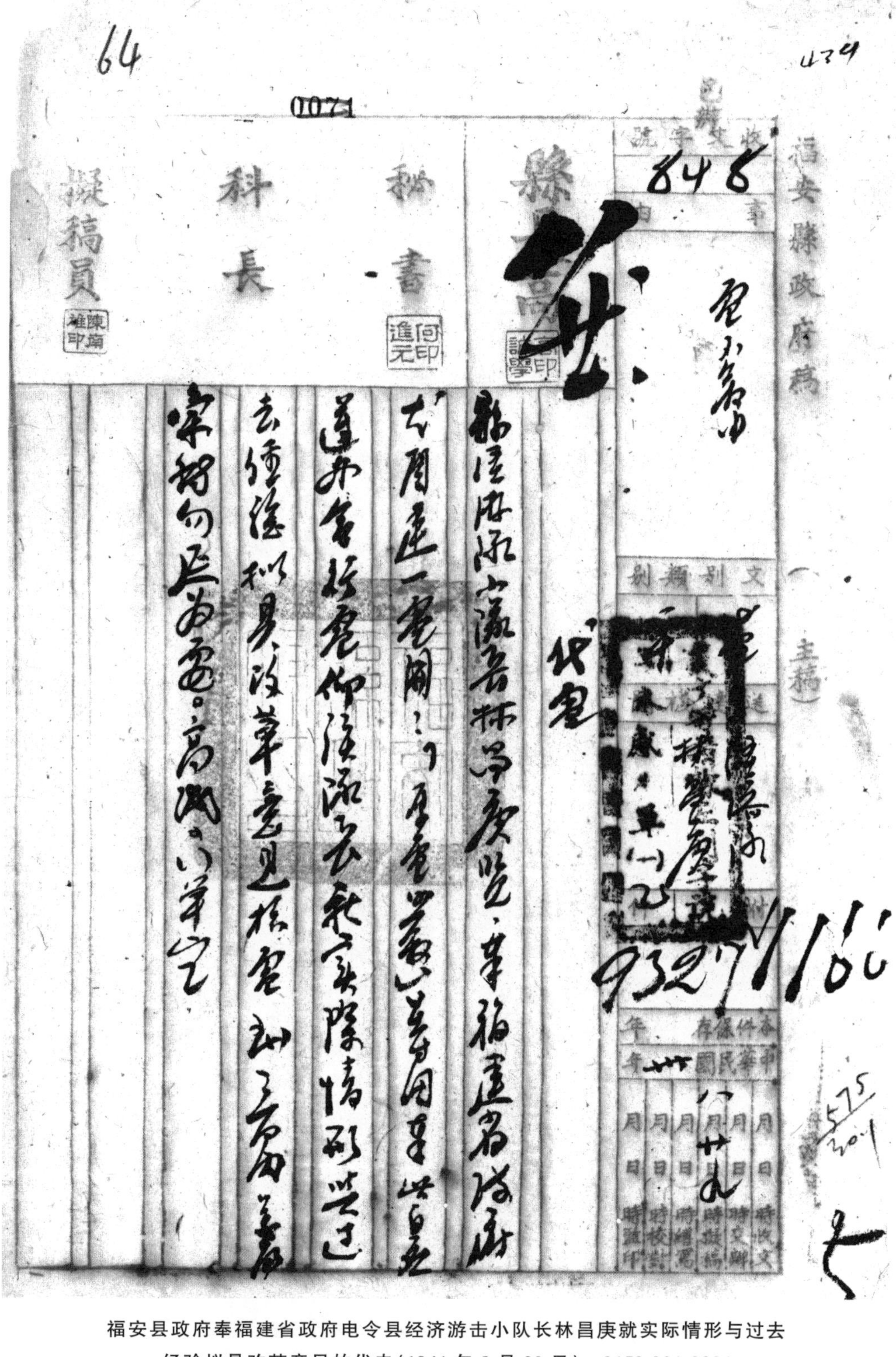

福安县政府奉福建省政府电令县经济游击小队长林昌庚就实际情形与过去经验拟具改革意见的代电(1941 年 8 月 20 日)　0158-001-0304

73 0069

福安縣政府譯電紙

縣政府()密奉長官顧東電開查經濟游擊為對敵經濟侵略之主要政策本部經濟游擊指揮處成立已逾一載統計本戰區內之甲種經游隊經呈報有案者有八個大隊三七中隊一一五小隊官兵五千一百餘員名而各縣區之乙種經游隊亦有七個中隊七二小隊官兵三千零八十餘員名為甲乙兩種經游隊官兵共有八千二百餘員名其兵力人數且不多但一年來對於經濟游擊毫無成績可言反使不肖官兵利用此項組織藉查緝為名而行其包庇走私販運仇貨沒收物品勒索賄款等種種不法

福安县政府译有关经济游击队组织需进行改革的电文

(1941年8月16日) 0158-001-0304

福安縣政府譯電紙

行為百患叢生民不命者其原因固由於士兵素質不良部隊紀律廢弛職務組織實施辦法亦有未能於盡善之處除甲種經游隊已擬具改革辦法案卷呈請軍委會核示外游擊區各縣須序組織之乙種經游隊亦有亟待改革之必要希轉飭各該行政專員署就實際情形與過去經驗者呈請改革意見限文到十日內逕報本部以憑統籌彙辦并見復等因仰遵辦逕報並將辦理情形報省府尤酉建一

福安县政府译有关经济游击队组织需进行改革的电文

（1941 年 8 月 16 日） 0158-001-0304

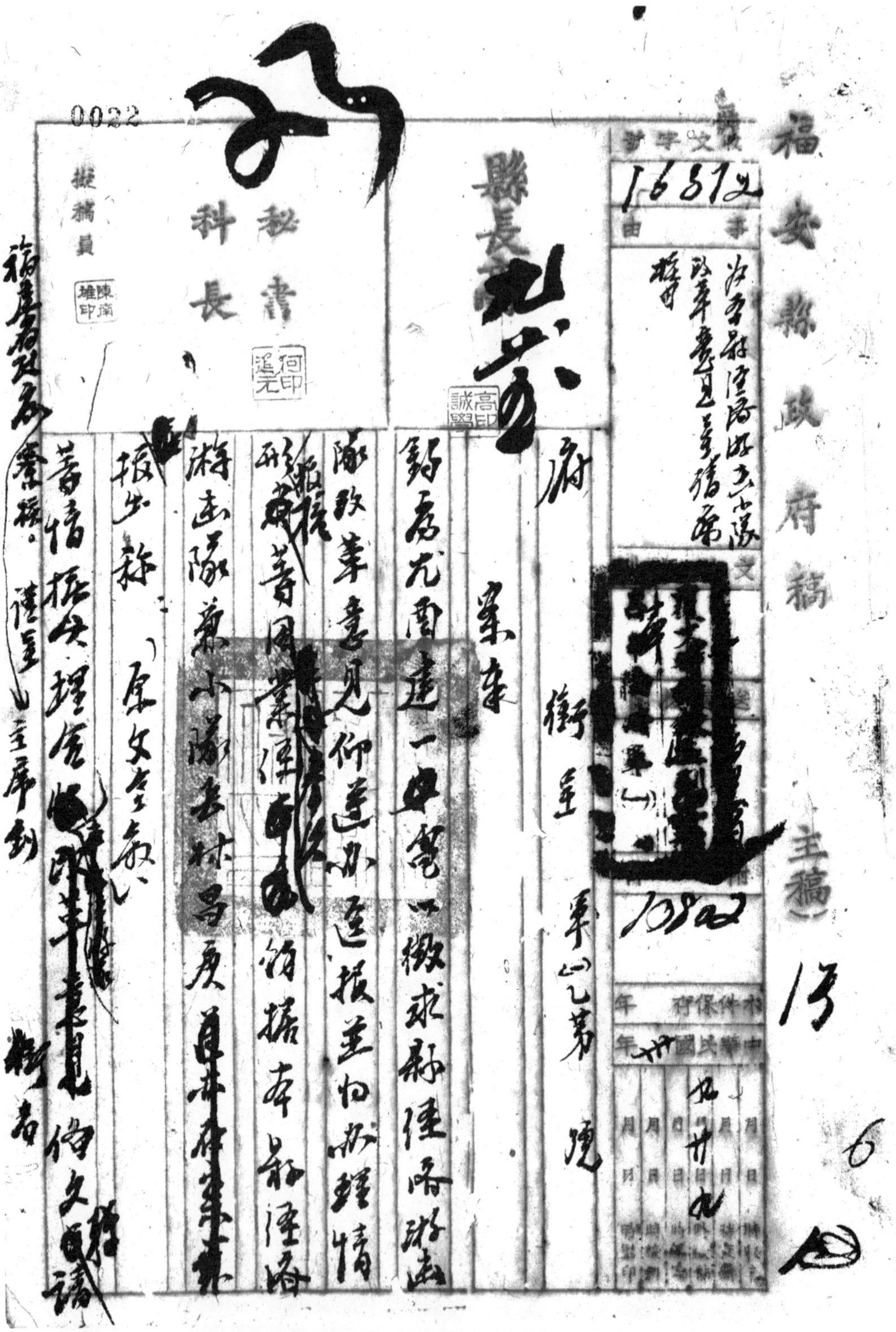

福安县政府为本县经济游击小队改革意见呈请察核的呈文

（1941 年 9 月 20 日） 0002-004-0829

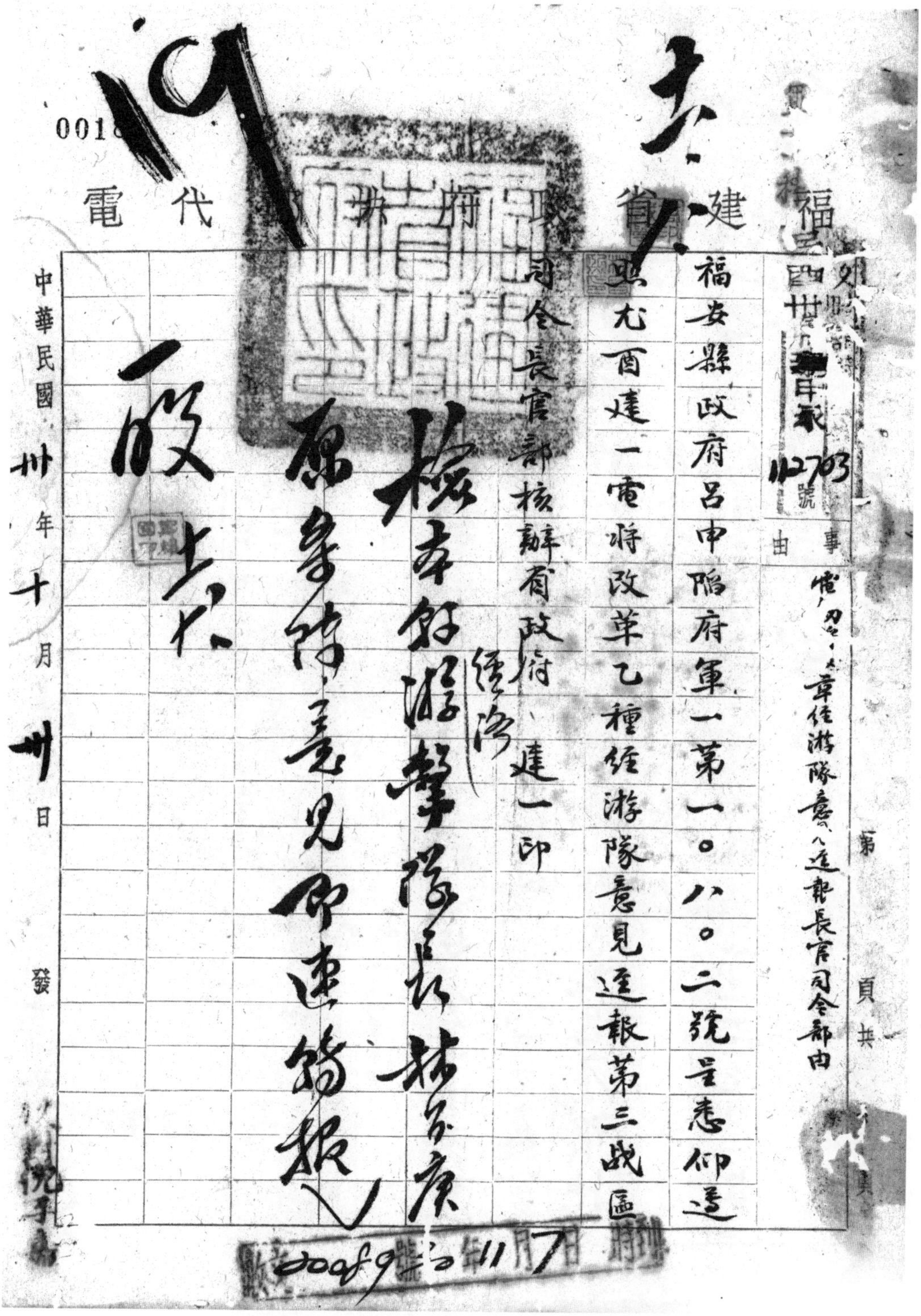
福建省政府代電

事由：章经游隊意見送報長官司令部由

福安縣政府呂申陷府軍一第一〇八〇二號呈悉仰速照尤酉建一電將改革乙種经游隊意見送報第三戰區司令長官部核辦省政府 建一印

中華民國卅年十月卅日發

福建省政府关于上报改革经济游击队意见的代电

（1941 年 10 月 30 日） 0002-004-0829

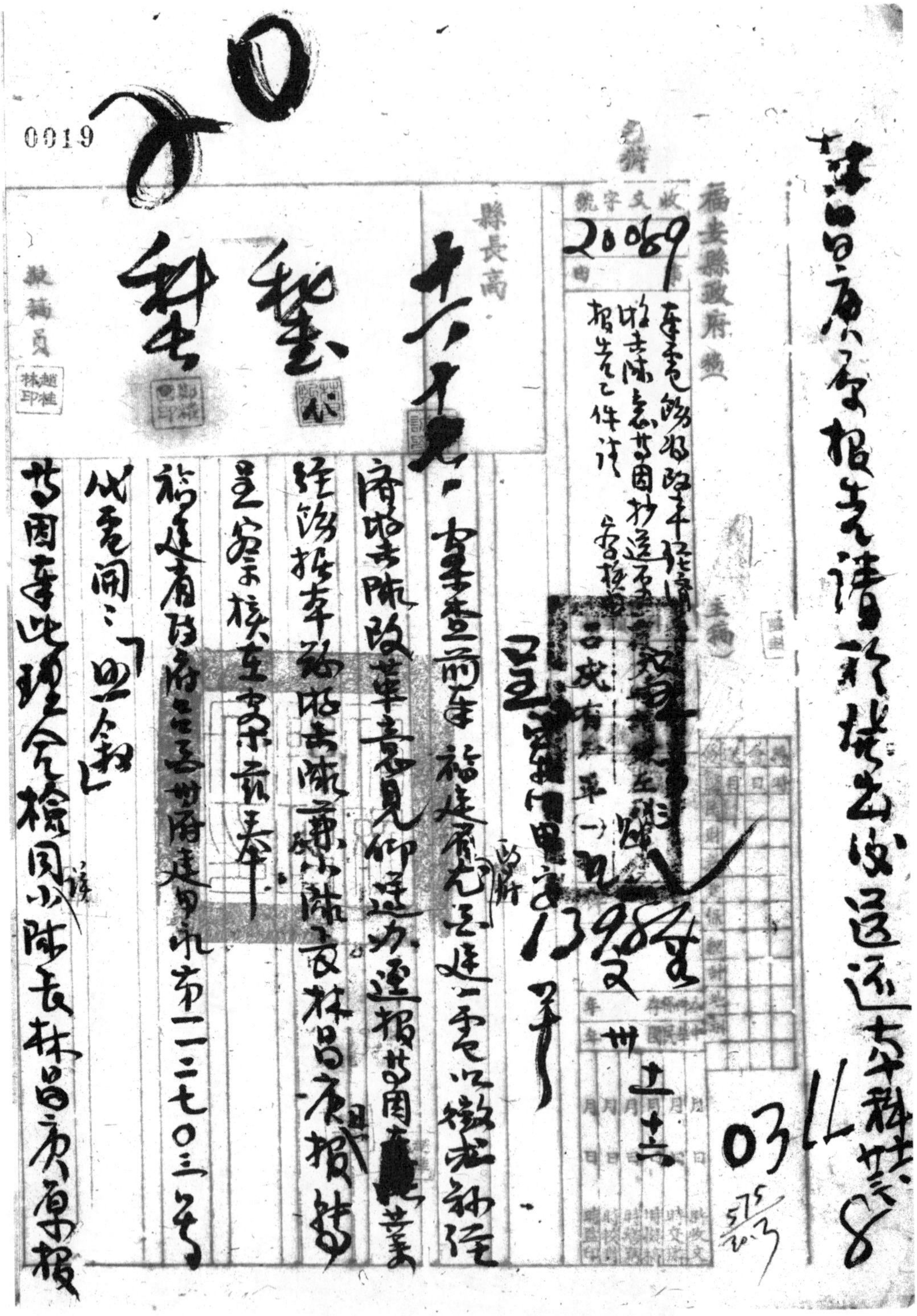

福安县政府检报福安县游击队小队长林昌庚的呈文

（1941 年 11 月 16 日） 0002-004-0829

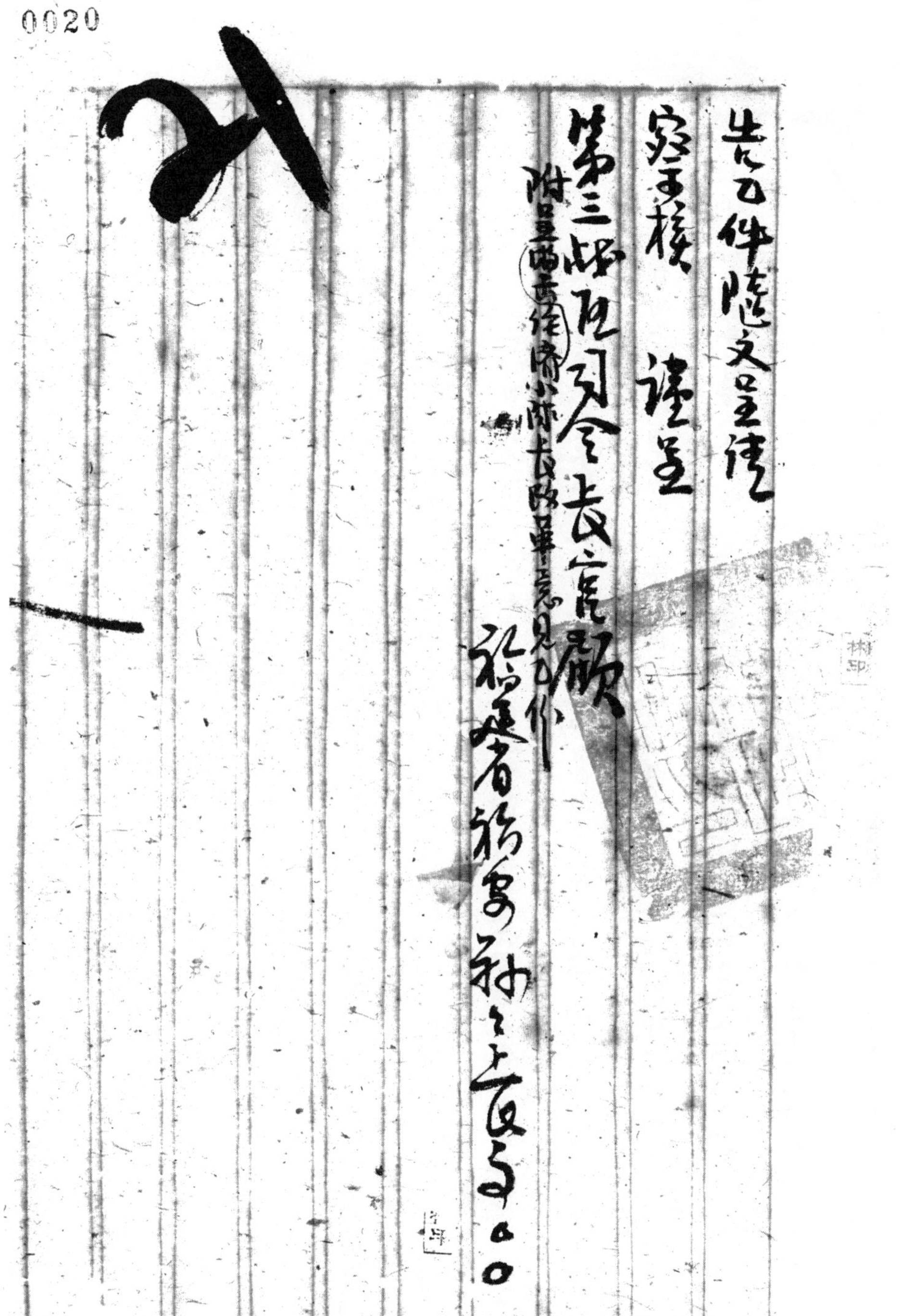
0020

告乙件随文呈请
鉴核　谨呈
第三战区司令长官顾
附呈福安经济小队长陈华亮呈乙件
福建省福安县县长○○

福安县政府检报福安县游击队小队长林昌庚的呈文

（1941年11月16日）　0002-004-0829

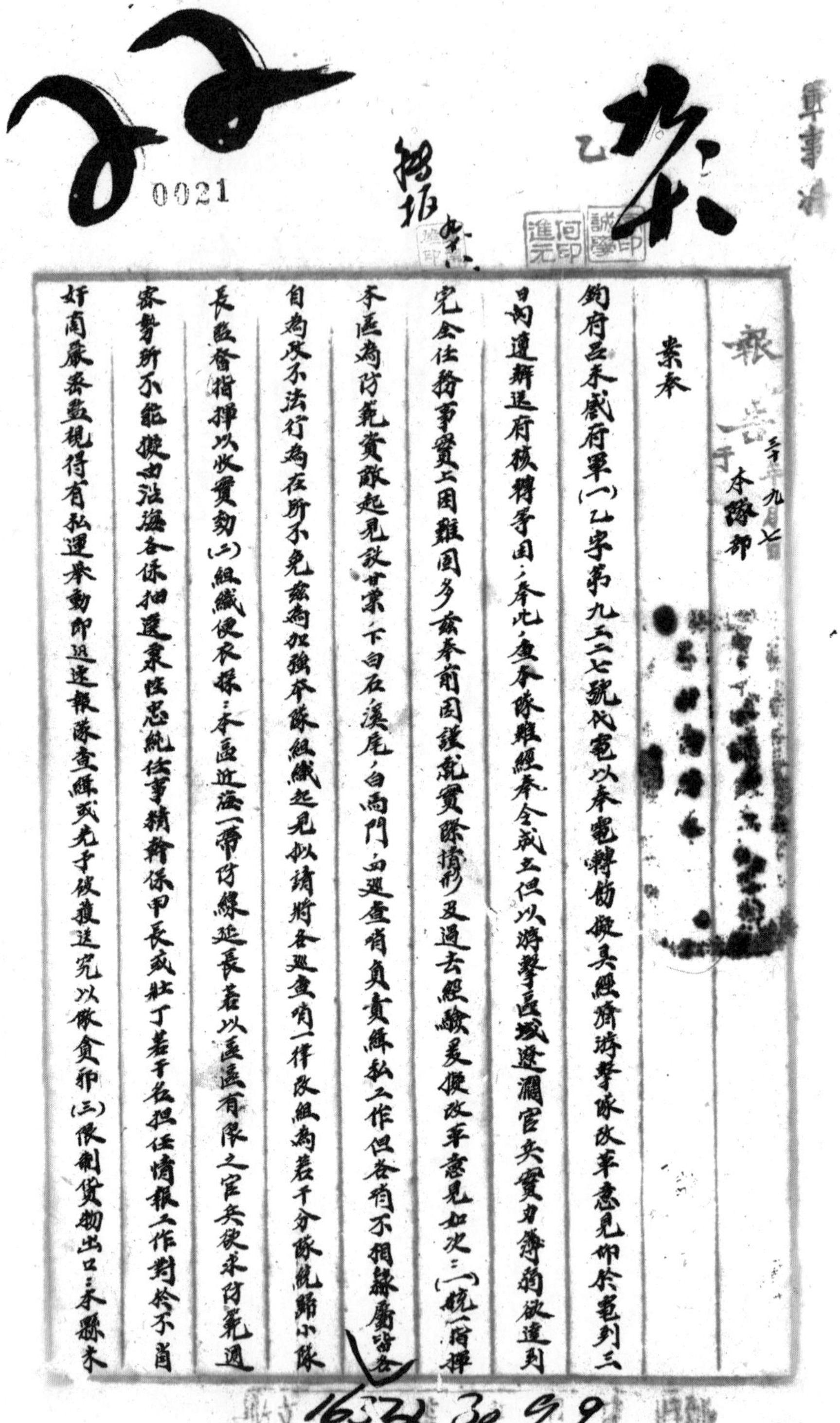

0021

報告　于本隊部　三十年九月七日

案奉

鈞府□□戌府軍(一)乙字第九三二七號代電以奉電轉飭擬具經濟游擊隊改革意見仰於電到三日內遵辦送府核轉等因，奉此，查本隊雖經奉令成立，但以游擊區域遼濶，官兵實力薄弱，欲達到完全任務事實上困難，因多簽奉前因，謹就實際情形及過去經驗，爰擬改革意見如次：(一)統一指揮：本區為防範資敵起見，設甘棠、下白石、溪尾、白馬門四巡查哨，負責緝私工作，但各哨不相隸屬，皆各自為政，不法行為在所不免，為加強本隊組織起見，擬請將各巡查哨一律改組為若干分隊，統歸小隊長監督指揮，以收實效。(二)組織便衣探：本區近海一帶防線延長，若以區區有限之官兵，欲求防範週密，勢所不能，擬由沿海各保甲選秉性忠純、任事精幹保甲長或壯丁若干名，擔任情報工作，對於不肖奸商嚴密監視，得有私運舉動，即迅速報隊查緝，或先予設獲送究，以儆貪婪。(三)限制貨物出口：本縣米

何印進元　誠學印

福安县经济游击队兼小队长林昌庚关于改革乙种经济游击队的报告

（1941 年 9 月）　0002-004-0829

谷雖曾禁止出口以雜糧及其他貨品仍如曾令所許自由流通偷運至海外每為敵套海匯利爭損失不貲

無形資敵其害孰甚擬請此後對於出境貨品只許陸路通行若用船舶應予絕對禁止出口以杜流弊

（四）規定特別獎懲：本隊官兵雖係義務性質應予特別激勵及懲戒庶幾重賞之下必有勇夫如破獲非

法私運沒銷之貨物應予格外提獎使其各能自愛不敢為非。

以上所具改革意見是否有當理合備文呈請

鑒核

謹呈

縣長高

經濟游擊隊兼小隊長林昌庚

福安县经济游击队兼小队长林昌庚关于改革乙种经济游击队的报告

（1941 年 9 月）　0002-004-0829

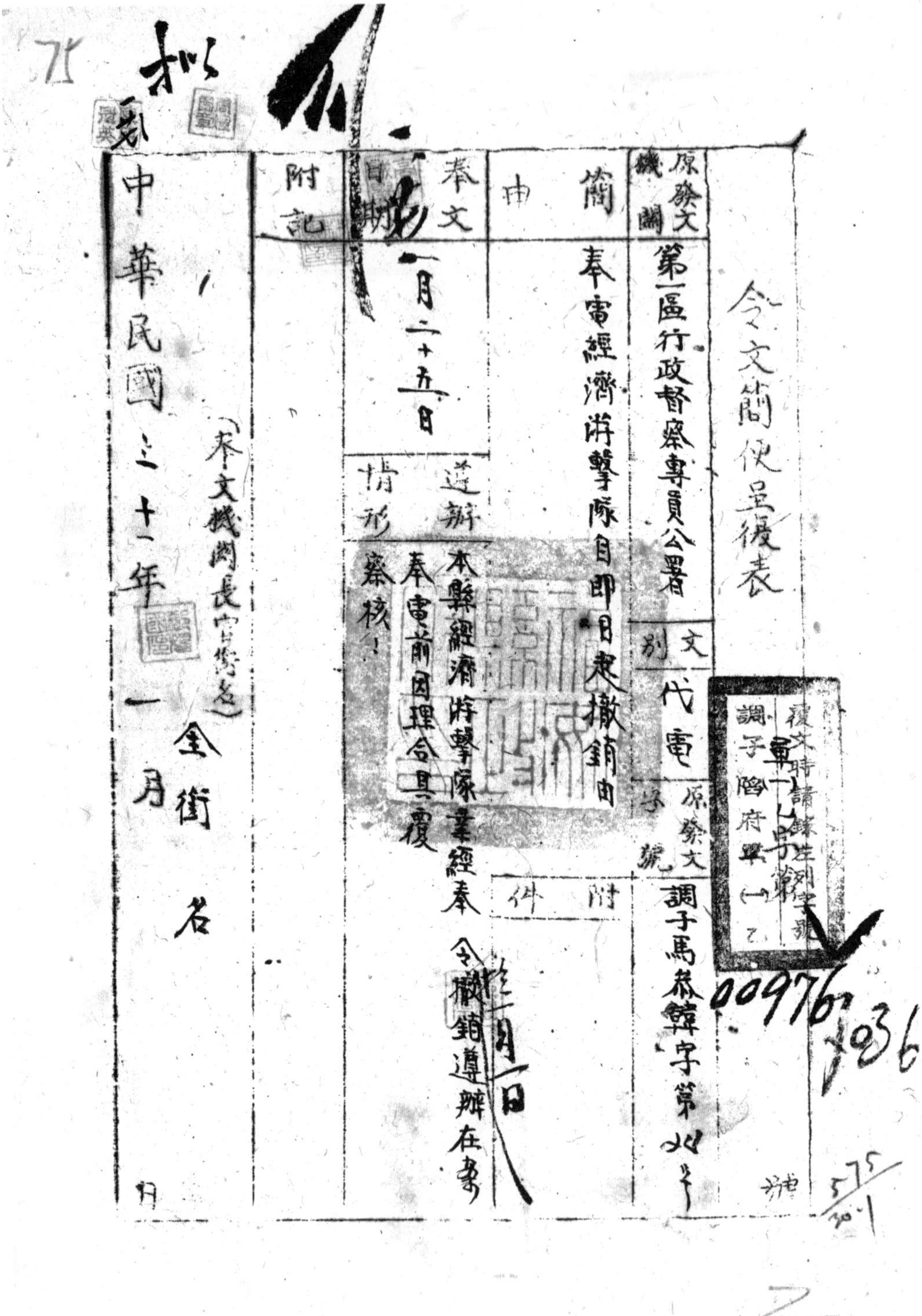

令文簡便呈復表

原發文機關	第一區行政督察專員公署
文別	代電
原發文號	調子馬森韓字第以号
摘由	奉電經濟游擊隊自即日起撤銷由
附件	
奉文日期	一月二十五日
遵辦情形	本縣經濟游擊隊業經奉令撤銷遵辦在案 奉電前因理合具復 察核！
附記	

（奉文機關長官簽名）

全銜 名

中華民國三十一年一月 日

福安县政府关于本县经济游击队业经奉令撤销的令文简便呈复表

（1942 年 1 月） 0158-001-0304

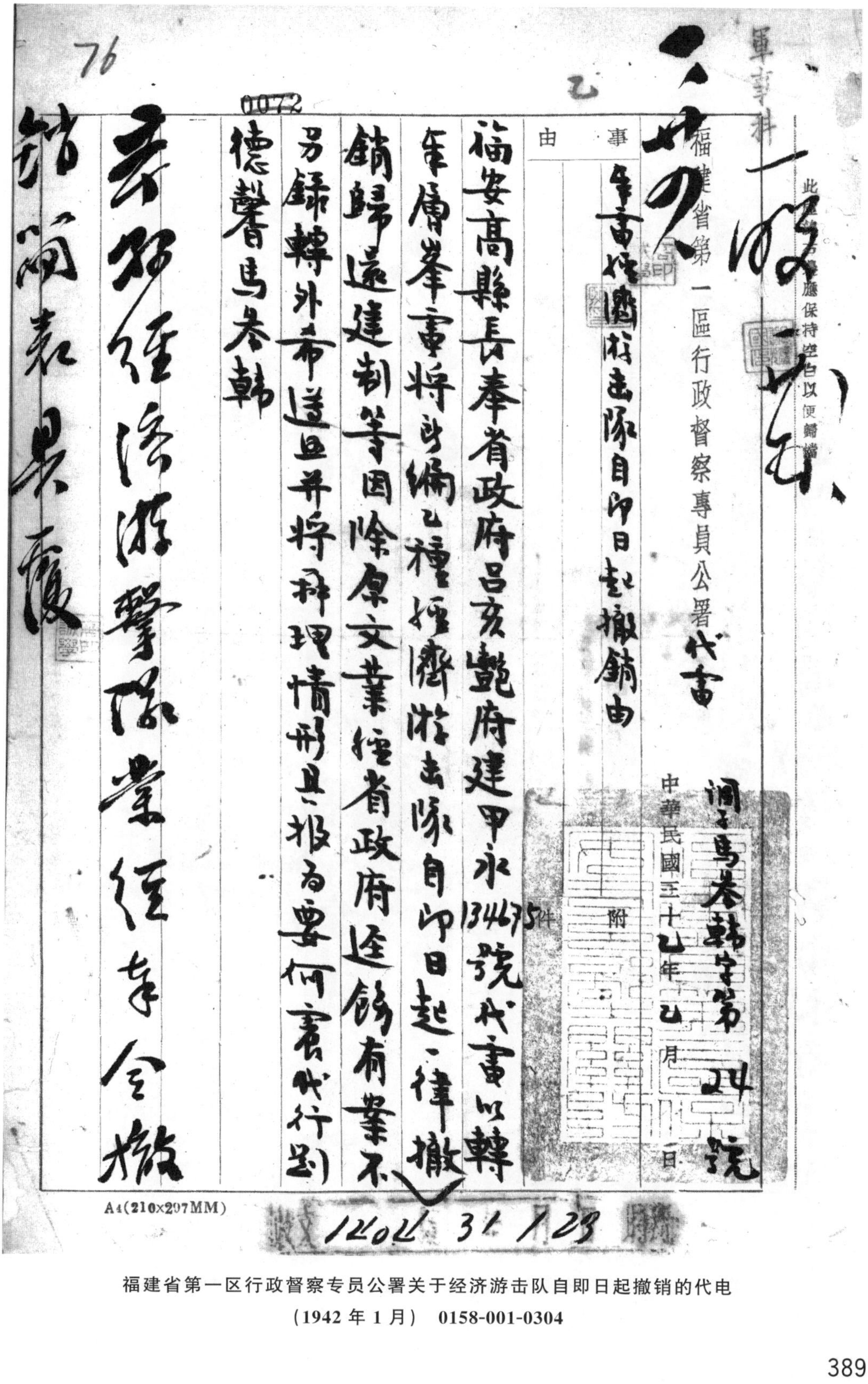
軍事科

此處應保持空白以便歸檔

0072

76

福建省第一區行政督察專員公署代電

事由：為經濟游擊隊自即日起撤銷由

閩一馬參韓字第24號

中華民國三十一年一月　日

附件

福安高縣長奉省政府呂亥艷府建甲永13467號代電以轉奉層峯電將所編乙種經濟游擊隊自即日起一律撤銷歸還建制等因除原文業經省政府逕飭有案不另錄轉外希遵照並將辦理情形具報為要何審代行劉德馨督馬參韓

本縣經濟游擊隊業經奉令撤銷

銷簡表具復

A4(210×297MM)

1202 31 1 23

福建省第一区行政督察专员公署关于经济游击队自即日起撤销的代电

（1942 年 1 月）　0158-001-0304

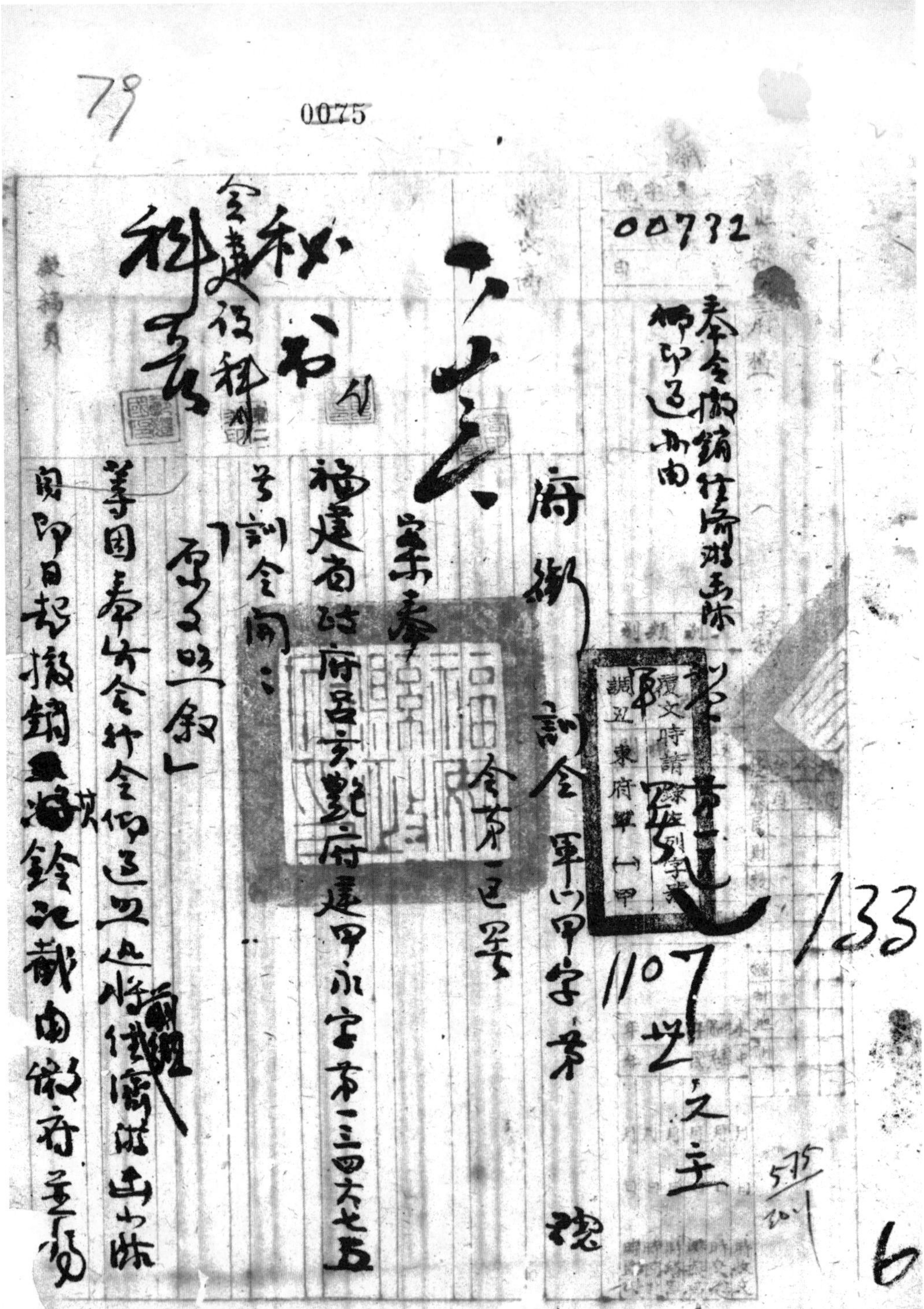

0075

00732

奉令撤销经济游击队仰即遵办由

府衔 训令 军一甲字第 号

案奉

福建省政府民　府建甲永字第一三四六七五号训令开：

「原文略」叙

等因奉此合行令仰遵照，迅将经济游击队自即日起撤销，铃记截角缴府查核

福安县政府撤销经济游击队的训令(1942 年 1 月 21 日)　0158-001-0304

辦理經過情形報憑核轉、

此令

縣長高域

福安县政府撤销经济游击队的训令(1942年1月21日)　0158-001-0304

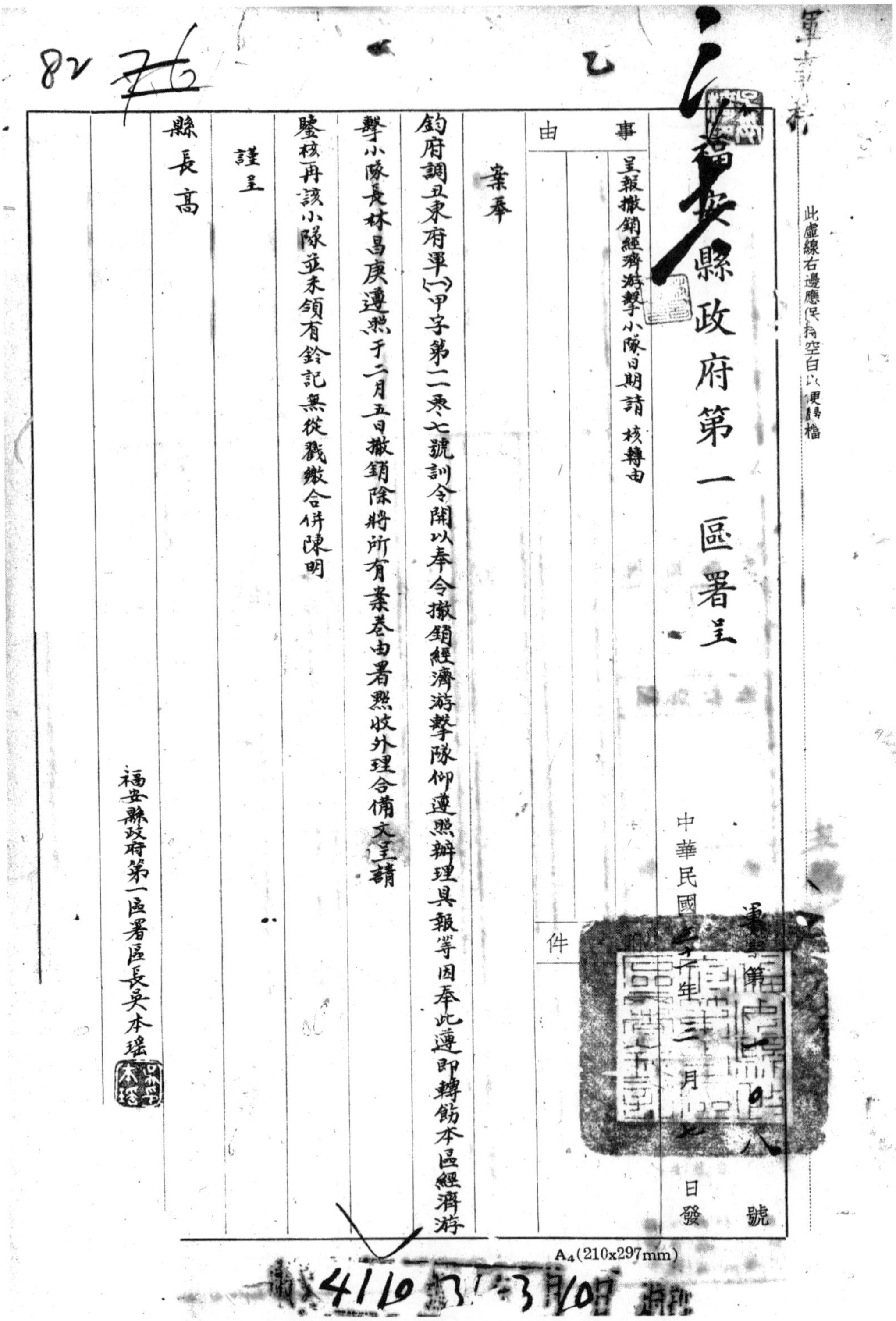

福安縣政府第一區署呈

中華民國卅一年三月七日發　字第　號

事由：呈報撤銷經濟游擊小隊日期請　核轉由

件

此虛線右邊應留有空白以便騎檔

案奉

鈞府調丑東府軍(一)甲字第一一零七號訓令開以奉令撤銷經濟游擊隊仰遵照辦理具報等因奉此遵即轉飭本區經濟游擊小隊長林昌庚遵照于二月五日撤銷除將所有案卷由署照收外理合備文呈請

鑒核再該小隊並未領有鈐記無從戳繳合併陳明

謹呈

縣長高

福安縣政府第一區署區長吳本瑶

A4(210x297mm)

福安县政府第一区署呈报撤销经济游击小队日期请核转的呈文

（1942 年 3 月 7 日）　0158-001-0304

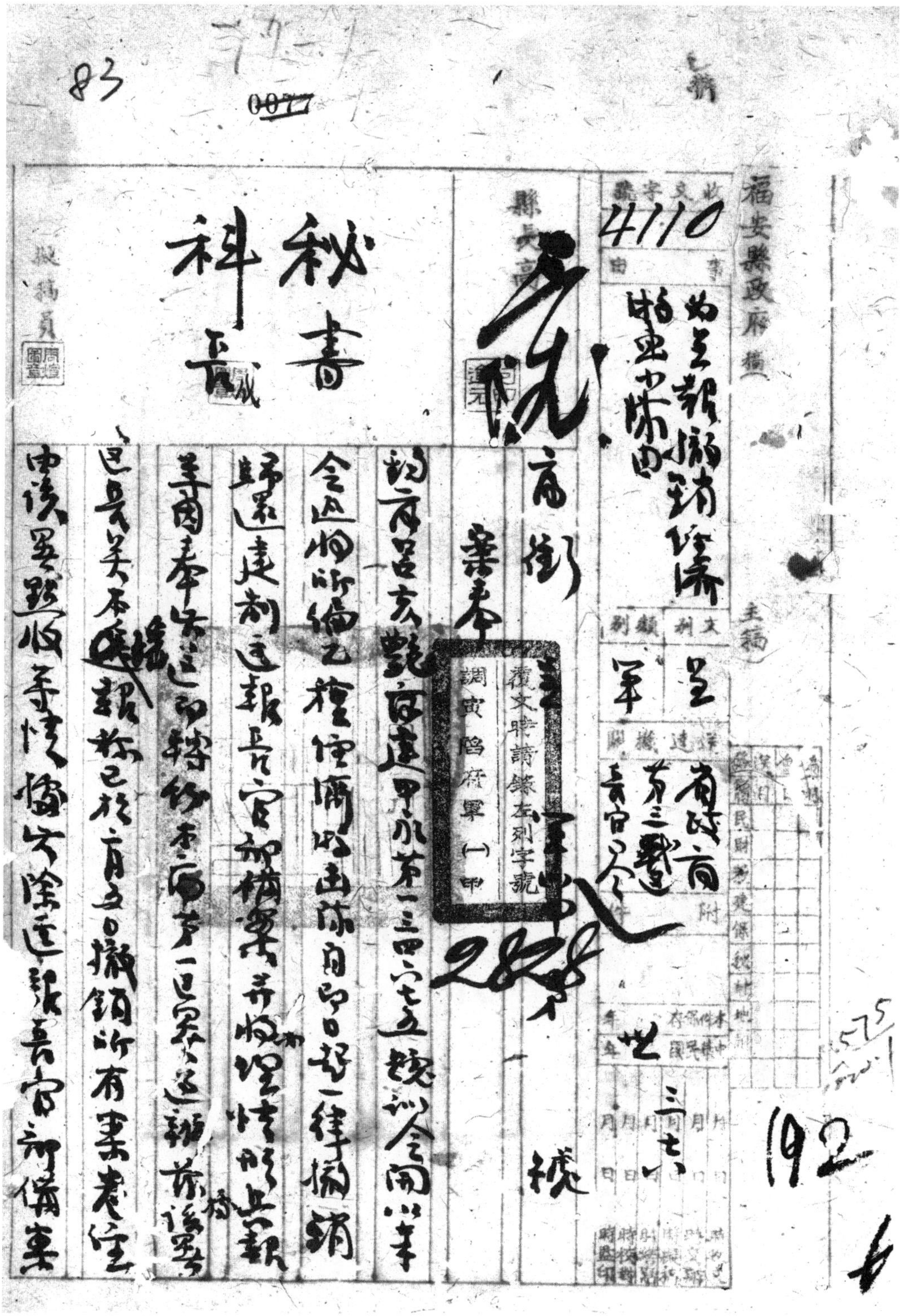

福安县政府奉福建省政府训令撤销经济游击小队的呈文

（1942 年 3 月 7 日） 0158-001-0304

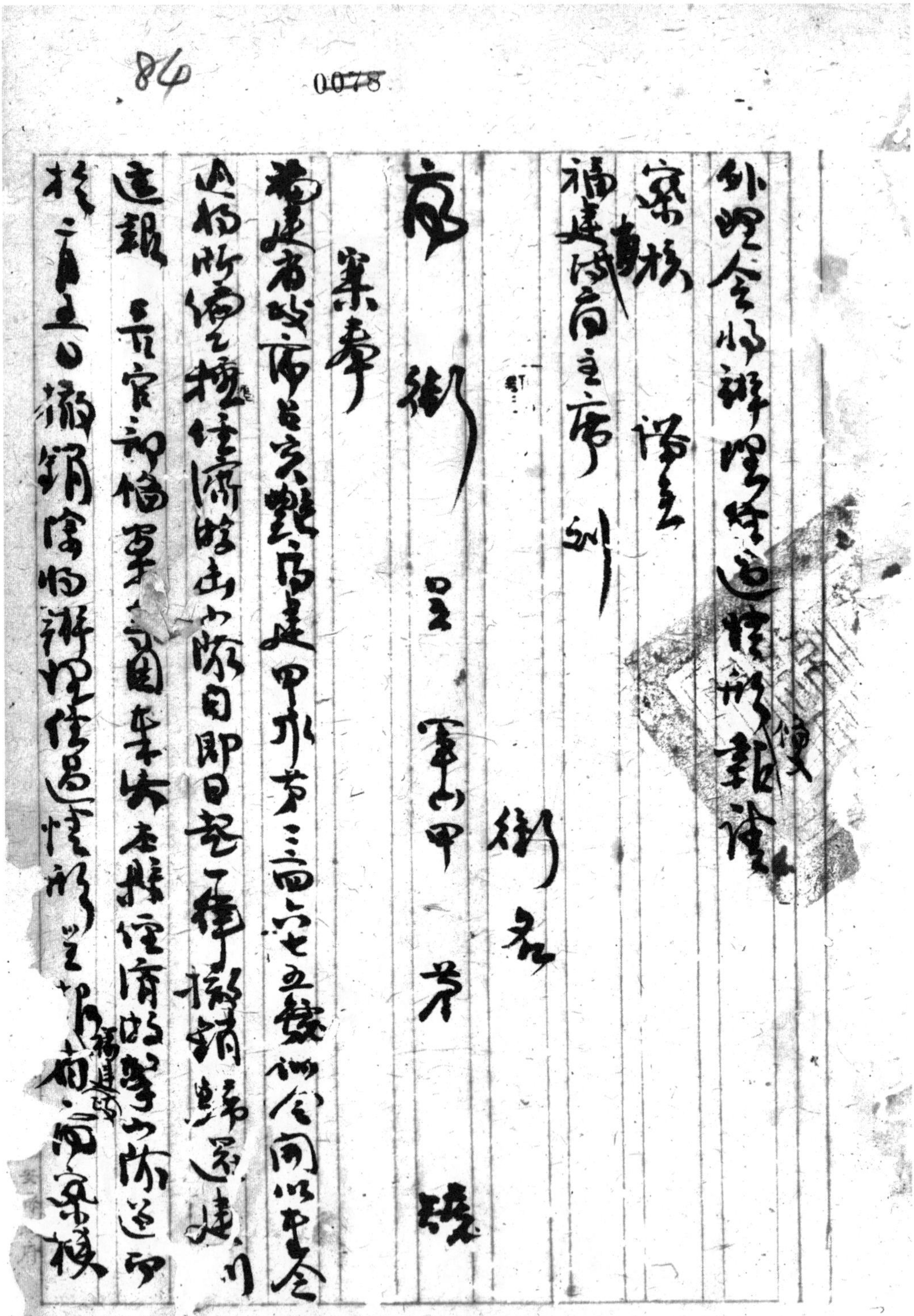
84 0078

为遵令饬办理经过情形备文报请
鉴核 谨呈
福建省政府主席 刘
衔名
府衔 呈 军山甲 第 号
案奉
福建省政府巳文艳府建甲永第三四六七五号训令开以查令
过去所编之经济游击小队自即日起一律撤销归并建制
遵报 呈官部伦 奉此 本县经济游击小队遂即
于三月五日撤销 奉饬办理经过情形 呈报
福建省政府 鉴核

福安县政府奉福建省政府训令撤销经济游击小队的呈文

（1942 年 3 月 7 日） 0158-001-0304

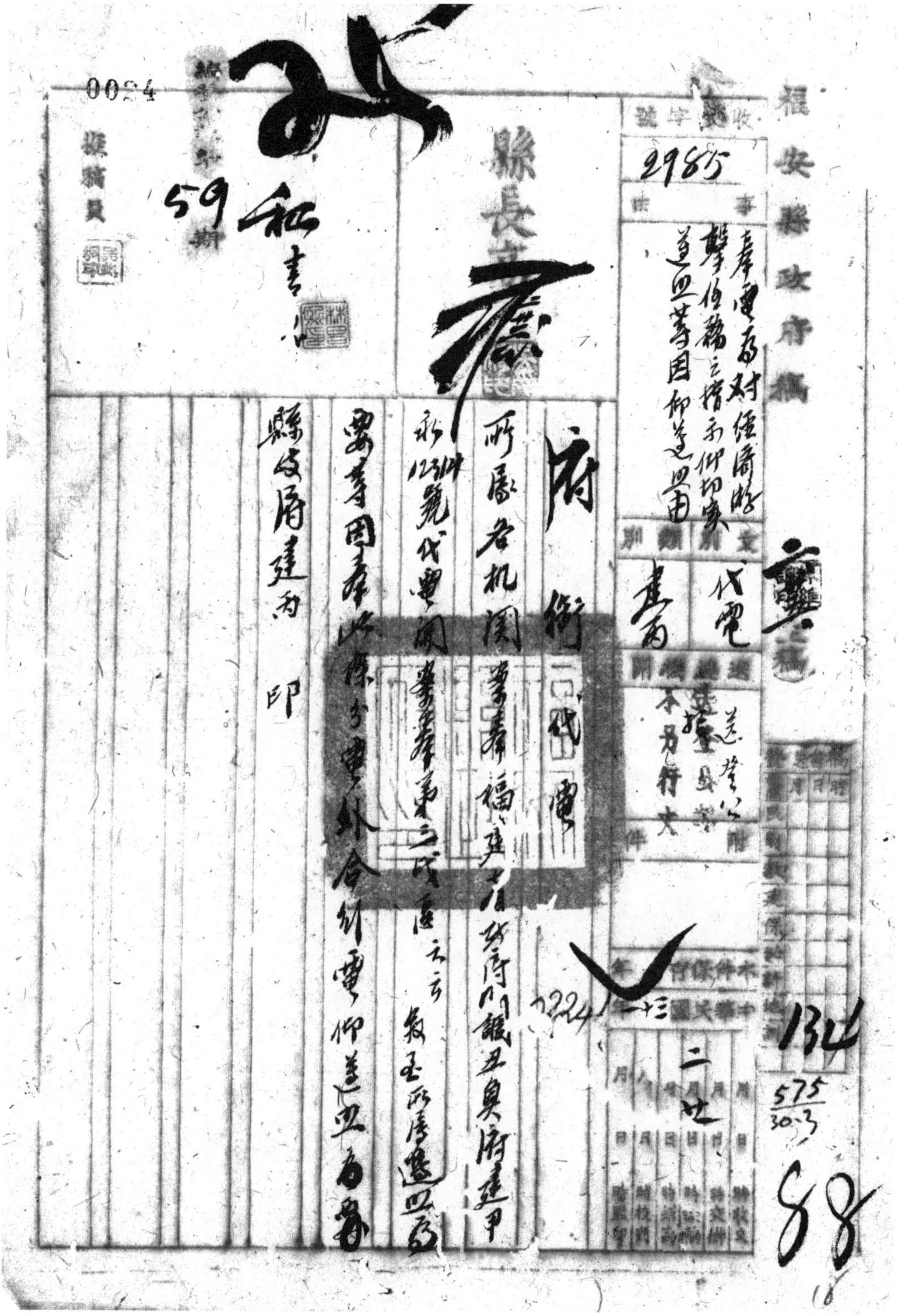

福安县政府奉福建省政府代电为对经济游击任务之指示仰遵照的代电

（1942 年 2 月 21 日） 0002-004-0829

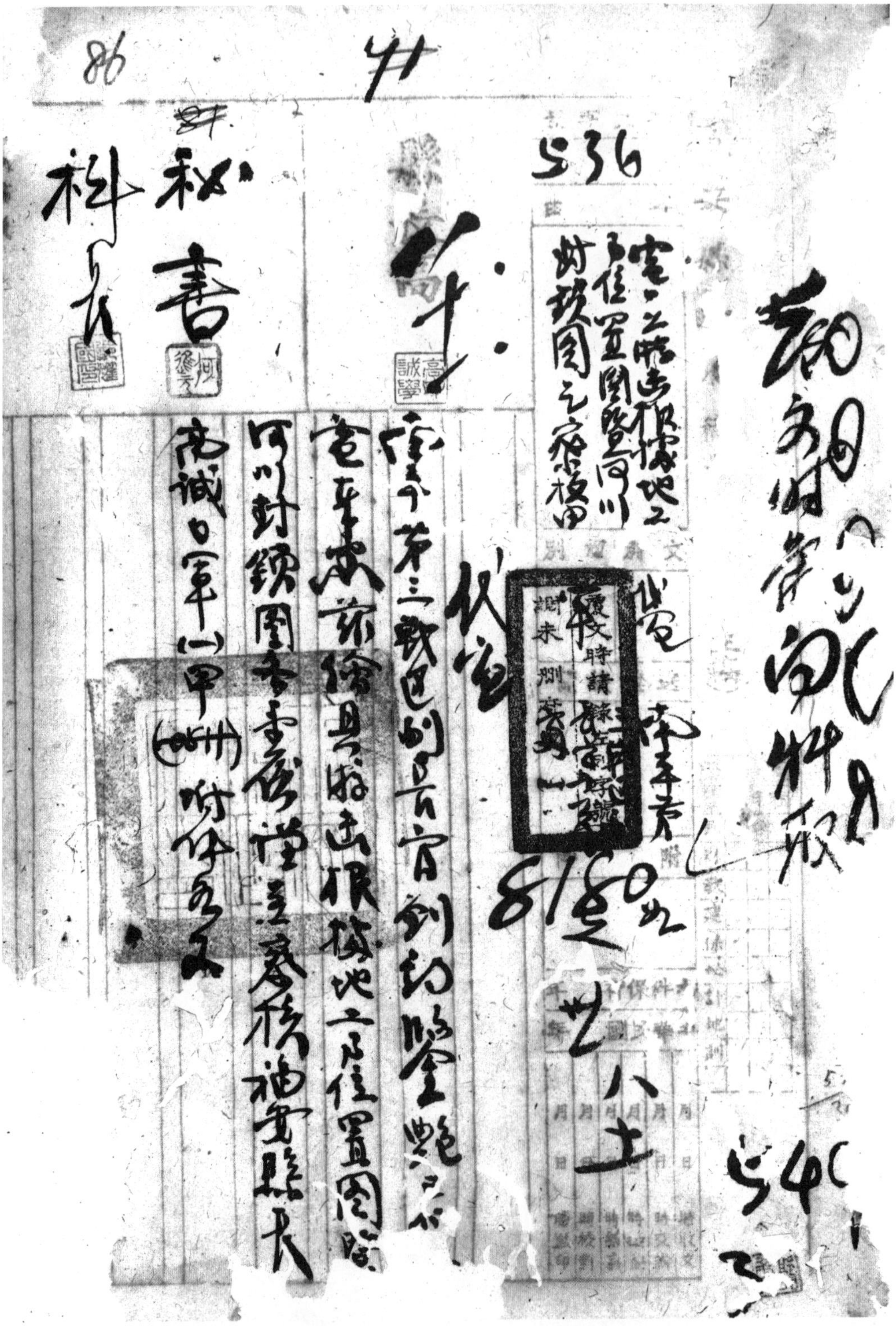

福安县政府呈游击根据地工事位置图及河川封锁图各一份的代电

(1942 年 8 月 11 日)　0158-001-0304

福安縣政府譯電紙

各縣長（）齊元辦仁英電計達茲奉長官齊午寢已
運傳開并予備置於各項工作实施暨游擊根據地
之調整情形請隨時電報并迅將游擊根據地工事
位置圖及河川封鎖圖報部備查等因希確实遵辦
并于八月儆日前將規定工事及封鎖圖呈軍憑轉
南平劉建緒艷已仁英

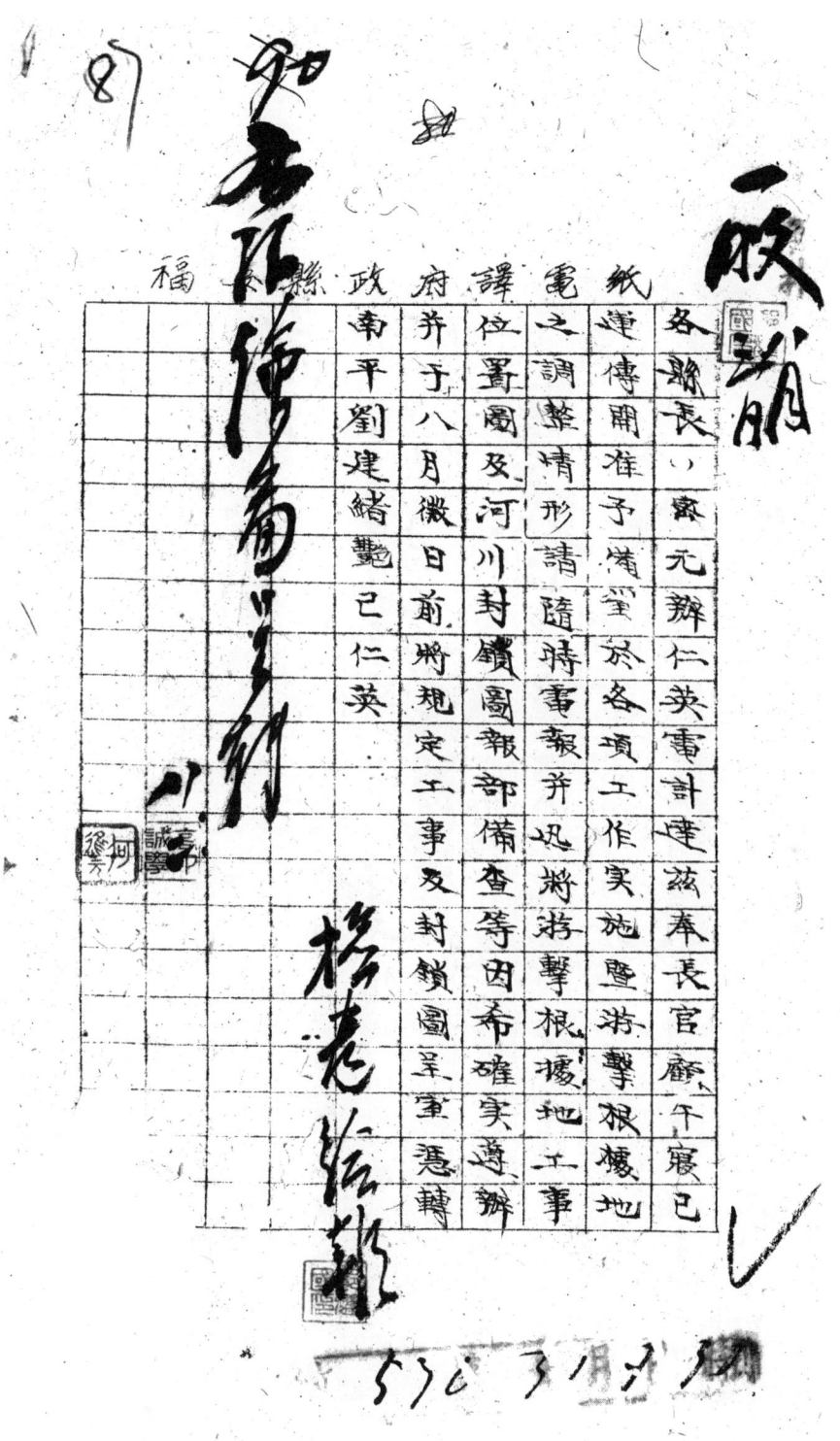

福安县政府译第三战区长官关于呈报游击根据地工事位置图及河川封锁图的电文

（1942 年 7 月 30 日） 0158-001-0304

(二)经济游击工作旬报

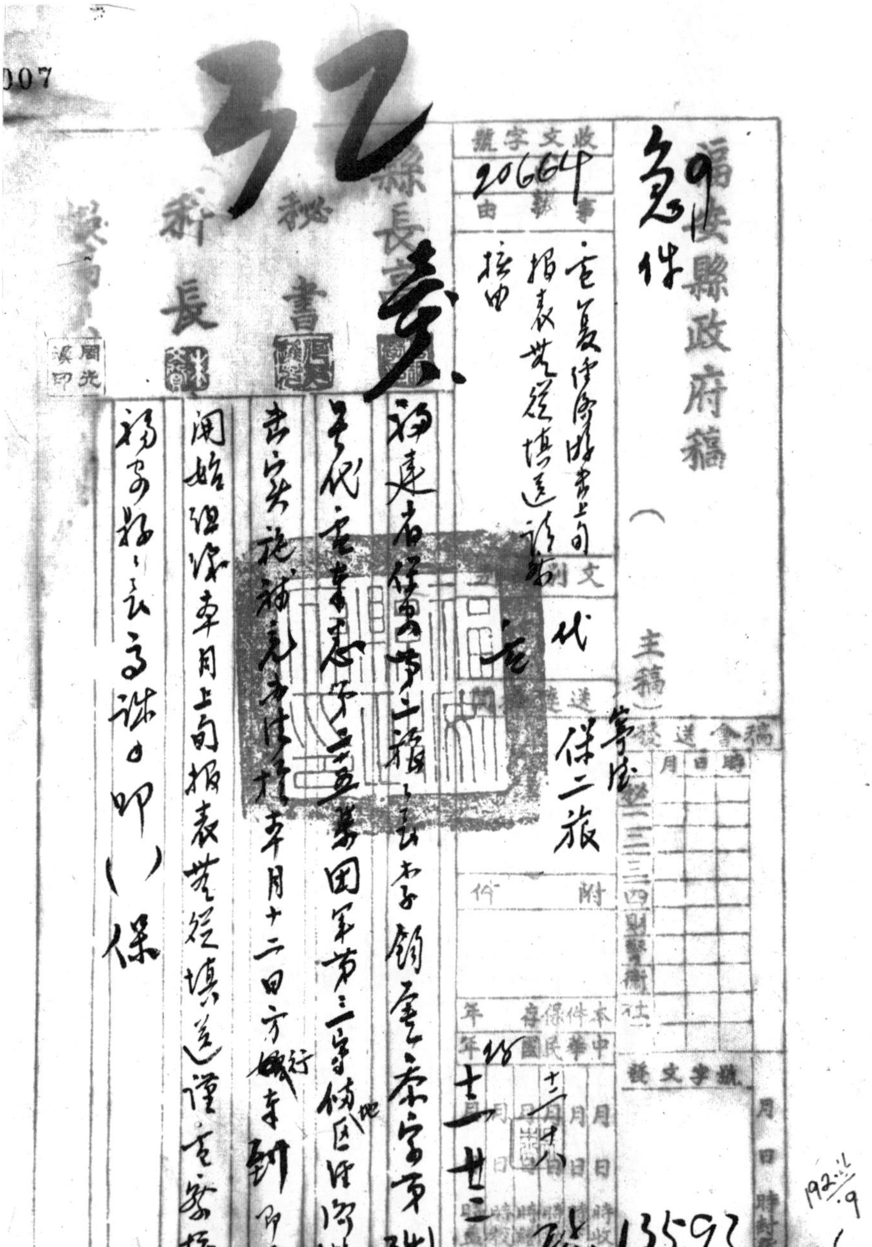
福安縣政府稿
收文字號 20664
事由
文別 代電
送達機關 保二旅

福安县政府寄福建省保安第二旅关于 12 月上旬旬报表无从填写的代电

(1939 年 12 月 18 日) 0002-003-0360

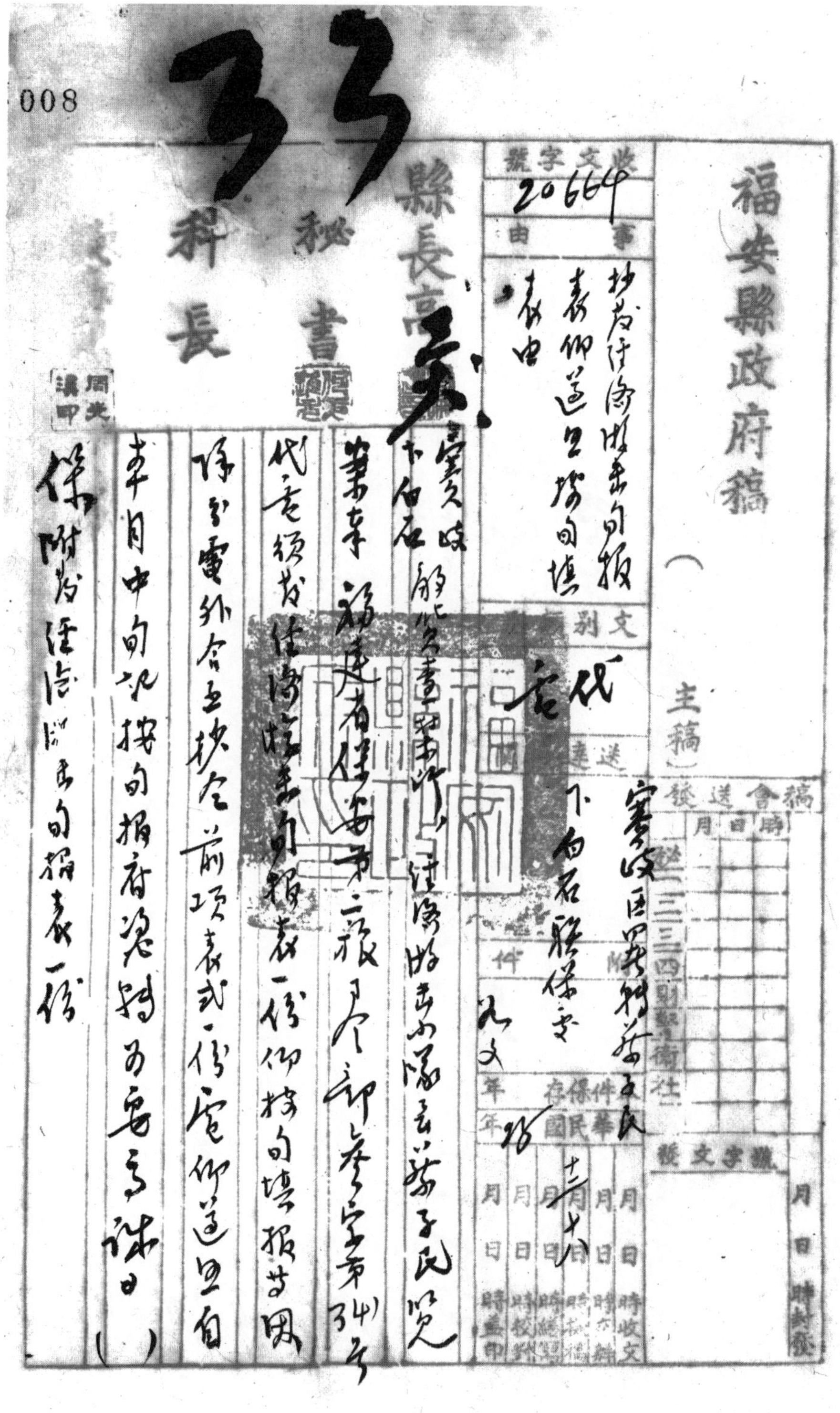
008

福安縣政府稿

縣長

秘書

科長

事由：抄發經濟游擊旬報表仰遵照按旬填表由

文別：代電

福安县政府抄发经济游击旬报表仰遵照按旬填表的代电

（1939年12月18日） 0002-003-0360

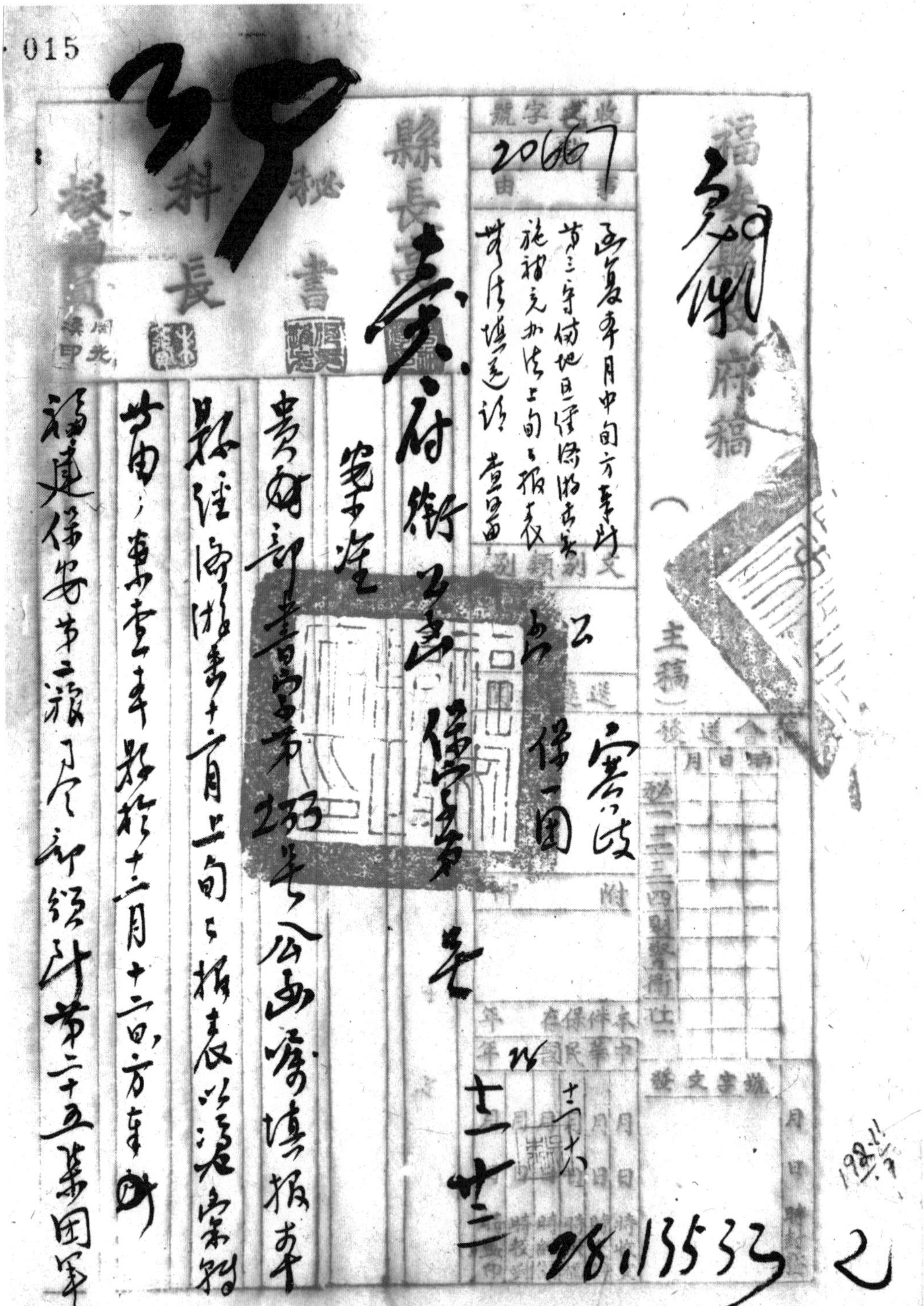

福安縣政府稿

事由：函復本月中旬方奉到第三守備地區經濟游擊實施補充辦法上旬旬報表無法填送請查照由

文別：公函

送達：保一團

案准

貴團部本年十二月十三號公函屬填報本縣經濟游擊十二月上旬旬報表以憑彙報等由；准此。查本縣於十二月十二日方奉到

福建保安第二旅司令部（轉）第二十五集團軍

福安县政府函复福建保安第一团团本部本月中旬方奉到第三守备地区经济游击实施补充办法上旬旬报表无法填送请查照的公函（1939 年 12 月 18 日） 0002-003-0360

016

第三守备地区经济游击实施补充办法，送即着手

办理，惟本月份上旬旬报表无法填送。前由，相

应复请

查照为荷。

此致

福建保安第一团团本部

福安县县长[illegible]

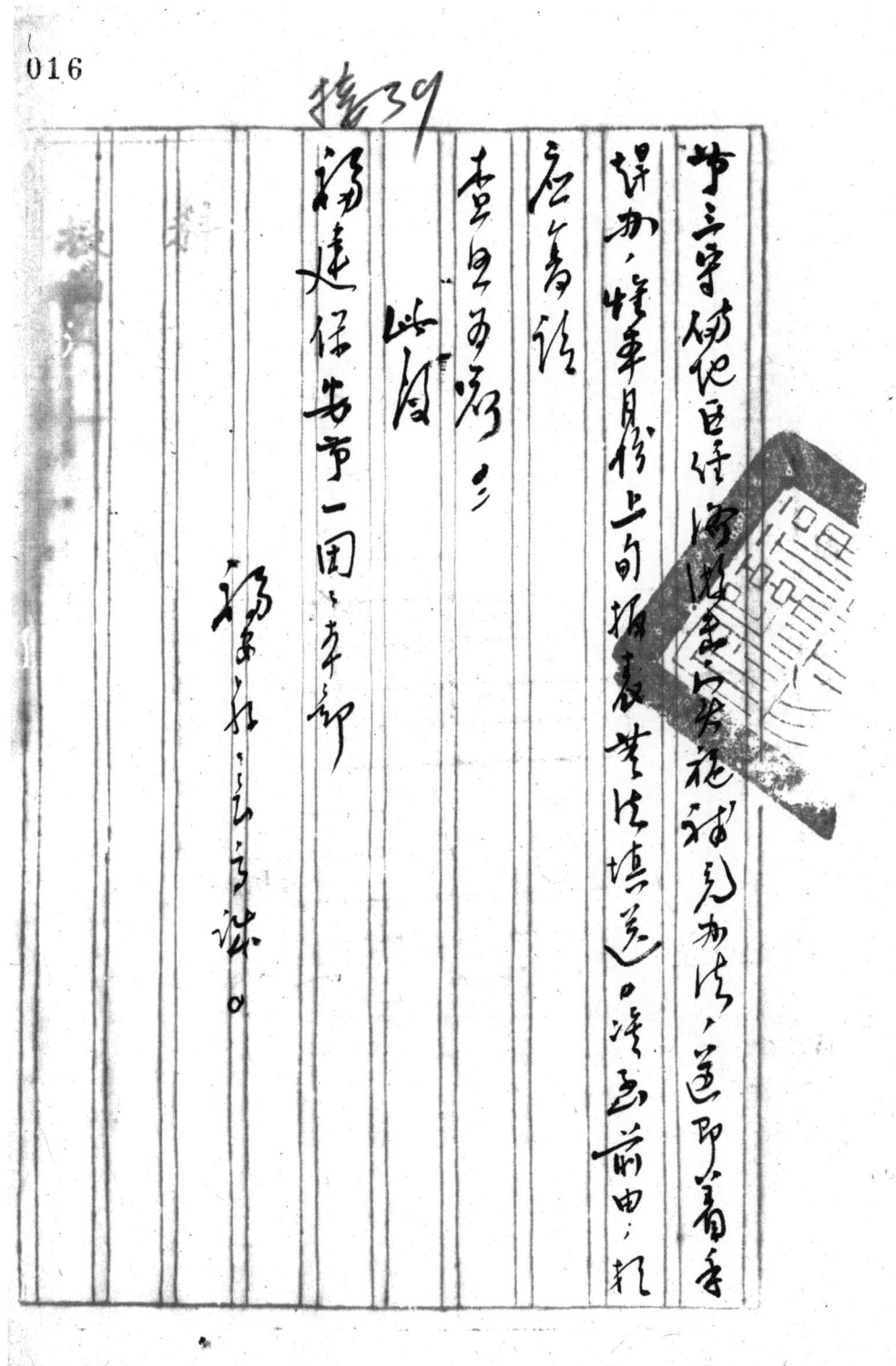

福安县政府函复福建保安第一团团本部本月中旬方奉到第三守备地区经济游击实施补充办法上旬旬报表无法填送请查照的公函(1939年12月18日)　0002-003-0360

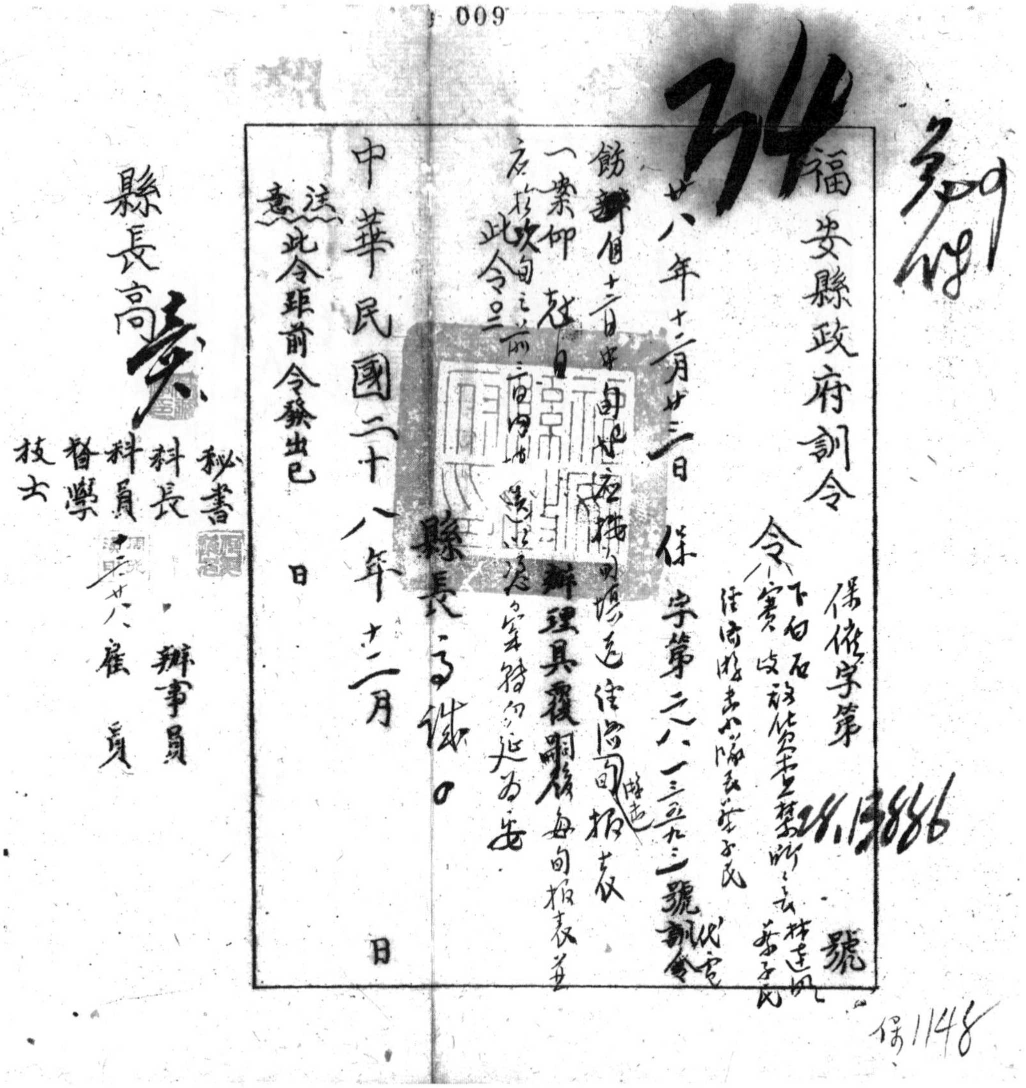
福安縣政府訓令　保字第　　號

令下白石實收……

廿八年十二月廿三日保字第二八一三三九三號訓令

飭辦自十二月中旬起……辦理具覆……

一案仰……

此令

縣長高

中華民國二十八年十二月　　日

注意：此令距前令發出已　　日

秘書　科長　科員　督學　技士　辦事員

福安县政府关于自十二月中旬起应按月填送经济游击旬报表的训令

（1939 年 12 月）　0002-003-0360

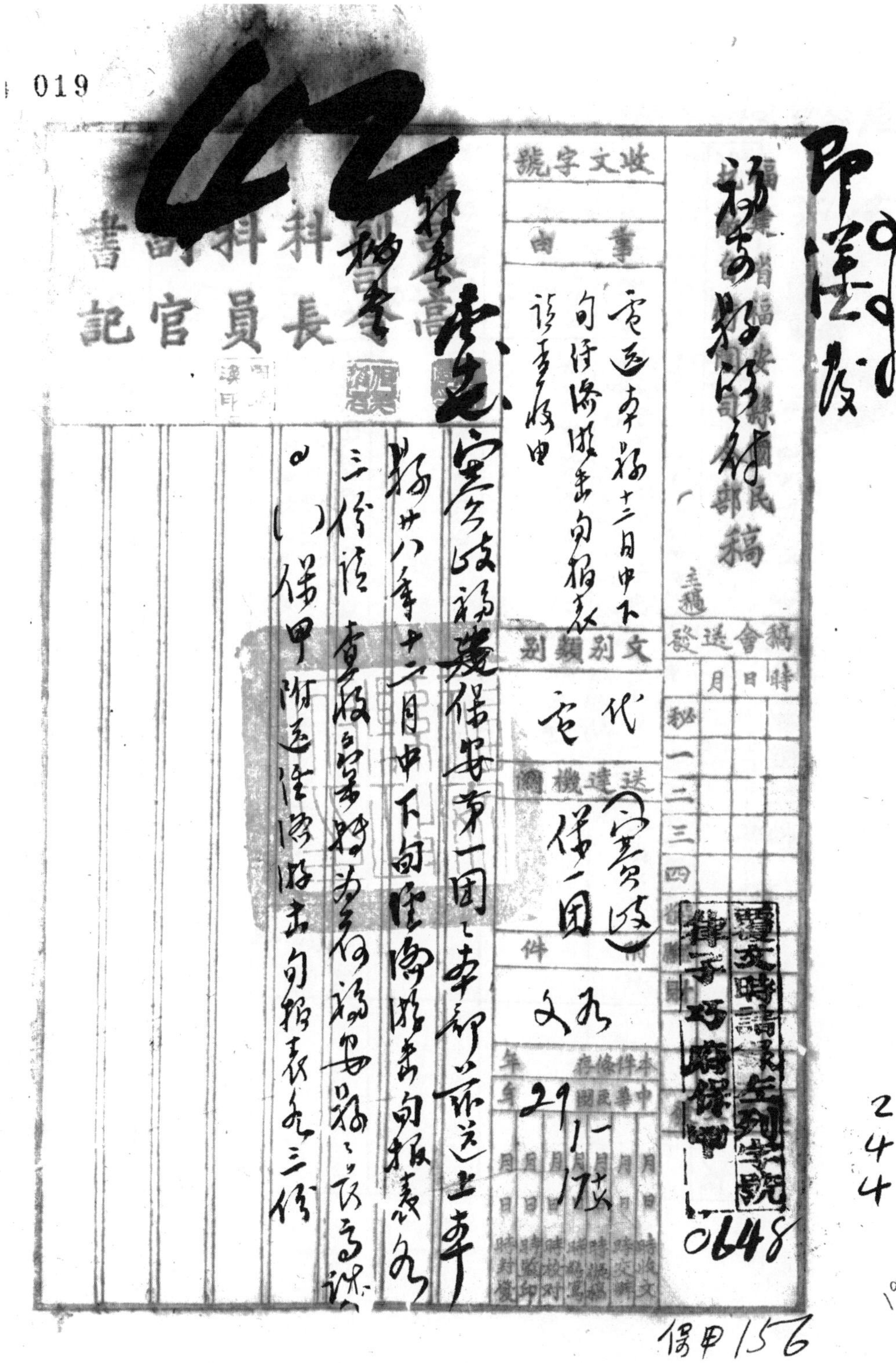

019

福建省福安縣政府部稿

收文字號

事由：電送本縣十二月中下旬經濟游擊旬報表祈查核由

文別類別：代電

送達機關：保一團

244

0648

保甲156

福安县政府呈送保一团本县十二月中下旬经济游击旬报表的代电

（1940 年 1 月 17 日） 0002-003-0360

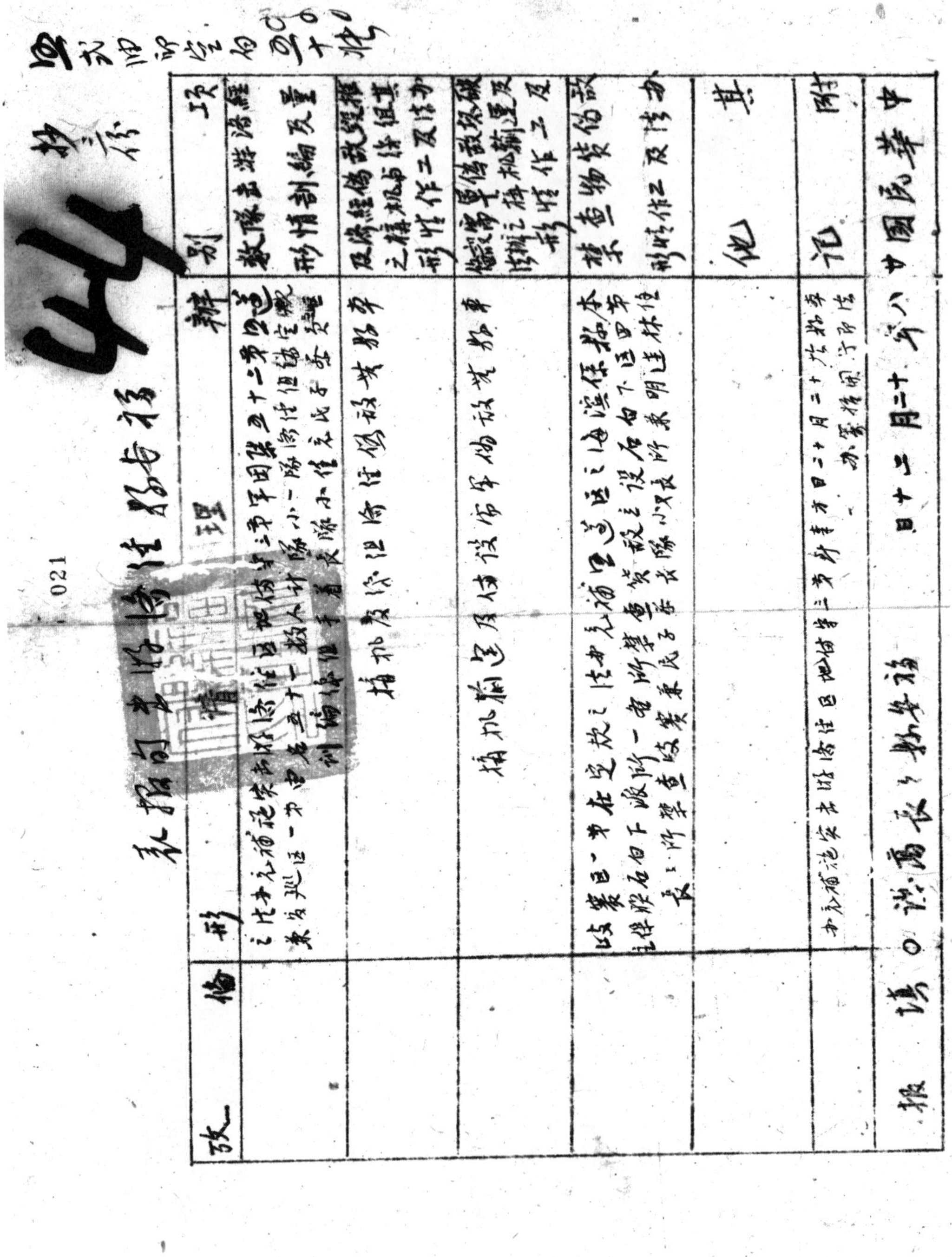

021

抄三份

福安县经济游击旬报表

项别	办理情形	备考
经济游击队数量及编训情形	本县第二十五保甲团第三中队担任经济游击实施补充办法之编组担任经济游击小队一队计人数十五名由第一区队兼委蔡子民充任小队长着手组编训	
摧毁敌伪经济及其组织与机构之办法及工作情形	本县并无敌伪经济组织及机构	
破坏敌伪军需品及运输机构之设施办法及工作情形	本县并无敌伪军需设备及运输机构	
敌伪货物查禁办法及工作情形	本县保滨海之区道里补充办法之款定在第一区赛岐第四区下白石设立之敌货查禁所一所派下白石保联主任林达明兼所长小队长蔡子民兼赛岐查禁所所长	
其他		
附记	本县于十二月二十日奉第三专署付地区经济游击实施补充办法法令印开始筹办	
中华民国廿八年十二月二十日	福安县县长高诚○填报	

福安县经济游击旬报表（1939 年 12 月 20 日）　0002-003-0360

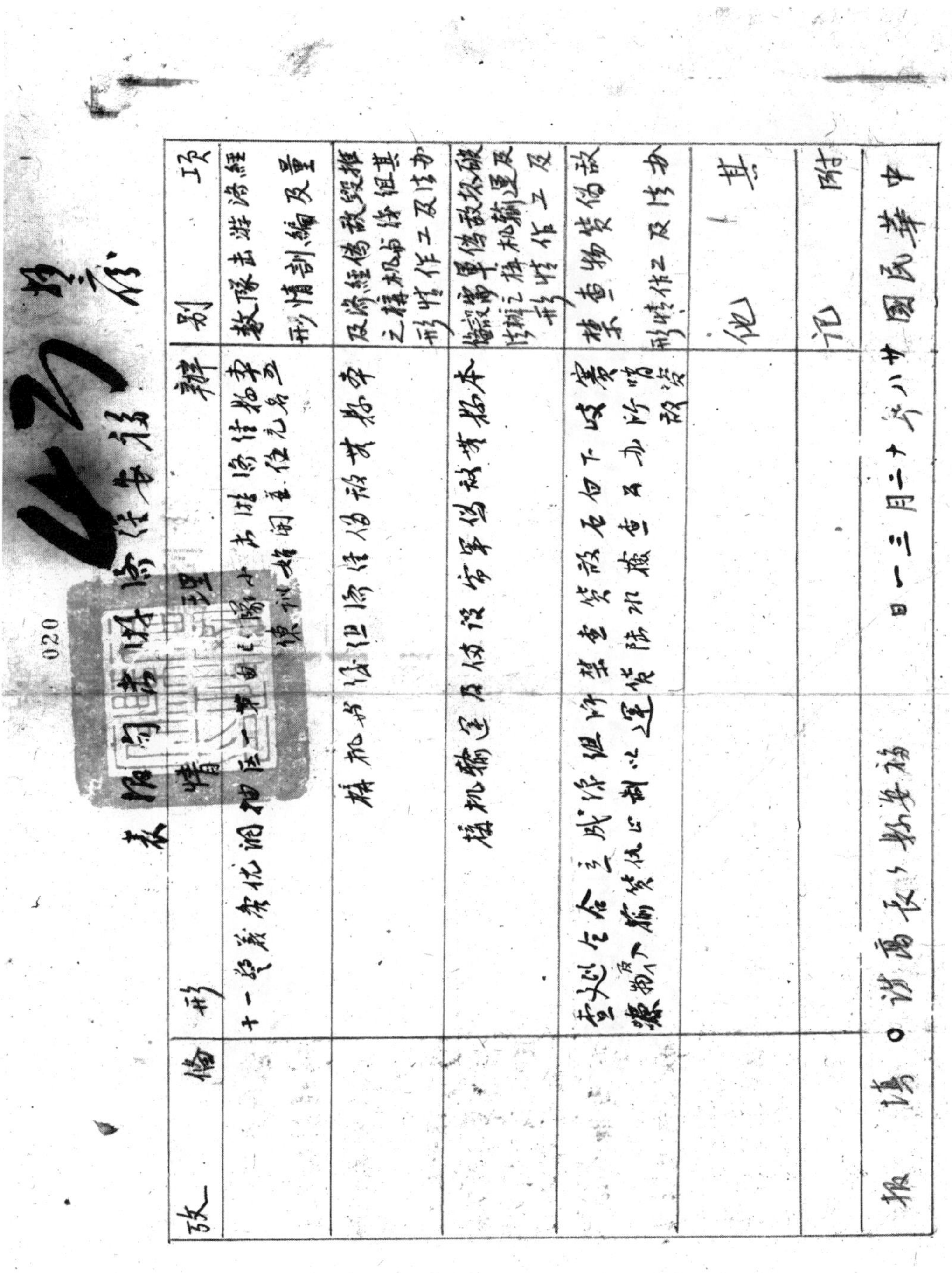

020

福安经济游击旬报表

项别	办理情形	备考
经济游击队数量及编训情形	本县经济游击小队由第一区抽调优秀义警十一名充任，并开始训练	
摧毁敌伪经济组织及其办法工作情形	本县并无敌伪经济组织机构	
破坏敌伪军需运输设备之办法及工作情形	本县并无敌伪军需设备及运输机构	
敌伪货物查禁办法及工作情形	实施下白石敌货查禁所组织成立三合会查缉，办公所分查水陆货运，以制止仇货输入敌物资源	
其他		
附记		

中华民国廿八年十二月三十一日　福安县长谢○填报

福安县经济游击旬报表（1939 年 12 月 31 日）　0002-003-0360

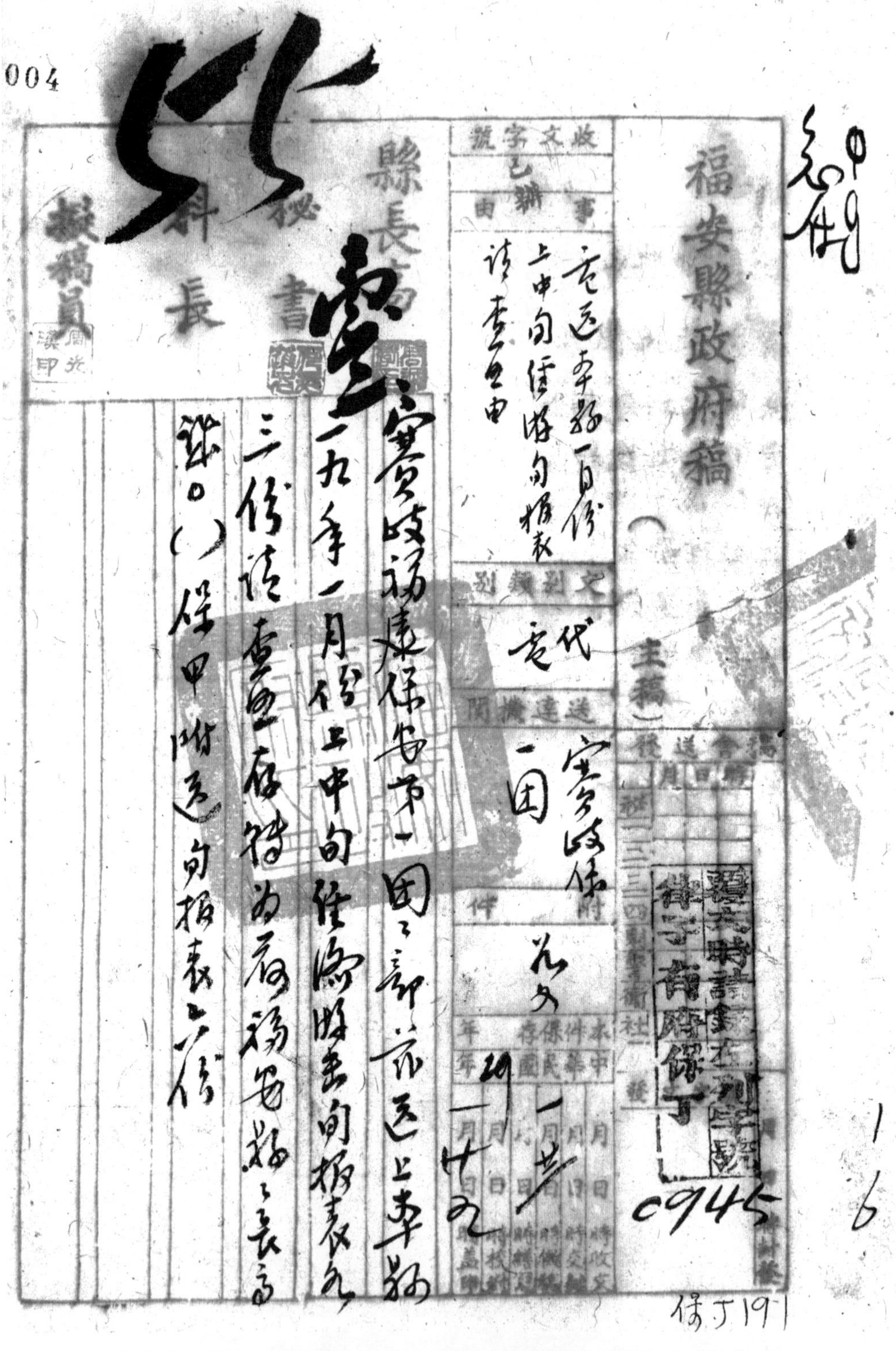

福安县政府送保一团本县二九年一月上中旬经济游击旬报表的代电

(1940 年 1 月 22 日) 0002-003-0361

006

67

抄三份.

福安縣經濟游擊旬報表

項別	辦理情形	備考
經濟游擊隊數量及編訓情形	本縣設立經濟游擊一小隊已開始訓練	
摧毀敵偽經濟組織與其機構之辦法及工作情形	本縣並無敵偽經濟組織機構	
破壞敵偽軍需設備及運輸機構之辦法及工作情形	本縣並無敵偽軍需設備及運輸機構	
敵偽貨物查禁辦法及工作情形	由賽岐下白石各設貨查禁所嚴密檢查水陸運輸貨品以杜偷漏	
其他	派本縣秘書何述志於一月七日參加安寶縣分所議会	
附記		

中華民國二十九年一月十日（上旬） 福安縣縣長高誠學 填報

福安县经济游击旬报表（1940 年 1 月 10 日） 0002-003-0361

005

福安縣經濟游擊旬報表

項別	辦理情形	備考
經濟游擊隊數量及編訓情形	遵照游擊隊安寧縣分所會議第一節議案決議之規定辦事經已成立隊由此隊一分隊另別規定去內計三十六人）即由保安獨立分隊抽選優秀之隊兵三十六名充任事務石弘忠兼充分隊長	
摧毀敵偽經濟組織與機構之辦法及工作情形	本縣無設偽經濟組織及機構	
破壞敵偽軍需運輸機構之辦法及工作情形	本縣無設敵軍需及運輸機構	
敵偽貨物查禁辦法及工作情形	凡查敵貨查禁所仍繼續查禁敵貨工作	
其他	遵照安寧縣分所會議第三條決議案之規定設立專員督察經濟游擊隊聘任專員名毋指請安寧縣分所分別聘請又議決案第五條關於經濟游擊隊審查隊已函請本縣黨部新遴選優秀黨員組織成立之於近日內開始查察工作	
附記		

中華民國二十九年一月廿日（中旬）　福安縣縣長高誠學　填報

福安县经济游击旬报表（1940 年 1 月 20 日）　0002-003-0361

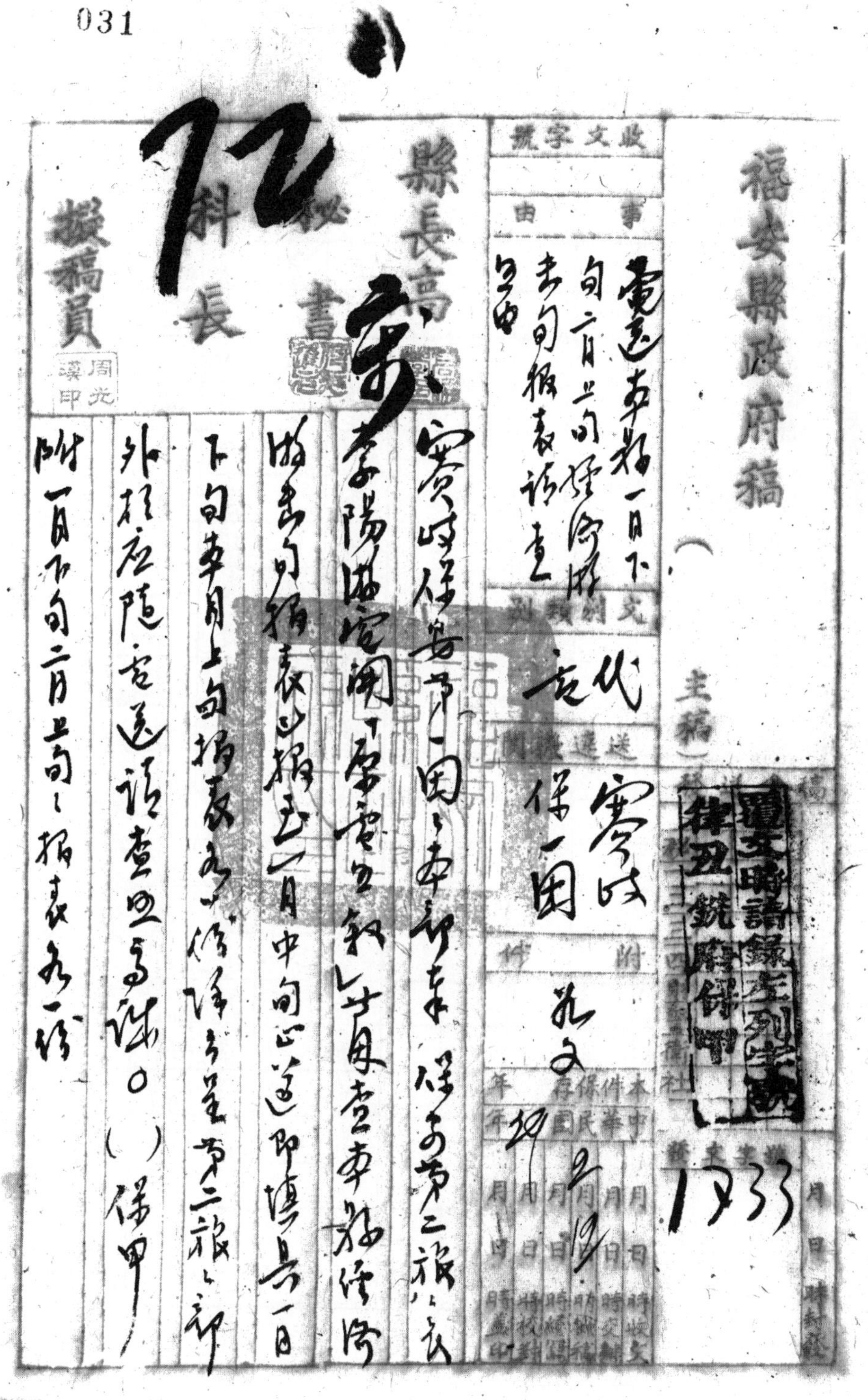

福安县政府送保一团本县二九年一月下旬二月上旬经济游击旬报表的代电

（1940 年 2 月 19 日） 0002-003-0361

029

79

譯　電

福安縣政府譯字第　　號

甲二十六

70

來電機關	
事由	
決定辦法	

高縣長(1)鑒：奉綏請主任陳宥酉綏甲電節開：仰將經濟游擊隊工作旬報表從速報部彙轉，勿延為要等因。除分電外，仰將上月份中下旬經濟游擊工作旬報表剋日報部憑轉，嗣後按旬均應列表由該分區彙轉為要。李樹棠陽游

備考　譯電員姓名

收文 2373 29 2月12日 時到

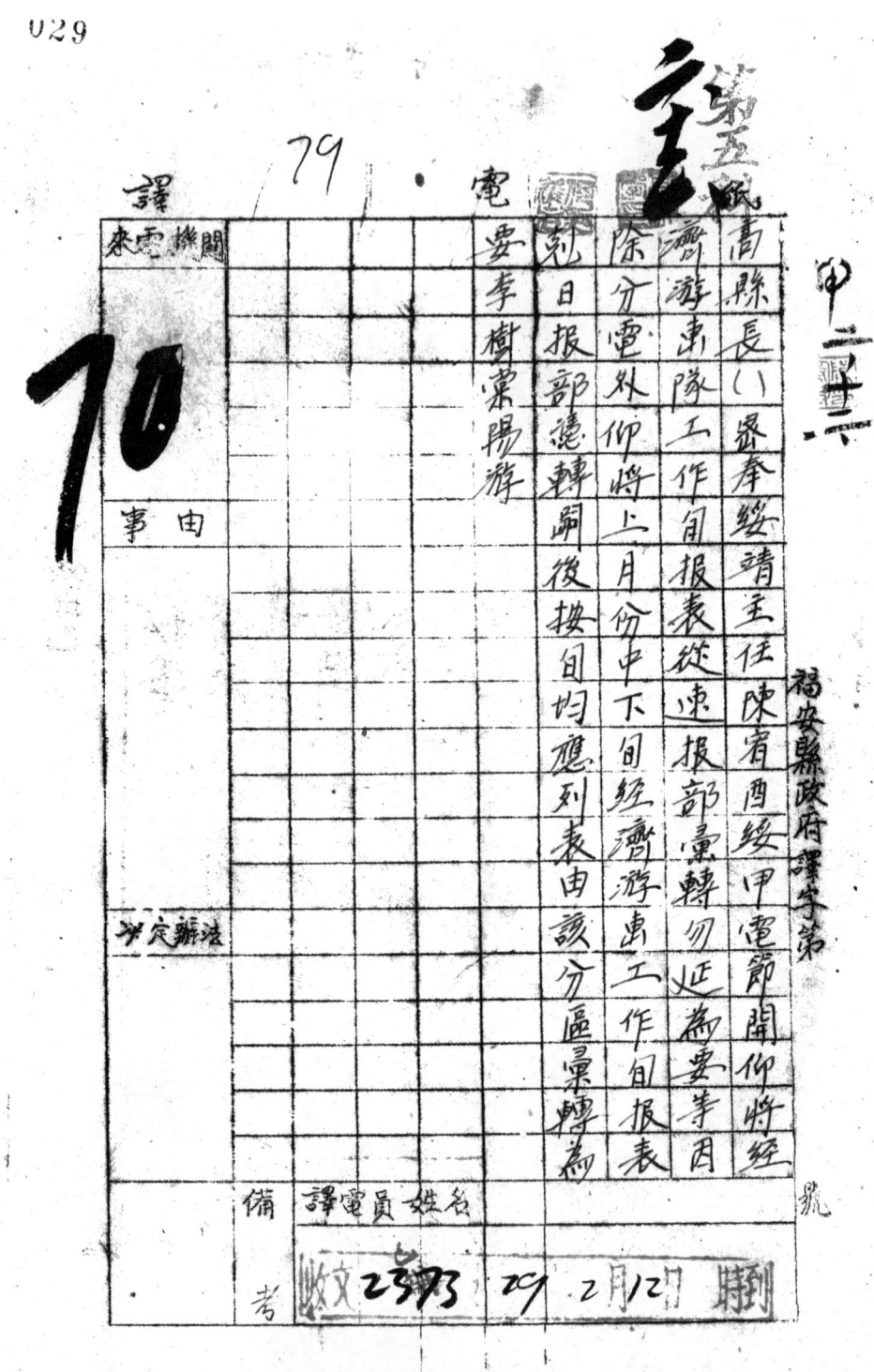

福安县政府译关于将上月份中下旬经济游击工作旬报剋日报部的电文

（1940 年 2 月 12 日）　0002-003-0361

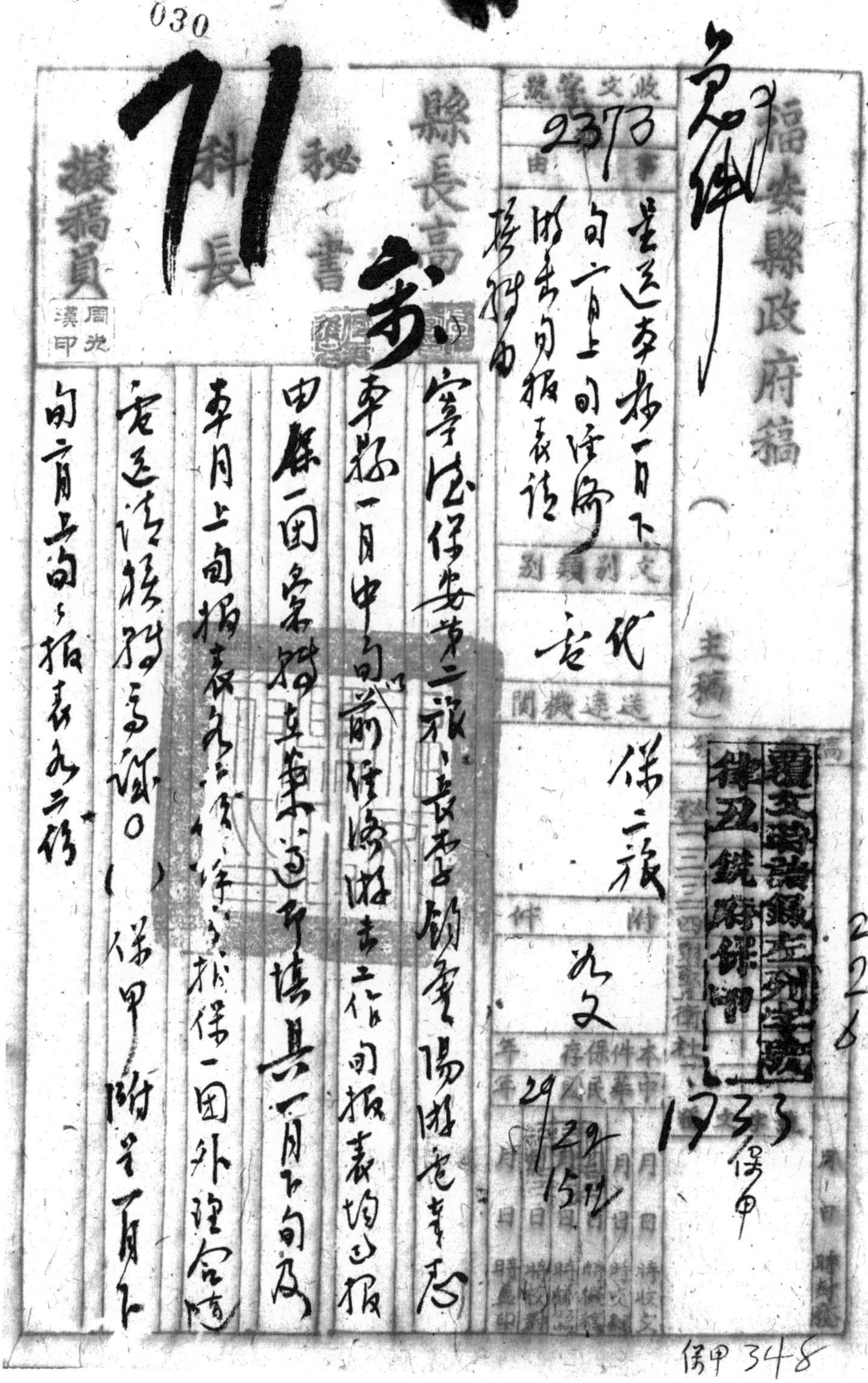
030

71

福安縣政府稿

縣長 高

秘書

科長

擬稿員

收文字號 2373

事由：呈送本县一月下旬、二月上旬经济游击旬报表请核转由

文別：代電

送達機關：保二旅

附件：如文

寧德保安第二旅長李鈞鑒：陽辦電奉悉。本縣一月中旬前經將游擊工作旬報表均已報由保一團彙轉在案，茲再填具一月下旬及本月上旬報表各一份，除逕[?]保一團外，理合電送，請核轉為禱。（保甲）附呈一月下旬、二月上旬報表各二份。

保甲 348

福安县政府呈送保二旅本县一月下旬二月上旬经济游击旬报表的代电

（1940 年 2 月 15 日） 0002-003-0361

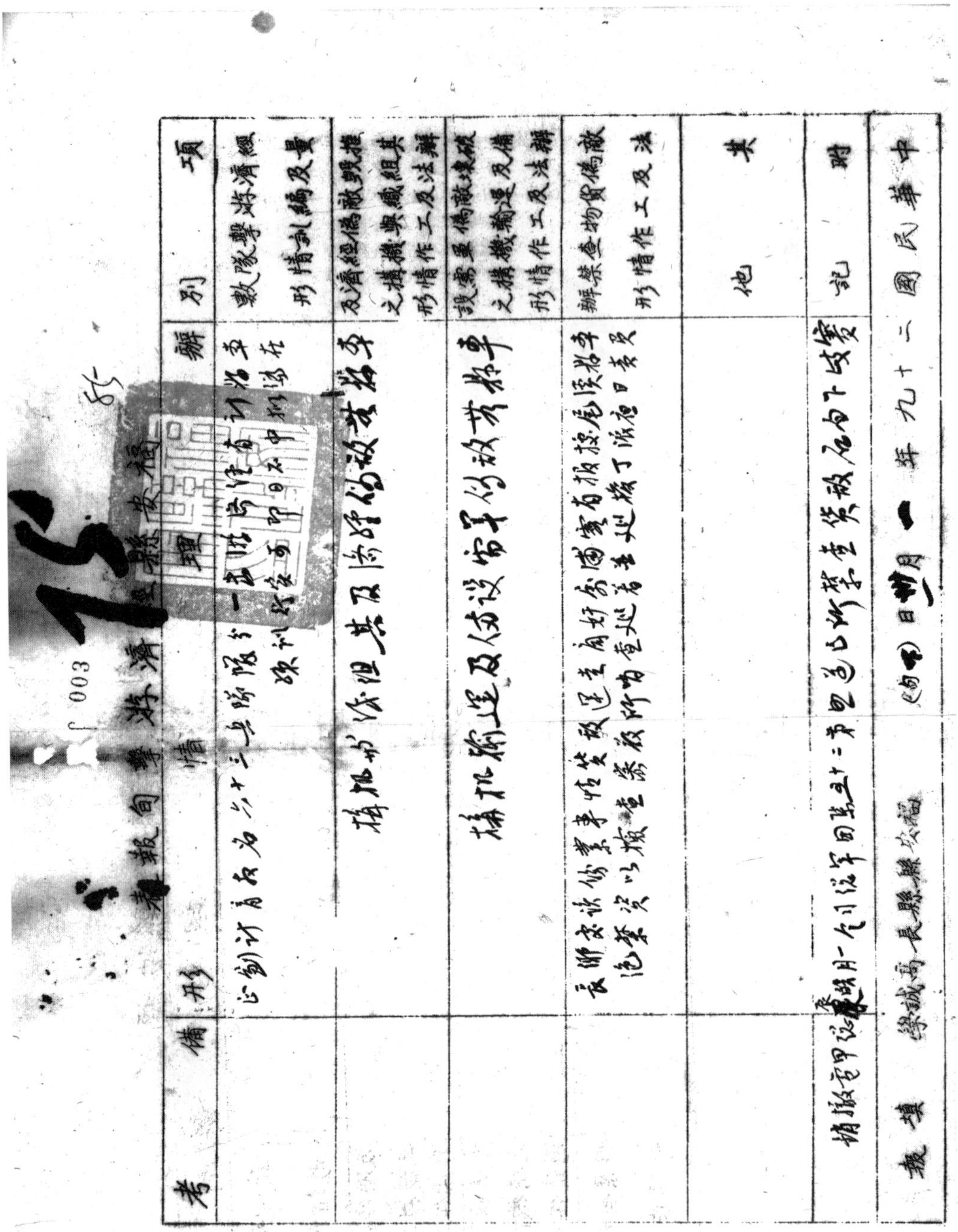

福安縣經濟游擊旬報表

項別	辦理情形	備考
經濟游擊隊數量及編訓情形	[illegible]	
摧毀敵偽經濟及其組織與機構之辦法及工作情形	本縣並無敵偽經濟組織及其機構	
破壞敵偽軍需設備及運輸機構之辦法及工作情形	本縣並無敵偽軍需設備及運輸機構	
敵偽物資查禁辦法及工作情形	[illegible]	
其他		
附記	[illegible]	

中華民國二十九年一月卅一日(下旬) 填報 福安縣縣長高誠學

福安县经济游击旬报表(1940 年 1 月 31 日) 0002-003-0362

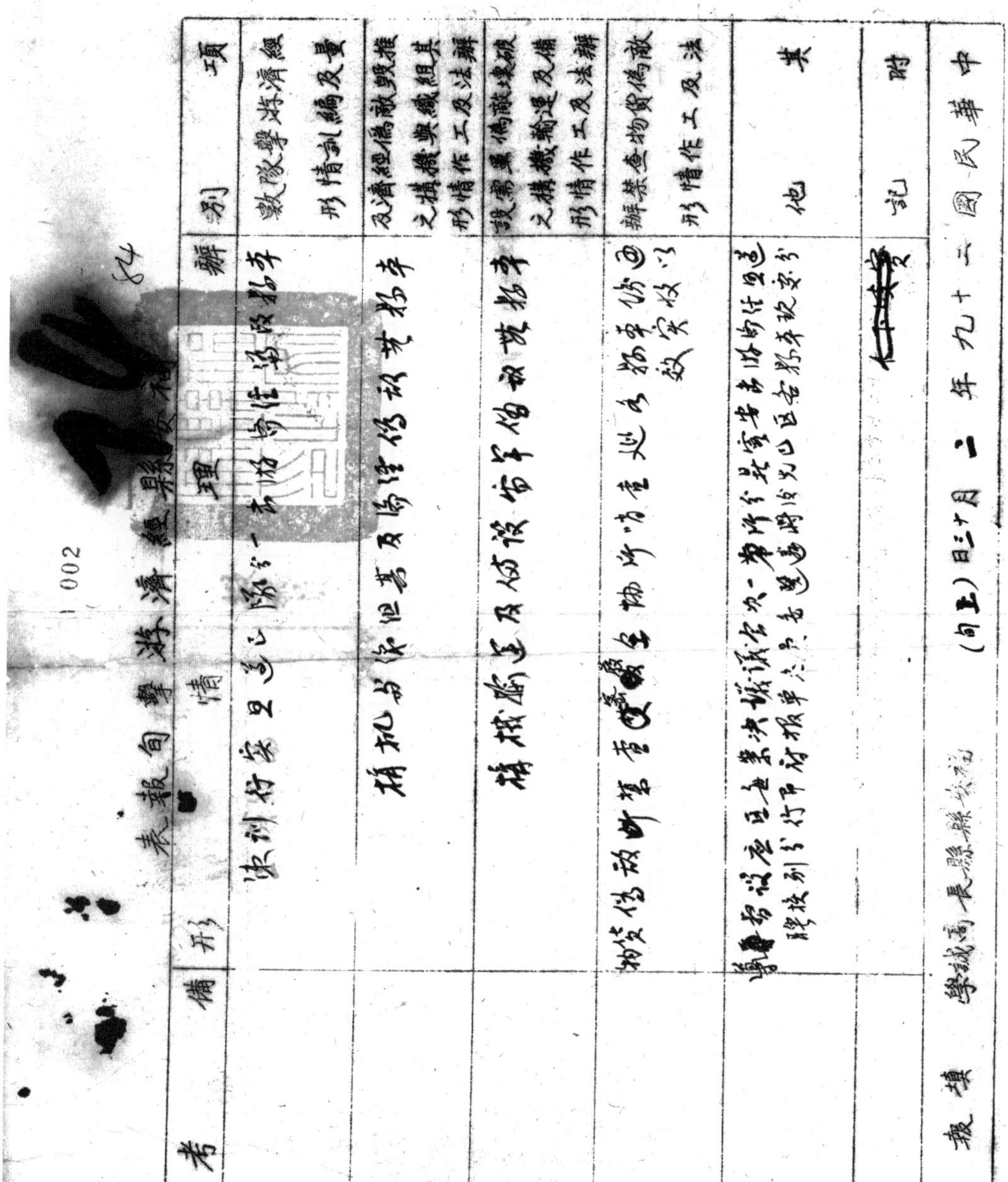

福安縣經濟游擊旬報表

項別	辦理情形	備考
經濟游擊隊數量及編訓情形	本縣經濟游擊隊一分隊已遵照實行訓練	
推毀敵偽經濟及其組織與機構之辦法及工作情形	本縣並無敵偽經濟及其組織機構	
破壞敵偽運輸及軍需設備之辦法及工作情形	本縣並無敵偽軍需設備及運輸機構	
敵偽貨物查禁辦法及工作情形	[illegible]	
其他	[illegible]	
附記		

中華民國二十九年二月十三日（上旬） 福安縣縣長高誠學 填報

福安县经济游击旬报表（1940 年 2 月 13 日） 0002-003-0362

032

保甲 1733

第五科

發

甲二六

譯電

福安縣政府譯字第　號

來電機關	縣政府（）逕查貴府送團一二月上下旬經濟游击旬報表均各一份實屬不敷存轉請速補送二份為荷保一團皓游
事由	
決定辦法	
備考	譯電員姓名

收文 2819 號 29年2月20日 時到

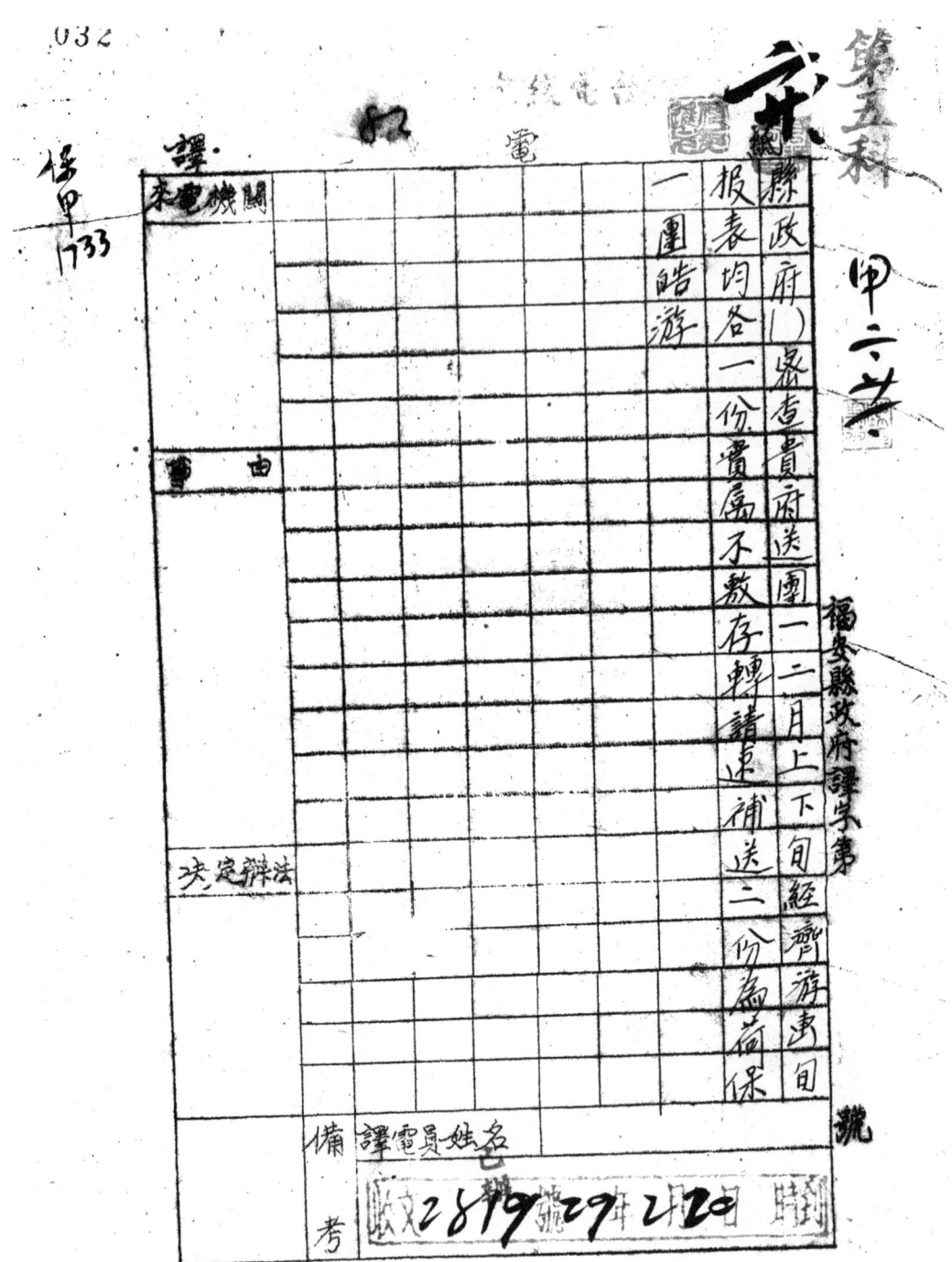

福安县政府译关于补送一二月上下旬经济游击旬报表的电文

（1940 年 2 月 20 日）　0002-003-0361

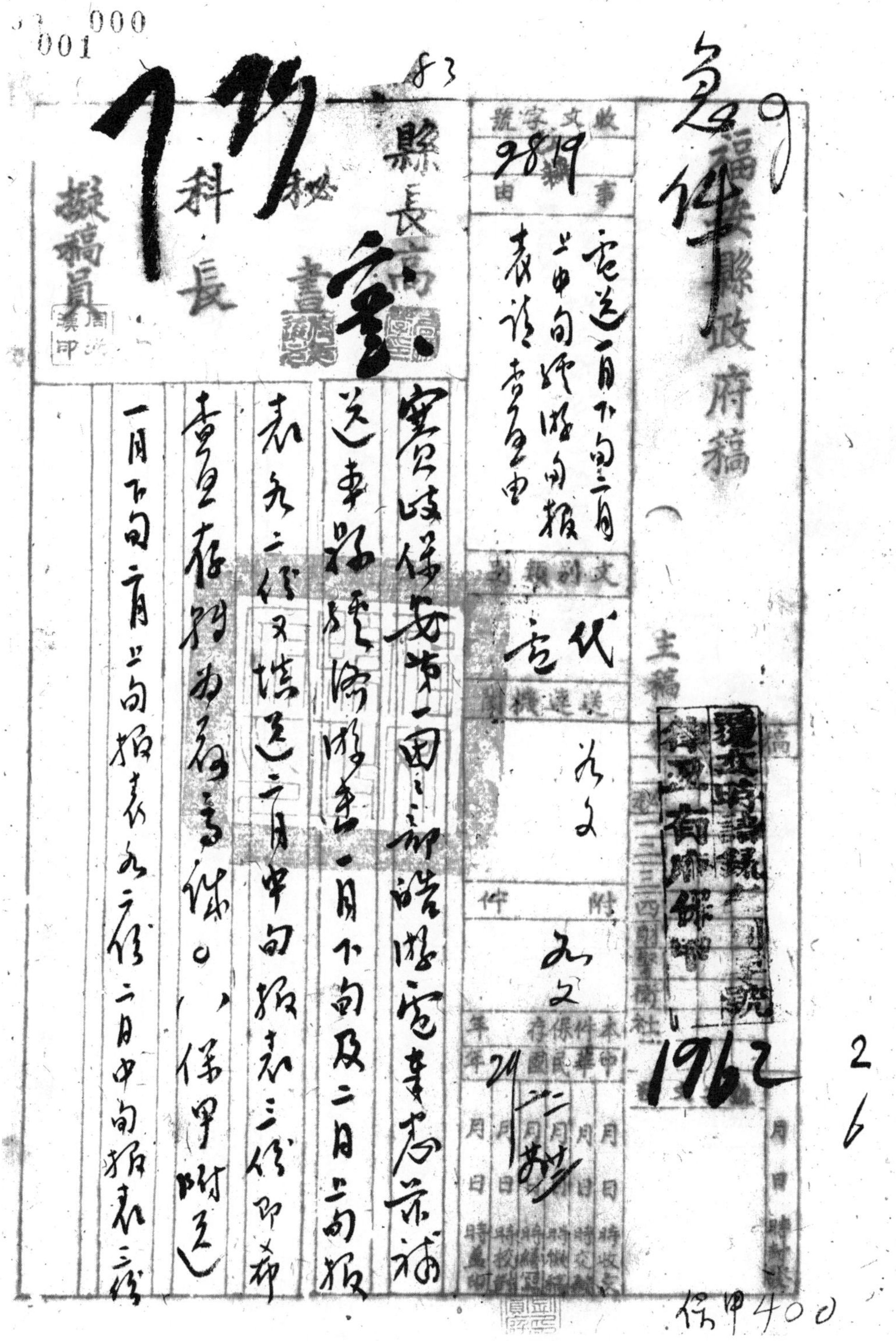

福安县政府送保一团一月下旬二月上中旬经济游击旬报表的代电

（1940年2月22日） 0002-003-0362

004　76　86

福安縣經濟游擊旬報表

項別	辦理情形	備考
經濟游擊隊數量及編訓情形	经济游击分队继续训练	
推毁敵偽經濟及其組織機構之辦法及工作情形	本县敌伪经济及其组织机构	
破壞敵偽軍需設備及運輸機構之辦法及工作情形	本县无敌伪军需设施及运输机构	
敵偽貨物查禁辦法及工作情形	由各地查明所设经济查察检查水陆货运	
其他	无	
附記		
中華民國二十九年二月廿日（中旬）	福安縣縣長高誠學	填報

福安县经济游击旬报表（1939年2月中旬）　0002-003-0362

008

90

第五科

福安縣政府譯字第　號

來電機關	
事由	
決定辦法	
備考	譯電員姓名

高縣長(1)密查各縣區所送一月份經濟游擊旬報表業已彙轉在案茲奉旅部轉奉綏署馬綏甲電飭補四申送一月份上中下三旬旬報表憑轉等因除請迅速補送外嗣後并請按旬填送四份以憑存轉為荷侯定遠經游

收文 3171 號 29年2月26日 到

福安县政府译关于补送一月上中下三旬旬报表的电文

（1940 年 2 月 26 日）　0002-003-0362

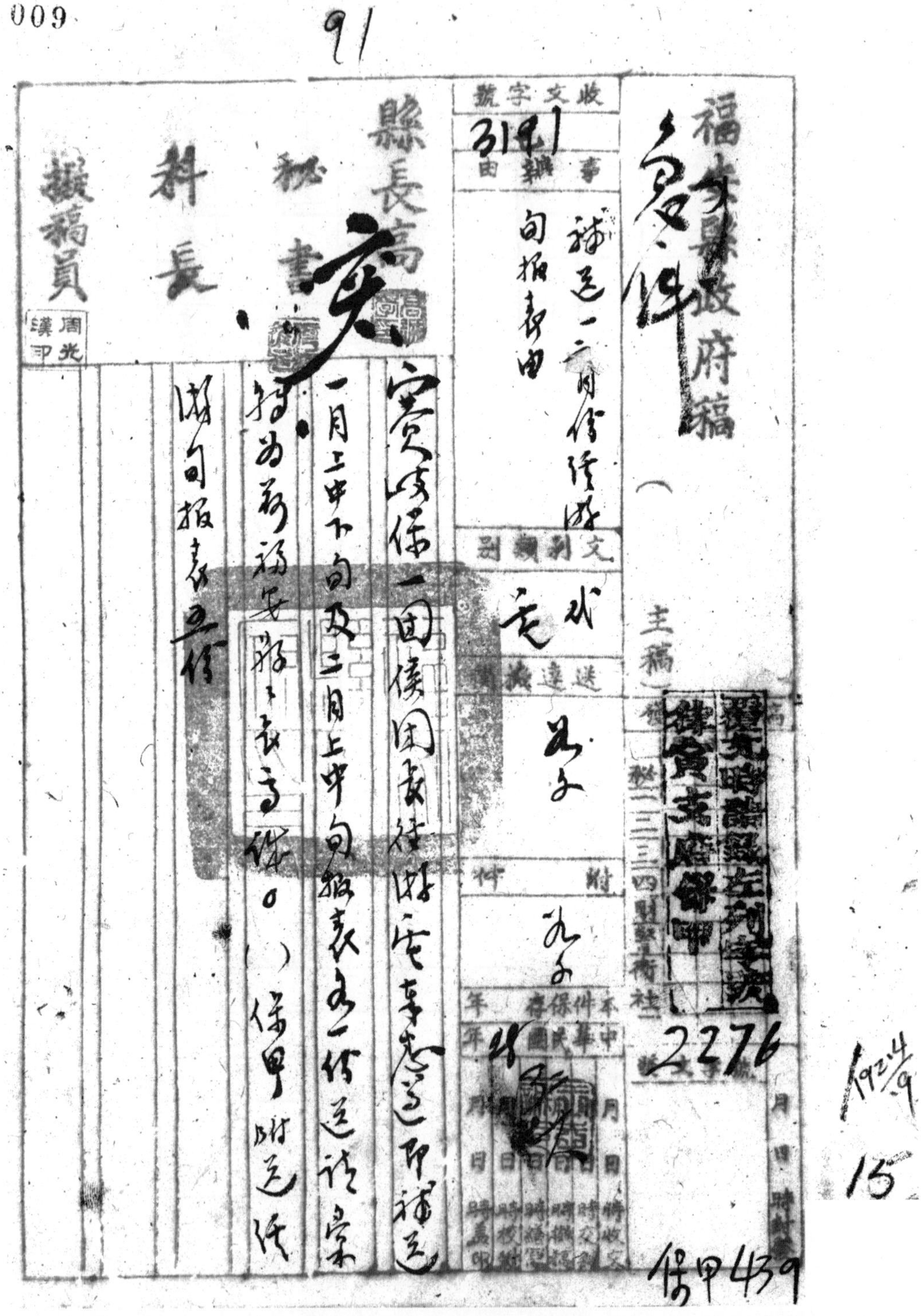

福安县政府补送一二月份经济游击旬报表的代电(1940 年 2 月 28 日)　0002-003-0362

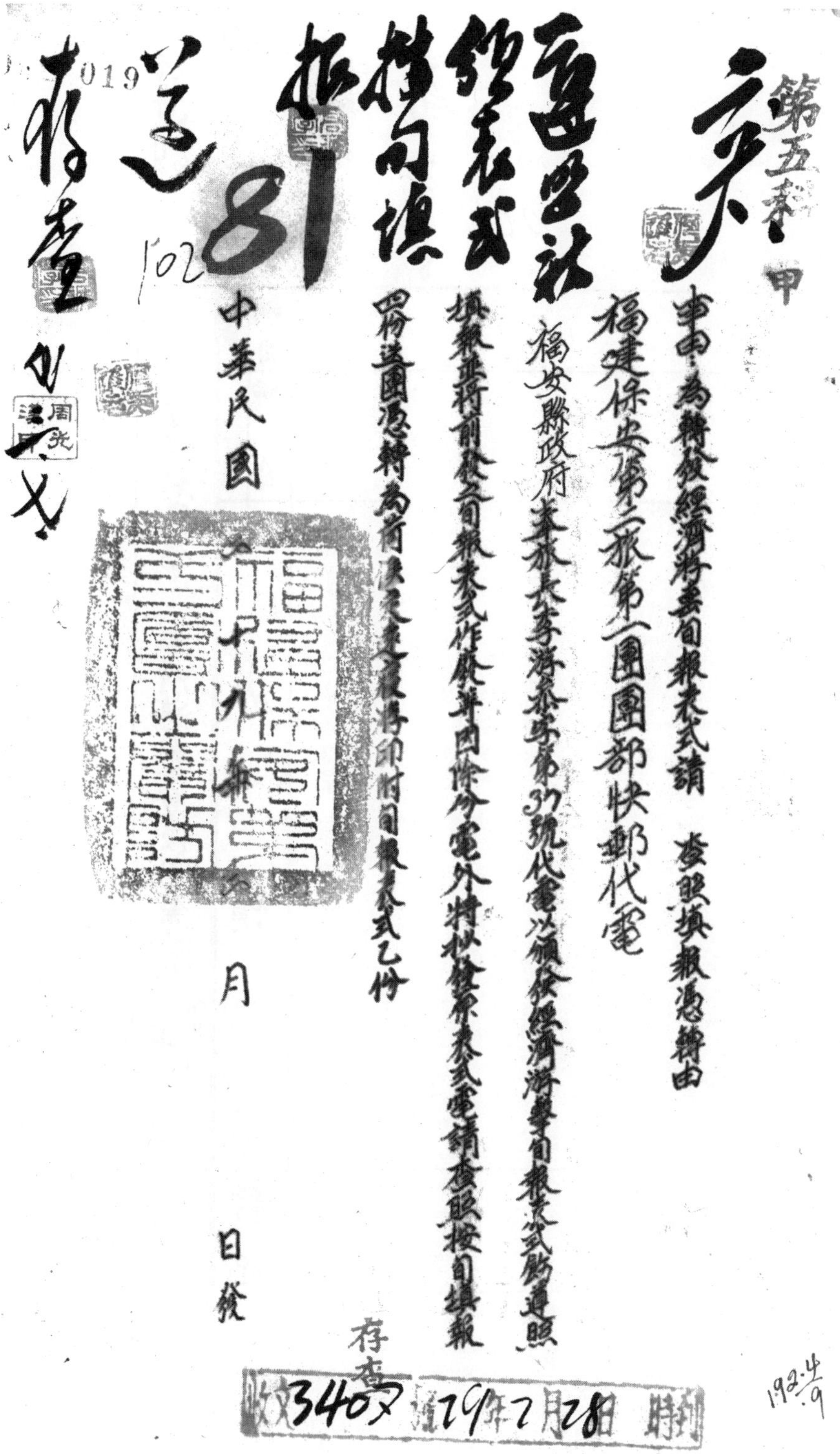
事由：為轉發經濟游擊旬報表式請 查照填報憑轉由

福建保安第二旅第一團團部快郵代電

福安縣政府 奉旅長支李游秘字第37號代電以頒發經濟游擊旬報表式飭遵照填報並將前發之旬報表式作廢等因除分電外特檢發原表式電請查照按旬填報四份送團憑轉為荷 保安第二旅第一團團部 印附旬報表式乙份

中華民國二十九年二月 日發

存查

收文340號 29年2月28日 時到

福安县政府转发福建保安第二旅第一团团部颁发经济游击旬报表式的代电

（1940 年 2 月 28 日） 0002-003-0362

速件

020

103

第三戰區第　經濟游擊分區旬報表　年　月　旬

福安縣長高□□呈

事項		工作情形	附記
綱目			
細目			

第三战区第□经济游击分区旬报表（1940 年 2 月）　0002-003-0362

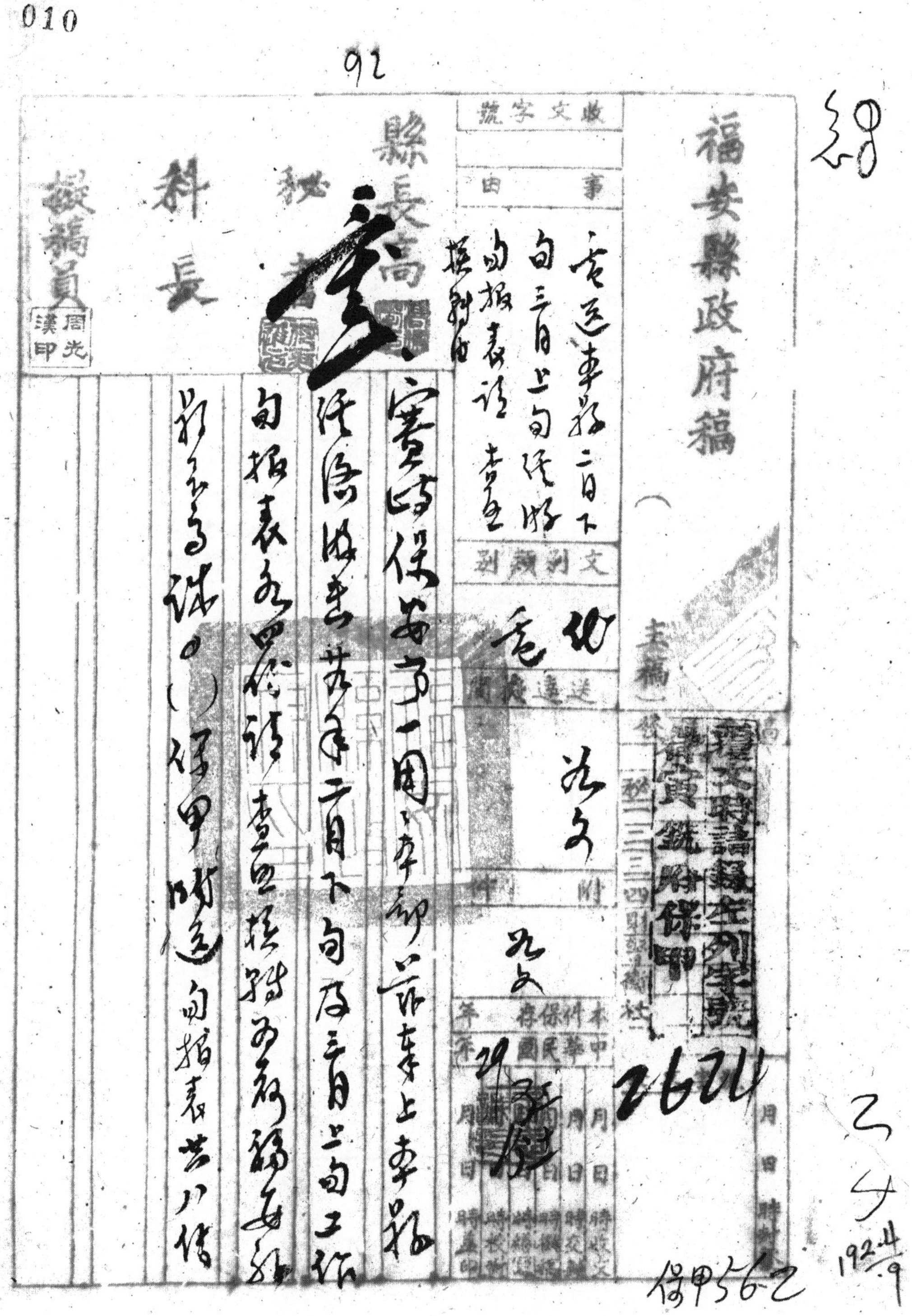

福安县政府送保一团二月下旬三月上旬经济游击旬报表的代电

（1940 年 3 月 15 日） 0002-003-0362

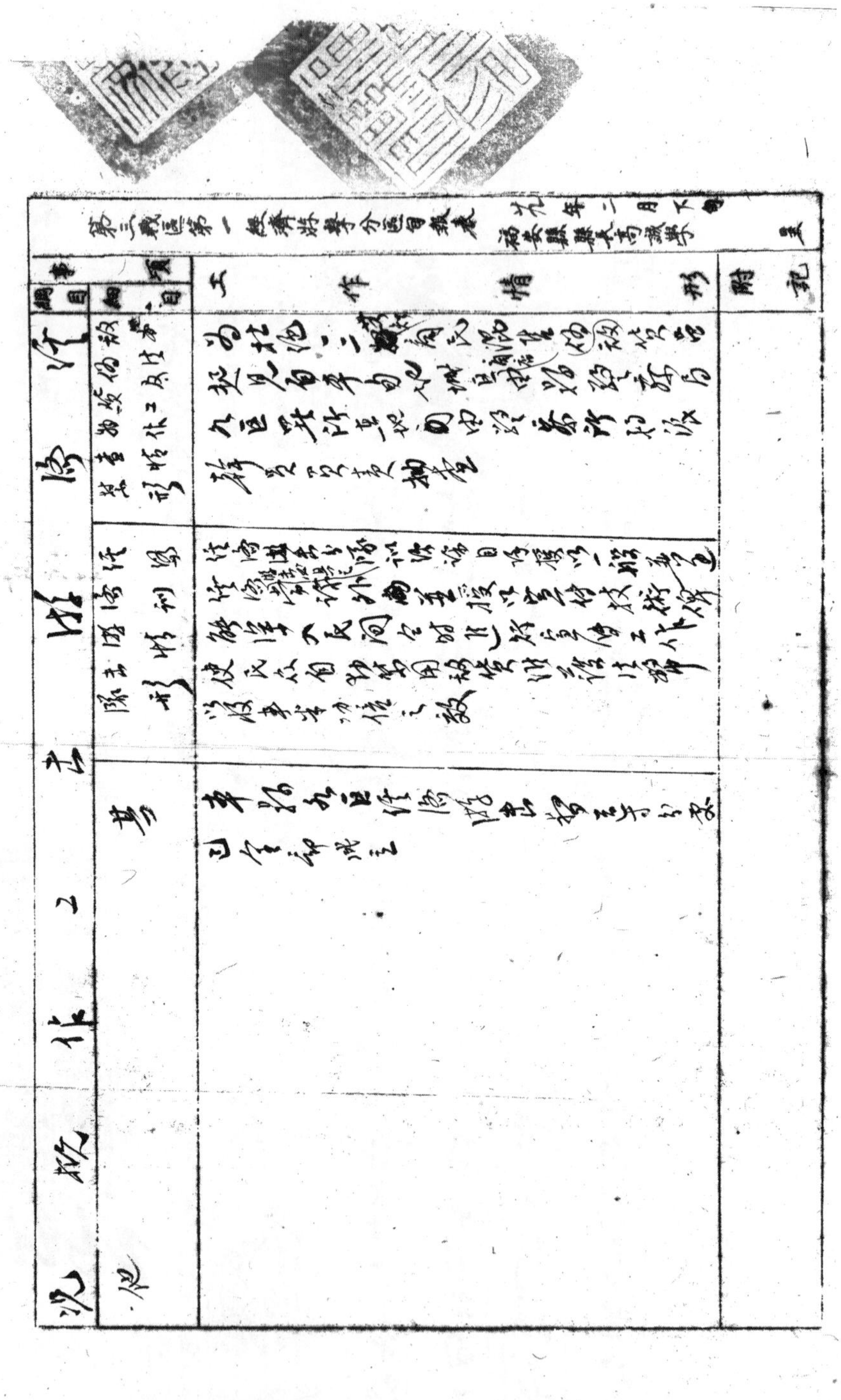

第三战区第一经济游击分区旬报表（1940 年 2 月下旬）　0002-003-0362

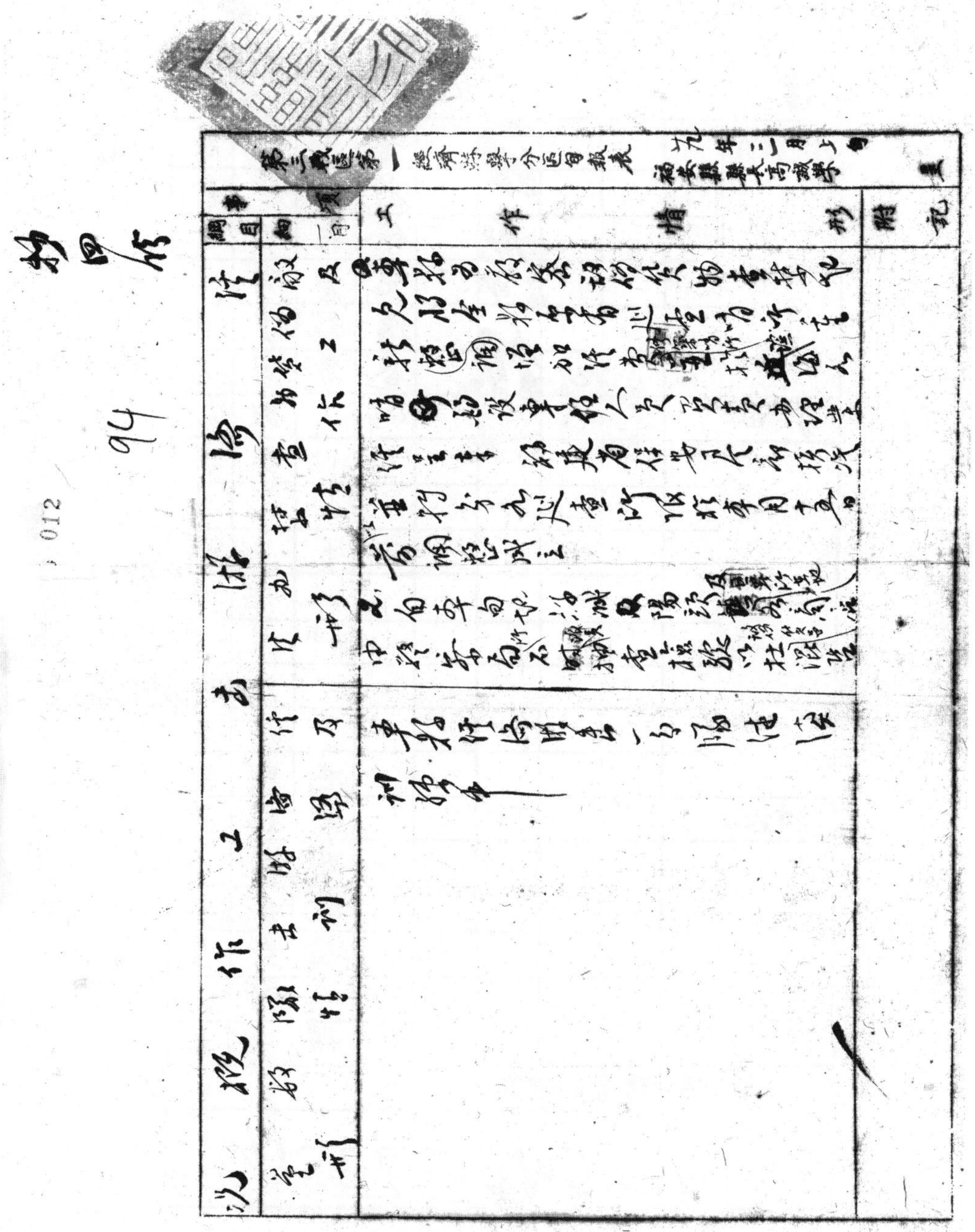
第三战区第一经济游击分区旬报表　廿九年三月上旬　福安县县长

事项	工作情形	附记

第三战区第一经济游击分区旬报表(1940 年 3 月上旬)　0002-003-0362

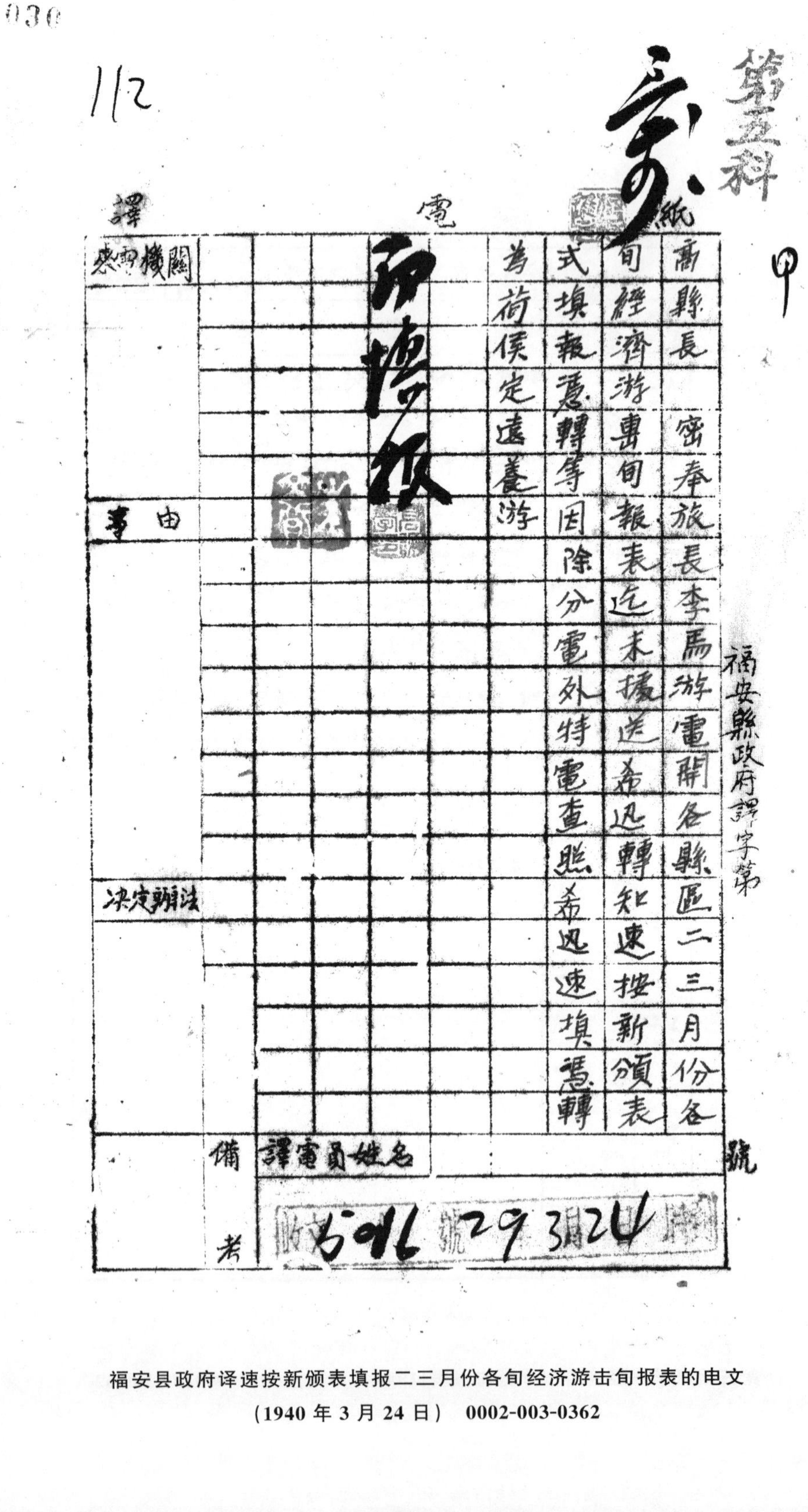

030

112

第五科

譯電紙

福安縣政府譯字第　號

來電機關		壽縣長　密奉旅長李馬游電開各縣區二三月份各旬經濟游專旬報表迄未據送希迅轉知速按新頒表式填報憑轉等因除分電外特電查照希迅速填憑轉為荷侯定遠養游
事由		
決定辦法		
備考	譯電員姓名	

收文 號 29 3 24

福安县政府译速按新颁表填报二三月份各旬经济游击旬报表的电文

（1940 年 3 月 24 日）　0002-003-0362

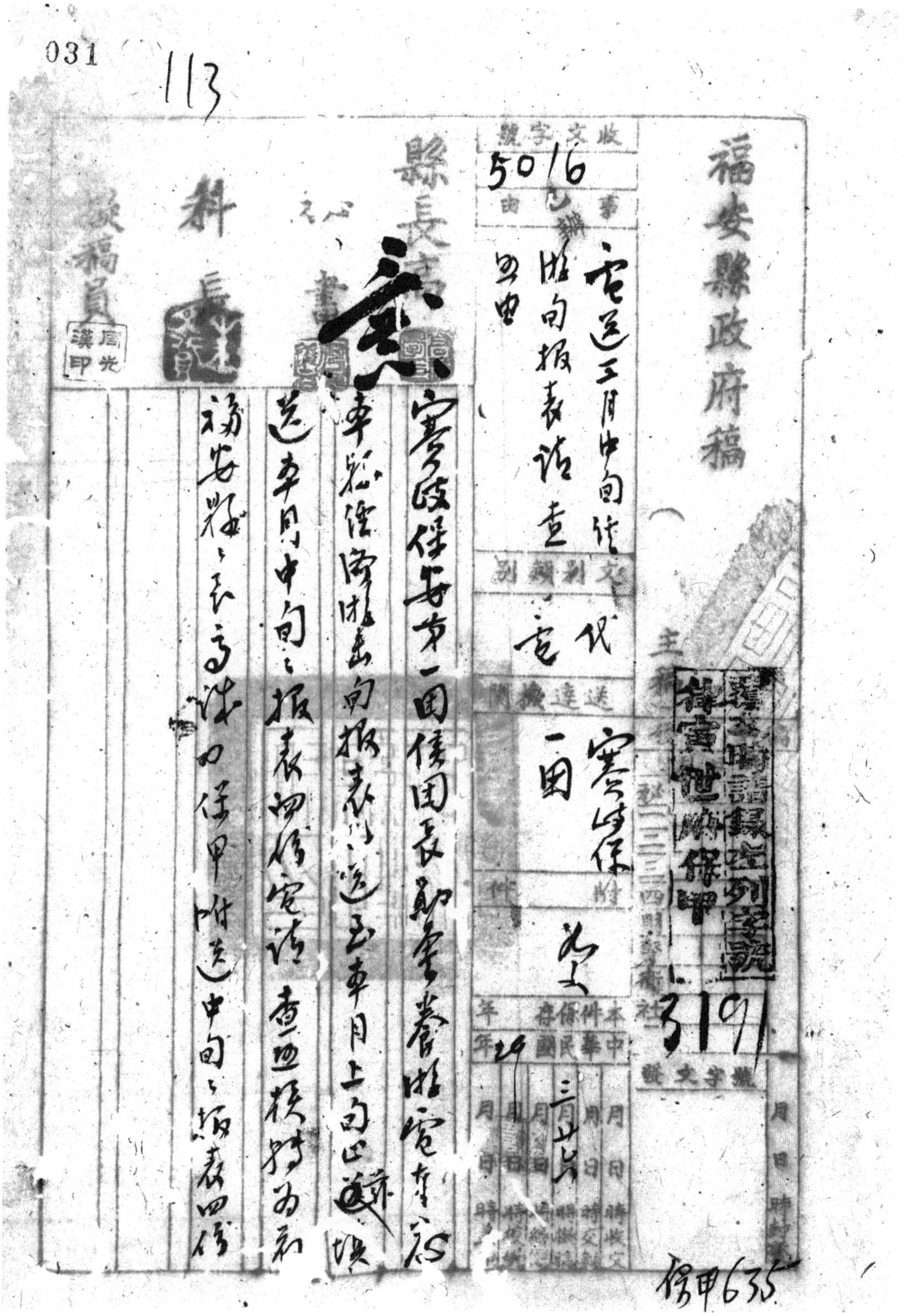

福安县政府送保一团三月中旬经济游击旬报表的代电

（1940 年 3 月 26 日） 0002-003-0362

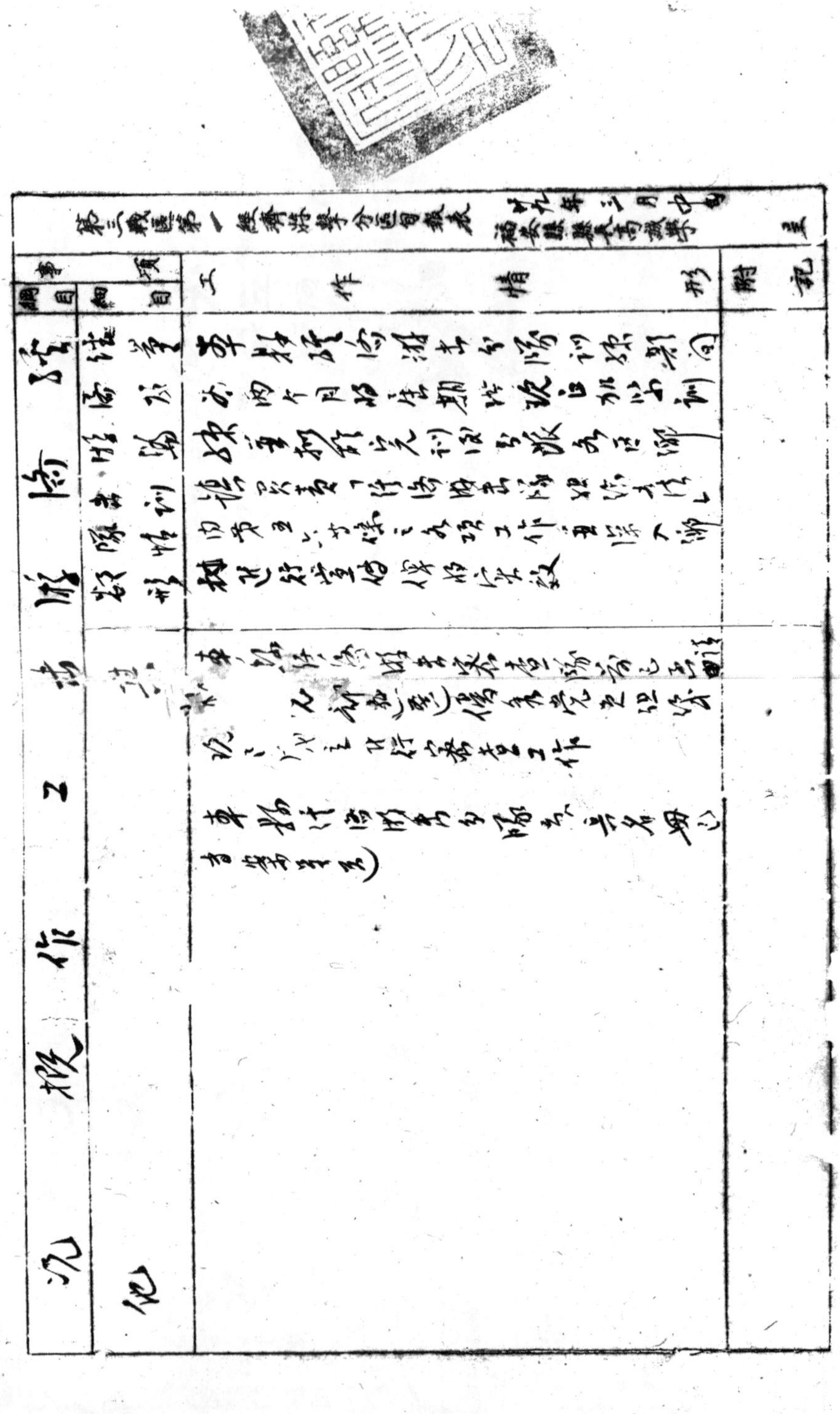

第三战区第一经济游击分区旬报表（1940 年 3 月中旬）　0002-003-0362

018

14　四卅

第五行 紙

甲

福安縣政府譯字第　　號

高縣長：密查貴縣三月下旬四月上旬之經濟游擊旬報表迄未填送，請速趕填來團，以便彙轉，勿延為荷。候定遠儉游

速填呈

譯

來電機關

事由

決定辦法

備考

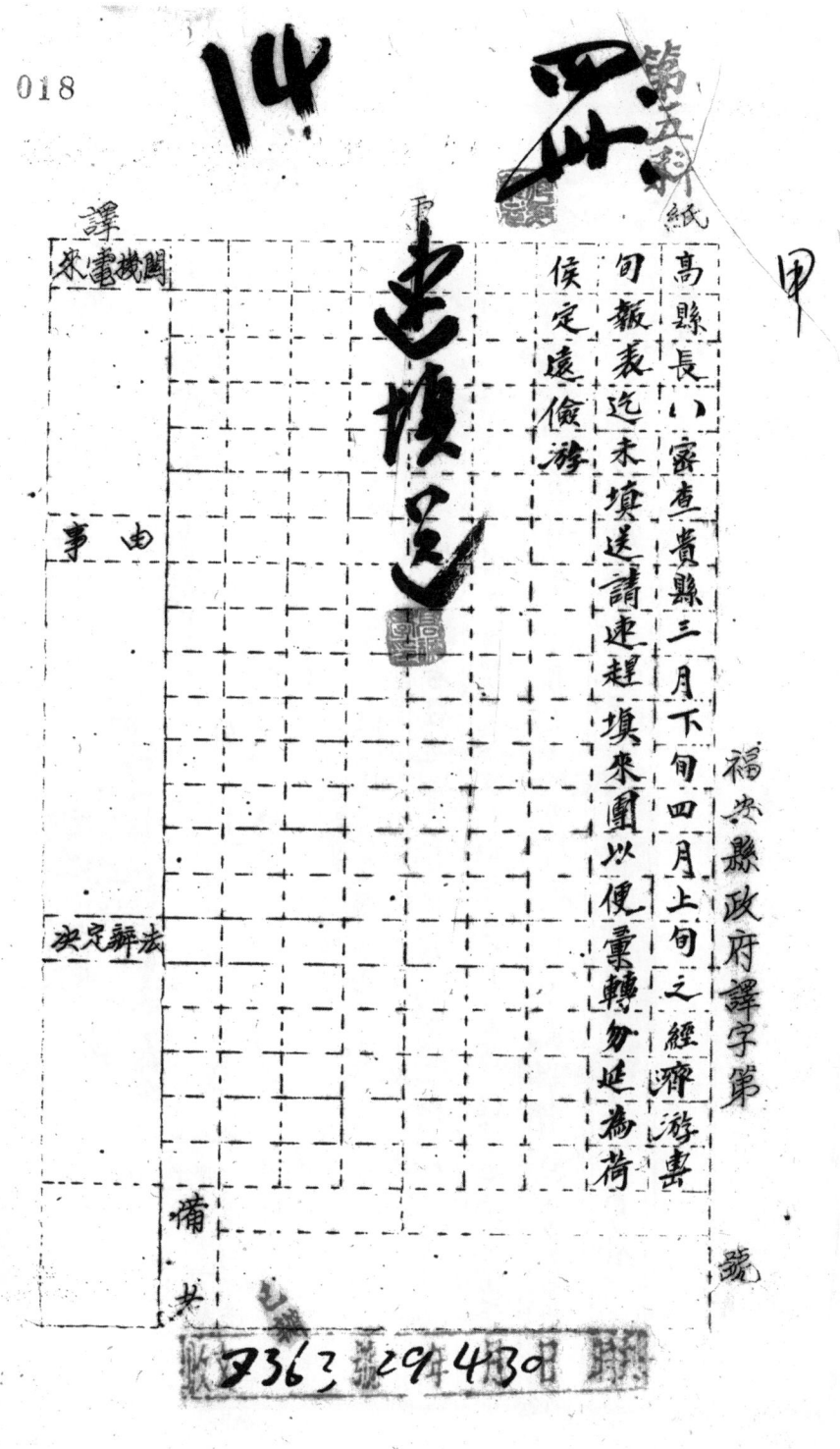

福安县政府译速填来团三月下旬四月上旬经济游击旬报表的电文

（1940年4月30日）　0002-004-0238

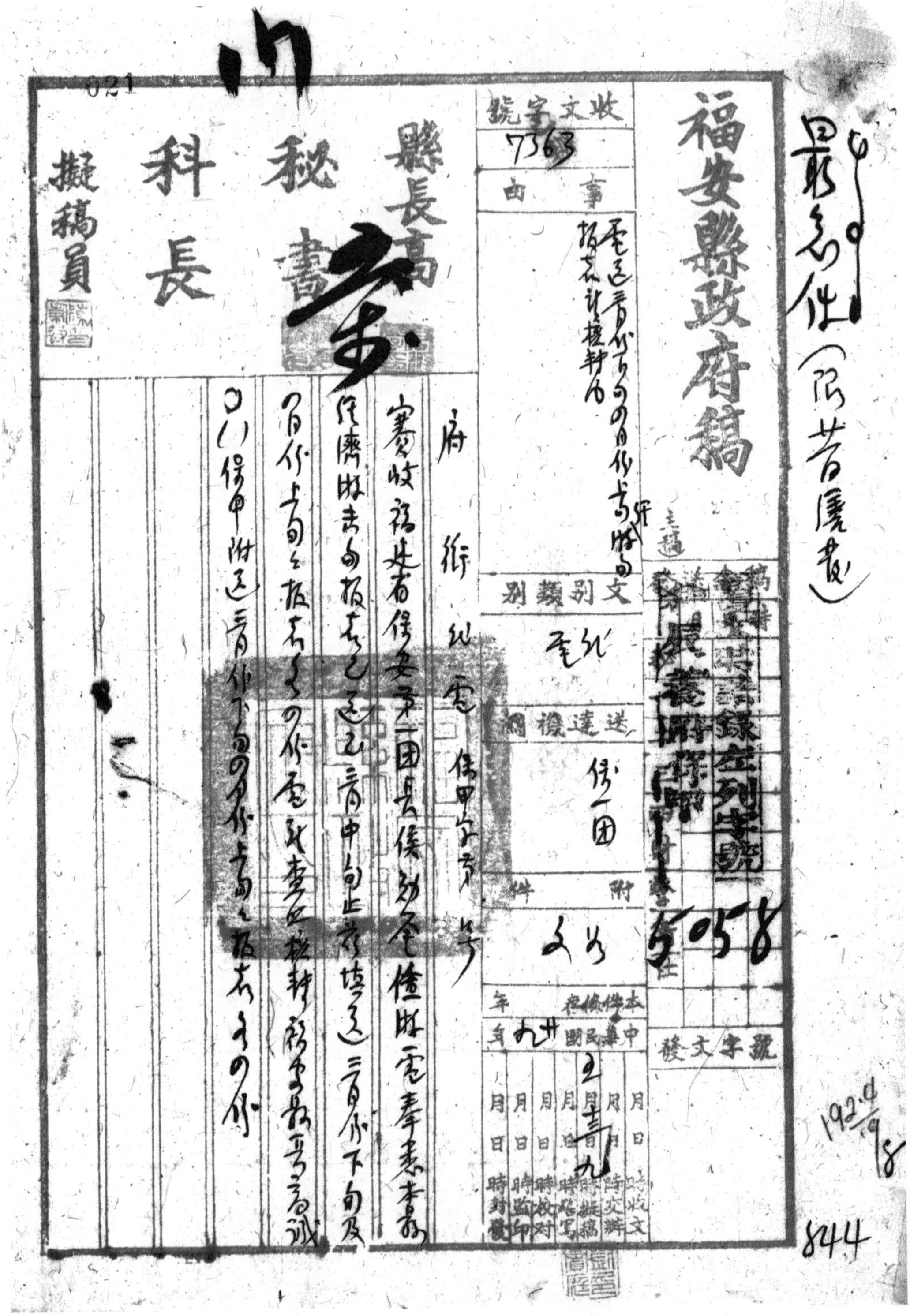
福安縣政府稿
收文字號 7363
事由
文別 代電
送達機關 保一團
附件 表二
縣長 高
秘書
科長
擬稿員
發文字號

福安县政府送保一团三月下旬四月上旬经济游击旬报表的代电

（1940 年 5 月 13 日） 0002-004-0238

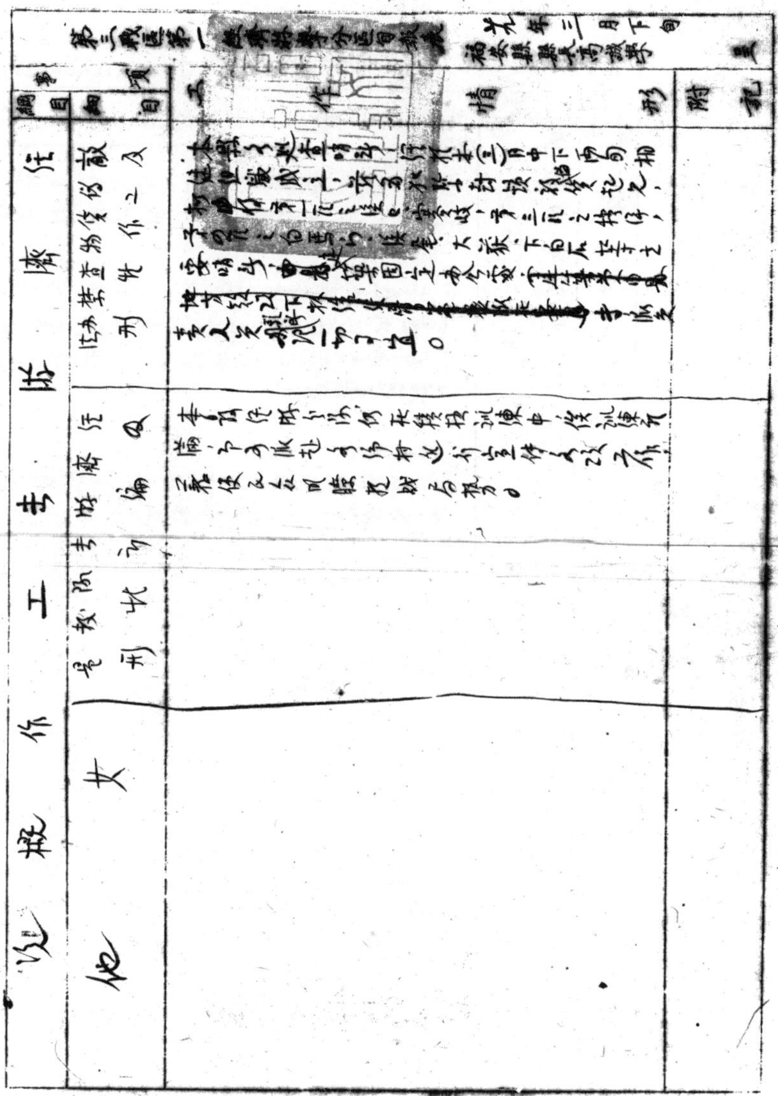
第三战区第一经济游击分区旬报表　廿九年三月下旬　福安县县长高诚学　呈

事项 纲目	细目	工作情形	附记
经济游击工作概况	敌伪货物查禁工作之及情形	[illegible]	
	经济游击队编组情形	[illegible]	
	其他		

第三战区第一经济游击分区旬报表（1940年3月下旬）　0002-004-0238

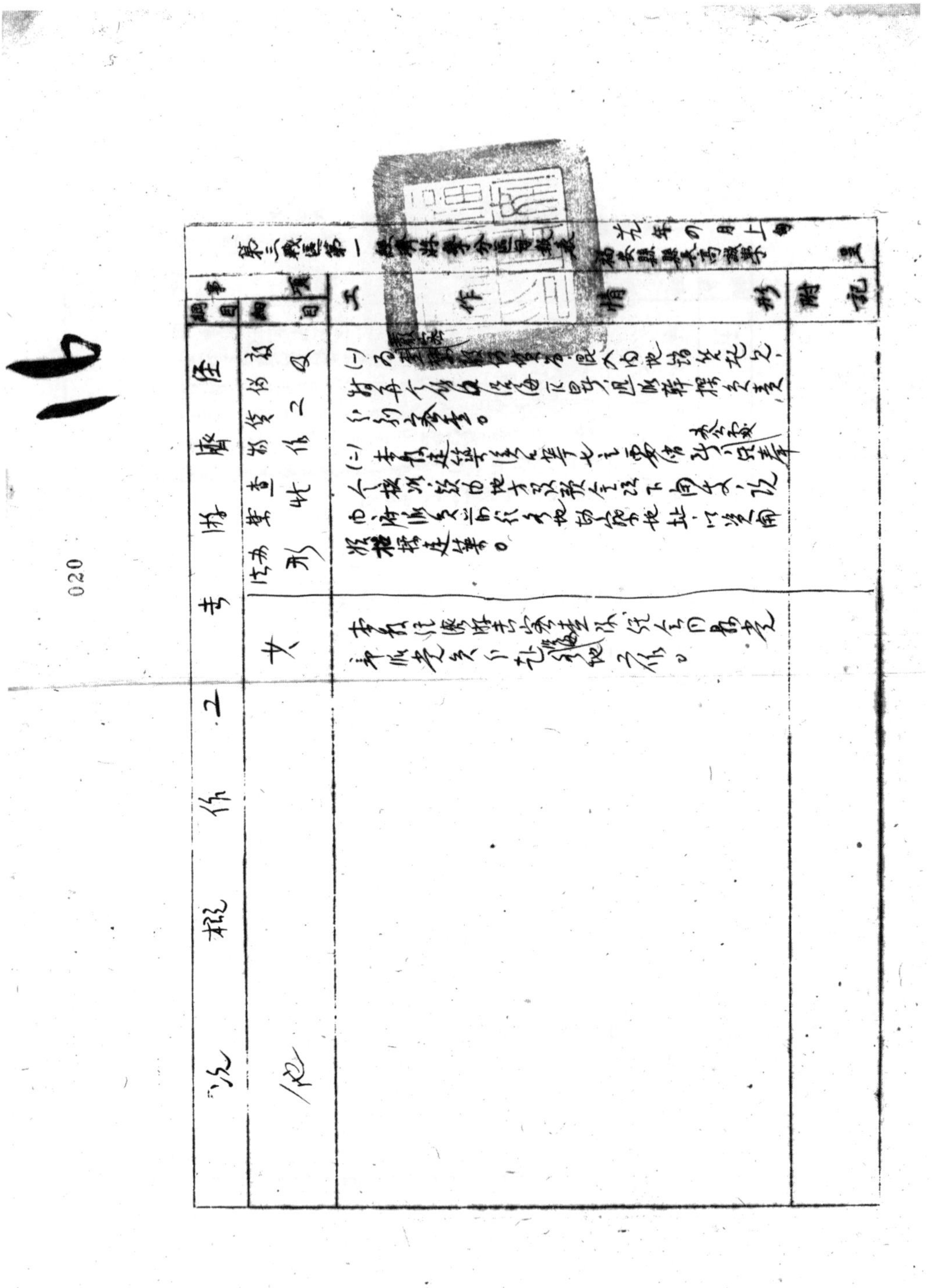
第三戰區第一經濟游擊分區旬報表

事項 綱目	事項 細目	工作情形	附記
經濟游擊工作概況			

第三战区第一经济游击分区旬报表(1940 年 4 月上旬) 0002-004-0238

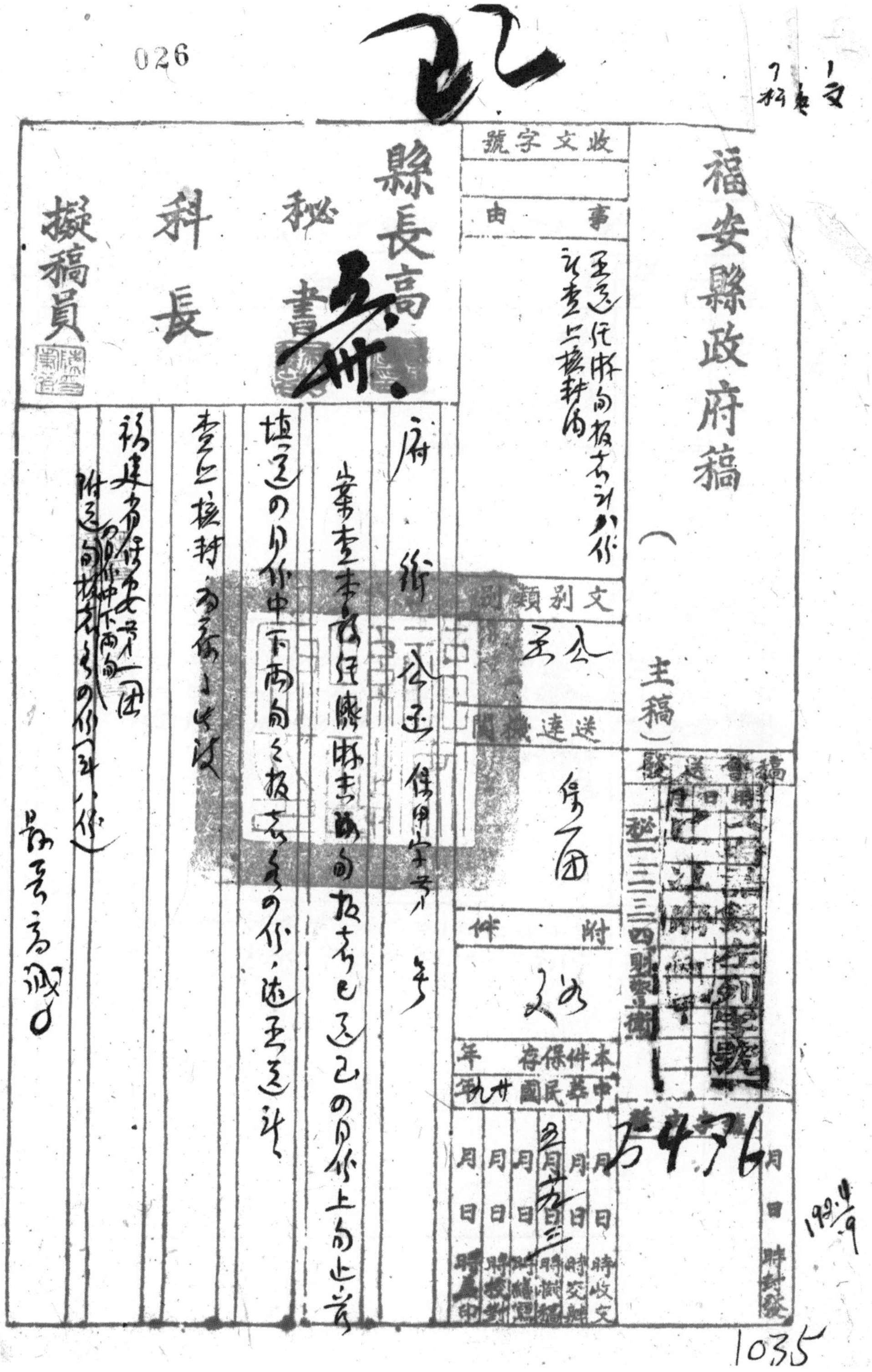

福安縣政府稿

收文字號

事由　呈送經濟游擊旬報表計八份請查照核轉由

文別類　呈　公函

送達機關　保一團

附件　如文

本件保存年　中華民國廿九年

月日時收文　月日時交辦　月日時擬辦　五月廿三日時核判　月日時繕校　月日時入印　月日時封發

縣長高

秘書

科長

擬稿員

府衛公函　保甲字第　號

案查本縣經濟游擊旬報表已送至四月份上旬止，茲填送四月份中下兩旬之報表各一份，隨函送請查照核轉為荷！此致

福建省保安第一團

附送旬報表　份

縣長高

福安县政府送保一团本县经济游击旬报表已至四月上旬止的公函

（1940 年 5 月 29 日）　0002-004-0238

027

第三战区第一经济游击分区旬报表 廿九年四月中旬 福安县县长高诚学 呈

事项 纲目	细目	工作情形	附记
经济游击工作概况	经济游击队编组及训练情形	本县经济游击分队，经于本(四)月十五日训练期满，于十六日分别派赴沿海各地宣传及密查走私封锁工作。 [illegible]	
	查缉走私及经济封锁之工作情形	本县为严密查禁走私货物，及防止奸商偷运资敌，特派经济游击队同各联络员密查走私，并查禁偷运等事项。	
	其他	派员会同第一区经济游击督导员[illegible]，严密查禁一切应运物资。	

第三战区第一经济游击分区旬报表（1940 年 4 月中旬） 0002-004-0238

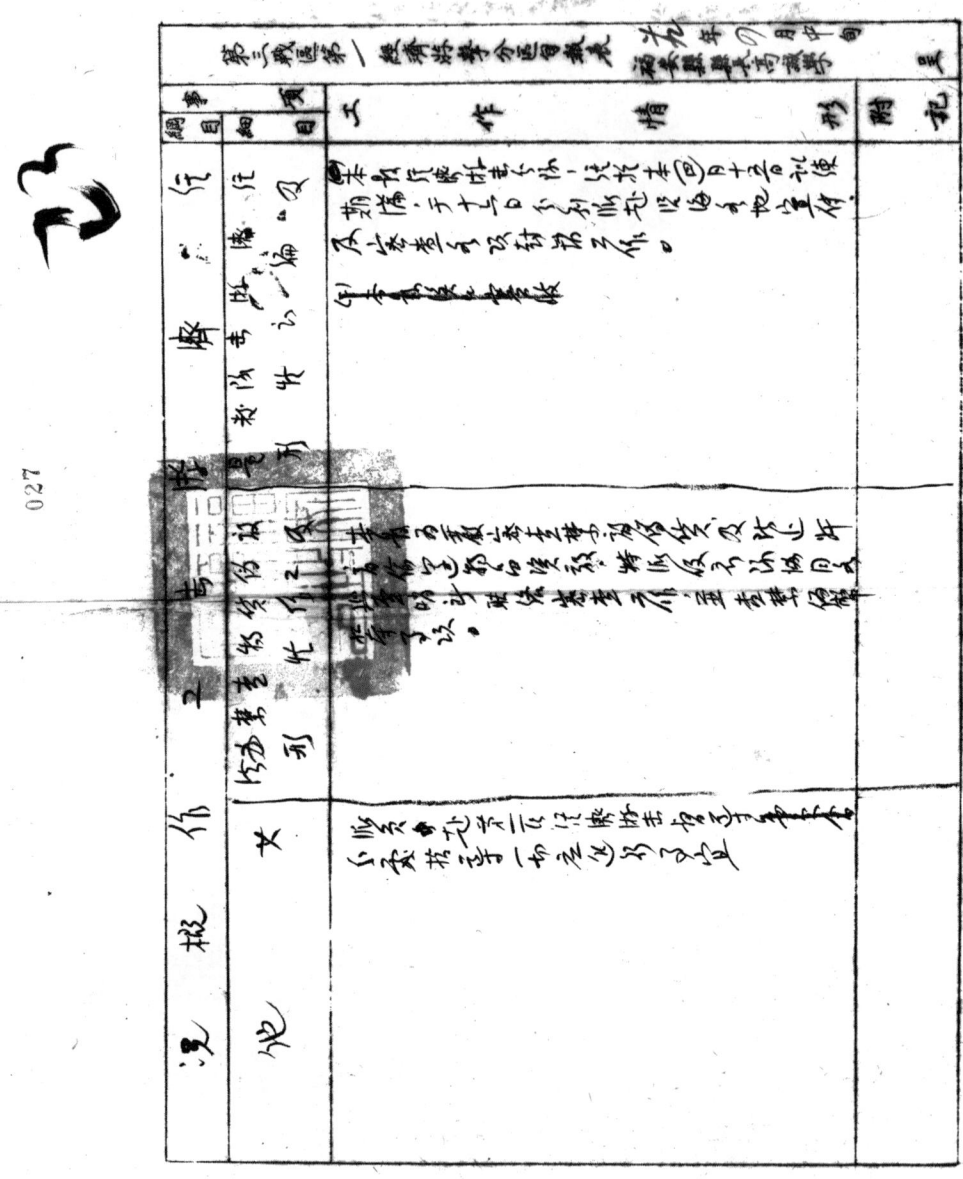

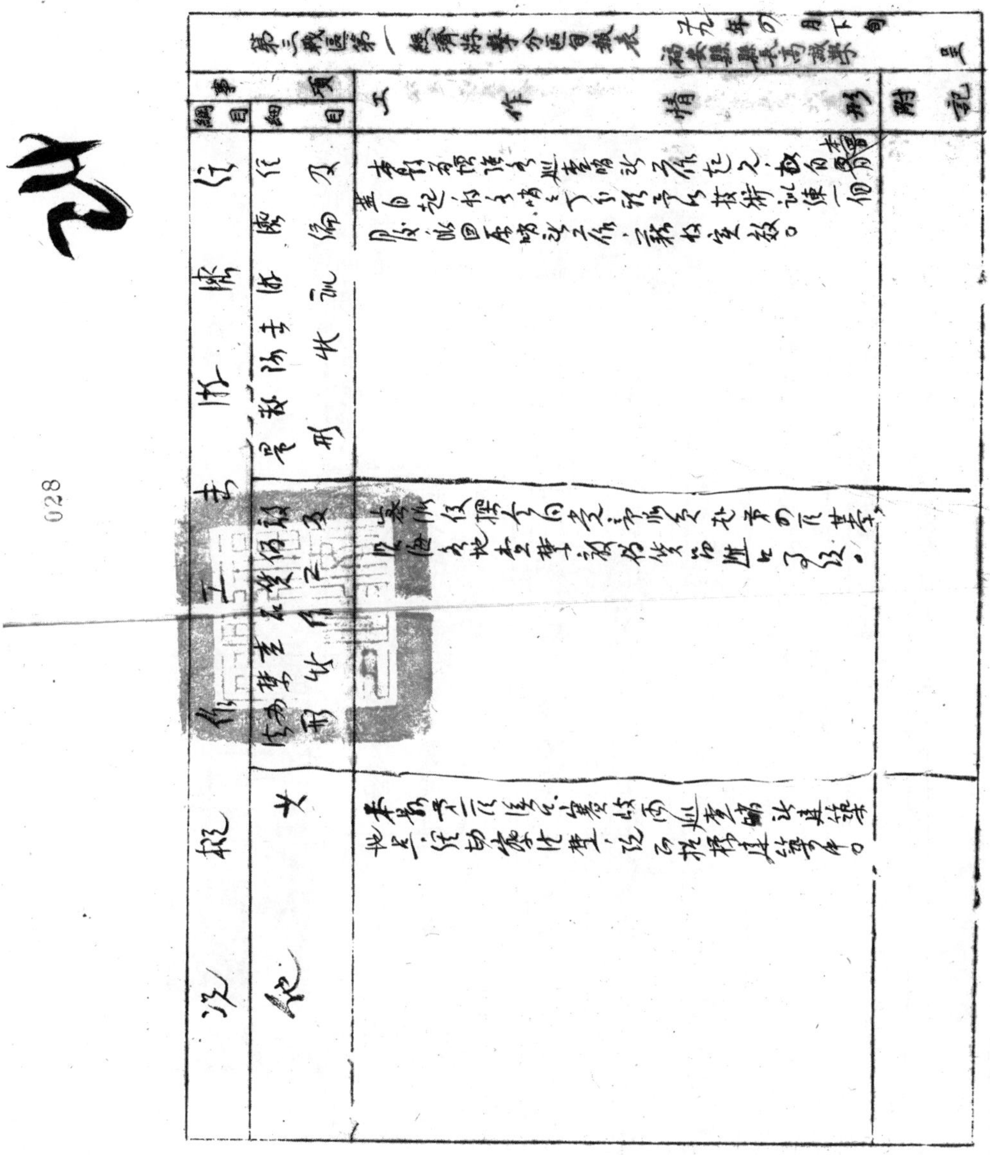

第三战区第一经济游击分区旬报表

事项（纲目）	细目	工作情形	附记

第三战区第一经济游击分区旬报表（1940 年 4 月下旬）　0002-004-0238

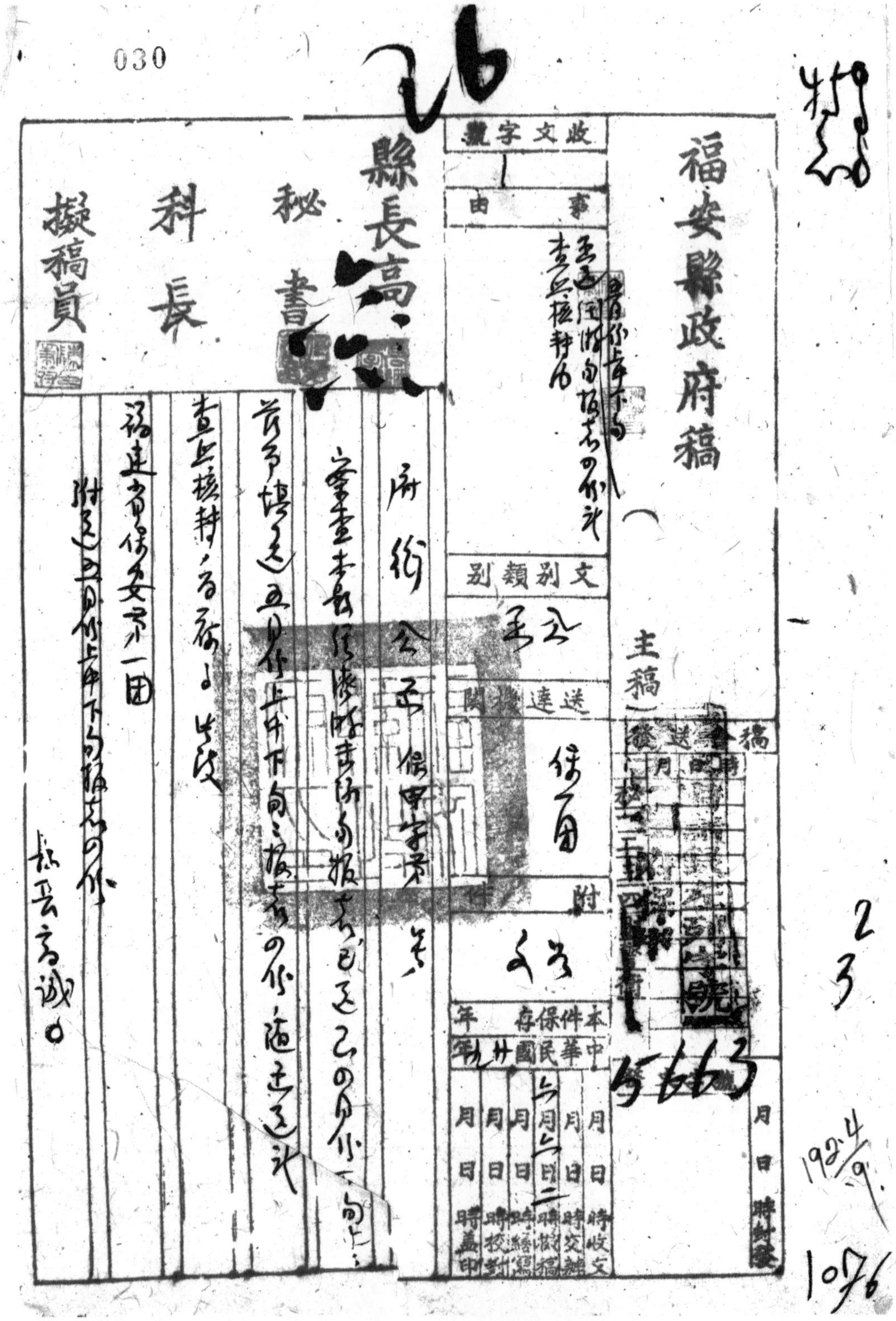
福安縣政府稿
縣長
秘書
科長
擬稿員
收文字數
事由
文別類別
送達機關
附件
本件保存年限
中華民國廿九年
收文 交辦 擬稿 繕寫 校對 蓋印

福安县政府送保一团五月上中下旬经济游击旬报表的公函

（1940 年 6 月 6 日） 0002-004-0238

031

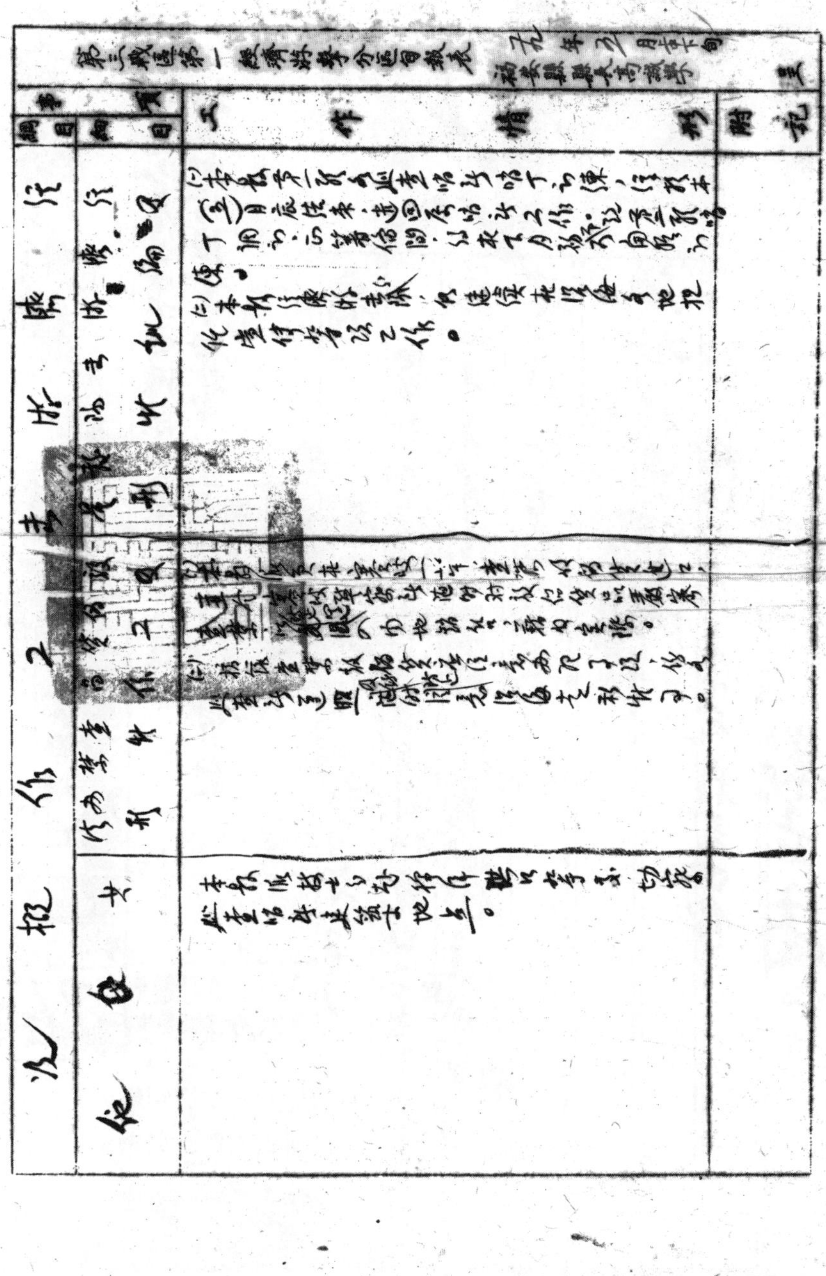
第三战区第一经济游击分区旬报表　廿九年5月上中下旬
福安县县长高诚学　呈

事项 纲目	事项 细目	工作情形	附记

第三战区第一经济游击分区旬报表(1940 年 5 月上中下旬)　0002-004-0238

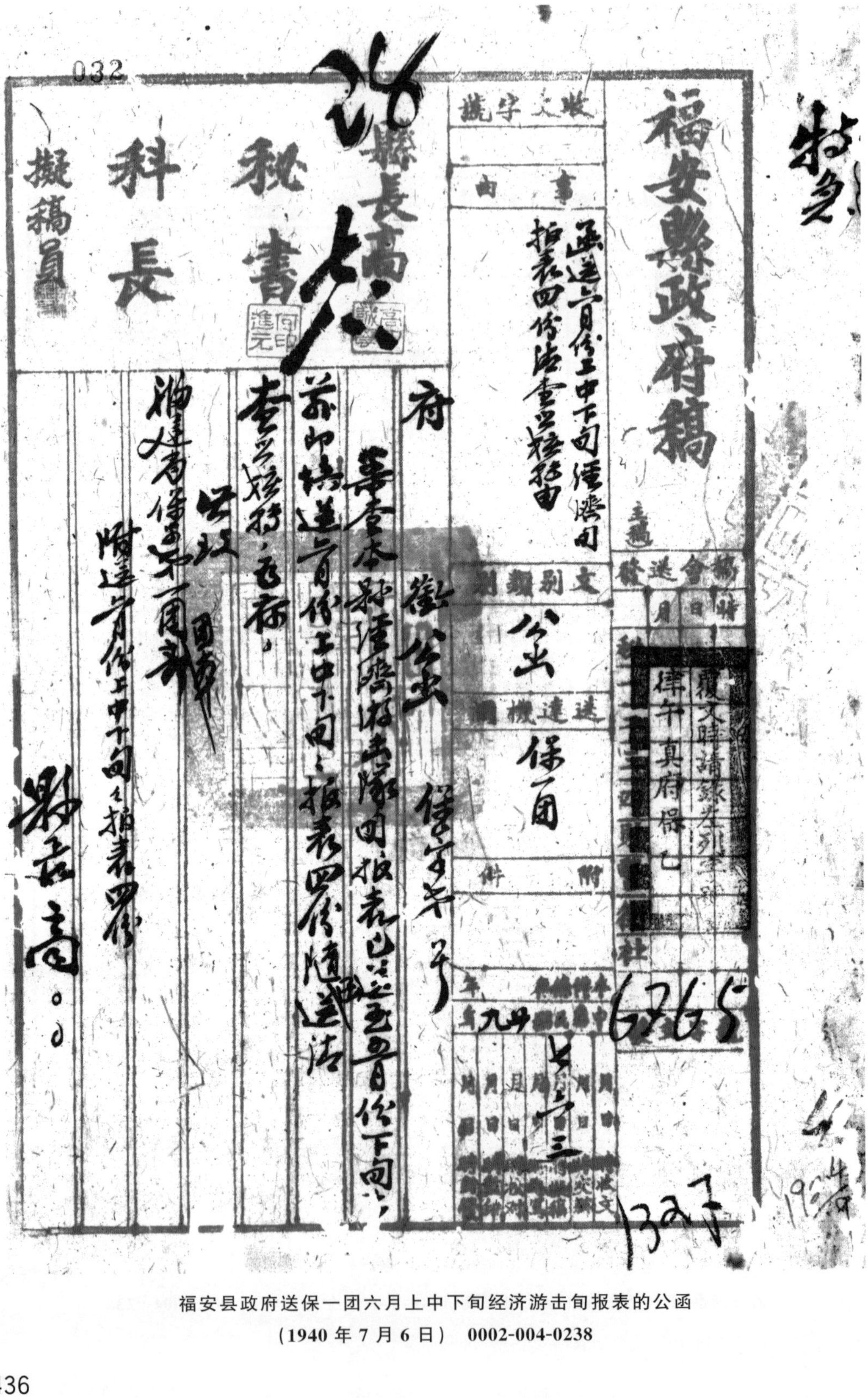

福安縣政府稿

縣長高

秘書

科長

擬稿員

收文字號

事由：函送六月份上中下旬經濟游擊隊旬報表四份請查照轉由

文別：公函

送達機關：保一團

府銜公函 保字第 號

案查本縣經濟游擊隊旬報表已送至五月份下旬，茲以填送六月份上中下旬旬報表四份，隨函送請查照轉存為荷。

此致

保安第一團部

附送六月份上中下旬之旬表四份

縣長高○○

福安县政府送保一团六月上中下旬经济游击旬报表的公函

（1940 年 7 月 6 日） 0002-004-0238

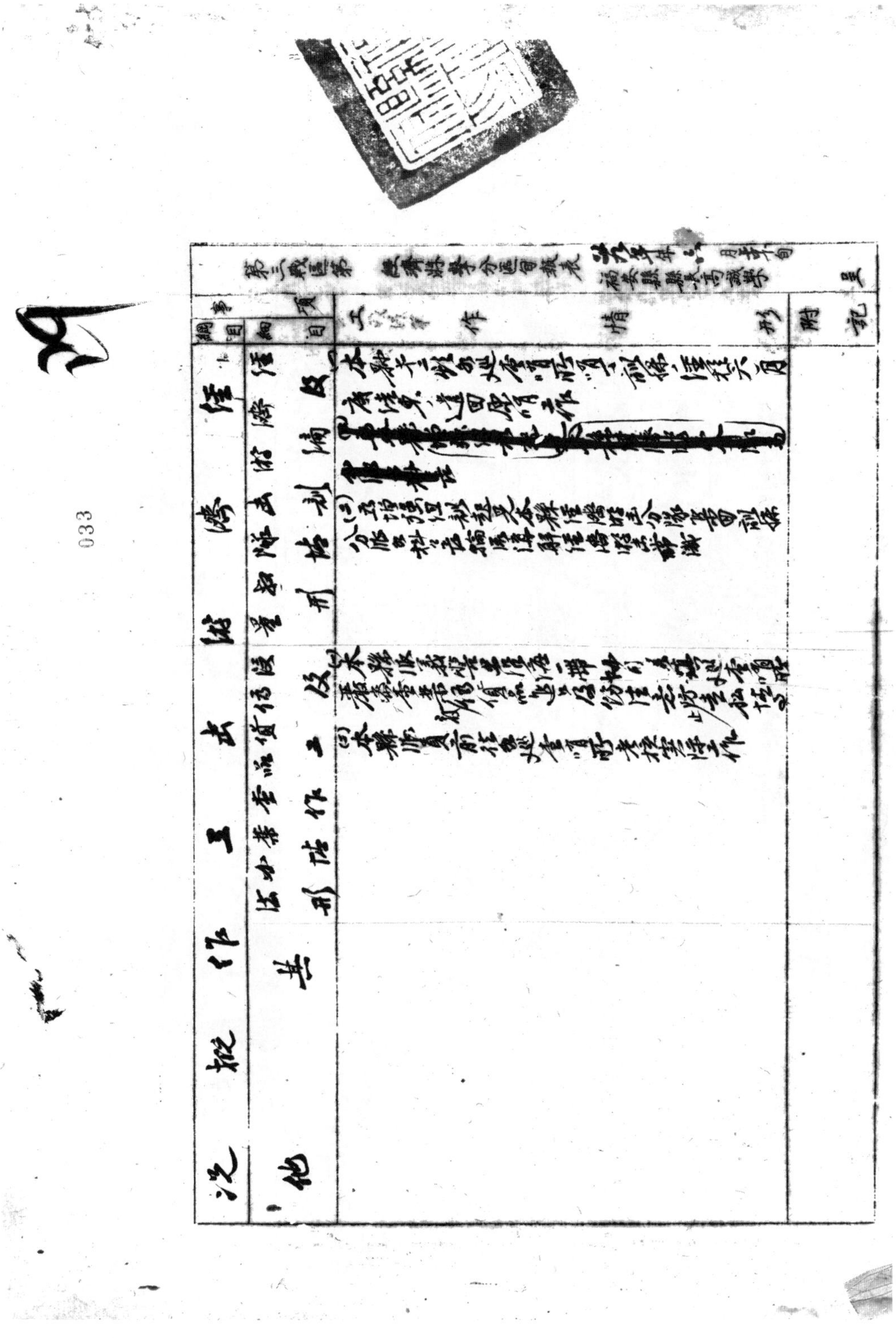

第三战区第一经济游击分区旬报表(1940 年 6 月上中下旬)　0002-004-0238

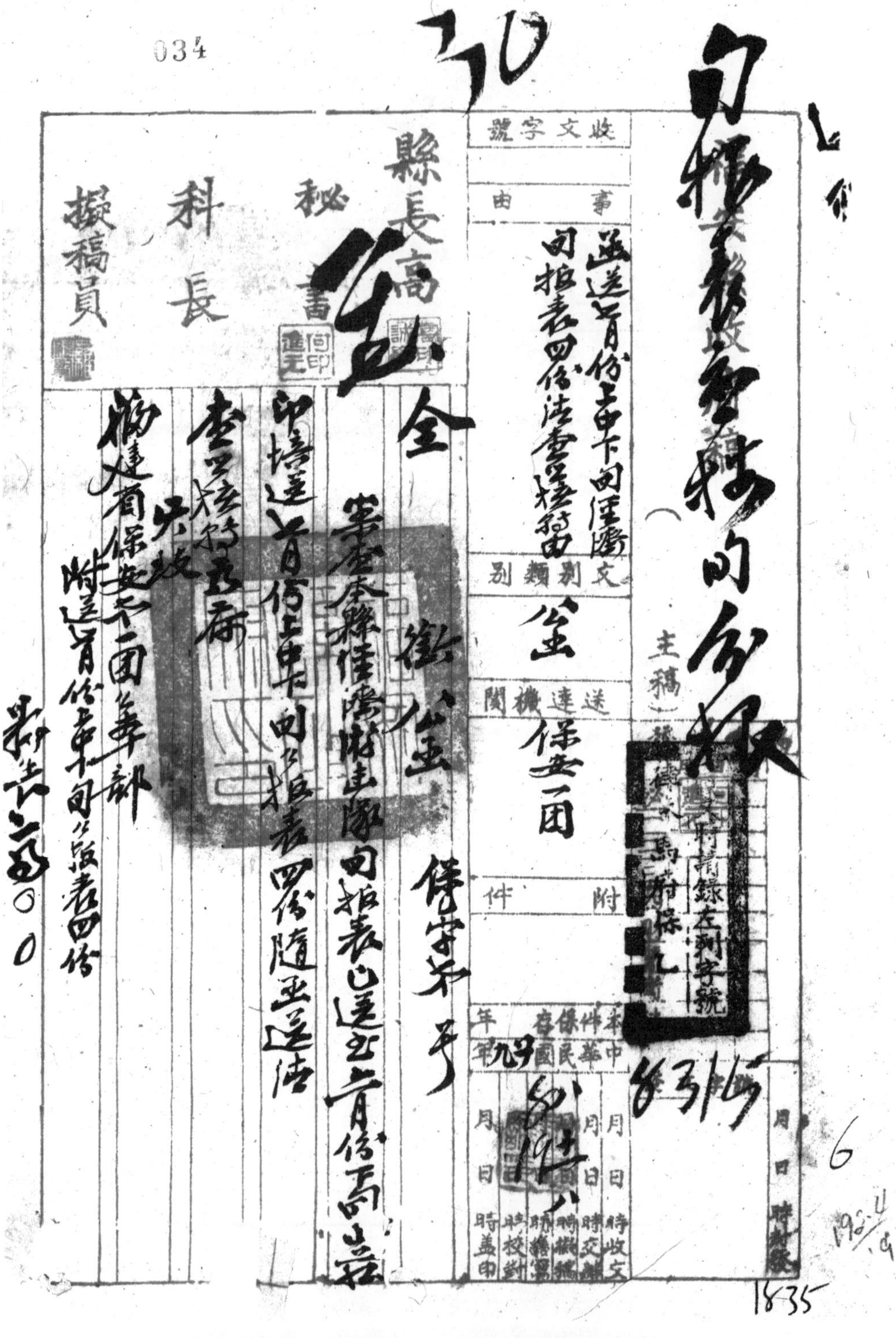

034

縣長

秘書

科長

擬稿員

收文字號

事由

函送七月份上中下旬經濟游擊隊旬報表四份請查照核轉由

文別類別

公函

送達機關

保安一團

附件

本件中華民國 年 月 日 時 收文

福安县政府送保一团七月上中下旬经济游击旬报表的公函

（1940 年 8 月 11 日） 0002-004-0238

035

第三战区第一经济游击分区旬报表　廿九年七月上旬

福安县县长高诚学　呈

纲目	细目	工作情形	附记
经济游击工作概况	经济游击队数量及训练情形	本县经济游击分队经六月杪回县改编现仍驻三沙一带担任密侦及检查封锁等项工作	
	其他		

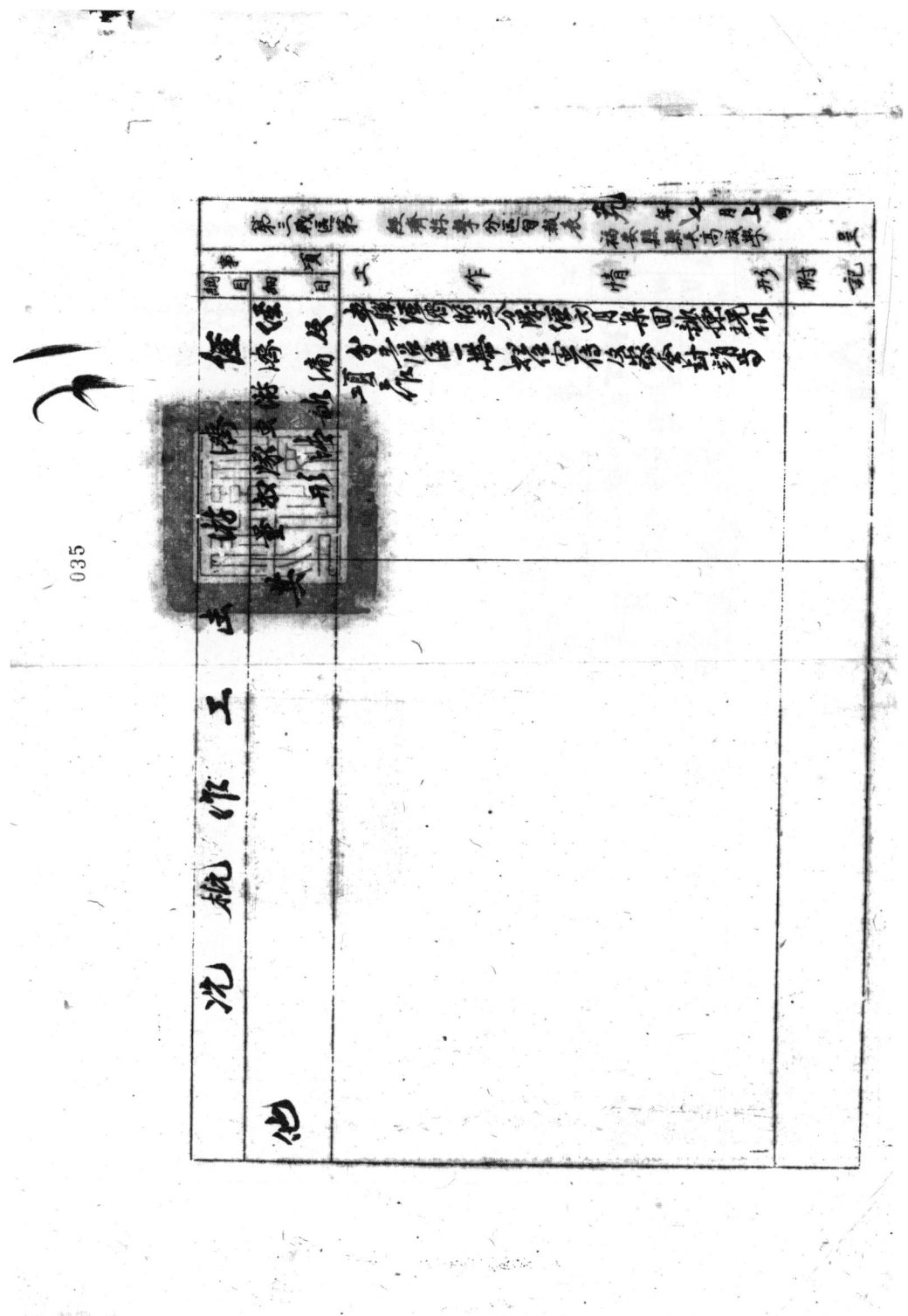

第三战区第一经济游击分区旬报表（1940 年 7 月上旬）　0002-004-0238

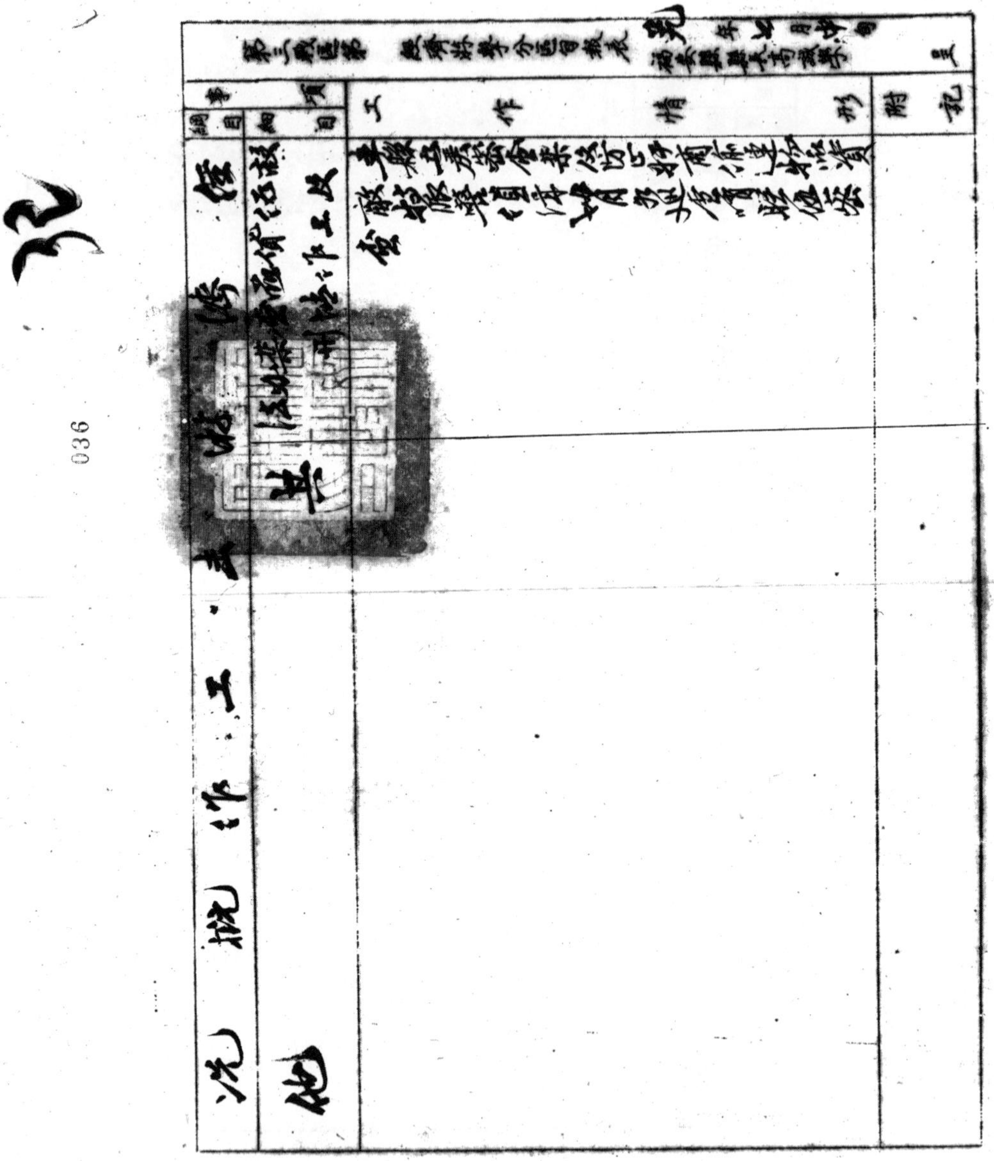

第三战区第一经济游击分区旬报表(1940 年 7 月中旬)　0002-004-0238

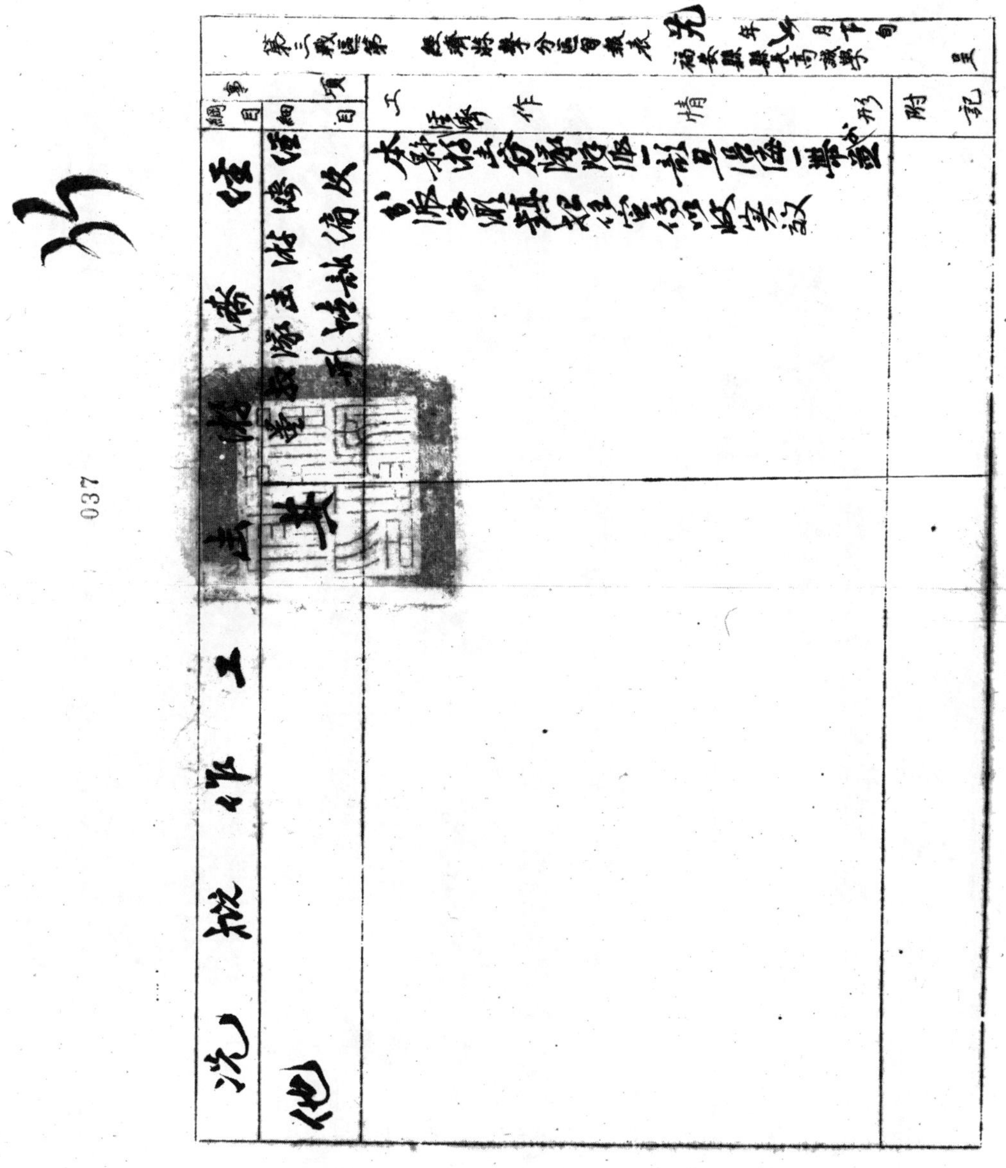

第三战区第一经济游击分区旬报表 廿九年七月下旬 福安县经济游击队 呈

事项 纲目	细目	工作情形	附记
经济工作状况	[illegible]	[illegible]	
其他			

第三战区第一经济游击分区旬报表(1940 年 7 月下旬)　0002-004-0238

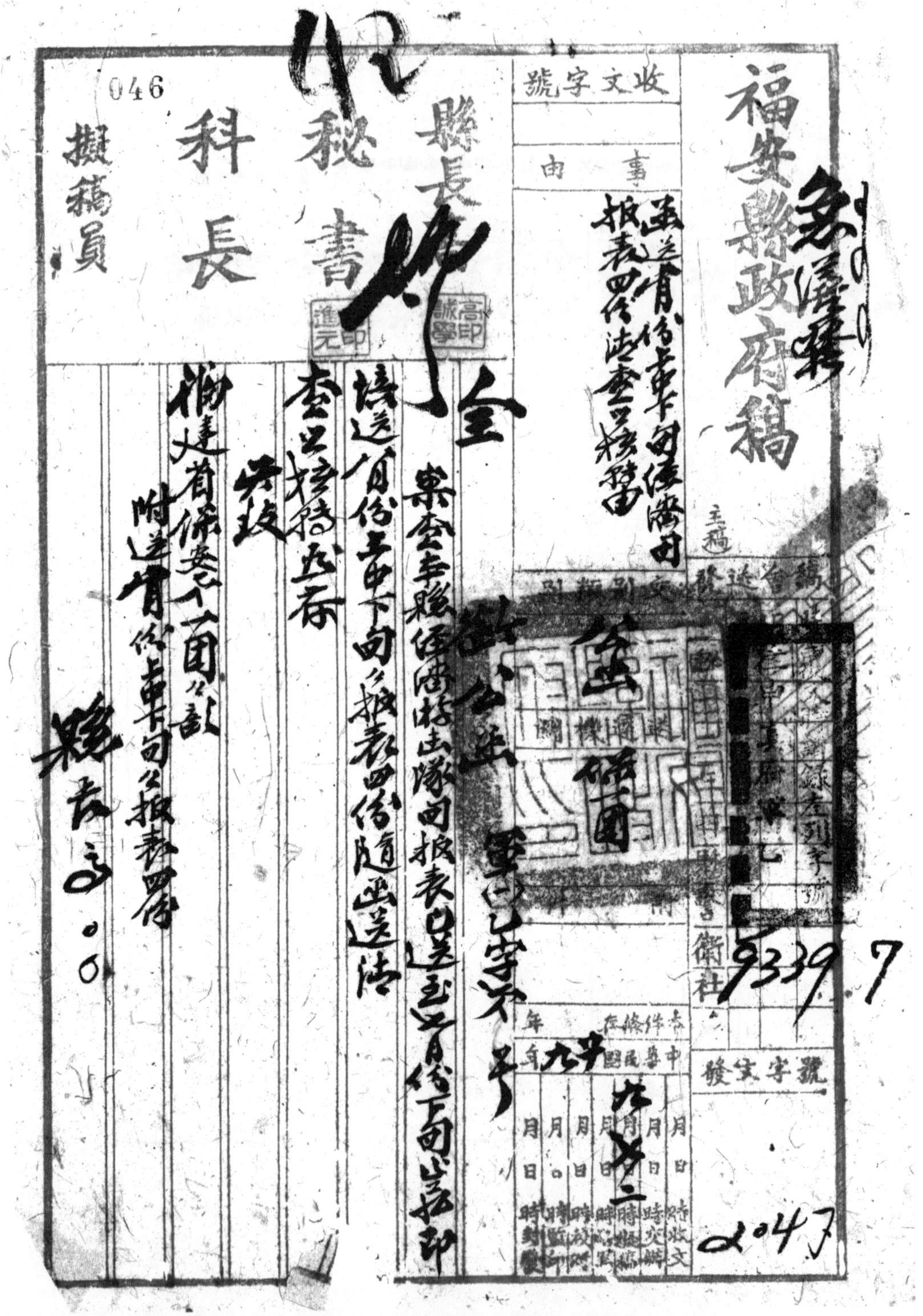
福安縣政府稿
縣長
秘書
科長
擬稿員
收文字號
事由
函送省保安第一團八月上中下旬經濟游擊旬報表四份請查照核轉由

福安县政府送保一团八月上中下旬经济游击旬报表的公函

（1940 年 9 月 7 日） 0002-004-0238

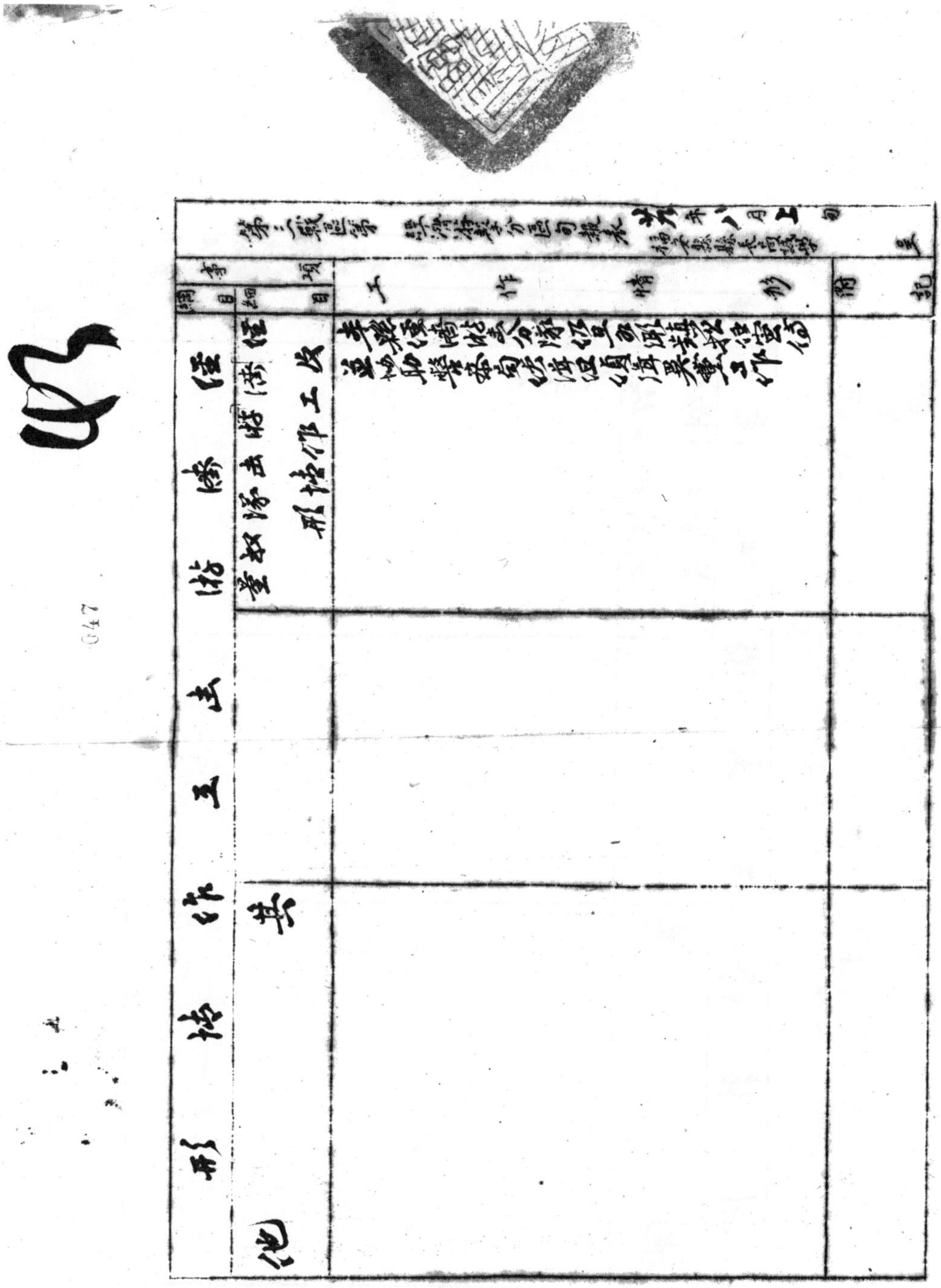

第三战区第一经济游击分区旬报表　廿九年八月上旬　福安县县长高[illegible]呈

纲目	细目	工作情形	附记
经济游击工作情形	经济游击队组织工作情形	本县经济游击分队仍[illegible]并协助警察局[illegible]工作	
	其他		

第三战区第一经济游击分区旬报表（1940 年 8 月上旬）　0002-004-0238

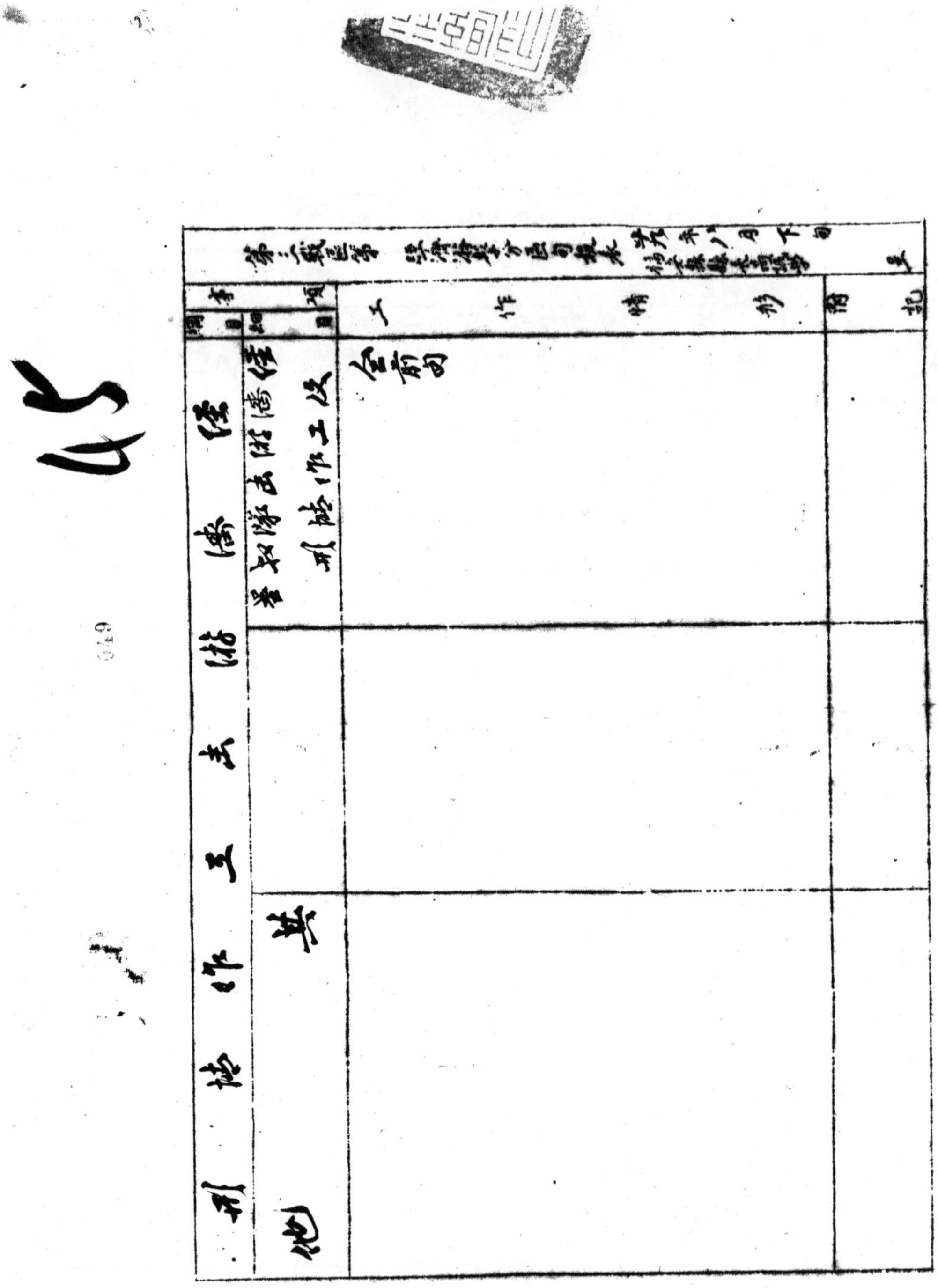

第三战区第一经济游击分区旬报表(1940 年 8 月下旬) 0002-004-0238

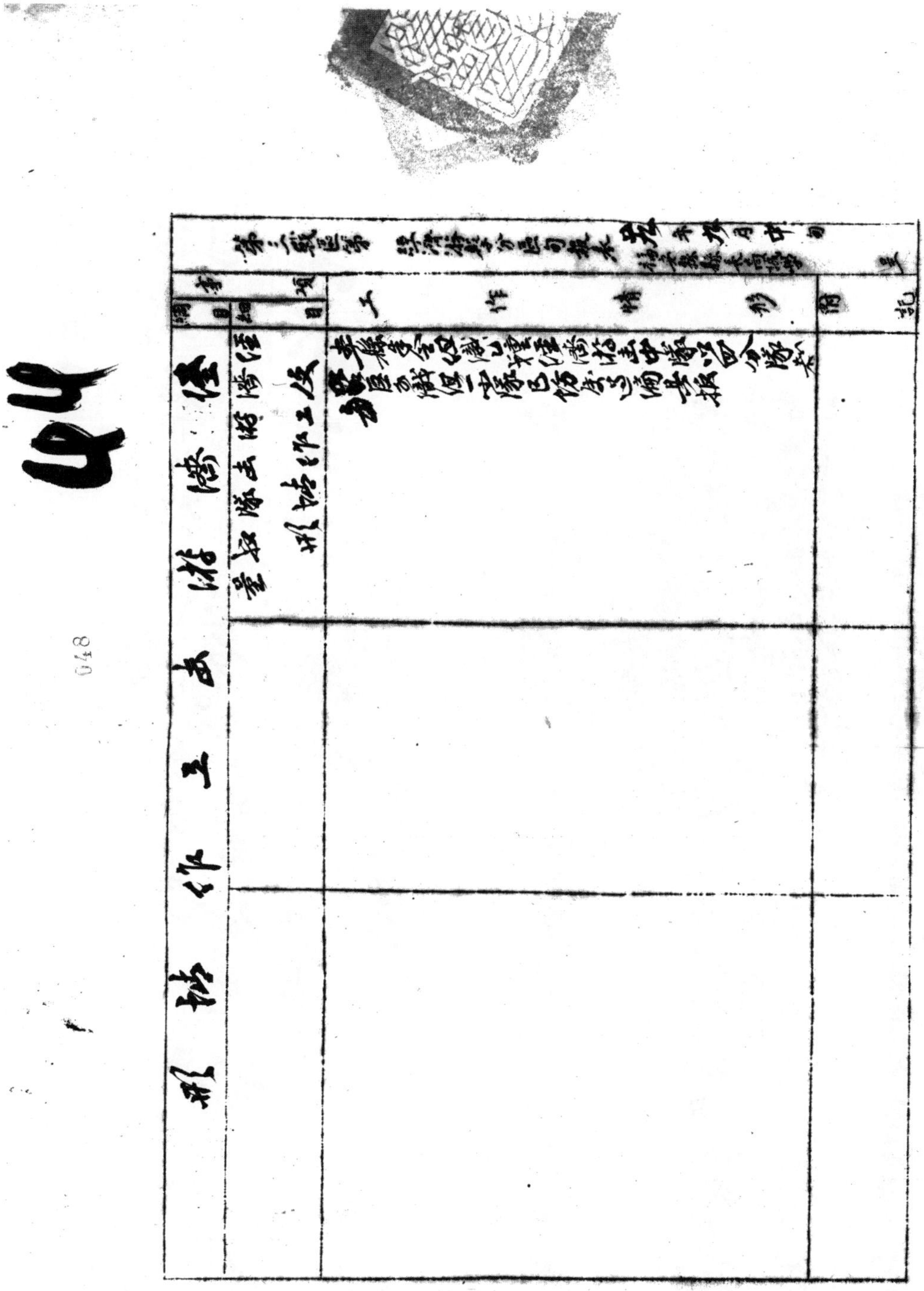

第三战区第一经济游击分区旬报表(1940 年 9 月中旬)　0002-004-0238

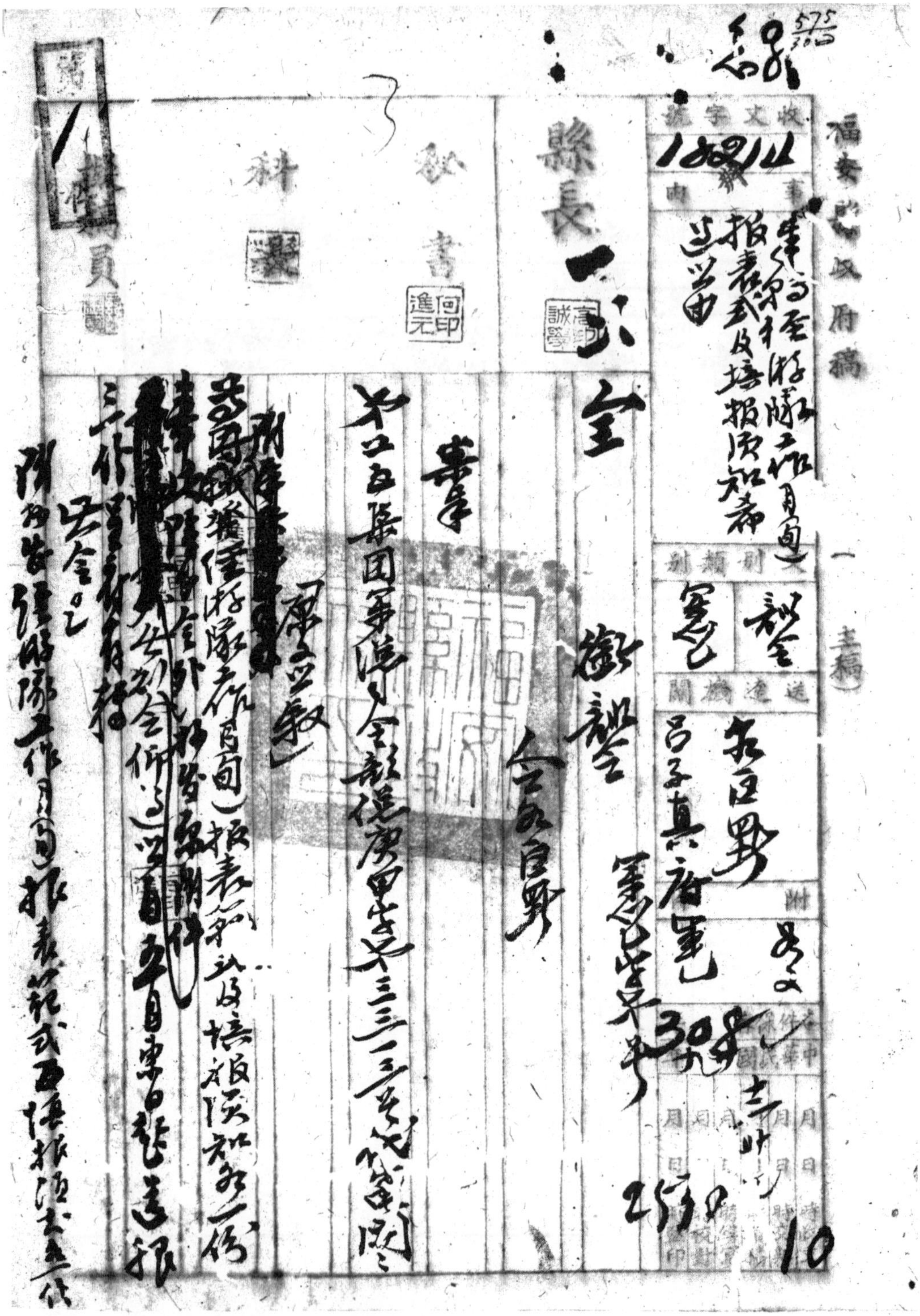

福安县政府为奉转第二五集团军总司令部代电关于经济游击队工作月旬报表范式及填报须知而发的训令(1940 年 12 月 20 日)　0158-001-0516

事由：奉轉經游隊工作月(旬)報表範式及填報須知希遵照造報由。

大 軍事乙科

第二十五集團軍總司令部代電

總字第3313號

福安縣縣長：奉司令長官顧本年十月揮字第六七六號東翅代電開："茲規定各級經濟游擊隊工作月(旬)報表範式隨電頒發，希遵照并轉飭遵照填報為要"等因，附抄發經濟游擊隊工作月(旬)報表範式及填報須知各一份。奉此，除分電各師暨本部總梁指揮官以及應設經游隊之各縣外，特抄經游隊工作月(旬)報表範式及填報須知各一份，隨電附發，希即遵照填報，並規定從本月東日起造報兩份呈部存轉。總司令陳儀

總甲卯附發經游工作月(旬)報表範式及填報須知各一

中華民國二十九年十月　日

第二十五集团军总司令部关于经济游击队工作月旬报表范式及填报须知的代电

(1940年10月)a面　0158-001-0516

填報須知

一、本範式甲種經游大中隊或獨立小隊與乙種經游中小隊適用之。

二、甲種經游大隊與乙種經游隊每月應填報一次，並須次月十日以前呈出；甲種經游中隊或獨立小隊與乙種經游分隊每旬填報一次，並須于次旬之三日前呈出，非有特殊情形不得逾限。

三、書寫不拘行楷，但須字畫清楚完整，以便核閱，並限用毛筆或鋼筆。

四、工作經過及結果切勿以空洞之文句籠統填報，須將日期、地點、參加人員、方法、目標、經過情形、遭到程度或所得結果以簡明切要之字句填寫之，以徵信而便考核。

五、環境狀況須將當地或活動範圍內各種經濟情形，如農工業之生產運銷、商業金融之狀況、敵偽經濟掠奪陰謀與及走私內幕等，作有系統而切要的敘述，以供上級之參考。

六、工作細目即在某方面所作之某種工作，係照軍委会經游隊組織及實施辦法第四章任務及第五章實施各条所列項目填報之。

七、月報應附封鎖要圖，描繪時應注意事項如左：

(1) 描繪封鎖要圖須將敵我態勢、封鎖網、諜報網以及船只查哨與遮[illegible]哨所在地繪出并注明之。

(2) 比例尺不能小于五萬分一。

(3) 水平曲線可省畫。

校對 鄭

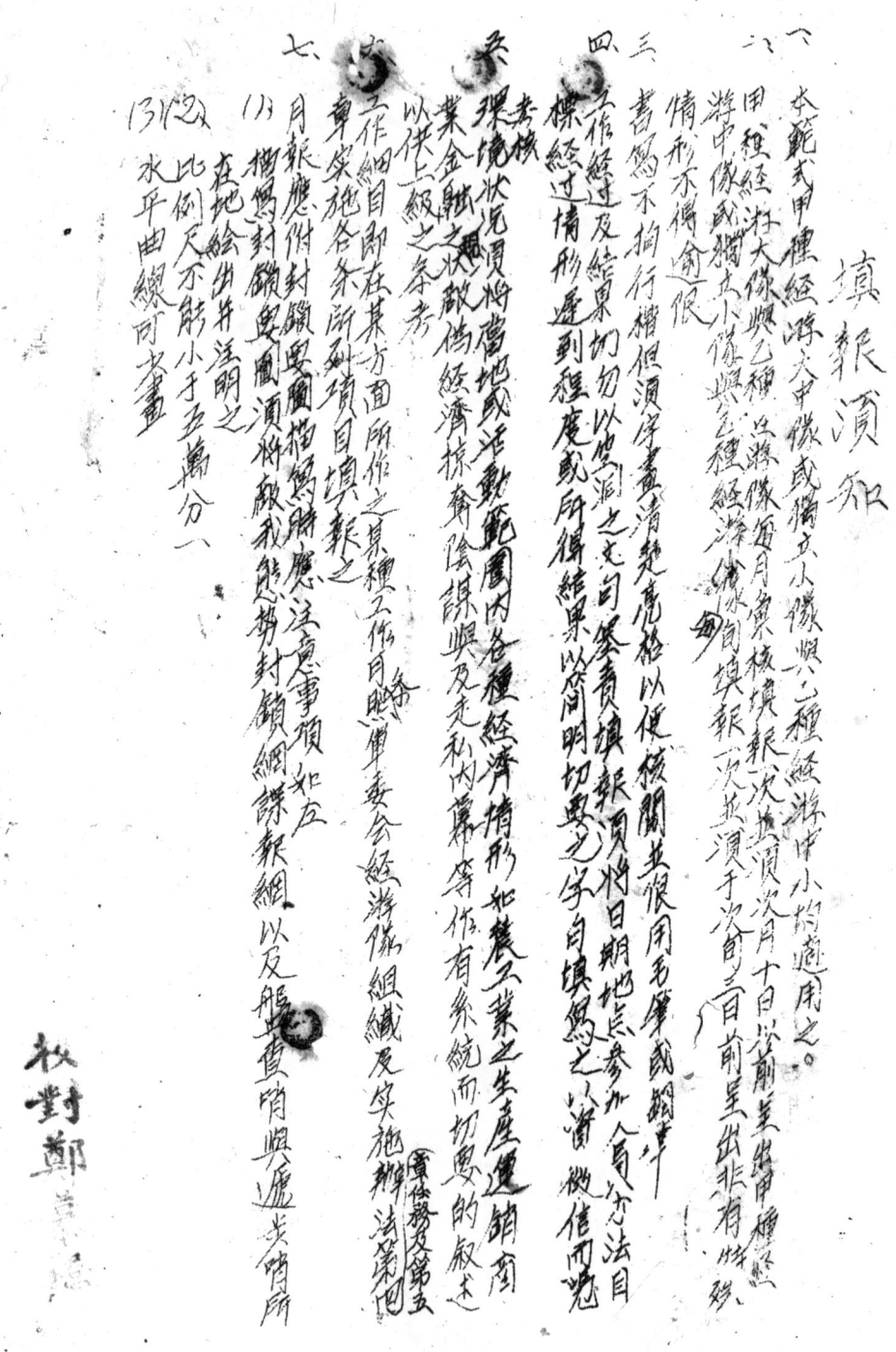

第二十五集团军总司令部关于经济游击队工作月旬报表范式及填报须知的代电

(1940年10月)b面　0158-001-0516

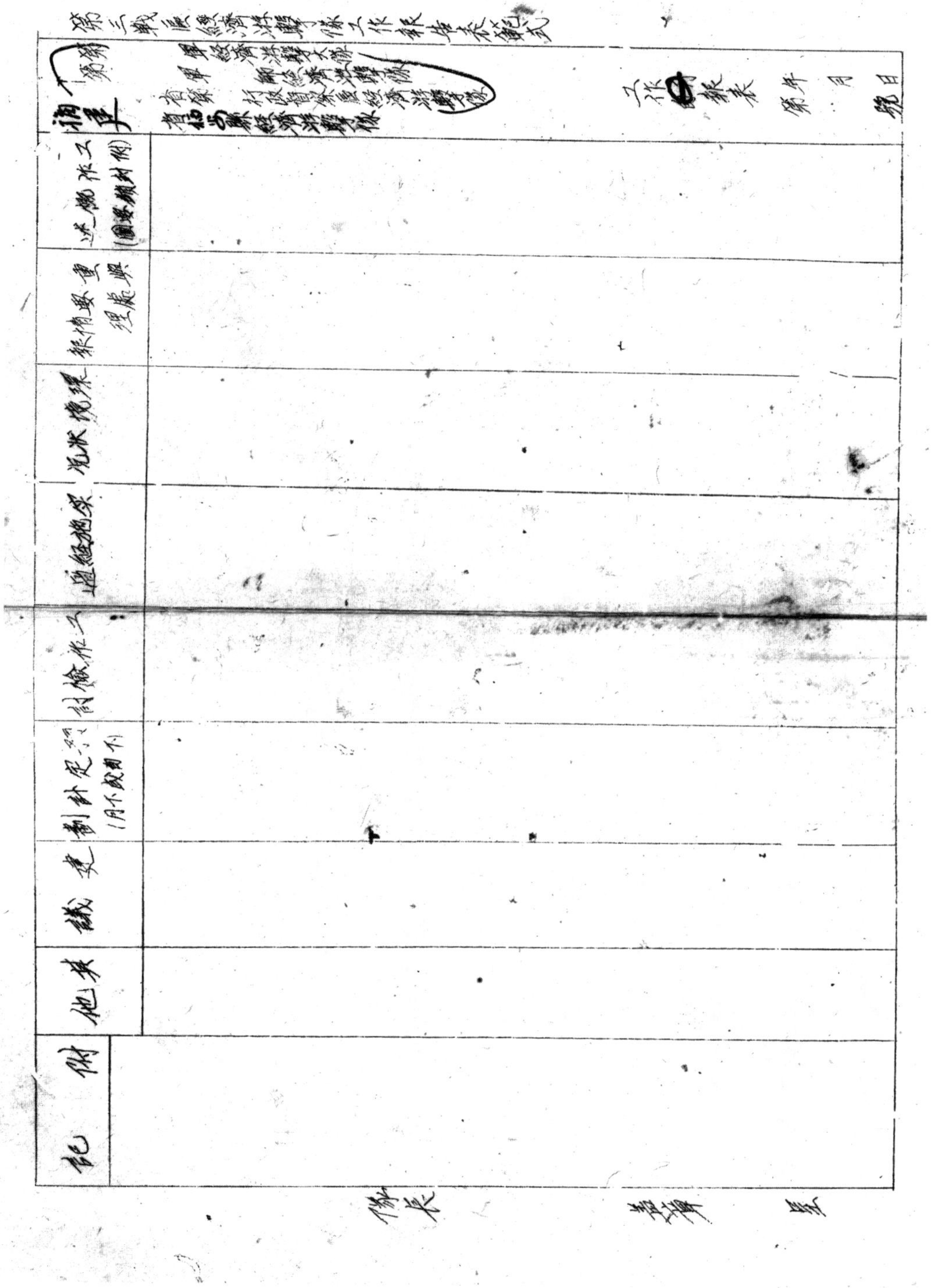

第三战区经济游击队工作报告表范式(1940 年 10 月)　0158-001-0516

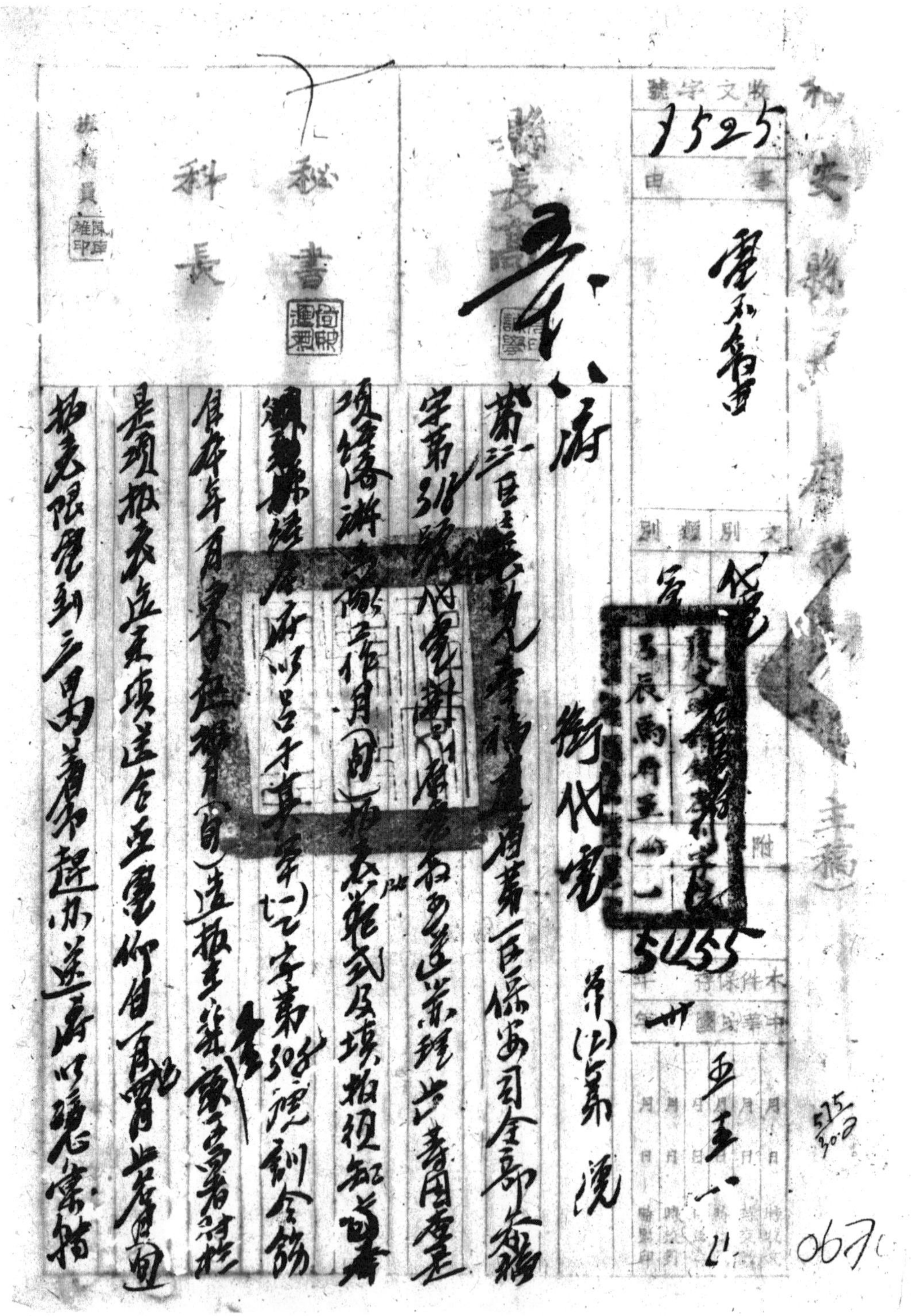

福安县政府奉福建省第一区保安司令部代电而发的催报各级经济游击队工作月旬报表的代电（1941 年 5 月 15 日） 0158-001-0516

毋再遲延為要。高。[illegible]

福安县政府奉福建省第一区保安司令部代电而发的催报各级经济游击队工作月旬报表的代电(1941 年 5 月 15 日)　0158-001-0516

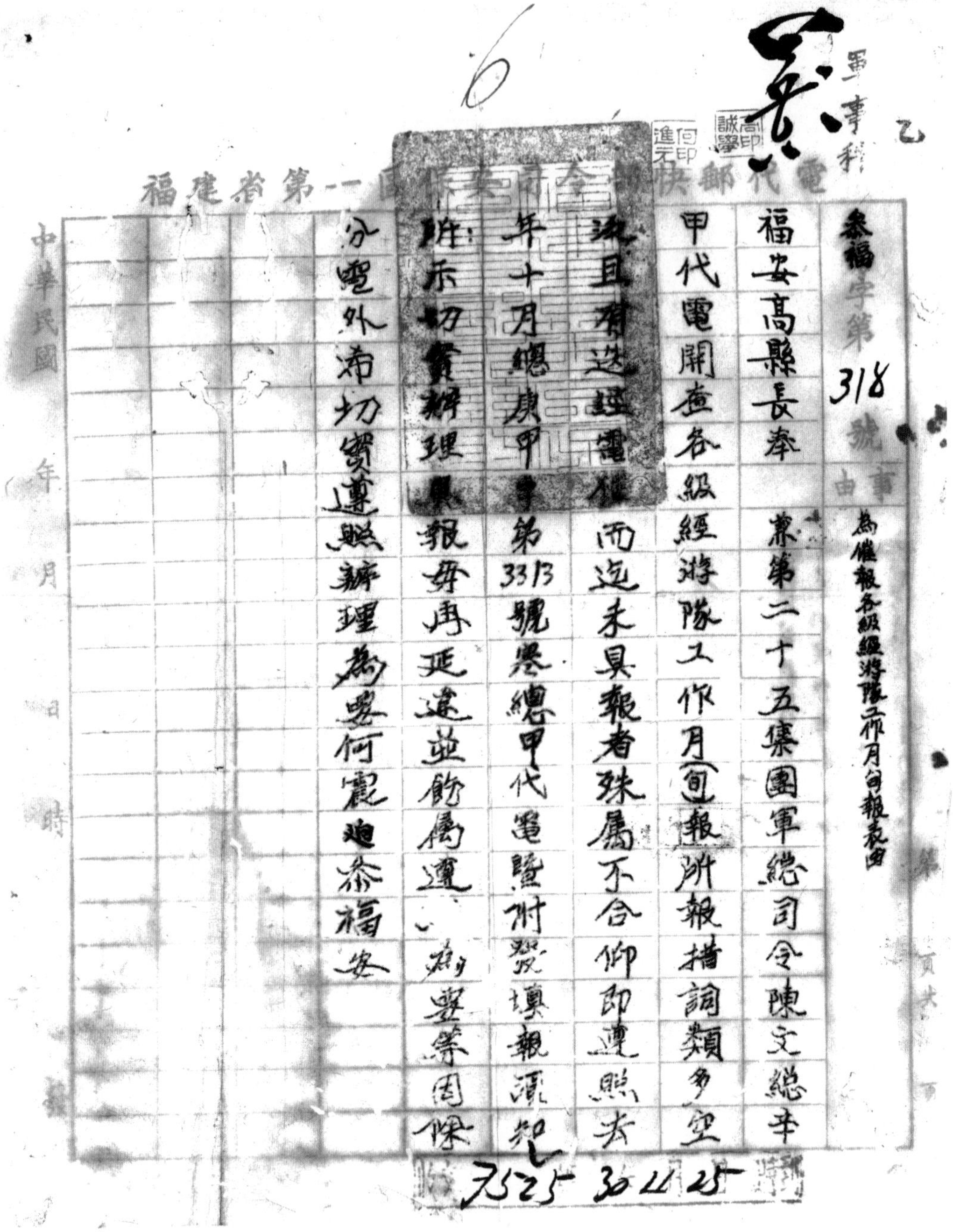

福建省第一区保安司令部催报各级经济游击队工作月旬报表的代电

(1941年4月25日) 0158-001-0516

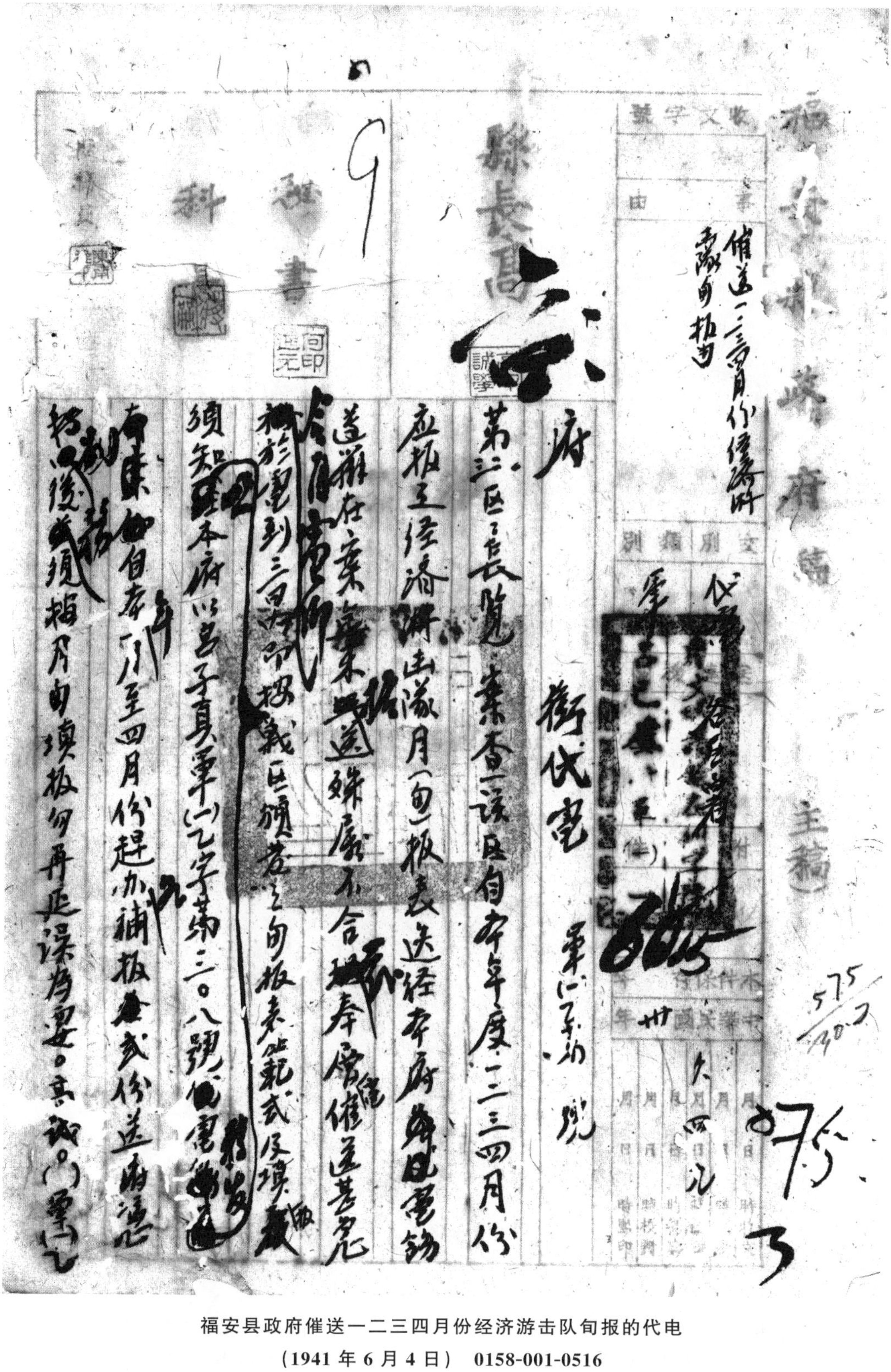

福安县政府催送一二三四月份经济游击队旬报的代电

（1941 年 6 月 4 日） 0158-001-0516

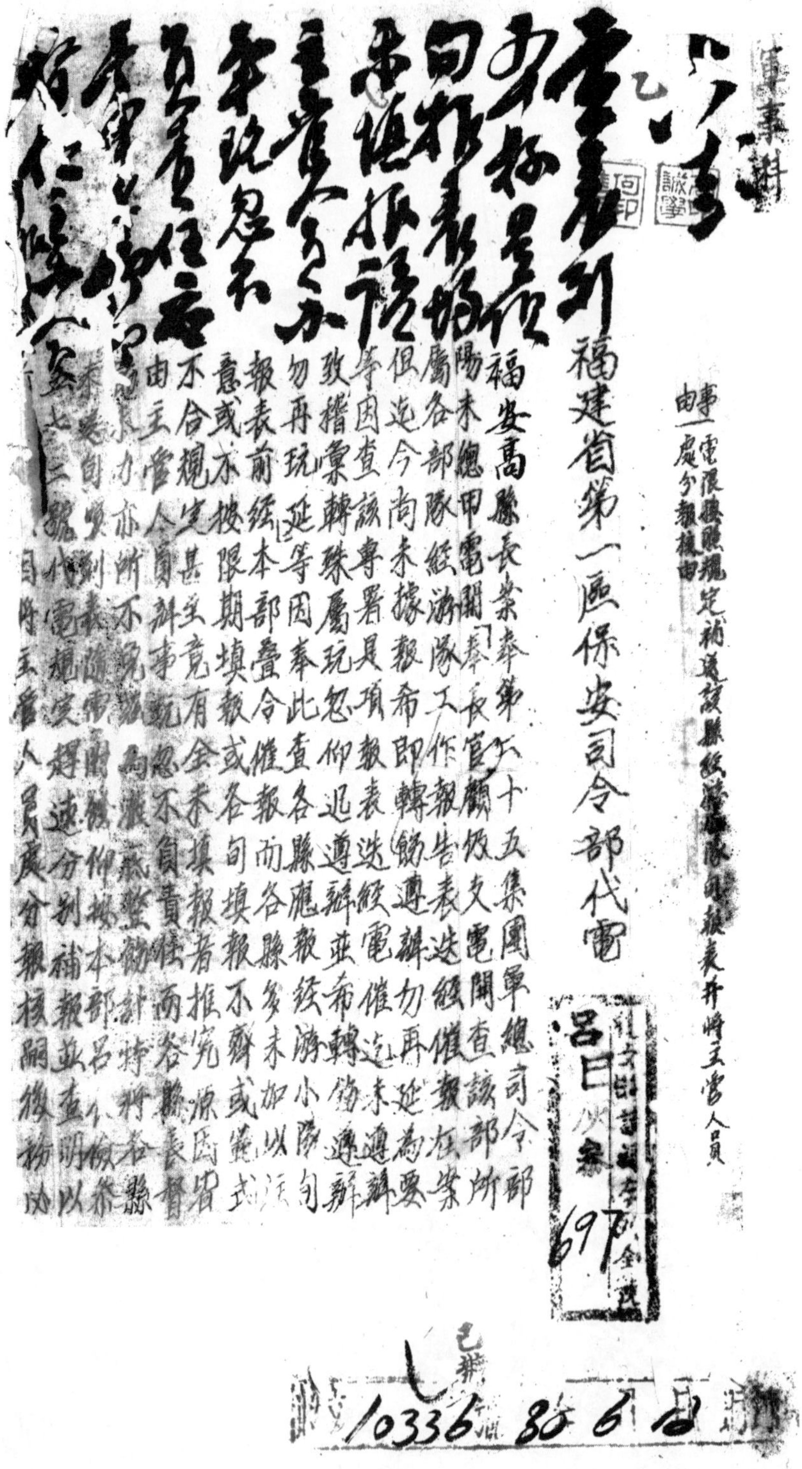

福建省第一区保安司令部限期按照规定补送该县经游队旬报表并将主管人员处分报核的代电(1941 年 6 月 10 日)a 面　0158-001-0516

中華民國三十年六月十日

各縣三十年份未報經游小隊旬報一覽表

縣別	缺報月份	備考
閩侯	一月上中下旬、二月上旬、三四五月份上中下旬	
福清	四五月份上中下旬	
長樂	三四五月份上中下旬	
連江	未報	
羅源	四五月份上中下旬	
霞浦	未報	
寧德	三四五月份上中下旬	
福安	未報	
福鼎	二月上旬四月上旬五月上旬	
平潭	未報	

福建省第一区保安司令部限期按照规定补送该县经游队旬报表并将主管人员处分报核的代电(1941年6月10日)b面　0158-001-0516

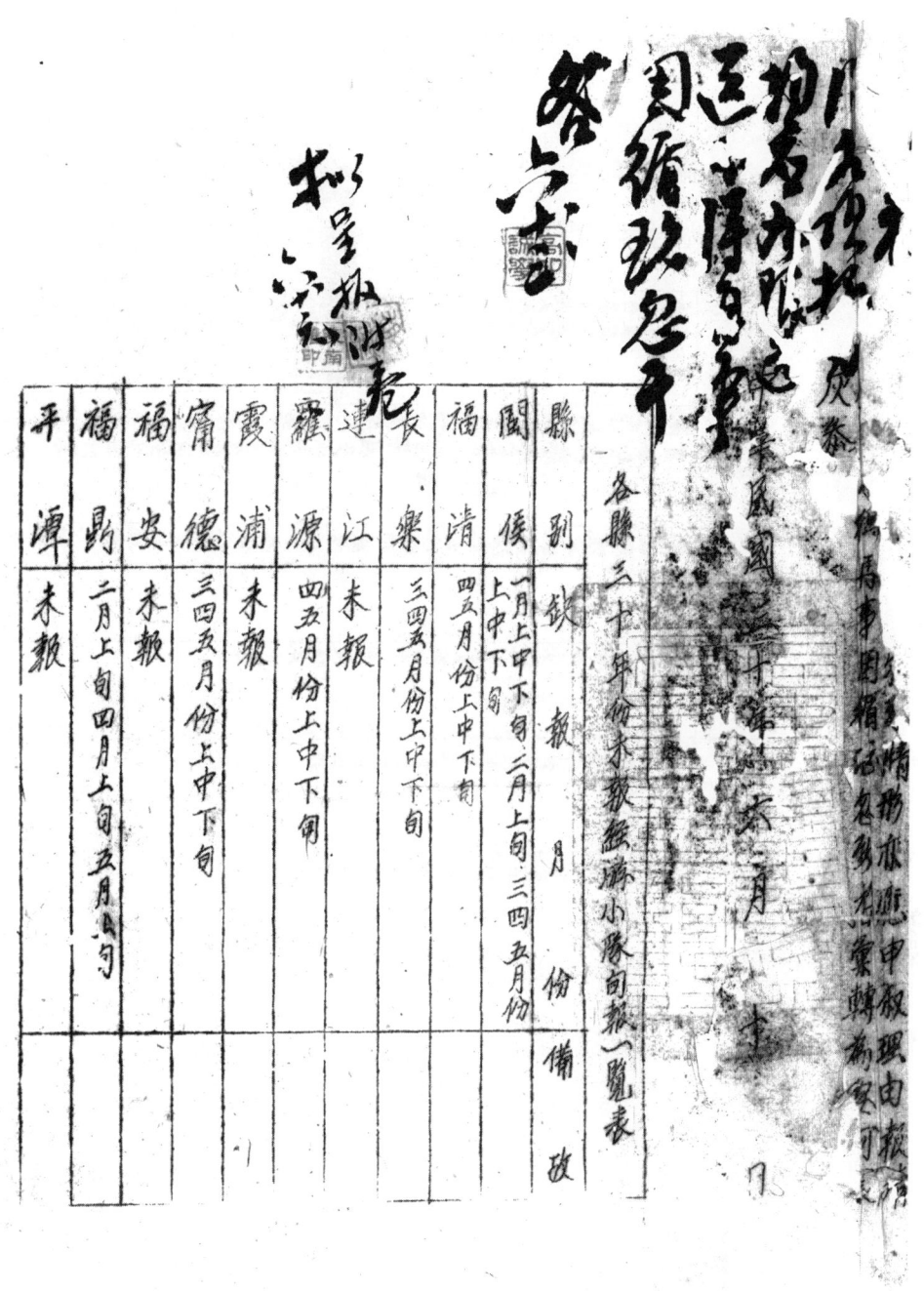

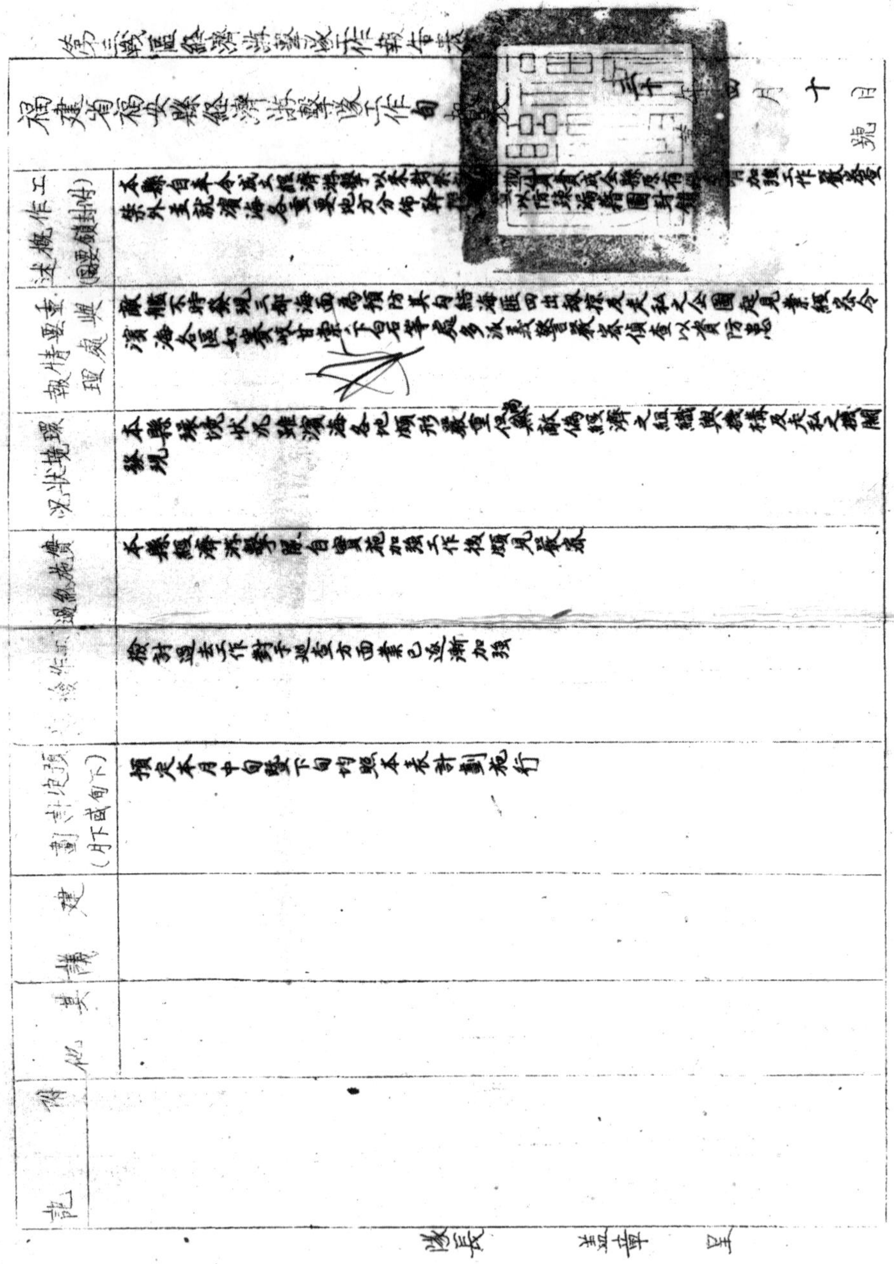

福建省福安縣經濟游擊隊工作旬報表　四月十日　號

工作概況（要領摘叙）	本縣自奉令成立經濟游擊以來對於……縣外主要濱海各重要地方分佈……
重要情報及處理	敵艦不時窺視三都海面為防其勾結海匪四出搶掠及走私之企圖起見業經令分濱海各區……下旬召集各處負責人員嚴密偵查以資防範
環境狀況	本縣環境狀況非濱海各地頗形嚴重……敵偽經濟之組織與破壞及走私之機關係見
經費支配	本縣經濟游擊隊自置……加強工作……
檢討工作	檢討過去工作對于過去方面業已逐漸加強
計劃（下旬）	擬定本月中旬暨下旬均照本表計劃施行
建議	
其他	
批示	

隊長　　蓋章　　呈

福建省福安县经济游击队工作旬报表（1941 年 4 月 10 日）　0158-001-0516

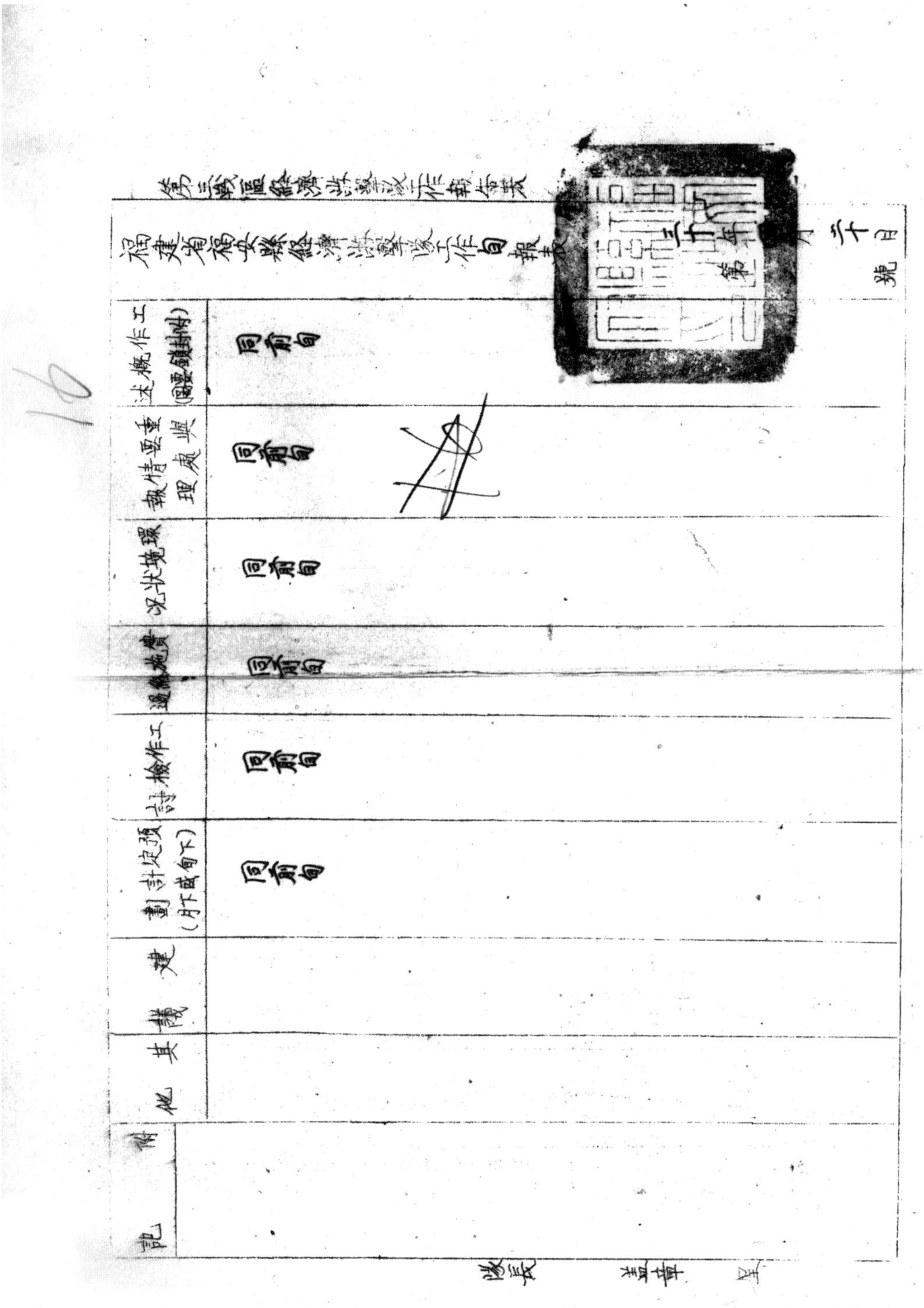

福建省福安縣經濟游擊隊工作旬報表
第三戰區經濟游擊隊工作報告表
月二十日 第 號

工作概述（附要領辦法）	同前旬
重要敵情與處理	同前旬
環境狀況	同前旬
[illegible]	同前旬
工作檢討	同前旬
預定計劃（下月或下旬）	同前旬
建議	
其他	
附記	

隊長 書記 呈

福建省福安县经济游击队工作旬报表（1941 年 4 月 20 日） 0158-001-0516

福建省福安縣經濟游擊隊工作旬報表 四月三十日 號

工作概況（摘要錄述）	同前旬
重要情報與處理	同前旬
環境狀況	同前旬
經費狀況	同前旬
工作檢討	同前旬
預定計劃（下旬或下月）	
建議	
其他	
備記	

隊長 蓋章 呈

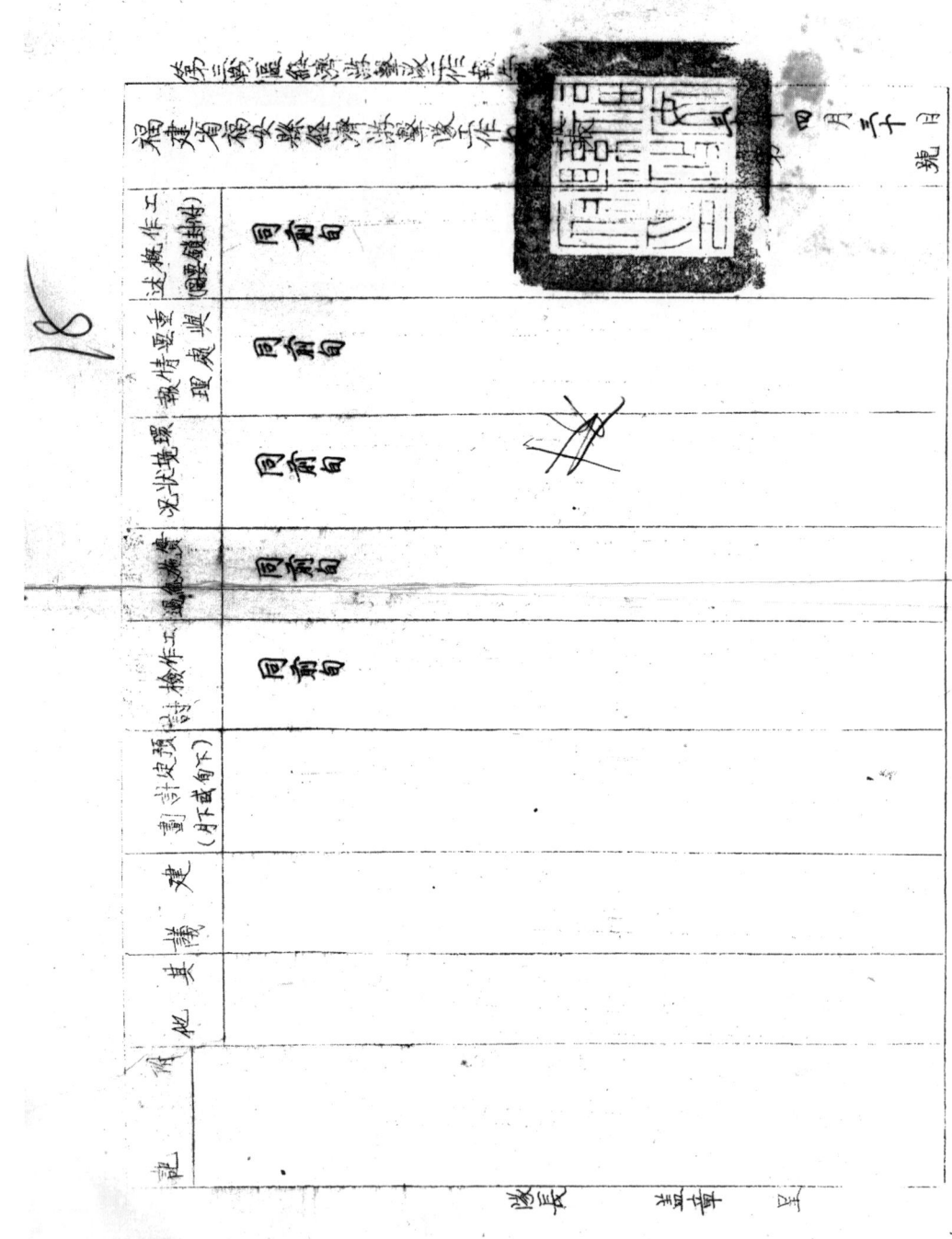

福建省福安县经济游击队工作旬报表（1941年4月30日） 0158-001-0516

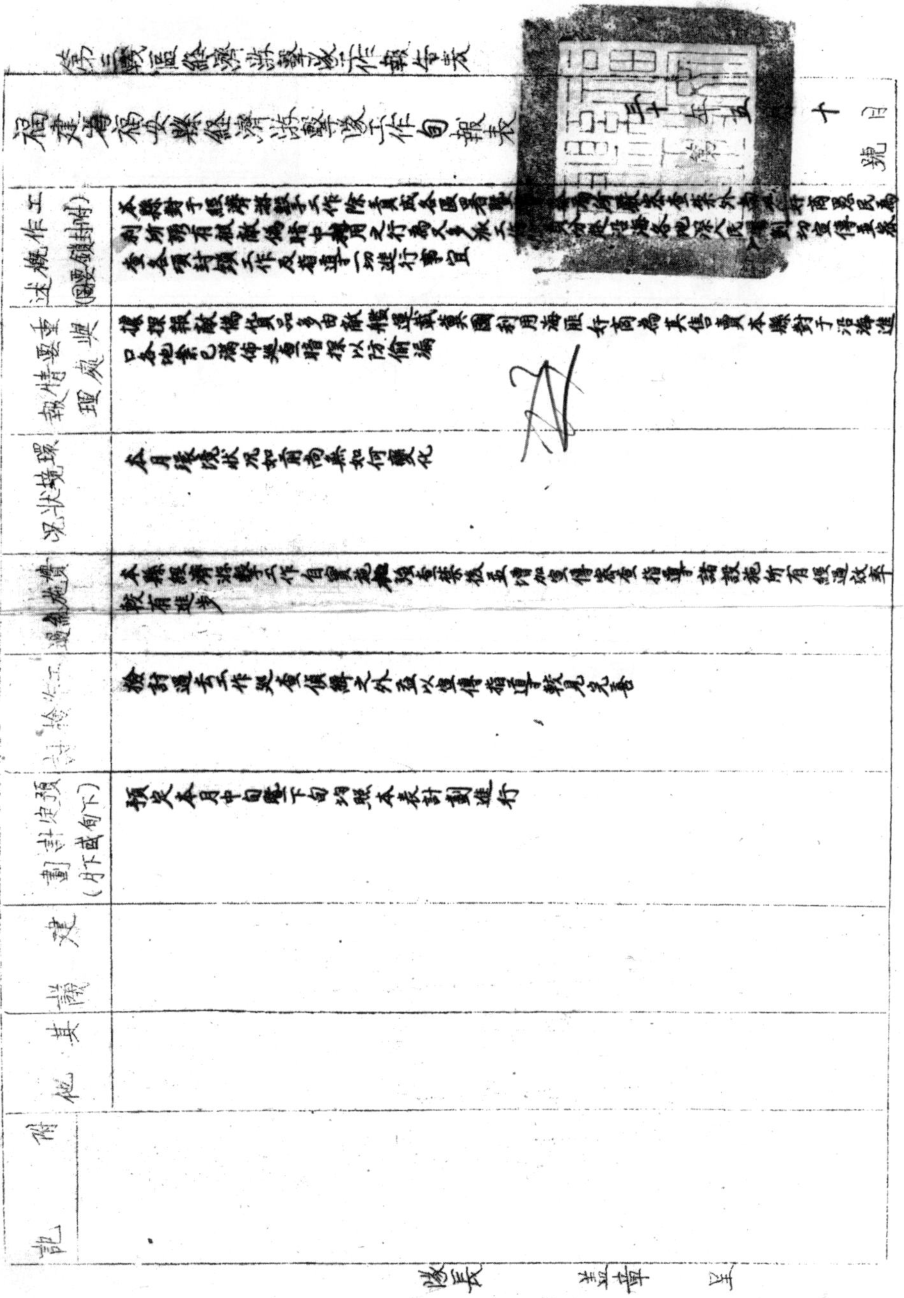
第三戰區經濟游擊隊工作報告表

福建省福安縣經濟游擊隊工作旬報表　十　日　號

工作概述（附封鎖要圖）	本縣對于經濟游擊工作除責成各區署暨[illegible]查禁外，為[illegible]奸商暴民為利所誘有被敵偽暗中利用之行為，又多派工作[illegible]分赴沿海各地深入民間切實宣傳並嚴查各項封鎖工作及指導一切進行事宜
重要情報與處理	據探報敵偽貨品多由敵艦運載冀圖利用海匪奸商為其售賣，本縣對于沿海進口各地業已滿佈巡查暗探以防偷漏
環境狀況	本月環境狀況如前尚無如何變化
實施經過	本縣經濟游擊工作自實施組織查禁後並增加宣傳密查指導諸設施所有經過效率較有進步
工作檢討	檢討過去工作是查緝之外並以宣傳指導較見完善
預定計劃（下月或下旬）	預定本月中旬暨下旬均照本表計劃進行
建議	
其他	
附記	

隊長　　蓋章　　呈

福建省福安县经济游击队工作旬报表(1941 年 5 月 10 日)　0158-001-0516

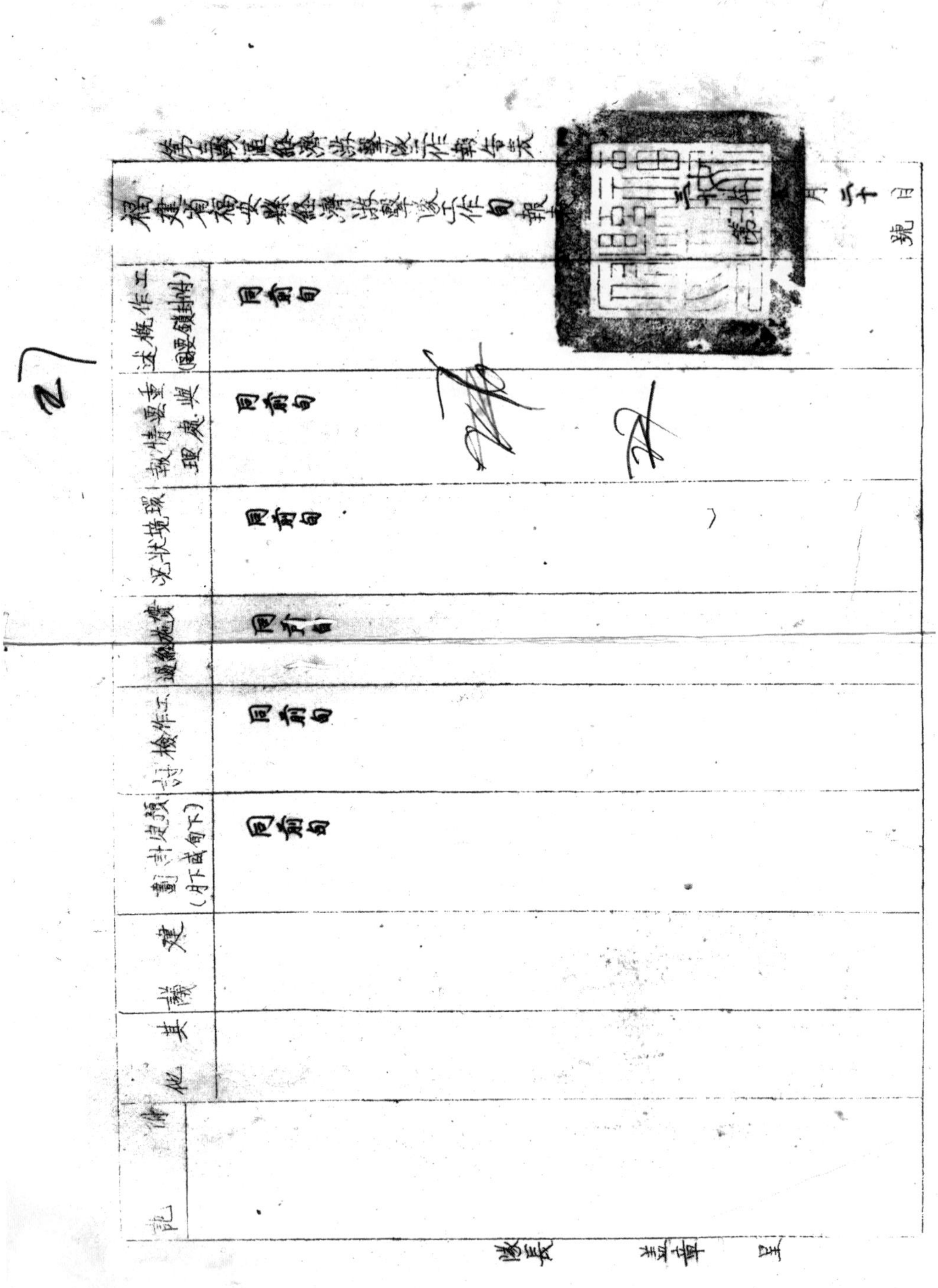

第三戰區經濟游擊隊工作報告表

福建省福安縣經濟游擊隊工作旬報表	月二十日 號
工作概述（照要領填列）	同前旬
重要情報與處理	同前旬
環境狀況	同前旬
經費收支	同前旬
工作檢討	同前旬
預定計劃（下旬或下月）	同前旬
建議	
其他	
附記	

隊長　蓋章　呈

福建省福安县经济游击队工作旬报表（1941 年 5 月 20 日）　0158-001-0516

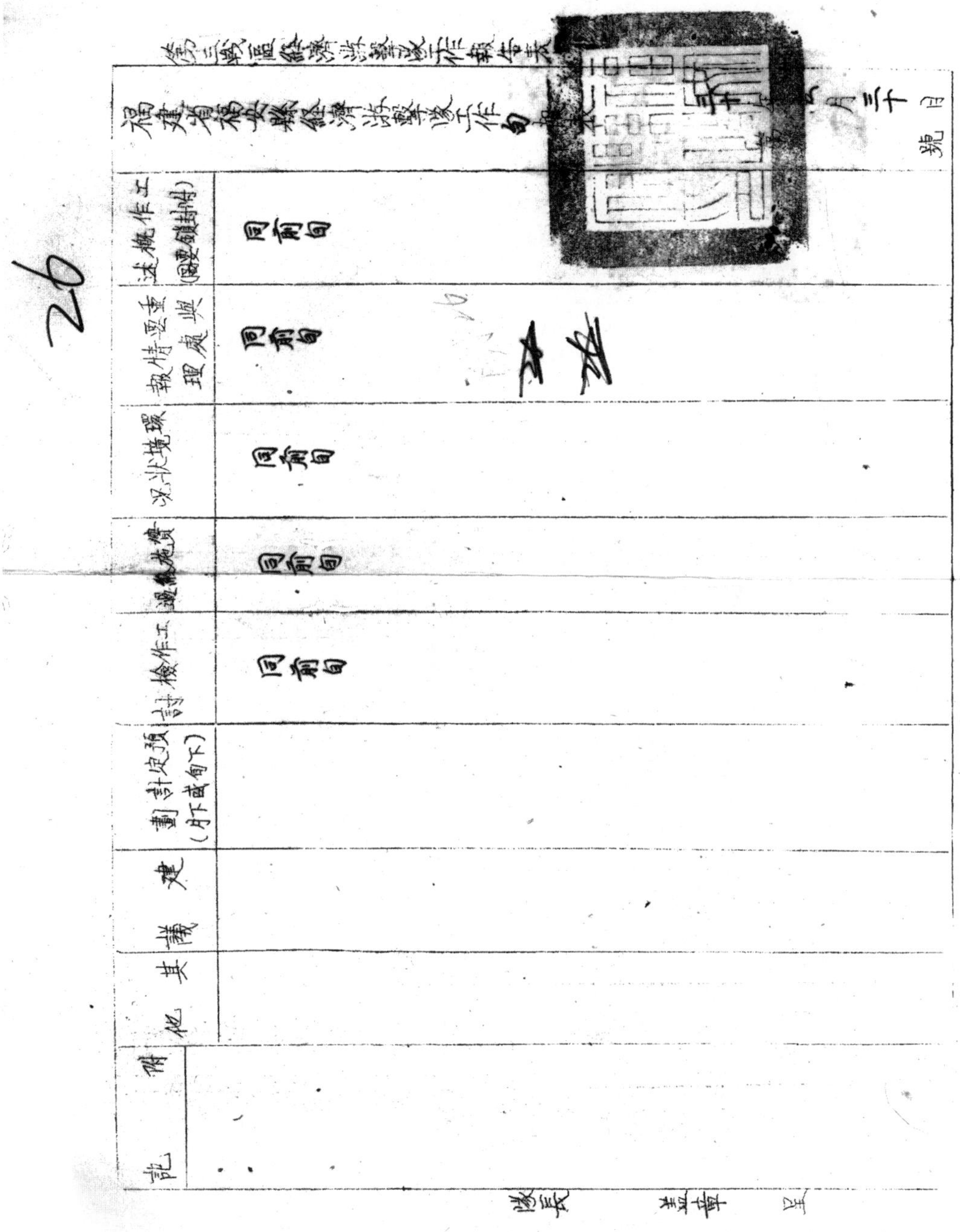

第三戰區經濟游擊隊工作報告表

福建省福安縣經濟游擊隊工作旬報表　中華民國三十年五月三十日

工作概述（重要鎮封情形）	同前旬
重要敵情與處理	同前旬
環境狀況	同前旬
經費概况	同前旬
工作檢討	同前旬
預定計劃（下旬或下月）	
建議	
其他	
附記	

隊長　　　　　呈

福建省福安县经济游击队工作旬报表(1941 年 5 月 30 日)　0158-001-0516

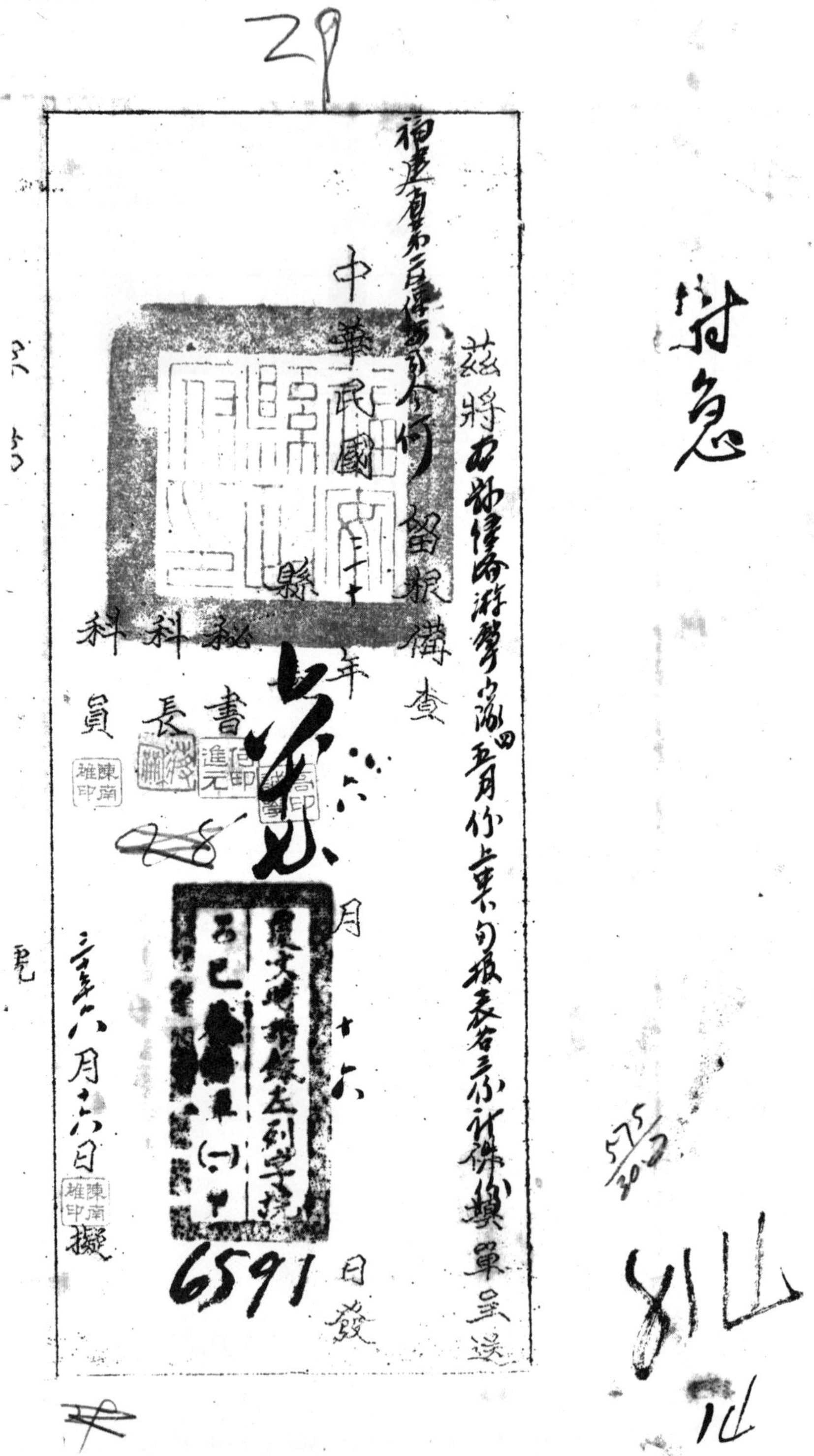
特急

留根備查

茲將本部經濟游擊小隊四五月份上中下旬報表

中華民國三十年六月十六日發

縣長

秘書

科長

科員

福安县政府呈送经济游击小队四五月上中下旬报表的存根

(1941 年 6 月 16 日)　0158-001-0516

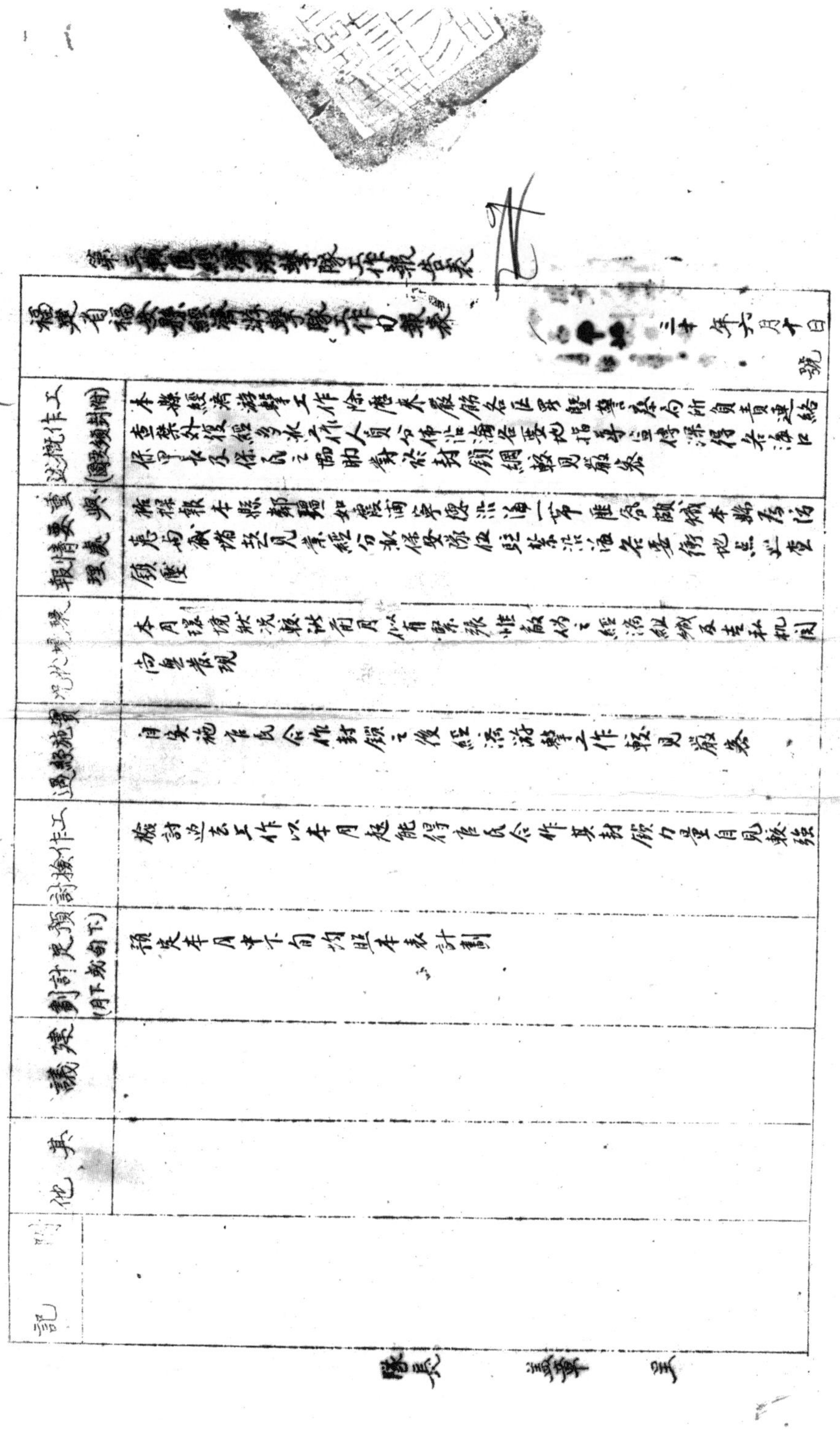

~~第三戰區經濟游擊隊工作報告表~~

福建省福安縣經濟游擊隊工作旬報表

三十年六月十日 號

工作概述（附封鎖圖）	本縣經濟游擊工作除應乘嚴飭各區署暨警察局所負責連絡查禁外復經分派工作人員分佈沿海各要地指導宣傳深得各海口保甲長及保民之協助對於封鎖網較見嚴密
重要情報與處理	據探報本縣鄰疆如霞浦寧德沿海一帶匪勞頗熾本縣為防患而截堵起見業經分派保安隊伍駐紮沿海各要衝地點以資鎮壓
環境狀況	本月環境狀況較諸前月似有緊張惟敵偽之經濟組織及走私机関尚未表現
實施經過	自實施官民合作封鎖之後經濟游擊工作較見嚴密
工作檢討	檢討過去工作以本月起能得官民合作其封鎖力量自見較強
預定計劃（下旬或下月）	預定本月中下旬均照本表計劃
建議	
其他	
附記	

隊長 蓋章 呈

福建省福安县经济游击队工作旬报表(1941 年 6 月 10 日） 0158-001-0516

第三戰區經濟游擊隊工作報告表

福建省福安縣經濟游擊隊工作旬報表

三十年六月廿日 號

工作概述（附圖表）	同前旬
重要情報與處理	同前旬
環境狀況	同前旬
實施經過	同前旬
工作檢討	同前旬
預定計劃（下旬就下月）	同前旬
建議	
其他	
附記	

隊長 蓋章 呈

福建省福安县经济游击队工作旬报表（1941 年 6 月 20 日） 0158-001-0516

第三戰區經濟游擊隊工作報告表

福建省福安縣經濟游擊隊工作旬報表　三十年六月卅日　號

工作述說(隨表填列附)	同前旬
重要情報處理	同前旬
環境狀況	同前旬
實施經過	同前旬
工作檢討	同前旬
預定計劃(下旬計劃)	
建議	
其他	
附記	

隊長　　隊員　　手

福建省福安县经济游击队工作旬报表(1941 年 6 月 30 日)　0158-001-0516

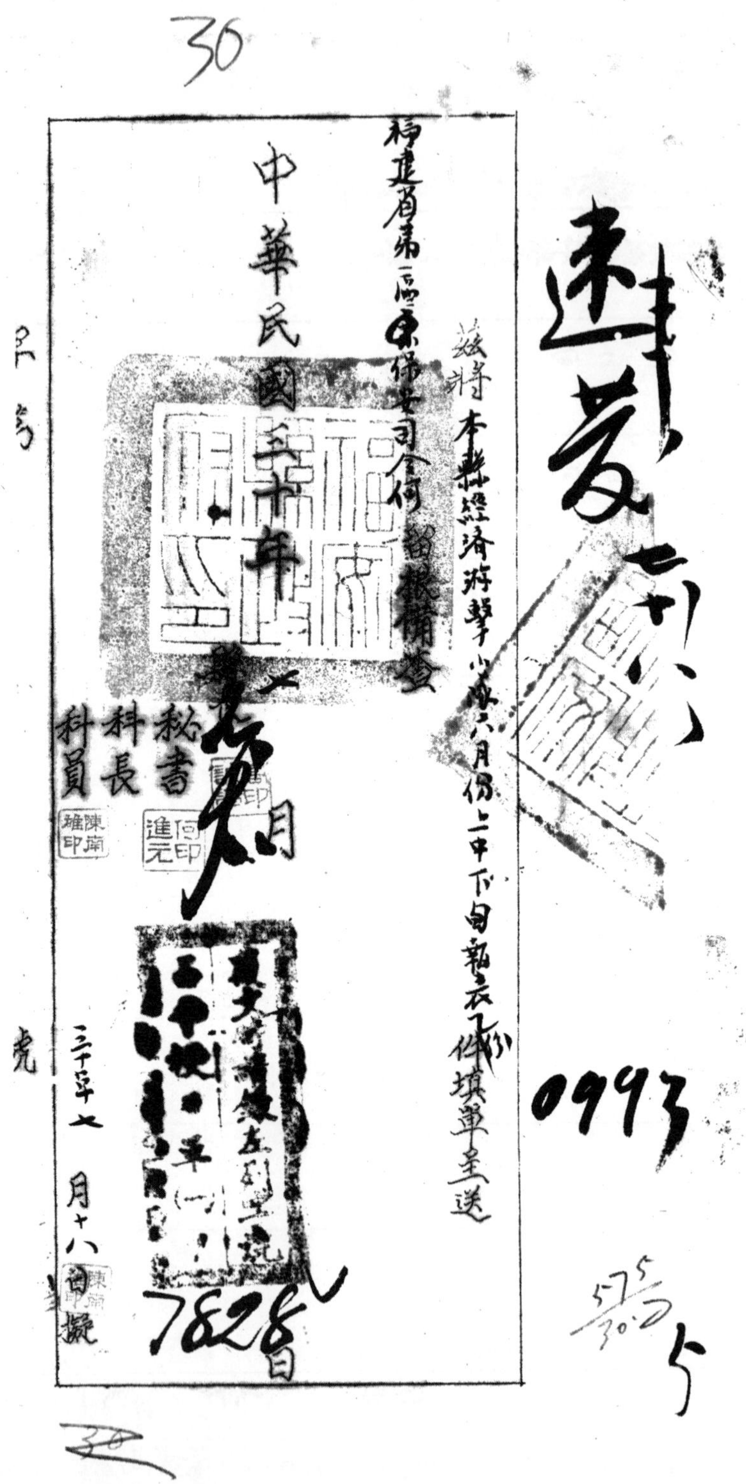
茲將本縣經濟游擊小隊六月份上中下旬報表一件填單呈送

中華民國三十年

秘書 科長 科員

三十年七月十八日擬

福安县政府呈送经济游击小队六月上中下旬报表的存根

（1941 年 7 月 18 日） 0158-001-0516

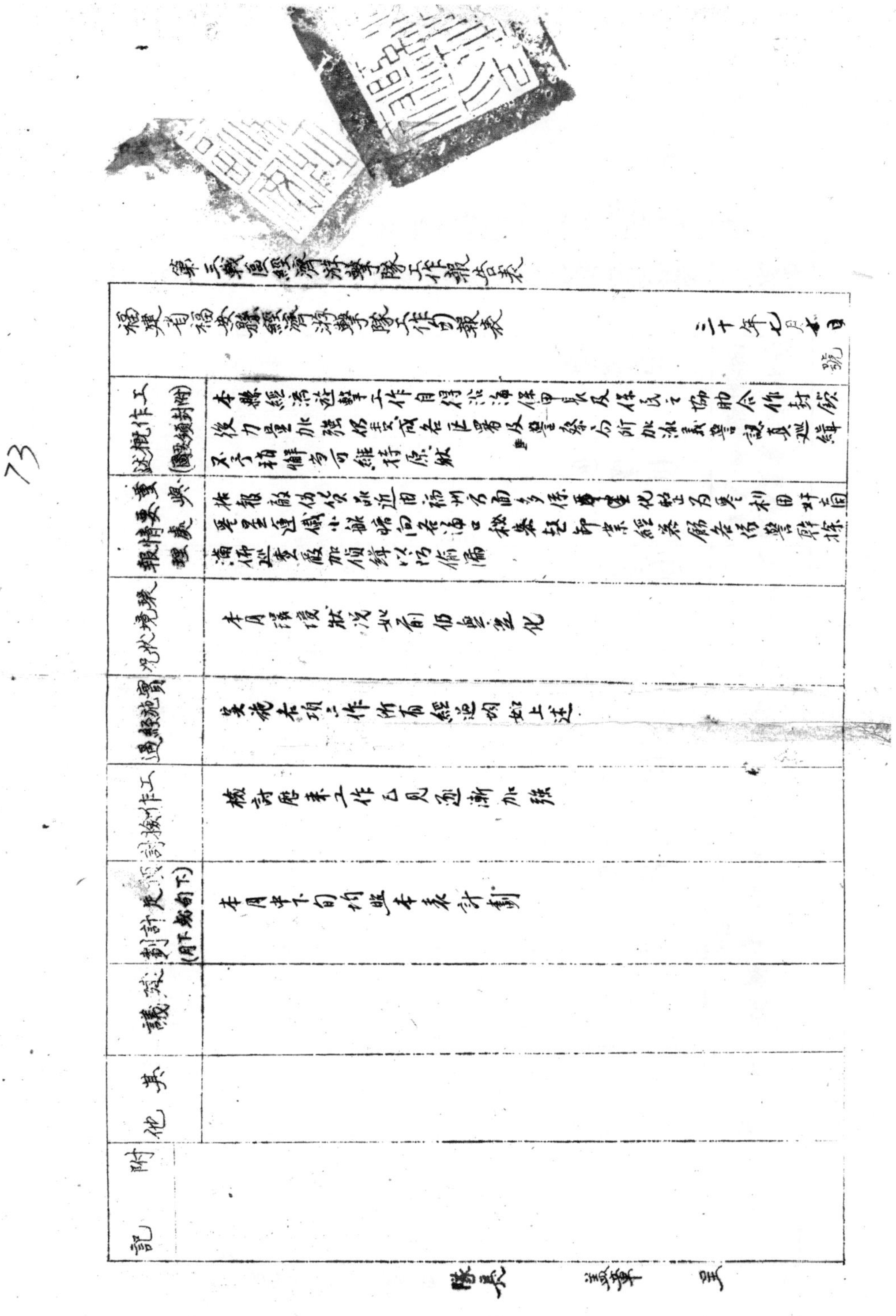

福建省福安县经济游击队工作旬报表(1941年7月10日)　0158-001-0516

第三戰區經濟游擊隊工作報告表

福建省福安縣經濟游擊隊工作旬報表

三十年七月廿日　號

工作進度（附圖表）	同前旬
重要情報處理	同前旬
環境狀況	同前旬
實施經過	同前旬
工作檢討	同前旬
下旬計劃（下旬工作計劃）	同前旬
建議	
其他	
附記	

隊長 [illegible] 呈

福建省福安县经济游击队工作旬报表（1941 年 7 月 20 日）　0158-001-0516

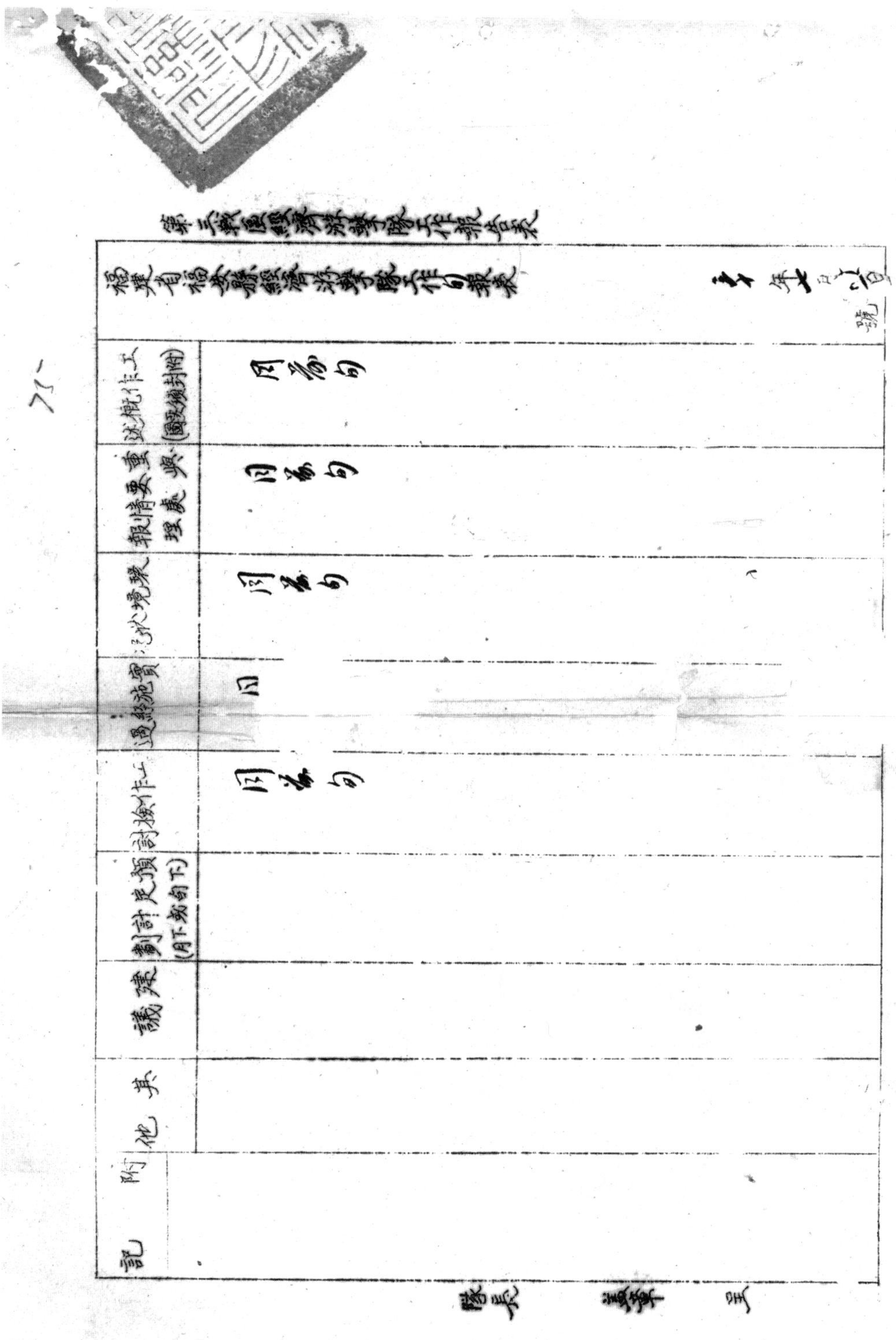

第三戰區經濟游擊隊工作報告表

福建省福安縣經濟游擊隊工作旬報表　　三十年七月卅一日　　號

工作概況（另紙繕附）	同前旬
重要情報及處理	同前旬
環境狀況	同前旬
實施經過	同
工作檢討	同前旬
預定計劃（下旬工作）	
建議	
其他	
附記	

隊長　　　　呈

福建省福安县经济游击队工作旬报表（1941 年 7 月 31 日）　0158-001-0516

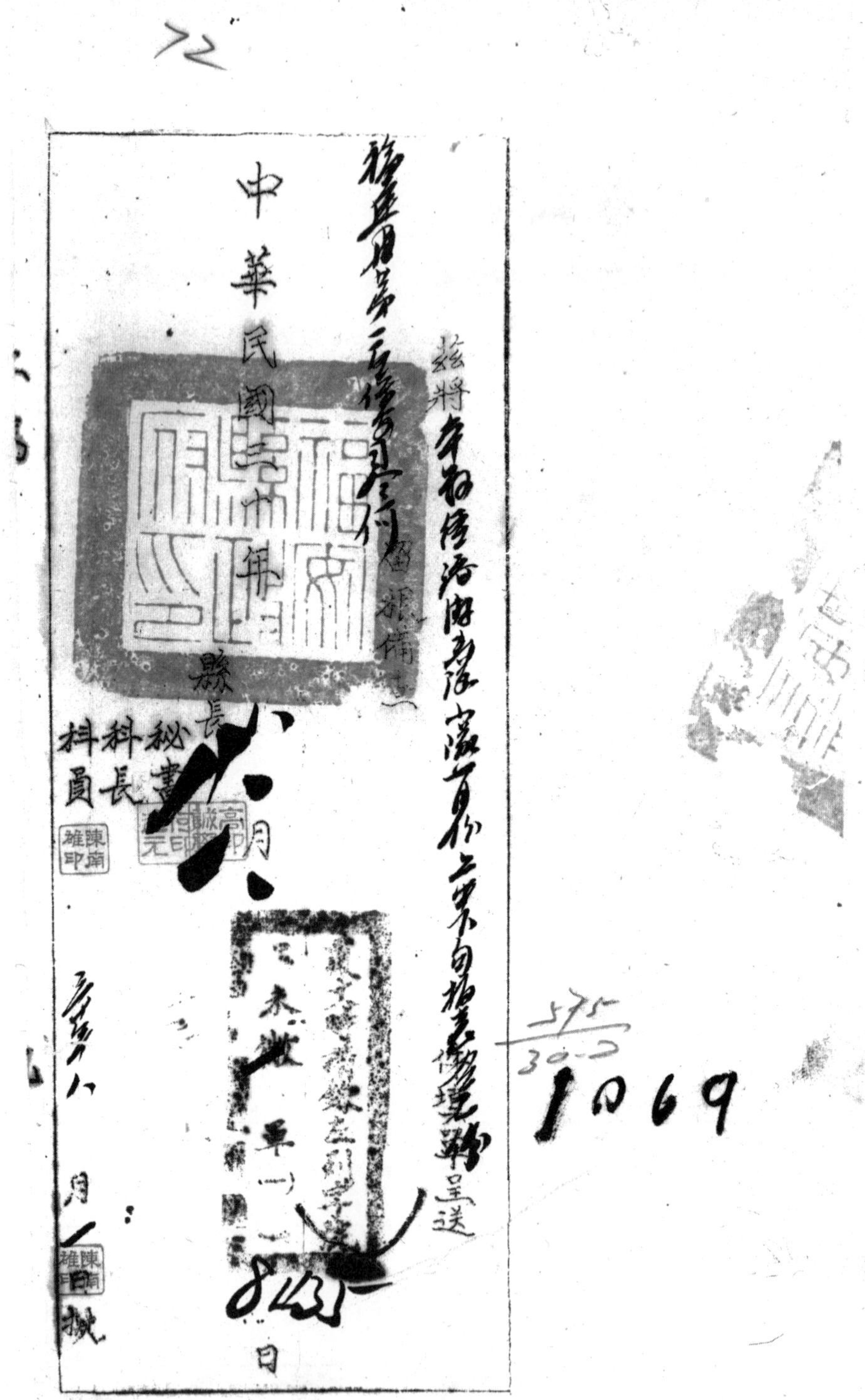

福安县政府呈送经济游击小队七月上中下旬报表的存根

（1941 年 8 月 1 日） 0158-001-0516

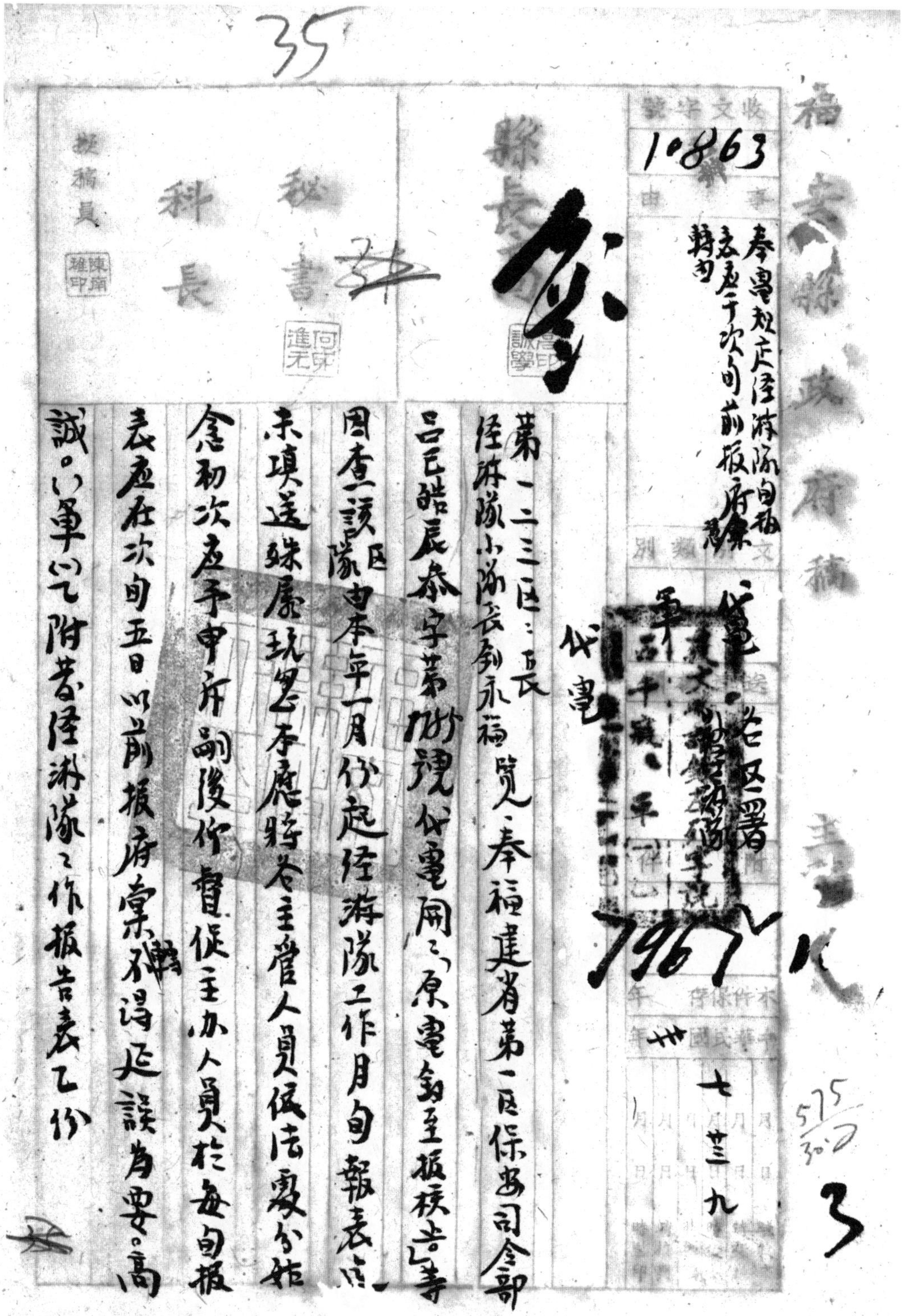

福安縣政府稿

收文字號 10863

事由：奉電規定經游隊旬報表應于次旬前報府憑轉由

代電

第一二三區區長
經游隊小隊長劉永福覽：奉福建省第一區保安司令部
吕巳皓辰秦字第7145號代電開：「原電節至報核等
因。查該隊自本年一月份起經游隊工作月旬報表應
未填送，殊屬玩忽。本應將各主管人員依法處分，姑
念初次，應予申斥。嗣後仰督促主辦人員於每旬報
表應在次旬五日以前報府彙轉，不得延誤為要。」等
誠。以事以乙附發經游隊工作報告表乙份

福安县政府代电为奉福建省第一区保安司令部关于规定经济游击队旬报表应于次旬前报府凭转的代电(1941 年 7 月 23 日)　0158-001-0516

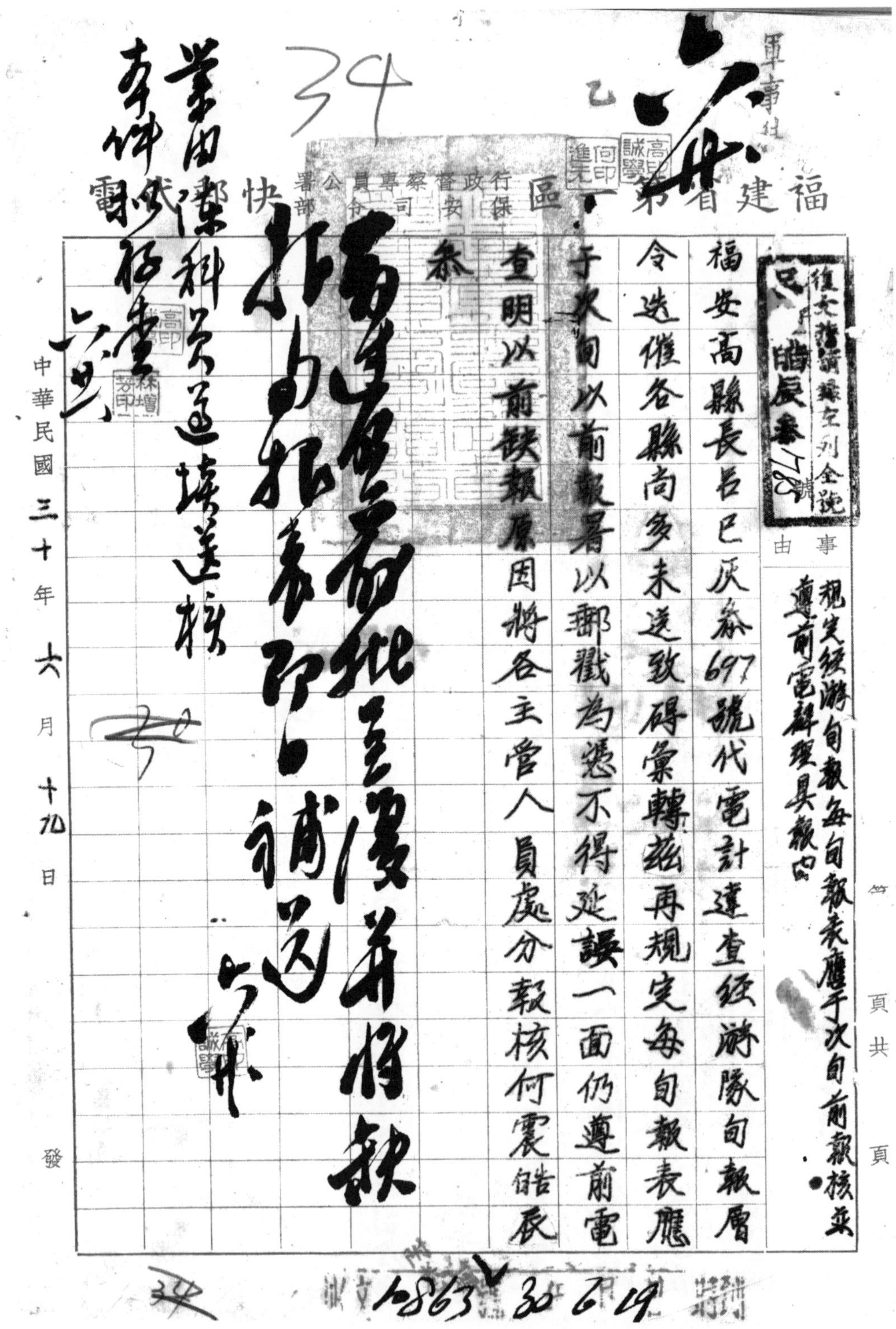
福建省第一區保安司令部 行政督察專員公署 快郵代電

復文請錄左列全號 府 皓辰參178號

事由：規定經游旬報每旬報表應于次旬前報核並遵前電辦理具報由

福安高縣長呂巳灰參697號代電計達查經游隊旬報層令造催各縣尚多未送致碍彙轉茲再規定每旬報表應于次旬以前報署以郵戳為憑不得延誤一面仍遵前電查明以前缺報原因將各主管人員處分報核何震皓辰參

中華民國三十年六月十九日 發

4863 30 6 19

福建省第一区保安司令部规定经济游击队旬报表应于次旬前报府凭转的代电

（1941年6月19日） 0158-001-0516

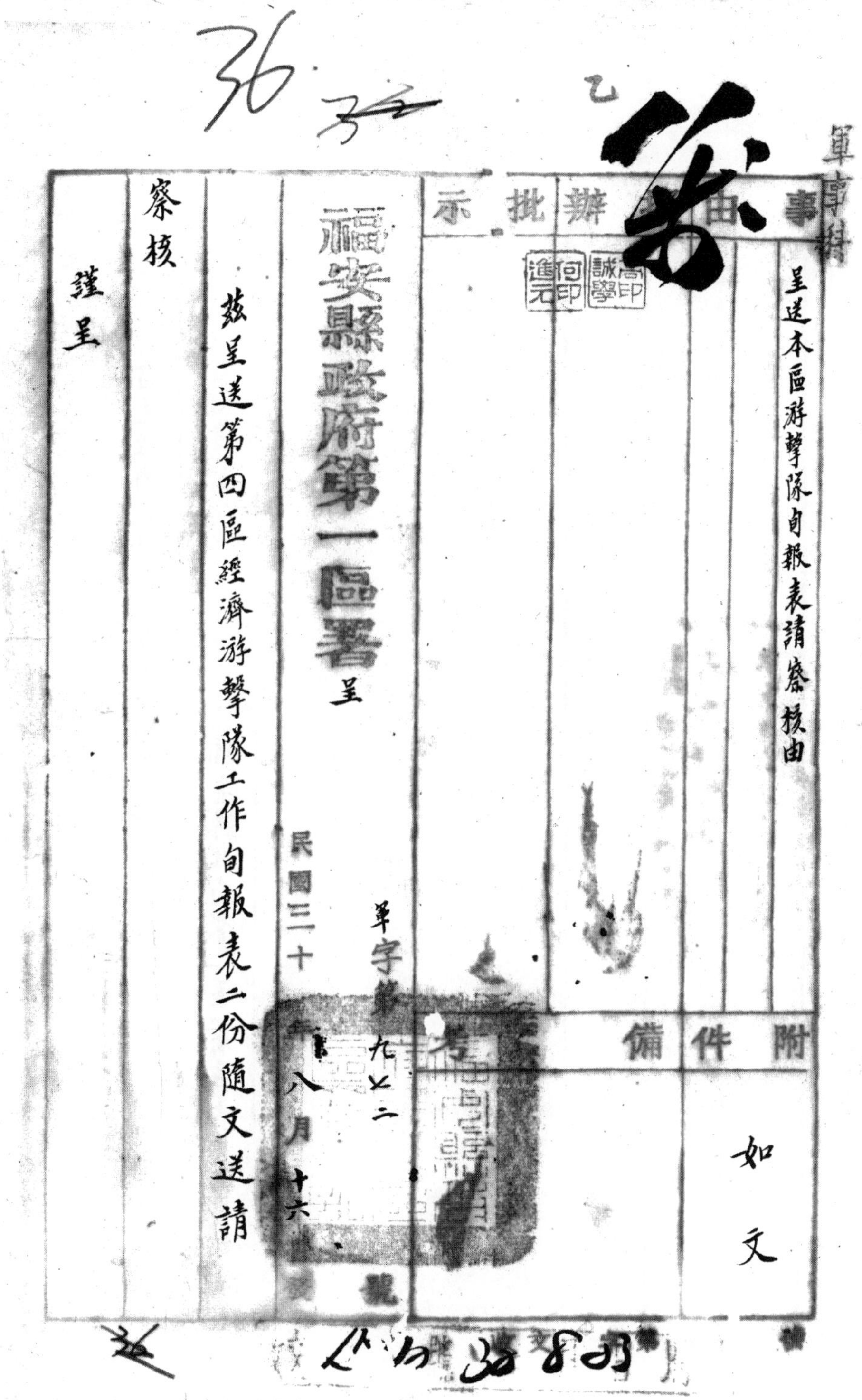

事由：呈送本區游擊隊旬報表請察核由

批辦示

福安縣政府第一區署 呈

民國三十年八月十六日 單字第九七二號

茲呈送第四區經濟游擊隊工作旬報表二份隨文送請

察核

謹呈

附件	備考
如文	

福安县政府第一区署呈送本区游击队旬报表的呈文

（1941 年 8 月 16 日） 0158-001-0516

縣長高

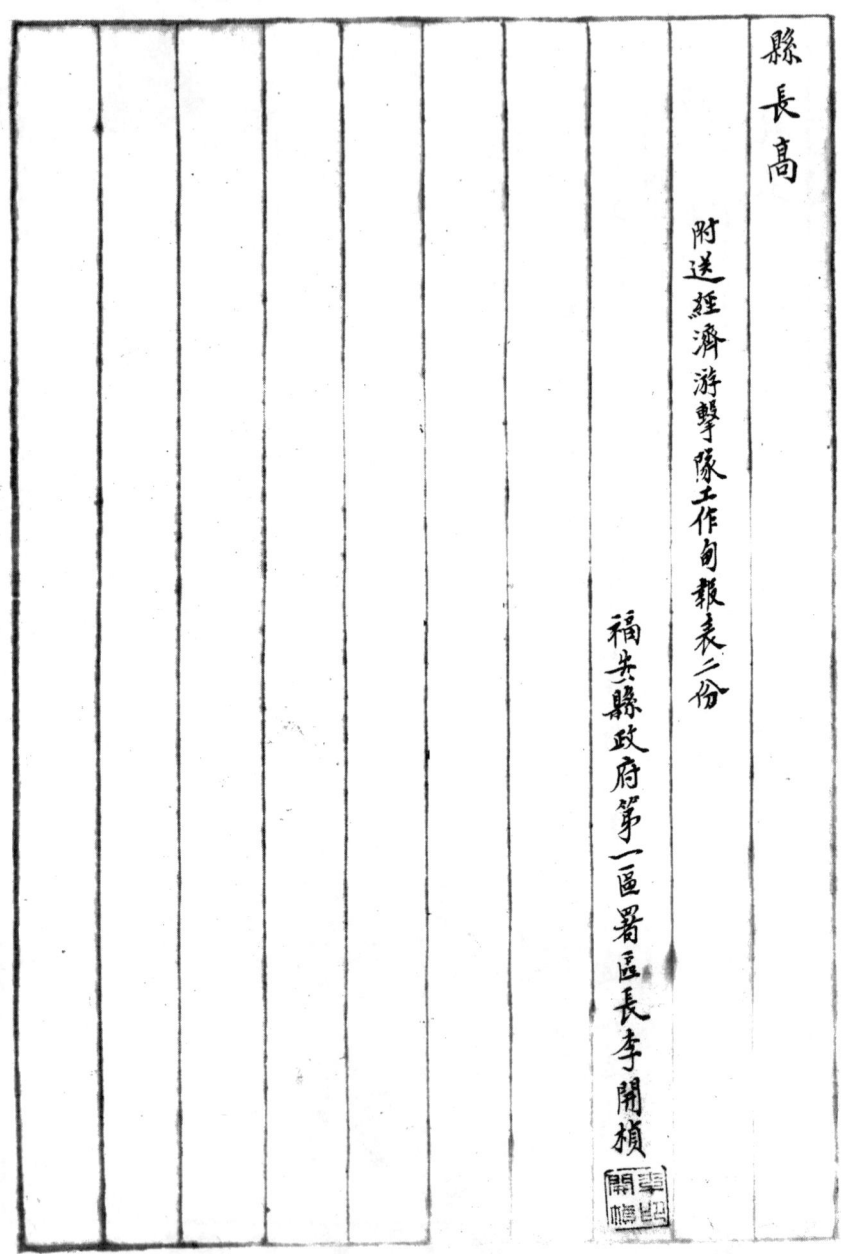

附送經濟游擊隊工作旬報表二份

福安縣政府第一區署區長李開楨

福安县政府第一区署呈送本区游击队旬报表的呈文

（1941 年 8 月 16 日） 0158-001-0516

第三戰區經濟游擊隊工作報告表

福建省福安縣經濟游擊隊工作旬報表	三十年八月十一日
工作概述（附錄要圖）	見前期
重要情報與處理	據報近來敵人利用汗奸敗類不良份子潛伏閩東沿海各鄉鎮內地不但蒐圖搗亂後方且批密私向民間收買銅鐵之類以充敵用本隊現已嚴密取締並加派員警深入各鄉鎮民間採緝
環境狀況	見前期
實施經過	本區遵以經濟游擊戰為原則機構健全工作為中心除照前旬報表辦法實施外今再以嚴密健全方法防止敵貨偽飾國貨輸入內地本隊長加以隨時親巡各哨所督導員警認真此項工作更可杜絕仇貨之來源
工作檢討	過去工作遂見成效現再着手採緝潛伏內地之汗奸不良份子收買銅鐵之類資敵並防止敵貨偽飾國貨輸入內地販賣
預定計劃（下旬或下月）	擬以本區經濟游擊隊健全組織邀請本地方愛國熱心人士加入本隊經濟工作庶能協助民間生產力量充足之見效
建議	
其他	
附記	

隊長林昌虞 呈

福建省福安县经济游击队工作旬报表（1941 年 8 月 11 日） 0158-001-0516

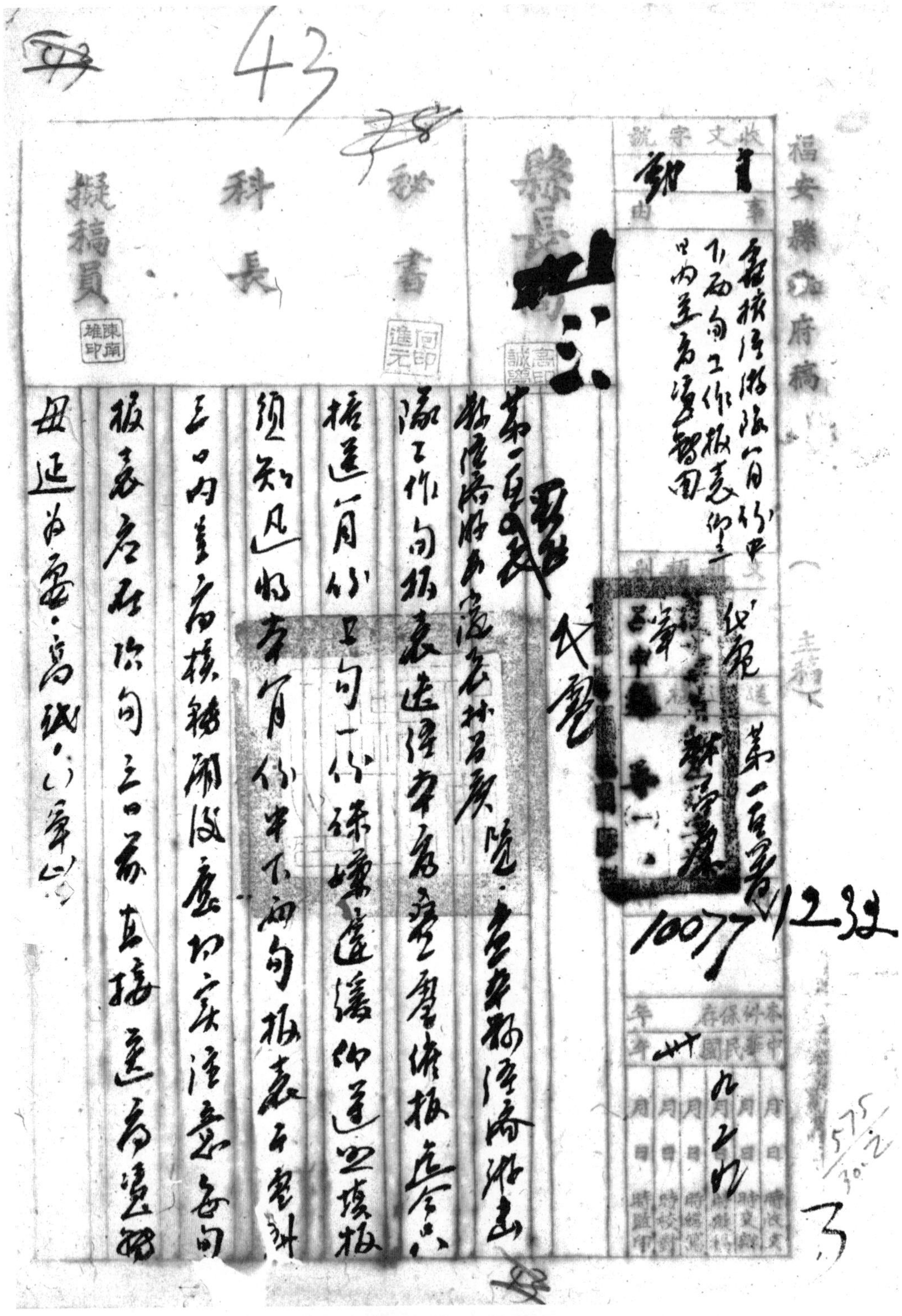

福安县政府关于八月份中下两旬工作报告表仰三日内呈府的代电

（1941 年 9 月 2 日） 0158-001-0516

第三戰區經濟游擊隊工作報告表

福建省福安縣經濟游擊隊工作旬報表　三十年八月廿日

工作概述（經費預算附）	已奉旬
主要情報及處理	已奉旬
[illegible]	已奉旬
[illegible]	已奉旬
工作檢討	已奉旬
預定計劃（下旬工作）	已奉旬
建議	
其他	
附記	

隊長

41

福建省福安县经济游击队工作旬报表（1941 年 8 月 20 日）　0158-001-0516

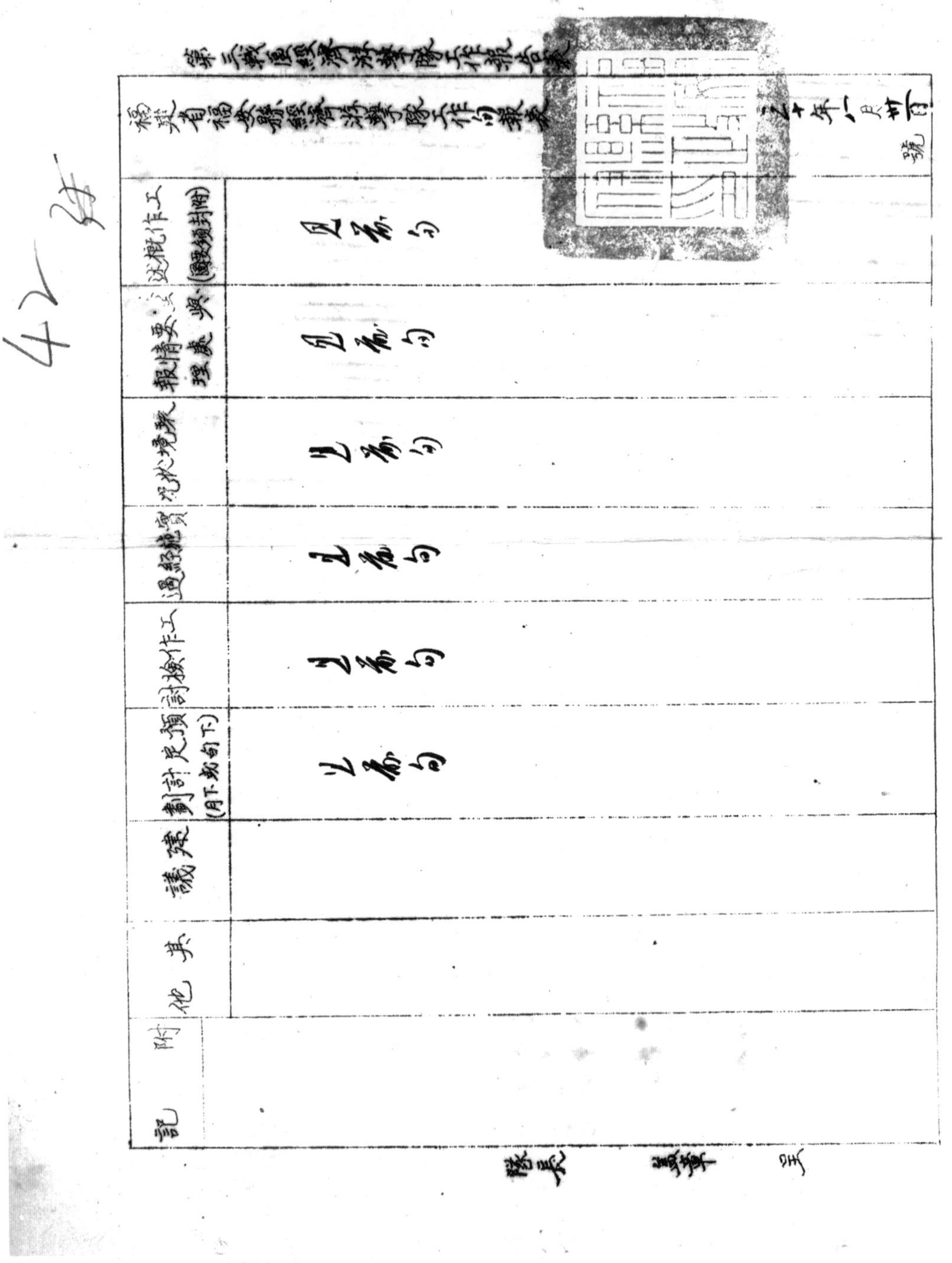

第三战区经济游击队工作报告表

福建省福安县经济游击队工作旬报表

三十年八月卅日 号

缉私工作(缉获物资附后)	见布告
敌情要点 处理要点	见布告
沿海情形	见布告
抢购物资	见布告
检讨工作	见布告
计划预定(下旬或月下)	见布告
建议	
其他	
附记	

队长 书记 呈

福建省福安县经济游击队工作旬报表(1941 年 8 月 31 日) 0158-001-0516

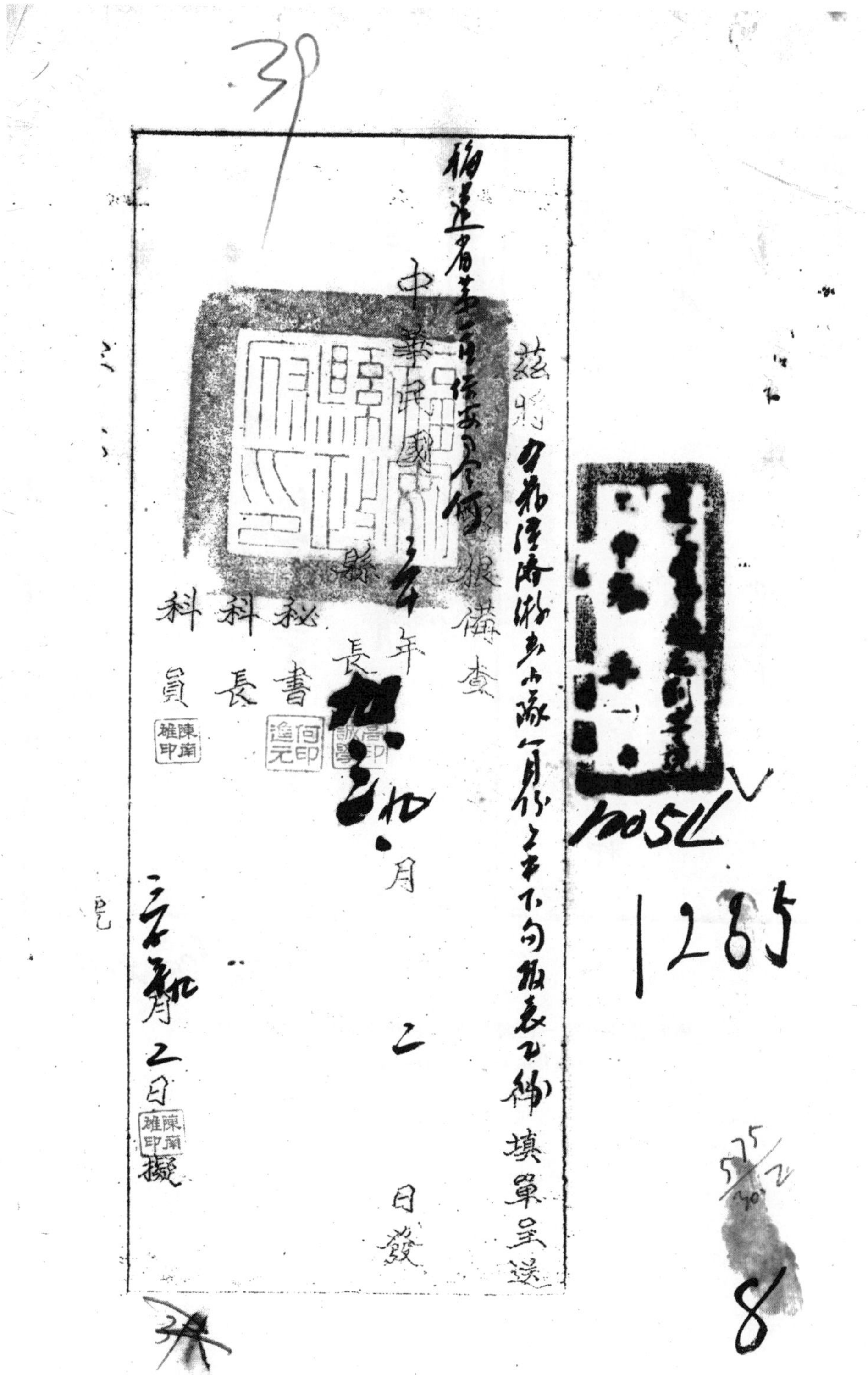

福安县政府呈送经济游击小队八月上中下旬报表的存根

（1941 年 9 月 2 日） 0158-001-0516

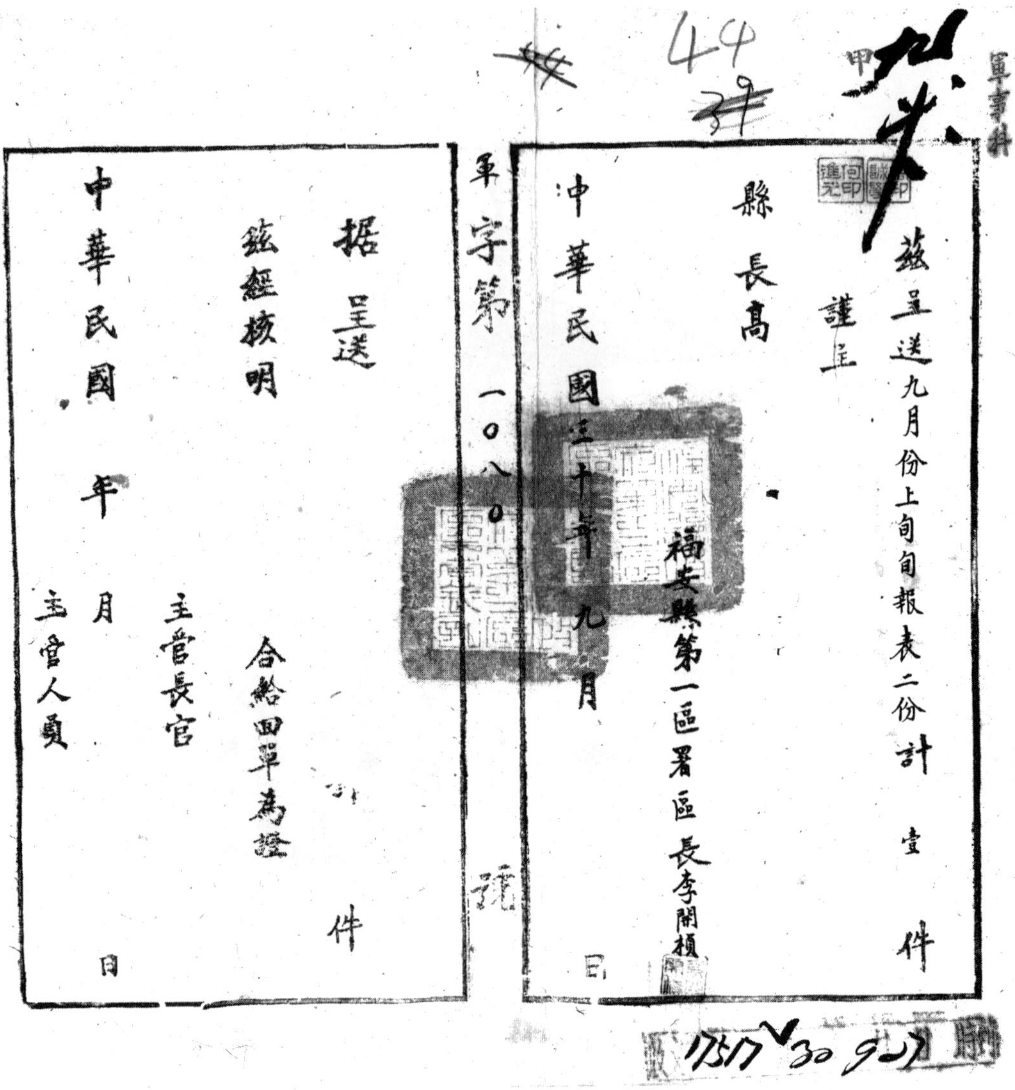
軍事科
茲呈送九月份上旬旬報表二份計壹件
謹呈
縣長高
福安縣第一區署區長李開楨
中華民國三十年九月　日
軍字第一〇八〇號
據呈送　件
茲經核明合給回單為證
主管長官
主管人員
中華民國　年　月　日

福安县政府第一区署呈送九月份上旬旬报表的回单

（1941年9月）　0158-001-0516

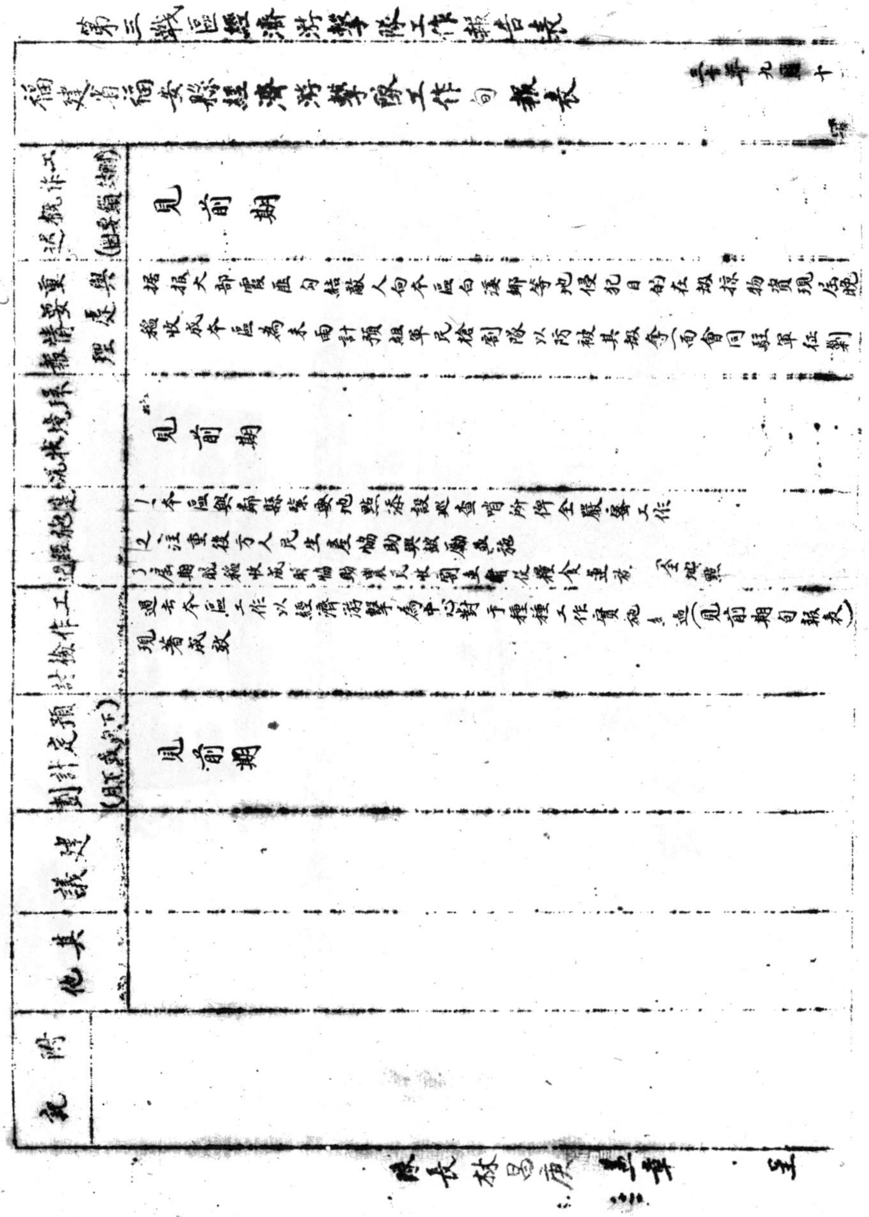

第三戰區經濟游擊隊工作報告表

福建省福安縣經濟游擊隊工作旬報表

三十年九月十日

工作概述（由要綱摘錄）	重要情報與處理	環境狀況	建施經過	工作檢討	預定計劃（下旬或下月）	建議	其他	附記
見前期	據報大部霞匪勾結敵人向本區白溪鄉等地侵犯目的在劫掠物資現屆晚稻收成本區為未雨計預組軍民槍剷隊以防被其劫奪（一面會同駐軍征剿）	見前期	1.本區與鄰縣緊要地點添設巡查哨所俾全嚴密工作 2.注重後方人民生產協助興鼓勵並施 3.屆期晚稻收成則協助農民收割並會從糧食運銷（全地點）	過去本區工作以經濟游擊為中心對于種種工作實施多適（見前期旬報表）現著成效	見前期			

隊長林昌庚 董章 呈

福建省福安县经济游击队工作旬报表(1941 年 9 月 10 日) 0158-001-0516

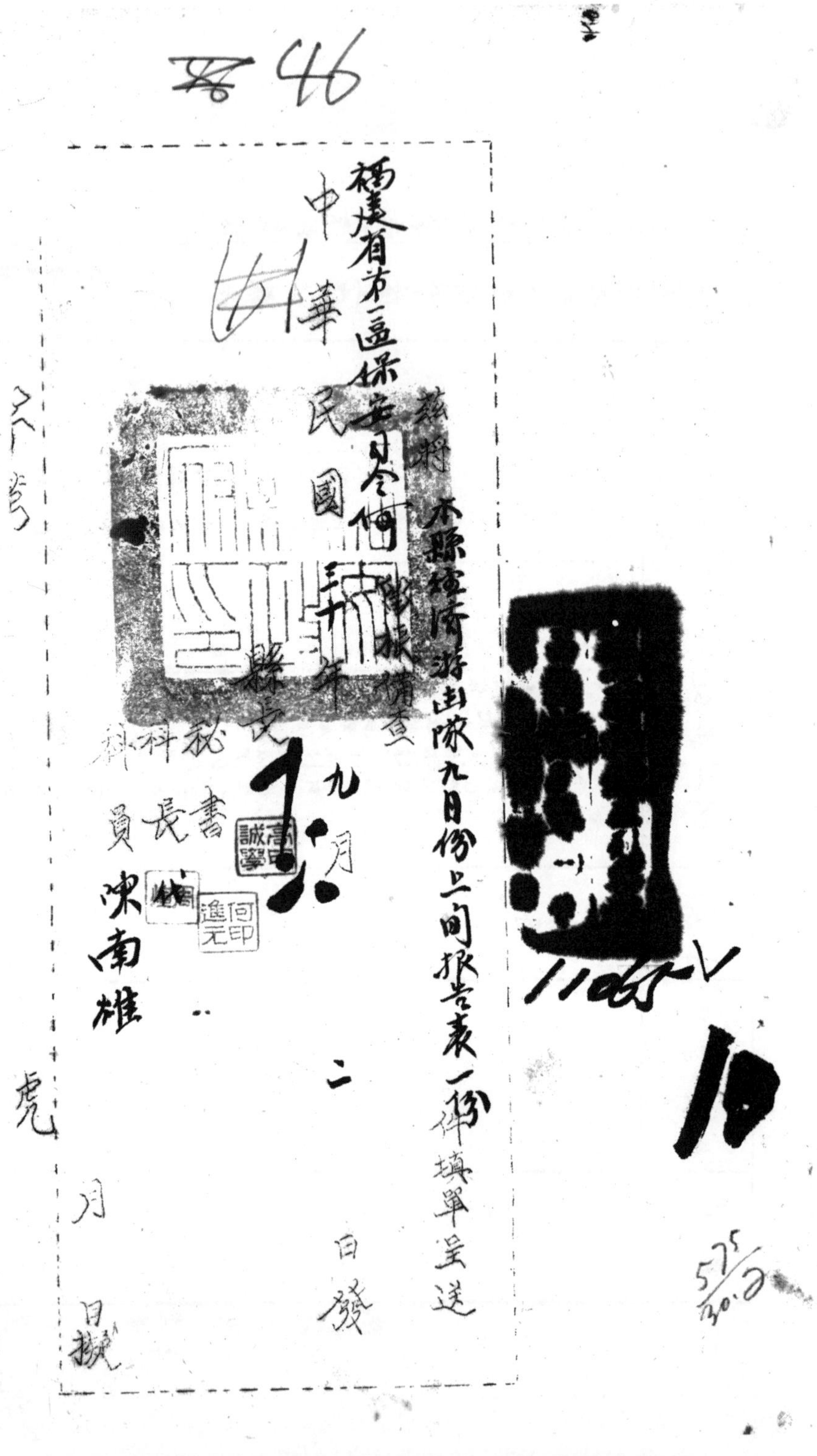

46

茲將本縣經濟游擊隊九月份上中下旬報告表一份併填單呈送

福建省第一區保安司令何 備查

中華民國三十年九月二日發

縣長

秘書

科長

科員 陳南雄

福安县政府呈送经济游击小队九月上中下旬报表的存根

(1941 年 9 月 2 日) 0158-001-0516

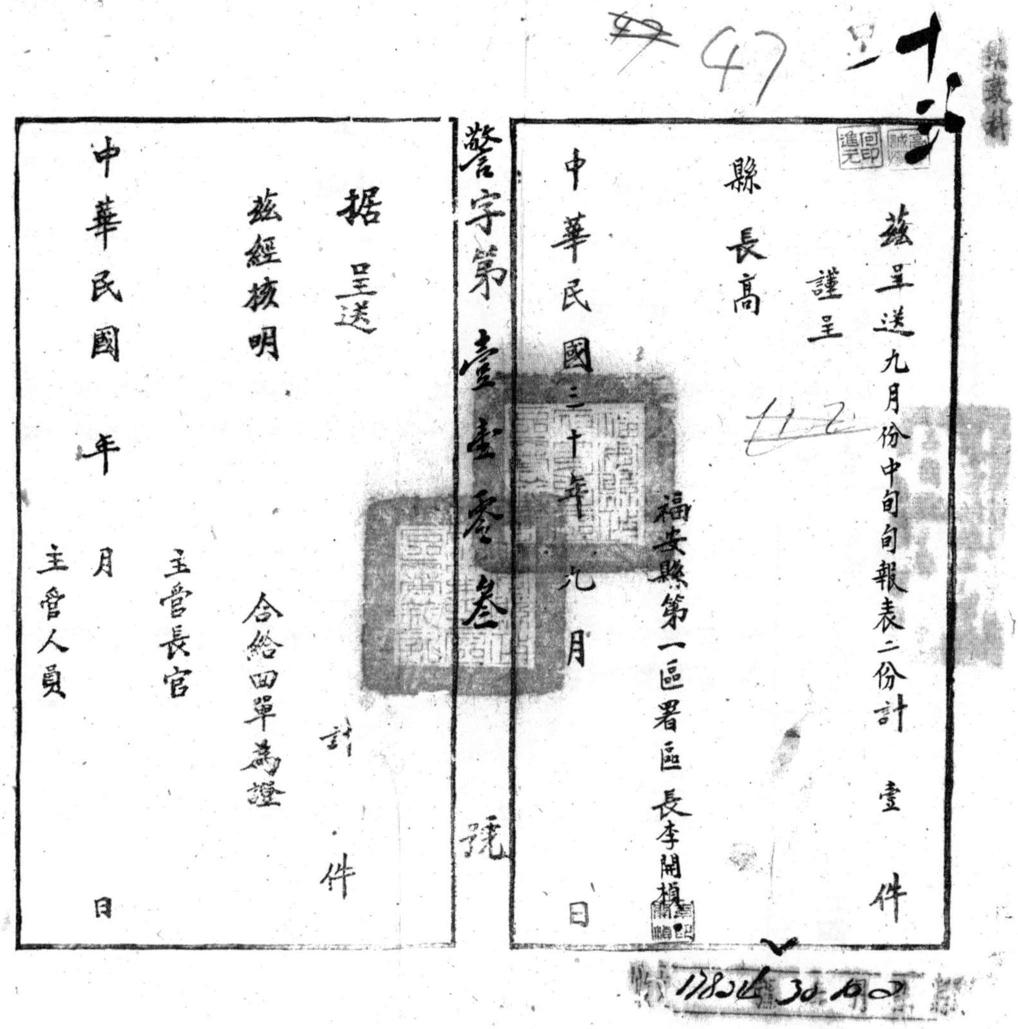
茲呈送九月份中旬旬報表二份計壹件

謹呈

縣長高

福安縣第一區署區長李開楨

中華民國三十年九月 日

警字第壹壹零叁號

據呈送 計 件

茲經核明 合給回單為證

主管長官

主管人員

中華民國 年 月 日

福安县政府第一区署呈送九月份中旬旬报表的回单

（1941年9月） 0158-001-0516

第三戰區經濟游擊隊工作報告表

閩建省福安縣經濟游擊隊工作旬報表　三十年九月二十日 建

工作概況（本期填寫）	見前期
重要事件與處理	據報週日敵艦在三都島拆救杉木並在該島上砍伐樹林甚夥而去本區沿海山林住民對木損多將加防範對遇敵要將地以破壞以免資敵
環境狀況	見前期
工作進行遲速	本區過去工作逐期漸進成效今更深見一層加以防範山村樹林俾免敵掠
工作檢討	
下期工作計劃（以下或以下）	
建議	
其他	
附記	

福建省福安县经济游击队工作旬报表(1941 年 9 月 20 日)　0158-001-0516

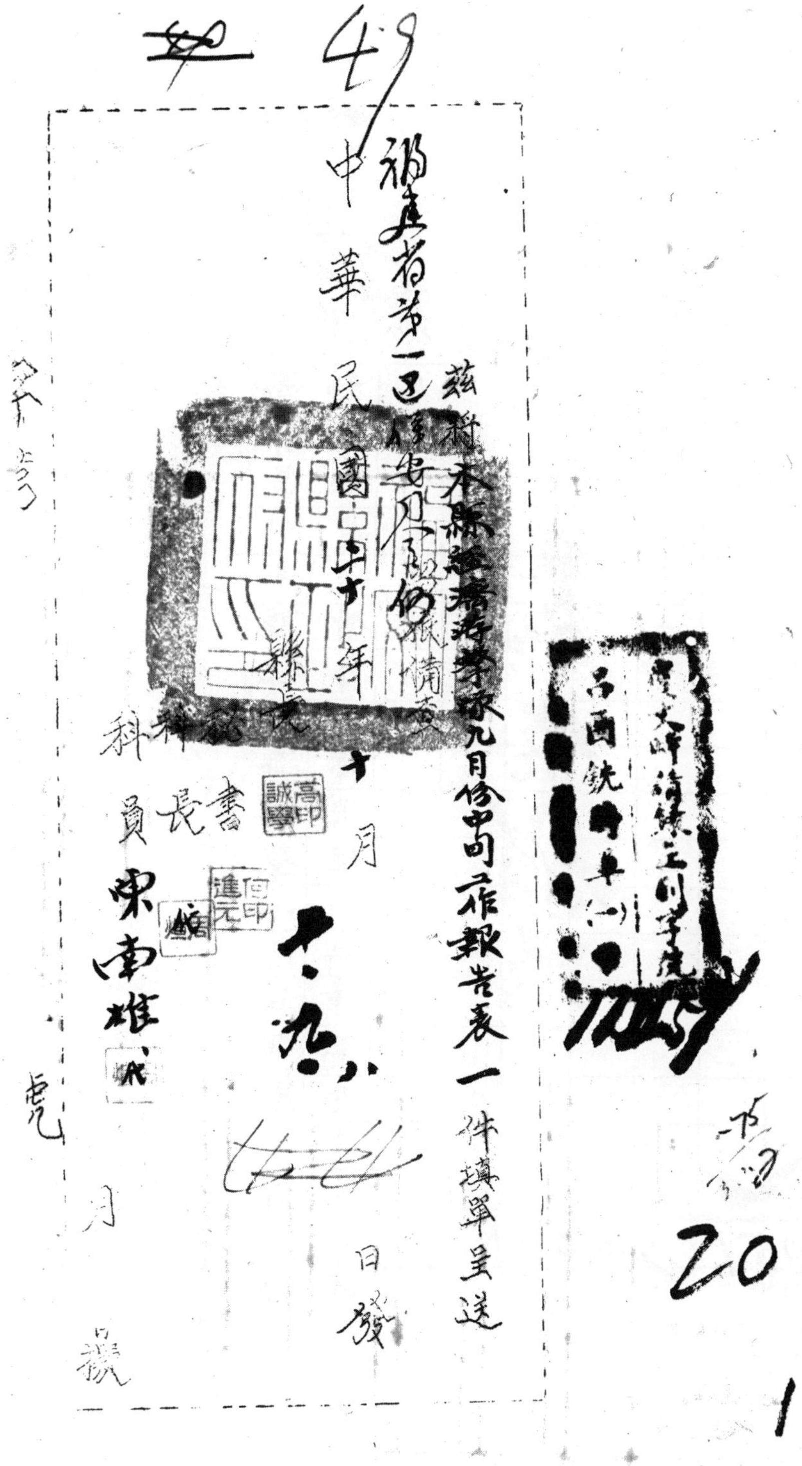
茲將本縣經濟游擊隊九月份中旬工作報告表一件填單呈送

中華民國三十年十月　日發

書記

科長

科員

福安县政府呈送本县经济游击队九月份中旬工作报告表的存根

（1941 年 10 月 8 日）　0158-001-0516

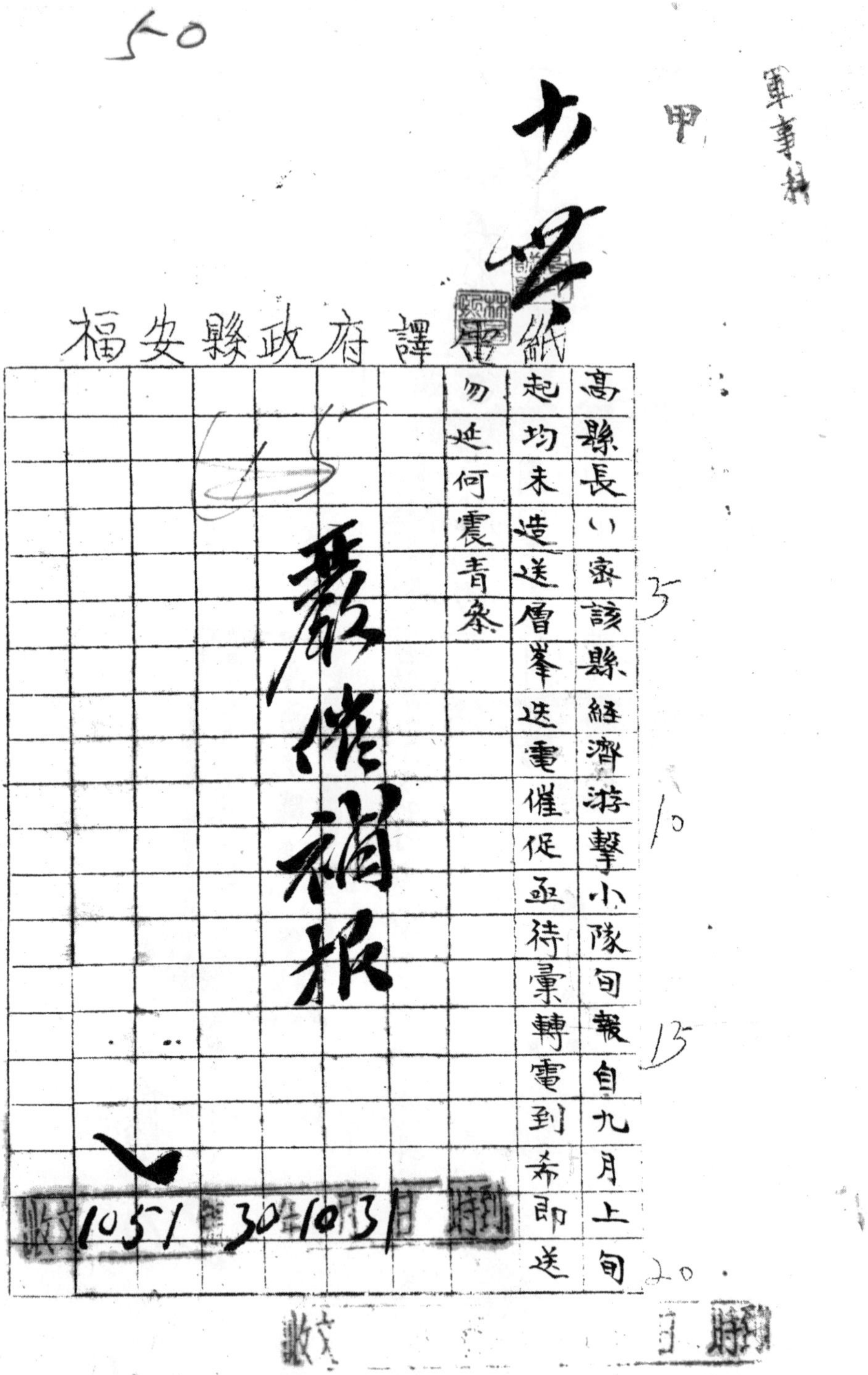
福安縣政府譯電紙

高縣長(い)密該縣經濟游擊小隊旬報自九月上旬起均未造送層峯迭電催促亟待彙轉電到希即送勿延 何震青 叅

嚴催補报

收文 1051 號 30年10月31日 時到

福安县政府译催送自九月上旬起的该县经济游击小队旬报的电文

（1941 年 10 月 31 日） 0158-001-0516

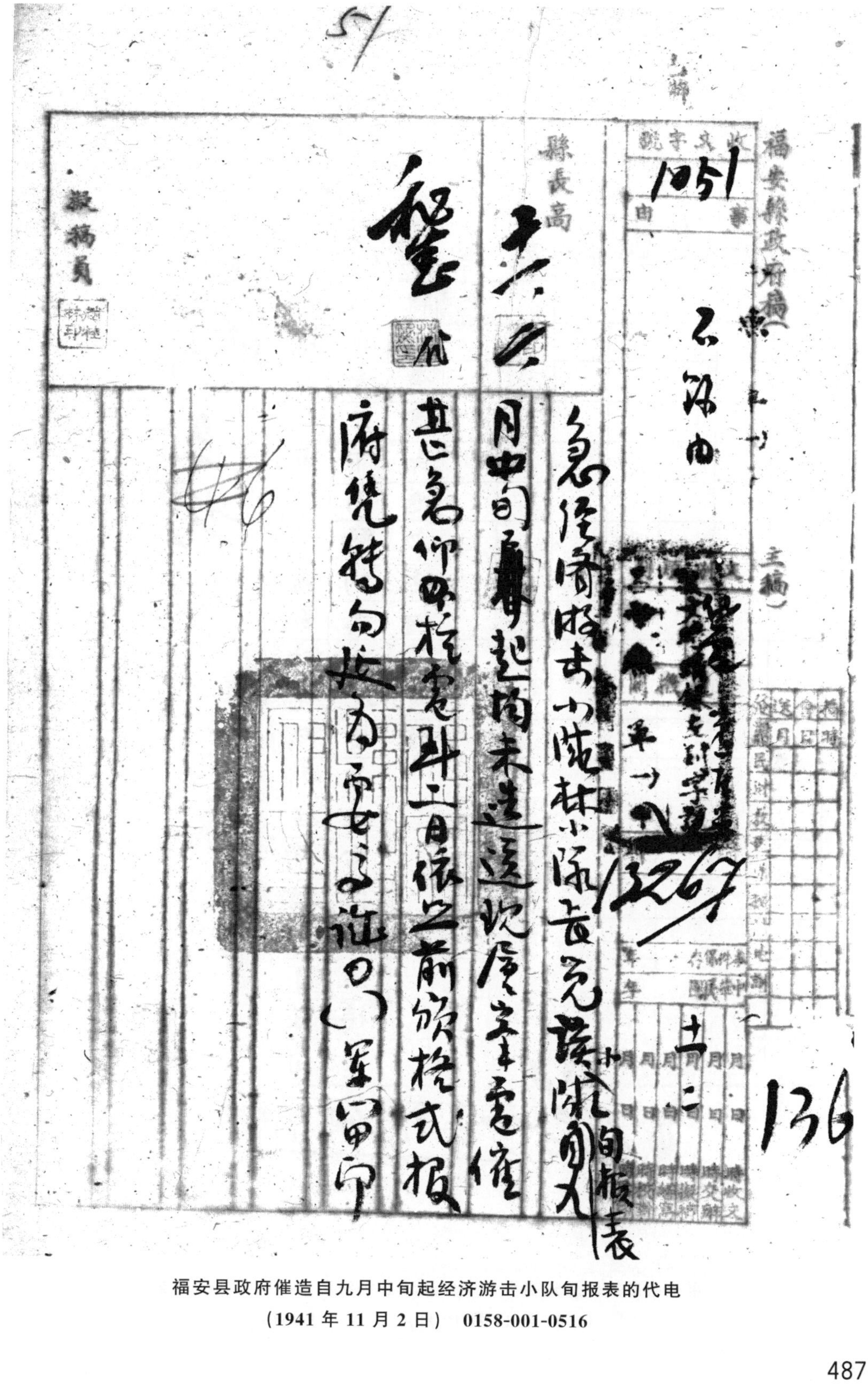

福安县政府催造自九月中旬起经济游击小队旬报表的代电

（1941 年 11 月 2 日）　0158-001-0516

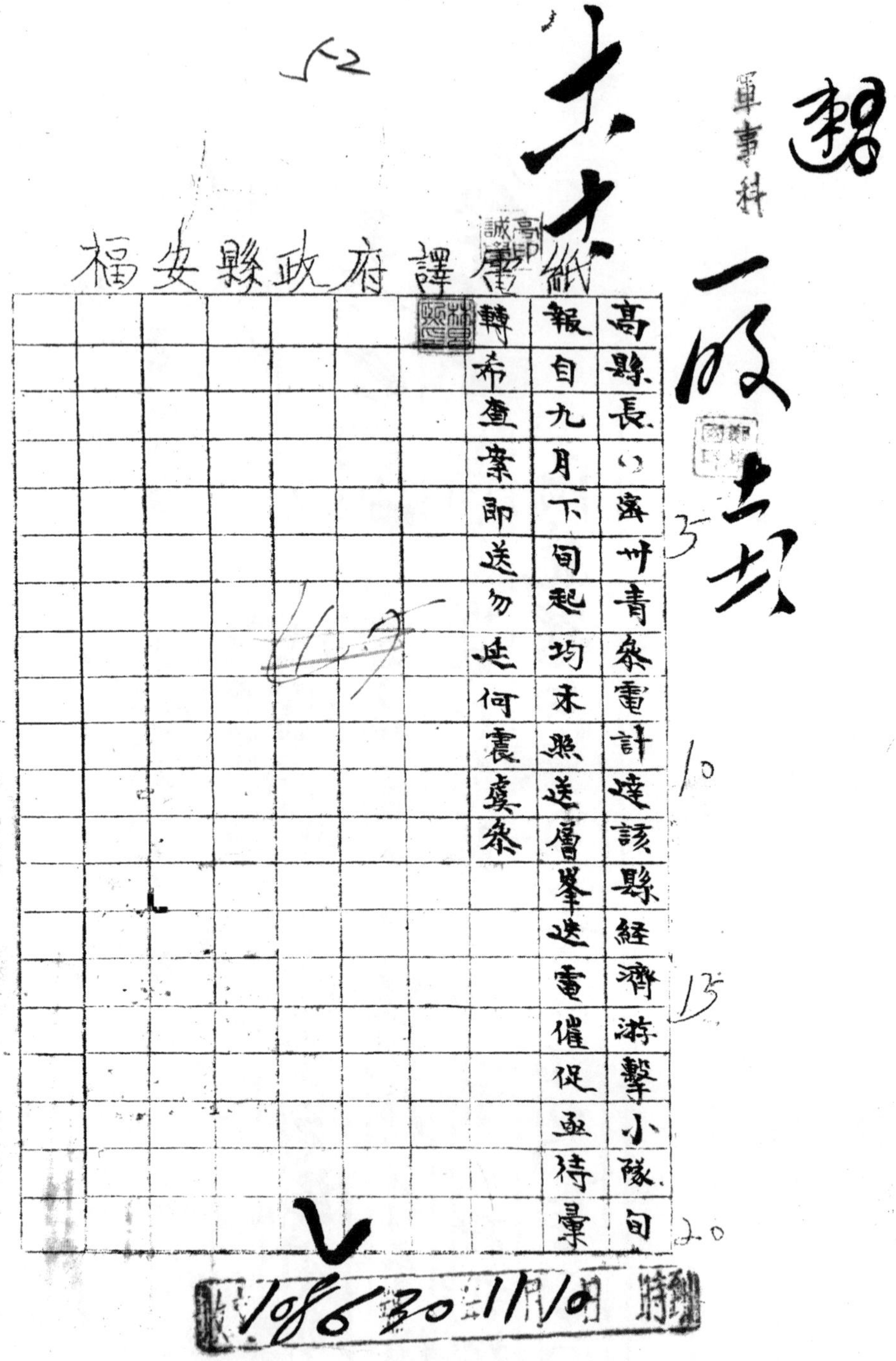

福安縣政府譯電紙

高縣長（）密卅青參電計達該縣經濟游擊小隊旬報自九月下旬起均未照送屬峯迭電催促亟待彙轉希查案即送勿延何震虞參

軍事科

1086 30 11 10

福安县政府译催送自九月下旬起该县经济游击小队旬报的电文

（1941 年 11 月 10 日） 0158-001-0516

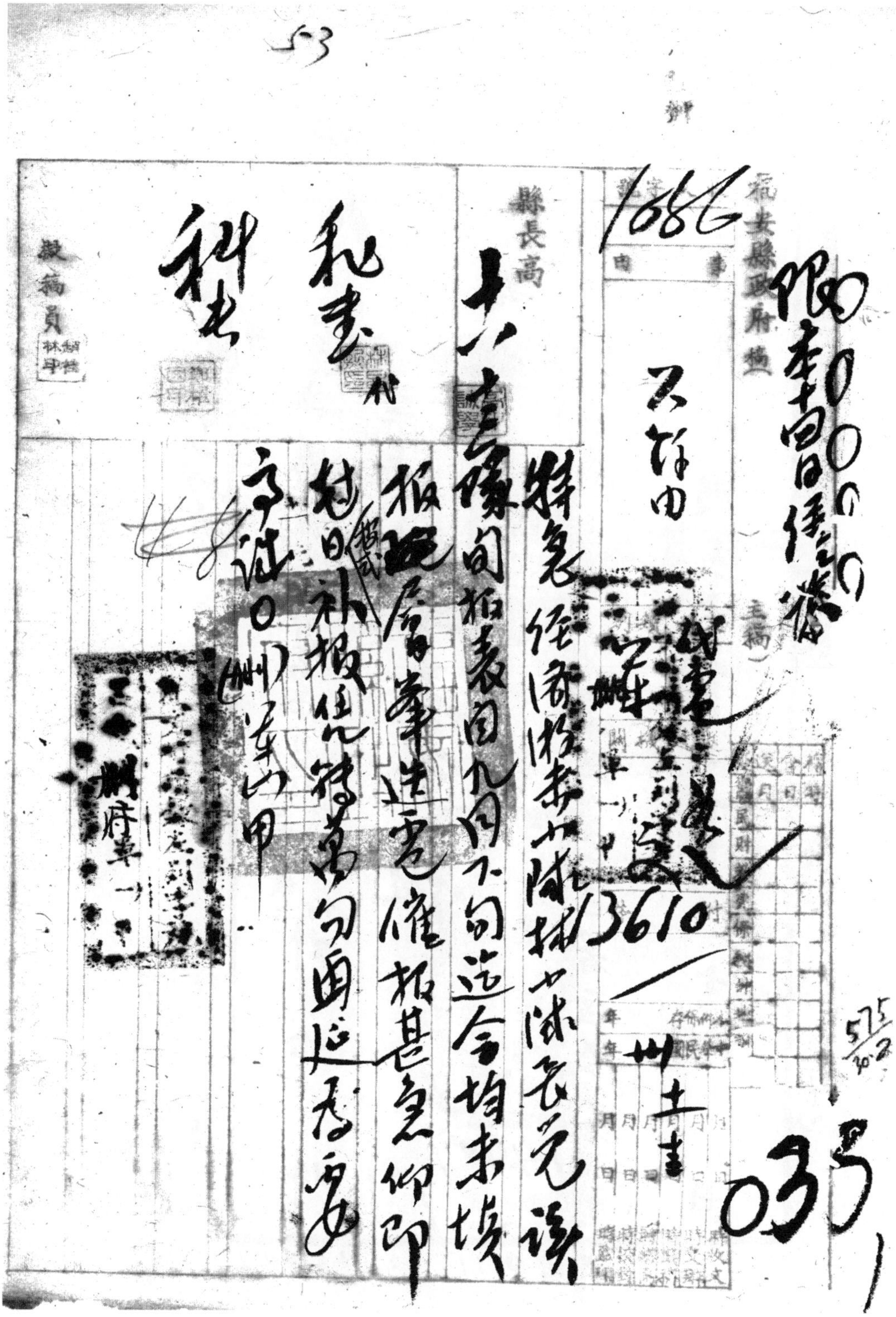

福安县政府催报自九月下旬起经济游击小队旬报表的代电

（1941 年 11 月 13 日） 0158-001-0516

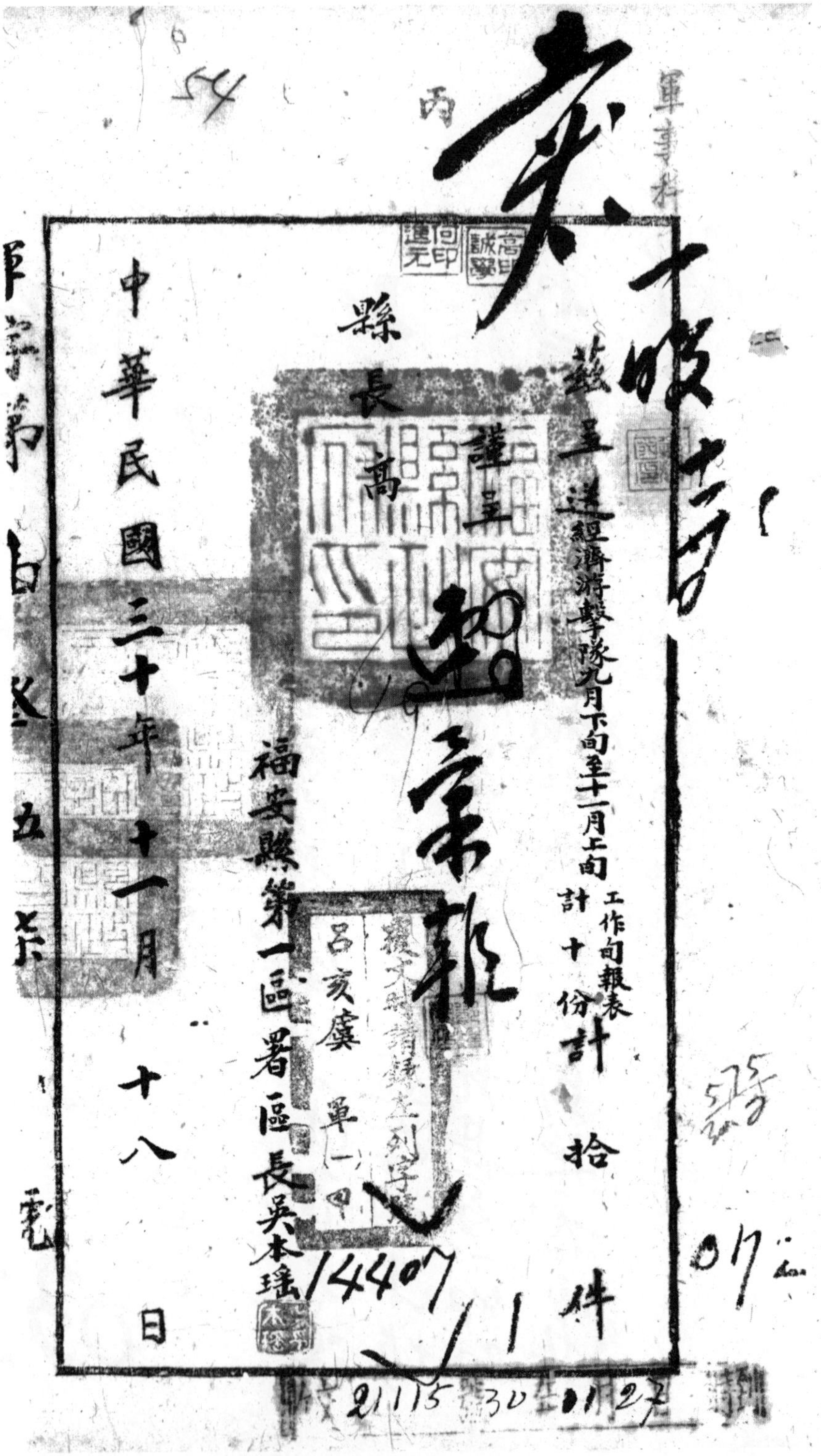

茲呈送經濟游擊隊九月下旬至十一月上旬工作旬報表計十份 計拾件

謹呈

縣長高

福安縣第一區署區長吳本瑤

中華民國三十年十一月十八日

福安县政府第一区署呈送经济游击队九月份下旬至十一月上旬工作旬报表的回单

（1941 年 11 月 18 日） 0158-001-0516

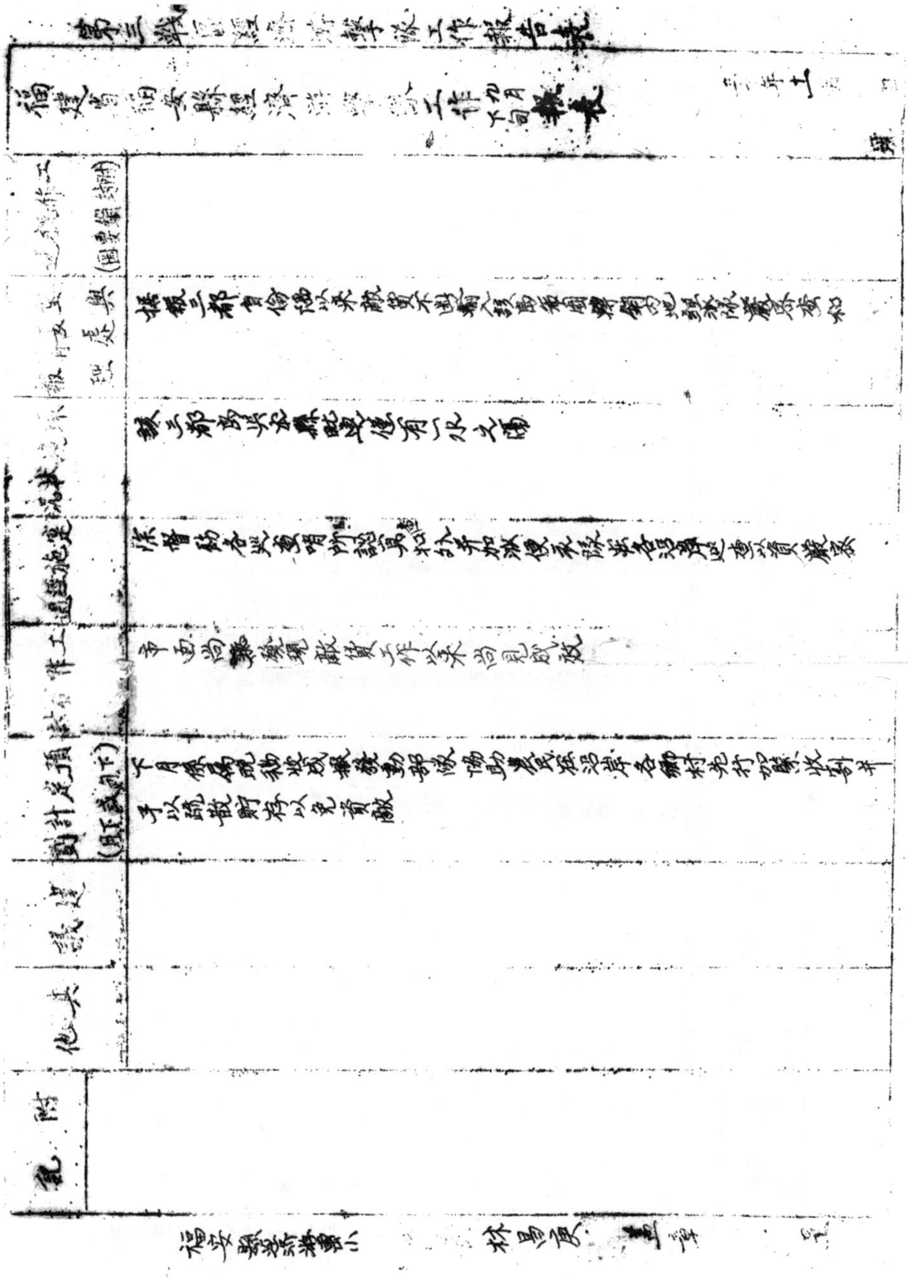

福建省福安县经济游击队工作旬报表(1941 年 9 月下旬)　0158-001-0516

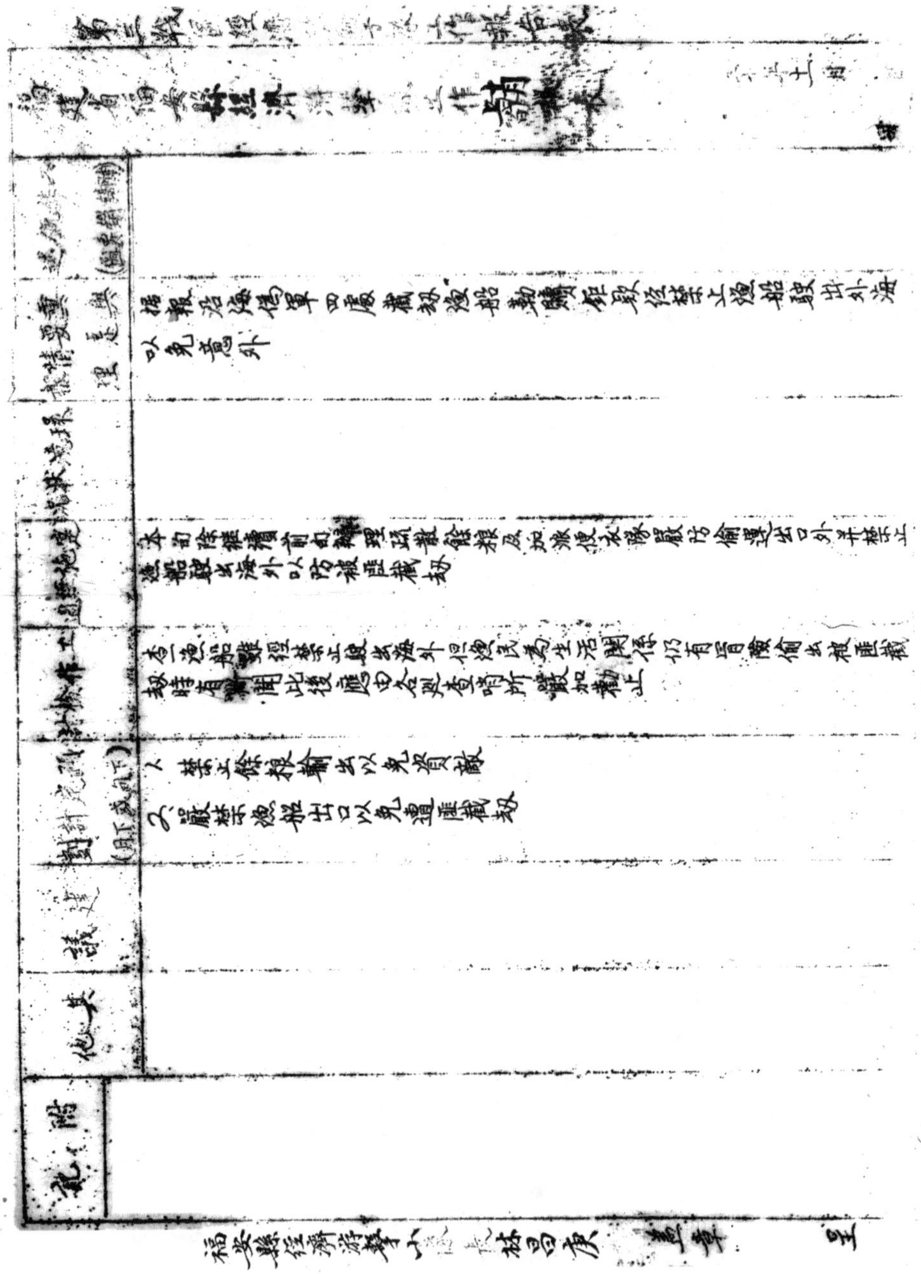

第三战区经济作战……旬报表

福建省福安县经济游击小队工作旬报表

三十年十月上旬

工作概况（摘要填明）	
敌伪重要经济情况	据报沿海伪军四处截劫渔船勒赎船只，经禁止渔船驶出外海，以免意外
工作进行状况及其结果	
本区经济游击区工作	本旬除继续前旬办理疏散余粮及加派便衣队严防偷运出口外，并禁止渔船驶出海外，以防被匪截劫
工作中困难	本区渔船虽经禁止驶出海外，但渔民以为生活关系，仍有冒险偷出，被匪截劫时有所闻，此后应由各乡保查明所属严加劝止
对于下旬之计划（旬下或次旬下）	1. 禁止余粮输出，以免资敌 2. 严禁渔船出口，以免遭匪截劫
建议	
其他	
附记	

福安县经济游击小队长 林昌庚 盖章 呈

福建省福安县经济游击队工作旬报表（1941年10月上旬） 0158-001-0516

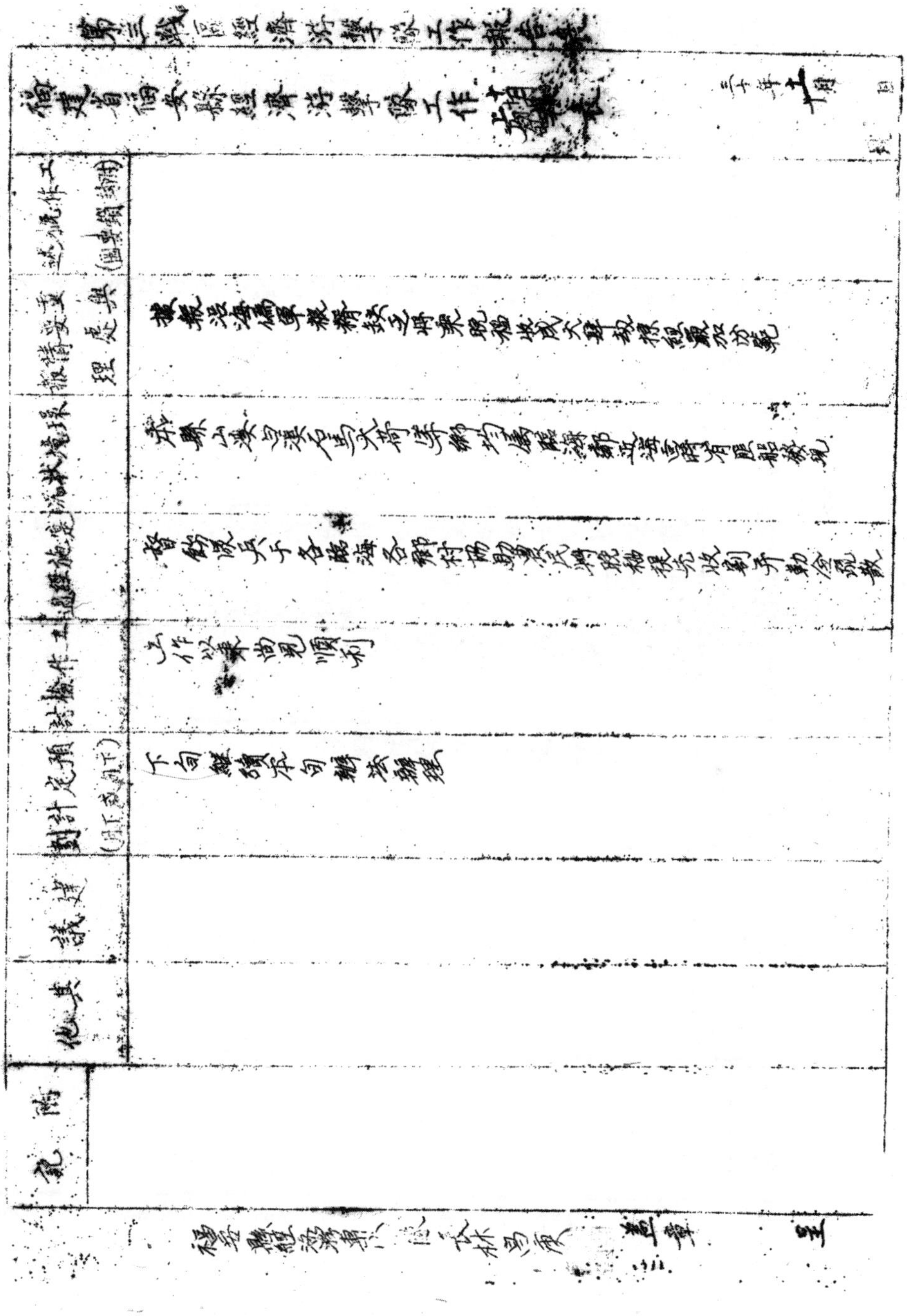

福建省福安县经济游击队工作旬报表(1941 年 10 月上旬)　0158-001-0516

第三戰區經濟游擊隊工作報告表

福建省福安縣經濟游擊隊工作十月中旬報表　三十年十月　日

工作概述（與報表同時附繳）	
重要情報及處理	本旬尚無重要情報仍依上旬所得情報及處理辦法繼續辦理
工作進行狀況	繼續前旬協助民眾收割晚稻并勸令疏散囤存及留做種子餘粮備運出口
工作成效	工作以來頗有成效
預定計劃（限於下旬）	下旬擬繼續本旬辦法辦理
建議	
其他	
附記	

福安縣經濟游擊小隊長　林昌庚

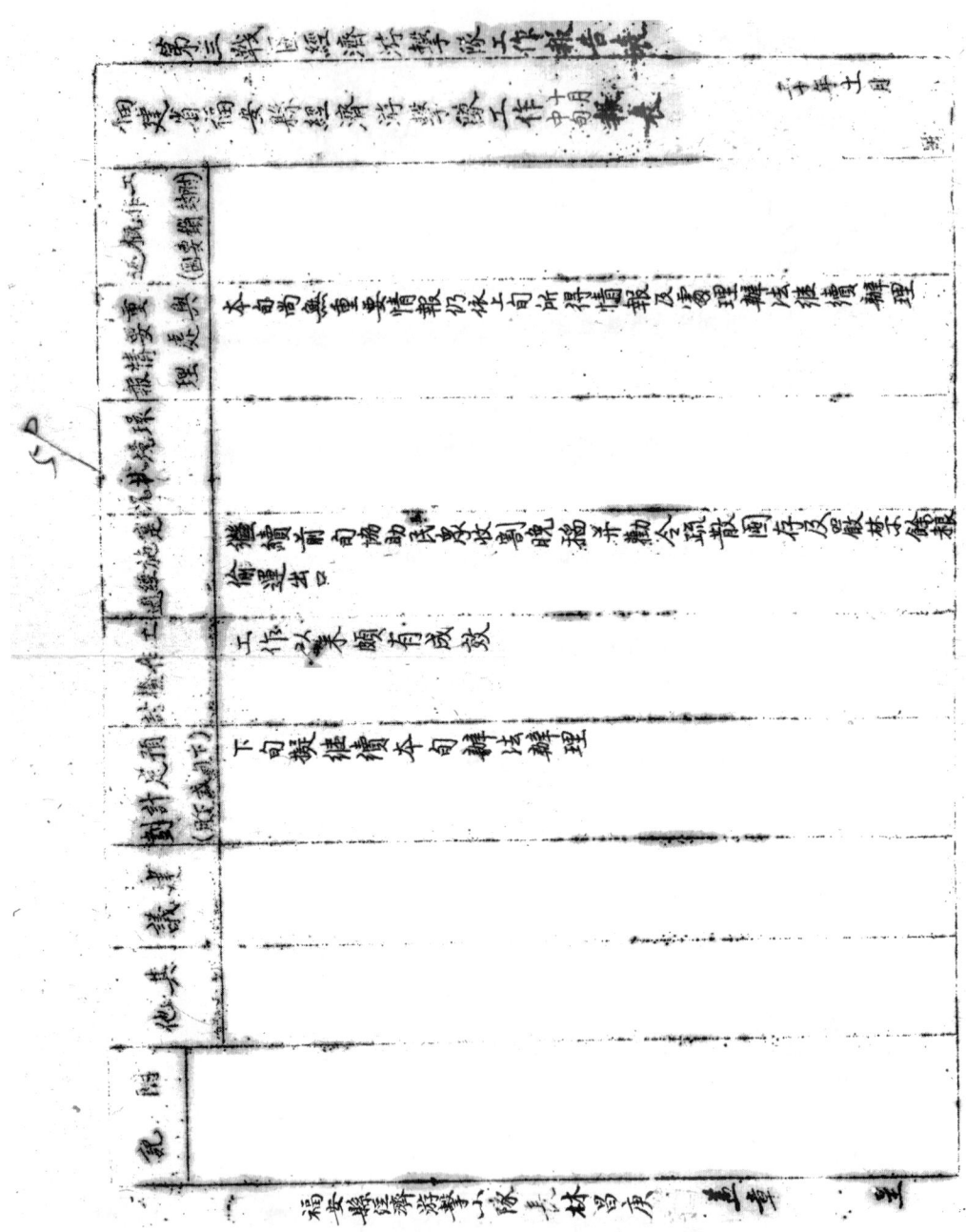

福建省福安县经济游击队工作旬报表（1941 年 10 月中旬）　0158-001-0516

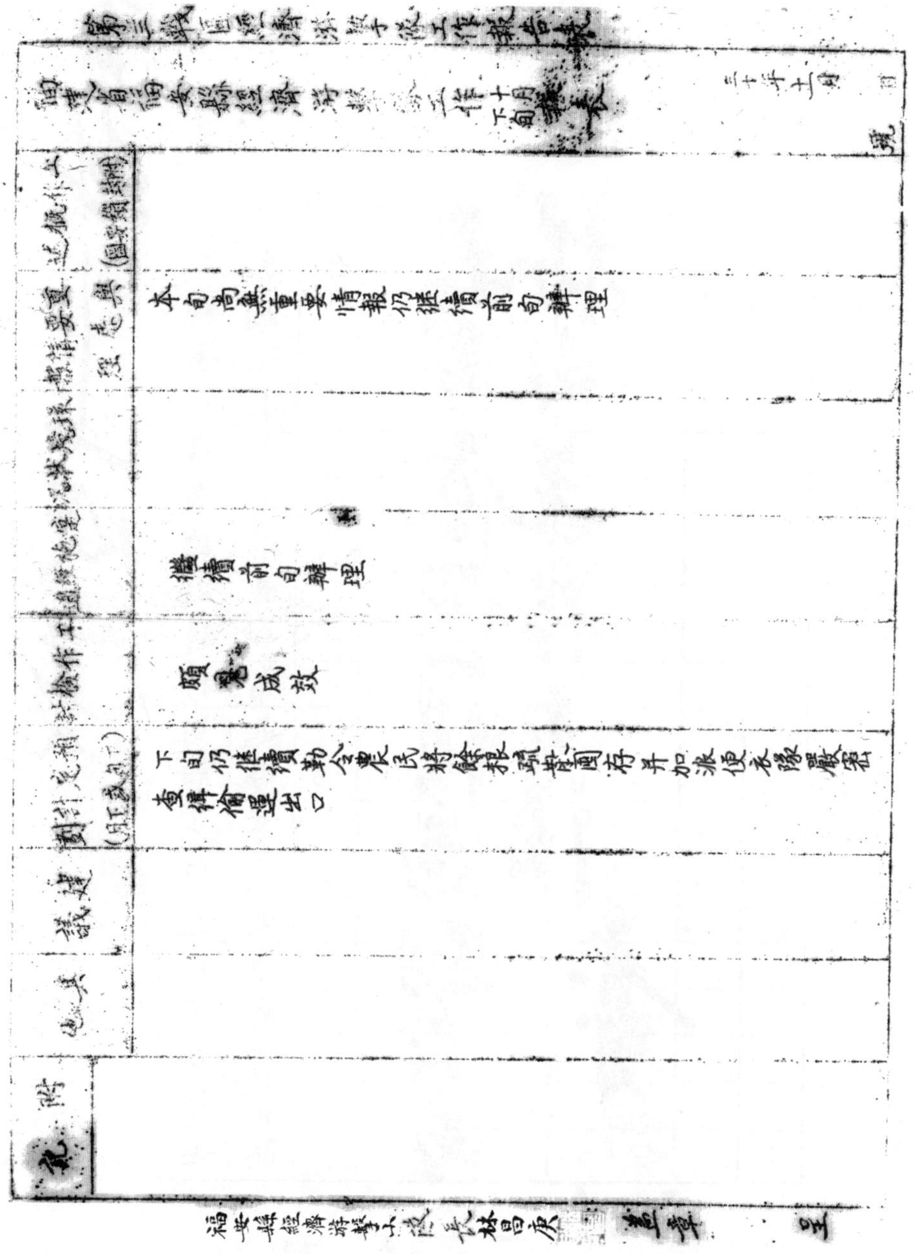

福建省福安县经济游击队工作旬报表(1941 年 10 月下旬) 0158-001-0516

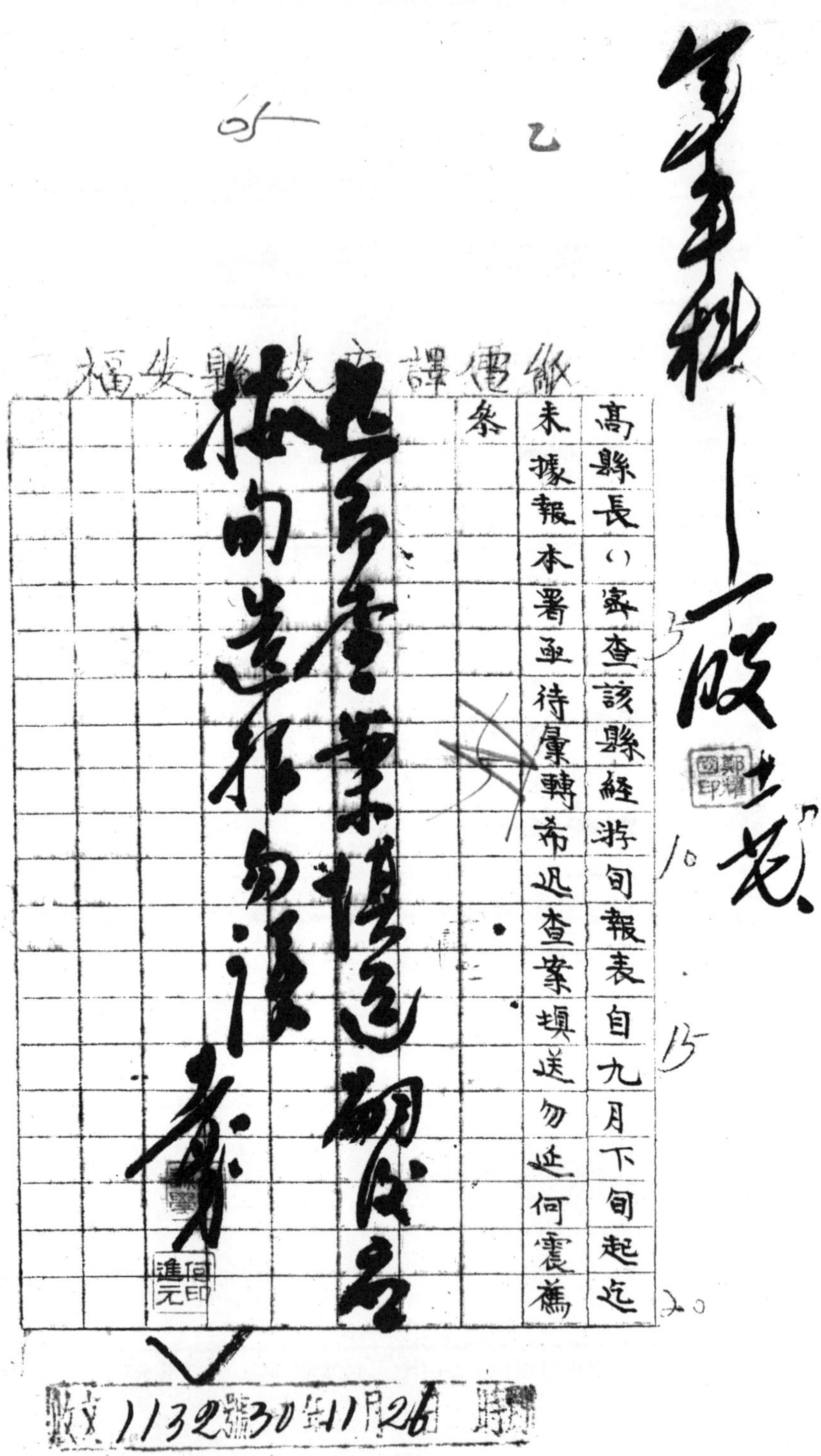

福安县政府译催报自九月下旬起该县经游旬报表的电文

（1941 年 11 月 26 日） 0158-001-0516

(三)查禁敌货

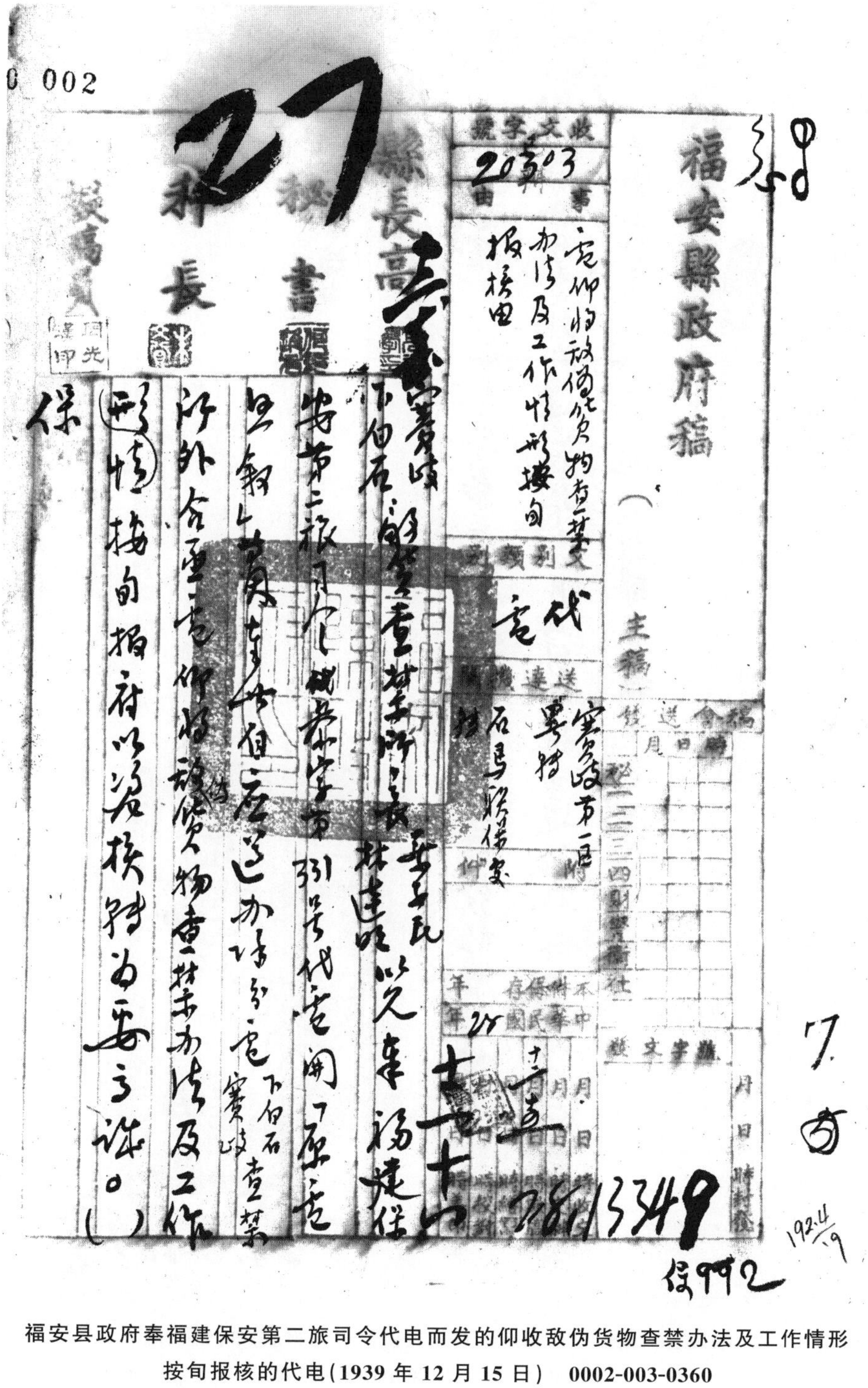

福安县政府奉福建保安第二旅司令代电而发的仰收敌伪货物查禁办法及工作情形按旬报核的代电(1939年12月15日)　0002-003-0360

第五科

福建省保安第二旅司令部代電　参

事由：密不錄由

福安高縣長歌叅字第三三一號代電計達茲訂發經濟游擊旬報表式一份除分電外仰遵由本年十二月上旬起按旬選報本部憑轉勿延為要

李樹棠真叅附發經濟游擊旬報表式一份

28.20664

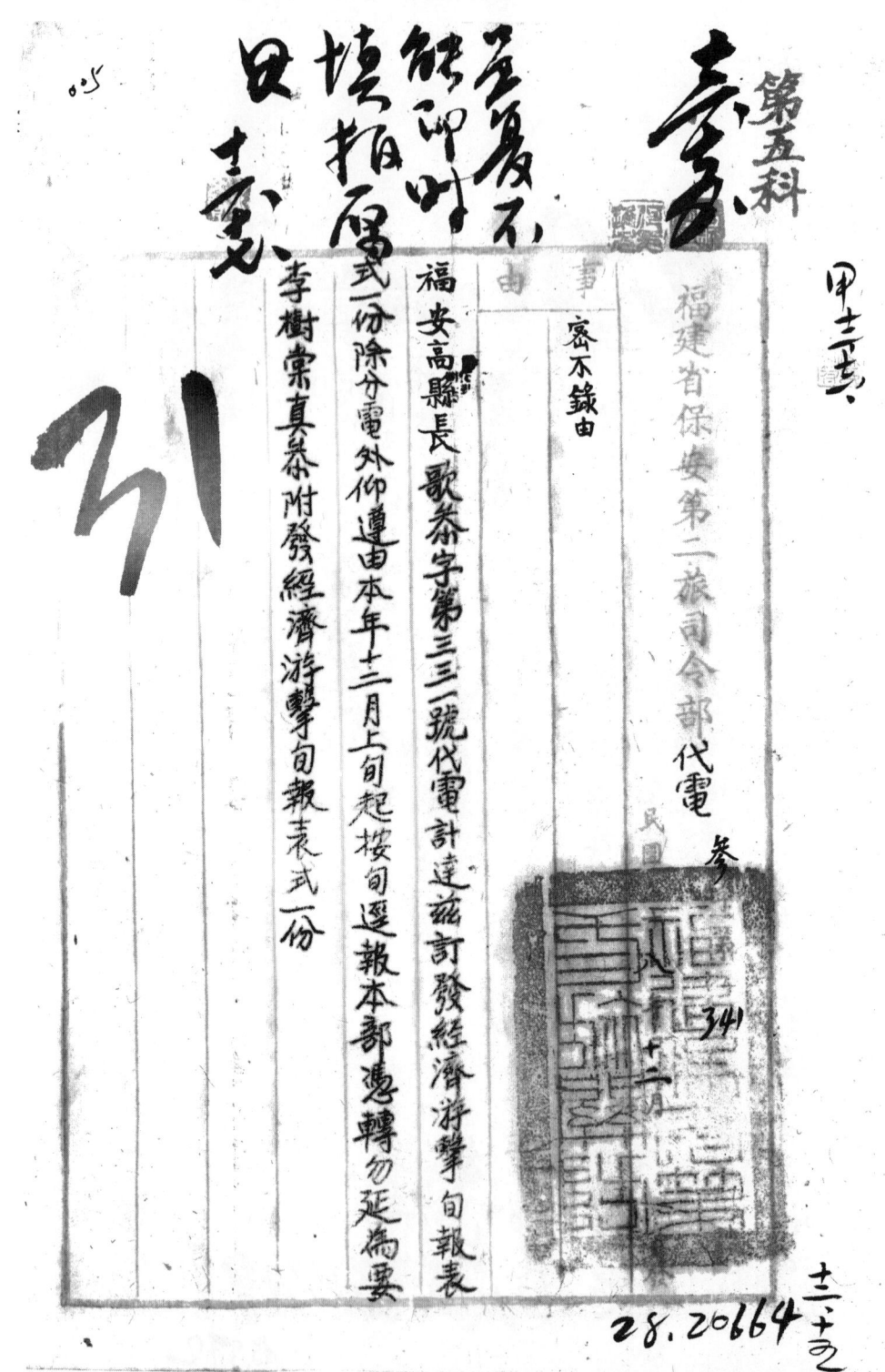

福建省保安第二旅司令部订发经济游击旬报表式等的代电

（1939 年 12 月）　0002-003-0360

031

福建保安第二旅司令部代電　參字第331號

福安高縣長李鈞署江綏田電開奉長官顧亥姆政電開關于經濟游擊隊游擊分區亟應造報事項如下(一)應將經濟游擊工作從十二月一日起按旬造送旬報以憑考核(二)應繪送分區經濟游擊地圖五份內中須標明甲分區地境乙封鎖線丙敵貨查禁處設立地點丁與鄰區會接地點上二項除分電外希查照辦理等因自應遵辦茲規定旬報表式如下(一)經濟游擊隊數量及編制情形(二)摧毀敵偽經濟及其組織與機構之辦法及工作情形(三)破壞敵偽軍需設備及運輸機構之辦法及工作情形(四)敵偽貨物查禁辦法及工作情形(五)其他以上各項除分區第一經濟封鎖線第一封鎖地區詔安雲霄漳浦海澄龍溪長泰同安八縣應報由七五師彙呈憑轉第二封鎖地區安溪南安晉江惠安莆田仙遊福清長樂閩侯連江十縣應報由八十師彙呈憑轉

福建保安第二旅司令部关于经济游击队游击分区亟应造报事项含敌货查禁处设立地点等的代电(1939年12月)a面　0002-003-0359

第三經濟地區羅源寧德福安霞浦福鼎五縣應報由保二旅彙呈憑轉第二經濟封鎖綫各封鎖地區各縣區應報由保安處彙呈憑轉其七五師八十師保二旅及保安處除即調製各該管綫區經濟游擊地圖三份報核外應自十二月上旬起將各縣特區經濟游擊旬報彙製各該管綫區旬報表三份呈報本署以便存轉除分行外特電仰切寔遵照為要等因第一封鎖分區羅源寧德兩縣應報由保二團彙呈憑轉第二封鎖分區福鼎霞浦福安三縣應報由保一團彙呈憑轉除分行外仰切寔遵照迅報本部憑轉為要李樹棠歌叅

中華民國二十八年十二月　日發

福建保安第二旅司令部关于经济游击队游击分区亟应造报事项含敌货查禁处设立地点等的代电(1939年12月)b面　0002-003-0359

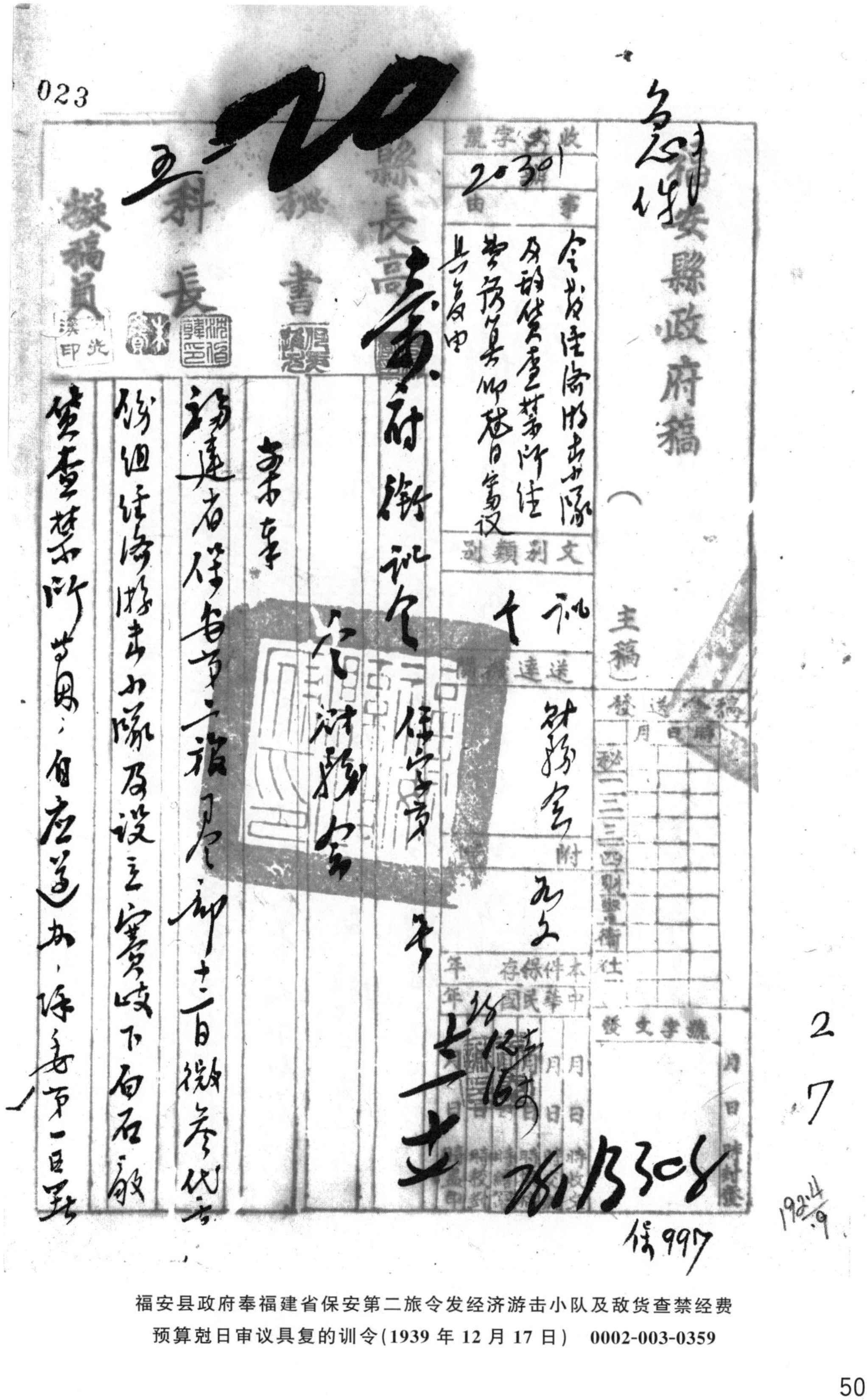
福安縣政府稿

縣長

秘書

科長

擬稿員

事由：令发经济游击小队及敌货查禁所经费预算书仰核审议具复由

文别類別：训令

送達機關：财务会

主稿

本件保存年

中華民國 年 月 日

福安县政府奉福建省保安第二旅令发经济游击小队及敌货查禁经费

预算尅日审议具复的训令(1939 年 12 月 17 日) 0002-003-0359

024

训

迳安第二区民经济游击小队队长外及抽选优秀干警
十五名为队兵，并饬第二、四两区署随即在赛岐、下白石设
立敌货查禁所外，查游击经济小队及敌货查禁所，
值此非常时期，县责綦重，由此节省各费，此项自在需款
令行编造经费预算各四份，令仰该会尅日审议具
复为要！此令

附发游击小队、敌货查禁所预算各四份

福安县政府奉福建省保安第二旅令发经济游击小队及敌货查禁经费预算尅日审议具复的训令(1939 年 12 月 17 日) 0002-003-0359

009

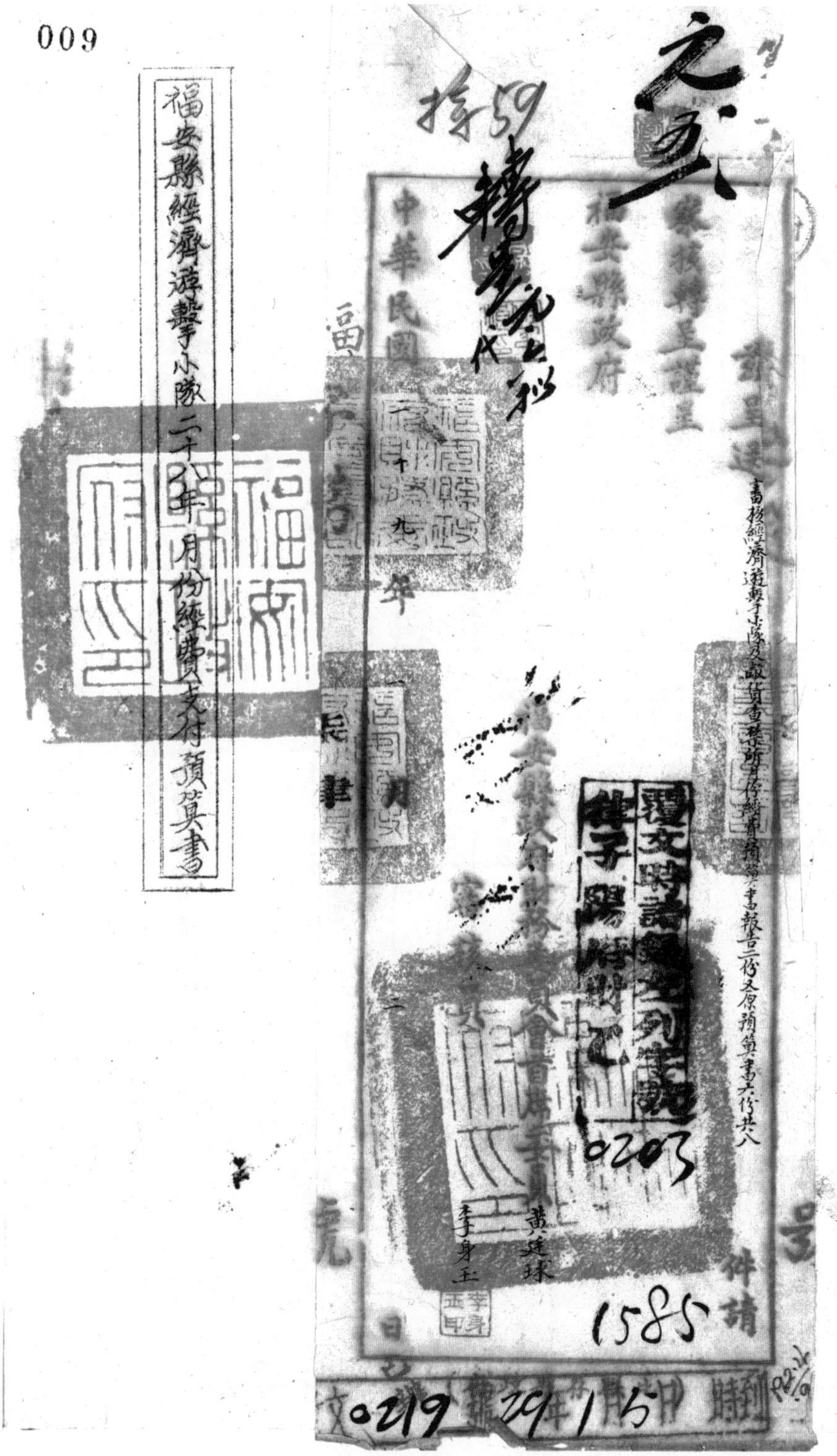
福安縣經濟游擊小隊二十八年 月份經費支付預算書

福安县财务委员会送经济游击小队二十八年□月份经费支付预算书及敌货查禁所经费支付预算书的回单(1939 年 12 月)　0002-003-0361

C 010

60

福安縣經濟游擊小隊二十八年 月份經費支付預算書

支出經常門

科目	年度預算數	月份預算數	備考
第一款經濟游擊小隊經費	六〇〇〇	五〇〇	
第一項 辦公費	六〇〇〇	五〇〇	
第一目 文具	一二〇〇	一〇〇	
第二目 紙張	一二〇〇	一〇〇	
第三目 郵費	六〇	五〇	
第四目 其他	三〇〇〇	二五〇	

福安县经济游击小队二十八年□月份经费支付预算书(1939 年 12 月) 0002-003-0361

011

61

中華民國二十八年十二月　日

福安縣縣長高識學
第二科科長沈伯韓
第五科科長朱文質

校對王　榮

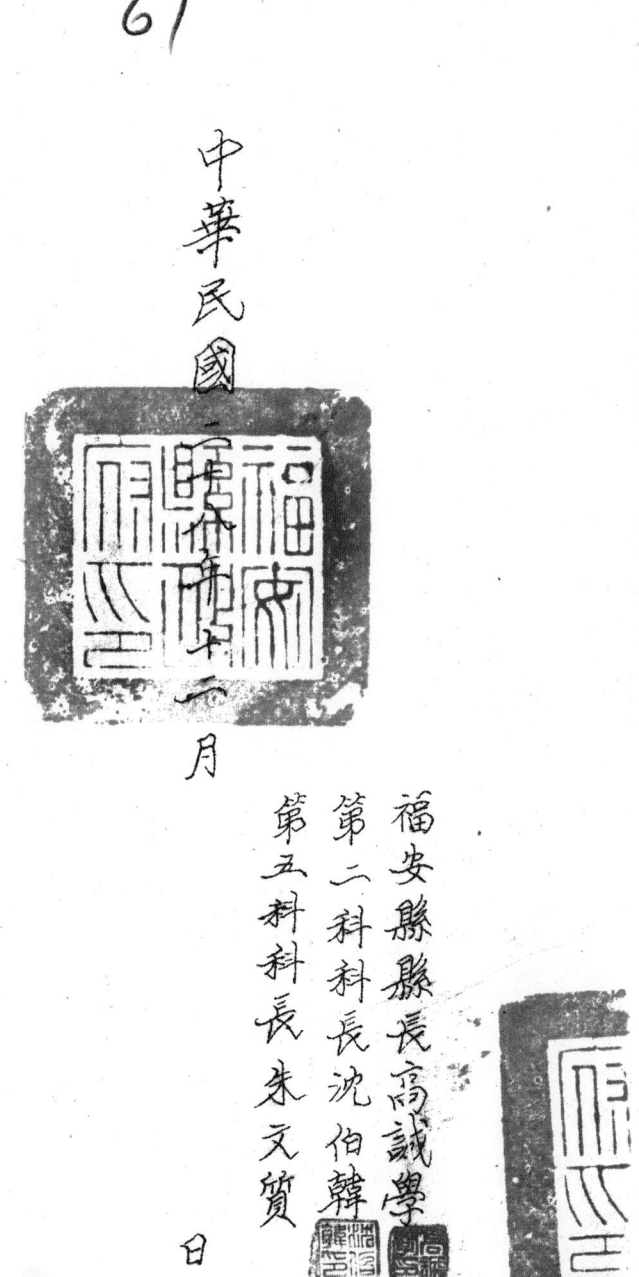

福安县经济游击小队二十八年□月份经费支付预算书(1939 年 12 月)　0002-003-0361

012

62

福安縣敵貨查禁所二十八年 月份經費支付預算書

福安縣財務委員會查訖

福安县敌货查禁所二十八年□月份经费支付预算书(1939 年 12 月) 0002-003-0361

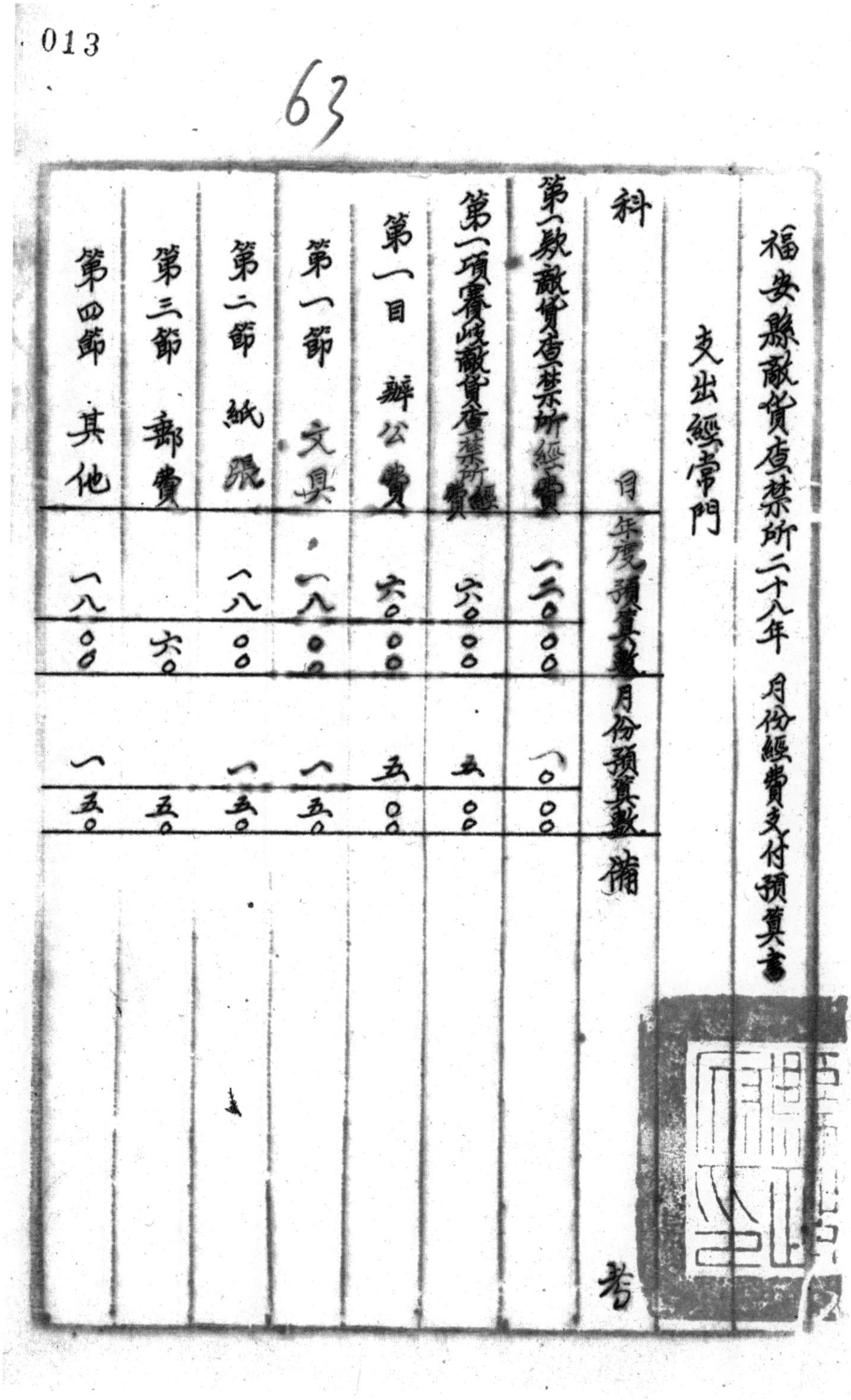

013

63

福安縣敵貨查禁所二十八年　月份經費支付預算書

支出經常門

科目	年度預算數	月份預算數	備考
第一款 敵貨查禁所經費	一二〇〇	一〇〇	
第一項 賽岐敵貨查禁所經費	六〇〇	五〇	
第一目 辦公費	六〇〇	五〇	
第一節 文具	一八〇	一五	
第二節 紙張	一八〇	一五	
第三節 郵費	六〇	五	
第四節 其他	一八〇	一五	

福安县敌货查禁所二十八年□月份经费支付预算书(1939 年 12 月)　0002-003-0361

第二项下白石敌货查禁所经费

六〇

〇〇

五

〇〇

节目同第一项

福安县敌货查禁所二十八年□月份经费支付预算书(1939 年 12 月) 0002-003-0361

014

64

福安縣縣長高誠學

第二科科長沈作韓

第五科科長朱文質

中華民國　　二　月　　日

校對王　榮

福安县敌货查禁所二十八年□月份经费支付预算书(1939 年 12 月)　0002-003-0361

026 109

令文簡便呈復表

議字第 號

原發文機關	福安縣政府
文別	訓令
原發文字號	保字二八一三〇八號
簡由	令發經濟游擊隊及敵貨查禁所月份經費預算書仰核覆由
附件	預算書八份
奉文日期	
遵辦情形	遵經審核簽具報告提出職會第二二次常會議決照審查報告通過該游擊小隊經費月支五〇元查禁所經費月支一〇〇元准在預備費項下動支等語請察核轉呈
附記	

福安縣財務委員會首席委員黃廷球

中華民國二十九年一月二日

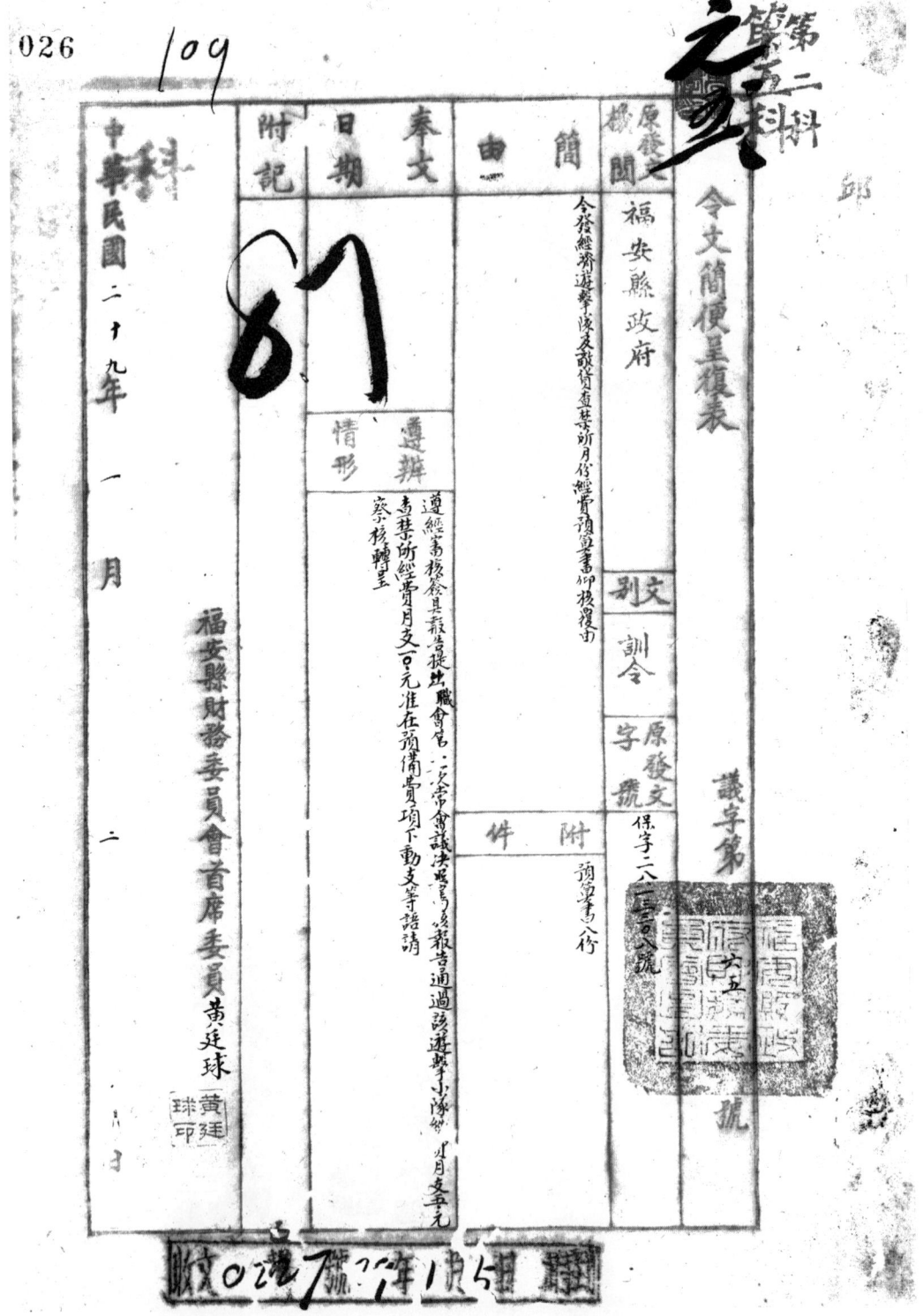

福安县财务委员会批准经济游击队及敌货查禁所经费预算的令文简便呈复表

（1940年1月2日） 0002-003-0362

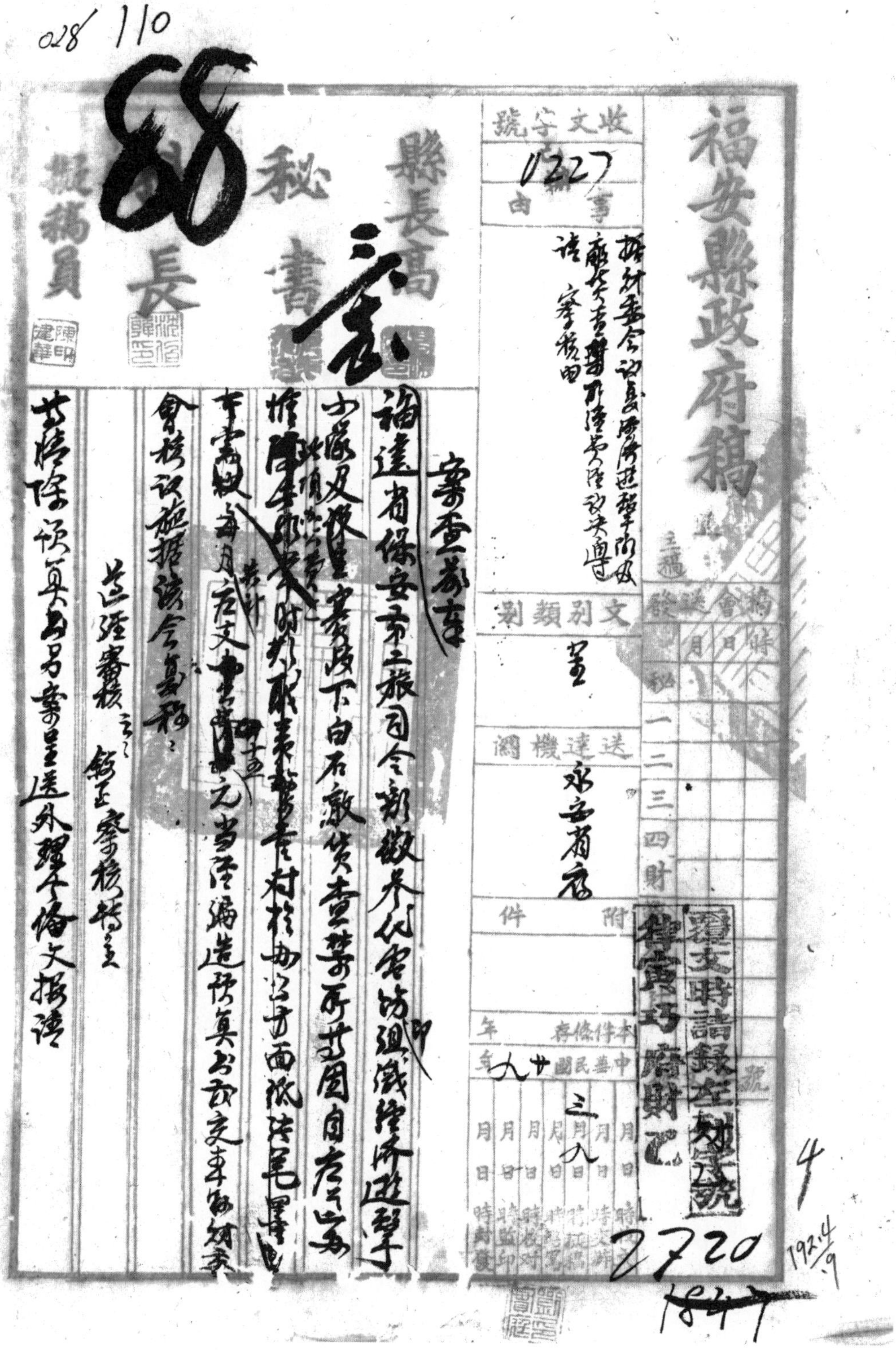

福安縣政府稿

縣長

秘書

擬稿員

收文字號 1227

事由

文別類 呈

送達機關 永安省府

附件

本件保存 年

中華民國二十九年三月九日

福安县政府转呈福建省政府关于经济游击小队及敌货查禁所月支预算的呈文

（1940 年 3 月 9 日） 0002-003-0362

029 111

察核示遵
谨呈
福建省政府主席陈
全衔名

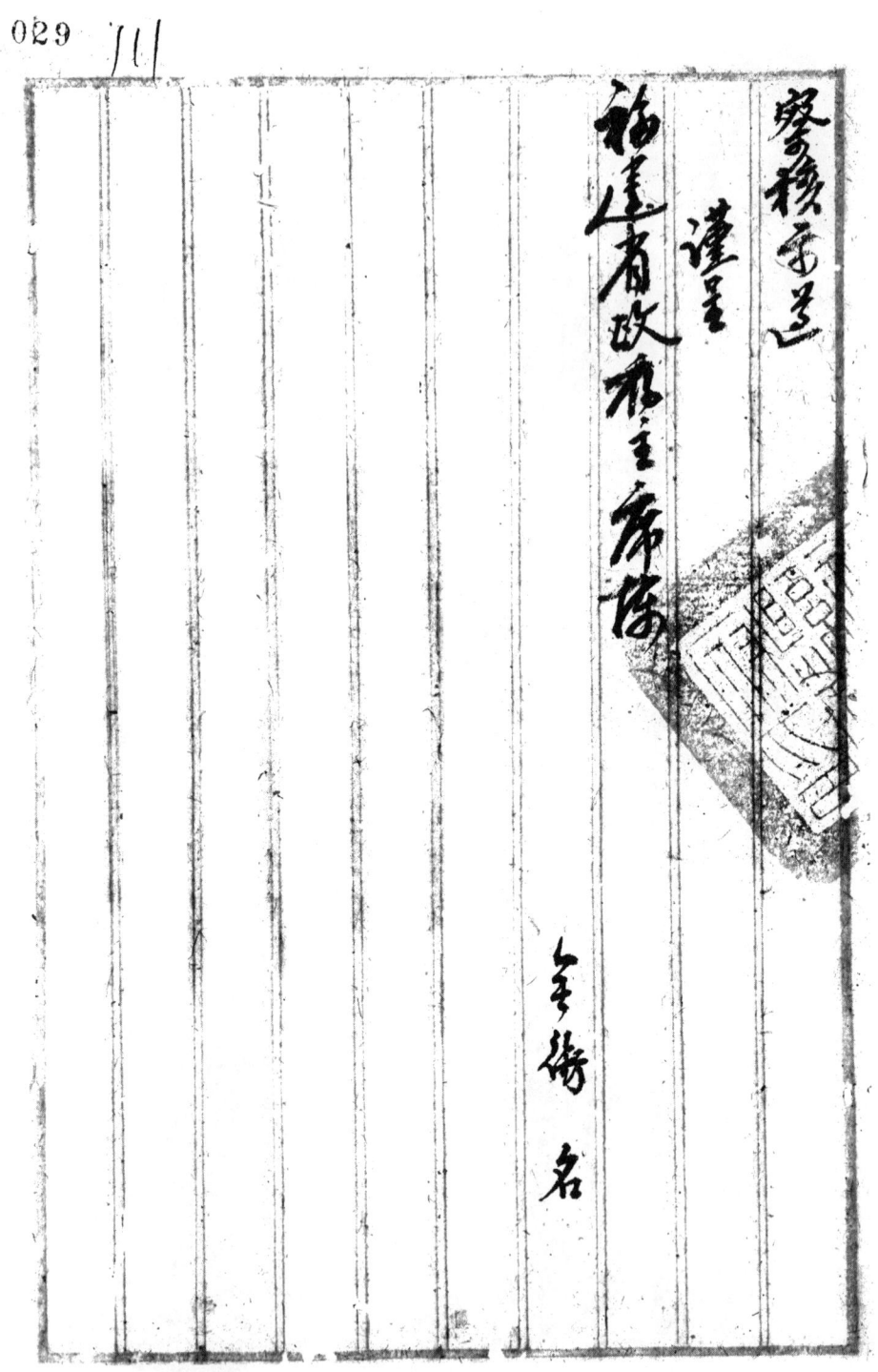

福安县政府转呈福建省政府关于经济游击小队及敌货查禁所月支预算的呈文

（1940年3月9日） 0002-003-0362

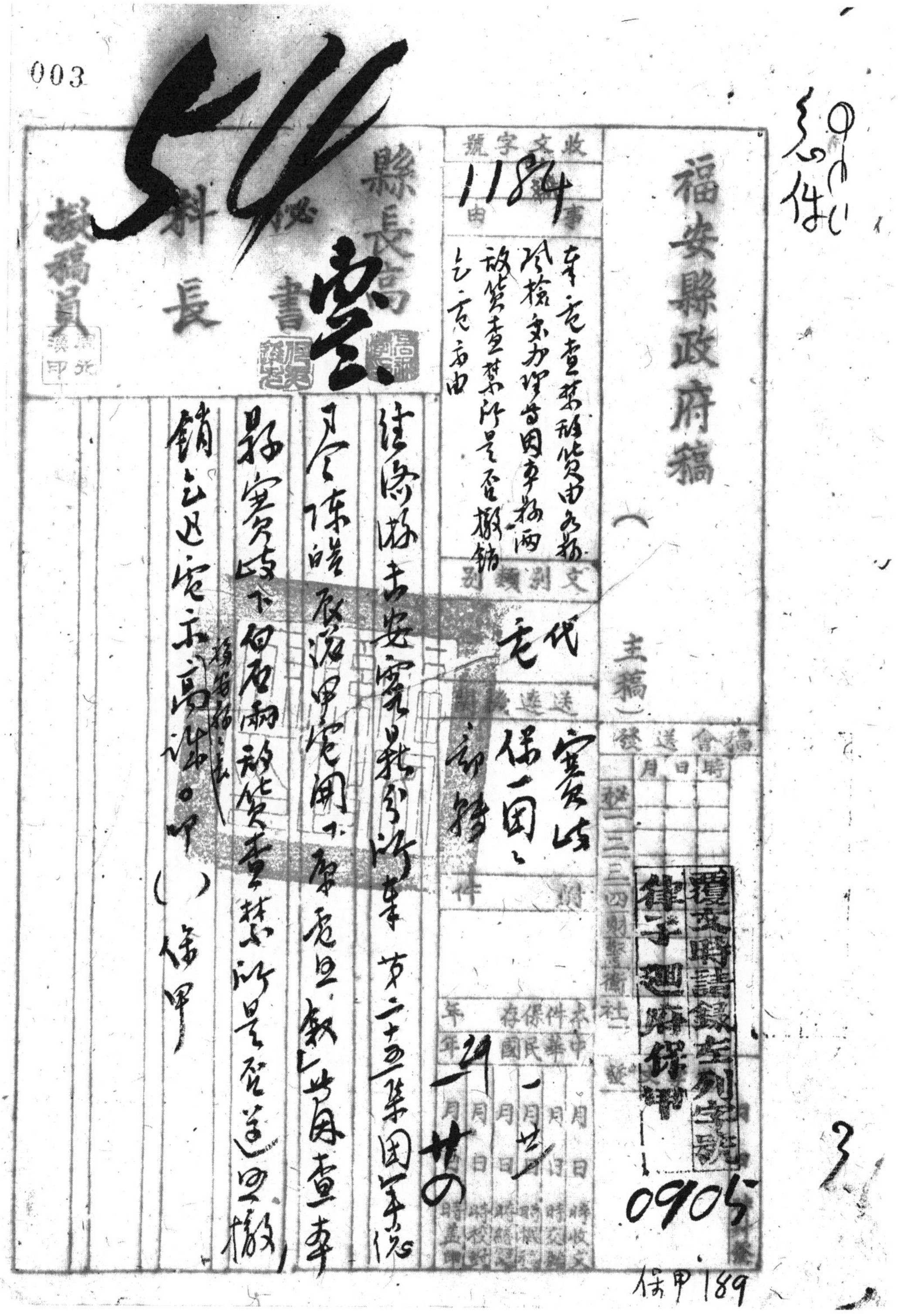

福安县政府请示本县赛岐、下白石两敌货查禁所是否撤销的代电

（1940 年 1 月 24 日） 0002-003-0361

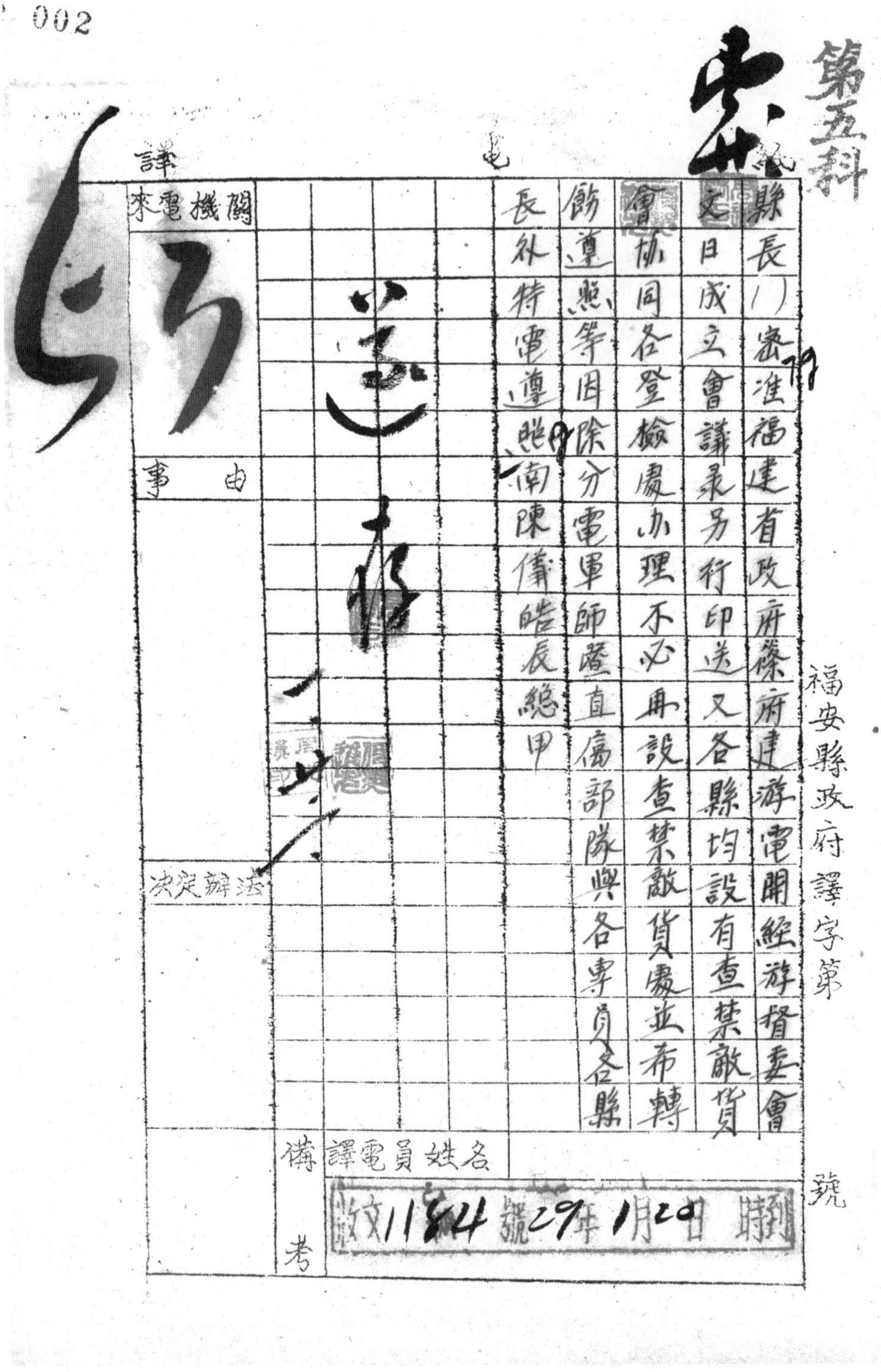
002

第五科

譯電

福安縣政府譯字第　　號

來電機關

事由

決定辦法

縣長（）密准福建省政府篠府建游電開經游督委會文日成立會議錄另行印送又各縣均設有查禁敵貨會協同各登檢處辦理不必再設查禁敵貨處並希轉飭遵照等因除分電軍師暨直屬部隊與各專員各縣長外特電遵照南陳儀皓辰總甲

備考

譯電員姓名

收文1184號 29年1月20日 時到

福安县政府译各县均设查禁敌货会不必再设查禁敌货处的电文

（1940 年 1 月 20 日） 0002-003-0361

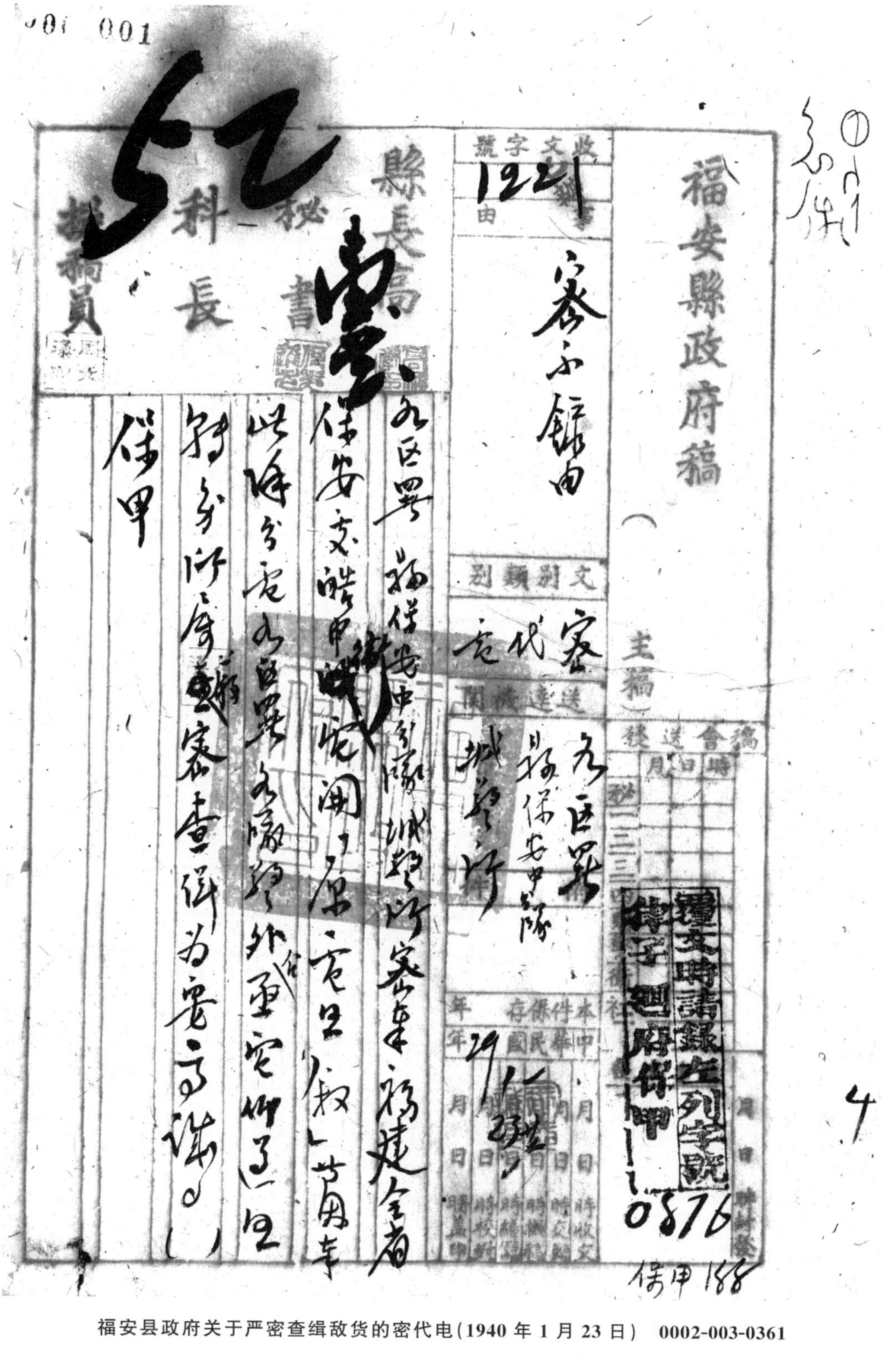

福安县政府关于严密查缉敌货的密代电(1940 年 1 月 23 日)　0002-003-0361

015

第五科

密

譯 電

來電機關	
事由	
決定辦法	

福安縣政府譯字第 號

高縣長律子迴府保甲字第905號代電悉（一）該对于賽

岐下白石之敵貨查禁所可即撤銷經濟游擊安

鼎分署候定遠有游

甲九·廿七

備考	譯電員姓名
	1505號 29年1月26日 時

福安县政府译撤销赛岐、下白石敌货查禁所的电文(1940 年 1 月 26 日) 0002-003-0361

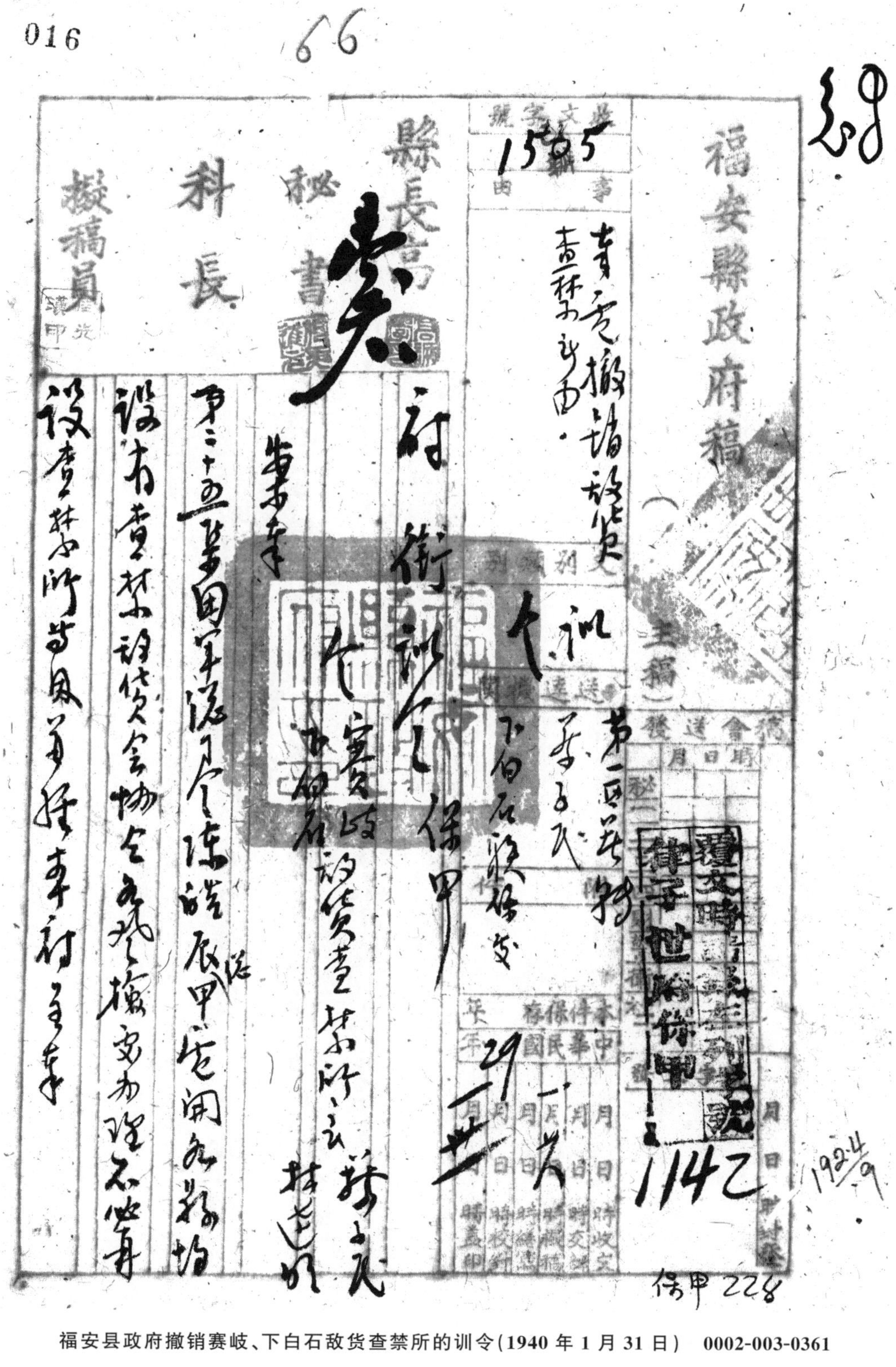
福安縣政府稿

縣長

秘書

科長

擬稿員

福安县政府撤销赛岐、下白石敌货查禁所的训令(1940 年 1 月 31 日)　0002-003-0361

67

017

经济游击队业已成立者将宣开对于赛岐下白石之敌货查禁所可即撤销，请兼专员自应遵办。除分令下白石、赛岐敌货查禁所外，合行令仰遵照自撤销为要。

此令！

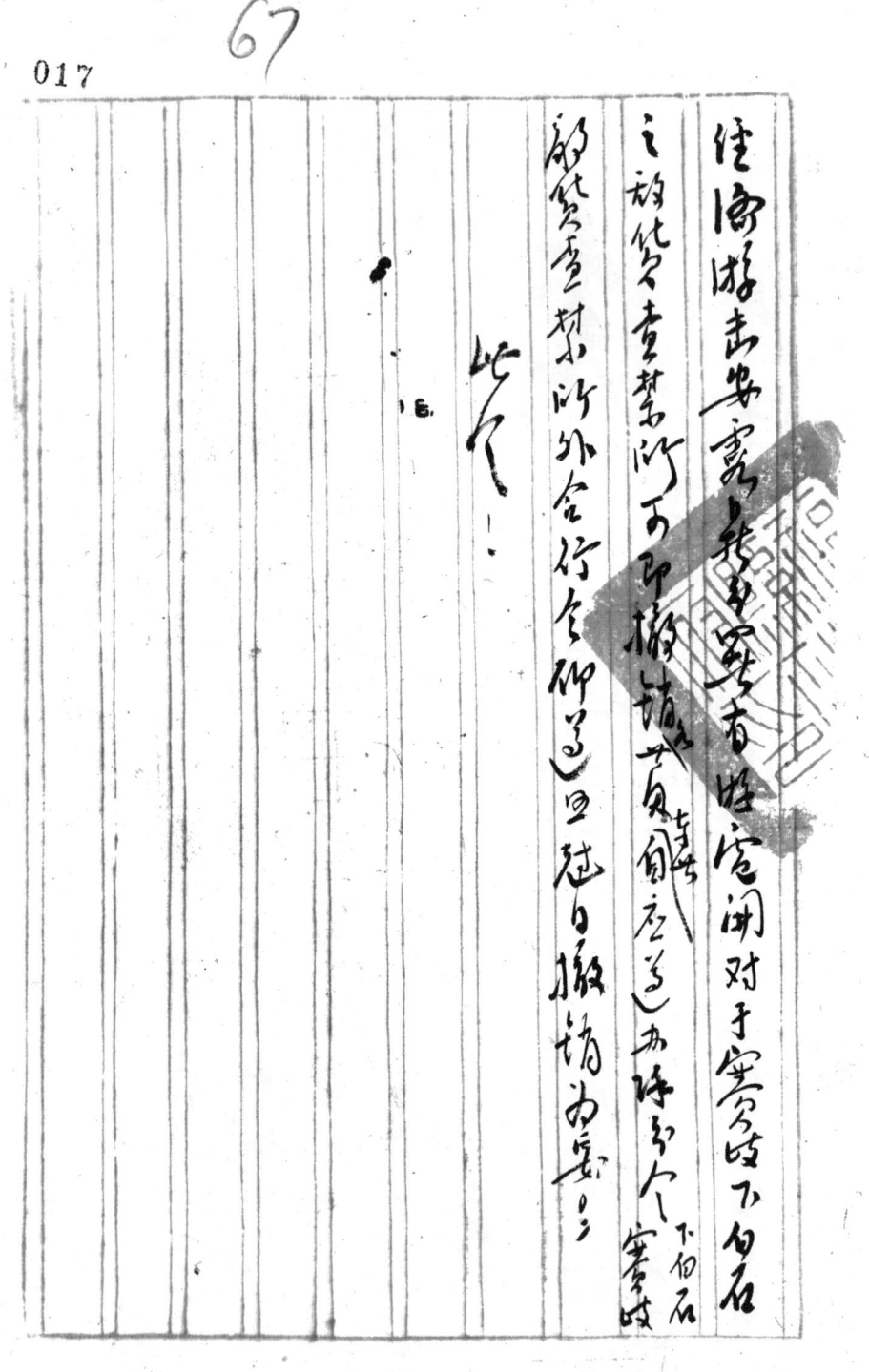

福安县政府撤销赛岐、下白石敌货查禁所的训令（1940 年 1 月 31 日）　0002-003-0361

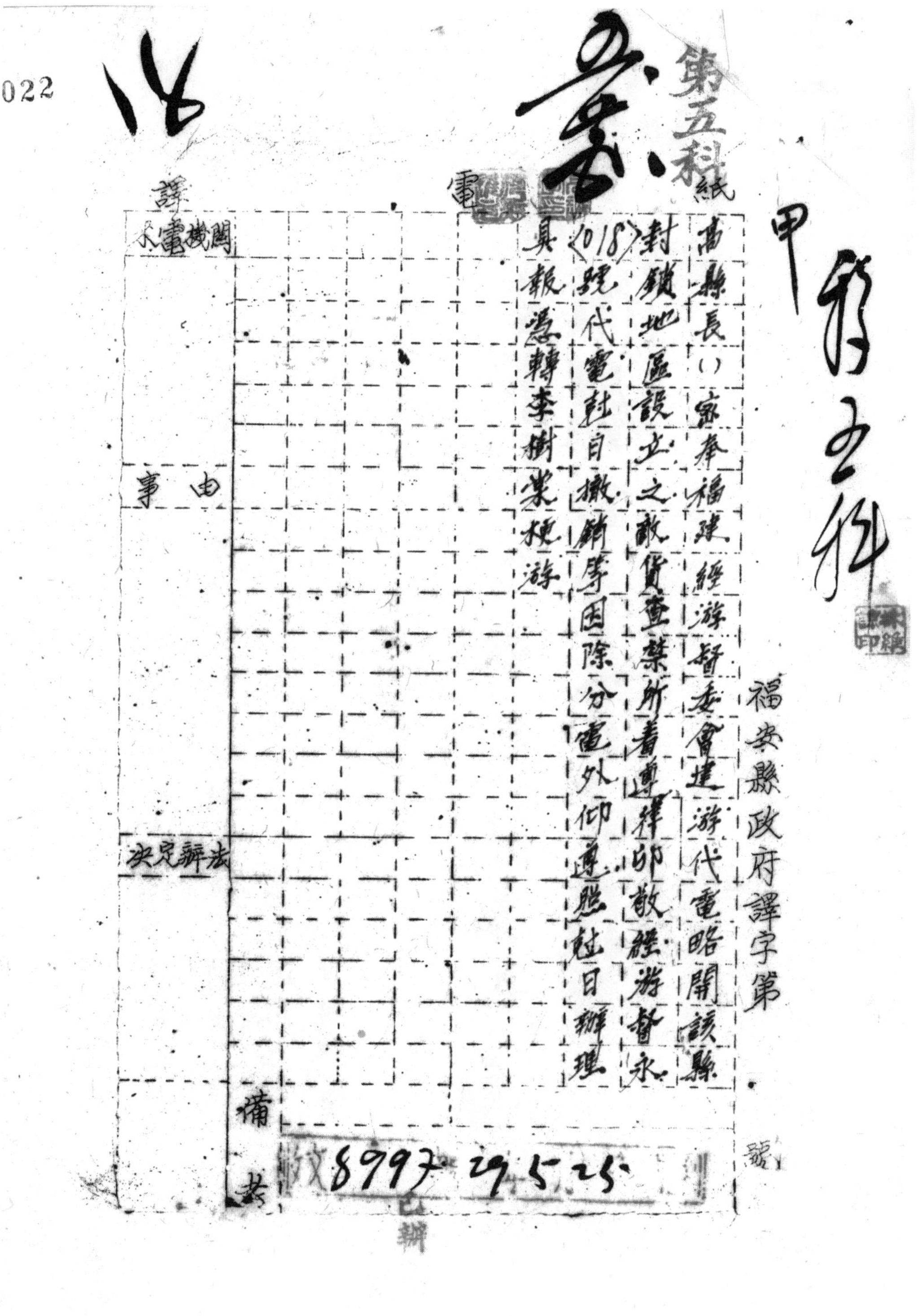

022

第五科

福安縣政府譯字第　號

電

紙高縣長（）密奉福建經游督委會建游代電略開該縣封鎖地區設立之敵貨查禁所着遵擇即撤經游督永（018）號代電尅日撤銷等因除分電外仰遵照尅日辦理具報為要轉李樹棠梗游

譯電機關

事由

決定辦法

備考

收文 8997 29.5.25

已辦

福安县政府译该县封锁地区设立之敌货查禁所尅日撤销的电文

（1940 年 5 月 25 日） 0002-004-0238

024

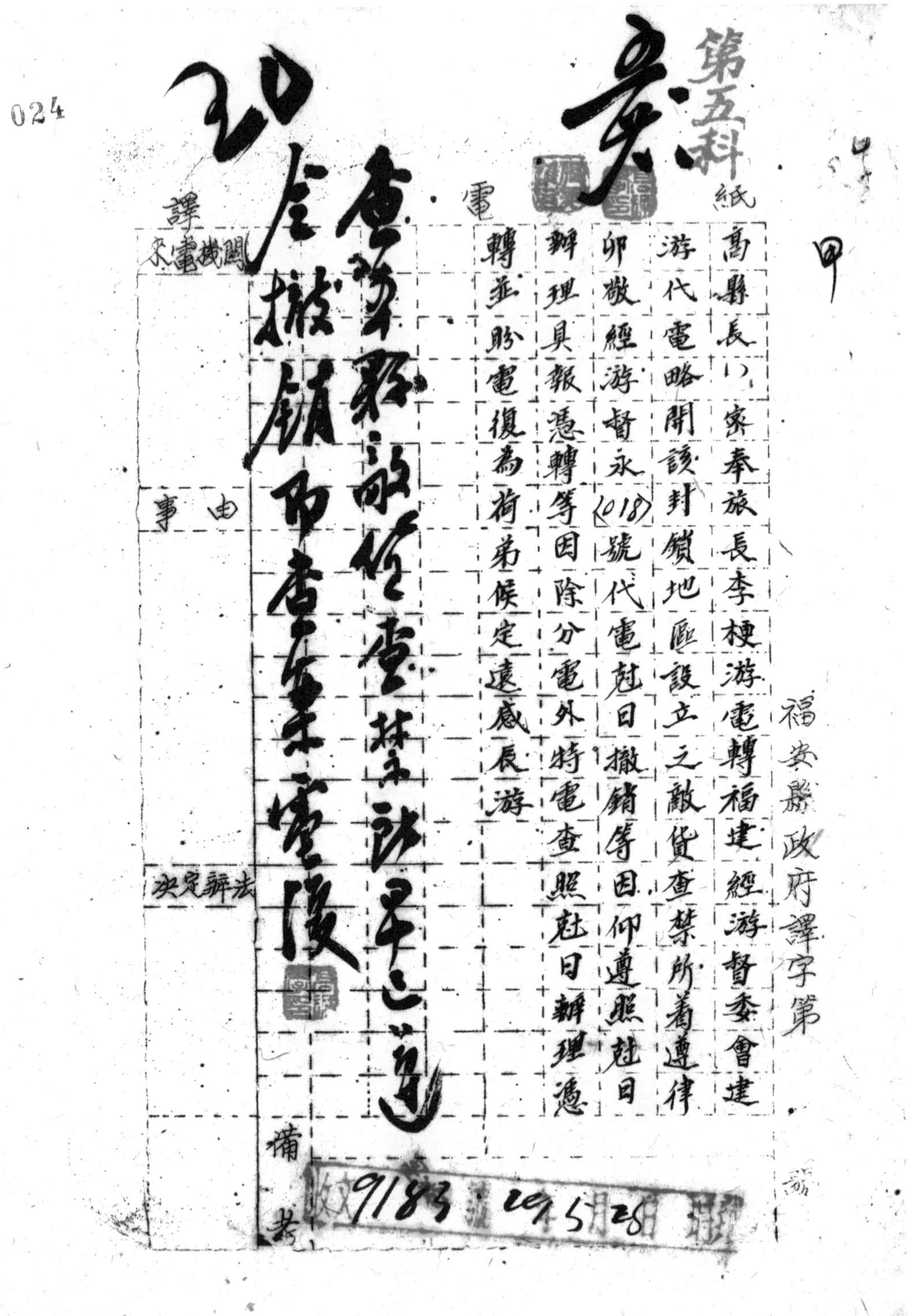

第五科
紙
甲
福安縣政府譯字第　號
高縣長◯、密奉旅長李梗游電轉福建經游督委會建
游代電略開該封鎖地區設立之敵貨查禁所着遵律
卯敬經游督永(018)號代電尅日撤銷等因仰遵照尅日
辦理具報憑轉等因除分電外特電查照尅日辦理憑
轉並盼電復為荷弟侯定遠感辰游
電
譯
來電機關
事由
決定辦法
備考
查該縣敵貨查禁所早已遵令撤銷即查案電復
政文 9183 29.5.28

福安县政府译该县封锁地区设立之敌货查禁所尅日撤销的电文

（1940年5月28日） 0002-004-0238

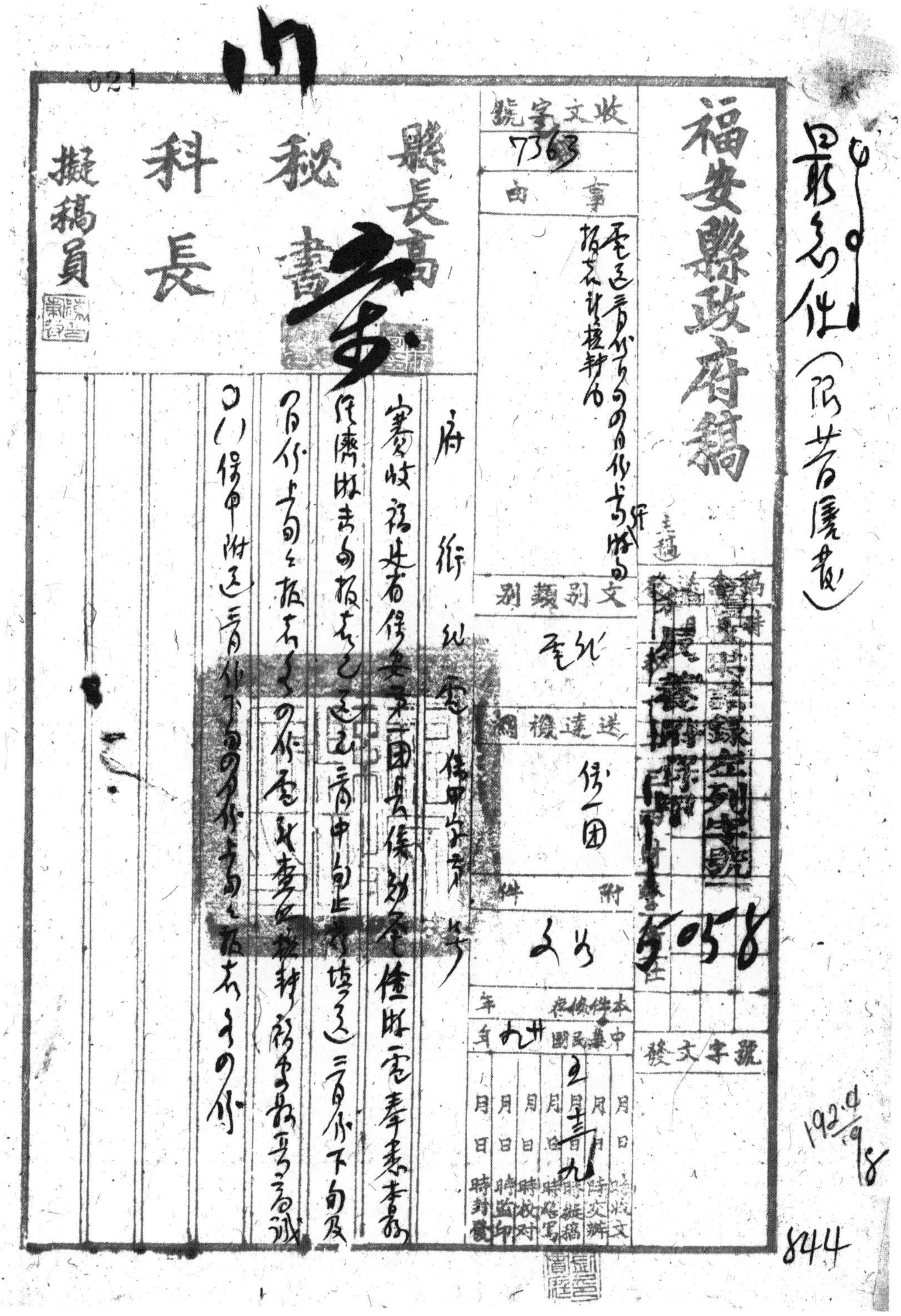

福安县政府电运三月份下旬四月份上旬经济旬报表的代电

（1940 年 5 月 13 日） 0002-004-0238

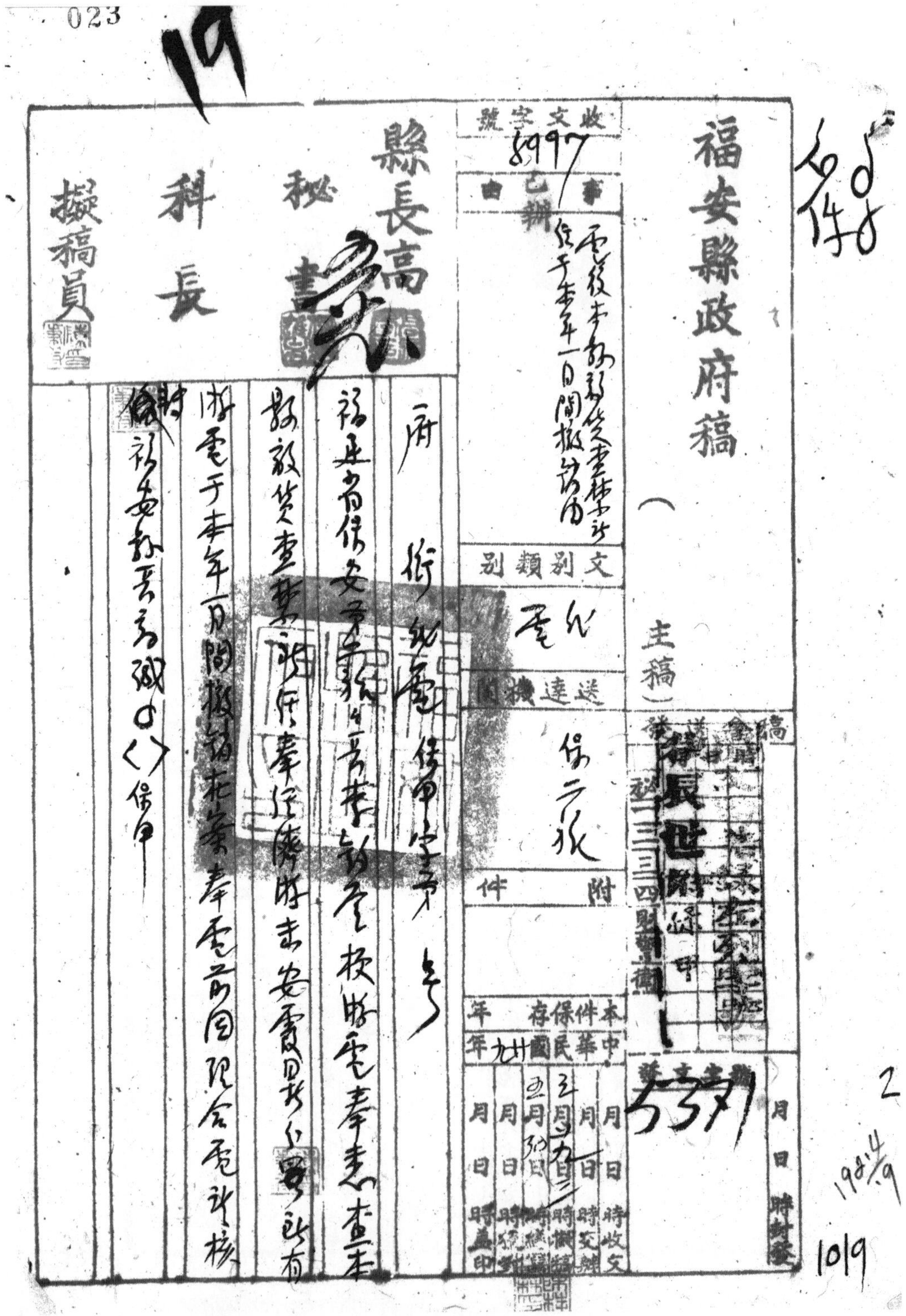

福安县政府送保一团本县敌货查禁所于本年一月间撤销的代电

（1940 年 5 月 30 日） 0002-004-0238

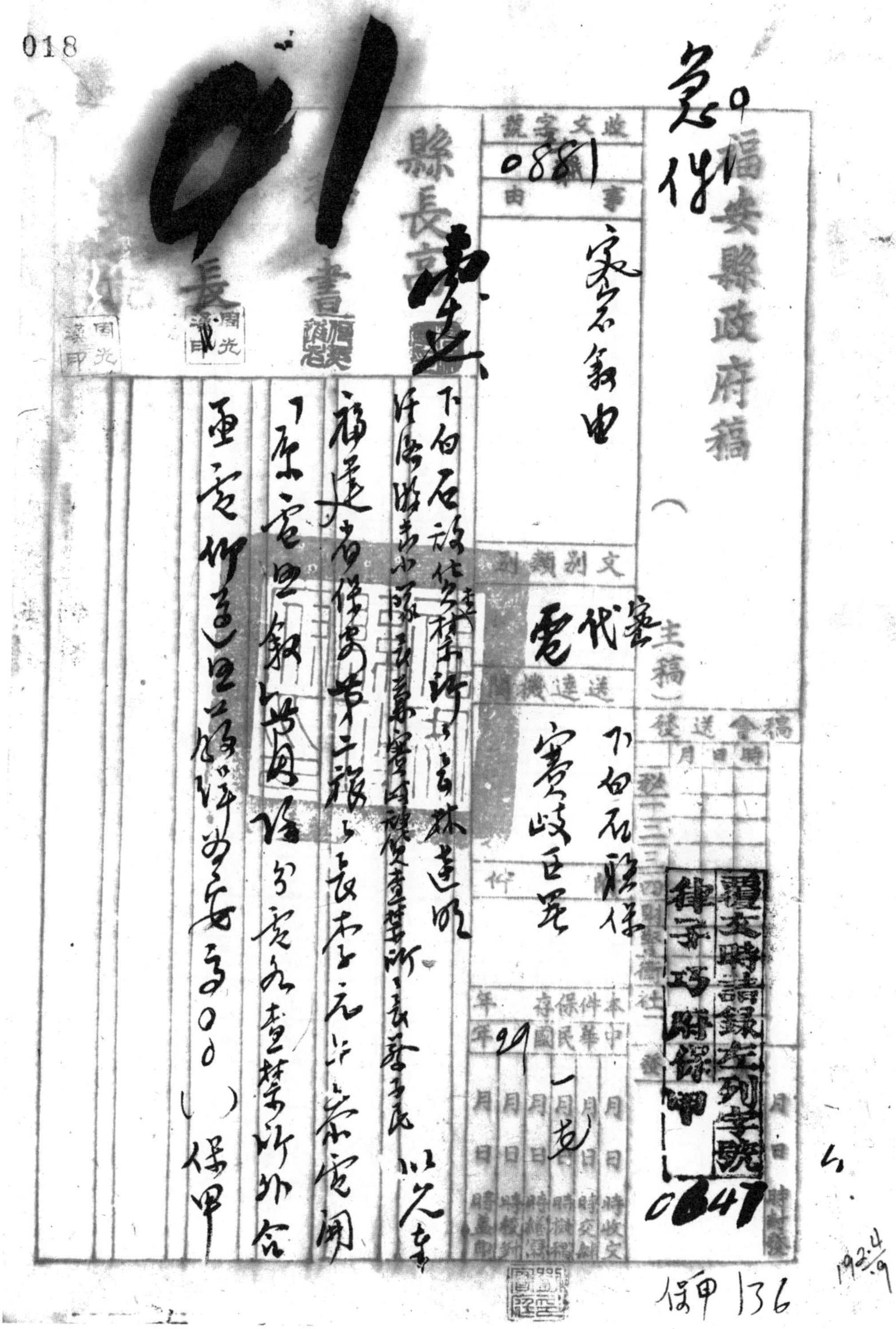

018

急件

福安縣政府稿

收文字號 0881

事由

文別 密代電

送達機關 下白石區保

主稿

縣長

秘書

福安县政府关于严缉敌货的密代电(1940 年 1 月 17 日)　0002-003-0360

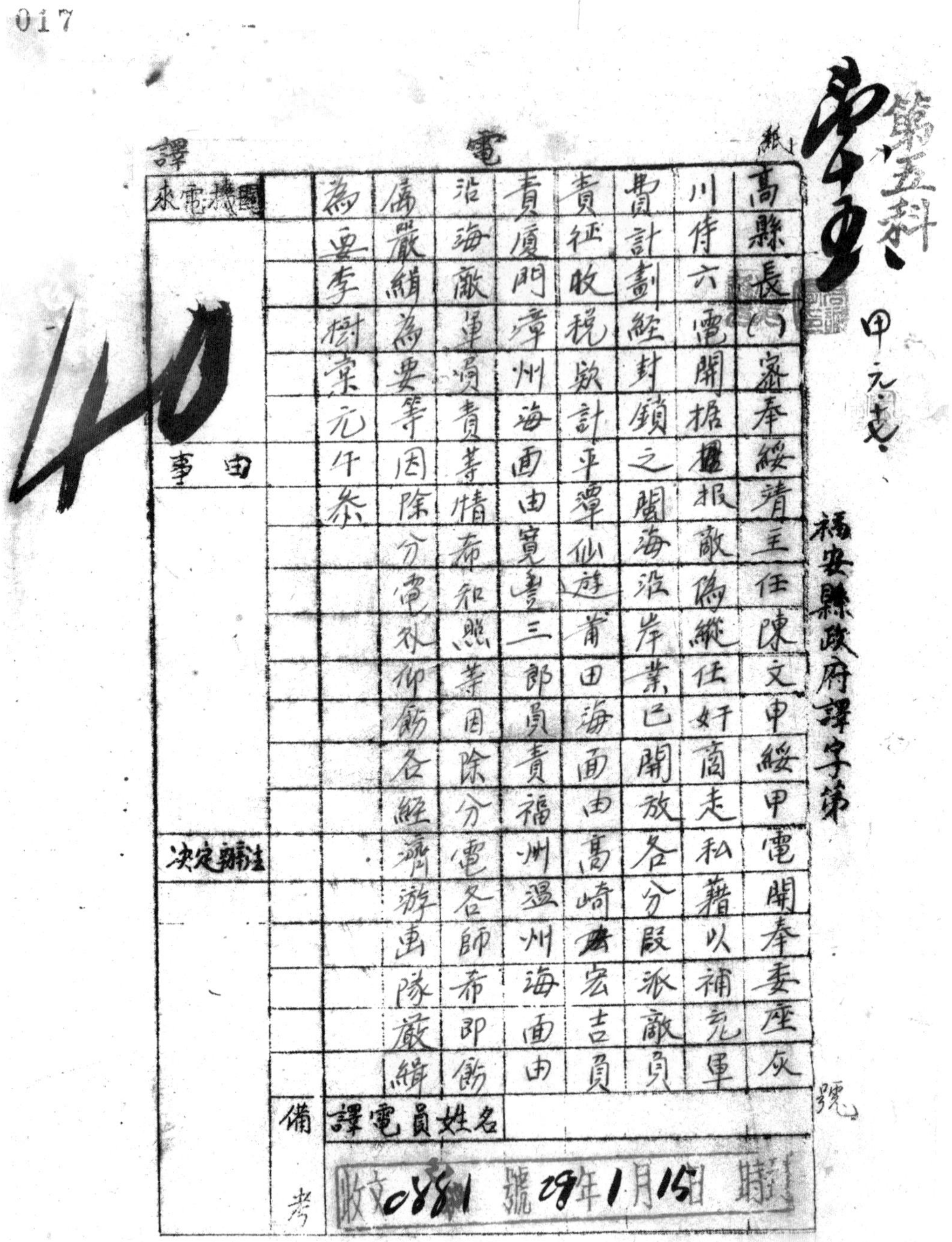
017
40
譯電
紙
第五科
甲元支
福安縣政府譯字第 號
來電機關
事由
決定辦法
備考
譯電員姓名
高縣長(一)密奉綏靖主任陳文申綏甲電開奉委座灰
川侍六電開據報敵偽縱任奸商走私藉以補充軍
費計劃經封鎖之閩海沿岸業已開放各分段派敵員
責征收稅款計平潭仙遊莆田海面由高崎宏吉員
責廈門漳州海面由寬豐三郎員責福州溫州海面由
沿海敵軍須責等情希知照等因除分電各師希即飭
屬嚴緝為要等因除分電外仰飭各經濟游擊隊嚴緝
為要李樹棠元午參
收文 0881 號 29年1月15日 時

福安县政府译严缉敌货的电文(1940 年 1 月 15 日) 0002-003-0360

029

第五科

甲元芸

譯　　　電

來電機關

事由

決定辦法

縣長（ ）密 奉府交准綏電開奉委座灰川侍六電開據報敵偽縱任奸商走私藉以補充軍費計前經封鎖之閩海沿岸業已開放並分設派敵員責征收稅款計飭平潭莆田仙遊海面由高崎宏吉員責廈門漳泉海面由寬豐三郎員責福州溫州海面由該地沿海敵軍艦員責等情希令等因除分電各師外特電請飭屬嚴緝為荷等由下處除分電沿海各縣長外特電希飭屬嚴密查緝 黃珍吾 皓申衛

福安縣政府譯字第　號

備考　譯電員姓名

收文 1221 號 29年1月20日 時到

福安县政府译严缉敌货的电文（1940 年 1 月 20 日）　0002-003-0360

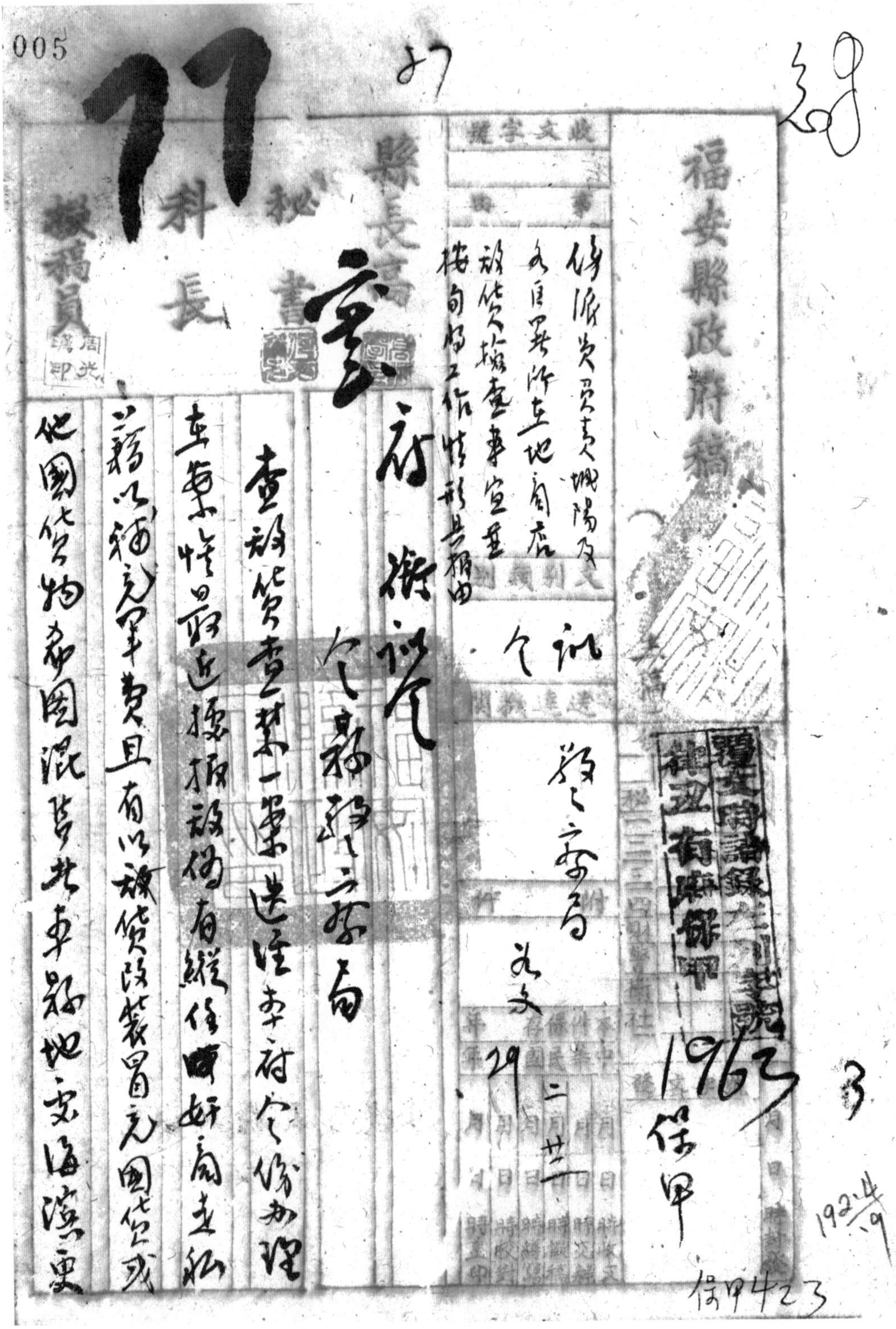

福安縣政府稿

縣長 秘書 科長 擬稿員

事由：為派員負責城陽及各區署所在地商店敵貨檢查事宜並按旬將工作情形具報由

訓令

令城陽……

查敵貨查禁一案迭經本府令飭辦理在案惟據最近報稱敵偽有縱任奸商走私以補充軍費且有以敵貨改裝冒充國貨或仿國貨物希圖混售者本縣地處海濱更

福安县政府派员负责城阳及各区署所在地商店敌货检查并按旬将工作情形具报的训令

（1940 年 2 月 22 日） 0002-003-0362

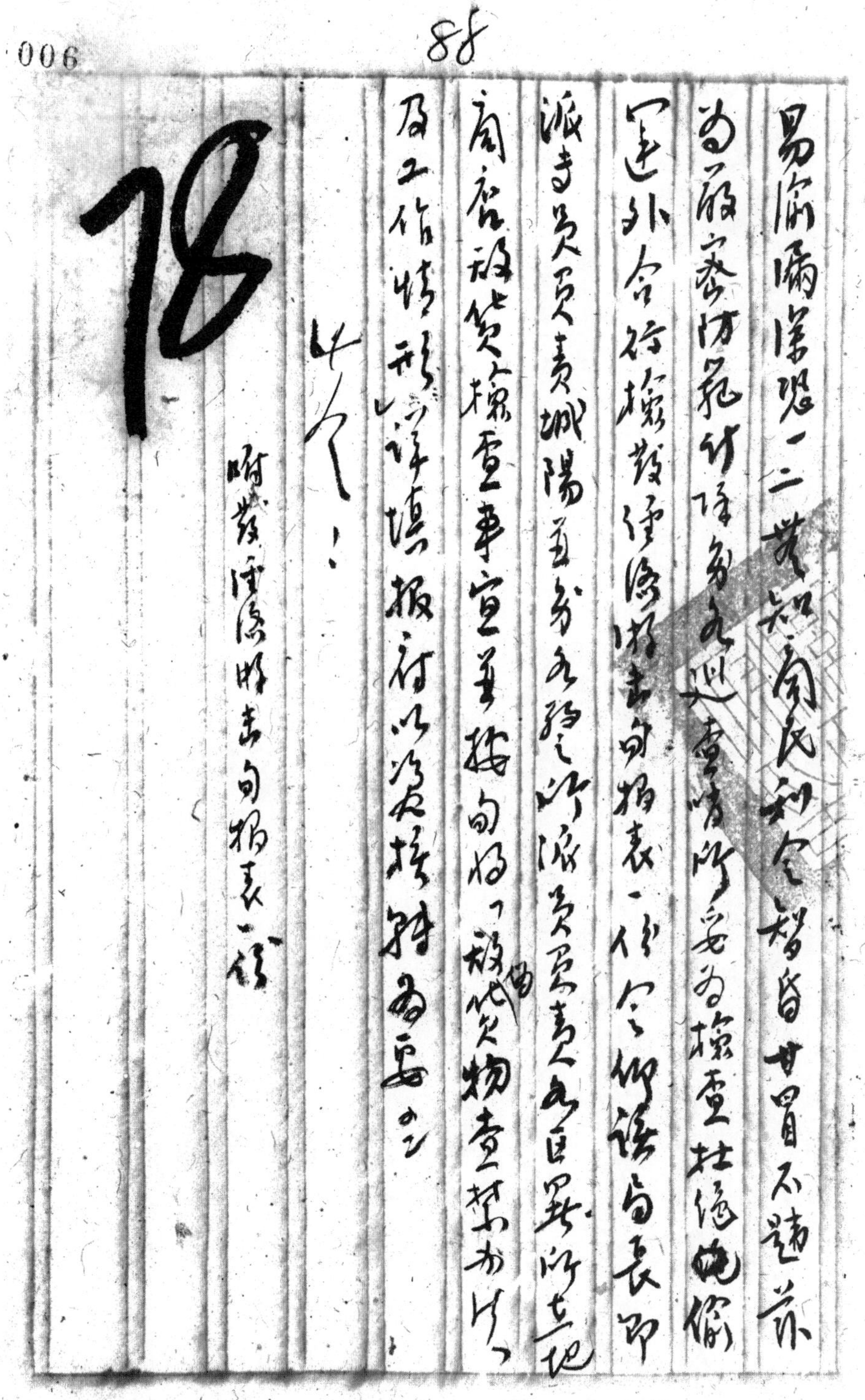
006
88
78
易偷漏，竊恐一二無知商民利令智昏，甘冒不韙，茲
為嚴密防範計，除分函巡查所妥為檢查杜絕偷
運外，合行檢發旬報表一份，令仰該局長即
派專員負責城陽並分令各區署派員負責各區署所在地
商店敵貨檢查事宜，並按旬將檢查敵貨物查禁辦法、
及工作情形，詳填報府，以憑核轉為要。
此令！
附發：旬報表一份

福安县政府派员负责城阳及各区署所在地商店敌货检查并按旬将工作情形具报的训令

（1940 年 2 月 22 日） 0002-003-0362

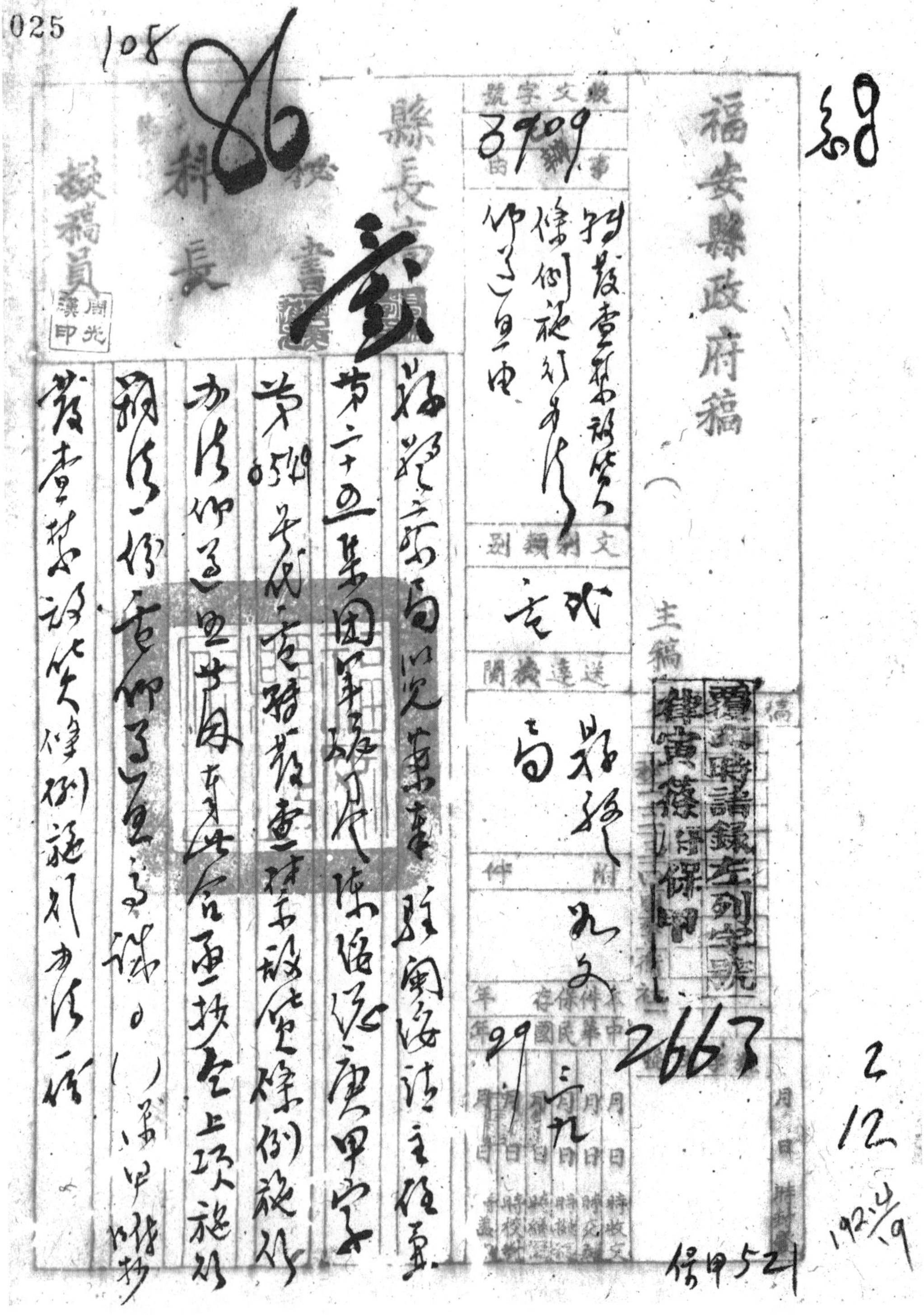

福安县政府关于查禁条例施行办法仰遵照的代电(1940 年 3 月 9 日)　0002-003-0362

四

福鼎县经济游击队

第五科

第5571號
29年4月22日

第二十五集團軍總司令部代電

軍急机密

福鼎縣縣長徐寀奉國民政府軍事委員會三月十三日辦四二渝字第2764號訓令開經濟游擊隊組織及實施辦法現經制定應即通飭施行除分令天水桂林行營各戰區司令長官戰地黨政委員會遵照外合行抄發該辦法令仰知照並轉飭有關所屬知照等因計抄發經濟游擊隊組織及實施辦法一份奉此除分行有關各部外特抄同該辦法電仰知照為要 總甲附抄經濟游擊隊組織及實施辦法一份

總秉卯字第0862號

中華民國二十九年四月 日

校對鄭慕榆

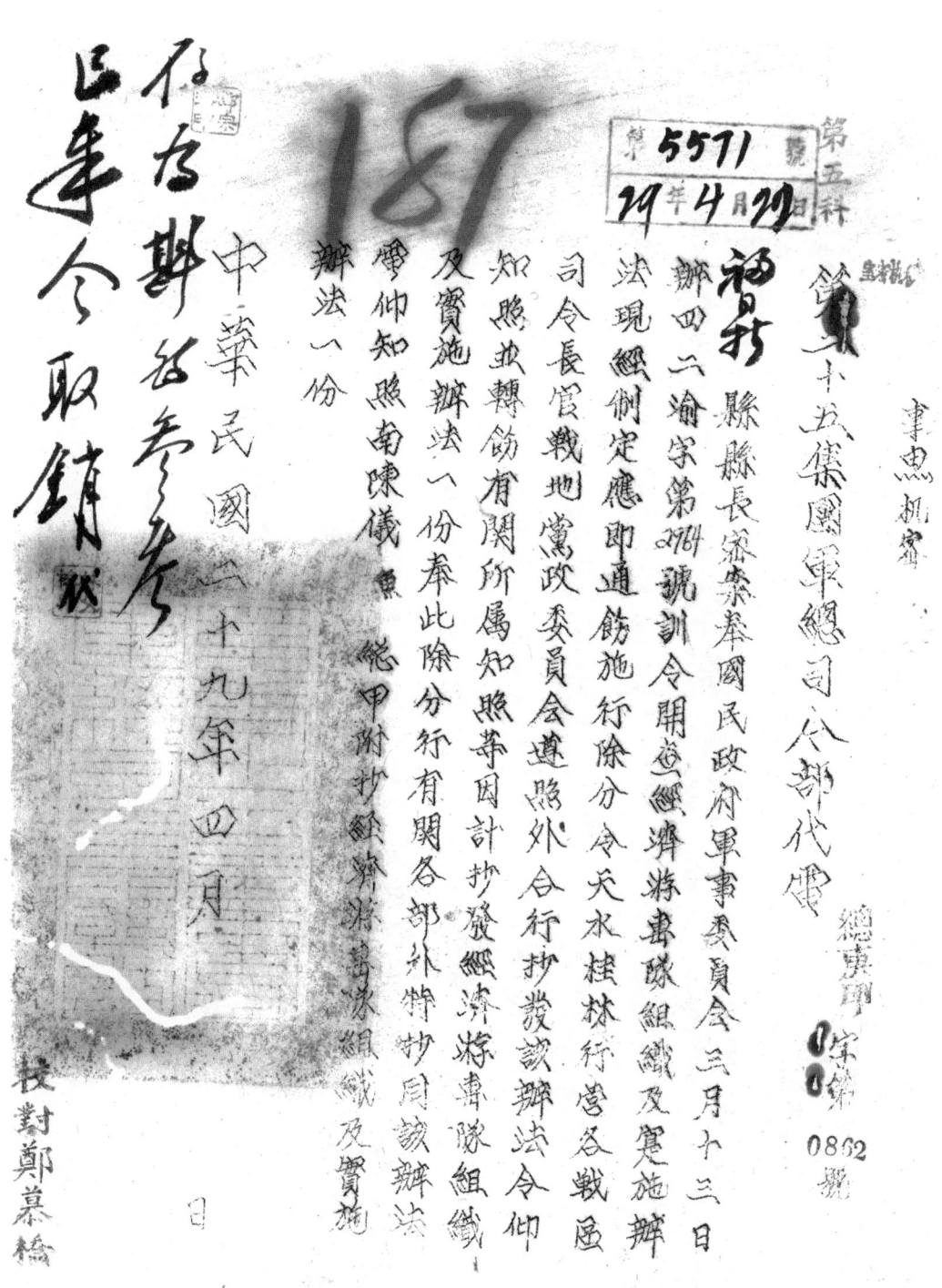

福鼎县政府奉第二十五集团军总司令部关于抄发经济游击组织及实施办法的代电

（1940年4月） 0133-003-0085

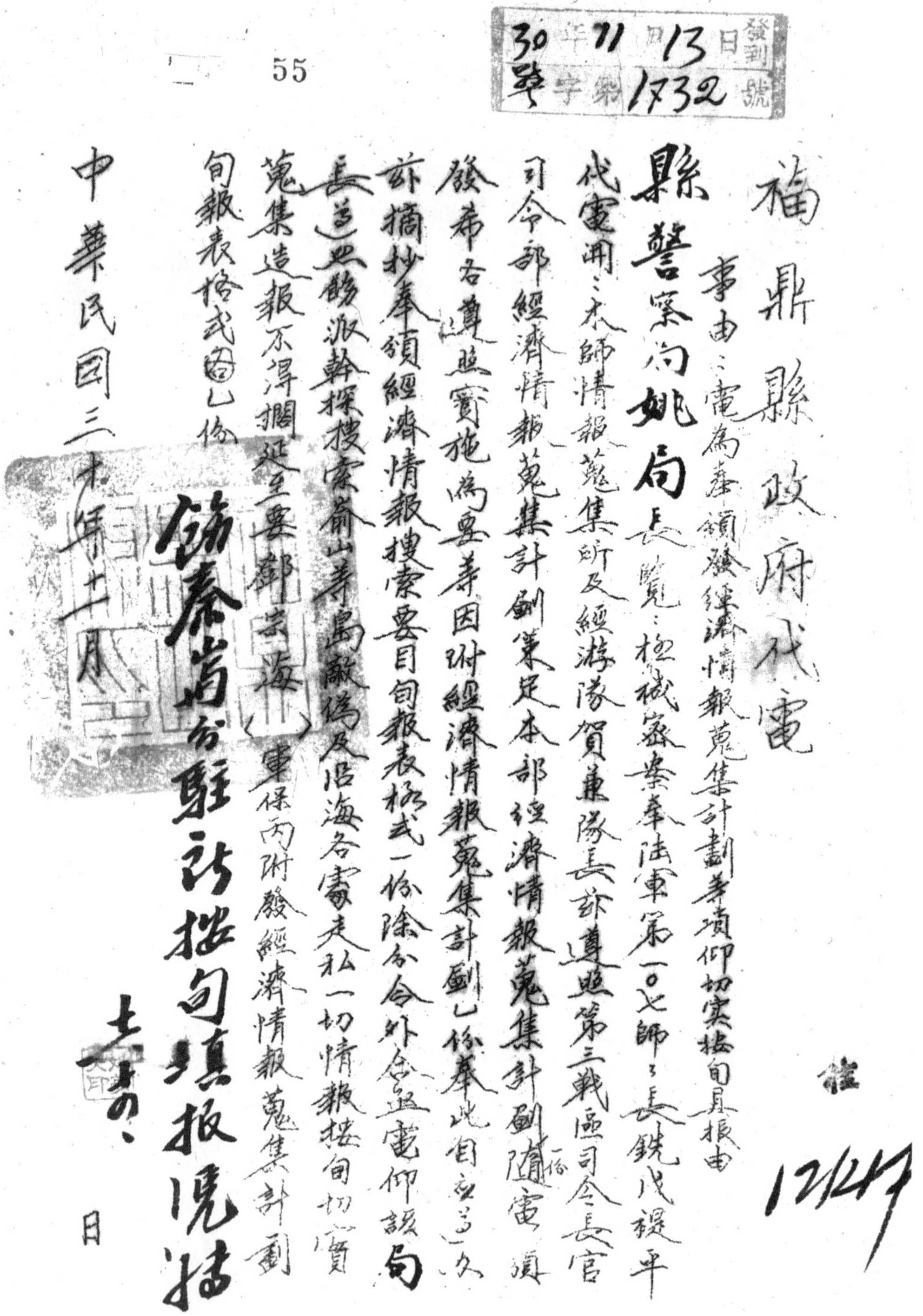

55

發到 30年11月13日 第1732號

福鼎縣政府代電

事由：電為奉頒發經濟情報蒐集計劃等項仰切實按旬具報由

縣警察局姚局長覽：極機密案奉陸軍第一〇七師師長錢代提平代電開：本師情報蒐集所及經游隊賀兼隊長亦遵照第三戰區司令長官司令部經濟情報蒐集計劃策定本部經濟情報蒐集計劃隨電頒發希各遵照實施為要等因附經濟情報蒐集計劃一份奉此自應遵辦亦摘抄奉頒經濟情報搜索要目旬報表格式一份除分令外合亟電仰該局長遵照飭派幹探搜索前山等島敵偽及沿海各處走私一切情報按旬切實蒐集造報不得擱延至要 鄧宗海（事保丙附發經濟情報蒐集計劃旬報表格式各一份

飭秦嵩分駐訪按旬填報憑核

志青

12/17

中華民國三十年十一月 日

福鼎县政府奉发经济情报搜集计划等项的代电附经济情报搜集计划旬报表格式的代电

（1941 年 11 月） 0179-001-0040

福鼎縣政府經濟游擊蒐集旬報表

情報要目	搜集情形
敵僞在我淪陷區搜括物資之種類數量及其搜括方法	
敵僞交通網之机構及運輸情形	
一般民衆情況與仇貨傾銷情形	
淪陷區農村經濟及商業概況	
敵僞稅收机関之所在地及其征收項目	
粮食茶葉明礬桐油木材木炭之偷運出口情形	
敵对我沿海各口岸交通封鎖之情形	
附記	1、淪陷區即本縣嵛山島及霞轄南北礵等島是也。 2、本表每旬彙報一次如無確切情報亦須簡呈覆核。

福鼎县政府经济游击搜集旬报表格式(1941年11月) 0179-001-0040

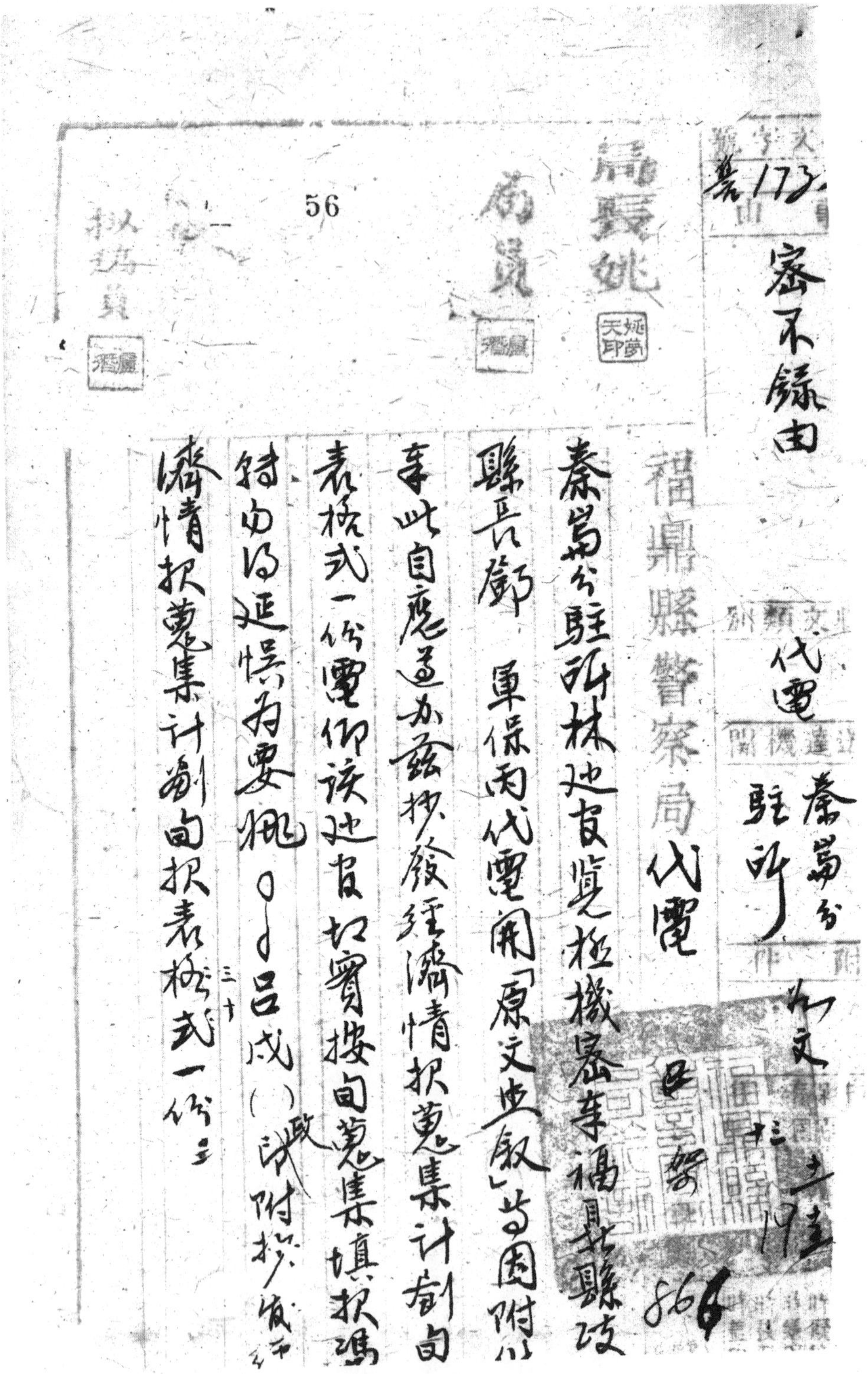
56

福鼎縣警察局代電

秦嶼分駐所林延貞覽極機密奉福鼎縣政府
縣長鄭 軍保丙代電開「原文照敘」等因附件
奉此自應遵办兹抄發經濟情报蒐集計劃向
表格式一份電仰該延貞切實按向蒐集填报
特由為延悞為要 兼局長呂成（ ）戌 附抄件
濟情报蒐集計劃向报表格式一份

福鼎县警察局转发经济情报搜集计划的代电

（1941 年 11 月 13 日） 0179-001-0040

統48

發刊日 30年11/30
警字第1840

送奏

57

福鼎縣政府訓令 呂太 參軍保甲字第12799號

令警察局

案奉

福建省保安處衛(辛)字第二一六二號代電由開

本月冬午參及鐵函參電計達查情報之蒐集對軍事策略與作戰指導關係甚鉅各部隊機關均應依照本處頒發情報蒐集實施計劃規定各項一面建立靈活之情報網搜集多數正確之情報以供作戰依靖上之運用迭經電令按照規定項目與時間按月先行摘要電報隨即填送報表在案乃各機

福鼎县政府关于经济情报搜集计划的训令(1941 年 11 月)　0179-001-0040

関團隊多未能遵照实施又不適時呈報即有呈報亦與規定項目未盡相符殊失偵中要旨除再分電外希確实遵照实施并督促該辦人員認真办理隨時具報為要

等因奉此自應遵辦除分令外合行令仰切实遵照為要！

此令

中華民國三十年十一月 日

縣長 鄧宗海

福鼎县政府关于经济情报搜集计划的训令(1941 年 11 月) 0179-001-0040

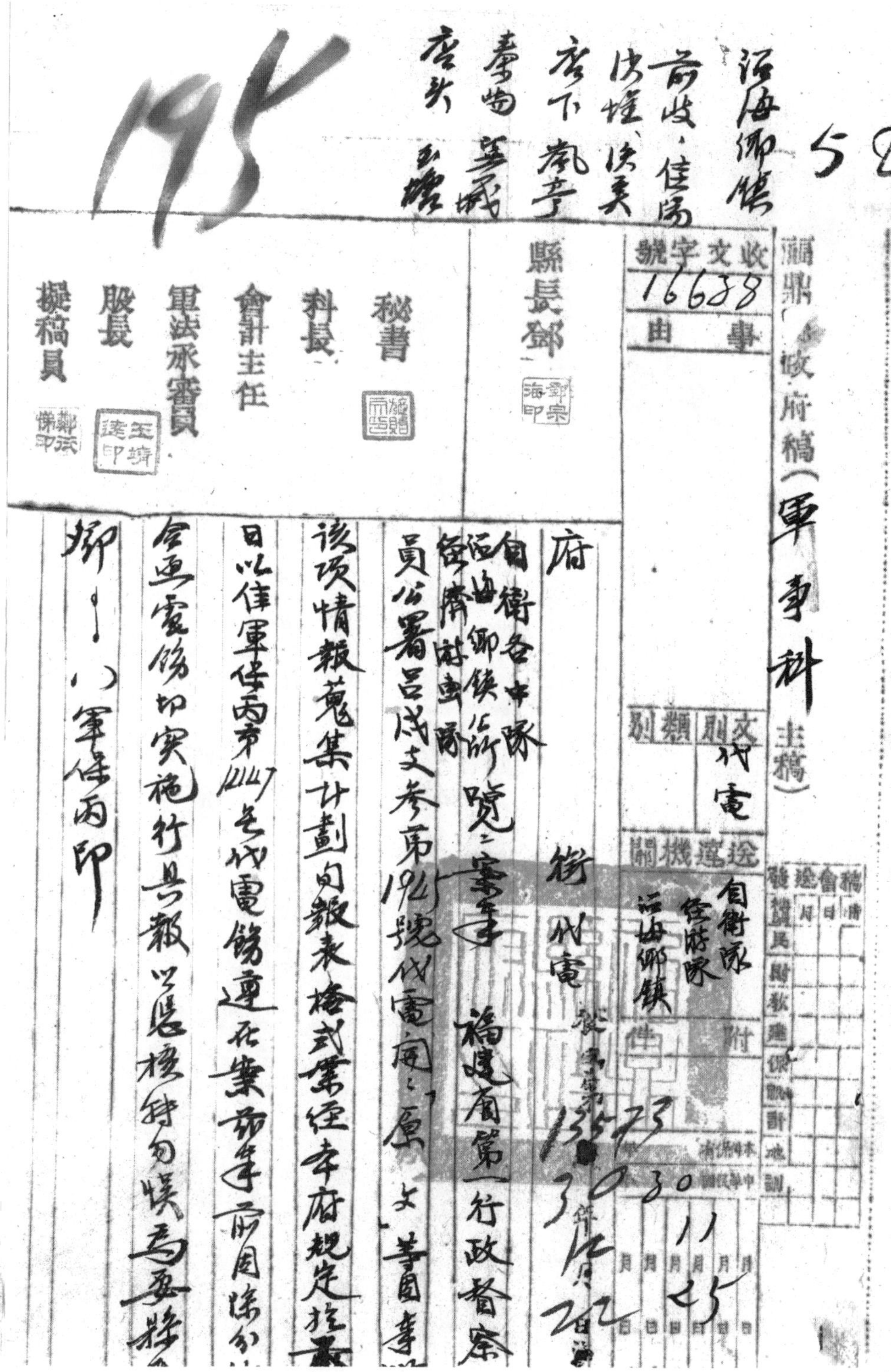
福鼎縣政府稿（軍事科主稿）

收文字號 16658

事由

縣長鄧

秘書

科長

會計主任

軍法承審員

股長

擬稿員

文別 代電

送達機關 自衛隊 經濟隊 江海鄉鎮

府銜 代電

自衛各中隊、江海鄉鎮公所、經濟游擊隊覽：案奉福建省第一行政督察專員公署

福鼎县政府代电关于奉福建省第一区行政督察专员公署代电切实施行具报情报搜集计划旬报表（1941 年 11 月 25 日） 0133-003-0085

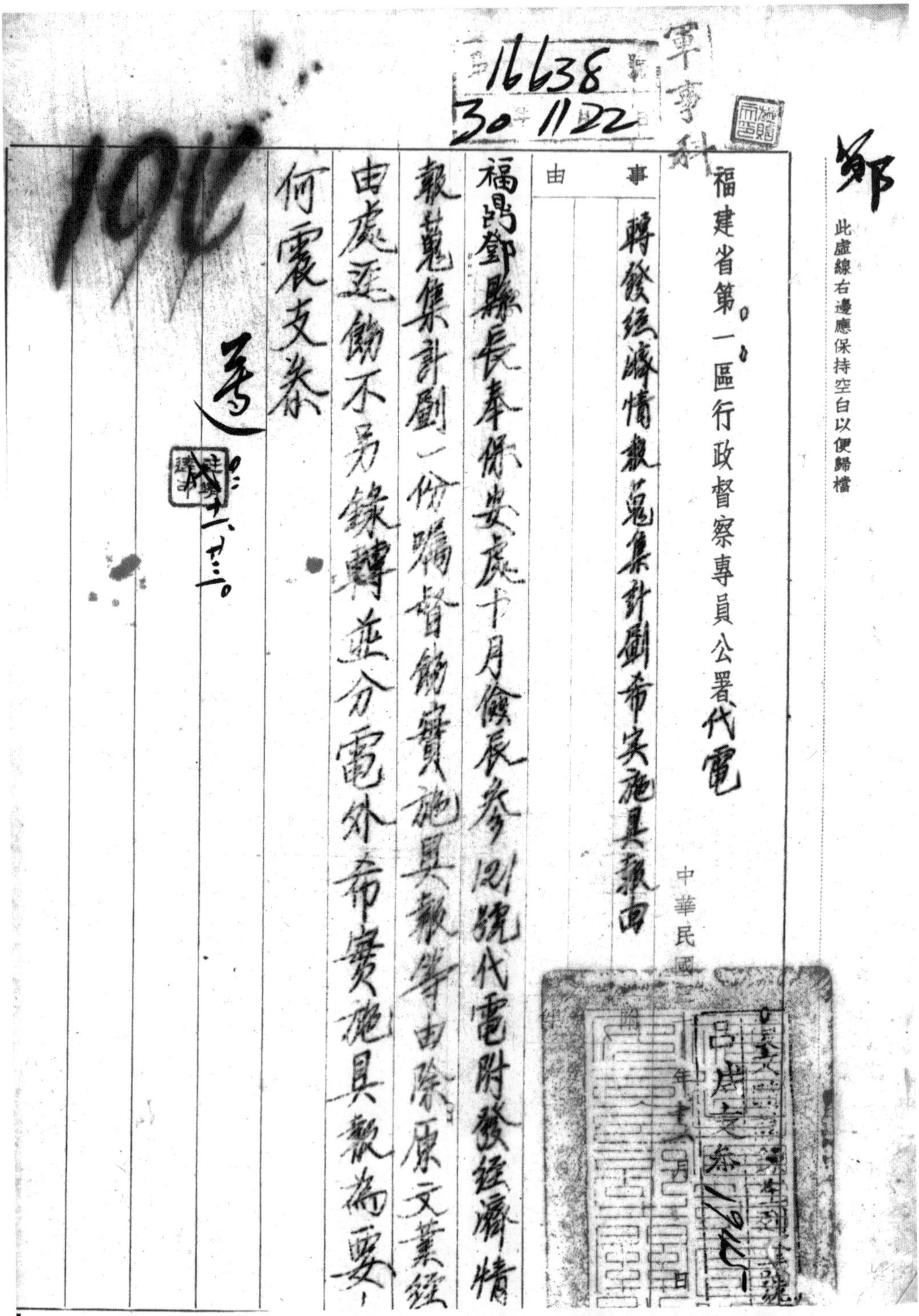
16638
30 1122
軍事科
鄭
此虛線右邊應保持空白以便歸檔
福建省第一區行政督察專員公署代電
事由 轉發經濟情報蒐集計劃希实施具報由
福鼎鄧縣長奉保安處十月儉辰參[illegible]號代電附發經濟情報蒐集計劃一份囑督飭實施具報等由除原文業經由處逕飭不另錄轉並分電外希實施具報為要。
何震支參
中華民國三十年十一月 日
吕居之[illegible]
1011
為
送
十一.廿三.

福建省第一区行政督察专员公署关于切实施行具报情报搜集计划旬报表的代电

（1941年11月） 0133-003-0085

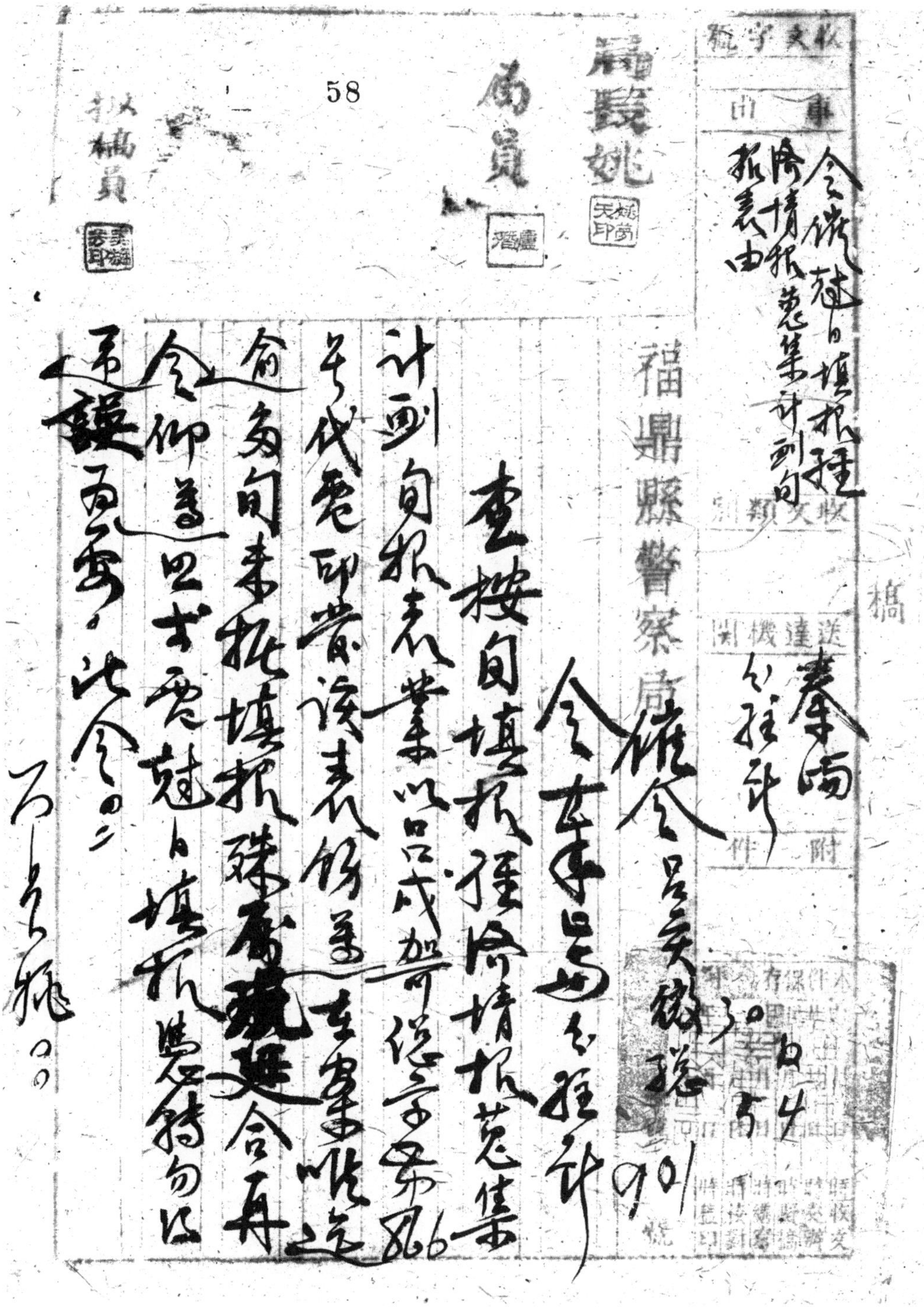

福鼎县督察局令催尅日填报经济情报搜集计划旬报表

（1941 年 12 月 5 日） 0179-001-0040

59

彙辦 吉夫

福鼎縣政府經濟游擊蒐集旬報表 三十年十一月卅日

情報要目	搜集情形
敵偽在我淪陷區搜括物資之種類數量及其搜括方法	
敵偽交通網之機構及運輸情形	
一般走私情況與仇貨傾銷情形	
淪陷區內農村經濟及工商業概況	
敵偽稅收機關之所在地及其征收項目	
糧食茶葉明礬桐油木材木炭之偷運出口情形	
敵對我沿海各口岸交通封鎖之情形	
附記	本旬並無搜集確切情形報請 察核

巡官林濟時

福鼎县政府经济游击搜集旬报表(1941年11月30日) 0179-001-0040

60

福鼎縣政府經濟游擊蒐集旬報表　三十年十二月九日

情報要目	搜集情形
敵偽在我淪陷區搜括物資之種類數量及其搜括方法	
敵偽交通線之機構及運輸情形	
一般走私情形與仇貨傾銷情形	
淪陷區農村經濟及工商業概況	
敵偽稅收機關之所在地及其征收項目	
糧食茶葉明礬桐油木材木炭之偷運出口情形	
敵對我沿海各口岸交通封鎖之情形	
附記	本旬並無搜集確切情形報請 察核

兼[illegible] 袁[illegible]

巡官林濟時（林濟時印）

福鼎县政府经济游击搜集旬报表(1941 年 12 月 9 日)　0179-001-0040

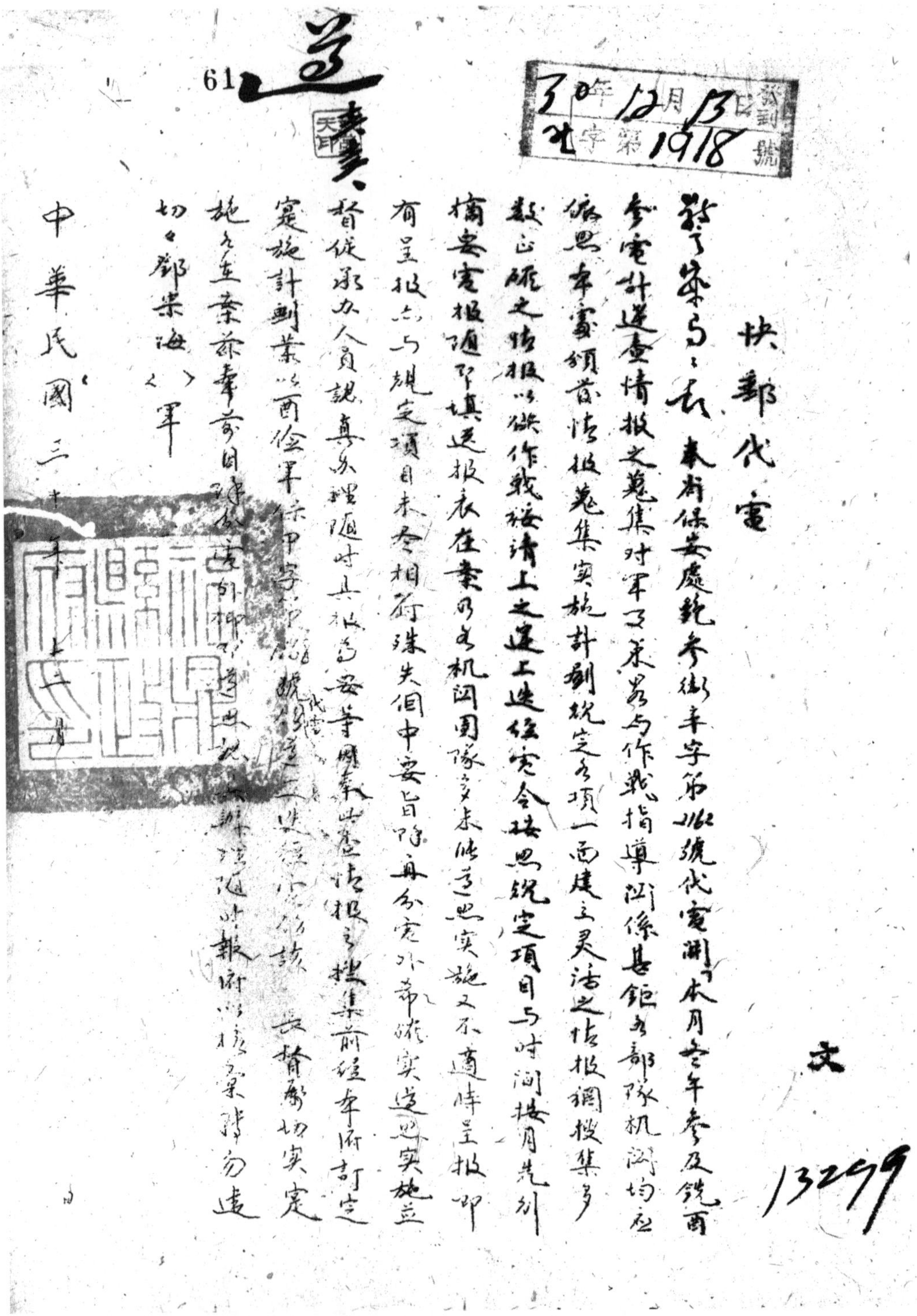
61

30年12月13日 收到
北字第1918號

快郵代電

文

13299

中華民國三十年十二月

福鼎县政府代电为奉省保安处关于各部队机关建立情报网填送报表的代电仰遵照办理随时报府汇转快邮代电(1941 年 12 月) 0179-001-0040

62

不报

令文简便呈复表

吕亥宥 字第　号

原发文机关	福鼎县政府
文别	训令
原发文字号	迴甲保甲字第一三七〇〇号
简由	饬报搜集所得情报由
附件	
奉文日期	十二月廿五日
遵办情形	遵经饬据各级警所暨侦缉组据称九、十、十一、十二等月搜集未得确实情报请察核。
附记	

中华民国三十年十二月廿五日发

福鼎县警察局局长姚〇〇

局长

局员

拟稿员

福鼎县警察局关于九、十、十一、十二等月搜集未得确实情报的令文简便呈复表

（1941年12月25日） 0179-001-0040

63

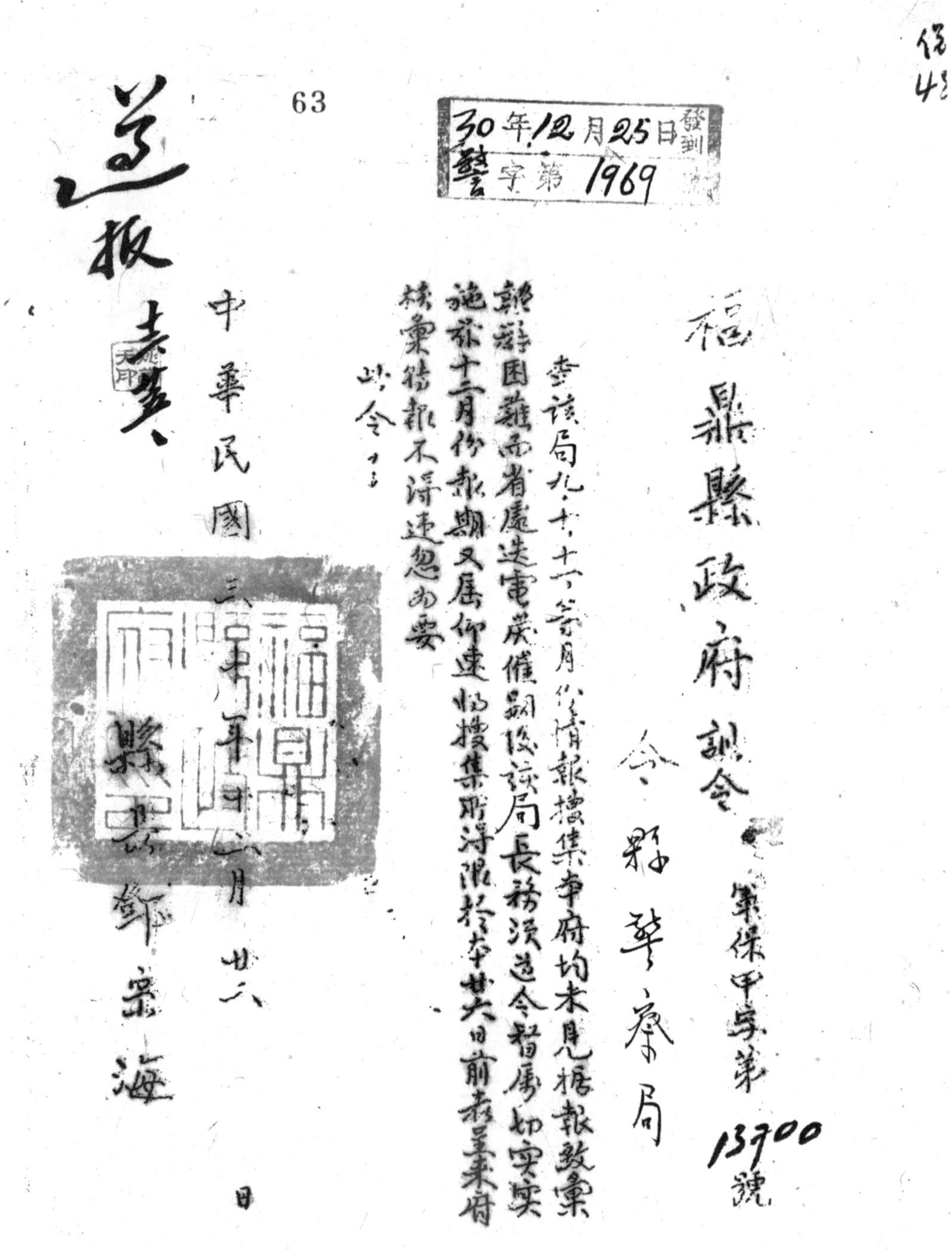
30年12月25日 發到
警字第1969

福鼎縣政府訓令 保甲字第13700號

令縣警察局

查該局九、十、十一等月份情報搜集本府均未見据報致彙辦困難而省處迭電催飭該局長務須遵令督屬切實實施茲十二月份報期又屆仰速將搜集所得限於本廿六日前表呈來府核彙轉報不得違忽為要

此令

縣長 鄧案海

中華民國三十年十二月廿二日

送報表

福鼎县政府限警察局于本月廿六日前表呈经济情报来府的训令

(1941年12月22日) 0179-001-0040

64

30年12月25日 發到 字第1968

福鼎縣政府經濟游擊蒐集旬報表

情報要目	搜集情形
敵偽在我淪陷區搜括物資之種類數量及其搜括方法	
敵偽交通網之機構及運輸情形	
一般走私情況與仇貨傾銷情形	
淪陷區農村經濟及工商業概況	
敵偽稅收機關之所在地及其征收項目	
糧食茶葉明礬桐油木材木炭之偷運出口情形	
敵對我沿海各口岸交通封鎖之情形	
附記	本旬未得確切情形，報請 察核

秦嶼分駐所巡官林濟時（印）

存 吉英

福鼎县政府经济游击搜集旬报表(1941年12月25日) 0179-001-0040

65

轉報(三)

福鼎縣政府經濟游擊蒐集旬報表

情報要目	搜集情形
敵偽在我淪陷區搜括物資之種類數量及其搜括方法	
敵偽交通網之機構及運輸情形	
一般走私情形與仇貨傾銷情形	
淪陷區農村經濟及工商業概況	
敵偽稅收機關之所在地及其征收項目	
糧食茶葉明礬桐油木材木炭之偷運出口情形	
敵對我沿海各口岸交通封鎖之情形	
附記	本旬未得確實情報 報請 察核

秦嶼分駐所巡官林濟時

林濟時印

福鼎县政府经济游击搜集旬报表(1942年1月3日) 0179-001-0040

66

轉報之文

福鼎縣政府經濟游擊蒐集旬報表

情報要目	搜集情形
敵偽在我淪陷區搜括物資之種類數量及其搜括方法	
敵偽交通網之機構及運輸情形	
一般走私情況與仇貨傾銷情形	
淪陷區農村經濟及工商業概況	
敵偽稅收機關之所在地及其征收項目	
糧食茶葉明礬桐油木材木炭之偷運出口情形	
敵對我沿海各口岸交通封鎖之情形	
附記	本旬未得確實情形無從填報請 察核

秦嶼分駐所巡官林濟時

林濟時印

福鼎县政府经济游击搜集旬报表(1942 年 1 月 17 日)　0179-001-0040

67

福鼎縣政府經濟游擊蒐集旬報表

情報要目	搜集情形
敵偽在我淪陷區搜括物資之種類數量及其搜括方法	
敵偽交通網之機構及運輸情形	
一般走私情況與仇貨傾銷情形	
淪陷區農村經濟及工商業概況	
敵偽稅收機關之所在地及其征收項目	
糧食茶葉明礬桐油木材木炭之偷運出口情形	
敵對我沿海各口岸交通封鎖之情形	
附記	本旬未得確實情报

秦嶼分駐所巡官林尚时（印）

轉报之。五

福鼎县政府经济游击搜集旬报表(1942年2月5日)　0179-001-0040

閱

1

福鼎縣政府經濟游擊蒐集旬報表

情報要目	搜集情形
敵偽在我淪陷區搶括物資之種類數量及其搶括方法	
敵偽交通網之機構交運輸情形	
一般走私情況與仇貨傾銷情形	
淪陷區農村經濟及工商業概況	
敵偽收稅機關之所在地及其征收項目	
糧食茶葉明礬桐油木材木炭之偷運出口情形	
敵對我沿海各口岸交通封鎖之情形	
附記	本旬並無確實情報無從填報

秦嶼分駐所巡官林逢時

林逢時印

福鼎县政府经济游击搜集旬报表(时间不详)　0179-001-0040

198

軍事科

第1437號
31年1月28日

此處線右邊應保持空白以便鉗檔

福建省第一區行政督察專員公署代電

事由：本屬經濟游擊隊自即日起撤銷由

福鼎縣長：本省政府呂亥艷府建甲永134675號代電以將本屬第一專署將所編乙種經濟游擊隊自即日起一律撤銷歸還建制等因除原文業經省政府通飭有案不另錄特外希遵照并將辦理情形具報為要何震代行劉德馨馬參韓

中華民國三十一年一月 日

附件

調字馬參韓字第24號

A4(210×297MM)

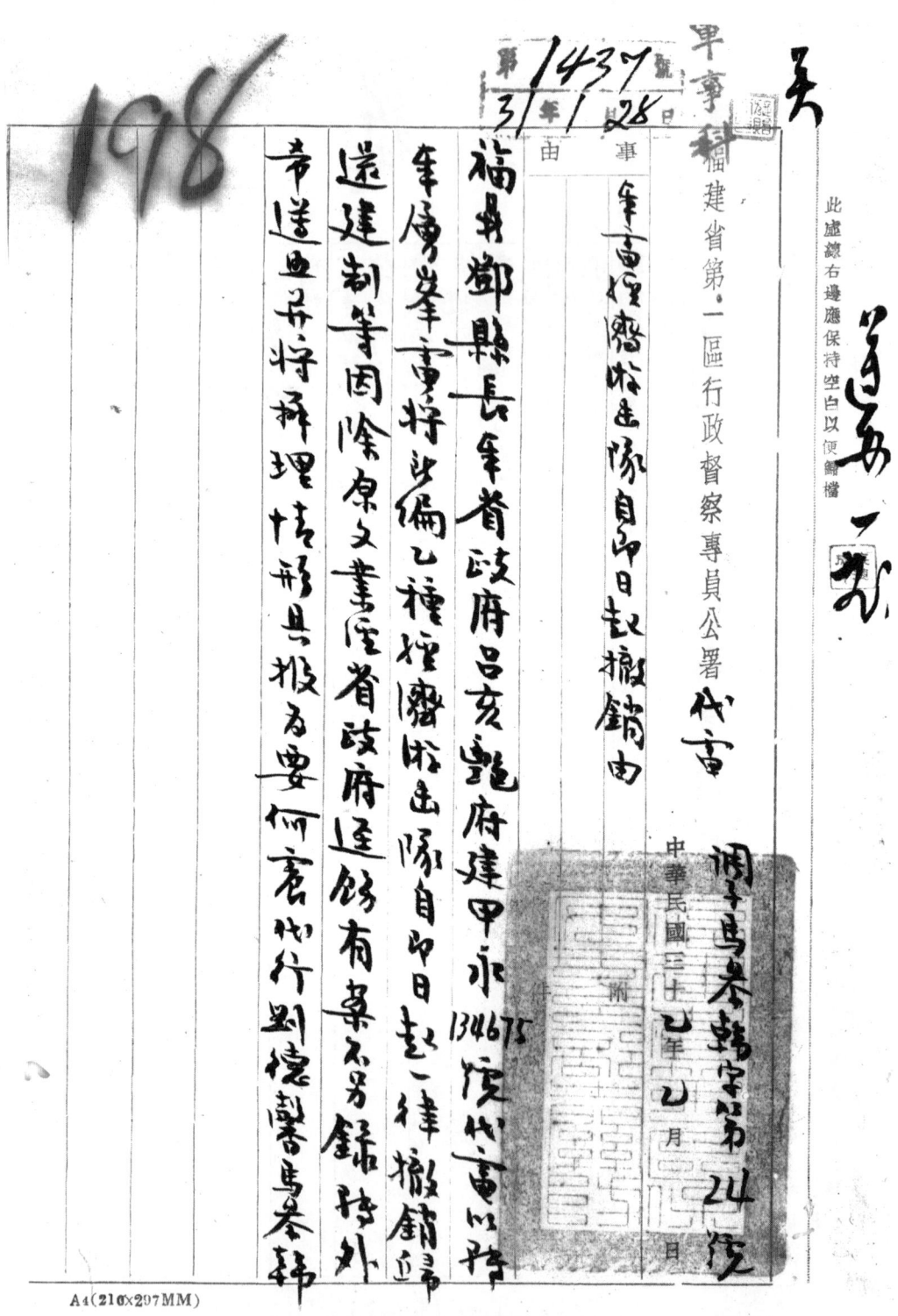

福建省第一区行政督察专员公署关于将所编乙种经济游击队自即日起撤销的代电

(1942年1月) 0133-003-0085

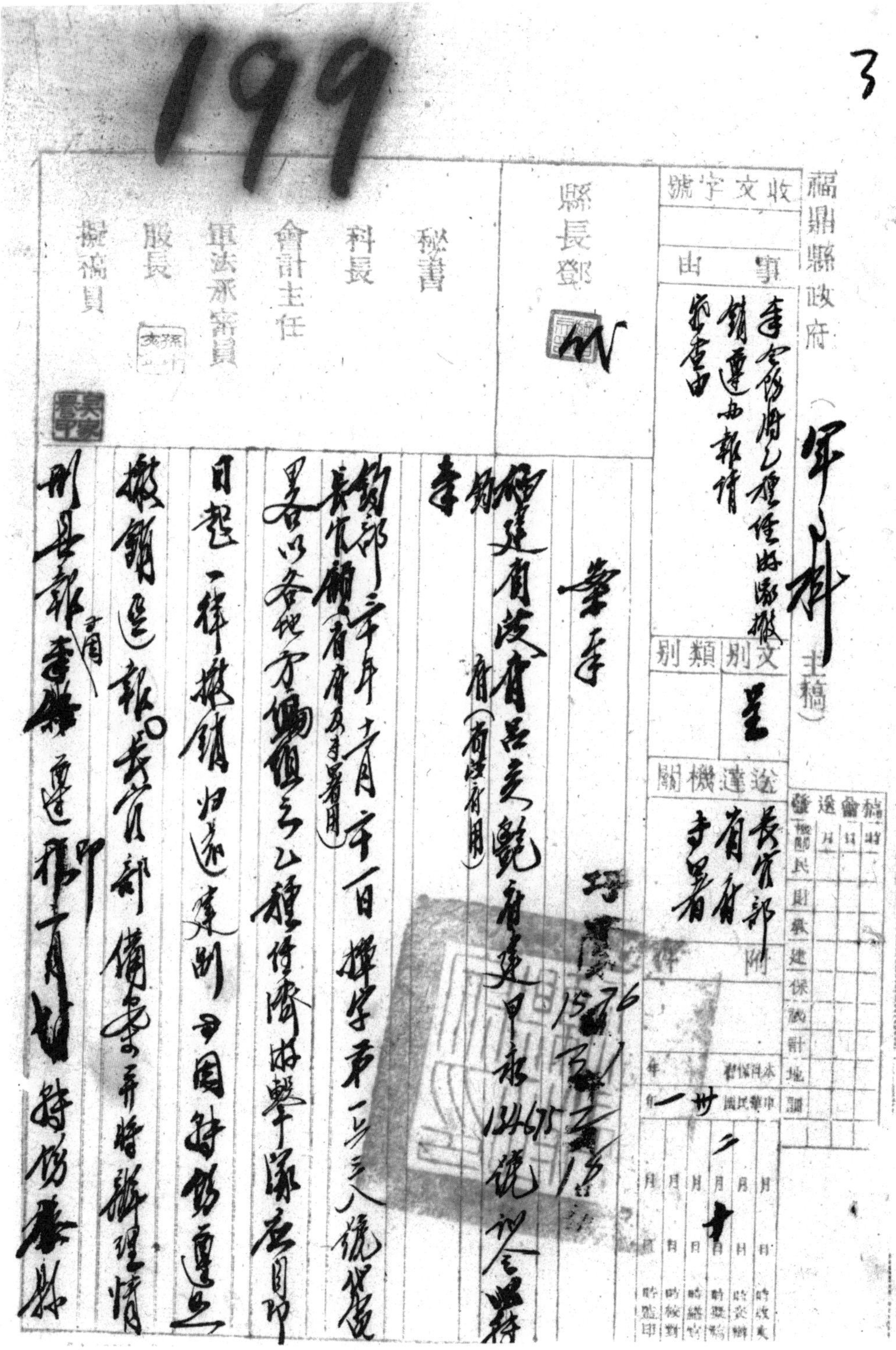
福鼎縣政府（軍科主稿）

收文字號

事由：奉令飭將乙種經濟游擊隊撤銷遵辦報請察查由

文別：呈

送達機關：長官部、省府、專署

縣長鄧

秘書

科長

會計主任

軍法承審員

股長

擬稿員

福鼎县政府奉令饬将乙种经济游击队撤销遵办报请察查的呈文

（1942年2月10日） 0133-003-0085